Xavier Cautiño Antongiorgi

COMPENDIO
DE
DERECHO CIVIL

Xavier G. Cautiño

José Puig Brutau

COMPENDIO
DE
DERECHO CIVIL

VOLUMEN II

Derecho de obligaciones
Contratos y cuasi contratos
Obligaciones derivadas de actos ilícitos

Tercera edición, actualizada y revisada por

CARLES J. MALUQUER DE MOTES I BERNET
Catedrático de Derecho civil
Universidad de Barcelona

BOSCH, Casa Editorial, S.A. - Comte d'Urgell, 51 bis - BARCELONA

Primera edición: diciembre, 1987
Segunda edición: abril, 1994
Tercera edición: junio, 1997

ISBN: 84-7676-067-1 *(Obra completa)*
ISBN: 84-7676-079-5 *(Volumen II)*
Depósito legal: B. 21.224-1997

IMPRESO EN ESPAÑA PRINTED IN SPAIN

Tesys, S. A. - Manso, 15-17 - 08015 Barcelona

ÍNDICE GENERAL

I
EL DERECHO DE OBLIGACIONES Y EL CONCEPTO DE OBLIGACIÓN

1. Deber jurídico, obligación y derecho de crédito

La palabra «obligación» se utiliza a veces como equivalente a deber, y más concretamente a «deber jurídico», que en realidad tiene un significado más amplio. El deber jurídico significa la necesidad de respetar las leyes y, de manera más concreta, la de observar determinado comportamiento frente a otras personas. Es la adaptación de la conducta libre a un mandato superior.[1]

Pero la obligación que es objeto de estudio en el Derecho de obligaciones no es solamente un deber jurídico, sino el que existe precisamente entre acreedor y deudor, en cuya virtud el primero puede exigir del segundo que observe determinada conducta o realice cierta prestación. Desde el punto de vista del acreedor, la relación obligatoria se denomina «derecho de crédito», y desde la parte pasiva se llama propiamente «obligación». Estas obligaciones o derechos de crédito forman el contenido del Derecho de obligaciones.

Entendida así la obligación, consiste en el deber de realizar una prestación. Ésta es la conducta que ha de seguir el obligado para extinguir la obligación mediante el correspondiente acto de cumplimiento.

---

1. SANTOS BRIZ, *Tendencias modernas en el Derecho de obligaciones*, Revista de Derecho privado, 1960, p. 548 y ss.; RODRÍGUEZ-ARIAS BUSTAMANTE, *La obligación*, Revista de Derecho privado, 1963, pp. 646 y ss.; DÍEZ-PICAZO, *El contenido de la relación obligatoria*, Revista de Derecho privado, l964, pp. 349 y ss.; BONET RAMÓN, *Naturaleza jurídica de la obligación*, Revista de Derecho privado, 1967, pp. 833 y ss.; A. HERNÁNDEZ-GIL, *Derecho de obligaciones*, Madrid, 1970, pp. 57 y ss.; J. L. DE LOS MOZOS, *Concepto de obligación*, Revista de Derecho privado, 1980, pp. 979 a 995; PERLINGIERI, *Aspectos problemáticos del Derecho de obligaciones*, en la misma RDP, 1983, pp. 58 a 62. O'CALLAGHAN, *Compendio de Derecho civil*, II-1.°, Madrid, 1987, p. 11 y ss.

Aunque por lo general los derechos de crédito nacen de los contratos, de hecho cubren un espacio mucho más amplio, pues nacen, además, del enriquecimiento injusto y de la responsabilidad civil, aparte de que pueden tener su origen en una disposición testamentaria (v.g., al ordenar un legado de cantidad), o en lo que disponga la ley en atención a relaciones familiares (v.g., obligación de prestar alimentos, de pagar complementos de legítima, etc.), o pueden formar parte del estatuto de vida legal de los derechos reales, como los derechos personales entre usufructuario y nudo propietario, etc.

Por ello, las normas aplicables de manera común a todas las relaciones de crédito en sentido estricto pueden considerarse desligadas de cada una de las partes especiales del Derecho civil, porque son comunes a todas ellas.

En este sentido, las normas de los arts. 1.088 a 1.213 C.c. son de aplicación general a todos los derechos de crédito, cualquiera que sea la parte del Derecho civil en que se manifiesten.

2. Derecho y poder del acreedor frente a deber y responsabilidad del deudor

En virtud de la obligación, el deudor ha de realizar la prestación debida. Es cierto que tiene la posibilidad material de no hacerlo, pero ello significaría que comete una transgresión jurídica. No sería exacto afirmar que el deudor sólo ha de cumplir si quiere evitar la ejecución forzosa, pues con ello la obligación aparecería como una facultad alternativa del obligado.

Los derechos personales o de crédito obligan jurídicamente al deudor a realizar una prestación o a observar una determinada conducta. El incumplimiento de la obligación no atribuye al acreedor una dominación directa sobre el patrimonio del deudor por la indudable diferencia entre los derechos personales y los reales, de la que se ha tratado al estudiar el derecho real. Si en relación con el artículo 1.911 (que dispone que del cumplimiento de las obligaciones responde el deudor con todos sus bienes presentes y futuros) se emplea alguna vez la palabra *garantía*, ha de entenderse en el sentido de solvencia del deudor y como posibilidad de ejecución por parte del acreedor. El incumplimiento atribuye a éste una potestad sobre el patrimonio del deudor a través del contenido de la prestación.[2]

---

2. La separación entre la dominación del acreedor y la prestación del deudor permite diferenciar dos conceptos a los que se ha atribuido importancia en el estudio

3. Contenido de la prestación

La palabra prestación se usa en el sentido amplio de conducta debido por el obligado, que puede consistir en dar, hacer o no hacer (art. 1.088 C.c.). Con dicha palabra se designa el objeto o contenido de la obligación, que ha de consistir en la satisfacción del derecho del acreedor por medio de una determinada conducta de la persona obligada. Esta conducta tendrá un contenido patrimonial y podrá dar lugar a la ejecución forzosa por una suma que corresponda al interés del acreedor en la prestación debida.

El art. 1.088 C.c. dice: «Toda obligación consiste en dar, hacer o no hacer alguna cosa». Este precepto ha de ponerse en relación con el art. 1.911, que dispone: «Del cumplimiento de las obligaciones responde el deudor con todos sus bienes presentes y futuros». Ambas disposiciones han de combinarse para definir la obligación como el derecho del acreedor dirigido a conseguir del deudor una prestación de dar, hacer o no hacer alguna cosa, garantizado con el patrimonio del obligado.

En caso de incumplimiento, el derecho personal del acreedor no se convierte en un derecho real, pero se convierte en la potestad de dirigirse contra el patrimonio del obligado. El derecho real sólo existirá cuando se haya constituido previamente y de manera expresa en garantía del derecho personal, o cuando, sobrevenido el incumplimiento, se logre trabar embargo sobre bienes concretos del obligado.

En ningún caso la relación obligatoria queda reducida a una situación de responsabilidad patrimonial sin deuda personal, y tampoco existen obligaciones jurídicas que consistan en una deuda personal sin responsabilidad patrimonial, sin perjuicio de que en algunos casos el Derecho no permita rectificar prestaciones realizadas en cum-

---

del derecho de obligaciones. *Obligatio* en Derecho romano, *Haftung* en Derecho germánico y *liability* en Inglaterra son palabras que designan el estado de sujeción de un patrimonio al poder del acreedor, mientras que las palabras *debitum* en Derecho romano, *Schuld* en Derecho germánico y *debt* en inglés significan el deber jurídico de realizar una prestación. El estado de responsabilidad o sujeción fue lo primero históricamente y del mismo se desprendió el deber jurídico de realizar un acto debido. En la actualidad la situación está invertida: se contrae el deber jurídico de realizar una prestación (art. 1.088 C.c.) y ello implica que el obligado responderá con todo su patrimonio en caso de incumplimiento (art. 1.911). Por ello dice DULCKEIT, *Filosofía de la Historia del Derecho,* edición alemana, Heidelberg, 1950, pp. 82 a 86, que el concepto de deuda se ha derivado históricamente del concepto de responsabilidad, pero que en la actualidad es la responsabilidad lo que aparece como una derivación de la deuda en cuanto asegura su cumplimiento.

plimiento de algún deber moral. No hay deuda sin responsabilidad, ni responsabilidad sin deuda, aunque una persona puede estar sujeta a responsabilidad por deuda ajena. Pueden existir dos patrimonios (como el del principal obligado y el del fiador) puestos al servicio del cumplimiento de una misma deuda. La deuda siempre existirá como justificación de la responsabilidad del patrimonio afectado.[3]

4. Las fuentes de las obligaciones: antecedentes

En los países de tradición romana se comienza el estudio del Derecho de obligaciones hablando de las llamadas fuentes de las que nacen o se originan las relaciones obligatorias. Con ello se trata de averiguar por qué razón y bajo qué supuestos una persona queda obligada respecto a otra.

Siguiendo la tradición del Derecho romano, la doctrina señala como fuentes el contrato, el cuasi contrato, el delito y el cuasi delito. Gayo hablaba del contrato, el delito y de otras varias causas (D. 44, 7, 1 pr.). A base de concretar esta última referencia, Justiniano señaló las cuatro que hemos indicado (Instituta, 3, 13, 2). El Código italiano de 1865, siguiendo al francés, que en el art. 1.370 se refiere a las obligaciones *legales*, añadió la ley, criterio que siguió el art. 1.089 de nuestro Código. Así quedó formada la clasificación quíntuple: la ley, los contratos, los cuasi contratos, los delitos y los cuasi delitos.[4]

Esta enumeración no tiene más valor que exponer los resultados de una evolución histórica, pues no responde a una lógica intrínseca ni se ajusta a la realidad social de nuestros días. Pero las dudas han surgido cuando se ha intentado sustituirla por otra. Ha de tenerse en cuenta que se trata de conocer y sistematizar las causas inmediatas de exteriorización de las obligaciones, sin necesidad de buscar su

---

3. Acerca de si la prestación ha de tener carácter patrimonial o si puede consistir en la satisfacción de un interés del acreedor que no sea patrimonial, HERNÁNDEZ-GIL, obra citada, pp. 111 y ss., dice que nada se opone a que una prestación que directamente no tenga un contenido patrimonial sea considerada como una obligación jurídica. Las consecuencias del incumplimiento son indudables, pues en ningún caso se priva al acreedor del derecho a la resolución (art. 1.124) y a la realización judicial (art. 1.101). La cuestión de saber cómo una indemnización pecuniaria puede reparar la lesión de un interés no patrimonial no ha de ofrecer dificultades cuando la jurisprudencia ya ha reconocido la procedencia de la reparación de los daños morales.

4. VÁZQUEZ BOTE, *Derecho civil de Puerto Rico*, San Juan, 1973, p. 102; ALBERTARIO, *Corso di Diritto Romano*, Milán, 1947, p. 173; DÍEZ PICAZO, *Fundamentos del Derecho civil patrimonial*, 4.ª edición, Madrid, 1993, vol. II, p. 131 y ss.

origen remoto, que en definitiva siempre es el ordenamiento jurídico que las reconoce y admite. Lo que importa, dice DÍEZ-PICAZO, es «buscar respuesta al tema de los supuestos de hecho que dentro de una determinada ordenación jurídica son reconocidos como punto de originación y base o fundamento de una relación obligatoria».[5]

Para hallar una clasificación racional o útil de las fuentes de las obligaciones se han seguido dos procedimientos: uno, especificador o analítico; otro, simplificador o sintético. Ninguno ha resultado satisfactorio; el analítico no puede consistir en una descomposición indefinida de los supuestos en los que nacerá una obligación; el sintético tampoco puede llevar a las últimas consecuencias la reducción de causas por lo que en ellas pueda descubrirse de común. Lo único que pueden hacer es señalar tendencias en una u otra dirección.[6]

No hay duda que, en último término, todas las obligaciones nacen de la ley o existen porque las reconoce el ordenamiento jurídico; pero ninguna obligación nace enteramente de la ley, sino de los hechos a los que atribuye el efecto de que se originen obligaciones. Sin duda lo que importa es clasificar los hechos que el ordenamiento jurídico reconoce como causa de una relación obligatoria.

A base de observar los grupos homogéneos que pueden formarse con los hechos o situaciones que generan obligaciones, Larenz hace la siguiente clasificación: 1) las obligaciones pueden nacer de los negocios jurídicos; 2) de la conducta social típica; 3) de hechos legalmente reglamentados; y 4) de un acto de soberanía estatal con efectos constitutivos en temas de Derecho privado.[7]

No es necesario comentar el primer grupo porque nadie duda de la eficacia creadora de obligaciones de la voluntad concertada de los sujetos de derecho. Por lo que se refiere a la conducta social típica o de las llamadas relaciones contractuales de hecho, se trata de efectos legales derivados de dicha conducta. Lo que se estimaba que eran contratos derivados de una declaración de voluntad implícita, ahora se estima más exacto reconocer que son efectos previstos por el ordenamiento jurídico en relación con supuestos de conducta social típica. Por ejemplo, en la prestación de un servicio público, las obligaciones impuestas se fundan en el significado social típico de la conducta

---

5. DÍEZ-PICAZO, obra citada, p. 141.

6. HERNÁNDEZ-GIL, citado, p. 220; FERRANDIS VILELLA, *Una revisión crítica de la clasificación de las fuentes de las obligaciones*, Anuario de Derecho civil, 1958, pp. 115 a 146.

7. Karl LARENZ, *Derecho de obligaciones*, tomo I, traducción española de J. Santos Briz, 1958, pp. 55 y ss.

y en su correspondencia con la concepción imperante en el tráfico. Es más real entender que la obligación es consecuencia de la manera de obrar, que de una voluntad discernible como tal voluntad.

El tercer grupo es el de las obligaciiones nacidas de actos legalmente reglamentados. Su contenido es muy diverso, pero tienen de común que la ley impone la obligación porque la conciencia social estimaría injusto que no sucediera. Los subgrupos que pueden formarse lo revelan claramente:

a) Obligaciones procedentes de actos ilícitos y de responsabilidad por riesgo, que se fundan en la responsabilidad del sujeto por los efectos de actos que le son imputables o cuya responsabilidad ha de soportar.

b) Obligaciones por enriquecimiento injusto, fundadas en exigencias de la justicia conmutativa.

c) Obligación de indemnizar los gastos voluntariamente realizados en interés de otro como gestor de negocios sin mandato o en uso de facultades legales que le autorizan la administración de un patrimonio ajeno.

d) Obligaciones resultantes del hallazgo y ocupación de una cosa perdida.

e) Relaciones entre los copartícipes de un derecho o entre coherederos, o entre los sujetos afectados por la existencia de un derecho real de contenido limitado.

f) Obligación legal de prestar alimentos.

g) Obligaciones fundadas en la voluntad declarada por un causante o testador, como en el caso de ordenación de legados.

El último grupo, en la clasificación de Larenz, es el de las obligaciones nacidas de disposición estatal con valor constitutivo en Derecho privado, como en los llamados contratos forzosos o impuestos.[8]

5. Las fuentes de las obligaciones en el Código civil

Según el art. 1.089 C.c., «las obligaciones nacen de la ley, de los contratos y cuasi contratos, y de los actos y omisiones ilícitos o que intervengan cualquier género de culpa o negligencia».

---

8. LARENZ, citado, p. 63.

Este artículo tiene un simple valor enunciativo y el propio Código no se ajusta en su desarrollo a lo que establece.

El Código sistematiza las obligaciones en dos grupos: las que se derivan de los contratos y las que se contraen sin convenio. La ley, como fuente de las obligaciones, no es utilizada como categoría sistematizadora.

Por otra parte, el art. 1.089 abandona la distinción romana entre delitos y cuasi delitos y habla de «los actos y omisiones ilícitos o en que intervengan cualquier género de culpa o negligencia». Pero seguidamente, los arts. 1.092 y 1.093 distinguen entre ilicitud penal y civil dentro de la categoría del acto ilícito.

El art. 1.090 C.c. dispone: «Las obligaciones derivadas de la ley no se presumen. Sólo son exigibles las expresamente determinadas en este Código o en leyes especiales, y se regirán por los preceptos de la ley que las hubiere establecido, y en lo que ésta no hubiere previsto, por las disposiciones del presente libro».

No es afortunada la referencia a «leyes especiales» porque aparte de las obligaciones reguladas en el Código, pueden brotar obligaciones de otra ley general. Además, pueden nacer obligaciones de fuentes del Derecho distintas de la ley. El art. 1.258 C.c., con su referencia al uso, demuestra que de éste pueden nacer obligaciones y, por otra parte, las sentencias que imponen obligaciones para corregir un enriquecimiento injusto, demuestran que aquéllas también nacen de los principios generales del Derecho. Véase la redacción del actual artículo 1.°, apartados 3 y 4, del Código civil.

Según el art. 1.091 C.c.: «Las obligaciones que nacen de los contratos tienen fuerza de ley entre las partes contratantes, y deben cumplirse a tenor de los mismos». El art. 1.254 añade que el contrato existe desde que una o varias personas «consienten en obligarse» respecto de otra u otras.

En la voluntad se fundan también las obligaciones nacidas de disposiciones testamentarias que las imponen a cargo de herederos o legatarios.

Pueden considerarse igualmente obligaciones nacidas de la negociación jurídica las que son consecuencia de un determinado comportamiento o de unos hechos concluyentes a los que el ordenamiento jurídico enlaza el nacimiento de obligaciones. Son las llamadas relaciones contractuales de hecho o derivadas de una conducta social típica. Ya hemos dicho, con referencia a Larenz, que puede ser más exacto entender que una obligación es consecuencia de una manera de obrar, que de una voluntad propiamente contractual.

Después de incluir el cuasi contrato en el art. 1.089, el Código dice en el art. 1.887: «Son cuasi contratos los hechos lícitos y puramente voluntarios, de los que resulta obligado su autor para con un tercero y a veces una obligación recíproca entre los interesados».

El cuasi contrato es una categoría que sólo tiene una explicación histórica. El Código sólo se refiere al pago de lo indebido y a la gestión de negocios ajenos sin mandato. Sin embargo, existen cuasi contratos innominados –no previstos nominalmente en el Código–, que consistirán en aquellos hechos a los que el ordenamiento juridico enlaza como efecto el nacimiento de una obligación análoga a cualquier otra obligación contractual.[9]

En este sentido, véase la Sentencia de 21 junio 1945 (Aranzadi, número 863), que se apoya en la de 8 enero 1909.

El art. 1.089, después de afirmar que las obligaciones nacen de la ley, de los contratos y de los cuasi contratos, añade «y de los actos y omisiones ilícitos o en que intervenga cualquier género de culpa o negligencia». Pero los arts. 1.092 y 1.093 distinguen entre el acto ilícito penal y el civil. Según el primero:

«Las obligaciones civiles que nazcan de los delitos o faltas se regirán por las disposiciones del Código penal.» Y según el siguiente artículo 1.093:

«Las que se deriven de actos u omisiones en que intervenga culpa o negligencia no penadas por la ley, quedarán sometidas a las disposiciones del Capítulo II del Título XVI de este libro.»

Como es sabido, el art. 19 del Código penal establece que «toda persona responsable criminalmente de un delito o falta lo es también civilmente». Esta responsabilidad civil, debido a su origen, se ha de regir por los preceptos de la ley que la ha establecido (como dice el artículo 1.090 C.c.), y sólo de manera supletoria por el Código civil. Además, en cuanto a la extinción de la responsabilidad civil nacida de delito o falta, el art. 117 del Código penal remite a las reglas del Derecho civil.

La ilicitud civil aparece en los actos generadores de responsabilidad que no corresponden a los supuestos tipificados como delitos o faltas en la ley penal, pero que por causar daño con intervención de culpa o negligencia (de dolo o culpa), son causa de la llamada responsabilidad civil extracontractual. Cfr. arts. 1902 y ss. C.c.

---

9. ORTEGA PARDO, *Cuasi contratos atípicos*, Anuario de Derecho civil, 1948, pp. 498 a 501.

Si se trata de culpa o negligencia manifestada con ocasión de un vínculo contractual ya existente, se aplicarán las reglas de los artículos 1.101 y ss. C.c.

6. La voluntad unilateral como fuente de las obligaciones

Cuando se pregunta si la voluntad unilateral puede ser fuente de obligaciones, se plantea el problema de si pueden nacer obligaciones de una declaración unilateral, precisamente para dejar obligado al mismo autor de la declaración. Si únicamente una persona ha formulado la declaración cuyos efectos se discuten, parece que igualmente sólo ha de depender de ella que su eficacia sea mantenida, lo que parece estar en contradicción con la norma fundamental de que la validez y cumplimiento de una obligación no puede quedar al arbitrio del obligado.[10]

Sin embargo, lo declarado por una sola persona puede haber influido en la conducta ajena y será necesario proteger la confianza depositada de buena fe en aquella declaración. La obligación no habrá nacido de las declaraciones de voluntad de dos personas, sino de la conducta de ambas en su influencia recíproca, en los casos en que sería injusto no amparar las consecuencias de esta recíproca influencia. En la medida en que la declaración de voluntad unilateral haya sido un factor de inducción de una conducta ajena, ha de ser valorada como fuente de obligaciones.

La moderna doctrina del «contrato social» sin duda facilita la comprensión de los efectos que ha de tener la voluntad declarada de manera unilateral, pero mantenida frente a la actividad de quien puede haber confiado en la declaración. De dos maneras fundamentales puede tener eficacia la voluntad declarada: fundándose en la declaración y en su aceptación verbal o escrita por otros sujetos, o fundándose en la confianza depositada en la declaración.

10. Enrique LALAGUNA, *La voluntad unilateral como fuente de obligaciones,* Libro Homenaje a Don Ramón M.ª Roca Sastre, II, pp. 189 a 228; Enrico DELL'AQUILA, *La promesa unilateral como fuente general de obligaciones,* Revista de Derecho privado, 1979, pp. 796 a 806; C. B. *Declaración unilateral de voluntad (Sentencia T. S. de 17 octubre* 1975), Anuario de Derecho civil, 1977, pp. 194 a 207; F. CANDIL Y CALVO, *Naturaleza jurídica de la promesa de recompensa a persona indeterminada,* Madrid, 1914; DÍEZ-PICAZO, *Las declaraciones unilaterales de voluntad como fuentes de obligaciones la jurisprudencia del Tribunal Supremo. En torno a la sentencia de* 3 *febrero* 1973, Anuario de Derecho civil, 1974, pp. 456 y ss.

El supuesto más importante es el de una promesa pública de recompensa. En ella el declarante ha de quedar obligado por la sola fuerza de su declaración, unida a la confianza depositada en ella por el aceptante o por quien ha cumplido la condición de la que se hacía depender la eficacia de la promesa.

La jurisprudencia ha tenido que ocuparse de casos prácticos que, en ocasiones, sólo en apariencia plantean el verdadero problema de la voluntad unilateral como fuente de obligaciones. Así, la Sentencia de 21 marzo 1957 (Aranzadi, núm. 1.564) resolvió un recurso de casación que presentaba como declaración unilateral de voluntad lo que era una declaración escrita por la que el demandado se comprometía a dejar la casa que ocupaba a cambio de una cantidad, cuando en realidad se trataba de una declaración que formaba parte de un contrato.

Las Sentencias de 5 mayo 1958 (Aranzadi, núm. 1.714) y de 13 noviembre 1962 (Aranzadi, núm. 4.288), que a veces se citan en relación con esta cuestión, tampoco se ocuparon de casos en los que se planteara el verdadero problema de la voluntad unilateral como fuente de obligaciones, sino de ofertas aceptadas por persona interesada y, por tanto, de contratos.

Con razón ha observado la doctrina (Albaladejo, Díez-Picazo) que a veces se invocan sentencias que no resolvieron el problema de la voluntad unilateral como fuente de obligaciones. Las Ss. 3 febrero 1973 (Aranzadi, núm. 403) y 1.º diciembre 1955 en realidad se ocuparon de supuestos de reconocimiento y fijación de situaciones jurídicas anteriores.

El caso que más propiamente planteó el tema sigue siendo el de la Sentencia de 6 junio 1916, sobre promesa pública de recompensa, que desestimó la demanda por la razón principal de que pedía el pago de la recompensa un Inspector de Policía que tenía prohibido recibir remuneración por sus servicios.

II
CLASES DE OBLIGACIONES POR RAZÓN DEL VÍNCULO

1. Clasificación de las obligaciones

Las obligaciones ofrecen rasgos peculiares que permiten su clasificación en grupos a los que se aplican, con las reglas generales de todas las obligaciones, otras reglas que son generales en relación a cada grupo.

El Código dedica artículos separados a las siguientes clases de obligaciones: 1.° obligaciones puras y a las condicionales (arts. 1.113 a 1.124); 2.° obligaciones a plazo (arts. 1.125 a 1.130); 3.° obligaciones alternativas (arts. 1.131 a 1.136); 4.° mancomunadas y las solidarias (arts. 1.137 a 1.148); 5.° divisibles e indivisibles (arts. 1.149 a 1.151); y 6.° obligaciones con cláusula penal (arts. 1.152 a 1.155).

Pero existen obligaciones de otras clases, por lo que, siguiendo el criterio más corriente, examinaremos las que se agrupan por razón del vínculo, de los sujetos y del objeto.

A) Por razón del vínculo son: *a)* perfectas e imperfectas si se atiende a su eficacia; *b)* puras, condicionales y a plazo, por sus modalidades; y *c)* unilaterales y bilaterales por la unidad o pluralidad de vínculos.

B) Por razón de los sujetos son unipersonales o individuales y pluripersonales o colectivas, subdividiéndose estas últimas en mancomunadas y solidarias.

C) Por razón del objeto: *a)* en atención a la unidad o pluralidad de objetos se dividen en únicas y múltiples, pudiendo ser las últimas conjuntivas, alternativas y facultativas; *b)* por las particularidades que pueden concurrir en el objeto, pueden ser positivas y negativas, posibles e imposibles, específicas y genéricas, divisibles e indivisibles, principales y accesorias.

2. Obligaciones perfectas e imperfectas

Es normal y necesario que.el derecho de crédito conceda acción para reclamar el cumplimiento de la prestación debida. Sin embargo, en algunos casos alguien aparece como obligado respecto de otra persona, que sería su acreedor, a pesar de que no puede demandarle. El resultado es que si el obligado realiza voluntariamente la prestación debida no podrá pedir la devolución, lo que en cambio sería posible si se hubiese tratado de un pago no debido (cfr. arts. 1.895 a 1.901). Puede citarse el caso de la deuda extinguida por prescripción, que el deudor puede negarse a pagar oponiendo la oportuna excepción; pero, si no lo hace y realiza el pago, éste será eficaz y definitivo.

En alguna ocasión se ha sostenido que se trata de supuestos de deuda sin responsabilidad; pero con razón se ha opuesto que en semejantes casos no sólo está excluida la acción de condena, sino incluso la acción de simple declaración.[1]

Por lo general se trata de obligaciones fundadas en un deber moral, y por supuesto que nadie puede pretender que sea judicialmente condenada una persona a la que incumbe un deber de esta clase.

La solución en realidad es sencilla: el Derecho no interviene en contra de quien sólo está obligado por un deber moral; pero, en cambio, si la persona afectada cumple con el deber, el Derecho no podrá considerar que se trate de un pago indebido, sino que estimará más justo que lo ya realizado sea mantenido como válido y eficaz. El Derecho se abstiene a la hora de hacer cumplir un deber moral, pues ello es demasiado delicado para llevarlo a los Tribunales; pero igualmente se abstendrá cuando un deber moral ya ha sido cumplido.

En relación con el Código civil, se ha pretendido que algunos artículos se fundan en el reconocimiento de las obligaciones naturales. Son los siguientes:

---

1. ROCAMORA, *Contribución al estudio de las obligaciones naturales*, Revista de Derecho privado, 1945, pp. 485 y ss.; RODRÍGUEZ ARIAS BUSTAMANTE, *La obligación natural*, Madrid, 1953; LACRUZ, *Las obligaciones naturales*, Estudios de Derecho civil, Barcelona, 1958; MARTÍN BALLESTERO, *La obligación natural*, Temis, 1959; Luis MARTÍNEZ Y GÓMEZ-CALCERRADA, *Problemática de las obligaciones naturales (eficacia jurídica del deber moral cualificado)*, Revista General de Legislación y Jurisprudencia, 1964, tomo 216, pp. 327 a 373; Luis MOISSET DE ESPAÑES, *Obligaciones naturales y deberes morales*, Revista General de Legislación y Jurisprudencia, 1969, tomo 226, pp. 564 a 624.

1. Se ha pretendido que el art. 1.208 reconoce una obligación natural cuando permite la novación de obligaciones anulables. Sin embargo, la obligación que no es radicalmente nula, sino meramente anulable, es inicialmente válida y eficaz como otra cualquiera. El obligado puede impugnarla, pero también puede convertirla en plenamente válida; en todo caso el problema es estrictamente jurídico.

2. El art. 1.824 admite la posibilidad de afianzar obligaciones anulables «a virtud de una excepción puramente personal del obligado», y también se ha pretendido que ello demuestra que las obligaciones imperfectas pueden afianzarse. Pero, como en el caso anterior, nos encontramos con una obligación civil que puede quedar anulada, pero que igualmente puede consolidarse, y para este supuesto es admisible la constitución de la fianza.

3. El art. 1.756 dice: «El prestatario que ha pagado intereses sin estar estipulados, no puede reclamarlos ni imputarlos al capital».

La regla es inexplicable, pues nada aclara acerca de si son reclamables los intereses anteriores y los posteriores a tal pago; y si no lo son, no hay razón alguna que justifique la solución del Código, que sin duda se mantiene por pura inercia.

4. El art. 1.798 se refiere a que no puede reclamarse lo ganado en los juegos de azar, pero deniega al que ha perdido el derecho a pedir la restitución de lo pagado por tal concepto.

Parece absurdo hablar en este caso de obligación moral, por tratarse en realidad de créditos nacidos de actividades poco edificantes. Lo que sin duda sucede es que la ley ha estimado menos perturbador respetar el estado de cosas resultante de la conducta de los interesados: *in turpis causa melior est conditio possidentis.*

5. El primer párrafo del art. 1.894 se refiere al derecho de quien ha prestado alimentos sin estar obligado a ello, para reclamarlos de quien debía haberlo hecho, excepto si los dio «por oficio de piedad y sin ánimo de reclamarlos».

Sin duda el hecho de haberse realizado el pago solamente para cumplir un deber moral y sin ánimo de reclamarlos es la base del efecto dispuesto por la ley.

6. El art. 1.901 dice: «Se presume que hubo error en el pago cuando se entregó cosa que nunca se debió o que ya estaba pagada; pero aquel a quien se pida la devolución puede probar que la entrega se hizo a título de liberalidad o por otra causa justa».

La referencia a la «causa justa» ha servido para que se afirmara la existencia de una obligación natural. Sin embargo, nos parece más acertado estimar que no procede pedir la restitución de lo entregado obedeciendo a una justa causa que puede ser moral. Una cosa es que no pueda demandarse a quien se considere simplemente obligado en conciencia, y otra cosa muy distinta que el Derecho permitiera desvirtuar el cumplimiento de un deber.[2]

3. Obligaciones puras, condicionales y a plazo

En atención al momento en que la prestación es exigible, las obligaciones se dividen en puras, condicionales y a plazo.

Puras son las exigibles desde el mismo instante de quedar constituida la relación obligatoria.

Condicionales son aquellas cuya eficacia depende de un acontecimiento incierto.

Aplazo o a término son las que dejan establecida en firme la prestación que, sin embargo, no podrá exigirse hasta el momento posterior ya determinado.

A. Obligaciones puras

Son obligaciones puras las que no están supeditadas a un acontecimiento futuro e incierto (condición) ni ha de esperarse para exigirlas a que venza determinado plazo.

A ellas se refiere el art. 1.113 del Código civil:

«Será exigible desde luego toda obligación cuyo cumplimiento no dependa de un suceso futuro o incierto, o de un suceso pasado, que los interesados ignoren.

»También será exigible toda obligación que contenga condición resolutoria, sin perjuicio de los efectos de la resolución.»

El precepto excluye del concepto de obligación pura las circunstancias que constituyen una condición (suceso futuro o incierto), pero no hay duda que esta clase de obligación tampoco puede estar sometida a plazo o término.

---

2. Rafael NÚÑEZ LAGOS, *Pago de lo indebido sin error,* Revista General de Legislación y Jurisprudencia, 1946 y edición separada, pp. 17 y 18, dice con referencia al art. 1.901 C.c.: «No cabe, pues, hablar de obligaciones naturales en el Código civil. En todo caso, puede hablarse *extra* o *supra legem* de deberes morales, o de situaciones jurídicas conformes o contrarias a la moral».

Las obligaciones no sometidas a condición ni a plazo son las exigibles «desde luego», expresión que señala la coincidencia entre quedar las partes obligadas y el momento de ser ya exigible la prestación.

Es posible que el título constitutivo de una obligación no señale expresamente el plazo, pero que, a pesar de ello, deba considerarse aplazada en virtud de lo previsto en el art. 1.128:

«Si la obligación no señalare plazo, pero su naturaleza y circunstancias se dedujere que ha querido concederse al deudor, los Tribunales fijarán la duración de aquél.

»También fijarán los Tribunales la duración del plazo cuando éste haya quedado a voluntad del deudor.»

Por otra parte es posible que una obligación que no señale plazo expresamente, deba conceder al deudor un tiempo breve, pero prudencial, para que pueda realizar el pago. Cfr. S. 20-12-1892.

El Código de comercio lo dispone expresamente en el art. 62:

«Las obligaciones que no tuvieren término prefijado por las partes o por las disposiciones de este Código, serán exigibles a los diez días después de contraídas, si sólo produjeren acción ordinaria, y al día inmediato, si llevaren aparejada ejecución.»

Es frecuente, en la práctica, que una obligación de pago haya sido prevista como pura, pero que por exigir una previa liquidación que determine la suma que ha de ser abonada, deba considerarse sometida a condición o a plazo. Cfr. S. 13-6-1944.

Por otra parte, si la relación jurídica es bilateral ha de tenerse en cuenta lo que se dirá en relación con la necesidad de cumplimiento simultáneo y de la compensación de la mora o retraso en el cumplimiento, cuando han incurrido en ella ambas partes y ninguna de ellas estaba obligada a adelantar su prestación.

B. Obligaciones condicionales

Son aquellas cuya eficacia depende de la realización o no realización de un hecho futuro e incierto.

La incertidumbre es un factor esencial, en el sentido de que no ha de saberse si el acontecimiento al que se subordina el efecto de la obligación se producirá o no.

No es plazo sino condición hacer depender la obligación de un día que no se sabe si ha de llegar o no. Como dispone el art. 1.125, párrafo tercero, «si la incertidumbre consiste en si ha de llegar o no el día, la obligación es condicional, y se regirá por las reglas de la sección precedente».

La condición consiste, por tanto, en un hecho futuro e incierto. Pero de la redacción del art. 1.113 parece que también puede consistir en «un suceso pasado que los interesados ignoren».[3]

Si los efectos que en la obligación condicional dependen del acontecimiento futuro e incierto consisten en la adquisición de los derechos previstos, se dice que la obligación está sometida a condición suspensiva, pues, de momento, los efectos se hallan en suspenso.

En cambio, cuando lo que ha quedado subordinado es la resolución o pérdida de unos derechos que de momento se adquieren, la obligación está sometida a condición resolutoria.

El Código dispone en el art. 1.114: «En las obligaciones condicionales la adquisición de los derechos, así como la resolución o pérdidas de los ya adquiridos, dependerán del acontecimiento que constituya la condición».

Hay que distinguir tres fases o períodos en el desarrollo de estas obligaciones: el período en que la condición está pendiente; el momento en que se sabe que no se realizará; y el momento en que ya se ha realizado.

En esta fase inicial la obligación ya está constituida, pero, en cuanto a sus efectos, ha de esperarse a que desaparezca la incertidumbre y pueda saberse si la prestación es o no exigible.

Las partes ya están vinculadas, pero desconocen si el vínculo que las une será eficaz. Pero en esta fase provisional ya se producen ciertos efectos. Como dispone el art. 1.121:

«El acreedor puede, antes del cumplimiento de las condiciones, ejercitar las acciones procedentes para la conservación de su derecho.

»El deudor puede repetir lo que en el mismo tiempo hubiese pagado.»

---

3. Que la condición también pueda consistir en «un suceso pasado que los interesados ignoren», es una innovación del Código que los autores censuran porque un suceso pasado puede ser desconocido, pero no puede ser incierto si ya ha transcurrido. No sólo hace falta la incertidumbre subjetiva (incertidumbre personal de los sujetos de la obligación), sino incertidumbre objetiva (que sea objetivamente incierto si el hecho se producirá o no). Cfr. ALBALADEJO, *El negocio jurídico*, Barcelona, 1958, p. 250. La falta de incertidumbre impide que sean condiciones una serie de figuras que a veces se califican de condiciones impropias, como las *imposibles* (arts. 792 y 1.116 C.c.), las *necesarias* (art. 1.125, 2.º, C.c.), las de presente o de pasado (art. 1.113) y las legales o condiciones *iuris*, que son los factores condicionantes, previstos por la ley, para la eficacia de un negocio jurídico, como la muerte del testador para la eficacia del testamento, o la efectiva celebración de un matrimonio para la eficacia de unas capitulaciones matrimoniales (cfr. art. 1.334 C.c.).

Es decir, el sujeto pasivo en la relación obligatoria está obligado a conservar el objeto de la posible prestación y evitar los hechos que pudieran impedirla. Por ello, si la cosa se pierde por culpa del deudor, éste queda obligado al resarcimiento de daños y perjuicios (art. 1.122, regla 2.ª), y si se deteriora por su culpa, el acreedor podrá optar entre la resolución de la obligación y su cumplimiento, con la indemnización de perjuicios en ambos casos (art. 1.122, regla 4.ª).[4]

Cuando la condición suspensiva no puede realizarse desaparece la obligación y todos sus posibles efectos. Pero si la causa de la imposibilidad fuese que el obligado lo impidió voluntariamente, el artículo 1.119 C.c. ordena que la condición se tenga por cumplida. Por tanto, en este supuesto la obligación se impone contra la mala fe del obligado. Cfr. Ss. 17-3-1941 y 17-5-1966.[5]

Cuando la condición suspensiva ha quedado realizada la prestación que se hallaba en suspenso ya es exigible. El Código civil distingue la obligación de dar y la de hacer o no hacer.

Según el art. 1.120-1: «Los efectos de la obligación condicional de dar, una vez cumplida la condición, se retrotraen al día de la constitución de aquélla».[6]

Sin embargo, este efecto retroactivo no parece muy congruente con las reglas de los arts. 609 y 1.095 C.c., porque parece como si la entrega que estos preceptos exigen hubiese quedado ya realizada en el momento de constituirse la obligación. Además, si durante la pendencia de la condición el obligado a enajenar una cosa la hubiese transmitido a un tercero, sin duda se trataría de un caso de doble venta de una misma cosa a diferentes compradores (art. 1.473 C.c.).

---

4. DÍEZ-PICAZO, *Fundamentos del Derecho civil patrimonial*, cuarta edición, volumen segundo, Madrid, 1993, p. 366. En correlación a estos deberes, el acreedor puede ejercitar las acciones procedentes para la conservación de su derecho, mientras se aguarda el cumplimiento o incumplimiento de la condición suspensiva. Cfr. Joaquín TORRES DE CRUELLS, *La medida cautelar del art. 1.121 del Código civil*, Anuario de Derecho civil, 1959, pp. 1.219 a 1.236.

5. J. BELTRÁN DE HEREDIA, *En torno a la condición potestativa*, Revista de Derecho privado, 1963, pp. 215 a 226.

6. DÍEZ-PICAZO, citado, pp. 362 y 363, dice que la formula de la retroactividad encuentra su justificación en la idea de que generalmente será el criterio más útil para solucionar los conflictos que puedan surgir entre las partes. Sin embargo, por lo que se refiere al momento traslativo, opina que no hay retroacción porque en nuestro Derecho positivo la transmisión no se produce por el solo efecto del consentimiento, como resulta de los artículos 609 y 1.095 C.c. En cuanto a los actos de disposición realizados por el deudor interino, no hay duda que con ellos habrá incurrido en incumplimiento; pero reconoce que si el adquirente es de buena fe, la solución del conflicto entre dos títulos traslativos estará en las previsiones del art. 1.473 C.c. Cfr. ÁLVAREZ VIGARAY, *La retroactividad de la condición*, Anuario de Derecho civil, 1964, pp. 829 y ss.

Por lo que afecta a los frutos e intereses, el art. 1.120 C.c., después de establecer la retroacción de efectos que hemos visto, dispone:

«Esto no obstante, cuando la obligación imponga recíprocas prestaciones a los interesados, se entenderán compensados unos con otros los frutos e intereses del tiempo en que hubiese estado pendiente la condición. Si la obligación fuere unilateral, el deudor hará suyos los frutos e intereses percibidos, a menos que por la naturaleza y circunstancias de aquélla deba inferirse que fue otra la voluntad del que la constituyó.

»En las obligaciones de hacer y de no hacer los Tribunales determinarán, en cada caso, el efecto retroactivo de la condición cumplida.»

En resumen, la solución simplificadora de estimar compensados los frutos e intereses en la obligación bilateral, excluye de hecho la retroactividad, y si la obligación es unilateral quedará igualmente excluida por la disposición de que el deudor puede hacer suyos los frutos percibidos.

El Código también ha previsto los casos de pérdida, deterioro y mejoras de la cosa al cumplirse la condición suspensiva en una obligación de dar. Según el art. 1.122:

«1.ª Si la cosa se perdió sin culpa del deudor, quedará extinguida la obligación

»2.ª Si la cosa se perdió por culpa del deudor, éste queda obligado al resarcimiento de daños y perjuicios.

»Entiéndase que la cosa se pierde cuando perece, queda fuera del comercio o desaparece de modo que se ignora su existencia, o no se puede recobrar.

»3.ª Cuando la cosa se deteriora sin culpa del deudor, el menoscabo es de cuenta del acreedor.

»4.ª Deteriorándose por culpa del deudor, el acreedor podrá optar entre la resolución de la obligación y su cumplimiento, con la indemnización de perjuicios en ambos casos.

»5.ª Si la cosa se mejora por su naturaleza, o por el tiempo, las mejoras ceden en favor del acreedor.

»6.ª Si se mejora a expensas del deudor, no tendrá éste otro derecho que el concedido al usufructuario.»

Esta regla 6.ª remite al art. 487, que permite al usufructuario retirar las mejoras hechas en los bienes usufructuados «si fuere posible hacerlo sin detrimento de los bienes». Además, el art. 488 concede al usufructuario el derecho de compensar los desperfectos de los bienes con las mejoras que en ellos hubiese hecho.

La obligación sometida a condición resolutoria produce inicialmente los mismos efectos que la obligación pura, y lo que depende del cumplimiento de la condición es el cese o desaparición, o, por el contrario, la consolidación definitiva, de estos efectos.

El art. 1.113 C.c., después de referirse en el primer párrafo a que es exigible toda obligación pura, añade en el segundo: «También será exigible toda obligación que contenga condición resolutoria, sin perjuicio de los efectos de la resolución».

Los efectos de estas condiciones que tienen por objeto resolver la obligación de dar aparecen detalladas en el art. 1.123 C.c.

Cuando tengan por objeto resolver las obligaciones de dar, los interesados, cumplidas las condiciones, deberán restituirse lo que hubiesen percibido. Primer párrafo del citado artículo, que en el segundo añade:

«En el caso de pérdida, deterioro, o mejora de la cosa, se aplicarán al que deba hacer la restitución las disposiciones que respecto al deudor contiene el artículo precedente.»

«En cuanto a las obligaciones de hacer y no hacer, se observará, respecto a los efectos de la resolución, lo dispuesto en el párrafo segundo del art. 1.120.»

Merecen atención especial las condiciones *potestativas,* que son aquellas en que el hecho que constituye la condición depende de la voluntad de una de las partes. Junto con las potestativas se habla también de las *casuales* y de las *mixtas.* En las casuales el hecho condicionante depende del azar y en las mixtas depende en parte de la voluntad de los interesados y en parte de otras circunstancias.

Las potestativas son las que plantean alguna dificultad. El art. 1.115 C.c. dispone: «Cuando el cumplimiento de la condición dependa de la exclusiva voluntad del deudor, la obligación condicional será nula. Si dependiere de la suerte o de la voluntad de un tercero, la obligación surtirá todos sus efectos con arreglo a las disposiciones de este Código».[7]

La nulidad decretada para el caso de que el cumplimiento de la condición dependa de la voluntad del deudor no puede ofrecer duda y se explica porque nadie puede quedar obligado si depende del mismo la eficacia del vínculo obligatorio. En el mismo sentido y sin establecer diferencia entre el acreedor y el deudor, el art. 1.256 C.c. dispone: «La validez y el cumplimiento de los contratos no puede dejarse al arbitrio de uno de los contratantes».

---

7. Beltrán de Heredia, obra citada en la anterior nota 5.

Es evidente que el hecho incierto del que dependa la eficacia de la obligación ha de producirse, o dejar de producirse, con independencia de la voluntad de una de las partes. De lo contrario no se trataría de una condición, sino de que uno de los contratantes se había reservado decidir sobre la eficacia del contrato. Pero, con el fin de comprenderlo debidamente, es necesario distinguir dos clases de condiciones potestativas, las llamadas *simplemente potestativas* y las *rigurosamente potestativas*.

Cuando la condición dependa de que el supuesto obligado realice un acto que suponga tan poco esfuerzo que sea equivalente a dejar la obligación pendiente de la reiteración de su voluntad de quedar obligado, no puede admitirse que la obligación ya haya quedado establecida en firme. Por ello, la obligación que depende de una condición puramente potestativa del deudor, más que nula (como dice el art. 1.115 C.c.), es una obligación inexistente o solamente proyectada, pendiente de que el posible deudor consienta verdaderamente en obligarse. Ésta es la condición rigurosa o puramene potestativa.

Pero distinto es el caso de que la obligación dependa de que el obligado adopte una decisión que suponga cierto sacrificio para el mismo. Si no se trata de algo que dependa del puro arbitrio del obligado, sino de un acto cuya realización limite la libertad jurídica de quien ha de considerarse obligado, el vínculo ya tendrá bastante consistencia para que no se diluya en el puro arbitrio del deudor. Es como la diferencia entre decir una de las parte que venderá su casa a la otra parte si decide hacerlo, o que se la venderá si decide trasladarse a otra población. En este segundo supuesto se tratará de una condición simplemente potestativa. Cfr. sentencia de 10 de diciembre de 1960 (Rep. Aranzadi, núm. 3.793).

La condición simplemente potestativa no está reconocida expresamente en el Código, pero ha de estimarse admitida cuando se trate de un cumplimiento que no dependa de la exclusiva voluntad del deudor, como dice el art. 1.115. Según el mismo artículo, si el cumplimiento de la condición depende de la suerte o de la voluntad de un tercero, la obligación surtirá todos sus efectos.

El Código civil se refiere además a las condiciones *positivas (o afirmativas) y negativas*. Según Albaladejo, el criterio diferencial es el siguiente: «La condición es positiva cuando consiste en que acontezca algo que modifique el actual estado de las cosas, y es negativa cuando consiste en que falte determinado suceso, y que, por tanto, las cosas no varíen».[8]

---

8. ALBALADEJO, *El negocio jurídico*, citado, p. 241.

El Código adopta los siguientes criterios. Según el art. 1.117: «La condición de que ocurra algún suceso en un tiempo determinado extinguirá la obligación desde que pasare el tiempo o fuere ya indudable que el acontecimiento no tendrá lugar».

Según el art. 1.118: «La condición de que no acontezca algún suceso en tiempo determinado hace eficaz la obligación desde que pasó el tiempo señalado o sea ya evidente que el acontecimiento no puede ocurrir.

»Si no hubiere tiempo fijado, la condición deberá reputarse cumplida en el que verosímilmente se hubiere querido señalar, atendida la naturaleza de la obligación».

El Código también dicta reglas para las condiciones *imposibles, inmorates y prohibidas*. Según el art. 1.116: «Las condiciones imposibles, las contrarias a las buenas costumbres y las prohibidas por la ley *anularán la obligación* que de ellas dependa». Añade en su segundo apartado: «La condición de no hacer una cosa imposible se tiene por no puesta».

Pero el Código adopta un criterio diferente cuando se refiere a la institución de heredero y al legado condicional. En el art. 792 dispone: «Las condiciones imposibles y las contrarias a las leyes o a las buenas costumbres *se tendrán por no puestas* y en nada perjudicarán al heredero o legatario, aun cuando el testador disponga otra cosa».

Esta dualidad de criterios llama la atención. Para explicar la diferencia se ha dicho que la nulidad de una obligación resultante de un negocio *inter vivos* no impide que los interesados puedan repetirlo y eliminar la condición, mientras que en una disposición por causa de muerte no se dará la misma oportunidad porque lo ordenado en testamento será conocido cuando el que podía repetirlo ya ha fallecido.

Si los efectos de la obligación se han subordinado a que no se haga una cosa imposible, el art. 1.116-2 ordena que la condición se tenga por no puesta. Por tanto, la obligación subordinada a una condición imposible será una obligación pura. Parece más dudoso lo que se ha de entender cuando la condición imposible ha sido establecida como resolutoria. ¿Cómo puede actuar como condición resolutoria lo que ya sucede desde el principio? El Código civil adopta la solución simplista, pero que es la más clara, de tener por no puesta la condición de no hacer una cosa imposible, sin distinguir entre condición suspensiva y resolutoria.

C. *Obligaciones a plazo*

Obligaciones a plazo o a término son aquellas cuyos efectos han de comenzar o cesar en un momento futuro y que necesariamente ha de llegar. A ellas se refiere el art. 1.125 C.c.:

«Las obligaciones para cumplimiento se haya señalado un día cierto, sólo serán exigibles cuando el día llegue.

»Entiéndese por día cierto aquel que necesariamente ha de venir, aunque se ignore cuándo.

»Si la incertidumbre consiste en si ha de llegar o no el día, la obligación es condicional, y se regirá por las reglas de la sección precedente.»

De este hecho futuro y de realización cierta puede depender tanto la realización de los efectos de la obligación, como la cesación de los efectos inicialmente producidos. Por consiguiente, la obligación aplazada puede serlo con efectos suspensivos o resolutorios.

El transcrito art. 1.125 parece referirse exclusivamente al plazo suspensivo, al decir que las obligaciones aplazadas sólo serán exigibles cuando el día llegue; pero el propio Código admite el plazo resolutorio en otras disposiciones; así, el art. 1.569, causa 1.ª, establece que el arrendador podrá desahuciar judicialmente al arrendatario por haber expirado el término fijado para la duración del contrato; el art. 1.700, causa 1.ª, dispone que la sociedad civil se extinguirá «cuando expire el término por que fue constituida», etc.

El plazo puede haberse establecido en beneficio del acreedor, del deudor o de ambos. La cuestión tiene importancia para saber si el plazo puede ser renunciado. El art. 1.127 establece la siguiente presunción: «Siempre que en las obligaciones se designe un término, se presume establecido en beneficio de acreedor y deudor, a no ser que del tenor de aquéllas o de otras circunstancias resultare haberse puesto en favor del uno o del otro».

Es importante distinguir entre plazo ordinario y esencial. El ordinario no excluye la posibilidad de que la obligación pueda cumplirse después de transcurrido, en conformidad con las reglas de la mora; en cambio, en el término esencial la falta de cumplimiento al llegar el día señalado excluye la posibilidad de su ejecución posterior, por haberse frustrado definitivamente el interés del acreedor.

La obligación constituida en firme pero subordinada a un plazo suspensivo produce el efecto de que las partes están vinculadas, pero el crédito todavía no puede ser exigido y, por lo mismo, el deudor no puede incurrir en mora, ni empieza a contarse el plazo de prescripción, etc.

Si a pesar de todo el deudor hubiese pagado antes del vencimiento del plazo, no podrá pedir la devolución de lo que haya entregado. El art. 1.126 dispone: «Lo que anticipadamente se hubiese pagado en las obligaciones a plazo no se podrá repetir. Si el que pagó ignoraba, cuando lo hizo, la existencia del plazo, tendrá derecho a reclamar del acreedor los intereses o los frutos que éste hubiese percibido de la cosa».

Según el art. 1.915 C.c.: «Por la declaración de concurso vencen todas las deudas a plazo del concursado. Si llegaron a pagarse antes del tiempo prefijado en la obligación, sufrirán el descuento correspondiente al interés legal del dinero».

Durante el período de pendencia de la obligación aplazada, el deudor puede perder el derecho de esperar el vencimiento si sobrevienen circunstancias que pongan en peligro el derecho del acreedor. En este sentido, el art. 1.129 dispone:

«Perderá el deudor todo derecho a utilizar el plazo: 1.º Cuando después de contraída la obligación resulte insolvente, salvo que garantice la deuda. 2.º Cuando no otorgue al acreedor las garantías a que estuviese comprometido. 3.º Cuando por actos propios hubiese disminuido aquellas garantías después de establecidas, y cuando por caso fortuito desaparecieran, a menos que sean inmediatamente sustituidas por otras nuevas e igualmente seguras.»[9]

Puede apreciarse que en los supuestos 2.º y 3.º, en su primera parte, predomina la consideración subjetiva de pérdida de la confianza en el deudor, mientras que en el núm. 1.º aparece dominante el hecho objetivo de la insolvencia, que puede haberse producido de manera fortuita, y en la segunda parte del núm. 3.º se considera el hecho de la desaparición de las garantías por caso fortuito. En los supuestos con fundamento objetivo, el deudor puede evitar el vencimiento anticipado mediante la constitución o sustitución de garantías.

Respecto a la manera de contar el plazo, el art. 1.130 dispone: «Si el plazo de la obligación está señalado por días a contar desde uno determinado, quedará éste excluido del cómputo, que deberá empezar en el día siguiente».

Por tratarse de plazos que transcurren al margen de toda actuación judicial o de organismos oficiales, no hay que descontar los días feriados para su cálculo. Compárese el actual art. 5.º C.c.

---

9. MORENO QUESADA, *El vencimiento anticipado del crédito por alteración de sus garantías*, Anuario de Derecho civil, 1971, p. 429 a 480.

4. Obligaciones unilaterales y bilaterales

En la obligación unilateral sólo una parte es acreedora y la otra sólo es deudora. La primera tiene derecho a exigir el cumplimiento de la prestación debida y la otra está obligada a realizar la correspondiente prestación.

En la obligación bilateral ambas partes son al mismo tiempo acreedoras y deudoras porque cada obligación es contrapartida o causa justificativa de la otra.

Conviene puntualizar que al referirnos ahora a la obligación unilateral, se trata de unilateralidad en el contenido de la relación, pero no en su origen, que es convencional o nacido de pacto. No se trata ahora de que sólo exista una parte, sino de que sólo una está obligada. Obligación unilateral o simple, por tanto, es la que sólo mantiene a una persona obligada frente a otra, sin que ésta, a su vez, asuma obligación alguna.

Otra puntualización es necesaria. Hay obligaciones en las que sólo una de las partes aparece inicialmente como acreedora y la otra como deudora, a pesar de lo cual, antes de extinguirse, el acreedor puede quedar obligado respecto al deudor, y éste será acreedor por razón de las prestaciones secundarias nacidas a su favor. Así puede suceder en relaciones de custodia, etc. Estas obligaciones accesorias sobrevenidas no convierten en bilateral a la obligación que es unilateral por razón de su principal contenido. Entre las cualidades de acreedor y de deudor de cada parte no media un enlace necesario. Depositario o comodatario, por ejemplo, seguirán siendo deudores principales de la cosa aunque tengan algún crédito contra el propietario por razón de cantidades invertidas en interés de éste, pues se tratará de derechos de crédito nacidos después de contraída la obligación principal y que en muchos casos no llegan a nacer.[10]

Para que existan obligaciones propiamente bilaterales es necesario, no sólo que existan prestaciones a cargo de cada una de ellas, sino que entre ambas exista mutua condicionalidad, por haber sido

10. Es preferible mantener esta división entre obligaciones unilaterales y bilaterales, considerando que las primeras no se desvirtúan como tales por el hecho de que puedan sobrevenir obligaciones accesorias a cargo del que siempre será el principal acreedor. Importa mucho más separar los contratos propiamente bilaterales de todos los que son unilaterales en uno u otro sentido, que colocar en grupos aparte las obligaciones rigurosamente unilaterales y las no rigurosamente unilaterales. Cfr. ENNECCERUS y LEHMANN, *Derecho de obligaciones*, volumen 1.º, segunda edición española, Barcelona, 1954, p. 163.

querida cada una como equivalente de la otra. En este sentido, véase la Sentencia de 5 de enero de 1905.

5. Efectos de las obligaciones bilaterales: la excepción de incumplimiento

Las obligaciones propiamente bilaterales o recíprocas producen los tres siguientes efectos fundamentales: la excepción del contrato no cumplido, la especialidad que en cuanto a la mora establece el último párrafo del art. 1.100, y la facultad de resolución que regula el art. 1.124.

Los tres efectos tienen su fundamento en la necesidad del cumplimiento simultáneo de las prestaciones debidas, como regla general. Puede suceder que la ley, el contrato o los usos sociales señalen cuál de los obligados ha de anticipar su prestación; pero, si no es así, ninguna de las partes puede exigir a la otra el cumplimiento sin ofrecer al mismo tiempo la prestación que le corresponde. Esta regla del cumplimiento simultáneo no está formulada de manera expresa por el Código civil, pero es aceptada por la doctrina y la jurisprudencia, por deducirse de las reglas particulares contenidas en los arts. 1.100, 1.124 y 1.466 C.c. Cfr. Sentencia de 4 de noviembre de 1963 (Aranzadi, número 4.398).[11]

La excepción de contrato no cumplido *(exceptio inadimpleti contractus)* es la negativa provisional que el demandado opone a la demanda mientras el actor no cumpla la obligación que le corresponde. Por tanto, es una verdadera excepción, como medio de defensa a favor del demandado (Espín). La excepción neutraliza de momento el derecho del actor, pero no lo extingue, aunque procesalmente conducirá a la desestimación de la demanda, que sólo podrá evitar el actor ofreciendo el cumplimiento simultáneo de la prestación que le corresponde. No procederá la excepción si sólo hay incumplimiento de obligaciones secundarias o accesorias.[12]

La regla general del cumplimiento simultáneo aparece en varios artículos del Código. Por ejemplo, el art. 1.308 dispone que mientras uno de los contratantes, en un contrato declarado nulo, no realice la

---

11. J. PINTÓ RUIZ, *Resolución del contrato y la regla periculum est emptoris*, Libro Homenaje a Ramón M.ª Roca Sastre, II, pp. 519 a 582.

12. ESPÍN CANOVAS, *La excepción de incumplimiento contractual*, Anuario de Derecho civil, 1964, pp. 543 a 581.

devolución de aquello a que en virtud de la declaración de nulidad esté obligado, «no puede el otro ser compelido a cumplir por su parte lo que le incumba». El art. 1.466 dispone que el vendedor no ha de entregar la cosa vendida si el comprador no le ha pagado el precio, cuando el pago no esté aplazado. Incluso en caso de aplazamiento de pago, el art. 1.467 suspende la entrega cuando existe el riesgo para el vendedor de perder la cosa y el precio. El art. 1.500, dispone que el pago deberá hacerse en el tiempo y lugar en que se haga la entrega de la cosa vendida.

En caso de cumplimiento sólo parcial o defectuoso procederá la excepción de falta de cumplimiento regular *(exceptio non rite adimpleti contractus)*, con negativa del demandado a realizar la prestación hasta que la parte actora haya cumplido debidamente la suya.

La regla del cumplimiento simultáneo condiciona la aparición de la mora de la manera que resulta del art. 1.100, último párrafo, C.c.: «En las obligaciones recíprocas ninguno de los obligados incurre en mora si el otro no cumple o no se allana a cumplir debidamente lo que le incumbe. Desde que uno de los obligados cumple su obligación, empieza la mora para el otro».

6. La facultad de resolución implícita en las obligaciones recíprocas

El importante art. 1.124 C.c. dispone lo siguiente:

«La facultad de resolver las obligaciones se entiende implícita en las recíprocas, para el caso de que uno de los obligados no cumpliere lo que le incumbe.

»El perjudicado podrá escoger entre exigir el cumplimiento o la resolución de la obligación, con el resarcimiento de daños y abono de intereses en ambos casos. También podrá pedir la resolución, aun después de haber optado por el cumplimiento, cuando éste resultare imposible.

»El Tribunal decretará la resolución que se reclame, a no haber causas justificadas que le autoricen para señalar plazo.

»Esto se entiende sin perjuicio de los derechos de terceros adquirentes, con arreglo a los arts. 1.295 y 1.298 y a las disposiciones de la Ley hipotecaria».[13]

---

13. J. PINTÓ RUIZ, *En torno a la condición resolutoria tácita*, Revista Jurídica de Cataluña, números 4 y 5 de 1953 y 1.° de 1954; ÁLVAREZ VIGARAY, *La resolución de los*

Ha sido frecuente hablar de esta facultad de resolución como si se tratara del efecto de una condición resolutoria tácita; pero la Sentencia de 5 de julio de 1941 declaró que es más exacto hablar de acción de resolución que de condición resolutoria. En el efecto condicionante de la reciprocidad no existe ninguna condición en sentido propio, ni tan siquiera una de las llamadas condiciones *iuris*; lo que existe es el efecto condicionante que entre sí han de tener necesariamente las prestaciones esenciales y recíprocas de cada relación obligatoria.

La aplicación del art. 1.124 ha suscitado numerosas cuestiones que ha resuelto la jurisprudencia. Las principales han sido:

a) Ha de tratarse de obligaciones propiamente recíprocas, en el sentido de que la que incumbe a cada parte ha de haber sido querida como contraprestación de la que corresponde a la otra. Según la Sentencia de 30 de octubre de 1965 (Aranzadi, núm. 4.752), para la aplicación del art. 1.124 C.c. es necesario «que el principio de reciprocidad esté tan perfectamente caracterizado que no se conciban unas obligaciones sin las otras».

No procede la aplicación del art. 1.124 cuando no existe propia o extricta reciprocidad, sino que sólo concurren prestaciones accesorias a cargo de la parte acreedora. Cfr. Ss. 14 junio 1933 y 5 enero 1935.

b) El art. 1.124 faculta para pedir la resolución desde que se produce el incumplimiento, pero no determina la resolución automática del contrato; para que la resolución se produzca automáticamente las partes han de haber convenido que el incumplimiento tenga la eficacia de una condición resolutoria.

La facultad que concede el art. 1.124 se deja al arbitrio del perjudicado. Cfr. S. 14 noviembre 1962 (Aranzadi, núm. 4.289). En cambio, el carácter de condición resolutoria expresa que las partes hayan convenido, producirá el efecto automático del cumplimiento de una condición de tal clase. Cfr. Ss. 24 febrero 1966 (Aranzadi, núm. 1.533) y 8 mayo 1965 (Aranzadi, núm. 2.519). Los arts. 1.504 y 1.505 C.c. contienen preceptos especiales para la compraventa.

---

contratos bilaterales por incumplimiento, Universidad de Granada, 1972; DÍEZ-PICAZO, *El retardo, la mora y la resolución de los contratos sinalagmáticos*, Anuario de Derecho civil, 1969, pp. 383 a 404; OGAYAR Y AYLLÓN, *Efectos que produce la obligación bilateral – Doctrina jurídica sobre los artículos 1.124 y 1.504 del Código civil*, Pamplona, 1983; A. CRISTÓBAL MONTES, *La mora del deudor en la resolución contractual por incumplimiento*, Revista de Derecho privado, 1985, pp. 91 y ss.

c) El contratante que ejercite el derecho de resolución no ha de haber incurrido por su parte en incumplimiento. Según la Sentencia de 1.° de abril 1925, «el que no cumple la obligación que se impuso en el compromiso, no puede exigir que la otra haga lo que se comprometió a hacer, salvo el caso excepcional de que la falta de cumplimiento de la parte que reclama fuera consecuencia precisa del incumplimiento de la contraria». Cfr. Ss. 22 marzo 1950 (Aranzadi, núm. 710) y de 17 junio 1969 (Aranzadi, núm. 3.495).

d) Ha de tratarse de prestaciones de cumplimiento simultáneo, pero si una de ellas es primera en el vencimiento y no es cumplida, la otra parte puede pedir la resolución sin esperar el vencimiento de la suya. Cfr. Sentencia de 8 mayo 1965 (Aranzadi, núm. 2.519).

e) El art. 1.124 no exige, para que una parte pueda ejercitar la facultad de resolución, que el incumplimiento de la otra sea culpable, por lo que procede incluso en caso de imposibilidad sobrevenida. Como veremos, esta afirmación no es contradictoria de la que estima, según reiterada jurisprudencia, que ha de existir una voluntad deliberadamente rebelde al cumplimiento.

Una doctrina anterior sostenía que el incumplimiento tenía que ser imputable a dolo o culpa del obligado. Con ello, la doctrina de los riesgos se encontraba ante una laguna, pues el art. 1.182 libera al deudor cuya prestación resulte imposible, pero nada dispone sobre la repercusión que ello tendrá en la obligación recíproca. Pero si el «no cumpliere» del art. 1.124 se toma como el hecho objetivo de no ejecutarse la prestación, «la laguna se llena y el problema se resuelve en una forma plenamente coherente con la naturaleza sinalagmática del vínculo» (Díez-Picazo).[14]

Pintó Ruiz llama la atención acerca del segundo párrafo del mismo artículo, que dice que también podrá pedirse la resolución, después de haber optado por el cumplimiento, «cuando éste resultare imposible»; de manera que si procede la resolución en caso de imposibilidad de cumplimiento, no puede sostenerse la necesidad de que medie culpa. En el mismo sentido se pronuncia Albaladejo. Cfr. Ss. 4 marzo 1975 (Aranzadi, núm. 980) y 25 marzo 1964 (Aranzadi, número 1.717).[15]

f) Reiterada jurisprudencia ha exigido que para decretar la resolución solicitada hace falta que por parte del obligado exista una voluntad deliberadamente rebelde al cumplimiento. Ello no es incom-

---

14. DÍEZ-PICAZO, citado en la nota anterior, p. 393.
15. PINTÓ RUIZ, citado en la nota 13, p. 31 de la edición separada.

patible con la tesis anterior porque lo que en todo caso importa de manera decisiva es la frustración del derecho del acreedor.[16]

El párrafo tercero del mismo art. 1.124 dispone que el Tribunal «decretará la resolución que se reclame a no haber causas justificadas que le autoricen para sañalar plazo». Por tanto, si no concurre una «causa justificada» será improcedente la concesión de plazo o la prórroga del inicialmente convenido. Cfr. Ss. 2 enero 1951 (Aranzadi, núm. 231), 5 mayo 1953 (Aranzadi, núm. 1.630), 4 mayo 1982 (Íd., núm. 2.553), 4 octubre 1983 (Íd., 5.227), etc.

g) Los casos de cumplimiento sólo parcial y de prestación defectuosa ofrecen interés especial en relación con el ejercicio de la facultad resolutoria. En principio, el incumplimiento parcial justifica el ejercicio de la acción resolutoria. No hay duda que el vendedor que sólo recibe la mitad del precio no estaba interesado en vender a mitad de precio, ni probablemente en vender sólo la mitad de la cosa enajenada. Sin embargo, el principio de la buena fe puede imponer alguna moderación, como en el supuesto de quedar pendiente de cumplimiento una parte reducida de la total prestación. Díez-Picazo llama la atención sobre este punto, en relación con el art. 7.º-2 del Código civil.

Si la prestación se ha efectuado pero resulta defectuosa, será procedente ejercitar ante todo la correspondiente acción de rectificación y, en su caso, de reducción del precio. Pero si la prestación defectuosa implica la frustración de la finalidad contractual de la parte perjudicada, procederá decretar la resolución. Cfr. Ss. 17 diciembre 1964 (Aranzadi, núm. 5.929), de 25 abril 1973 (Íd., núm. 2.289), acerca de si la acción de resolución es compatible con la redhibitoria, y téngase en cuenta el supuesto a que responde el litigio resuelto por Sentencia de 27 mayo 1949 (Aranzadi, núm. 719) y la de 10 de noviembre de 1981 (Aranzadi, núm. 4.470).

---

16. DÍEZ-PICAZO observa que la afirmación de que ha de existir una «voluntad deliberadamente rebelde al cumplimiento» aparece por primera vez en las sentencias de 5 y 9 de julio de 1941, de las que precisamente resulta que la resolución por incumplimiento procede tanto en el caso de existir una voluntad deliberadamente rebelde como en el de mediar un hecho obstativo que impida la satisfacción del derecho del acreedor. Lugar citado, p. 391. PINTÓ resume la doctrina del T. S. diciendo que la mera abstención de cumplimiento no basta para que proceda la resolución, sino que es necesario que exista una voluntad deliberadamente rebelde al cumplimiento a lo pactado; pero ello sin perjuicio de que la resolución será procedente con independencia de que exista o no culpabilidad en el obligado, cuando haya sobrevenido un hecho obstativo que de manera absoluta, irremediable y definitiva impida la ejecución de lo pactado. Lugar citado, p. 48 de la edición separada.

h) La aplicación del art. 1.124 C.c., en el caso de retraso en el cumplimiento, ha de tener en cuenta la diferencia entre los casos en que el retraso implicará el incumplimiento definitivo, como sucederá en los supuestos de término esencial, y aquellos en que todavía no habrá frustración del fin del contrato.

El retraso cualificado o que destruye el fin por el que se celebró el contrato, no hay duda que faculta a la parte perjudicada para el ejercicio de la acción resolutoria. Por el contrario, el simple retraso en el cumplimiento, sin que el momento señalado para hacerlo pueda calificarse de término esencial, obliga a hacer otra distinción. Si las obligaciones recíprocas son de cumplimiento simultáneo, no puede una de las partes ampararse en el artículo que comentamos sin cumplir por su parte, o por lo menos ofrecer, la prestación que le corresponda.

Cuando una de las partes ha de anticipar su prestación y no lo hace en el tiempo previsto, la otra puede pedir la resolución y el Tribunal la decretará si no hay causas justificadas que le autoricen para señalar plazo.

Díez-Picazo llega a las siguientes conclusiones: cuando la prestación ha sido enteramente ejecutada y aceptada, no procederá la resolución aunque haya habido retraso; cuando el obligado está cumpliendo, pero con retraso, el acreedor ha de haberle requerido para constituirle en mora; cuando el plazo ha vencido y el obligado no ha cumplido, puede ser procedente la resolución sin necesidad de que se le haya constituido en mora; cuando haya habido oferta de pago por parte del deudor sin aceptación por parte del acreedor, no procederá la resolución aunque el deudor no haya procedido a la consignación de la cosa debida.[17]

Véase la Sentencia de 31 octubre 1968 (Aranzadi, núm. 4.960), que se refiere a la amplia jurisprudencia que ha suplido el vacío que se nota en los arts. 1.176 y 1.124 C.c., en cuanto a los efectos del ofrecimiento de pago sin consignación.

i) La acción fundada en el art. 1.124 puede ejercitarse judicial o extrajudicialmente. Incluso en el caso de sentencia judicial, ésta será declarativa, aunque el órgano judicial tomará como presupuestos de su decisión los que sirvieron de antecedentes al demandante para su declaración de voluntad (Pintó Ruiz). Cfr. S. 6 octubre 1967 (Aranzadi, núm. 3.752).

---

17. DÍEZ-PICAZO, *El retardo...*, citado, p. 404.

j) La facultad de elegir entre el cumplimiento y la resolución puede hacerse en forma alternativa (dejándolo a voluntad del demandado) o subsidiariamente (dando preferencia a la que quiera el demandante), pero sin poder solicitar las dos cosas a la vez por haber declarado la jurisprudencia que se trata de posibilidades incompatibles. Si el actor sólo ha pedido el cumplimiento y éste resulta imposible, puede todavía pedir la resolución. Cfr. Ss. 4 febrero 1958 (Aranzadi, núm. 453) y 21 septiembre 1974 (Aranzadi, núm. 3.557).

k) Los Tribunales tienen facultades moderadoras al apreciar el incumplimiento de las obligaciones contractuales. La Sentencia de 2 de marzo de 1921 declaró que el art. 1.124 no obliga a declarar forzosamente la resolución, sino que le permite señalar un plazo cuando existan razones que lo justifiquen. Cfr. S. 25 marzo 1964 (Aranzadi, núm. 1.717).

Otros muchos puntos han sido objeto de atención por parte de la doctrina y la jurisprudencia. Así, cuando se pida la indemnización de daños y perjuicios a que se refiere el mismo artículo, es necesario hacer prueba de su existencia. El art. 1.124 no es aplicable cuando las obligaciones recíprocas ya han sido consumadas, y en todo caso deberá recurrirse a otra clase de acciones, como declaró la Sentencia de 30 mayo 1974 (Aranzadi, núm. 2.173). Acerca de si la resolución declarada tiene efectos retroactivos, en principio hay que afirmarlo; pero véase la Sentencia de 17 marzo 1964 (Aranzadi, núm. 1.441). El último párrafo del propio artículo señala límites a la retroactividad, en su remisión a los arts. 1.295 y 1.298 y a la Ley hipotecaria. Véase el art. 37, núm. 1.º, de esta Ley.

III

CLASES DE OBLIGACIONES EN ATENCIÓN A LOS SUJETOS

1. Unidad y pluralidad de sujetos en la relación obligatoria

Es posible que en una relación obligatoria concurran varias personas como acreedoras o como deudoras, e incluso que exista al mismo tiempo concurrencia de acreedores y de deudores. En este sentido, las obligaciones son unipersonales o pluripersonales, según el número de sujetos que concurran por su lado activo o por el pasivo.

Esta pluralidad puede tener distinto carácter:

a) La pluralidad de acreedores puede significar que cada uno sólo tiene derecho a exigir y a recibir una parte del contenido de la prestación; a su vez, la pluralidad de deudores puede significar que la prestación debida ha de quedar descompuesta en tantas prestaciones parciales como el número de obligados. En tales circunstancias el Código civil habla de obligaciones mancomunadas.[1]

b) La misma pluralidad tiene otra significación cuando, en el caso de pluralidad de acreedores, cada uno tiene derecho a exigir y recibir el contenido íntegro de la prestación debida; y en el caso de pluralidad de deudores, cuando el acreedor único pueda exigir íntegramente la prestación de cualquiera de los obligados. La obligación se llama entonces solidaria, en sus dos clases o posibilidades de solidaridad activa y pasiva.

---

1. El Código civil español utiliza una terminología que se ha impuesto en la práctica y que contrapone las obligaciones *mancomunadas* a las *solidarias*, como especies del género obligación colectiva o pluripersonal. Antes del Código las palabras obligación mancomunada tenían el sentido genérico de obligación colectiva o pluripersonal. La obligación mancomunada así entendida se dividía en *mancomunada simple o a prorrata* (cuando la obligación estaba dividida entre las partes concurrentes) y *mancomunada solidaria* (cuando el crédito o la deuda era atribuido por entero a cada una de las partes).

c) La pluralidad de acreedores o de deudores también podría significar que la única prestación debida ha de ser exigida por todos los acreedores actuando conjuntamente, como si todos ellos formaran un solo sujeto activo, o que la prestación debida sólo puede pedirse a todos los deudores, como si su conjunto formara una sola parte obligada. En este caso tendría que hablarse de créditos o deudas en situación de mano común. El Código no habla de esta clase de obligaciones, pero de hecho es la situación que se presenta cuando en las obligaciones mancomunadas el objeto de la prestación es indivisible.[2]

2. Obligaciones mancomunadas

Cuando en una misma obligación concurren dos o más acreedores o deudores, la regla general es que la prestación se ha de considerar fraccionada, en el sentido de que cada acreedor sólo podrá pedir, o cada deudor sólo tendrá que cumplir, la parte que le corresponda. Así resulta del art. 1.137 C.c., que dice:

«La concurrencia de dos o más acreedores o de dos o más deudores en una sola obligación no implica que cada uno de aquéllos tenga derecho a pedir, ni cada uno de éstos deba prestar íntegramente las cosas objeto de la misma. Sólo habra lugar a esto cuando la obligación expresamente lo determine, constituyéndose con el carácter de solidaria.»

El siguiente art. 1.138 precisa el concepto de obligación mancomunada: «Si del texto de las obligaciones a que se refiere el artículo anterior no resulta otra cosa, el crédito o la deuda se presumirán divididos en tantas partes iguales como acreedores o deudores haya, reputándose créditos o deudas distintos unos de otros».[3]

La Sentencia de 25 febrero 1982 (Aranzadi, núm. 789) declaró que por ser característico de la mancomuniclad la pluralidad de sujetos y la determinación de las partes de la prestación, aunque se conserva de un modo formal la unidad del vínculo, éste se divide en tantas

2. K. LARENZ, *Derecho de obligaciones*, traducción española de Santos Briz, tomo I, Madrid, 1958, p. 499, dice que la obligación propiamente en mano común sólo existirá cuando la prestación no pueda ser realizada por un solo deudor, sino únicamente por todos conjuntamente.

3. SANCHO REBULLIDA, *La mancomunidad como regla general de las obligaciones civiles con pluralidad de sujetos*, Estudios de Derecho civil en Honor del Profesor Castán, Pamplona, 1969, tomo III, pp. 563 y ss.

obligaciones separadas e independientes cuantos son los sujetos, pues cada cuota constituye objeto autónomo de una singular obligación.

El principal efecto de la obligación mancomunada es que el crédito y la deuda se presumen divididos entre los acreedores y los deudores, y precisamente en tantas partes iguales como acreedores y deudores existan (art. 1.138 C.c.). A la presunción de que, si no consta lo contrario, la obligación con pluralidad de sujetos será mancomunada y no solidaria (art. 1.137), se añade la presunción de que, si del texto de la obligación no resulta otra cosa, el crédito o la deuda se presumirán divididos en partes iguales.

Esta división del contenido de la prestación no siempre puede ser llevada a sus últimas consecuencias. Larenz pone el ejemplo de dos personas que encargan conjuntamente un vagón de carbón, del que cada uno ha de recibir la mitad. Si el vendedor incurre en mora, ¿podrá exigir un comprador el cumplimiento y el otro la resolución de la obligación? Parece que la respuesta ha de ser afirmativa, si la prestación no recae en cosa indivisible. Pero si ello agravase considerablemente la dificultad del cumplimiento, ¿no podrá pedir el vendedor que los compradores se pongan de acuerdo para que dicho cumplimiento sea uniforme? Con ello se pone de manifiesto que las consecuencias del origen común de la relación obligatoria no desaparecen por completo.[4]

En caso de pluralidad de deudores cabe preguntar si la insolvencia de alguno de ellos repercutirá en un aumento de la responsabilidad de los demás. El art. 1.139 da una respuesta negativa al decir que si alguno de los deudores resultare insolvente, no estarán los demás obligados a suplir su falta.

El efecto peculiar de las obligaciones mancomunadas de reputarse las partes del crédito o de la deuda como créditos o deudas distintos unos de otros (art. 1.138) no puede producirse cuando sea imposible cumplir por partes, y en ese supuesto sólo cabe que actúen conjuntamente los acreedores o los deudores. Ésta es la regla del artículo 1.139 C.c.:

«Si la división fuere imposible, sólo perjudicarán al derecho de los acreedores los actos colectivos de éstos y sólo podrá hacerse efectiva la deuda procediendo contra todos los deudores. Si alguno de ellos resultare insolvente, no estarán los demás obligados a suplir su falta.»

---

4. LARENZ, obra citada, p. 492.

Pero si el contenido de la prestación deja de ser materialmente indivisible, la necesidad de actuación conjunta desaparece. Así ocurre en el caso de transformarse la prestación debida en la de indemnizar daños y perjuicios, como dispone el art. 1.150: «La obligación indivisible mancomunada se resuelve en indemnizar daños y perjuicios desde que cualquiera de los deudores falta a su compromiso. Los deudores que hubiesen estado dispuestos a cumplir los suyos, no contribuirán a la indemnización con más cantidad que la porción correspondiente del precio de la cosa o del servicio en que consistiere la obligación».[5]

Entre las reglas sobre prescripción extintiva aparece una dictada para las obligaciones mancomunadas. Dispone el último párrafo del artículo 1.974: «En las obligaciones mancomunadas, cuando el acreedor no reclame de uno de los deudores más que la parte que le corresponda, no se interrumpirá por ello la prescripción respecto a los otros codeudores». En el caso de que la prestación en esta clase de obligaciones sea indivisible, si el acreedor reclama igualmente contra un solo deudor, tampoco ha de interrumpirse la prescripción respecto a los otros deudores, pues de lo contrario no serían deudores mancomunados, sino solidarios; y a la misma conclusión hay que llegar por lo que se refiere a la constitución en mora.

3. Obligaciones solidarias

A. *Concepto y naturaleza*

A base del art. 1.137 C.c. cabe decir que la obligación solidaria es aquella en la que concurren varios acreedores (solidaridad activa), o varios deudores (solidaridad pasiva), o varios acreedores y al mismo tiempo varios deudores (solidaridad mixta), y en la que cada acreedor tiene derecho a pedir y cada deudor tiene la obligación de realizar íntegramente la prestación debida. A diferencia de lo que sucede en la obligación mancomunada, en la solidaria la pluralidad de acreedo-

---

5. Como ya se ha observado, la obligación mancomunada con prestación indivisible produce un efecto parecido al de la *obligación mancomunada o en mano común*. Solamente todos los acreedores juntos pueden exigir la totalidad de la prestación y únicamente procediéndose contra todos los obligados puede obtenerse la prestación por entero. El caso de obligación conjunta o en mano común debida a la indivisibilidad de la prestación es la única prevista por el Código en el art. 1.139. Cfr. DÍEZ-PICAZO, *Fundamentos del Derecho civil patrimonial*, 4.ª ed., Madrid, 1993, vol. II, pp. 183 y 199.

res o de deudores no implica división alguna de la prestación, sino que ésta ha de cumplirse íntegramente a favor de cualquiera de los acreedores o por parte de cualquiera de los deudores.[6]

Es peculiar de la obligación solidaria la existencia de una relación externa entre la parte acreedora y la deudora, y de otra relación interna entre los distintos acreedores o los distintos deudores. En la relación externa hay que destacar la pluralidad de sujetos y la unidad de la prestación debida.

Respecto a la pluralidad de sujetos hay que distinguir el supuesto de pluralidad de acreedores frente a un solo deudor (solidaridad activa) y el de existir pluralidad de deudores frente a un solo acreedor (solidaridad pasiva). El caso de solidaridad mixta (varios acreedores y varios deudores en la misma relación obligatoria) casi es un supuesto académico.

A base del ya examinado art. 1.137 C.c. puede decirse que cuando concurren dos o más acreedores o dos o más deudores, y la obligación es solidaria, cada uno de los acreedores tendrá derecho a pedir y cada uno de los deudores deberá prestar íntegramente las cosas objeto de la misma.

Es mucho más frecuente la solidaridad pasiva que la activa. Ésta se manifiesta especialmente en las cuentas corrientes o depósitos bancarios establecidos con carácter indistinto. La pasiva es frecuente por la ventaja que representa para el acreedor la posibilidad de dirigirse contra el deudor más solvente. La pluralidad de deudores no significa la multiplicación de la deuda, sino una multiplicación de las posibilidades de que el crédito será satisfecho.[7]

La unidad de la prestación debida es el rasgo típico de la obligación solidaria, pues el único obligado frente a varios acreedores debe una prestación única que podrá exigirle cualquiera de aquéllos, y el acreedor único frente a varios deudores acredita una sola prestación que puede exigir de cualquiera de los obligados. La prestación única debe cumplirse de una sola vez, aunque materialmente pudiera fraccionarse, pues nadie puede ser compelido a recibir parcialmente las

---

6. Antonio HERNÁNDEZ-GIL, *La solidaridad en las obligaciones*, Revista de Derecho privado, 1946, pp. 397 a 412; F. SOTO NIETO, *Carácter fundamental de la solidaridad pasiva*, en la misma RDP, 1980, pp. 782 a 806; Luis PUIG FERRIOL, *Régimen jurídico de la solidaridad de deudores*, Libro Homenaje a Ramón M.ª Roca Sastre, II, pp. 433 a 500; Jorge CAFFARENA LAPORTA, *La solidaridad de deudores*, Madrid, 1980; Rafael FLORES MICHEO, *Notas para una teoría general de la solidaridad*, Revista de Derecho Español y Americano, julio y agosto de 1956, pp. 3 a 13.

7. LARENZ, citado, p. 496; DÍEZ-PICAZO, citado, p. 208.

prestaciones en que consiste la obligación (art. 1.169 C.c.). Por ello debe distinguirse la unidad de la prestación impuesta por la obligación solidaria y la que resulte de ser indivisible el objeto de la prestación (cfr. art. 1.150 C.c.).

La regulación de las obligaciones solidarias en la relación externa no significa la regulación del destino definitivo de la prestación realizada entre la parte deudora y la acreedora. La solidaridad activa no significa que el acreedor que recibe la. prestación pueda retenerla definitivamente para sí; y en el caso de la solidaridad pasiva, la extinción del derecho del acreedor no significa que los deudores que no han participado en el cumplimiento quedan liberados de la deuda. Extinguida una obligación solidaria en la relación externa, queda por regular el destino definitivo de la prestación en el patrimonio de los acreedores o su efecto oneroso en el de los deudores. Ello dependerá, en cada caso, de la razón por la que haya quedado establecido el grupo de acreedores o de deudores.[8]

B. *La presunción a favor del carácter mancomunado de la deuda*

Nos hemos referido a esta presunción del art. 1.137 C.c., al tratar de las obligaciones mancomunadas. Ahora hay que entrar en el detalle de dos cuestiones, que son: alcance de la regla de que sólo existirá solidaridad «cuando la obligación expresamente lo determine» y casos de solidaridad que existen sin directa imposición legal ni estar prevista por la voluntad declarada.

Acerca de la exigencia de que la obligación solidaria ha de haberse constituido expresamente con este carácter, la más autorizada doctrina ha señalado que la palabra «expresamente» no puede entenderse en el sentido de «literalmente», si no se quiere incidir en un formalismo extraño al Derecho moderno. No hay que confundir lo tácito con lo presunto, pues la voluntad puede haber quedado manifestada expresamente a pesar de que los medios empleados para ello obliguen a calificarla de tácita.[9]

---

8. Según el art. 1.140 del C.c., «La solidaridad podrá existir aunque los acreedores y deudores no estén ligados del propio modo y por unos mismos plazos y condiciones». Véase Luis RIBÓ DURÁN, *La solidaridad no uniforme*, Revista de Derecho puertorriqueño, enero-febrero de 1965, pp. 167 a 180, con referencia al artículo 1.093 del Código civil de Puerto Rico, que corresponde a nuestro art. 1.140.

9. Antonio HERNÁNDEZ-GIL, *El principio de la no presunción de la solidaridad – Tendencia hacia su crisis y su limitación*, Revista de Derecho privado, 1947, pp. 81 a 96. Del mismo autor, comentario a la sentencia de 20 marzo 1943, Revista General de

La jurisprudencia interpreta los arts. 1.137 y 1.138 C.c. de una manera progresiva, sin exigir que se hable expresamente de solidaridad, en el sentido de que bastará que las palabras utilizadas manifiesten la voluntad indudable de poder pedir o de tener que prestar íntegramente el contenido de la obligación. Cfr. Ss. de 23 junio 1956 (Aranzadi, núm. 2.721), 7 enero 1970 (Íd., núm. 166), 22 marzo 1950 (Íd., núm. 710), 19 noviembre 1970 (Íd., núm. 4.823), y las de 2 marzo 1981 y 6 diciembre 1982.

C. *Solidaridad de origen legal*

La solidaridad no puede estar fundada en la voluntad de las partes cuando la obligación nace de lo previsto por la ley ante hechos determinados. En un caso de cobro de lo indebido, el Tribunal Supremo declaró que no era aplicable la presunción favorable a la mancomunidad. S. 23 diciembre 1903.

En las obligaciones derivadas de culpa extracontractual, nos encontramos ante una obligación derivada de la ley y hay que averiguar si cuando son varios los responsables la obligación de indemnizar será mancomunada o solidaria. La mayoría de los autores se inclinan a favor de la solidaridad.

En primer lugar ha de tenerse en cuenta que la presunción que establecen los arts. 1.137 y 1.138 a favor de la mancomunidad parece referirse solamente a las obligaciones convencionales pero no a las legales. Además, las obligaciones nacidas de delitos o faltas se rigen por el Código penal (art. 1.092 C.c.), que impone responsabilidad solidaria a los autores, los cómplices y los encubridores.

Por otra parte, la responsabilidad solidaria protege con más eficacia al perjudicado por un acto ilícito, aunque se trate de ilicitud civil, pues cada uno de los que han actuado conjuntamente para producirlo son responsables de la totalidad del daño ocasionado (Larenz).[10]

Respecto a la solidaridad cambiaria, véase el art. 57 de la Ley 19/1985, de 16 de julio.

Legislación y Jurisprudencia, 1944, pp. 340 y ss.; Manuel ALBALADEJO, *Sobre la solidaridad o mancomunidad de los obligados a responder por acto ilícito común*, Anuario de Derecho civil, 1963, pp. 345 a 376.

10. LARENZ, obra citada, p. 501.

D. Reglas de la solidaridad activa

En esta solidaridad concurren varios acreedores y cada uno puede exigir toda la prestación al único deudor.

Relación externa. El art. 1.141, párrafo primero, dispone: «Cada uno de los acreedores solidarios puede hacer lo que sea útil a los demás, pero no lo que les sea perjudicial». El derecho del acreedor solidario no se limita, por tanto, a la posibilidad de cobrar el crédito por entero, sino que puede hacer todo lo que sea procedente para su conservación, como interrumpir la prescripción en curso. Así lo establece el art. 1.974 C.c.

Cada acreedor solidario puede extinguir la obligación no sólo mediante el cobro, sino por actos de novación, compensación, confusión o remisión de la deuda. Véase en este sentido el art. 1.143, que también se refiere a la solidaridad pasiva. Pero «el acreedor que haya ejecutado cualquiera de estos actos, así como el que cobre la deuda, responderá a los demás de la parte que les corresponda en la obligación» (art. 1.143-2). Véase también el art. 524 Código de comercio.

Mientras ninguno de los acreedores solidarios haya demandado al deudor, éste puede elegir a cuál de ellos hará el pago. Según el artículo 1.142: «El deudor puede pagar la deuda a cualquiera de los acreedores solidarios; pero, si hubiere sido judicialmente demandado por alguno, a éste deberá hacer el pago». Por consiguiente, el acreedor elegido por el deudor, antes de haber sido judicialmente demandado por alguno de ellos, deberá aceptar la prestación del deudor, y si no lo hace puntualmente incurrirá en mora, con la posibilidad para el deudor de extinguir la deuda por consignación.

Relación interna entre los acreedores solidarios. El acreedor que haya realizado cualquier acto por el que se haya extinguido el crédito, responderá a los demás acreedores de la parte que les corresponda (art. 1.143-2). Cuál sea esta parte que corresponda a los demás, es cuestión que depende del vínculo de solidaridad existente entre los acreedores. En todo caso, la regulación de la solidaridad activa en su relación externa (acreedores frente a deudor) no prejuzga los efectos de la extinción de la deuda entre los acreedores solidarios.

E. Reglas de la solidaridad pasiva

Esta solidaridad existe, como ya se ha dicho, cuando hay una pluralidad de deudores y cada uno tiene la obligación de cumplir en su integridad la prestación debida.

a) *Relación externa o entre acreedor y deudores solidarios*. Aunque el acreedor sólo pueda recibir una vez la prestación debida, puede exigirla por entero a cualquiera de los obligados. Como resulta del artículo 1.137, cada uno de los deudores solidarios estará obligado a realizar íntegramente la prestación debida.

El art. 1.144 se refiere a este derecho del acreedor, al afirmar que «puede dirigirse contra cualquiera de los deudores solidarios o contra todos ellos simultáneamente. Las reclamaciones entabladas contra uno no serán obstáculo para las que posteriormente se dirijan contra los demás, mientras no resulte cobrada la deuda por completo». La palabra «posteriormente» que se lee en este precepto ha sido interpretada por el Tribunal Supremo en el sentido de que no exige que se tenga que esperar hasta la terminación del procedimiento iniciado para que pueda dirigirse la acción contra los demás. Pero no debe utilizarse esta facultad de una manera que pueda parecer arbitraria. Cfr. S. 19 diciembre 1927.[11]

Corresponde al concepto de solidaridad que las acciones ejercitadas contra cualquiera de los deudores solidarios perjudiquen a todos ellos, como dispone el art. 1.141 C.c. Incluso, a efectos de la presunción de cosa juzgada, la solidaridad implica identidad de personas, como se establece en el art. 1.252. Pero véase, a efectos del litis consorcio pasivo necesario, el criterio de las Ss. 17 noviembre 1977, 20 enero 1978, 26 marzo 1979, 10 marzo 1980, etc.[12]

El efecto fundamental de la solidaridad pasiva es el de que «el pago hecho por uno de los deudores solidarios extingue la obligación» (art. 1.145). No sólo produce efectos extintivos el pago, sino cualquiera de las causas de extinción de las obligaciones. Cfr. artículo 1.143. Cfr. S. 8 marzo 1965 (Aranzadi, núm. 1.844).

Los efectos de la pérdida de la cosa debida están regulados en el art. 1.147:

---

11. La regla del art. 1.144 C.c. tiene la siguiente excepción en el art. 45 de la Ley de Sociedades Anónimas de 1957, que dispone: «El cesionario de acción no liberada responde solidariamente con todos los cedentes que le precedan, y a elección de los Administradores de la sociedad, del pago de la parte no desembolsada. La responsabilidad de los cedentes durará tres años, contados desde la fecha de la respectiva transmisión. Cualquier pacto contrario a la responsabilidad solidaria así determinada será nulo. – Entablada la acción para hacer efectiva la responsabilidad contra cualquiera de las personas mencionadas en el párrafo anterior, no podrá intentarse nueva acción contra otro de los obligados al pago, sino mediante prueba de la insolvencia del que primeramente hubiera sido demandado».

12. F. J. ALAMILLO SANZ, *La solidaridad de deudores y el litis consorcio pasivo necesario*, LA LEY, 1984-2, pp. 1.087 a 1.090.

«Si la cosa hubiese perecido o la prestación se hubiese hecho imposible sin culpa de los deudores solidarios, la obligación quedará extinguida.

»Si hubiese mediado culpa de parte de cualquiera de ellos, todos serán responsables, para con el acreedor, del precio y de la indemnización de daños y abono de intereses, sin perjuicio de su acción contra el culpable o negligente.»

Como se expone en su lugar, el riesgo de la pérdida de la cosa debida por caso fortuito perjudica al deudor que ha incurrido en mora, y, por la lógica de la solidaridad pasiva, la misma consecuencia se producirá respecto a todos los obligados solidarios por el solo hecho de que el acreedor haya exigido a uno solo de ellos judicial o extrajudicialmente el cumplimiento de la obligación y el interpelado haya incurrido en mora.

Pero el rigor de la solidaridad parece atenuarse en la regulación de las excepciones que el deudor solidario puede oponer al acreedor. Dispone el art. 1.148: «El deudor solidario podrá utilizar, contra las reclamaciones del acreedor, todas las excepciones que se deriven de la naturaleza de la obligación y las que le sean personales. De las que personalmente correspondan a los demás, sólo podrá servirse en la parte de deuda de que éstos fueren responsables». A pesar de tratarse de deudores solidarios que, como tales, deben toda la prestación, se habla de «la parte de deuda» de que cada uno es responsable, a pesar de que se trata de un aspecto de la relación externa o entre el acreedor y los deudores.

Sin embargo, se trata de una regulación orientada por criterios de política jurídica, en lugar de una derivación inflexible de la naturaleza de la obligación solidaria. Si no se hubiese establecido así, el acreedor podría evitar la eficacia de las excepciones personales de algunos deudores dirigiéndose contra cualquiera de los demás obligados. Además, la posibilidad de invocar excepciones personales de otro obligado evita al deudor demandado la complicación de pagar una deuda ajena y además indebida.

Responde a la esencia de la solidaridad la disposición del Código de que, en estas obligaciones, la interrupción de la prescripción de acciones aprovecha o perjudica por igual a todos los acreedores y deudores, incluidos los herederos de éstos (art. 1.974).

b) *Relación interna entre los deudores solidarios*. Al pagar uno de los deudores solidarios la deuda que afectaba a todos, deberá procederse a la redistribución del gravamen entre todos ellos. Habrá nacido a favor del que pagó una acción de regreso o de nivelación en la relación interna, y su alcance dependerá de la causa jurídica que haya tenido la obligación solidaria.

De manera supletoria, para el caso de no existir convenio entre los obligados, el Código contiene las reglas siguientes:

El deudor que hizo el pago, dice el art. 1.145, «sólo puede reclamar de sus codeudores la parte que a cada uno corresponda, con los intereses del anticipo». Es la acción de regreso que es un derecho de crédito nacido del pago de una deuda en parte ajena. Es cierto que también podría considerarse que se trata de un pago con subrogación, según lo que dispone el art. 1.210, núm. 3.º, C.c., con las posibles ventajas de lo que dispone el art. 1.212.

Sin embargo, la regulación especial de los efectos del pago del crédito solidario (art. 1.145-2 C.c.) está ajustada a esta situación concreta y se antepone a la regulación general del pago con subrogación. Los casos en que la subrogación se presume, según el art. 1.210, no están pensados para el de la solidaridad pasiva. si se tratase de un pago con subrogación, el deudor solidario que pagó podría pedir a otro de los codeudores la totalidad de la deuda menos la parte que le corresponda, y en cambio sólo puede pedir, según el art. 1.145, la parte que a cada uno corresponda (Puig Peña).[13]

En el caso de que uno de los deudores solidarios se halle en estado de insolvencia, ello no afecta al derecho que tiene el acreedor en la relación externa, pues cada uno de los solventes es deudor de la totalidad; pero en la relación interna (vía de reembolso o regreso), el art. 1.145, párrafo tercero, dispone: «La falta de cumplimiento de la obligación por insolvencia del deudor solidario será suplida por sus codeudores, a prorrata de la deuda de cada uno».

El Código ha previsto el supuesto de que el acreedor haya condonado la parte de deuda que afecte a uno de los deudores solidarios, y dispone que ello no libra al deudor solidario de su responsabilidad para con los codeudores, en el caso de que la deuda haya sido totalmente pagada por cualquiera de ellos (art. 1.146).

Parece que, a consecuencia de lo antedicho, el deudor a quien el acreedor ha remitido la deuda, ha de tener acción contra éste para recuperar la parte que tuvo que restituir al que hizo el pago total. De

---

13. F. Puig Peña, *Tratado de Derecho civil español*, tomo IV, volumen 1.º, p. 51.

lo contrario la condonación sería ilusoria por permitirse que retuviera tal parte el acreedor que la hizo.[14]

14. Para más supuestos de solidaridad pasiva de origen legal véase en nuestro libro *Fundamentos de Derecho civil,* tomo I, volumen 2.°, tercera edición, Barcelona, 1985, pp. 175 a 179, y en la cuarta edición, 1988, pp. 176 a 180.

IV

CLASES DE OBLIGACIONES POR RAZÓN DEL CONTENIDO DE LA PRESTACIÓN

1. Clasificación general

A) Por razón de la unidad de la prestación o por su pluralidad hay que distinguir las siguientes clases de obligaciones:

1. Únicas o simples, así llamadas cuando la conducta debida por el deudor consiste en una sola prestación o ha de recaer sobre un solo objeto.

2. Múltiples o compuestas, cuando la conducta del obligado tenga que referirse a varios objetos o prestaciones. A su vez se subdividen en:

a) Obligaciones conjuntivas, cuando la prestación abarque varios objetos, todos ellos igualmente debidos, de manera que el deudor sólo habrá cumplido la prestación cuando todos hayan sido entregados, sin perjuicio de la posible exoneración parcial cuando alguno haya desaparecido por causa no imputable al deudor.

La afirmación de que equivalen a tantas obligaciones distintas como objetos existan, no siempre es exacta. Puede no serlo si por la intención de las partes o las circunstancias que concurran, el acreedor puede oponerse a recibirlas por separado. Es decir, ha de interpretarse si la diversidad de objetos permite llegar a la conclusión de que el deudor podrá entregar por separado las cosas debidas.

La regla general es opuesta a la recepción parcial, como veremos en relación con el art. 1.169 C.c.

b) Obligaciones alternativas son las que se refieren a varios objetos o prestaciones, sin que deban cumplirse todas, sino únicamente una de ellas. Son objeto de examen separado.

B) Por las circunstancias que concurren en la prestación o el objeto debido, las obligaciones pueden ser:

1. Positivas y negativas, según que la prestación consista en dar o hacer, o en no hacer.

2. Específicas y genéricas, según que la prestación consista en una cosa individualmente determinada o que sólo esté señalado el género o clase a que ha de pertenecer la que sirva para extinguir la obligación.

3. Divisibles e indivisibles, según que exista posibilidad material y jurídica de hacer la prestación por partes o que ello no proceda por imposibilidad de una u otra clase.

4. Principales y accesorias, según que el deudor esté obligado a la prestación por los propios e independientes méritos de ésta, o que sólo lo esté por su enlace o en consideración a otra prestación.[1]

Las obligaciones principales representan el tipo normal de obligación y las que se estudian normalmente en toda la presente obra. Las accesorias se dividen, por su origen, en legales y voluntarias; por su finalidad, en complementarias y de garantía, según que añadan una prestación complementaria al normal cumplimiento de la obligación principal (como la de entregar los títulos de propiedad en el contrato de compraventa), o que traten de prevenir la falta de cumplimiento normal de la prestación (como en los supuestos de fianza, prenda e hipoteca).

2. Obligaciones alternativas

La obligación es alternativa cuando el obligado ha de realizar una de las varias prestaciones previstas como posibles; es decir, está contemplada la posibilidad de dos o varias prestaciones para que se realice por completo una de ellas.[2]

El art. 1.131 C.c. lo determina claramente: «El obligado alternativamente a diversas prestaciones debe cumplir por completo una de éstas.

---

1. C. VATTIER FUENZALIDA, *Contribución al estudio de las obligaciones accesorias*, Revista de Derecho privado, 1980, pp. 28 a 49.

2. A. HERNÁNDEZ-GIL, *Naturaleza jurídica de la obligación alternativa*, Revista de Derecho privado, 1942, pp. 549 y ss.; Álvaro D'ORS, *En torno a la llamada obligación alternativa*, en la misma RDP, 1944, pp. 1 y ss.; J. M.ª DE LA CUESTA, *Las obligaciones alternativas*, en la misma RDP, 1984, pp. 3 y ss.

»El acreedor no puede ser compelido a recibir parte de una y parte de otra.»

Sólo una prestación es de necesario cumplimiento, pero lo es dentro de una determinada pluralidad de posibilidades. Esta posibilidad de elección entre varias prestaciones no ha de inducir a confundir las obligaciones alternativas y las genéricas. En éstas la prestación queda determinada mediante su imputación a un género, mientras que en las alternativas el contenido de cada una de las prestaciones posibles está concretamente determinado entre posibilidades diferentes.

En las obligaciones que recaen sobre cosas genéricas, las posibilidades de prestación no se presentan previamente deslindadas, sino como una suma de posibilidades de la misma clase; en cambio, las obligaciones alternativas se dirigen a la realización de una sola de entre las varias prestaciones consideradas como concretas y diferentes. El criterio que parece más acertado para distinguir entre obligaciones alternativas y genéricas es el de tener en cuenta si las partes han podido representarse las cosas designadas en su individualidad. La determinación por cualidades precisas de cosas concretas permite entregar cualquiera de ellas, aunque por sus cualidades la elegida no corresponda al tipo medio de las incluidas en la obligación. En cambio, si sólo se ha tenido en cuenta un grupo de cosas de cualidades homogéneas del que habrá de separarse el efectivo objeto de la prestación, será necesario entregar una cosa de la clase y calidad media para que la prestación corresponda a lo que permitía suponer el género que se determinó. Cfr. art. 1.167 C.c.[3]

La obligación alternativa presupone que una de las partes tiene la facultad de elegir la prestación que permitirá cumplir la obligación. La regla general es que «la elección corresponde al deudor, a menos que expresamente se hubiese concedido al acreedor» (artículo 1.132, párrafo primero).

Las reglas aplicables cuando la elección corresponde al deudor son las siguientes:

«El deudor no tendrá derecho a elegir las prestaciones imposibles, ilícitas o que no hubieran podido ser objeto de la obligación» (art. 1.132, párrafo segundo).

En realidad, en este supuesto, se trata de prestaciones que no pueden ser objeto de una relación obligatoria. Si la obligación sólo es alternativa en apariencia, porque sólo una de las prestaciones es posi-

---

3. Karl LARENZ, *Derecho de obligaciones*, I, Madrid, 1958, traducción española de Santos Briz, pp. 167 y 168.

ble, el deudor cumplirá a base de la única posibilidad que le quedará. Por ello el art. 1.134 dispone: «El deudor perderá el derecho de elección cuando de las prestaciones a que alternativamente estuviese obligado sólo una fuere realizable». En realidad, se tratará entonces de una obligación con prestación única, por lo que deberá afirmarse lo mismo cuando la elección correspondiese al acreedor.

Cuando la elección corresponde al deudor, bastará que cumpla por completo una de las prestaciones alternativas para que, en un solo acto, la elección quede realizada y la obligación cumplida. Pero cabe que el deudor pueda, y en algún caso deba, manifestar su elección antes del acto de cumplimiento, que es el supuesto previsto por el art. 1.133: «La elección no producirá efecto sino desde que fuere notificada». Se tratará de una declaración de voluntad receptiva, pero que no requiere aceptación expresa. La elección es irrevocable y la obligación que era alternativa se habrá convertido en una obligación simple.[4]

La facultad de elección del deudor no pasa al acreedor por el solo hecho de que el primero retrase su ejercicio. Ante la pasividad del deudor, el acreedor podrá utilizar las acciones que le asisten en caso de incumplimiento, pero la demanda correspondiente se dirigirá a la reclamación de la prestación que elija el deudor.

Las reglas del Código cuando la elección corresponde al acreedor son las siguientes:

La elección ha de hacerse en acto independiente y anterior al cumplimiento por parte del deudor. Hasta que el acreedor no realice la elección, el deudor no habrá incurrido en mora (S. 2 marzo 1956). Según el párrafo primero del art. 1.136: «Cuando la elección hubiere sido expresamente atribuida al acreedor, la obligación cesará de ser alternativa desde el día en que aquélla hubiese sido notificada al deudor».

En el supuesto de inactividad del acreedor, la facultad de elección tampoco pasa al deudor; pero cabe entender que no por ello pierde el deudor la facultad de consignar la cosa debida, procediendo para ello a la consignación provisional de cualquiera de las prestaciones alternativas.

La imposibilidad de la prestación en la obligación alternativa.

---

4. LARENZ, citado, p. 169, observa que una vez hecha la elección por una parte y notificada a la otra ya se «ha utilizado el derecho de configuración que le estaba atribuido, y una alteración posterior únicamente es posible con la aprobación de la otra parte mediante un contrato de modificación».

El Código regula este supuesto a base de distinguir entre la imposibilidad originaria y la sobrevenida. Acerca de la originaria, el artículo 1.132, párrafo segundo, del C.c. dispone: «El deudor no tendrá derecho a elegir las prestaciones imposibles, ilícitas o que no hubieran podido ser objeto de la obligación». Ya se ha dicho que en realidad no se trata de un problema relacionado con la facultad de elección, sino de la posibilidad del vínculo obligatorio. La regla, por tanto, es obvia.

En el caso de imposibilidad sobrevenida hay que distinguir. Si la elección corresponde al deudor, el art. 1.134 dispone que «el deudor perderá el derecho de elección cuando de las prestaciones a que alternativamente estuviese obligado sólo una fuere realizable».

Ha de tenerse en cuenta que cuando la imposibilidad afecta a varias prestaciones, pero no a todas, se prescinde de si ha mediado culpa del obligado. Puesto que de su elección dependía que fueran descartadas todas menos una, los efectos han de recaer sobre ésta.

Pero si la imposibilidad es total y desaparecen todas las posibles prestaciones, el art. 1.135 dispone: «El acreedor tendrá derecho a la indemnización de daños y perjuicios cuando por culpa del deudor hubiesen desaparecido todas las cosas que alternativamente fueron objeto de la obligación, o se hubiera hecho imposible el cumplimiento de ésta.

»La indemnización se fijará tomando por base el valor de la última cosa que hubiese desaparecido, o el del servicio que últimamente se hubiese hecho imposible.»

Distinta ha de ser la regulación cuando la facultad de elección correspondía al acreedor. Según el art. 1.136, la responsabilidad del deudor se rige entonces por las reglas siguientes:

«1.ª Si alguno de las cosas se hubiese perdido por caso fortuito, cumplirá entregando la que el acreedor elija entre las restantes, o la que haya quedado, si una sola subsistiere.»

«2.ª Si la pérdida de alguna de las cosas hubiese sobrevenido por culpa del deudor, el acreedor podrá reclamar cualquiera de las que subsistan, o el precio de la que, por culpa de aquél, hubiera desaparecido.»

«3.ª Si todas las cosas se hubiesen perdido por culpa del deudor, la elección del acreedor recaerá sobre el precio.»

Como dispone el último párrafo del artículo: «Las mismas reglas se aplicarán a las obligaciones de hacer o de no hacer, en el caso de que algunas o todas las prestaciones resultaren imposibles».

3. Las obligaciones facultativas o con facultad de sustitución

La obligación se llama facultativa cuando el deudor puede liberarse de cumplir la única prestación que el acreedor tiene derecho a exigir, realizando otra prestación diferente. Es una obligación de contenido único, pero que puede extinguirse mediante la realización de otra prestación distinta de la exigible.[5]

Entre obligación alternativa y obligación facultativa hay una diferencia esencial. En la facultiva sólo está debida una prestación, mientras que en la alternativa son varias las debidas, aunque sólo ha de cumplirse una de ellas. Por ello no se extingue la obligación alternativa por el caso fortuito o fuerza mayor mientras subsista una sola de las posibles prestaciones; en cambio, la obligación facultativa se extingue si la única prestación que el acreedor puede exigir se convierte en imposible. Cfr. S. 28 febrero 1961 (Aranzadi, núm. 915).

La obligación facultativa también se distingue de la genérica porque ésta sólo contempla una prestación única, aunque estará determinada por su pertenencia a un género; en cambio, tanto la obligación alternativa como la facultativa contemplan la posibilidad de prestaciones de diferente contenido.

Tampoco es una obligación condicional porque el vínculo existe en forma pura y la elección del deudor, si prefiere realizar la prestación sustitutiva, no puede equipararse con lo que en sentido propio es una condición. Por ello el art. 1.115 C.c. no afecta a la obligación facultativa.

Entre la obligación facultativa y la dación en pago hay una indudable semejanza, si se tiene en cuenta que la segunda también consiste en extinguir una obligación entregando una cosa diferente de la debida. Pero en la obligación facultativa la posibilidad de elección existe y se ha previsto al crearse la obligación y su realización posterior depende de la decisión unilateral del obligado; por el contrario, la dación en pago depende de un acuerdo que adopten acreedor y deudor mientras subsiste la obligación.

La obligación facultativa se diferencia de la obligación con cláusula penal en que en ésta, por regla general, el deudor no podrá eximirse de cumplir la obligación pagando la pena, como dice el artículo

5. J. M. MARTÍNEZ-PEREDA RODRÍGUEZ, *Las obligaciones facultativas en el Derecho español*, Anuario de Derecho Civil, 1972, pp. 475 a 538. C. VATTIER FUENZALIDA, *Contribución al estudio de las obligaciones facultativas*, Revista de Derecho privado, 1982, pp. 643 a 664.

1.153 C.c.; pero no hay duda que la cláusula penal se convierte en obligación facultativa cuando el deudor está precisamente autorizado para desligarse de la prestación convenida pagando la pena, como añade el mismo artículo. Cfr. Ss. 28 diciembre 1946, 21 enero 1957 y 28 febrero 1961.

Acerca de si el deudor puede hacer uso de la facultad de sustitución mediante una declaración en tal sentido, sin realizar de momento la prestación sustitutoria, conviene decir lo siguiente: si fuese suficiente la declaración del obligado sin el acto de cumplimiento, el obligado tendría una facultad más amplia que la de sustituir la prestación, pues podría novar o transformar la obligación de manera que la prestación inicialmente debida quedaría sustituida por otra. El acreedor se encontraría con que, en lugar de poder reclamar determinada obligación, a partir de un momento determinado sólo podría reclamar otra. Por otra parte, sólo la efectiva recepción del contenido de una prestación, en lugar de la mera promesa de recibirla, justifica que el acreedor haya consentido en la posibilidad de recibir una prestación en lugar de otra. En este sentido se acentúa la semejanza entre la obligación facultativa y la autorización para extinguir una obligación por dación en pago.[6]

Existen obligaciones facultativas de origen voluntario y legal. Los particulares pueden establecerlas por contrato e incluso en testamento. Como supuesto de facultad de sustitución de origen legal hemos aludido a cierta modalidad de la cláusula penal. Véase el artículo 1.153, cuando se refiere al supuesto en que expresamente le hubiese sido reservado al deudor la facultad de eximirse de la obligación pagando la pena.

En la Compilación del Derecho civil especial de Cataluña ha de tenerse en cuenta el segundo párrafo del art. 325, relativo a la rescisión por lesión en más de la mitad del justo precio: «El comprador o adquirente demandado podrá evitar la rescisión mediante el pago en dinero al vendedor o enajenante del complemento del precio o valor lesivos, con los intereses, a contar de la consumación del contrato».

---

6. Dice LARENZ, obra citada, p. 172, que «la declaración del deudor de querer cumplir la prestación subrogada no modifica en nada la situación jurídica, e implica únicamente una notificación de lo que intenta y por ello jurídicamente no le vincula». En cambio, puede tener eficacia la declaración hecha en sentido inverso por el mismo deudor, pues si lo que declara es que elige la realización de lo único que puede exigirle el acreedor, «puede entonces hablarse de una renuncia eficaz a su facultad de sustitución».

4. Obligaciones positivas y negativas

Esta clasificación abarca toda clase de obligaciones, pues todas se refieren a la conducta humana y ésta puede ser de contenido positivo (dar, hacer) o negativo (no hacer). Como dice el art. 1.088 C.c., «toda obligación consiste en dar, hacer, o no hacer alguna cosa».

Hay obligaciones positivas de dar, positivas de hacer y negativas de no dar y de no hacer. Las prestaciones positivas se caracterizan frente a las negativas porque las primeras consisten en una alteración o un cambio en el estado que existe en el momento de crearse la obligación, y las segundas en el mantenimiento sin alteración de tal situación o estado (Díez-Picazo).[7]

Las obligaciones de dar tienen por objeto la entrega de una cosa, mueble o inmueble, con el fin de transmitir la propiedad, constituir un derecho real, transferir solamente su uso o tenencia o restituirla a su propietario.

Como resulta de los arts. 609 y 1.095 C.c., son las obligaciones que sirven de base a la adquisición de la propiedad y de los demás derechos reales; pero también pueden estar dirigidas a un simple desplazamiento posesorio, sin alteración del derecho de propiedad, como en el caso de concederse el derecho personal de usar una cosa.

La obligación de dar significa que ha de haber una entrega, que estará realizada «cuando completamente se hubiese entregado la cosa (art. 1.157 C.c.), o «cuando se ponga en poder y posesión» del adquirente, como dice el art. 1.462 respecto a la compraventa.

Pero también existe entrega cuando la obligación de dar tiene una finalidad restitutoria, como en el contrato de depósito, que obliga al depositario a devolver la cosa depositada cuando la pida el depositante (art. 1.766), lo mismo que en otros contratos que sólo producen un desplazamiento de la posesión.

Respecto al obligado, la obligación de dar produce los siguientes efectos:

a) Tiene obligación de conservar la cosa, como dispone el artículo 1.094: «El obligado a dar alguna cosa lo está también a conservarla con la diligencia propia de un buen padre de familia». Por lo mismo, cuando la cosa se pierde en poder del deudor, se presupone que la pérdida ocurrió por su culpa (cfr. art. 1.183).

---

7. DÍEZ-PICAZO, *Fundamentos de Derecho civil patrimonial*, 4.ª edición, Madrid, 1993, p. 239.

b) Existe además la obligación de entregar los accesorios, como establece el art. 1.097: «La obligación de dar cosa determinada comprende la de entregar todos sus accesorios, aunque no hayan sido mencionados». Los arts. 346 y 347 del mismo C.c. determinan qué cosas están comprendidas en los bienes muebles o inmuebles, a falta de expresa determinación en otro sentido. Cfr. S. 27 febrero 1950 (Aranzadi, núm. 366 bis).

El deudor de un inmueble ha de entregar los objetos colocados en el edificio o en la heredad que según el art. 344 constituyen pertenencias de la finca. De igual modo, el art. 883 dice que la cosa legada ha de ser entregada con todos sus accesorios.

c) Acerca de la capacidad y facultad de disposición en las obligaciones de dar, el art. 1.160 dice que «no será válido el pago hecho por quien no tenga la libre disposición de la cosa debida y capacidad para enajenarla». Sin embargo, cuando la entrega no se hace para transmitir o constituir un derecho real, sino para introducir un cambio en la tenencia o posesión de la cosa, o para cumplir la obligación de restituirla, bastará la capacidad necesaria para realizar actos de administración.

Respecto al acreedor, han de tenerse en cuenta las reglas siguientes:

a) Tiene derecho a los frutos de la cosa de la manera que determina el art. 1.095: «El acreedor tiene derecho a los frutos de la cosa desde que nace la obligación de entregarla. Sin embargo, no adquirirá derecho real sobre ella hasta que le haya sido entregada». De manera semejante, entre las reglas de la compraventa está el artículo 1.468, párrafo segundo: «Todos los frutos pertenecerán al comprador desde el día en que se perfeccionó el contrato».

El derecho a los frutos necesita una mayor precisión por lo que se refiere a las obligaciones condicionales y a plazo, en las que la obligación de entrega es posterior al nacimiento de la obligación. En la obligación condicional de dar el deudor hará suyos los frutos e intereses percibidos, si no puede inferirse que fue otra la voluntad del que la constituyó (y aparte del caso de compensación en las obligaciones recíprocas: art. 1.120).

En las obligaciones a plazo, la disposición de que sólo serán exigibles cuando el día llegue (art. 1.125), no se sabe si sólo se refiere a la entrega de la cosa o también al derecho a los frutos. Pero la disposición del párrafo segundo del art. 1.126 de que el que pagó sin conocer la existencia del plazo «tendrá derecho a reclamar del acreedor los intereses o los frutos que éste hubiese percibido de la cosa», demuestra que el acreedor no tiene derecho a los frutos mientras la prestación que ha de recibir está aplazada.

b) El derecho del acreedor a exigir el cumplimiento de la obligación está reconocido en el primer párrafo del art. 1.096, si se trata de entrega de cosa determinada, y en el segundo del mismo artículo si la cosa es indeterminada o genérica.

Las obligaciones de hacer son reguladas por la ley con separación de las obligaciones de dar, aunque dar o entregar también es hacer. Por tanto, son obligaciones de hacer las que se refieren a una actividad diferente de la que consiste en entregar una cosa.

La regla general es que el cumplimiento de estas obligaciones ha de ser en forma específica. El art. 1.098 C.c. dispone al efecto:

«Si el obligado a hacer alguna cosa no la hiciere, se mandará ejecutar a su costa.

»Esto mismo se observará si la hiciere contraviniendo el tenor de la obligación. Además, podrá decretarse que se deshaga lo mal hecho.»

Véase también el art. 924 y ss. de la Ley de Enjuiciamiento civil.

La ejecución en forma específica no es posible cuando la prestación tiene carácter personalísimo. El art. 1.161 dispone que en las obligaciones de hacer «el acreedor no podrá ser compelido a recibir la prestación o el servicio de un tercero, cuando la calidad y circunstancias de la persona del deudor se hubiesen tenido en cuenta al establecer la obligación».

Entre las disposiciones sobre el contrato de obra, el primer párrafo del art. 1.595 dice: «Cuando se ha encargado cierta obra a una persona por razón de sus cualidades personales, el contrato se rescinde por la muerte de esta persona».

Obligaciones negativas son las que imponen al deudor el deber de no realizar algo que de lo contrario podría libremente hacer. El Código dispone que cuando la obligación consista en no hacer y el deudor ejecutare lo que había sido prohibido (art. 1.099), se decretará que se deshaga lo que no se debía hacer (art. 1.098, por remisión del artículo 1.099). Véase el art. 925 de la Ley Procesal.

Pero la reparación del quebrantamiento de las obligaciones negativas no siempre podrá hacerse volviendo al estado anterior. No es lo mismo, por ejemplo, quebrantar la obligación de no abrir una ventana sobre el fundo vecino que la de no divulgar determinado secreto comercial. La vuelta al estado anterior es fácil en el primer caso y difícil o imposible en el segundo.

5. Obligaciones específicas y genéricas

A. Concepto

En la obligación específica el objeto de la prestación está determinado individualmente, tanto si es una cosa como si se trata de un servicio. En la obligación genérica el objeto de la prestación sólo está determinado por la clase o género a que pertenece la cosa que se ha de entregar o el servicio que se ha de prestar. Un género es una suma de cosas homogéneas, de manera que cualquiera de ellas puede ser objeto de una obligación genérica.[8]

Cosa genérica no es lo mismo que cosa fungible. Cosas fungibles son las que tienen cualidades comunes que las hacen objctivamente sustituibles. En muchos casos las cosas fungibles son el objeto de las obligaciones genéricas, pero puede suceder de otro modo. La obligación de entregar un cuadro, cualquiera de ellos, pintado por determinado autor es una obligación de entregar una cosa genérica perteneciente a un género delimitado; pero la obligación de entregar una pluma de escribir que perteneció a determinada persona, recae sobre una cosa específica. En el primer caso la obligación genérica tiene por objeto una cosa no fungible; en el segundo existe uma obligación específica que se cumplirá con la entrega de una cosa que por sí misma es fungible.[9]

Como hemos visto al tratar de las obligaciones de dar, el Código dedica algunas disposiciones concretas a las obligaciones específicas y a las genéricas, sin agruparlas sistemáticamente. El art. 1.096 se refiere en su primer párrafo a la obligación de entregar «una cosa determinada», y en el segundo párrafo a la de entregar una cosa «indeterminada o genérica». La obligación genérica, cuando no se ha determinado la calidad y circunstancias de la cosa que ha de ser entregada, ha de cumplirse de la manera que dispone el art. 1.167. Han de tenerse igualmente en cuenta las disposiciones sobre obligaciones genéricas nacidas de testamento: arts. 875 a 877 C.c.

---

8. SÁNCHEZ CALERO, *Las obligaciones genéricas*, Revista de Derecho privado, 1980, pp. 644 a 660; CAFFARENA, *Genus nunquam perit*, Anuario de Derecho civil, 1982, pp. 291 a 354.

9. Véase el tomo I de este Compendio, en el capítulo XIX, al tratar de las cosas fungibles.

B. Efectos de las obligaciones específicas

Por consistir en la obligación de entregar una cosa cierta y determinada individualmente, queda descartada toda posibilidad de sustitución de la cosa debida. La determinación del efecto de estas obligaciones obligaría a repetir, en gran parte, lo dicho al tratar de las obligaciones de dar. Así, *a)* el deudor está obligado a conservar la cosa con la diligencia de un buen padre de familia (art. 1.094); *b)* ha de entregarse la cosa específicamente determinada, con todos sus accesorios, sin poder sustituirla por otra (arts. 1.096, párrafo primero, 1.097 y 1.166 C.c.); *c)* queda extinguida la obligación que consiste en entregar una cosa determinada cuando ésta se pierde o destruye sin culpa del deudor y antes de haberse constituido en mora (art. 1.182); *d)* si la deuda procede de delito o falta, no se exime el deudor del pago de su precio, cualquiera que sea el motivo por el que se haya perdido, excepto en el caso de que el acreedor se hubiese negado sin razón a aceptarla (art. 1.185).

C. Efectos de las obligaciones genéricas

Su régimen jurídico ofrece de peculiar lo siguiente:

1. Según el art. 1.167 C.c.: «Cuando la obligación consista en entregar una cosa indeterminada o genérica cuya calidad y circunstancias no se hubiesen expresado, el acreedor no podrá exigirla de la calidad superior, ni el deudor entregarla de la inferior».

No hay duda que es una regla supletoria que deja en libertad a los contratantes para que delimiten el objeto de la prestación, sin que la cosa deje de ser genérica, pues la determinación de su calidad no equivale a la individualización del contenido de la prestación.

2. Si el deudor no cumple voluntariamente la obligación de entregar la cosa que sólo está determinada por el género, el acreedor «podrá pedir que se cumpla la obligación a expensas del deudor» (art. 1.096, párrafo segundo, C.c.).

3. La diferencia entre obligaciones específicas y genéricas es muy importante en lo que se refiere al riesgo de perecimiento y deterioro de la cosa por un hecho fortuito. Éste produce normalmente la liberación del deudor de cosa específicamente determinada e individualizada (cfr. art. 1.182), y lo contrario sucede en la obligación genérica. Ningún hecho fortuito puede afectar a la deuda de cosa genérica si no perece todo el género al que pertenece, excepto cuando la prestación se ha de hacer a base de las cosas que pertenecen a un género delimitado. La prestación no es imposible mientras el deudor pueda obtener las cosas necesarias para cumplir la prestación, y por ello no cabe hablar de pérdida de la cosa debida antes de que se haya individualizado.

La Sentencia de 23 noviembre 1962 (Aranzadi, núm. 4.612) declaró: «La deuda o prestación de cosas genéricas, como el género a que pertenecen no perece, el deudor responde frente al acreedor de la pérdida, por lo menos hasta que se delimiten e individualicen en número y calidad...».

Muy importante es el tema de la individualización de las obligaciones genéricas: quién puede realizarla y cuándo ha de producirse.

Apesar de que la cosa genérica sólo está determinada por su pertenencia a un género o clase, no hay duda que cuando la obligación se haya cumplido el acreedor habrá recibido una cosa individualmente determinada. Por tanto, hay que precisar en qué momento deja la obligación de referirse a un objeto sólo determinado genéricamente y cuándo se concretará y el riesgo de su pérdida o deterioro pasará al acreedor.

Esta conversión se produce cuando el deudor ha hecho por su parte lo necesario para cumplir la prestación. Este hecho se llama *concentración* o *concreción* del objeto de la prestación. Esta concentración puede tener efecto de las siguientes maneras:[10]

a) El hecho del pago o prestación por parte del deudor es la más indudable. Si el deudor hace un ofrecimiento de pago o cumplimiento con un objeto de la clase y calidad que correspondan a lo convenido, el acreedor tendrá que aceptarlo si no quiere incurrir en mora, puesto que se le ofrece la prestación debida. Lo mismo sucede si se trata del pago eficaz realizado por un tercero (art. 1.158 C.c.).

b) También puede concretar la prestación un tercero nombrado por acreedor y deudor de mutuo acuerdo. Durante el tiempo que pueda transcurrir entre la elección por parte del tercero y el cumplimiento por parte del deudor, la obligación se referirá a una cosa concreta y determinada y el riesgo afectará por tanto a esta cosa concretamente debida.

c) Sucederá lo mismo si acreedor y deudor proceden de mutuo acuerdo a la elección de la cosa debida, en el caso de que la cosa permanezca todavía en poder del deudor para su entrega posterior.

---

10. LARENZ, citado, p. 164.

d) Es posible, aunque improbable, que perezcan todas las cosas del género menos una, y en este caso la obligación genérica se habrá convertido en específica por un hecho fortuito.

e) El caso más dudoso es el de hacer la individualización el deudor en un acto anterior al del pago o cumplimiento.

El Código no determina a quién corresponde hacer la elección de la cosa que ha de entregarse de entre las de su género. Toda duda deberá resolverse a favor del obligado *(favor debitoris)*, si no se ha convenido otra cosa. Pero se plantea la cuestión de si una separación unilateral por parte del deudor, no seguida de entrega, es suficiente para que la obligación genérica se convierta en específica, con el consiguiente traspaso de los riesgos al acreedor. Contestar afirmativamente es tanto como afirmar que el deudor pudo, por sí mismo, liberarse del riesgo del perecimiento o deterioro de la cosa por caso fortuito.[11]

El art. 1.452, párrafo tercero, dispone: «Si las cosas fungibles se vendieren por un precio fijado con relación al peso, número o medida, no se imputará el riesgo al comprador hasta que se hayan pesado, contado o medido, a no ser que éste se haya constituido en mora». Parece que, inversamente, desde el momento de quedar pesadas, contadas o medidas, el riesgo habrá pasado al acreedor por haberse convertido la obligación en específica. Pero, en realidad, lo verdaderamente decisivo es que se trate de operaciones de cumplimiento o de ofrecimiento de pago que hagan incurrir en mora al acreedor.

Véase la Sentencia de 13 junio 1944 (Aranzadi, núm. 893), dictada en un caso de pérdida por fuerza mayor de doscientos mil kilos de aceite de orujo que el vendedor tenía dispuestos para su entrega al comprador. El Tribunal Supremo declaró que «no cabe atribuir el significado de delimitación del género al hecho, que ni siquiera se comunicó a la compradora, de que C tuviera disponible en sus almacenes de aquella ciudad una cantidad de aceite mayor que la vendida, porque este hecho carece de virtualidad jurídica para individualizar la cosa inicialmente genérica».

D. *Las obligaciones de género delimitado*

Obligación de género delimitado es aquella cuya prestación ha de hacerse a base de los objetos que pertenecen a un grupo delimitado

11. DÍEZ-PICAZO, citado, p. 297.

de cosas. En ellas la prestación tiene un objeto determinable, no entre todas las cosas que componen un género, sino dentro de una variedad de ese mismo género. Por ejemplo, una partida de vino blanco, precisamente de una determinada cosecha.[12]

Como obligación genérica que es, dentro de su limitación, necesita que el objeto sea individualizado y se convierta en obligación específica. En todo caso, la obligación del deudor de cumplir la prestación a base de objetos de la clase determinada, no se extiende fuera de este grupo delimitado. Si todo él perece, se habrá extinguido la obligación. Por tanto, actúan todas las reglas de las obligaciones genéricas, pero con referencia exclusiva al grupo delimitado de cosas de la misma clase.

6. Obligaciones divisibles e indivisibles

A. *Concepto*

Obligación divisible es la que tiene por objeto una prestación que puede cumplirse por partes, sin que se altere su esencia; en el caso contrario, la obligación es indivisible. El criterio diferencial no está en las cosas a que se refieren, sino en la naturaleza de la prestación (Castán).

La aptitud de una prestación para ser cumplida por partes no depende exclusivamente de las cualidades naturales o físicas de las cosas, sino además de la finalidad que se trata de conseguir.[13]

Las reglas fundamentales del Código que hemos de tomar como punto de partida son las siguientes:

En las obligaciones con un solo acreedor y un solo deudor la ley impone la unidad, y por tanto, la indivisibilidad de la prestación. Como dispone el art. 1.169, la regla general es que no puede compelerse al acreedor a recibir parcialmente las prestaciones en que consiste la obligación.

---

12. LARENZ, citado, p. 165, dice que «constituye una clase especial de obligación genérica *la obligación de entregar cosas de entre ciertas existencias o provisiones* (obligación genérica delimitada), en la cual se debe un número de objetos o una cantidad, determinada por su peso o de otra forma, a extraer de unas reservas o existencias más concretamente señaladas, presentes o futuras».

13. A. HERNÁNDEZ-GIL, citado, p. 157. Ha de tenerse especialmente en cuenta el artículo de R. BERCOVITZ, *Las obligaciones divisibles e indivisibles*, Anuario de Derecho Civil, 1973, pp. 507 a 584.

Además, cuando hay un solo acreedor y un solo deudor, el carácter divisible o indivisible del objeto de la prestación no altera ni modifica lo que el Código dispone sobre la naturaleza y efectos de las obligaciones. Véase el art. 1.149 C.c.

Pero cuando en una obligación concurren dos o más acreedores o dos o más deudores, el crédito o la deuda se presumirán divididos en tantas partes iguales como acreedores o deudores haya, excepto cuando la obligación se haya constituido con el carácter de solidaria. Así lo disponen los arts. 1.137 y 1.138, que hemos visto al tratar de las obligaciones mancomunadas y de las solidarias. Además, si la división indicada fuere imposible, el art. 1.139 dispone que sólo perjudicará al derecho de los acreedores los actos colectivos de éstos y que sólo podrá hacerse efectiva la deuda procediendo contra todos los deudores.

Sin embargo, ello da por supuesto lo que es la cuestión más discutida. ¿Cómo se determinará el carácter divisible o indivisible de la prestación?

B. *Causas de la indivisibilidad*

Hay que distinguir entre indivisibilidad impuesta por la ley, querida por los interesados y la resultante de la naturaleza de la prestación.

C. *Indivisibilidad de origen legal*

Cuando hay un solo acreedor y un solo deudor, la ley impone la indivisibilidad por razones ajenas a la naturaleza de la prestación. Así resulta del art. 1.169 que dispone que, si no se ha pactado lo contrario, no puede obligarse al acreedor a recibir de manera fraccionada la prestación debida, con excepción de que la deuda tuviere una parte líquida y otra ilíquida. Esta prohibición general del cumplimiento parcial no impide que la extinción parcial se produzca en el caso de confusión (art. 1.194), de compensación parcial (art. 1.196) y de imputación parcial de pagos (art. 1.174).

Un supuesto de indivisibilidad de origen legal aparece en los artículos 1.514 y 1.515 C.c., cuando se dispone que el comprador de una finca indivisa (pero divisible) vendida por varios en un solo contrato y con pacto de retracto, puede exigir que los vendedores o coherederos del vendedor se pongan de acuerdo sobre la redención de la totalidad, sin que puedan obligarle al retracto parcial.

Otro ejemplo está en el art. 1.491, al tratar del vicio redhibitorio en la venta de animales, al disponer que se presume que el comprador no habría comprado el animal sano sin el vicioso cuando se trate de la compra de un tiro, yunta, pareja o juego.

D. *Indivisibilidad de origen convencional o voluntario*

Esta clase de indivisibilidad es la que resulta expresa o tácitamente de los negocios que dan vida a las obligaciones.

La ley impone la actuación conjunta de los obligados para resolver la cuestión que se presenta cuando la obligación es mancomunada y al mismo tiempo la prestación es indivisible (art. 1.139). Pero si la prestación es divisible sólo tendría inconvenientes disponer voluntariamente el mismo efecto, en lugar de pactar la solidaridad. Por tanto, cuando el acreedor quiere evitar la complicación de tener que enfrentarse con varios obligados, impondrá la solidaridad en lugar de pactar la indivisibilidad.

E. *Indivisibilidad resultante de la naturaleza de la prestación*

El Código dispone que para los efectos de los artículos que se refieren a las obligaciones divisibles y a las indivisibles, «se reputarán indivisibles las obligaciones de dar cuerpos ciertos y todas aquellas que no sean susceptibles de cumplimiento parcial». Así lo dispone el artículo 1.151, que prosigue en sus párrafos segundo y tercero:

«Las obligaciones de hacer serán divisibles cuando tengan por objeto la prestación de un número de días de trabajo, la ejecución de obras por unidades métricas, u otras cosas análogas que por su naturaleza sean susceptibles de cumplimiento parcial.

»En las obligaciones de no hacer, la divisibilidad o indivisibilidad se decidirá por el carácter de la prestación en cada caso particular.»

El efecto natural de que la prestación sea divisible es que la concurrencia de dos o más acreedores o de dos o más deudores produce la consecuencia de que el crédito o la deuda se presumen divididos en tantas partes iguales como acreedores o deudores haya, como créditos o deudas distintos unos de otros (arts. 1.137 y 1.138). Para ello es necesario que el fraccionamiento produzca una distribución igual, tanto en cantidad como en calidad, pues de lo contrario las atribuciones no serían iguales (Albaladejo). Si corresponde a tres obligados la transmisión de una finca rústica, la prestación no puede considerarse divisible por el hecho de que uno pueda entregar la zona de cultivo, otro el arbolado y otro los edificios, pues las tres prestaciones son desiguales y el mero hecho de la concurrencia de varios deudores no permite la división.

El Código contiene reglas sobre cosas divisibles e indivisibles al tratar de la división de la cosa común (arts. 401 y 404), pero los criterios que prevalecen en el momento de resolver la comunidad son distintos de los que determinan el carácter divisible o no de las obligaciones. En la comunidad predomina el criterio económico, para lograr una equivalencia de valor entre las adjudicaciones, y sólo cuando se produzca una notable pérdida de valor de la cosa se considera indivisible (cfr. art. 1.062: «Cuando una cosa sea indivisible o *desmerezca mucho* por su división...»).[14]

En cambio, la obligación de dar sólo será divisible si además de serlo económicamente (por conservar su valor a pesar de la división), las partes divididas son proporcionadas en cantidad e idénticas en calidad. Por ello, cuando concurre un pluralidad de obligados, la prestación se divide entre ellos por partes iguales (art. 1.138) y el acreedor, a diferencia de lo que sucede cuando hay un solo deudor (arts. 1.157 y 1.169) tendrá que aceptar prestaciones que sólo representen una satisfacción parcial de la obligación originaria. Pero deberá obtener una satisfacción proporcional a la totalidad al recibir cada pago parcial, por la igualdad cualitativa de las fracciones.

El primer párrafo del art. 1.151 califica de indivisibles las obligaciones «de dar cuerpos ciertos y todas aquellas que no sean susceptibles de cumplimiento parcial». El Código sin duda habla de cuerpos ciertos en contraposición a los inciertos, que sólo se determinan por su peso, número o medida. Por consiguiente, son divisibles las obligaciones de entregar cosas fungibles, que siempre son susceptibles de cumplimiento parcial, salvo pacto en contrario.[15]

Según el párrafo segundo del mismo art. 1.151, son divisibles las obligaciones de hacer que tengan por objeto prestaciones fungibles, como la de un número de días de trabajo, la de ejecutar obras por unidades métricas u otros casos análogos susceptibles de cumplimiento parcial.

En las obligaciones de no hacer, la «divisibilidad o indivisibilidad se decidirá por el carácter de la prestación en cada caso particular» (art. 1.151, párrafo tercero). No hay duda que son las que ofrecen más dificultades a la división porque hacer sólo en parte ya significa incumplimiento. Pero Bercovitz dice que la prudencia del Código

14. BERCOVITZ, citado, p. 528.
15. BERCOVITZ, citado, p. 533.

está justificada por la posibilidad de que la inactividad pueda descomponerse en partes cualitativamente iguales, cuantitativamente proporcionales y que conserven su valor económico.[16]

En la Sentencia de 10 mayo 1912 el Tribunal Supremo consideró total el incumplimiento de un contrato que había incumplido sólo una de las partes obligadas a no concurrir en determinada clase de negocio.

F. Régimen jurídico de las obligaciones divisibles e indivisibles

En las obligaciones con un solo acreedor y un solo deudor el carácter divisible o indivisible de la prestación no altera las reglas generales sobre naturaleza y efectos de las obligaciones (art. 1.149); pero cuando la relación obligatoria no es unipersonal han de tenerse en cuenta las reglas siguientes:[17]

1. Obligaciones divisibles. En las obligaciones divisibles y no solidarias, basta la concurrencia de acreedores o de deudores para que la prestación se presuma dividida, como resulta de los artículos 1.137 y 1.138, ya examinados.

2. Obligaciones indivisibles. Si la obligación es mancomunada y la división imposible, «sólo perjudicarán al derecho de los acreedores los actos colectivos de éstos, y sólo podrá hacerse efectiva la deuda procediendo contra todos los deudores» (art. 1.139). La indivisibilidad no convierte a la obligación en solidaria y por ello, cuando uno de los deudores la quebranta, se transforma en la obligación mancomunada de indemnizar daños y perjuicios, como dispone el artículo 1.150. Los deudores que hubiesen estado dispuestos a cumplir «no contribuirán a la indemnización con más cantidad que la porción correspondiente del precio de la cosa o del servicio en que consistiere la obligación» (art. 1.150). Pero el deudor que faltó a su compromiso ha de pagar, además, lo que corresponda para reparar la total lesión sufrida por el acreedor.

En el caso de concurrir la indivisilidad de las prestaciones con la solidaridad, las reglas de esta clase de obligaciones implican que la prestación tendrá efecto de una manera unitaria y completa.

---

16. BERCOVITZ, p. 536.
17. HERNÁNDEZ-GIL, citado, p. 159.

V

EL PAGO O CUMPLIMIENTO

1. Modos de extinguirse las obligaciones

El Código civil, después de referirse a las disposiciones generales sobre las obligaciones (arts. 1.088 a 1.093), a su naturaleza y efectos (arts. 1.094 a 1.112) y a sus diversas especies o clases (arts. 1.113 a 1.155), pasa a ocuparse de sus causas de extinción (arts. 1.156 a 1.213).

Como disposición general, el art. 1.156 establece que las obligaciones se extinguen: «Por el pago o cumplimiento. Por la pérdida de la cosa debida. Por la condonación de la deuda. Por la confusión de los derechos del acreedor y del deudor. Por la compensación. Por la novación».[1]

La enumeración no es completa y existen otras causas por las que se extinguen las obligaciones, como el mutuo disenso, la prescripción, el plazo resolutorio y la condición de la misma clase, el fallecimiento del obligado con carácter personalísimo. Pero la prescripción, el plazo y la condición se regulan en otros lugares del Código y el mutuo disenso pertenece a la doctrina general de los contratos. El Tribunal Supremo ha tenido en cuenta repetidamente el carácter incompleto del art. 1.156. Cfr. Ss. 14 abril 1953 (Aranzadi, núm. 921), 23 abril 1956 (Aranzadi, núm. 1.944), etc.

---

1. José BELTRÁN DE HEREDIA Y CASTAÑO, *El cumplimiento de las obligaciones*, Madrid, 1956, pp. 4 y 44 y ss.; SANTAMARÍA, *Comentarios al Código civil español*, Madrid, 1958, II, pp. 101 y ss.; MANRESA, *Comentarios al Código civil*, tomo VIII de la 5.ª edición, revisada por MORENO MOCHOLI, vol. 1.º, pp. 499 y ss.; A. HERNÁNDEZ-GIL, *Derecho de obligaciones*, I, Madrid, 1960, pp. 273 y ss.; DÍEZ-PICAZO, *Fundamentos del Derecho civil patrimonial*, 4.ª edición, Madrid, 1993, pp. 469 y ss.

2. El pago o cumplimiento

A. *Concepto*

El cumplimiento de la obligación es la realización de lo que es debido según la misma, y por tanto es el fin natural del vínculo obligatorio. Es lo que significa la palabra *solutio*, el desligamiento del obligado por haber realizado lo debido.

En general se distingue entre el cumplimiento normal o voluntario y anormal o forzoso; pero en el sentido más propio de la expresión, por cumplimiento ha de entenderse el voluntario. Cumplimiento es la realización voluntaria de la prestación debida.

La ley utiliza las palabras pago y cumplimiento como equivalentes, cuando dice que «no se entenderá pagada una deuda sino cuando completamente se hubiese entregado la cosa o hecho la prestación en que la obligación consistía» (art. 1.157); pero, en el lenguaje común, la palabra «pago» tiene un sentido más restringido, al emplearse para designar el cumplimiento de una obligación dineraria.

La equivalencia legal entre pago y cumplimiento se advierte en el primer párrafo del art. 1.822 C.c., cuando dice que la fianza es la obligación de «pagar o cumplir» por un tercero. Pero cuando regula los contratos que contraponen la entrega de una cosa al pago de un precio, la palabra pago se utiliza en sentido restrictivo. Así, en los artículos 1.145 y 1.550, relativos a la compraventa, y en los arts. 1.554, número 1.° y 1.555, núm 1.°, sobre arrendamiento.

B. *Naturaleza jurídica del pago*

Bajo este enunciado se oculta simplemente la cuestión de saber si el pago es un acto que puede realizar unilateralmente el deudor con efecto liberatorio, o si es necesario, para ello, que medie la aceptación o aprobación del acreedor, en cuyo caso el pago podría calificarse de negocio jurídico bilateral de cumplimiento.[2]

A favor del carácter unilateral del acto de cumplimiento cabe decir que el efecto extintivo de la prestación debida no necesita la conformidad del acreedor porque se produce en virtud de la coincidencia entre lo realizado como pago y lo que la obligación imponía al deu-

2. LARENZ, *Derecho de obligaciones*, traducción española de Santos Briz, Madrid, 1958, tomo I, p. 409. L. PASCUAL ESTEVILL, *El pago*, Barcelona, 1986, p. 37.

dor. La disolución del vínculo jurídico no es un desligamiento debido al acreedor, sino un liberarse a sí mismo del deudor (Boehmer).[3]

La segunda tesis, la de que el efecto extintivo depende de un contrato de pago entre deudor y acreedor es un engañoso efecto del hecho de que, en las deudas genéricas y de dinero, la correspondencia de la prestación con su finalidad ha de ser comprobada y, en caso de duda, ha de estar acompañada de la correspondiente declaración. Pero no se trata de una declaración negocial que tenga eficacia constitutiva del efecto que es la extinción de la deuda. Sería excesivo pretender que, después de constituida la obligación y cumplida, hace falta un acuerdo para que se compruebe que la prestación corresponde exactamente a la obligación cumplida.

La aceptación de la prestación por parte del acreedor (como en el caso de recibir la propiedad de una cosa) no ha de tener el carácter de aceptación del cumplimiento, como resulta del derecho del deudor a que se tenga por cumplida la prestación. El pago es la realización del mandato de la norma dirigida al deudor, o la realización por el deudor del contenido de la obligación, por lo que no tiene carácter de negocio jurídico. Así ocurre siempre que el deudor puede realizar su prestación sin cooperación alguna del acreedor, como en las obligaciones de no hacer, las de prestación de servicios, etc.

Sin embargo, en otros casos la misma realización de la prestación debida exigirá que se formalice un negocio jurídico, como en los supuestos de transmisión de un derecho, constitución de un derecho real, etc. En este sentido cabe invocar el art. 1.160 C.c., demostrativo de que la obligación de transmitir implica un negocio de disposición, que presupone tanto la capacidad como el derecho a disponer, sin perjuicio de los efectos de las adquisiciones realizadas de buena fe (Pérez González y Alguer, Castán).

El caso más claro de cumplimiento mediante un contrato o negocio jurídico sin duda es el del precontrato o contrato preliminar, en el que la prestación debida consiste precisamente en tener que otorgar un contrato; pero, como observa Hernández-Gil, no se trata de que el cumplimiento sea un negocio jurídico, sino que en algunos casos consiste en la realización de negocios jurídicos.[4]

---

3. Gustav BOEHMER, Fundamentos *del ordenamiento jurídico civil,* edición alemana, Tübingen, 1951, pp. 79 y ss.

4. HERNÁNDEZ-GIL, citado, p. 281; PINTO RUIZ, *Naturaleza jurídica del pago,* Revista Jurídica de Cataluña, 1949, pp. 224 a 245.

En todo caso, en el acto de cumplimiento el acreedor no es libre de aceptar o no la prestación del deudor, pues el art. 1.176 establece lo que ha de realizar el deudor si el acreedor «se negare sin razón a admitirlo»; lo que significa que el acreedor sólo puede rehusar el pago cuando el comportamiento del deudor no se ajusta a lo que de él exige la obligación. Cfr. la sentencia de 18 noviembre 1944 (Aranzadi, núm. 1.266).

C. *Personas que intervienen en el pago*

Lo normal es que pague el obligado, por sí mismo o por medio de representante. Es la persona a la que el acreedor puede exigir el cumplimiento. Además, como los herederos suceden al causante en todos sus derechos y obligaciones (art. 661), por regla general también estará obligado a pagar el heredero del deudor, hasta el punto de que si son varios responden solidariamente según el Código civil (art. 1.084 C.c.). De manera excepcional pueden estar obligados al pago los legatarios, como en las hipótesis del art. 891 C.c.[5]

El pago o cumplimiento exige que el deudor tenga cierto grado de capacidad y el correspondiente poder de disposición sobre el objeto de que se trate. Dispone el art. 1.160:

«En las obligaciones de dar no será válido el pago hecho por quien no tenga la libre disposición de la cosa debida y capacidad para enajenarla. Sin embargo, si el pago hubiese consistido en una cantidad de dinero o cosa fungible, no habrá repetición contra el acreedor que la hubiere gastado o consumido de buena fe.» Por supuesto que la disposición de la cosa y la capacidad para enajenarla se necesita para los actos de carácter traslativo y no será aplicable cuando se trate de la obligación de restituir. Véase, por ejemplo, el art. 1.765.

La entrega traslativa de la cosa debida por un incapaz no es un acto radicalmente nulo, sino meramente impugnable, con la limitación derivada de la protección de los incapacitados. Cfr. art. 1.303 C.c.

Si el cumplimiento se refiere a una obligación de hacer, el precepto pertinente es el art. 1.161C.c.: «En las obligaciones de hacer el acreedor no podrá ser compelido a recibir la prestación o el servicio

---

5. A diferencia de lo que dispone el art. 1.084 C.c., el artículo 1, párrafo segundo, del Código de Sucesiones vigente en Cataluña por Ley 40/1991, de 30 de diciembre, dispone: «Si en la sucesión concurren simultáneamente una pluralidad de herederos, adquieren el patrimonio hereditario en proporción a sus respectivas cuotas. No obstante, las obligaciones y las cargas de la herencia se dividen en proporción a las respectivas cuotas sin solidaridad entre los herederos».

de un tercero, cuando la calidad y circunstancias de la persona del deudor se hubiesen tenido en cuenta al establecer la obligación».

El pago puede ser efectuado por un tercero, de la manera que regulan los arts. 1.158 y 1.159 C.c. Según el primero:

«Puede hacer el pago cualquier persona, tenga o no interés en el cumplimiento de la obligación ya lo conozca y lo apruebe, o ya lo ignore el deudor.

»El que pagare por cuenta de otro podrá reclamar del deudor lo que hubiere pagado, a no haberlo hecho contra su expresa voluntad.

»En este caso sólo podrá repetir del deudor aquello en que le hubiera sido útil el pago.»

Es natural que si un tercero ofrece al acreedor la prestación debida, le convenga aceptarla y extinguir la obligación. Normalmente el acreedor tendrá interés en aceptar aquello a que tiene derecho, aunque proceda de un tercero. No sucederá lo mismo en el caso de la obligación personalísima (art. 1.161). El acto del tercero que haya cumplido por error queda al margen del art. 1.158. Cfr. S. 26 noviembre 1926.

Pero si el pago del tercero elimina al acreedor cuyo interés queda atendido, no sucede lo mismo con el deudor, que no queda liberado de la deuda si el tercero no ha obrado con ánimo de liberalidad. Después de haber pagado el tercero el deudor sigue debiendo, pero ya no debe al acreedor sino al autor del pago. Pero hay que preguntar en qué medida el antiguo deudor sigue siéndolo frente al nuevo acreedor. Hay que distinguir los siguientes supuestos:

1. El tercero paga con el conocimiento y aprobación del deudor.[6] En este supuesto se tratará de un pago con subrogación y el pagador ostentará contra el deudor el mismo crédito del anterior acreedor. El art. 1.209 C.c. dice que la subrogación de un tercero en los derechos del acreedor no se presume fuera de los casos que el Código menciona. El siguiente art. 1.210, núm. 2.°, dice que la subrogación se presumirá «cuando un tercero, no interesado en la obligación, pague con aprobación expresa o tácita del deudor». En este caso se produce el efecto que el art. 1.212 atribuye a la subrogación por efecto del pago: se «transfiere al subrogado el crédito con los derechos a él anexos, ya contra el deudor, ya contra los terceros, sean fiadores o poseedores de las hipotecas».

---

6. Alfonso HERNÁNDEZ MORENO, *El Pago del tercero*, Barcelona, 1983.

El mismo efecto subrogatorio se produce cuando paga el tercero que tiene interés en el cumplimiento de la obligación, aunque en este caso el Código ha de dejar a salvo «los efectos de la confusión en cuanto a la porción que le corresponda», según el núm. 3.º del artículo 1.210.

Por consiguiente, el pago hecho por un tercero con aprobación expresa o tácita del deudor, es un pago con efectos subrogatorios y el pagador adquiere el derecho de crédito por su valor nominal, aunque el importe pagado haya sido inferior. La subrogación queda excluida cuando el pago es ignorado por el deudor, como vamos a ver.

Que el deudor apruebe el pago hecho por un tercero también significa que sea el propio deudor quien tome la iniciativa para la subrogación en el pago. En materia de préstamos hipotecarios, la ley 2-7-1994, de 30 de marzo habilita unos mecanismos para que los deudores, en aplicación de los artículos 1.211 y concordantes del Código civil puedan subrogar sus hipotecas a otro acreedor.

Esta posibilidad de subrogación es de aplicación a todos los contratos de préstamo hipotecario, con independencia de la fecha en que se hayan llevado a cabo, y aunque no conste en los mismos la posibilidad de la amortización anticipada (art. 1.º). Para ello es preciso que la entidad que esté dispuesta a subrogarse presente al deudor una oferta vinculante en la que conste las condiciones financieras del nuevo préstamo hipotecario. Aprobación por el deudor que implica su autorización para que la oferente pueda notificárselo a la entidad y la requiera para que le entregue, en el plazo máximo de siete días naturales, certificación del importe del débito del deudor por el préstamo hipotecario en que se ha de subrogar (art. 2.º).

2. Pago por un tercero ignorándolo el deudor. Ante la falta de conocimiento del deudor, la ley excluye que el pago tenga efecto subrogatorio. Por tanto, el pagador no adquiere el mismo derecho de crédito que tenía el acreedor pagado y únicamente puede reclamar del deudor lo que ha pagado al acreedor. El pagador adquiere un crédito, pero es un derecho distinto del que ha extinguido con su pago. El art. 1.159 C.c. dispone: «El que pague en nombre del deudor, ignorándolo éste, no podrá compeler al acreedor a subrogarle en sus derechos».

El pagador en este caso dispone de una acción de reembolso para obtener el importe que efectivamente ha pagado al acreedor, siempre que no haya pagado en contra de la voluntad expresa del deudor.

3. Pago del crédito por parte de un tercero contra la expresa voluntad del deudor. El último párrafo del art. 1.158 C.c. dispone que si el tercero ha pagado contra la expresa voluntad del deudor, sólo podrá repetir de éste «aquello en que le hubiere sido útil el pago».

Es conveniente que el deudor conozca que un tercero se dispone a pagar su deuda, pues el obligado puede tener alguna excepción que oponer al acreedor. Por ello se considera lo más prudente que si el deudor se ha opuesto al pago, el tercero que a pesar de ello paga sólo tenga un derecho de un alcance que no pueda discutirse, por consistir en el beneficio que verdaderamente el pago ha proporcionado al deudor.

En este supuesto no se trata ni de la acción adquirida por subrogación en los derechos del acreedor, ni de una acción de simple reembolso de lo efectivamente pagado, sino únicamente de una acción *in rem verso* destinada a recuperar del deudor el beneficio que, a pesar de su oposición, le haya proporcionado. Cfr. S. 7 febrero 1956 (Aranzadi, núm. 685).

D. *Personas que pueden recibir la prestación del deudor*

Por supuesto que el pago ha de hacerse al acreedor. Pero la cuestión ha de examinarse con más amplitud.

a) *Pago al acreedor o a su representante.* La misma relación obligatoria señala la persona que ha de recibir el pago. Ser acreedor significa ser destinatario del acto de cumplimiento del deudor. Por tanto, el pago ha de hacerse al acreedor o a su representante legal o voluntario, como declara el art. 1.162 C.c.: «El pago deberá hacerse a la persona en cuyo favor estuviese constituida la obligación, o a otra autorizada para recibirlo en su nombre».

El pago hecho a un representante legal o voluntario es un pago hecho al mismo acreedor, si el poder es suficiente. Para calificar esta suficiencia ha de tenerse en cuenta la naturaleza de la obligación. Si ésta deriva de un acto de administración, el cobro participará del mismo carácter y bastará un poder para actos de administración. Si la relación obligatoria responde a un acto de disposición, también lo será el cobro y hará falta poder expreso (art. 1.713 C.c.).

b) *Pago a persona autorizada sin poder de representación.* Una persona puede hallarse autorizada sin poder de representación (incluso puede tratarse de un mandato no representativo) para recibir la prestación en lugar del acreedor. El mismo negocio constitutivo de la obligación, u otro posterior, puede haber señalado a la persona que ha de recibir la prestación. El art. 1.766 lo establece para el contrato de depósito y ha de poder hacerse una designación equivalente en otros contratos. Este destinatario de la prestación *(adiectus solutionis causa),* no representa al acreedor ni es un beneficiario de la prestación. No puede reclamar el derecho de crédito, pero está legitimado para recibir la prestación. Tiene, dice Hernández-Gil, una estricta legitimación pasiva para recibir. Es un pago domiciliado.[7]

c) *Pago a un acreedor aparente.* El art. 1.164 C.c. protege al deudor que paga confiado en la apariencia. Dice: «El pago hecho de buena fe al que estuviese en posesión del crédito liberará al deudor». Estar en posesión del crédito significa ser acreedor aparente o en apariencia, y el deudor de buena fe que ha tenido motivos fundados para creer que su acreedor es quien aparenta serlo, y por ello le paga, queda liberado de su obligación. Ello sucede, naturalmente, sin perjuicio de que el verdadero acreedor pueda ejercitar una acción de enriquecimiento sin causa contra el acreedor aparente que ha cobrado. La prueba de la buena fe corresponde al deudor que ha realizado el pago.[8]

Una aplicación de la misma idea está en el art. 1.527, que libera al deudor que paga al acreedor antes de tener conocimiento de la cesión del crédito.

d) *Pago hecho a un tercero.* El Código ha previsto el supuesto de que reciba el pago una persona completamente extraña a la relación obligatoria, y dispone que el efecto liberatorio sólo puede admitirse en el caso y en la medida en que beneficie al acreedor. Como dice el art. 1.163, párrafo segundo, «será válido el pago hecho a un tercero en cuanto se hubiere convertido en utilidad del acreedor».

Pero ante semejante hipótesis uno se pregunta, como dice J. Roca Juan, «quien, sin error, sin conferir encargo al tercero de hacer llegar la prestación al acreedor, puede pretender liberarse mediante una prestación realizada a persona distinta». El autor citado señala lo que tiene de insólito la regla transcrita y que, en el caso de que el pago sólo tenga una eficacia parcial frente al acreedor, sufrirá una excep-

---

7. HERNÁNDEZ-GIL, citado, p. 302; DÍEZ-PICAZO, citado, p. 622.

8. Dice HERNÁNDEZ-GIL, p. 309, que el «concepto de apariencia, más amplio que el de posesión, es el que late, aunque no esté expresado, en el art. 1.164».

ción la regla del art. 1.169, que dice no podrá compelerse al acreedor a recibir parcialmente la prestación.[9]

E. *Pago mediante ingreso en cuenta corriente bancaria*

La validez del pago mediante ingreso en una cuenta del acreedor no ofrece duda si existe acuerdo sobre este medio de pago entre acreedor y deudor. Tampoco la ofrece si el acreedor presta su conformidad después de practicado el abono correspondiente. En todo caso, el abono en cuenta realizado por el Banco en la cuenta del acreedor, sería un claro ejemplo de pago hecho a un tercero convertido íntegramente en utilidad del acreedor. Por otra parte es suficiente para que el deudor pueda utilizar esta forma de pago, el hecho de que el acreedor en su correspondencia, facturas, etc., haga constar sus cuentas corrientes.

Si la cantidad ingresada en cuenta corriente fuese inferior a la debida, el acreedor no pierde el derecho a reclamar la diferencia aunque no rechace el ingreso, ya que puede renunciar al beneficio de la indivisibilidad del pago (art. 1.169).

Sobre el pago por abono en cuenta y la jurisprudencia, véanse las Sentencias de 24 noviembre 1943 (Aranzadi, núm. 1.292), la de 18 junio 1948 (Aranzadi, núm. 960), 26 noviembre 1948 (Aranzadi, número 1.273), 25 noviembre 1950 (Aranzadi, núm. 1.551), 16 marzo 1956 (Aranzadi, núm. 1.163), etc.[10]

F. *Caso en que el acreedor no puede recibir el pago*

El art. 1.165 C.c. dispone: «No será válido el pago hecho al acreedor por el deudor después de habérsele ordenado judicialmente la retención de la deuda».

Esta retención sin duda significará que el crédito ha sido embargado al acreedor para que responda de sus propias deudas. La eficacia de la medida es total, una vez notificada, pues aunque el deudor pagara, el pago se consideraría no hecho respecto de los que hubiesen obtenido la orden de retención, sin perjuicio del derecho del deudor de repetir contra el acreedor a quien no tenía que haber pagado.

---

9. Juan Roca Juan, *Validez del pago al tercero por conversión en utilidad del acreedor,* Anuario de Derecho civil, 1968, pp. 283 a 314, esp. 307 y 308.

10. M. Motos Guirao, *Sobre si el ingreso en la cuenta corriente del acreedor libera al deudor,* Revista de Derecho Mercantil, 1958, pp. 245 y ss.

El deudor notificado no puede ampararse en el art. 1.164, que se refiere al pago hecho de buena fe al que esté en posesión del crédito. La notificación atribuye al deudor el conocimiento suficiente para que no pueda alegar buena fe. En este sentido, la Sentencia de 12 de diciembre 1904; véase también la de 5 julio 1941 (Aranzadi, número 899).[11]

G. Capacidad necesaria para recibir el pago

El art. 1.163, párrafo primero, dispone: «El pago hecho a una persona incapacitada para administrar sus bienes será válida en cuanto se hubiere convertido en su utilidad».

Comparando este precepto con el del art. 1.160 C.c., se observa que se exige capacidad para enajenar al que realiza la prestación, pero que es suficiente la capacidad de obrar que permite realizar actos de administración para recibir el pago. La diferencia sin duda está justificada porque no es lo mismo entregar o desprenderse de algo que recibirlo, sin perjuicio de que las dos disposiciones sean simultáneamente aplicables a las dos partes en los negocios con prestaciones bilaterales. Autores como Hernández-Gil y Díez-Picazo observan que en las obligaciones sinalagmáticas, si para realizar la prestación se requiere facultad para enajenar, su falta ha de provocar la invalidez del cumplimiento como un todo, y deberán ser restituidas todas las prestaciones.[12]

La fórmula utilizada para reconocer validez al pago hecho a una persona incapacitada para administrar sus bienes es la misma que se utiliza para admitir la validez del pago hecho a un tercero no autorizado por el acreedor. Ambas reglas forman los dos párrafos del artículo 1.163 y admiten la validez si el pago se convierte en utilidad del acreedor y en la medida en que esta utilidad se haya producido.

H. Objeto del pago o prestación del deudor

La prestación ha de ser exactamente la debida, el acreedor tiene derecho a recibirla íntegramente y, por regla general, de una sola vez. Por ello se dice que los requisitos del pago o realización de la prestación debida son su identidad, integridad e indivisibilidad.

---

11. DÍEZ-PICAZO, citado, p. 494; HERNÁNDEZ-GIL, citado, p. 312.
12. HERNÁNDEZ-GIL, citado, p. 331; DÍEZ-PICAZO, p. 620.

1. Identidad. Es evidente que ha de realizarse precisamente la prestación debida, hasta el punto de que la entrega de cosa distinta exige acuerdo entre acreedor y deudor para que tenga eficacia extintiva (dación en pago). El art. 1.157 C.c. exige la identidad con estas palabras: «No se entenderá pagada una deuda sino cuando completamente se hubiese entregado la cosa o hecho la prestación en que la obligación consistía».

La identidad está prevista en relación con las obligaciones específicas, las genéricas y las que consisten en la entrega de sumas de dinero.

En las obligaciones específicas, si el contenido de la prestación está exactamente individualizado, rige el art. 1.166: «El deudor de una cosa no puede obligar a su acreedor a que reciba otra diferente, aun cuando fuere de igual o mayor valor que la debida. Tampoco en las obligaciones de hacer podrá ser sustituido un hecho por otro contra la voluntad del acreedor».

La identidad no sólo se refiere a las cualidades intrínsecas de la prestación, sino a las demás circunstancias del cumplimiento, como las de lugar y tiempo.

En las obligaciones genéricas rige el art. 1.167, ya examinado, que dispone que el acreedor no podrá exigir una cosa de la calidad superior ni el deudor entregarla de la inferior. Cuando mediante la elección de las cosas genéricas, éstas se han convertido en las que servirán para el pago (concreción o concentración), son exigibles de la misma manera que las obligaciones de cosa específica. Si la determinación se realiza en el mismo acto del pago, éste se ajustará a lo debido si responde a la calidad media que exige dicho artículo.

Si la obligación exige la entrega de sumas de dinero, aparecen problemas que exigen un tratamiento separado.

2. Integridad de la prestación. Este requisito puede coincidir con el anterior porque la identidad faltará si la prestación no se ha realizado íntegramente. Pero la integridad sin duda se refiere a la cantidad porque el art. 1.157 exige que la prestación se haya realizado «completamente».

De manera más directa dispone el art. 1.169: «A menos que el contrato expresamente lo autorice, no podrá compelerse al acreedor a recibir parcialmente las prestaciones en que consista la obligación». Pero, según su párrafo segundo: «Sin embargo, cuando la deuda tuviera una parte líquida y otra ilíquida, podrá exigir el acreedor y hacer el deudor el pago de la primera sin esperar a que se liquide la segunda».

La regla de la integridad obliga a entregar la cosa debida con carácter principal y todos sus accesorios, aunque no hayan sido mencionados, como establece el art. 1.097 C.c. Si la deuda devenga intereses, la prestación ha de comprender los que ya estén vencidos.

3. Indivisibilidad en el cumplimiento. Como se ha dicho, no puede obligarse al acreedor a recibir parcialmente las prestaciones en que consista la obligación, si no se ha convenido lo contrario y con la excepción de poderse pagar la parte líquida de la deuda si la otra es ilíquida (art. 1.169 C.c.).

Este requisito no se confunde con el de la integridad porque ahora no se trata de que la obligación no pueda considerarse cumplida si no lo ha sido íntegramente, sino de reconocer al acreedor el derecho a recibir lo que se le debe en un solo acto, aunque la prestación pudiera dividirse.

En la práctica es frecuente admitir pagos parciales, sin renunciar a recibir el resto y sin que por ello pierda las garantías de que pueda estar revestido su derecho porque esta aceptación de pagos parciales no implica novación.

I. Tiempo en que ha de realizarse el pago

Ha de tenerse en cuenta ante todo lo que hayan convenido acreedor y deudor; en su defecto, el momento del vencimiento de la deuda dependerá de la clase de obligación. Si la obligación es pura o está sometida a condición resolutoria, «será exigible desde luego», como dice el art. 1.113 C.c. Será la regla aplicable cuando no exista determinación de tiempo. Si la obligación está sometida a condición suspensiva, será exigible cuando la condición se cumpla (art. 1.114 C.c.), y si se halla sometida a plazo, cuando el día llegue (art. 1.125 C.c.).

El momento del pago será el que fijen los Tribunales en los casos siguientes: *a)* si la obligación no señala plazo pero de su naturaleza y circunstancias se deduce que ha querido concederse al deudor; *b)* si la duración del plazo ha quedado pendiente de la voluntad del deudor (art. 1.128 C.c.).

En algunos casos el Código fija el momento en que ha de realizarse la prestación. En la compraventa, si el contrato no ha señalado el momento del pago, el párrafo segundo del art. 1.500 dispone que se realice en el tiempo en que se haga la entrega de la cosa vendida. Lo mismo dispone el art. 1.599 para el contrato de obras.

En las prestaciones reiteradas o de tracto sucesivo los vencimientos han de estar igualmente determinados por el contrato, por la ley o, en último caso, por resolución judicial. Según el primer párrafo del art. 1.581, si no consta el plazo de un arrendamiento, se entiende hecho por años cuando se ha fijado un alquiler anual, por meses cuando es mensual y por días cuando es diario.

El acreedor puede exigir el cumplimiento a partir del vencimiento, con lo que provocará que el deudor quede constituido en mora, según las reglas del art. 1.100.

El plazo se presume establecido en beneficio de acreedor y deudor (art. 1.127 C.c.), por lo que si no consta otra cosa no podrá ser anticipada la prestación sin acuerdo de ambos. Pero, incluso sin este acuerdo, el Código dicta reglas para el caso de pago anticipado. Lo pagado anticipadamente en las obligaciones a plazo no se podrá repetir (art. 1.126), mientras que en las sometidas a condición suspensiva, el deudor puede repetir lo que durante la pendencia hubiese pagado (art. 1.121, párrafo segundo). Esta solución es natural, pues al pagar antes del cumplimiento de la condición el pagador se anticipa a la existencia misma del derecho (art. 1.114).

Si el deudor pagó ignorando la existencia del plazo, aunque no puede pedir la devolución, tiene derecho a reclamar del acreedor los intereses o los frutos que éste hubiese percibido de la cosa (art. 1.126, párrafo segundo), de lo contrario el acreedor experimentaría un enriquecimiento sin causa a consecuencia de la anticipación.[13]

Las declaraciones de concurso y quiebra provocan el vencimiento de las deudas a plazo, y si llegan a pagarse antes del tiempo fijado en la obligación, han de sufrir el descuento correspondiente al interés legal del dinero, como disponen los arts. 1.915 C.c. y 883 C. de comercio. Esta diferencia o descuento se llama *interusurium* y existe siempre que un crédito que no produce interés es pagado antes de su vencimiento, pues el valor del dinero está en función del tiempo durante el cual nos pertenece.

J. Lugar del cumplimiento

Un requisito más del exacto cumplimiento es que se realice en el lugar convenido o en el legalmente establecido. El art. 1.171 C.c. dicta las reglas siguientes:

---

13. HERNÁNDEZ-GIL, citado, pp. 435 y 436, observa que la regla del párrafo segundo del art. 1.126 constituye una excepción a la regla del art. 1.895, que reconoce el derecho a la restitución de lo que por error ha sido indebidamente entregado a quien no tenía derecho a cobrarlo. El mismo autor llama la atención sobre el hecho de que el art. 1.126 se refiere claramente a los intereses y a los frutos percibidos por el acreedor porque se trata de restituir el enriquecimiento experimentado con la anticipación.

«El pago deberá ejecutarse en el lugar que hubiese designado la obligación.

»No habiéndose expresado y tratándose de entregar una cosa determinada, deberá hacerse el pago donde ésta existía en el momento de constituirse la obligación.

»En cualquier otro caso, el lugar del pago será el del domicilio del deudor.»

Aunque las reglas del art. 1.171 se refieren al cumplimiento de toda clase de obligaciones, con independencia de su origen, en realidad no parecen muy adecuadas en el caso de obligaciones nacidas de culpa extracontractual. La jurisprudencia, a base de la regla 1.ª del art. 62 de la Ley de Enjuiciamiento civil, se inclina a favor del lugar donde se ocasionó el daño. Cfr. Sentencia de 29 de marzo 1963 (Aranzadi, núm. 1.939).

Aparte de estas reglas generales, el Código contiene algunas reglas para casos determinados. Véanse el art. 1.500 para el pago del precio de la compraventa, el art. 1.599, sobre contrato de ejecución de obra, el art. 1.615 para el pago de las pensiones de los censos y el artículo 1.774 en relación con el contrato de depósito.[14]

K. *Gastos del pago*

«Los gastos extrajudiciales que ocasione el pago serán de cuenta del deudor. Respecto de los judiciales, decidirá el Tribunal con arreglo a la Ley de Enjuiciamiento civil.» Art. 1.168.

La regla de que el deudor ha de hacerse cargo de los gastos extrajudiciales responde a la consideración de que el acreedor ha de recibir lo que se le debe sin deducción alguna. Por supuesto que las partes pueden haber convenido lo contrario.

En la compraventa, el art. 1.465 dispone: «Los gastos para la entrega de la cosa vendida serán de cuenta del vendedor, y los de su transporte o traslación de cargo del comprador, salvo el caso de estipulación especial».

En cuestiones de competencia el Tribunal Supremo ha declarado reiteradamente que ha de tenerse en cuenta si lo vendido ha sido transportado con los costes a cargo del vendedor o del comprador.

---

14. Teresa PUENTE MUÑOZ, *El lugar de cumplimiento de las obligaciones en especial en la esfera de la compraventa civil y mercantil*, Revista Crítica de Derecho Inmobiliario, 1968, p. 905.

Por regla general, mientras el transporte vaya a cargo del vendedor, la entrega todavía no ha sido efectuada.

L. *Prueba del pago*

La prueba de que la prestación debida ha sido realizada corresponde al deudor. La regla general del art. 1.214 dispone: «Incumbe la prueba de las obligaciones al que reclama su cumplimiento y la de su extinción al que la opone». Por consiguiente, ante la reclamación del acreedor, el deudor que ha pagado ha de oponer la extinción y probar el hecho extintivo.

La prueba normal del pago es el llamado recibo o carta de pago, que consiste en la declaración del acreedor de haberlo recibido. El recibo es la declaración unilateral del acreedor de que la prestación debida ha sido cumplida (Celaya).[15]

El pago no sólo es la satisfacción del interés del acreedor en la prestación debida, sino igualmente la satisfacción del interés del deudor en poder probar que ha cumplido la obligación. Por consiguiente, el deudor tiene derecho a obtener del acreedor un recibo al efectuar el pago.

El recibo también puede ser prueba del nacimiento o constitución de una obligación, como en el caso de recepción de una suma en concepto de préstamo. En este caso deberá dar cuenta de la prestación realizada y de la obligación que se crea.

La Ley de Enjuiciamiento civil, al referirse al juicio de desahucio, dispone en el párrafo segundo del art. 1.579 que «cuando la demanda de desahucio se funde en la falta de pago del precio estipulado, no será admisible otra prueba que la confesión judicial, o el documento o recibo en que conste haberse verificado dicho pago».

El recibo tiene el valor de una confesión extrajudicial del acreedor de haber recibido la prestación. Su fuerza probatoria se funda en lo que dispone el art. 1.225 C.c.: «El documento privado, reconocido legalmente, tendrá el mismo valor que la escritura pública entre los que lo hubiesen suscrito y sus causahabientes». Sobre el valor de la escritura pública, véase el art. 1.218 C.c.

También se refieren a la entrega de recibo los dos párrafos del artículo 1.110 C.c., que por su importancia es objeto de examen por

---

15. CELAYA, *El recibo como prueba de pago*, Pretor 1965, p. 165.

separado. Igualmente, el segundo párrafo del art. 1.172, sobre imputación de pagos.

La negativa del acreedor a entregar recibo debe equipararse a la negativa de recibir el pago a que se refiere el primer párrafo del artículo 1.176, que libera al deudor de responsabilidad mediante la consignación de la cosa debida. Incluso sin la consignación, el pago no realizado por la negativa del acreedor a entregar recibo ha de liberar al deudor de las consecuencias de la mora. Cfr. S. 5 junio 1944 (Aranzadi, núm. 941).

El recibo no es exigible en el caso de documentos que legitiman al acreedor para la posesión del título, de manera que el pago normal se realiza contra entrega del documento. Pero se recomienda estampar en el documento que recibe el deudor la palabra «pagado», con la firma del acreedor, con la eficacia que expresa el art. 1.229 C.c. (Celaya).

No se ha de entregar recibo en el caso de mercancías pagadas al contado, como resulta de los arts. 85 y 86 del C. de comercio.

Sobre reconocimiento del recibo en el proceso, cfr. S. 25 febrero de 1963 (Aranzadi, núm. 1.188).

3. Imputación de pagos

A. *Concepto*

Es la facultad de determinar cuál de las deudas existentes entre el mismo acreedor y el mismo deudor queda extinguida en virtud de una prestación o acto de cumplimiento que el deudor realiza.

Todo pago implica al mismo tiempo una imputación porque se realiza respecto a una obligación a la que extingue. Pero cuando entre los mismos sujetos existen varias deudas de una misma especie, puede aparecer la duda acerca de la obligación a la que el pago corresponde.

B. *Requisitos que han de concurrir*

El ejercicio de esta facultad de determinación supone que la pluralidad de obligaciones entre un mismo acreedor y un mismo deudor se refieren a prestaciones homogéneas, sustituibles o fungibles, y que los distintos créditos no tienen preferencia entre sí. En estas circunstancias es necesario señalar a cuál de los créditos corresponde una prestación realizada, cuando por su contenido puede corresponder a más de una de las obligaciones pendientes. Por ello no son necesarias las reglas de la imputación en las deudas de cosa específica, en las que el mismo hecho del cumplimiento determina qué deuda se extingue, y es natural que todos los casos de imputación de pagos resueltos por la jurisprudencia se refieren a obligaciones pecuniarias, aunque también cabe que se trate de prestaciones de cosas genéricas.

Las reglas de imputación de pagos han de respetar el derecho del acreedor a recibir íntegramente la prestación (art. 1.169 C.c.). Sólo cuando la deuda tenga una parte líquida y otra ilíquida podrá hacerse la imputación del pago a la primera sin esperar a que se liquide la segunda. De igual modo que el acreedor no puede ser compelido a recibir un pago parcial, tampoco ha de aceptar una imputación que implique este resultado. Por supuesto que se trata de un derecho del acreedor al que puede renunciar, pues en muchos casos se admiten pagos fraccionados, a medida que al deudor le es posible hacerlos.

Bercovitz opina que las «varias deudas» a que se refiere el artículo 1.172 no es necesario que correspondan a obligaciones diferentes. Las reglas de la imputación presuponen que se pueden realizar pagos diferentes y ello puede ocurrir con referencia a una sola obligación (vencimientos sucesivos, deuda en parte líquida y en parte ilíquida, etc.).[16]

El pago de una deuda por un tercero (art. 1.158 C.c.) puede igualmente provocar la duda acerca de cuál es la que ha de considerarse extinguida. Pero, aunque se estime que el art. 1.172 no sólo se refiere al deudor, sino igualmente a quien ocupa su lugar en el momento del pago, en todo caso corresponde al deudor aprobar o no el pago del tercero según lo que éste declare sobre imputación del pago.

En el caso del art. 1.684, la ley imputa imperativamente el pago de tal forma, que aun hecho personalmente a un sujeto, vale como hecho a la persona por quien (o como órgano de quien) se obra (Albaladejo). Sin duda la misma norma puede aplicarse por analogía cuando un acreedor gestiona los intereses de otros acreedores, a cuyo efecto Bercovitz señala que el art. 1.891 impone al gestor de negocios la obligación de tratar los intereses del dueño como los suyos propios.[17]

El Código exige que se trate de deudas vencidas (cfr. art. 1.174, párrafo primero), lo que es tanto como que sean exigibles en el senti-

---

16. Rodrigo BERCOVITZ, *La imputación de pagos*, Madrid, 1973, especialmente pp. 37, 38, 42 y 91.
17. BERCOVITZ, citado, pp. 50 y 54.

do del primer párrafo de los arts. 1.113 y 1.125. También el art. 1.684 habla de deudas exigibles, y en todo caso las deudas no vencidas son las menos onerosas para el deudor.

Respecto a si la exigibilidad implica liquidez de la deuda, Bercovitz advierte que las reglas del Código no mencionan este requisito y que es frecuente hacer pagos a cuenta de deudas ilíquidas. Por ello estima que «el requisito de la liquidez de las deudas en el momento de realizar la prestación no es necesario para la imputación de pagos». En este sentido, véase la Sentencia de la Sala de lo Social del Tribunal Supremo de 10 de abril 1963 (Aranzadi, núm. 2.061). Es cierto que la Sentencia de la Sala 1.ª de 4 julio 1962 (Aranzadi, núm. 3.588) parece sentar doctrina contraria, pero Bercovitz observa que se trataba de que la falta de liquidez iba unida a la falta de vencimiento o exigibilidad.[18]

C. *Reglas del Código civil sobre imputación de pagos*

Los arts. 1.172 a 1.174 C.c. han de ser examinados bajo los siguientes aspectos:

1. Primacía total de la voluntad del deudor. La regla general es que la imputación del pago a una de las deudas es una facultad del deudor. Lo dispone el primer párrafo del art. 1.172: «El que tuviere varias deudas de una misma especie en favor de un solo acreedor, podrá declarar, al tiempo de hacer el pago, a cuál de ellas debe aplicarse».

El deudor ha de hacer uso de esta facultad en el mismo momento de efectuar el pago y mediante declaración expresa o una conducta bastante significativa para que la imputación no pueda ser dudosa para el acreedor. Pero es razonable entender, dice Bercovitz, que no ha de observarse con todo rigor la necesidad de que coincidan la prestación y la declaración de imputación.[19]

2. Posibilidad de que la imputación quede establecida por el acreedor. El párrafo segundo del mismo art. 1.172 dice que si el deudor «aceptare del acreedor un recibo en que se hiciese la aplicación del pago, no podrá reclamar contra ésta, a menos que hubiera mediado causa que invalide el contrato». A diferencia de la declaración del deudor, que basta que llegue a conocimiento del acreedor, la de

---

18. BERCOVITZ, citado, pp. 103, 131 y 132.
19. BERCOVITZ, pp. 57 y 121; DÍEZ PICAZO, p. 635.

éste ha de ser aceptada por el deudor para que surta efecto, aunque sea en la forma tácita que expresa el artículo. Cfr. S. 1.º diciembre 1970 (Aranzadi, núm. 5.252).[20]

Aceptado el recibo, la única posibilidad de oposición que le resta al deudor es la fundada en una causa que invalide el contrato, entendiendo por tal el que origina o modifica la imputación. No puede referirse al contrato origen de la obligación porque entonces no haría falta reclamar contra la imputación, por desaparecer la causa que justificaba el pago. El legislador habla de contrato en lugar de aceptación; pero, a falta de una doctrina general del negocio jurídico, la única manera de relacionar una declaración de voluntad con los vicios del consentimiento es haciendo alusión al contrato.[21]

3. La imputación cuando el crédito devenga intereses. «Si la deuda produce intereses, no podrá estimarse hecho el pago por cuenta del capital mientras no estén cubiertos los intereses.» Es el artículo 1.173 C.c.

Lo peculiar de esta regla es que resuelve un problema de imputación de pagos dentro de una misma relación obligatoria. Resuelve si una cantidad entregada extingue una deuda de intereses o de capital. Cfr. S. 21 abril 1936 (Aranzadi, núm. 828).

En todo caso, el art. 1.173 es un límite a la libertad de imputación del deudor y, por consiguiente, una garantía para el acreedor. Un deudor no puede imputar un pago a una deuda de capital mientras no estén cubiertos los intereses producidos por la misma. Pero la limitación opera deuda por deuda y no impide la elección entre las distintas deudas posibles a que se refiere el primer párrafo del artículo 1.172. Es con respecto a cada deuda de capital que la de sus intereses ocupa el lugar preferente que le da el art. 1.173. Véanse los artículos 1.868 y 1.881 C.c. sobre extinción de la deuda de intereses en lugar de la de capital.[22]

Mientras el art. 1.173 dispone que «no podrá estimarse hecho el pago por cuenta del capital mientras no estén cubiertos los intereses», el art. 1.110 establece que «el recibo del capital por el acreedor, sin reserva alguna respecto a los intereses, extingue la obligación del deudor en cuanto a éstos». Aunque cada una de estas normas tiene su

---

20. HERNÁNDEZ-GIL, citado, p. 422, dice: «No se reconoce la imputación por determinación unilateral del acreedor». BERCOVITZ, citado, p. 179.

21. BERCOVITZ, citado, pp. 195, 201 y 221; HERNÁNDEZ-GIL, p. 422; DÍEZ-PICAZO, p. 635.

22. BERCOVITZ, citado, pp. 293 y 295.

propio campo de aplicación, en la práctica pueden resultar conflictivas. Como señala la doctrina, el art. 1.110 contiene una simple presunción, susceptible de prueba en contrario, y que ha de ser objeto de interpretación restrictiva para evitar una exclusión indebida del art. 1.173.[23]

4. Las reglas de imputación supletoria del art. 1.174 del Código civil.

El art. 1.174 dispone: «Cuando no pueda imputarse el pago según las reglas anteriores, se estimará satisfecha la deuda más onerosa al deudor entre las que estén vencidas.

«Si éstas fueren de igual naturaleza y gravamen, el pago se imputará a todas a prorrata.»

La aplicación de estas reglas depende de que no exista voluntad comprobada del deudor acerca de la imputación en el momento de hacerse el pago. Bercovitz estima que no sólo ha de tenerse en cuenta lo que haya declarado el deudor «al tiempo de hacer el pago» (art. 1.172), sino también la existencia de una voluntad tácita o de un acuerdo entre las partes, aunque sea anterior al pago, pues el *favor debitoris* inspira las reglas del Código sobre imputación de pagos.[24]

Supletoriamente, ha de considerarse satisfecha «la deuda más onerosa al deudor entre las que estén vencidas» (art. 1.174).

La Sentencia de 22 octubre 1968 (Aranzadi, núm. 4.436) estimó más onerosa la deuda garantizada con una hipoteca, que en aquel caso era mobiliaria.

Para juzgar de la mayor o menor onerosidad ha de tenerse en cuenta que unas garantías son más onerosas que otras. Las reales lo son más que las personales y, entre las primeras, las inmobiliarias lo son más que las mobiliarias. También supone un mayor gravamen para el deudor la afección preferente de un bien a la extinción del crédito, en virtud de las disposiciones sobre créditos privilegiados.

La reclamación fundada en un título ejecutivo es más onerosa que la reclamada mediante acción declarativa. La mayor onerosidad puede resultar de la existencia de una cláusula penal y, en el caso de obligaciones recíprocas, ha de tenerse en cuenta la importancia de la contraprestación que puede perder el deudor.

---

23. Sobre el art. 1.110, TORRALBA SORIANO, *Estudio crítico del artículo 1.110 del Codigo civil,* Revista Crítica de Derecho Inmobiliario, 1966, pp. 1.509 a 1.534; BERCOVITZ, pp. 89, 296, 302, 325, 339, 341, 342, 345.

24. BERCOVITZ, citado, p. 236.

Si ninguna de las deudas puede considerarse más onerosa, el pago se imputará a todas ellas a prorrata (art. 1.174). Llama la atención que esta regla no tenga en cuenta la antiguedad de las deudas y que parece consagrar una excepción a la regla de la indivisibilidad del pago (art. 1.169). Pero, en la práctica, el acreedor tendrá interés en rebajar la suma total que le adeude el mismo deudor.[25]

4. Ofrecimiento de pago y consignación

A. *Ofrecimiento de pago y mora del acreedor*

El acreedor tiene derecho a recibir puntualmente la prestación debida, pero el deudor tiene igualmente derecho a que la obligación se extinga mediante su cumplimiento en el momento debido. El acto jurídico por el que el deudor manifiesta al acreedor que va a cumplir la obligación mediante ejecutar la prestación debida, y le requiere para que coopere a ello en la medida indispensable, se denomina ofrecimiento de pago.

La actitud negativa del acreedor a recibir la prestación no es, por lo general, causa extintiva de la obligación, pero da lugar a un retraso imputable al acreedor que se llama *mora accipiendi*. La mora del acreedor consiste en retrasar injustificadamente la realización de la prestación ofrecida por el deudor.

En las obligaciones mercantiles, la mora del acreedor (y la del deudor) puede producirse automáticamente en el caso del núm. 1.° del art. 63 del Código de comercio: contratos que tuvieren día seña lado para su cumplimiento, el día siguiente de su vencimiento. Cfr. S. 2 diciembre 1953 (Aranzadi, núm. 3.152).

El deudor que ha estado dispuesto a cumplir su prestación no ha de sufrir perjuicios que deriven de la conducta del acreedor. Por ello la regla de que la cosa perdida en poder del deudor se presume que se perdió por su culpa, no ha de actuar cuando es el acreedor el que se ha constituido en mora. Mantener esta presunción sería injusto cuando la cosa se perdió en poder del deudor por no haberla aceptado a tiempo el acreedor.

---

25. BERCOVITZ, pp. 163, 238, 242 y 262; HERNÁNDEZ-GIL, p. 425; Carlos J. MALUQUER DE MOTES BERNET, *Ofrecimiento de pago*, voz en la Nueva Enciclopedia Jurídica Seix, vol. XVIII, Barcelona, 1986.

Pero, aunque el ofrecimiento de pago pueda hacer incurrir al acreedor en mora, no por ello el deudor deja de seguir obligado y para librarse ha de recurrir a la consignación. Dice el primer párrafo del art. 1.176: «Si el acreedor a quien se hiciere el ofrecimiento de pago se negare sin razón a admitirlo, el deudor quedará libre de responsabilidad mediante la consignación de la cosa debida».

Por consiguiente, es preciso distinguir: el ofrecimiento de pago, por sí solo, evita que el deudor incurra en mora y priva al acreedor de la posibilidad de optar por la resolución del contrato; pero no evita que el deudor siga debiendo la prestación vencida y exigible; pero si el ofrecimiento de pago va acompañado o seguido de la consignación de la cosa debida, el deudor podrá quedar liberado de su obligación. Cfr. Ss. de 9 julio 1941 (Aranzadi, núm. 905), 5 junio 1944, 22 noviembre 1962 (Aranzadi, núm. 4.294), 31 octubre 1968 (Aranzadi, número 4.960).

B. *La consignación: concepto y casos en que procede*

La consignación consiste en el depósito de la cosa debida por el deudor, de manera que quede en poder de la autoridad judicial y a disposición del acreedor que se haya negado sin razón a admitir el pago.[26]

Los casos en que procede la consignación están mencionados en el art. 1.176 C.c., pero de manera incompleta. Doctrina y jurisprudencia han señalado otros supuestos en que igualmente procede la consignación de la cosa debida. En conjunto, son los siguientes:

1.º Cuando el acreedor se niega sin razón a admitir el pago. Es el supuesto a que se refiere el primer párrafo del art. 1.176, ya transcrito.

Ha de equipararse a la negativa injustificada del deudor la conducta evasiva del mismo, que produce el mismo resultado.[27]

2.º Cuando el acreedor está ausente. Es uno de los supuestos del párrafo segundo del art. 1.176: «La consignación por sí sola producirá el mismo efecto cuando se haga estando el acreedor ausente...».

---

26. De Diego Lora, *La consignación judicial*, Barcelona, 1952; Eyre Varela, *Notas referentes al pago de las obligaciones por consignación judicial*, Revista Jurídica de Cataluña, 1946, pp. 18 y ss.; Nart, *Pago por consignación*, Revista de Derecho privado, 1951, pp. 206 a 213; A. Cano Mata, *La consignación*, Anuario de Derecho civil, 1967, pp. 753 y ss.

27. Cano Mata, citado, p. 757.

Esta regla del Código sin duda no se refiere a la ausencia en sentido técnico (arts. 181 y ss.), sino a la simple falta de presencia en el lugar de su domicilio o residencia, e incluso el desconocimiento de cuál sea ésta. En caso de ausencia declarada existirá un representante legal del ausente a quien deberá hacerse el correspondiente ofrecimiento de pago. En este sentido, Ss. 23 marzo 1929 y de 12 enero 1942 (Aranzadi, núm. 17).[28]

3.º Cuando el acreedor está incapacitado para recibir el pago. El mismo art. 1.176-2 se refiere a este supuesto de estar incapacitado el acreedor «para recibir el pago en el momento en que deba hacerse». En este caso no ha de tratarse de una incapacidad judicialmente declarada, observa Díez-Picazo, pues de ser así el ofrecimiento de pago debería dirigirse al representante legal del acreedor.[29]

4.º Cuando varias personas pretendan tener derecho a cobrar. Es otro de los supuestos del art. 1.176-2. La norma supone que el deudor se halla en estado de incertidumbre acerca de la persona con derecho a recibir la prestación, por lo que la ley le proporciona la manera de liberarse del riesgo de no cumplir la obligación o de hacerlo a favor de quien no es el verdadero titular del crédito. Si el deudor pagara a quien resultara ser un tercero, el pago sólo sería válido en cuanto se hubiera convertido en utilidad del verdadero acreedor (art. 1.163-2 C.c.).

5.º Cuando se haya extraviado el título de la obligación. Es el último de los supuestos que menciona el segundo párrafo del artículo 1.176, y se funda en la misma necesidad de que el deudor pueda cumplir sin aventurarse a hacerlo indebidamente. Díez-Picazo observa que en este caso la norma no se funda tanto en la situación de duda como en la especial función que cumple el título, pues el deudor tiene derecho a recibirlo a cambio de la realización del pago.

C. *Requisitos para que la consignación sea declarada bien hecha*

Por realizarse la consignación en lugar del pago, es evidente que ha de ajustarse a los mismos requisitos que éste. El art. 1.177, párrafo segundo, dispone: «La consignación será ineficaz si no se ajusta estrictamente a las disposiciones que regulan el pago». La prestación que se pone a disposición de la autoridad judicial ha de reunir los

28. Díez-Picazo, citado, p. 533.
29. Cano Mata y Díez-Picazo, lugares citados en las dos notas precedentes.

mismos requisitos que la que debía entregarse al acreedor. Conviene examinar los siguientes aspectos:

1.º Quien puede consignar. Por supuesto que el deudor, como persona obligada al pago. Pero, si el pago puede ser realizado por un tercero (art. 1.158), hay que preguntar si también éste puede consignar.

Predomina el criterio de que un tercero puede consignar en todos los casos en que es lícito pagar una deuda ajena. Como ventajas prácticas de esta solución cabe citar la posibilidad de que la consignación hecha por un tercero evite que el deudor sea declarado en concurso y el caso de consignación hecha por el segundo acreedor hipotecario de las cantidades debidas por la primera hipoteca, a fin de evitar una ejecución que podría perjudicarle. El deudor tiene la garantía de que bastará su oposición para que el tercero consignante tenga que limitar su reclamación de la manera que dispone el artículo 1.158-2 C.c.[30]

2.º Cosas que pueden ser objeto de consignación. La consignación no plantea problemas cuando la prestación debida consiste en el pago de dinero o en la entrega de cosas muebles. La duda se presenta cuando se trata de cosas inmuebles. El art. 1.178 dice que la consignación «se hará *depositando* las cosas debidas», y, por su parte, el art. 1.761 dice que sólo pueden ser objeto de depósito las cosas muebles. Por tanto, una interpretación literal dejaría excluida la posibilidad de extinguir por consignación las obligaciones relativas a bienes inmuebles.

Sin embargo, es más razonable entender que el art. 1.178 utiliza el verbo «depositar» en sentido amplio de poner a disposición judicial, y que no pueden ser de peor condición los deudores de bienes inmuebles que de bienes muebles. Si se trata de obligaciones de hacer, los inconvenientes parecen incluso mayores, por no ser posible consignar una conducta; pero es más racional entender que el deudor puede liberarse obteniendo de la autoridad judicial la declaración de que estuvo dispuesto a realizar su prestación, como estima Albaladejo. Lo contrario sería dejar el cumplimiento al arbitrio de una de las partes, en contra de lo que dispone el art. 1.256 C.c.[31]

3.º Es necesario que se haya hecho el previo ofrecimiento de pago al acreedor. Como se ha visto, la primera regla sobre consignación dispone que el deudor quedará libre de responsabilidad mediante la

---

30. CANO MATA, pp. 759 y 760.
31. ALBALADEJO, *Derecho civil*, II, Barcelona, 1970, pp. 107 y 110.

consignación de la cosa debida si el acreedor «a quien se hiciere el ofrecimiento de pago» se negare sin razón a admitirlo (art. 1.176-1).

El deudor está obligado a intentar el pago normal, como normal es que el acreedor acepte el pago que se le ofrece. Para que la consignación se declare bien hecha y produzca sus normales efectos, es preciso justificar ante la Autoridad judicial que el ofrecimiento de pago fue realizado. El deudor no puede condicionar el ofrecimiento, sin perjuicio de que si la prestación sólo es debida a cambio de una contraprestación pueda pedirse que lo consignado sólo se entregue al acreedor a cambio de la prestación que le incumbe, pues, en tal caso, la condicionalidad del pago es inherente a la propia obligación.

4.º Que la consignación de la cosa debida sea previamente anunciada a las personas interesadas en el cumplimiento de la obligación. Lo exige el primer párrafo del art. 1.177: «Para que la consignación de la cosa debida libere al obligado, deberá ser previamente anunciada a las personas interesadas en el cumplimiento de la obligación».

Parece que a base de la interpretación de este artículo por la Sentencia de 28 junio 1974 (Aranzadi, núm. 3.381), hay que distinguir entre el *ofrecimiento de pago* a que se refiere el primer párrafo del artículo 1.176, y el *anuncio previo* a las personas interesadas, entre las que figura primeramente el mismo acreedor, a que se refiere el primer párrafo del art. 1.177, que es uno de los requisitos necesarios para que la consignación libere al obligado.

En todo caso, ahora no se trata de ofrecer el pago, sino de anunciar la consignación a dichas personas interesadas, que son todas las que deriven algún derecho de la obligación o asuman alguna responsabilidad. Pero no sería procedente exigir al deudor que investigue minuciosamente la existencia de todos los posibles interesados en el pago, por lo que este requisito ha de interpretarse con un criterio amplio favorable al deudor.[32]

5.º Ha de realizarse la consignación propiamente tal. La consignación se hará, dice el art. 1.178-1, «depositando las cosas debidas a disposición de la Autoridad judicial, ante quien se acreditará el ofrecimiento en su caso, y el anuncio de la consignación en los demás».

Esta entrega ha de ajustarse a los requisitos del pago (art. 1.177-2), como la legitimación de quien la realiza y del destinatario de la prestación debida, exactitud e integridad de la prestación, circunstancias de tiempo y lugar, etc.

---

32. CANO MATA, citado, p. 764.

6.º Anuncio posterior a los interesados de que la consignación ha sido realizada. «Hecha la consignación, deberá notificarse también a los interesados» (art. 1.178-2 C.c.).[33]

D. Efectos de la consignación

Hay que distinguir cuatro supuestos: consignación mantenida; consignación retirada; consignación aceptada por el acreedor o declarada bien hecha; oposición del acreedor.

a) Consignación realizada y mantenida. La declaración del Código de que si el acreedor se negare sin razón a admitir el pago, «el deudor *quedará libre de responsabilidad* mediante la consignación de la cosa debida», como dice el art. 1.176, no se sabe si se refiere al efecto definitivo que tendrá la consignación, o si determina el primero de los que produce por el hecho de quedar depositada en el Juzgado la cosa debida. Es natural suponer que la efectiva liberación del deudor sólo se producirá por la aceptación del acreedor o cuando la consignación sea declarada bien hecha por el Juzgado. En todo caso, por haber dejado de estar la cosa en poder del obligado, ha de entenderse que el primer efecto será que ya no le afectará el riesgo por los casos fortuitos que puedan destruir el objeto de la prestación.

En esta fase el deudor puede retirar todavía la cosa consignada y no puede, por consiguiente, producir el efecto del pago o cumplimiento.

b) Consignación retirada. El segundo párrafo del art. 1.180 C.c. dispone: «Mientras el acreedor no hubiere aceptado la consignación o no hubiere recaído la declaración judicial de que está bien hecha, podrá el deudor retirar la cosa o cantidad consignada, dejando subsistente la obligación». Si así ocurre, quedará subsistente la relación obligatoria, con todas sus consecuencias.

---

33. Acerca del procedimiento judicial que ha de seguirse, CANO, p. 766, dice que el consignante puede acudir a un procedimiento de jurisdicción voluntaria o a un juicio contencioso. Será preferible el primero cuando la consignación no ofrezca problemas, y el segundo quedará reservado para los supuestos complejos que exijan declaración previa sobre la existencia de la deuda. Pero opinan de otra manera NART y DE DIEGO LORA, por entender que el expediente de consignación no encaja en la llamada jurisdicción voluntaria por su marcadísimo carácter provocatorio, manifestado a través de los previos ofrecimientos y notificaciones, y por aquella segunda notificación, verdadero emplazamiento, dice NART, p. 210, que el Juzgado ha de hacer al acreedor. Estiman que incluso sin formularse oposición, el procedimiento, seguido en su caso en rebeldía, ha de terminar por sentencia.

Puede suceder que el deudor retire la cosa consignada y que lo haga con autorización del acreedor. En este caso la obligación queda modificada de la manera que establece el art. 1.181: «Si, hecha la consignación, el acreedor autoriza al deudor para retirarla, perderá toda preferencia que tuviere sobre la cosa. Los codeudores y fiadores quedarán libres».

c) Consignación aceptada por el acreedor o declarada bien hecha por la Autoridad judicial. La consignación alcanza en este caso su propia finalidad y deja extinguida la obligación por la aceptación del acreedor o la declaración judicial de que se ajusta a las disposiciones del pago. Como dispone el primer párrafo del art. 1.180: «Hecha debidamente la consignación, podrá el deudor pedir al Juez que mande cancelar la obligación». Observa Albaladejo que estas palabras se refieren a la cancelación del título en que conste la obligación. La liberación del deudor es entonces total y definitiva.[34]

d) Oposición del acreedor al efecto liberatorio de la consignación. Si el acreedor se opone, el Tribunal decidirá si la consignación está bien hecha o no lo está. Pero en este caso las actuaciones seguirán los trámites del juicio ordinario que corresponda, hasta recaer sentencia en el fondo.[35]

5. El pago por cesión de bienes

Cuando el deudor no puede pagar a sus acreedores por carecer de medios suficientes, puede poner sus bienes a disposición de todos ellos para que los apliquen al pago de sus créditos. El art. 1.175 C.c. lo establece en los siguientes términos:

«El deudor puede ceder sus bienes a los acreedores en pago de sus deudas. Esta decisión, salvo pacto en contrario, sólo libera aquél de responsabilidad por el importe líquido de los bienes cedidos. Los convenios que sobre el efecto de la cesión se celebren entre el deudor y sus acreedores se ajustarán a las disposiciones del Título 17 de este libro, y a lo que establece la Ley de Enjuiciamiento civil.»

De este artículo resulta claramente que por efecto de la cesión de bienes las deudas sólo se reducirán o extinguirán en la medida en que lo permita «el importe líquido de los bienes cedidos». Aunque añade

34. ALBALADEJO, citado, p. 110.

35. Será de aplicación el art. 1.817 de la Ley de Enjuiciamiento Civil y se acudirá al juicio declarativo que corresponda.

que ello sucederá «salvo pacto en contrario», ha de tenerse en cuenta que si existiera este pacto en el sentido de que el deudor obtuviera la extinción total de las deudas a cambio de la cesión de todos sus bienes, ya no se trataría de un pago por cesión de bienes, sino de una dación en pago de deuda, que se estudiará a continuación.[36]

Con el pago por cesión de bienes se produce una cesión *para el pago,* pero no *en pago,* de los acreedores. Éstos sólo reciben el patrimonio del deudor como sus liquidadores y con el fin de aplicar el importe que se obtenga a la extinción de las deudas, en la medida que el resultado de la liquidación permita. Si la liquidación diera un importe superior al de las deudas, el excedente correspondería al deudor, a diferencia de lo que, como vamos a ver, sucede cuando se trata de una dación en pago. Véase la Sentencia de 11 mayo 1912.

La cesión de bienes para el pago de deudas puede hacerse de dos maneras: mediante contrato o por vía judicial. La Sentencia de 13 marzo 1953 (Aranzadi, núm. 589) declaró que la cesión extrajudicial se rige en primer lugar por el convenio autorizado por el art. 1.175 C.c. y supletoriamente por las normas generales de la contratación, sin que sean de aplicación forzosa las reglas procesales del juicio universal de concurso o de quiebra, que sólo son utilizables en el caso de cesión judicial o abandono de bienes por el deudor ante el Juez en favor de una pluralidad de acreedores.

El convenio extrajudicial puede celebrarse con la totalidad o sólo con alguno o algunos de los acreedores, y puede referirse a todos los bienes o sólo a algunos, según pacten los que lo aprueben; pero ello será sin perjuicio de que los acreedores que hayan quedado fuera del convenio puedan en su caso, reclamar por fraude, si el deudor no conserva en su poder bienes suficientes para responder de sus obligaciones.

En cambio, el pago por cesión de bienes realizado judicialmente (arts. 1.911 y ss. C.c., y 1.130 y ss. LEC) se extiende a la totalidad de los bienes del deudor y se celebra con todos sus acreedores, excepto los que tengan derecho de abstención.

---

36. J. BELTRÁN DE HEREDIA Y CASTAÑO, *El cumplimiento de las obligaciones*, Madrid, 1956, pp. 432 y ss.; Alfonso DE COSSIO, *Convenios extrajudiciales de cesión de bienes para pago de deudas*, Revista de Derecho privado, 1953, pp. 1 y ss; J. GONZÁLEZ PALOMINO, *La adjudicación para pago de deudas*, Anales de la Academia Matritense del Notariado, Madrid, 1945, pp. 213 y ss., con especial referencia al artículo 45 de la Ley Hipotecaria; Gemma RUBIO GIMENO, *El Derecho Litigioso: Cesión y Retracto*, Madrid, 1995.

En la cesión de bienes libremente pactada es necesario que los acreedores acepten el convenio por unanimidad, y la cesión sólo libera al deudor hasta donde permite el importe de los bienes cedidos. Pero en el convenio judicial basta la concurrencia de la mayor parte de los acreedores, si sus créditos importan las tres quintas partes del total pasivo (cfr. art. 1.139 Ley Enj. civil).

6. Extinción de créditos por dación en pago

Hemos visto que uno de los requisitos del pago es el de la identidad, en el sentido de que el deudor no puede obligar a su acreedor que reciba una cosa diferente de la debida y que en las obligaciones de hacer tampoco puede ser sustituido un hecho por otro contra la voluntad del acreedor (cfr. art. 1.166 C.c.).

Sin embargo, nada impide que acreedor y deudor se pongan de acuerdo para que el pago pueda verificarse mediante otra prestación diferente de la debida. Dación en pago o *datio in solutum* es la realización por el deudor y la aceptación por el acreedor de una prestación diversa de la debida, con efecto de pleno cumplimiento y extinción de la obligación. A diferencia del normal cumplimiento, la prestación por dación en pago exige un contrato especial que acompaña al acto de la prestación, en el sentido de que ésta se da y se recibe en lugar del pago (Larenz).[37]

Aunque el Código civil no contiene una regulación expresa de la dación en pago, reconoce y admite la institución porque habla de ella en varias ocasiones: en el art. 1.521, cuando dice que el retracto legal es el derecho de subrogarse «en lugar del que adquiere una cosa por compra o *dación en pago*»; en el art. 1.636, con referencia al censo enfitéutico, cuando dice que «corresponden recíprocamente al dueño directo y al útil el derecho de tanteo y el de retracto, siempre que vendan o *den en pago*, su respectivo dominio sobre la finca enfitéutica»; y en el art. 1.849, cuando al tratar de las causas de extinción de la fianza declara que «si el acreedor acepta voluntariamente un inmueble u otros cualesquiera efectos en *pago de la deuda*, aunque después los pierda por evicción, queda libre el fiador».

---

37. LARENZ, citado, p. 418; LATOUR BROTONS, *Notas sobre la dación en pago*, Revista de Derecho privado, 1953, pp. 625 y ss.; F. FERNÁNDEZ RODRÍGUEZ, *Naturaleza jurídica de la dación en pago*, Anuario de Derecho civil, 1957, pp. 753 y ss.; J. BELTRÁN DE HEREDIA, citado, p. 358.

Cuando se trata de precisar los efectos de una figura jurídica poco reglamentada, se busca su posible equiparación con otras figuras dotadas de amplia regulación legal para encontrar, de esta manera indirecta, las reglas que puedan resolver las cuestiones que plantea la institución menos conocida.

La dación en pago consiste en un convenio entre acreedor y deudor, por el que el primero consiente en recibir del segundo una prestación distinta de la que estaba convenida. Este contrato de dación en pago ha sido asimilado muchas veces a la compraventa. La cosa entregada en pago sería la cosa vendida y la cantidad pagada por ella sería el importe del crédito que con ello se extinguiría. Esta equiparación puede dar resultados útiles cuando alguna de las reglas de la compraventa resuelva alguna cuestión planteada por la dación en pago, pero no ha de llevar a una generalización excesiva que afirme que en la dación en pago nos encontramos, efectivamente, ante una compraventa.

La Sentencia de 8 noviembre 1966 (Aranzadi, núm. 5.125), afirma la equiparación entre dación en pago y compraventa, por el resultado favorable que así se lograba; pero la Sentencia de 20 febrero 1967 (Aranzadi, núm. 1.347), contiene declaraciones generales mucho menos terminantes.

La equiparación con la compraventa ha sido útil cuando las cosas admitidas por el acreedor en lugar de la prestación inicial han tenido vicios ocultos o se han perdido por evicción; lo que presupone que el acreedor había adquirido el crédito originario a título oneroso (cfr. Ss. 21 diciembre 1905 y 9 enero 1915); pero los resultados serían inadmisibles si el crédito extinguido hubiese sido adquirido por el acreedor a título gratuito, como por donación.

De especial importancia son las sentencias que han distinguido claramente entre dación en pago y cesión de bienes para pago de deudas. La dación en pago *(datio in solutum)* deja extinguida la obligación por el hecho de ponerse de acuerdo acreedor y deudor y efectuarse la prestación sustitutoria. En cambio, el pago por cesión de bienes *(cessio pro solvendo),* antes examinado, es un encargo de realización de los bienes cedidos para que, con las cantidades obtenidas, sean pagadas en la medida de lo posible las deudas pendientes. Véase la Sentencia de 1.° marzo 1969 (Aranzadi, núm. 1.137).

Los requisitos de la dación en pago son los siguientes:

1.° Una obligación preexistente que se quiere extinguir. Sin esta previa existencia de una deuda, la dación en pago sería un pago indebido. Por otra parte, la obligación originaria ha de quedar totalmente extinguida, pues si originara una nueva obligación, se trataría de una novación objetiva (Latour).[38]

2.º Acuerdo entre acreedor y deudor para extinguir la obligación antigua a cambio de la nueva prestación. Se trata de un verdadero pago que se realiza simultáneamente al acuerdo de recibir una prestación distinta de la debida.

El convenio entre acreedor y deudor ha de estar acompañado de la simultánea ejecución de la nueva prestación. Si ésta, en lugar de realizarse, quedara solamente prometida, se trataría de una novación (Albaladejo).

3.º La prestación ha de realizarse con el propósito de efectuar un pago total y definitivo. Ha de consistir en una atribución patrimonial realizada por el deudor a favor del acreedor.

Los problemas tradicionales de la dación en pago se presentan cuando el acreedor pierde la cosa recibida en lugar de la que antes se le debía (evicción, vicios ocultos). Se pregunta si ha de renacer la obligación anterior o si ha de ser mantenida la dación en pago, con aplicación de las reglas correspondientes de la compraventa (art. 1.475 y ss. C.c.). Esto último es lo que procede. La otra solución tendría serios inconvenientes, como la pérdida de los posibles derechos de garantía de la obligación primitiva. Así lo dispone el artículo 1.849 para la fianza y no hay razón para estimar lo contrario respecto a garantías diferentes.[39]

El efecto de la dación en pago es la extinción definitiva y completa de la obligación anterior. Este carácter total distingue a la dación en pago de la cesión de bienes para pago de deudas. Por la extinción total de la obligación primitiva desaparecen igualmente sus derechos accesorios.

---

38. LATOUR, citado, p. 633.

39. DÍEZ-PICAZO, citado, p. 558, dice que, realizada la dación en pago, queda definitivamente extinguido el anterior derecho de crédito, sin necesidad de estimar que se trata de una compraventa. La dación en pago es la justa causa de una transmisión o atribución patrimonial y las reglas de la evicción y saneamiento son aplicables a todas las transmisiones onerosas.

VI

EL PAGO DE LAS OBLIGACIONES PECUNIARIAS

1. Las deudas de dinero

La obligación pecuniaria no es una obligación de cosa genérica porque el dinero es un género en el que no existe especie y calidad media, por lo que no tiene aplicación el art. 1.167 C.c. (que precisamente es peculiar de las obligaciones de entregar cosas genéricas), ni puede concretarse la cosa debida mediante un acto que no sea la efectiva entrega de dinero al acreedor.[1]

Otra diferencia capital con las obligaciones de entregar cosas genéricas es que si en el momento del pago no existiera la moneda convenida, la obligación no se extinguiría por faltar el género debido, sino que subsistiría lo que es esencial en la verdadera deuda de suma de dinero, que es precisamente la misma suma convertida en el signo monetario que existiera. El cumplimiento de las obligaciones de dinero siempre será posible porque en el mercado siempre existirá uno u otro signo monetario al que se podrá convertir la suma debida.

Desde un punto de vista jurídico, dinero es el signo de valor reconocido legalmente y el medio de pago jurídicamente reconocido para las deudas de valor. Medios legales de pago son los signos monetarios que el acreedor está obligado a aceptar por su valor nominal, por establecerlo así la ley, si no quiere incurrir en mora *accipiendi*.

---

1. J. Bonet Correa, *Las deudas de dinero*, Madrid, 1981; Larenz, *Derecho de obligaciones*, I, Madrid, 1958, pp. 178 y 179; A. Hernández-Gil, *Derecho de obligaciones*, I, Madrid, 1960 y 1983, pp. 189 y 354 de la primera edición: Díez-Picazo, *Fundamentos del Derecho civil patrimonial*, 1.ª edición, Madrid, 1972, vol. I, p. 452 y 4.ª edición, Madrid, 1993, vol. II, p. 253 y ss.

2. Clases de deudas de dinero

Hay que distinguir entre la deuda específica de un signo monetario, la deuda de especie monetaria, la deuda de suma de dinero o deuda pecuniaria propiamente tal y la deuda de valor.

1. Deuda específica de un signo monetario. Si tenemos en nuestro poder un signo monetario peculiar y hemos prometido entregarlo, v.g. para una exposición numismática, no hemos contraído una deuda pecuniaria, sino una deuda de cosa específica, pues únicamente debemos aquel signo monetario individualizado. El art. 307 del Código de comercio ofrece un ejemplo cuando se refiere a los depósitos de numerario «con especificación de las monedas que lo constituyan...».[2]

2. Deuda de una especie monetaria determinada. En este caso la obligación consiste en entregar una cantidad de moneda de una clase determinada. El objeto de la obligación consiste en dinero, pero se pacta que el pago se hará en determinada especie monetaria, por lo general con la intención de excluir el pago en papel moneda, lo que no es posible cuando éste es de curso legal.[3]

3. Deuda de suma de dinero. Es la deuda de dinero propiamente tal, que obliga a entregar al acreedor una determinada cantidad de dinero con el fin de incorporar a su patrimonio el valor que representa. En esta deuda son indiferentes los medios o signos de pago y lo que se requiere es que posean valor o curso legal.[4]

La deuda de dinero está ligada al principio nominalista, en el sentido de que la cantidad a entregar permanece nominalmente invariable. Si en lugar de la entrega de un valor nominal se busca que en el momento del cumplimiento se reciba una cantidad de dinero con el mismo poder adquisitivo que la suma fijada al contraerse la obligación, no hay propiamente deuda de cantidad, sino una prestación fijada con referencia a otro valor, como vemos a continuación.

4. Deuda de valor. En la deuda de valor el dinero no es propiamente el objeto de la prestación, sino el medio o medida con el que se tratará de lograr el resarcimiento de otro valor (v.g. reparar un perjuicio, satisfacer una obligación de alimentos, etc.). El dinero será el sustitutivo de la prestación dirigida a proporcionar bienes con valor intrínseco.

---

2. DÍEZ-PICAZO, citado, p. 451 de la primera edición.
3. HERNÁNDEZ-GIL, citado, p. 190.
4. DÍEZ-PICAZO, lugar citado en la nota 2.

Es cierto que las deudas de suma de dinero también son deudas de valor; pero son deudas de un valor cuya expresión en determinada suma de dinero ha quedado fijada de manera inalterable al nacer la obligación, mientras que en las propiamente llamadas deudas de valor han de ingresar en el patrimonio del acreedor los signos monetarios necesarios para cubrir una atención o necesidad determinada. Es la diferencia entre la función del dinero como medio corriente de pago y como medida de valor.

Cuando alguien es acreedor porque le deben el precio de la cosa vendida o porque le han de devolver la cantidad que ha prestado al deudor, el dinero funciona como *medio corriente de pago*. En cambio, cuando alguien ha causado daños a la propiedad de otro y es condenado a pagar una suma de dinero en concepto de indemnización, el dinero funciona como *medida de valor*. En este último caso lo que precisamente se discute es si procede condenar al causante del daño a la reparación natural o si ha de entregar al perjudicado la cantidad que represente la reparación del perjuicio.[5]

En las deudas de valor el dinero de la prestación ha de quedar al margen de la depreciación monetaria. Si alguien ha derribado injustamente la pared de un vecino y por ello es condenado a pagar una indemnización en dinero, la cuantía debe ser la necesaria para que la pared pueda ser reconstruida. Esta reconstrucción es propiamente el objeto de la condena que recae sobre el causante del daño. El dinero de la prestación deberá medir el valor que ha de obtener el acreedor como reparación del perjuicio.

3. El art. 1.170 del Código civil

Este importante artículo dispone en sus tres párrafos:

«El pago de las deudas de dinero deberá hacerse en la especie pactada, y, no siendo posible entregar la especie, en la moneda de plata u oro que tenga curso legal en España.

»La entrega de pagarés a la orden, o letras de cambio u otros documentos mercantiles, sólo producirá los efectos del pago cuando hubiesen sido realizados, o cuando por culpa del acreedor se hubiesen perjudicado.

5. BOEHMER, *El Derecho a través de la jurisprudencia*, Barcelona, 1959, en su último capítulo; HERNÁNDEZ-GIL, citado, p. 171.

»Entretanto la acción derivada de la obligación primitiva quedará en suspenso.»

A. Regla general sobre pago de deudas de dinero. Ha de entregarse la especie pactada, y si no es posible, se pagará con la moneda de plata u oro de curso legal en España. Esta disposición del primer párrafo del artículo corresponde a la realidad vigente cuando se promulgó el Código (Decreto de 19 octubre 1868 y Decreto-ley de 19 marzo 1874).

Aunque el precepto del 1.170-1 no ha sido modificado, ha de considerarse adaptado al sistema monetario actual, en el que no circulan monedas de plata y oro, y el papel moneda es de curso forzoso. La referencia a la moneda de curso legal ha de estimarse hecha en la actualidad al curso legal y forzoso del papel moneda. Cfr. Ss. 6 abril 1963 (Aranzadi, núm. 2.204) y 4 junio 1966 (Aranzadi, núm. 4.065).[6]

Por otra parte, a pesar de la literalidad de dicho primer párrafo, ha de entenderse que el artículo no sólo se refiere a las deudas de especie determinada, sino también a las de suma de dinero; es decir, que se refiere tanto a la deuda de dinero en moneda específica como a la deuda de cantidad.

Ha de tenerse en cuenta que, por la libertad de pacto que admite el artículo, es posible que los contratantes se refieran a una moneda extranjera. La deuda en moneda extranjera existe cuando la unidad monetaria que expresa el importe debido no es la nacional, sino una unidad extranjera (Hernández-Gil). Pero la libertad de pacto no dota de curso legal a la moneda convenida y la deuda sólo podrá hacerse efectiva previa su conversión en moneda nacional. Por ello el pacto en moneda extranjera equivale a una cláusula de valor. Pero el ordenamiento español ofrece en este punto una importante laguna, que es no señalar el tiempo o momento en que debe realizarse la conversión o hallarse la equivalencia de las monedas.[7]

Antes de la promulgación del Código civil, la orden de 23 marzo 1869, art. 2.º, establecía la solución del «cambio corriente el día del pago». El Código nada dispuso sobre el particular, pero el criterio que domina en la jurisprudencia coincide con lo dispuesto en la citada orden de 1869. Véanse las Ss. de 9 noviembre 1957, 6 abril y 8 junio 1963, 17 mayo 1973 y 5 enero 1980.

---

6. Bonet Correa, citado, pp. 333 y ss., 346 y ss.
7. Hernández-Gil, p. 193; Díez-Picazo, p. 466.

B. Pago mediante entrega de pagarés a la orden, letras de cambio u otros documentos mercantiles. Está regulado en los párrafos segundo y tercero del antes transcrito art. 1.170 C.c.

El pago en dinero efectivo tiene indudables ventajas, como la de producir la inmediata extinción de la deuda, pero ofrece algunos inconvenientes, como la incomodidad por su volumen, la necesidad de contarlo, el riesgo en el transporte, etc. Por ello es usual que los pagos importantes se realicen mediante la entrega de documentos mercantiles, como la letra de cambio, el cheque y la orden de transferencia bancaria. El Código lo autoriza en los dos párrafos citados del artículo 1.170, y también ha de tenerse en cuenta que el art. 1.445 define la compraventa como la obligación de entregar una cosa determinada a cambio de pagar un precio cierto en dinero «o signo que lo represente».[8]

En principio, el deudor no puede obligar al acreedor a que admita un documento mercantil en lugar de la moneda de curso legal en España. El documento mercantil sólo es una promesa de pago, en lugar del dinero a que se refiere el art. 1.170-1 C.c.

Además, el acreedor ha de tener en cuenta que si la obligación está afianzada y acepta del deudor un cheque sin intervención del fiador, concede implícitamente una prórroga del deudor, con la consiguiente liberación del fiador. Véanse las Ss. 18 junio 1914 y 1.º marzo 1983 (La Ley, 1983-2, pp. 503 a 507).

La admisión del documento mercantil implica la prórroga a que se refiere la jurisprudencia porque el párrafo segundo del art. 1.170 dispone que los efectos del pago sólo se producirán cuando tales documentos hayan sido realizados o cuando se hubiesen perjudicado por culpa del acreedor. La razón está en que tales documentos sólo representan un derecho a obtener dinero, pero no son dinero por sí mismos y suponen un retraso en la percepción del importe debido.[9]

La regla del tercer párrafo del mismo artículo («Entretando la acción derivada de la obligación primitiva quedará en suspenso»), demuestra que no se trata de una entrega de documentos con los efectos de una *datio in solutum* o dación en pago (entrega definitiva en lugar del pago), sino de una *cessio pro solvendo* o cesión de efectos

---

8. BONET CORREA, citado, pp. 369 y ss.

9. F. LUCAS FERNÁNDEZ, *Comentario a la sentencia de 6 de abril 1973*, Anuario de Derecho civil, 1973, pp. 1.258 a 1.280, esp. 1.261; Arturo MAJADA, *Cheques y talones de cuenta corriente*, Barcelona, 1983, p. 84, con referencia a la sentencia de 14 de abril 1980.

para el cobro, de modo que el pago sólo se habrá realizado cuando se hayan cobrado. Tanto en el caso de cobro efectivo como en el de haberse perjudicado el documento por culpa del acreedor, la acción derivada de la obligación primitiva, que estaba en suspenso, quedará extinguida. Por el contrario, si el documento no surte el efecto para el que fue entregado, dicha acción primitiva (como la llama el artículo 1.170) deja de estar en suspenso y queda reactivada contra el deudor que aparentó pagar y no lo hizo. Cfr. S. 28 enero 1958 (Aranzadi, núm. 553). Véase la Ley Cambiaria y del Cheque de 16 julio 1985.

La disposición del art. 1.170-2, de que los documentos mercantiles entregados por el deudor producirán los efectos del pago «cuando por culpa del acreedor se hubiesen perjudicado», sin duda merece una interpretación restrictiva, como ya resulta de alguna decisión del Tribunal Supremo. La Sentencia de 6 julio 1966 (Aranzadi, número 3.673) dice que ha de ser interpretada en el sentido de que se trate de una acción culposa o de responsabilidad civil, pues en otro caso la ley hubiese empleado los términos de «por omisión», «por negligencia» u otro de análogo sentido.

Los arts. 143, 144 y 145 de la Ley de 16 julio 1985 se refieren al cheque cruzado, que representa una garantía ante el riesgo de pérdida del documento, pero con el inconveniente de que el acreedor retrasará más el momento del cobro, que deberá efectuar ingresándolo en una cuenta de la que pueda disponer. El cheque «visado» es el que tiene estampada una nota del Banco contra el que ha de hacerse efectivo, en la que afirma la existencia de fondos suficientes en la cuenta correspondiente, sin asumir la obligación de retener la cantidad necesaria para el pago en la misma cuenta. El cheque «conformado» es un cheque «visado».

Si el acreedor quiere una garantía mayor ha de pedir la «certificación» del cheque, en cuyo caso el Banco retiene la provisión durante el plazo de presentación al cobro que señalan los arts. 134 y siguientes de la citada Ley. A pesar de todo ello y a falta de regulación concreta en otro sentido, subsiste la disposición del art. 1.170, de que el pago sólo será efectivo cuando el documento haya sido realizado o cuando por culpa del acreedor se haya perjudicado.[10]

---

10. MAJADA, citado, p. 441.; LUCAS FERNÁNDEZ, p. 1.271.

4. Deudas de suma nominal y deudas de valor estable

Nos hemos referido a la diferencia entre las deudas cifradas en una suma nominal, en las que se debe una suma que es un múltiplo de la unidad monetaria, y las deudas de valor estable, que han de proporcionar al acreedor un valor patrimonial distinto del dinero, aunque la prestación se realice con la entrega de los signos monetarios que sean su equivalente económico.

Por tanto, la deuda pecuniaria tiene dos subespecies: *a)* la deuda de dinero, en la que éste es el objeto que ha de recibir el acreedor; *b)* la deuda de valor, en la que el dinero sólo interviene como medida del valor de otras cosas y servicios, que es lo propiamente debido.

Las deudas de dinero obligan al deudor a entregar el número de unidades monetarias estipulado, cualesquiera que sean las fluctuaciones de valor de las monedas y su poder adquisitivo posterior; por el contrario, las deudas de valor se refieren a la cosa o servicio realmente debido, aunque en el momento del pago se traduçirá en su equivalente monetario. En las deudas de dinero la pérdida de poder adquisitivo de la moneda es soportado por el acreedor, puesto que el deudor sólo debe una suma fija; en cambio, en las deudas de valor, dicha pérdida gravita sobre el deudor porque en el momento del pago deberá disponer del dinero necesario que pueda medir las cosas o servicios directamente debidos.[11]

Son deudas de valor las de alimentos (art. 142 C.c. y Ley 13 mayo 1981, en relación con el art. 147); la indemnización de daños y perjuicios (arts. 1.101 y 1.106 C.c.); la obligación de entregar el valor que tenía una cosa cuando se perdió (art. 1.307 C.c.); el reembolso de gastos (arts.361, 453 y 454 y otros C.c.); las mejoras, la colación y la prestación resultante de la revocación de donaciones (arts. 650 y 1.045 C.c.); la liquidación de la sociedad de gananciales (arts. 1.396 a 1.410, según Ley 13 mayo 1981); el crédito resultante del régimen de participación (art. 1.431 según la misma Ley de 1981); la partición hereditaria (art. 1.074), las indemnizaciones por seguros (Ley 8 octubre 1980); la indemnización por expropiación forzosa (art. 349 C.c.); la obligación derivada de un enriquecimiento injusto (arts. 1.163 y 1.895 C.c.).

En el mismo sentido hay que referirse a muchas disposiciones introducidas por las Leyes reformadoras del Derecho de familia, como

---

11. BONET CORREA, citado, p. 313.

la de 7 julio 1981, con el carácter de deudas de valor de las prestaciones a que se refieren los arts. 93, 97, 100, 103, etc.; y en la de 13 mayo 1981, arts. 1.358, 1.397, núms. 2.º y 3.º, art. 1.398, núms. 2.º y 3.º; art. 1.421-2, etc.

En relación con el carácter de deuda de valor de la obligación de pagar alimentos, cfr. S. 11 octubre 1982 (Aranzadi, núm. 5.550); con respecto a una indemnización de daños y perjuicios, S. 5 julio 1983 (Aranzadi, núm. 4.068).

5. Correcciones al principio nominalista ante la pérdida de poder adquisitivo del dinero

Sin perjuicio de la diferencia entre deudas de suma de dinero y deudas de valor, no hay duda que toda deuda pecuniaria tiene su razón de ser en el valor que representa. El Derecho exige que la prestación cumplida sea la misma prestación debida y el principio nominalista, según el cual una peseta en el momento de nacer la deuda es igual a una peseta en el momento de cumplir la obligación, sólo puede cumplir este cometido en períodos de estabilidad en los precios. Pero cuando esta estabilidad ha desaparecido y los precios manifiestan una clara tendencia a una progresiva elevación, el principio nominalista ha de quedar sustituido por el valorista, que se ajusta mejor a las exigencias de la equidad y la buena fe.

Es opinión dominante en la doctrina que la Ley de 9 noviembre 1939, sobre curso forzoso del papel moneda, no impide que se pacte la entrega en el momento del pago de una suma superior a la inicialmente convenida, como medida estabilizadora del poder adquisitivo del dinero. En este sentido, véase la importante sentencia de 22 noviembre 1966 (Aranzadi, Repertorio de 1967, núm. 377).[12]

Las principales cláusulas de estabilización de origen convencional, son las siguientes:

1. *Cláusula oro o plata*. Es el pacto por el que el deudor se obliga a realizar el pago en monedas de oro o de plata. Estas monedas son la «especie pactada» a que se refiere el art. 1.170 C.c., y que desde la citada Ley de 9 noviembre 1939, han de quedar sustituidas por la cantidad equivalente de moneda en billetes de curso forzoso. Cfr. Ss.

---

12. BONET CORREA, citado, pp. 361 y ss.

23 noviembre 1946 (Aranzadi de 1947, núm. 127), 9 enero 1950 (Aranzadi, núm. 19), 4 enero 1951 (Aranzadi, núm. 73), 28 noviembre 1957 (Aranzadi, núm. 3.427), 22 diciembre 1961 (Aranzadi de 1962, núm. 259), etc.

2. *Clásulas valor oro o plata.* Es la cláusula por la que el deudor se obliga, no a pagar precisamente en monedas de oro o plata, sino en las de curso legal, pero en la cuantía determinada por el valor que en el momento del pago alcance la suma de oro o plata fijada en el contrato. La moneda de oro o plata no es la moneda de pago, sino la de cálculo o cuenta. Cfr. Ss. 28 noviembre 1957 (Aranzadi, núm. 3.427), 22 noviembre 1966 (Aranzadi, de 1967, núm. 377).[13]

3. *Cláusula de pago en moneda extranjera.* Como ya se ha dicho, la referencia a esta clase de moneda puede ser utilizada como cláu sula de estabilización. No atentan contra el orden público económico porque se respeta el principio de que la moneda nacional es el único y exclusivo medio legal de pago con poder liberatorio. Véase el art. 219 del Reglamento hipotecario.[14]

4. *Cláusula de pago en mercancías.* La cláusula de «pago en mercaderías» refiere la prestación contractual a una cosa con valor intrínseco. Por supuesto que ha de quedar expresado con claridad que en el momento del pago se ha de entregar dinero en la suma que resulte del valor que en aquel momento tenga la mercancía pactada como base de conversión. Véase la regla segunda del párrafo tercero del art. 219 del Reglamento hipotecario, en la redacción del Decreto de 17 mayo 1959.[15]

---

13. HERNÁNDEZ-GIL, obra citada, p. 369; ROCA SASTRE, *Eficacia de la cláusula valor oro*, Revista de Derecho privado, 1950, pp. 1 y ss.; DUALDE, *Cláusula de pago en oro*, en la misma RDP, 1947, pp. 1 y ss.; VELASCO ALONSO, *Algunas consideraciones sobre la cláusula valor oro*, en la misma RDP, 1950, pp. 530 y ss.; MARTÍN BALLESTEROS, *El pago de prestaciones debidas en moneda devaluada*, Revista General de Legislación y Jurisprudencia, 1950, tomo 188, pp. 528 y ss.; PELAYO HORE, *Cláusulas de estabilización*, Anales de la Academia Matritense del Notariado, 1946; E. HIRSCHBERG, *Cláusulas de valor*, Revista de Derecho privado, 1980, pp. 271 a 276; del mismo, *Cláusulas de valor indexadas*, en la misma RDP, 1980, pp. 755 a 981.

14. BONET CORREA, citado, pp. 450 a 458; del mismo, *La ejecución de deudas en moneda extranjera*, La Ley, 1982-3, pp. 748 a 750.

15. BONET, citado, p. 460.

5. *Cláusula de revisión periódica.* Es la previsión contractual de que el precio sea revisado en caso de sufrir alteración el poder adquisitivo del dinero. Sin perjuicio de su validez inicial, los Tribunales han de tener en cuenta si tiene una finalidad legítima, por la posibilidad de que responda a la imposición de una de las partes.

6. *Cláusulas de escala móvil o de índice variable.* Son las que admiten la variación del precio convenido, con referencia a unos índices que generalmente se formarán con el valor en cambio de una mercancía o de un grupo de mercancías. Son especialmente apropiadas en los contratos de tracto sucesivo. Su validez se funda en que no se trata de alterar el valor del dinero, sino de que, contemplado en comparación con el de otros productos, índices o precios, se toma el de éstos y se abandona el valor nominal.[16]

7. *La cláusula de estabilización en los arrendamientos sometidos a legislación especial.* Por medio de esta cláusula se procura adecuar la renta de un arrendamiento a las variaciones del coste de la vida para evitar que sufra alteraciones importantes en perjuicio del arrendador o del arrendatario. Por ello, la importancia de las cláusulas de estabilización está en función directa de la duración y de las prórrogas legales de esta clase de contratos. Según el 1.º de los Fundamentos de Derecho de la sentencia de la Sala 1.ª del Tribunal Supremo de 13 diciembre de 1986 (La Ley, 1987-1, pág. 550): «Como ha declarado este Tribunal en sentencia de 13 de mayo de 1986, en cuya línea están situadas sustancialmente las sentencias de 11 de octubre de 1982 y 21 octubre 1985, la validez de las cláusulas de estabilización en materia arrendaticia urbana se asienta en el fundamental principio de la libertad de pacto proclamado en el art. 1.255 C.c. y en el de autonomía que a los sujetos del contrato otorgan los arts. 97, 98 y 100 LAU para concertar tales estipulaciones, pautas interpretativas que han de presidir la tarea hermenéutica de lo convenido al respecto por el arrendador y el arrendatario, sin olvidar, los cambios en la realidad socio-económica a que responde el art. 9 del Real Decreto-Ley de 30 abril 1985, que suprime la prórroga forzosa para las relaciones arrendaticias urbanas con posterioridad a su vigencia, profunda innovación de la que no se puede prescindir como elemento sociológico de la exégesis normativa, conforme a lo prevenido en el art. 3.1 C.c.»

---

16. BONET, citado, p. 480.

6. Referencia a la cláusula «rebus sic stantibus»

Las cláusulas de estabilización significan que las partes han previsto un medio para asegurar un equilibrio constante entre el valor de las prestaciones respectivas mientras dura la relación obligatoria. Pero cabe preguntar si no corresponde en todo caso a los Tribunales la función de intervenir en los contratos cuando las partes no pudieron tener la misma previsión. En este sentido se pregunta si no es cierto que en todos los casos las partes sólo han querido vincularse bajo la condición implícita de que las circunstancias esenciales que tuvieron en cuenta permanecieran invariables. Es la cuestión de la cláusula implícita *rebus sic stantibus,* que pertenece a la doctrina general del contrato, pero que ha de ser tenida en cuenta en este lugar.

La doctrina considera que esta cláusula se halla implícita en los contratos duraderos o de tracto sucesivo, como tácitamente querida por los otorgantes, en atención a que las partes sólo han de considerarse vinculadas en la medida en que las circunstancias permanezcan tal como las tuvieron en cuenta al contratar. Véase la Sentencia de 15 de marzo 1972 (Aranzadi, núm. 1.252).[17]

7. La obligación de pagar intereses

Concepto. El pago de intereses es la prestación accesoria de pagar una cantidad, en general de manera reiterada, que ha de hacer la persona que disfruta de un capital ajeno, en proporción a su cuantía y al tiempo de su disfrute, sin alterar la cuantía de la deuda principal. Los intereses son los frutos civiles del derecho de crédito.[18]

El pago de intereses no debe confundirse con la prima de amortización, que corresponde a la devolución de una fracción del mismo capital debido que disminuye la obligación principal.

---

17. M. Cid López, *Observaciones sobre la aplicación de la cláusula rebus sic stantibus ante las medidas de devaluación de nuestro signo monetario,* Revista de Derecho privado, 1968, pp. 329 a 335; C. Fernández Rodríguez, *La cláusula rebus sic stantibus,* Comentario a la sentencia de 17 de mayo 1957, Anuario de Derecho Civil, 1958, pp. 1.267 y ss..; Díez-Picazo, citado, pp. 464-863, y en la 4.ª edición, 1993, vol. II, p. 271.

18. J. A. Doral y J. Marina Martínez-Pardo, *Nuevas orientaciones sobre la obligación de pago de intereses,* Anuario de Derecho civil, 1980, pp. 523 a 569.

Tampoco debe confundirse el pago de intereses de un capital con el pago de una renta, que es la prestación reiterada debida por el deudor con carácter principal.

Igualmente se distingue del precio de un arrendamiento, que no es debido a cambio de una suma de dinero, sino del uso de una cosa específica.

También han de distinguirse los intereses del capital de los dividendos que se reparten a cuenta o como consecuencia de los beneficios de una empresa.

También se distinguen los intereses del descuento, que es una bonificación concedida por el acreedor en atención a las condiciones en que se encuentre el mercado de capitales.

Y se distinguen del recargo que a veces se impone al deudor con independencia del tiempo durante el cual tenga derecho a retener el capital.

El carácter accesorio de los intereses respecto a la deuda principal del capital se manifiesta cuando se cede el crédito principal, que implica también la cesión de la obligación accesoria por los intereses. Los arts. 1.212 y 1.258 C.c., aunque no se refieren expresamente a los intereses, demuestran que un crédito se transfiere al nuevo titular con todos sus derechos accesorios. Pero nada impide ceder por separado el crédito representado por el derecho a cobrar unos intereses ya devengados. La diferencia entre el crédito principal y el accesorio aparece muy marcada cuando se considera su distinto plazo de prescripción (cfr. arts. 1.964 y 1.966, regla 3.ª, C.c.).

Otra consecuencia de la accesoriedad es que el gravamen real que asegura la devolución del capital se extiende igualmente a los intereses. Cfr. art. 114 de la Ley hipotecaria. Respecto a la hipoteca mobiliaria y prenda sin desplazamiento, cfr. Ley 16 diciembre 1954, art. 9.º.

Los intereses se dividen en legales y voluntarios, según que tengan su origen en la ley o en la voluntad particular. Son legales los que el art. 1.108 C.c. impone como indemnización de daños y perjuicios en caso de mora o retraso en el cumplimiento de una obligación dineraria. También son legales los que el art. 1.109 hace devengar a los intereses vencidos, desde que son judicialmente reclamados. Imponen también intereses legales otros preceptos, como los arts. 282, 283 y 284 C.c., redactados por Ley 24 octubre 1983, y los 1.307, 1.501, 1.682, 1.896, etc., C.c. En el C. de comercio, arts. 316 a 319.

Los intereses voluntarios son los convenidos por las partes contratantes, especialmente en los contratos de préstamo, o los que también pueden haber quedado establecidos por voluntad unilateral, como en el caso de legado de cantidad a pagar desde cierta fecha, pero devengando interés desde la apertura de la sucesión.

El Código no pone límites a la posibilidad de pactar intereses, pero la Ley de Usura de 23 de julio 1908 considera que es usuario el interés superior al normal del dinero y que resulte desproporcionado a las circunstancias del caso.

Cuando las partes no han pactado el interés o no han fijado su cuantía, se aplicará el interés legal. La Ley 24/1984, de 29 de junio (B.O.E. de 3 de julio) ha modificado el tipo de interés legal del dinero de la manera que resulta de sus dos artículos.

«Artículo 1.° El interés legal se determina aplicando el tipo básico del Banco de España vigente el día en que comience el devengo de aquél, salvo que la Ley de Presupuestos Generales del Estado establezca uno diferente.

»Artículo 2.° Cualquiera que sea la naturaleza del acto o contrato de que se derive la obligación, el interés que, salvo estipulación en contrario, deberá pagarse por el deudor constituido legítimamente en mora y en los demás casos en que aquél sea exigible con arreglo a las Leyes, será el determinado conforme a lo previsto en el artículo anterior.»[19]

La misma Ley deroga expresamente las Leyes de 2 de agosto 1899 y de 7 octubre 1939, y el párrafo segundo del artículo 1.108 C.c.[20]

Véase el art. 921 de la Ley de Enjuiciamiento civil, redactado por Ley de 6 de agosto 1984.

Anatocismo es la acumulación de los intereses vencidos y no pagados al capital, de manera que produzcan nuevos intereses. Por disposición legal existe en el supuesto del art. 1.109 C.c.: «Los intereses vencidos devengan el interés legal desde que son judicialmente reclamados, aunque la obligación haya guardado silencio sobre este punto». Añade que en los negocios comerciales se estará a lo que dispone el Código de comercio y que los Montes de Piedad y Cajas de Ahorros se regirán por sus Reglamentos especiales.

Acerca de las causas de extinción de la obligación de pagar intereses, aparte de las reglas generales sobre la extinción de las obligaciones, hay que tener en cuenta una regla del art. 1.110 C.c., que estable-

---

19. En la Ley de Presupuestos Generales del Estado, 12/1996, de 30 de diciembre, el interés legal del dinero ha quedado establecido en el 7,5 por 100 hasta el 31 de diciembre de 1997.

20. C. J. ÁLVAREZ MORALES, *Consideraciones jurídico-financieras sobre la modificacion del interés legal del dinero*, La Ley, 1985-2, p. 1.180.

ce una presunción de pago, y la cuestión relativa al plazo de prescripción.

Según la primera regla del art. 1.110, «el recibo del capital por el acreedor, sin reserva alguna respecto a los intereses, extingue la obligación del deudor en cuanto a éstos».

El precepto se refiere al «recibo del capital» y no se trata por tanto de entregas a cuenta o de pagos parciales, que sin duda están fuera de la esfera de aplicación del art. 1.110 C.c. Por ello, una entrega a cuenta se imputará a los intereses, en cumplimiento de lo que dispone el art. 1.173 C.c. de que «no podrá estimarse hecho el pago por cuenta del capital mientras no estén cubiertos los intereses». En cambio, cuando se hace un pago destinado a extinguir la deuda del capital, entrará en aplicación el art. 1.110, y si no hay reserva de los intereses, éstos se presumen extinguidos. El acreedor debería demostrar que ha hecho tal reserva para que la deuda de los intereses subsistiera.[21]

Según la sentencia de 25 febrero 1963 (Aranzadi, núm. 1.188), elúltimo plazo a que se refiere el art. 1.110 es el que aparece como posterior a otros, aunque no sea el último de los que ha de producir la obligación.

Respecto a la prescripción extintiva de la obligación de pagar intereses, parece aplicable la prescripción quinquenal del art. 1.966, núm. 3.°, C.c., aunque no hace referencia expresa a los intereses. Lo cierto es que si los intereses son «pagos que deban hacerse por años o en plazo más breves», están sin duda incluidos en la norma.[22]

Sin embargo, el Tribunal Supremo aplica la prescripción quinquenal a los intereses debidos por razón de un préstamo dinerario, por su carácter de retribución o rendimiento de un capital, pero no a los intereses moratorios o debidos como indemnización por retraso en el pago de la deuda, que prescribirá a los quince años (art. 1.964 C.c.). Véanse las sentencias de 13 junio 1959 (Aranzadi, núm. 3.031) y de 12 mayo 1985 (Aranzadi, núm. 1.153).

---

21. TORRALBA SORIANO, *Estudio crítico del articulo 1.110 del Código civil*, Revista Crítica de Derecho inmobiliario, 1966, pp. 1.509 y ss., esp. p. 1.519.

22. Véase nuestro libro *Caducidad y prescripción extintiva*, Barcelona, 1986, pp. 53 a 56.

VII

EXTINCIÓN DE LA OBLIGACIÓN

1. Extinción por imposibilidad de la prestación

Hay que distinguir entre la imposibilidad originaria o inicial de la prestación exigida por la obligación y la imposibilidad posterior o sobrevenida. La inicial no es causa de extinción de la obligación, sino que es una circunstancia que impide su nacimiento, como sucedería en el caso de haberse contratado sobre cosas o servicios imposibles (cfr. art. 1.272 C.c.) o en el de haberse pretendido la venta de una cosa que ya se hubiese perdido en su totalidad al tiempo de celebrarse el contrato (cfr. art. 1.460, párrafo primero).[1]

Por el contrario, cuando la imposibilidad es posterior o sobrevenida y la prestación se ha convertido en imposible sin culpa del deudor, no puede serle exigida y necesariamente ha de quedar libre de la obligación. Ésta se extingue cuando el deudor no puede cumplirla por una causa que no le sea imputable.[2]

El Código civil regula esta imposibilidad sobrevenida de la prestación con especial atención a las obligaciones de dar y por ello habla de la «pérdida o destrucción de la cosa debida». Pero, en realidad, conviene distinguir entre las obligaciones de dar y las de hacer.

1. Obligaciones de dar. Las normas aplicables son muy diferentes según que se trate de la obligación de dar una cosa específicamente determinada o de una cosa señalada sólo de manera genérica.

La regla general en el caso de obligación de dar cosa determinada es la siguiente: «Quedará extinguida la obligación que consista en

---

1. LARENZ, *Derecho de obligaciones*, I, Madrid, 1958, pp. 101 a 105.

2. DÍEZ-PICAZO, *Fundamentos del Derecho civil patrimonial*, I, Madrid, 1972, pp. 681 y ss., 4.ª edición, Madrid, 1993, pp. 647 y ss.

entregar una cosa determinada cuando ésta se perdiere o destruyere sin culpa del deudor y antes de haberse éste constituido en mora» (art. 1.182 C.c.).

Es natural que la liberación del deudor por la pérdida de la cosa se halle subordinada a su falta de culpa por la imposibilidad sobrevenida. Pero en dos supuestos el deudor responde del caso fortuito: cuando se ha constituido en mora, precisamente porque el retraso en el cumplimiento es causa de que la cosa se pierda en su poder cuando ya debía haberse desprendido de ella; y cuando se ha comprometido a entregar una misma cosa a dos o más personas distintas (art. 1.096 C.c.).[3]

Otra excepción es la establecida cuando la deuda de cosa cierta y determinada procede de delito o falta. En este caso el deudor ha de pagar el precio de la cosa debida, con la excepción de que sea el acreedor el que haya incurrido en mora. Cfr. art. 1.185 C.c.

Ha de tenerse en cuenta que el Código impone al deudor la carga de la prueba de que la cosa se ha perdido fortuitamente, cuando se pierde en su poder.

Dice el art. 1.183: «Siempre que la cosa hubiese perdido en poder del deudor, se presumirá que la pérdida ocurrió por su culpa y no por caso fortuito, salvo prueba en contrario y sin perjuicio de lo dispuesto en el art. 1.096».

Puede decirse, como síntesis de lo que precede, que el deudor responde por el hecho de estar obligado, pero que puede quedar liberado si demuestra que la cosa determinada que debía entregar se ha perdido por caso fortuito o fuerza mayor.

El deudor está obligado a entregar lo que en su patrimonio ha pasado a sustituir a la cosa perdida a consecuencia de esta misma pérdida. El Código lo dispone de la siguiente manera: «Extinguida la obligación por la pérdida de la cosa, corresponderán al acreedor todas las acciones que el deudor tuviere contra terceros por razón de ésta». Es el art. 1.186.

La redacción de este artículo es demasiado restringida porque no sólo han de corresponder al acreedor las acciones del deudor contra terceros (por ejemplo, las de indemnización contra el causante de la pérdida), sino que la misma justa razón demanda que el acreedor

3. En el mismo supuesto de caso fortuito, que normalmente exonera al obligado, el artículo 1.105 admite que de la obligación resulte lo contrario.

pueda accionar cuando el deudor haya obtenido algún provecho (Santos Briz).[4]

Ofrece especial interés el supuesto en que la imposibilidad sólo afecte a una de las prestaciones de una relación obligatoria bilateral. Muchas veces la obligación de entregar la cosa que se ha perdido va acompañada de una contraprestación. Si el deudor tenía la obligación de entregarla, también tenía por ello derecho a obtener una contraprestación a cargo del acreedor. Ha de averiguarse la suerte que ha de correr esta contraprestación que estaba enlazada con la entrega de la cosa perdida.

El art. 1.452, relativo a la compraventa, remite a los artículos 1.096 y 1.182 por lo que se refiere al daño o provecho de la cosa vendida, después de perfeccionado el contrato, y de ello resulta que el deudor de una cosa determinada que perece en su poder por caso fortuito queda libre de su obligación; pero lo que no se dice, ni resulta expresamente de ningún otro precepto legal, es lo que sucede con la obligación que incumbe al adquirente de pagar el precio. Parece, por tanto, que el perecimiento de la cosa sin responsabilidad del vendedor libera a éste, pero no a la otra parte de la prestación que le incumbe. De esta manera se llega a la afirmación tradicional de *periculum est emptoris* o que el riesgo recae sobre el comprador. Sin embargo, posiblemente sería más racional afirmar que si un acreedor no puede reclamar de su deudor la prestación que se ha hecho imposible, no ha de estar obligado a cumplir por su parte la suya (Larenz). Parece que, ante la imposibilidad de que cumpla su prestación una de las partes, la otra ha de poder optar por la resolución que autoriza el art. 1.124 C.c. (Albaladejo).[5]

Si la obligación de dar se refiere a cosas genéricas, no puede hablarse de perecimiento del objeto de la prestación mientras no se haya extinguido todo el género. La cosa genérica debida que es posible obtener en el mercado obliga al deudor a realizar la prestación. Sólo cuando el contenido de la prestación se ha concretado en una cosa o un grupo determinado de cosas (de la manera que se ha visto al tratar de las obligaciones genéricas), la pérdida fortuita podrá liberar al deudor. Lo mismo sucederá cuando se trate de la deuda de una

---

4. Cuando la existencia de una cosa en el patrimonio del deudor no tiene más justificación que la existencia en el mismo patrimonio de la cosa que debía entregar al acreedor, es justo que aquélla corresponda a éste. Es el llamado *commodum subrogatus*. Cfr. LARENZ, obra citada, p. 305; SANTOS BRIZ, nota a la misma página del libro de Larenz.

5. LARENZ, citado, p. 306; ALBALADEJO, citado, p. 69.

cosa genérica con delimitación del género, si perece todo el destinado a proporcionar el objeto de la prestación.[6]

2. Obligaciones de hacer. Según el Código «también quedará liberado el deudor en las obligaciones de hacer cuando la prestación resultare legal o físicamente imposible» (art. 1.184).

Como un caso de extinción por imposibilidad ha de considerarse el fallecimiento del obligado a quien se encargó cierta obra por razón de sus cualidades personales, igual que el supuesto de imposibilidad de terminar la obra por alguna causa independiente de la voluntad del obligado, como en el caso que contempla el art. 1.595. Véase el art. 1.161. En todo caso es necesario que el obligado no sea culpable de la imposibilidad sobrevenida.

2. Remisión o condonación de la deuda

La remisión o condonación de la deuda es el acto por el que el acreedor declara o de alguna manera expresa que renuncia definitivamente a exigir el derecho de crédito contra el deudor. Es la renuncia al derecho de crédito por parte de su titular.[7]

La doctrina discute si la condonación puede realizarse mediante un acto de simple renuncia o si exige un acuerdo con el deudor; es decir, si se trata de un acto unilateral del acreedor o si exige convenio con el deudor. En realidad, lo que interesa es conocer a partir de qué momento el acreedor que ha renunciado a su derecho no puede revocar su decisión. El acreedor quedará definitivamente privado de su derecho de crédito cuando así lo haya convenido con el deudor, pero también cuando con su conducta (que puede consistir en una declaración unilateral) haya proporcionado al deudor una-base firme en la que pueda confiar de buena fe. El interés de confianza del deudor ha de ser protegido y para ello es necesario evitar que el acreedor, después de haber dado base para tal confianza, pueda revocar su decisión.

Contra la posibilidad de condonación unilateral se ha alegado que, según el Código (art. 1.187-2), la condonación expresa ha de ajustarse a las formas de la donación. Sin embargo, en el mismo precepto el

---

6. HERNÁNDEZ-GIL, citado, *Derecho de obligaciones*, I, Madrid, 1960, pp. 136 y 137.

7. F. SANCHO REBULLIDA, *Notas sobre la naturaleza jurídica de la condonación de las obligaciones*, Revista de Derecho privado, 1955, pp. 130 a 153, esp. 149.

Código admite la condonación tácita, y las condonaciones expresas a las que falte alguna formalidad podrán valer como condonaciones tácitas (Sancho Rebullida).[8]

En principio, la renuncia o remisión de un crédito es un acto de liberalidad, pero es posible que forme parte de una situación más compleja, en la que sea factor de nivelación frente a otras contraprestaciones. Puede tratarse de un negocio de compensación convencional, de una transacción o de otra operación distinta de la condonación. Lo que caracteriza a ésta es el ánimo de liberalidad y, por tanto, la ausencia de contraprestación.

El Código se refiere a las clases y requisitos de la condonación en el art. 1.187:

«La condonación podrá hacerse expresa o tácitamente.

»Una y otra estarán sometidas a los preceptos que rigen las donaciones inoficiosas. La condonación expresa deberá, además, ajustarse a las formas de la donación.»

Esta necesidad de que la condonación expresa se ajuste a las formas de la donación significa que exigirá la aceptación del deudor (arts. 618 y 629); además, tendrá que constar en escritura pública la condonación de deuda garantizada con hipoteca (art. 1.280), y tendrá que constar por escrito, aunque sea privado, la condonación de deudas de cuantía superior a 1.500 pesetas.

Pero la regulación legal de la condonación ofrece el máximo interés en tema de presunciones legales. La condonación muchas veces ha de inferirse de las circunstancias concurrentes, como demuestran las siguientes reglas del Código civil.

Primera. «La entrega del documento privado justificativo de un crédito, hecha voluntariamente por el acreedor al deudor, implica la renuncia de la acción que el primero tenía contra el segundo.» Es el párrafo primero del art. 1.188 C.c.

Segunda. Si para invalidar la presunción de renuncia que resulta de la entrega voluntaria del documento, «se pretendiere que es inoficiosa, el deudor y sus herederos podrán sostenerla probando que la entrega del documento se hizo en virtud del pago de la deuda». Es el segundo párrafo del mismo art. 1.188.

Resulta, en primer lugar, que la entrega del documento privado sirve para que la ley establezca una presunción de renuncia o condonación unilateral, que dispensa al deudor de toda prueba (art. 1.250),

8. Sancho Rebullida, citado, p. 142.

sin perjuicio de que la presunción pueda destruirse mediante prueba en contrario (art. 1.251). Pero la presunción de que la deuda se ha extinguido por condonación significa que han de tenerse en cuenta las reglas de las donaciones inoficiosas (art. 1.187-2). Si por ello el acreedor alega que la condonación es inoficiosa, el deudor puede oponer que no hubo tal condonación, sino que el documento le fue entregado por haber pagado la deuda.

Tercera. «Siempre que el documento privado de donde resulte la deuda se hallare en poder del deudor, se presumirá que el acreedor lo entregó voluntariamente, a no ser que se pruebe lo contrario.» Es el art. 1.189 C.c.

Sin duda lo primero que ha de presumirse por el hecho de estar el documento en poder del deudor es que éste lo ha recibido por haber pagado. Sólo en el caso de negarlo el acreedor y de afirmar el deudor que ha existido condonación de la deuda, entra en juego la presunción de que la entrega ha sido voluntaria, sin perjuicio de la posibilidad de prueba en contrario.

Cuarta. «Se presumirá remitida la obligación accesoria de prenda, cuando la cosa pignorada, después de entregada al acreedor se hallare en poder del deudor.» Es el art. 1.191.

El precepto sólo establece la presunción de que ha sido condonado el derecho de garantía prendaria, sin perjuicio de que pueda demostrarse que la cosa se devolvió por otra razón (v.g. reparar la cosa pignorada, permitir su uso en una circunstancia determinada, etcétera).

Los efectos de la condonación consisten en la extinción del derecho de crédito correspondiente, con las obligaciones accesorias que existieren. Según el art. 1.190: «La condonación de la deuda principal extinguirá las obligaciones accesorias; pero la de éstas dejará subsistente la primera». Véase en el art. 1.850 la regla que dicta el Código para el caso de liberación por el acreedor de uno de los fiadores.

3. La confusión de las cualidades de acreedor y de deudor

Según el art. 1.192 C.c.: aQuedará extinguida la obligación desde que se reúnan en una misma persona los conceptos de acreedor y de deudor». Es evidente que nadie puede ser su propio acreedor y su propio deudor, y que en tal situación no está justificada la subsistencia de la relación jurídica, incluso cuando no se trata de derechos de crédito (cfr. arts. 513, núm. 3.°, y 546, núm. 1.°).

En el supuesto de que la reunión de los patrimonios acreedor y deudor sea temporal, el crédito puede quedar temporalmente latente para revivir más tarde; también puede suceder que el patrimonio del deudor, a quien haya heredado el acreedor, esté sobrecargado de deudas, por lo que interese al heredero mantener la preferencia de su crédito frente a terceros, etc. En supuestos semejantes, el Código contiene reglas que evitan temporalmente la extinción del crédito.

Para que el crédito quede extinguido por confusión han de concurrir los siguientes requisitos:

1.º Que se reúnan en una misma persona los conceptos de acreedor y de deudor (art. 1.192) y que precisamente se trate del acreedor y del deudor principal. Por ello dispone el art. 1.193: «La confusión que recae en la persona del deudor o del acreedor principal aprovecha a los fiadores. La que se realiza en cualquiera de éstos extingue la obligación». En relación con el contrato de fianza, véase el art. 1.848.

2.º Que la confusión no afecte a derechos sobre patrimonios separados. Según el art. 1.192-2, del efecto extintivo de la confusión se exceptúa el caso de que ésta «tenga lugar en virtud de título de herencia, si ésta hubiese sido aceptada a beneficio de inventario».[9]

La confusión de crédito y deuda produce los siguientes efectos:

Primero. La obligación queda extinguida de manera total o parcial, según que afecte a todo el derecho de crédito o sólo a una parte. Un caso de extinción parcial es el de la obligación mancomunada, que sólo se produce en la porción correspondiente al acreedor o deudor en quien concurran los dos conceptos (art. 1.194). Por el contrario, si la obligación es solidaria, la confusión que recaiga en uno de los deudores extinguirá completamente la obligación (art. 1.143).

Segundo. Si existen obligaciones accesorias de la principal, la extinción de ésta provocará la de aquéllas, que no tendrían razón de ser sin la principal (art. 1.193).

Tercero. Si la reunión de las cualidades de acreedor y deudor no es definitiva, el crédito podrá revivir o producir algún efecto. Por ejemplo, si el heredero vende la herencia, el comprador deberá satisfacer al vendedor todo lo que éste haya pagado por las deudas y cargas, y también *por los créditos que tenga contra la misma,* salvo pacto en contrario. Cfr. art. 1.534 C.c.

Cuarto. Si el heredero acreedor del causante ha aceptado la herencia a beneficio de inventario, aparte de la limitación de su respon-

9. DÍEZ-PICAZO, citado, p. 895.

sabilidad por las deudas de la herencia, conservará contra el caudal hereditario sus propios derechos de crédito, y por no confundirse para ningún efecto en perjuicio del heredero sus bienes particulares con los de la herencia, el heredero tendrá derecho a hacer efectivo su crédito con la preferencia que le corresponda. Cfr. artículo 1.023 C.c.

4. La compensación

A. *Concepto y clases*

La compensación es el modo de extinguir en la cantidad concurrente las obligaciones de aquellas personas que por derecho propio sean recíprocamente acreedoras y deudoras la una de la otra. Así resulta de los arts. 1.195 y 1.202 C.c.[10]

La razón de ser de la compensación es evidente. Cuando alguien debe la cantidad de cien a quien es su deudor por la cantidad de cincuenta tiene derecho a considerarse solamente deudor de cincuenta. De igual modo, nadie debe pretender que le pague cien la persona a la que después tendría que devolver cincuenta, sino que ha de considerar que sólo acredita la diferencia. Hasta tal punto es así, que se ha dicho que comete dolo quien pide lo que ha de devolver: *dolo facit qui petit quod redditurus est.*

La compensación produce por vía rápida los mismos efectos que producirían los dos pagos. Es un pago abreviado. Cfr. Ss. 8 noviembre 1911 y 11 mayo 1926.

La compensación puede ser total o parcial.

Será total si las deudas son de igual cuantía y, en otro caso, la deuda superior se extinguirá sólo en parte. A pesar de la regla de la indivisibilidad del pago (art. 1.169 C.c.), un crédito opuesto a otro de inferior cuantía quedará extinguido en parte por compensación y en otra parte quedará pendiente de pago.

Otras posibles clases de compensación son la que se produce de manera automática y la que sólo se producirá como resultado de las correspondientes declaraciones de las partes. La ley puede disponer

---

10. ÁLVAREZ VIGARAY, *El efecto automático de la compensación*; Estudios de Derecho civil en Honor del Profesor Castán, Pamplona, 1969, IV, pp. 39 y ss.; OLIVENCIA, *La compensación en la quiebra y el artículo 926 del Código de comercio*, Anuario de Derecho civil, 1958, pp. 805 y ss.; Andrés DE LA OLIVA SANTOS, *Compensación y proceso civil de declaración*, La Ley, 1982-1, pp. 918 a 924; José GONZÁLEZ PALOMINO, *La Compensación y sus efectos*, en Estudios Jurídicos de Arte menor, Pamplona, 1962, vol. 2, pp. 11 y ss.

que la compensación se produzca automáticamente, por la simple concurrencia de créditos y deudas recíprocos, homogéneos, líquidos y vencidos, de modo que se extingan o reduzcan en la cantidad concurrente tan pronto se produzca esta situación; pero también puede disponer que las circunstancias descritas sean la base de la compensación, pero que ésta sólo sea efectiva cuando una de las partes dirija a la otra una declaración en tal sentido. Otra posibilidad sería no admitir la compensación automática ni la facultativa a instancia de una de las partes, sin perjuicio de admitir el acuerdo o convenio entre ellas para que se produzca. Como vamos a ver, nuestro Código adopta el sistema de compensación automática.

B. Requisitos para que proceda la compensación

Son los siguientes:

1.º Reciprocidad y propio derecho. Dispone el art. 1.195: «Tendrá lugar la compensación cuando dos personas, por derecho propio, sean recíprocamente acreedoras y deudoras la una de la otra».

La reciprocidad que se exige para la compensación no es la que puede resultar de una misma relación jurídica, sino que basta que los respectivos derechos de crédito, nacidos de relaciones jurídicas diferentes, se enfrenten entre sí. Cfr. la citada S. de 8 noviembre 1911.

2.º Que cada uno de los obligados lo esté principalmente y sea a su vez acreedor principal del otro (art. 1.196, núm. 1.º).

A pesar de ello, teniendo en cuenta que en el caso de fianza el fiador pueda convertirse en deudor principal si el primer obligado no paga, el Código permite que el fiador pueda oponer la compensación respecto de lo que el acreedor debiere a su deudor principal (art. 1.197). En cambio, no tendría sentido que el deudor principal opusiera al acreedor lo que éste debiera al fiador.

3.º Las dos deudas han de consistir en dinero o en cosas fungibles de la misma especie y también de la misma calidad si ésta se hubiese designado. Cfr. art. 1.196-2.º. Si el fundamento de la compensación está en que no puede exigirse lo que se ha de restituir, no hay duda que ha de existir una perfecta igualdad entre las dos prestaciones. En la práctica la compensación sólo actúa en las deudas dinerarias, pero nada impide la compensación de otros créditos dirigidos a prestaciones homogéneas.

4.º Que las deudas estén vencidas. Lo exige el núm. 3.º del art. 1.196. Ha de tratarse, por tanto, de obligaciones puras o de plazo ya vencido.

5.º Las deudas han de ser líquidas y exigibles. Lo dispone el núm. 4.º del art. 1.196. Si uno o los dos créditos lo fuesen por una cantidad pendiente de liquidación, no se conocería su exacta cuantía y no sería posible que se produjera la compensación en una cantidad concurrente desconocida. En este sentido, Ss. 26 febrero 1952 (Aranzadi, núm. 724) y 21 abril 1955 (Aranzadi, núm. 1.691).

6.º Ninguna de las deudas ha de estar sujeta a retención ni ha de ser objeto de contienda promovida por tercera persona y notificada oportunamente al deudor. Lo exige el núm. 5.º del art. 1.196 y su justificación no ofrece duda alguna.

7.º Ausencia de prohibición legal. Incluso cuando concurren todos los anteriores requisitos, el Código excluye la compensación en los siguientes casos:

a) «La compensación no procederá cuando alguna de las deudas proviene de depósito o de las obligaciones del depositario o comodatario» (art. 1.200, párrafo primero).

Esta regla es muy imprecisa y en el fondo incomprensible. Si se refiere a la obligación de restituir la cosa entregada en depósito o en comodato, la regla es superflua porque la compensación sería improcedente al oponerse a una deuda de cosa determinada y no de cosa fungible. Por ello Albaladejo opina que el precepto sólo tiene sentido con referencia a las demás pretensiones derivadas de ambos contratos y que tengan un contenido fungible, como las dirigidas a obtener indemnización de daños y perjuicios.»[11]

b) La compensación «tampoco podrá oponerse al acreedor por alimentos debidos por título gratuito». Así lo establece el segundo párrafo del art. 1.200. Véase, además, el art. 151 C.c.

c) Un caso que el Código no excluye, pero que estaría justificado, es el de consistir una de las deudas en la responsabilidad civil derivada de una condena penal. Dice Larenz: «El que dolosamente causa un daño a otro no puede quedar libre tan fácilmente compensado con un crédito suyo propio, quizás incobrable de otra forma».[12]

d) Cabe discutir si pueden extinguirse por compensación los créditos que no sean embargables. Si los efectos de la compensación tuvieran que frustrar la política jurídica que ha motivado la declara-

---

11. ALBALADEJO, *La prohibición o improcedencia de la compensación en los casos de depósito y comodato*, Revista de Derecho privado, 1947, pp. 254 y ss.

12. LARENZ, obra citada, pp. 430 y 431.

ción de ser inembargables determinados créditos, igualmente debería excluirse este modo de extinción.[13]

C. *Efectos de la compensación*

1. Efecto general. Lo establece el art. 1.202 C.c.: «El efecto de la compensación es extinguir una y otra deuda en la cantidad concurrente, aunque no tengan conocimiento de ella los acreedores y deudores».

Con la generalidad de la doctrina española entendemos que el art. 1.202 atribuye a la compensación efectos extintivos de manera automática o por ministerio de la ley, tan pronto concurran los requisitos examinados. Pero ha de tenerse en cuenta que este automatismo no evita que la compensación tenga que ser especial y concretamente invocada en juicio. La Sentencia de 29 abril 1944 (Aranzadi, núm. 547) declaró que es incongruente el fallo que declara la compensación sin que haya sido solicitada por ninguna de las partes. Alvarez Vigaray observa que ello no significa que la compensación no se produzca de la manera automática que determina el art. 1.202, sino que es debido a un requisito procesal que ha de observarse para que el litigante pueda beneficiarse de los efectos que ya se han producido.[14]

Sobre los efectos automáticos de la compensación, cfr. Ss. 21 marzo 1932 y 16 octubre 1975 (Aranzadi, núm. 3.599).

Otra cuestión discutida es si bastará alegar la compensación por vía de excepción o si será necesario formular reconvención. Parece decisiva la consideración de que la compensación, como las demás excepciones, sólo busca la absolución de la demanda, en lugar de la condena del actor en relación con otro derecho. Además, dice Álvarez Vigaray, «el vencido en la reconvención no puede solicitar en otro pleito lo que en ella pretendía, y en cambio sí puede hacerlo aquel cuya excepción de compensación ha sido desestimada». Pero será necesaria la reconvención, naturalmente, cuando el demandado oponga un crédito superior al que se le reclama y quiera obtener la condena del actor para que le pague la diferencia.[15]

Pero véase la Sentencia de 26 febrero 1952 (Aranzadi, núm. 724) sobre la necesidad de reconvención.

---

13. LARENZ, p. 431.
14. ÁLVAREZ VIGARAY, citado, pp. 54, 58 y 60.
15. ÁLVAREZ VIGARAY, p. 62, nota 67.

Cuando una persona tenga contra sí varias deudas compensables el art. 1.201 dispone que «se observará en el orden de la compensación lo dispuesto respecto a la imputación de pagos». Sin duda la aplicación de esta regla queda excluida cuando las deudas han surgido en distintos momentos, con el resultado de quedar extinguida la primera que llegó a ser compensable.

2. Efectos de la compensación en casos especiales. Hay que referirse a la cesión de uno de los créditos compensables y al caso de las deudas cuyo lugar de pago es diferente.

A la cesión de créditos compensables dedica el Código el art. 1.198:

> «El deudor, que hubiere consentido en la cesión de derechos hecha por un acreedor a favor de un tercero, no podrá oponer al cesionario la compensación que le correspondería contra el cedente.
>
> »Si el acreedor le hizo saber la cesión y el deudor no la consintió, puede oponer la compensación de las deudas anteriores a ella, pero no la de las posteriores.
>
> »Si la cesión se realiza sin conocimiento del deudor, podrá éste oponer la compensación de los créditos anteriores a ella y de los posteriores hasta que hubiese tenido conocimiento de la cesión.»

Parece que sólo la regla del segundo párrafo es rigurosamente consecuente con el efecto automático de la compensación, al quedar admitida la de los créditos anteriores a la cesión, pero no la de los posteriores, pues sólo antes de la cesión el acreedor cedente es todavía «acreedor principal del otro», como dice el núm. 1.º del art. 1.196.

En cambio, el requisito de la reciprocidad se quiebra en las hipótesis de los párrafos primero y tercero del art. 1.198. Respecto al primero, parece que consentir la cesión es tanto como renunciar a la compensación; respecto al párrafo tercero, el hecho de no haber conocido el deudor la cesión le permite, no sólo compensar los créditos anteriores a ella (afectados por la compensación automática del art. 1.202), sino incluso los posteriores «hasta que hubiese tenido conocimiento de la cesión», con lo que en este caso los efectos de la compensación se extienden hasta tal momento incluso frente al cesionario. Cfr. S. 14 octubre 1958 (Aranzadi, núm. 3.093).

La compensación de las deudas que han de pagarse en distintos lugares está regulada en el art. 1.199: «Las deudas pagaderas en diferentes lugares podrán compensarse mediante indemnización de los gastos de transporte o cambio al lugar del pago».

5. La novación

A. *Concepto*

Según el concepto tradicional, la novación es la extinción de una obligación por medio de la creación de otra nueva destinada a reemplazarla. Así era en Derecho romano porque el formalismo de la contratación exigía que la más leve alteración de los términos de una relación obligatoria se tradujera en la extinción de la obligación primitiva y en la creación en su lugar de una relación nueva. Sin embargo, en Derecho moderno y concretamente en la regulación de nuestro Código civil, las partes tienen amplia libertad para sustituir una obligación por otra o pueden limitarse a modificarla, por lo que la novación puede ser extintiva o modificativa.[16]

En la novación se presenta la incidencia de una negociación en una obligación anterior, con el resultado de quedar ésta sustituida o solamente modificada; por tanto, se trata de saber si subsiste la obligación anterior o si ha sido sustituida por otra obligación nueva.

El art. 1.203 C.c. dice: «Las obligaciones pueden modificarse: 1.º Variando su objeto o sus condiciones principales. 2.º Sustituyendo la persona del deudor. 3.º Subrogando a un tercero en los derechos del acreedor».

Aunque el art. 1.156 C.c. dice que las obligaciones se *extinguen* por la novación, el art. 1.203 se refiere a los tres casos en que las obligaciones pueden *modificarse.* El Código admite la novación extintiva y la modificativa. Una obligación nueva deja extinguida una obligación anterior y la sustituye cuando así se declara terminantemente o cuando una y otra son de todo punto incompatibles, como dice el art. 1.204. En cambio, la novación modificativa implica persistencia

---

16. SANCHO REBULLIDA, *La novación de las obligaciones*, Barcelona, 1974; AZURZA, *Notas sobre la novación*, Revista de Derecho privado, 1950, pp. 602 y ss.; ESPÍN, *Sobre el pago con subrogación*, en la misma RDP, 1942, pp. 307 y ss.; A. HERNÁNDEZ-GIL, *El ámbito de la novación objetiva modificativa*, en la misma RDP, 1961, pp. 797 y ss.; REYES MONTERREAL, *Esencia de la novación*, Revista Jurídica de Cataluña, 1960, pp. 609 y ss.; JORDANO, *Asunción de deuda*, Anuario de Derecho civil, 1950, pp. 1.378 y ss.; Alfonso DE COSSIO, *La transmisión pasiva de las obligaciones*, Anales de la Academia Matritense del Notariado, I, 1945, pp. 189 y ss.; Guillermo GARCÍA VALDECASAS, *La sucesión en las deudas a título singular*, Estudios de Derecho civil en honor del Profesor Castán Tobeñas, Pamplona, 1969, II, pp. 209 a 226; ÁLVAREZ CAPEROCHIPI, *El art. 1.207 del Código civil*, Revista Crítica de Derecho inmobiliario, 1973, pp. 1.413 y ss.; C. VATTIER FUENZALIDA, *Notas sobre la subrogación personal*, Revista de Derecho privado, 1985, pp. 491 y ss.

de la obligación originaria, con variación de alguno de sus elementos. Persistencia de la misma obligación significa que conservará la preferencia que tenía por razón de su fecha, que conservará los derechos accesorios de garantía, etc.

No hay duda que la sistemática y terminología del Código es defectuosa, pues, como han observado varios autores, es un contrasentido hablar de «novación modificativa». Cfr. Ss. 7 junio 1982 (Aranzadi, núm. 3.407) y 11 noviembre 1983 (Aranzadi, núm. 6.110).

B. Requisitos generales de la novación

Son los siguientes:

1. Una obligación preexistente. La obligación anterior ha de existir, naturalmente, y ha de ser válida y eficaz. Por ello dispone el art. 1.208 C.c.: «La novación es nula si lo fuere también la obligación primitiva, salvo que la causa de nulidad sólo pueda ser invocada por el deudor, o que la ratificación convalide los actos nulos en su origen». Los efectos convalidatorios de la novación suponen que la parte que podría pedir la nulidad conoce su causa y que la misma ha cesado.

2. Creación de una obligación nueva. En la novación extintiva, la obligación válida que se extingue ha de quedar sustituida, naturalmente, por otra obligación igualmente válida; de lo contrario, la anterior no quedaría afectada.

Acerca de los requisitos de constitución, la obligación nueva habrá debido ajustarse a las formalidades que por sí mismas le sean necesarias, con independencia de que esté destinada a sustituir una obligación anterior. Véase, en este sentido, la Sentencia de 20 marzo 1947 (Aranzadi, núm. 355). Si el convenio novatorio se limita a aprovechar la existencia de una relación obligatoria para introducir en ella alguna alteración, deberán observarse las formalidades que hubiesen sido procedentes si desde el principio la relación jurídica se hubiese constituido de esta manera.

3. Incidencia de la obligación posterior en la anterior. Para que la novación sea extintiva, las partes han de haberlo declarado terminantemente o la obligación antigua y la nueva han de ser «de todo punto incompatibles», como dice el art. 1.204. La novación modificativa puede igualmente resultar de las manifestaciones de las partes o puede aparecer como consecuencia natural de la incompatibilidad entre lo nuevamente pactado y ciertas partes no esenciales de la obligación anterior.

4. Voluntad de novar. Esta voluntad ha de aparecer claramente expresada o ha de ser una «manifestación tácita inducida de la incompatibilidad entre las dos convenciones» (Castán). Es fundamental el art. 1.204: «Para que una obligación quede extinguida por otra que la sustituya, es preciso que así se declare terminantemente, o que la antigua y la nueva sean de todo punto incompatibles».

La novación es modificativa, dice Hernández-Gil, cuando está comprendida en el núm. 1.º del art. 1.203, sin entrar en la esfera del art. 1.204, por falta de una declaración terminante o por no ser de todo punto incompatibles. La Sentencia de 29 abril 1947 ha interpretado el art. 1.204 en el sentido de que «tal exigencia se refiere a la novación considerada en su sentido estricto –novación extintiva– no a la meramente modificativa, que el Código también admite...». La Sentencia de 27 febrero 1965 (Aranzadi, núm. 1.233) declaró que «es requisito indispensable... para que se opere la novación de la obligación, que conste de manera clara y terminante el *animus novandi*, que no puede deducirse de meras suposiciones o conjeturas...».[17]

C. *Efectos generales de la novación*

La novación incluye estos dos efectos generales: extinción y modificación. El Código proclama las consecuencias más importantes de la novación extintiva en el art. 1.207: «Cuando la obligación principal se extinga por efecto de la novación, sólo podrán subsistir las obligaciones accesorias en cuanto aprovechen a terceros que no hubiesen prestado su consentimiento».

Respecto a la novación modificativa, hay que entender por regla general que no afectará a la subsistencia de las obligaciones accesorias. Sin embargo, si la modificación agrava el contenido de la obligación, no podrán quedar afectados los fiadores personales o reales (pignorantes o hipotecantes por deuda ajena), si no la consintieron. Basta pensar en la prórroga de un derecho de crédito, que significa una concesión al deudor principal, pero que agrava la condición de los fiadores, hasta el punto de que el art. 1.851 les libera de la obligación.

---

17. HERNÁNDEZ-GIL, citado en la nota anterior, p. 806.

El art. 1.207 C.c. necesita algunas aclaraciones. ¿A qué terceros se refiere? Álvarez Caperochipi tiene en cuenta que el Proyecto de 1851, en el correspondiente art. 1.138, decía: «Por la novación se extingue, no sólo la obligación principal, sino también sus accesorias. Para que continúen las obligaciones accesorias, en cuanto afecten a un tercero, es necesario también el consentimiento de éste». Por ello opina que el vigente art. 1.207 ha de entenderse en el sentido de que los que han de prestar su consentimiento no son los terceros ajenos a la obligación extinguida, como resulta de su literalidad, sino los que la han garantizado. Quiere decir, por tanto, que al extinguirse la obligación principal por efecto de la novación, sólo subsistirán las obligaciones accesorias cuando el tercero que las prestó renueve su consentimiento.[18]

D. Novación objetiva

Es la mencionada en el número 1.° del art. 1.203. Las partes de una relación obligatoria pueden modificarla (como dice el art. 1.203, sin perjuicio de que la extingan en los supuestos del art. 1.204) cambiando su causa, su objeto o sus condiciones principales.

El cambio de causa existe cuando la prestación debida queda sustituida por la que corresponde a otro tipo de contrato. Por ejemplo, cuando con la cantidad recibida en concepto de préstamo el deudor hace una inversión en interés del acreedor. Cfr. Sentencias de 28 noviembre 1906, 11 abril 1961 (Aranzadi, núm. 1.804), etc.

La novación por cambio de objeto existe cuando la prestación debida queda sustituida por otra correspondiente a la misma clase de obligación; v.g., cuando una cosa debida es sustituida por otra, o se reemplaza un servicio por otro diferente.

Cuando se ha introducido una variación meramente cuantitativa, es probable que las partes no hayan querido sustituir una obligación por otra, sobre todo cuando se trata de la reducción de la cuantía de una deuda pecuniaria. Cfr. S. 17 marzo 1933. Pero seguramente no puede afirmarse lo mismo si, en lugar de disminuir, resulta aumentada la cuantía de la deuda. Sería preciso considerar la conveniencia o inconveniencia de mantener ligado al deudor bajo las mismas modalidades convenidas para una deuda de cuantía inferior. Pero téngase en cuenta lo que sigue.

---

18. ÁLVAREZ CAPEROCHIPI, citado, p. 1.417. Otra interpretación en DÍEZ-PICAZO, p. 816.

La novación objetiva también puede tener efecto por medio del cambio de las condiciones principales de la obligación. Si las modificaciones introducidas son puramente accidentales no podrá considerarse que la obligación afectada ha quedado sustituida por otra obligación nueva. Pero todo consiste en saber cuándo una modificación es puramente accidental. Así, muchas sentencias declaran que la prórroga del plazo inicialmente señalado no implica novación extintiva. Ss. 26 abril 1955 (Aranzadi, núm. 1.533), de 22 junio 1917, 2 julio 1917, 6 febrero 1928, etc.

Pero otra cosa sucederá cuando el plazo, en lugar de prorrogarse, queda reducido, pues no hay duda, como observa Castán, que en los casos de prórroga es menos clara la incompatibilidad entre la antigua y la nueva obligación. Cfr. S. 11 enero 1929.

E. *Novación subjetiva por cambio de deudor*

Según el art. 1.203, la segunda de las maneras de modificar las obligaciones es «sustituyendo la persona del deudor». Sin embargo, en el derecho de crédito es demasiado importante la persona que ha de pagarlo para que pueda creerse que su sustitución puede hacerse fácilmente. Cabe dudar razonablemente si una obligación puede seguir siendo la misma cuando la persona del deudor ha cambiado. Aunque se admita su posibilidad, como hace el citado precepto de nuestro Código, lo importante es, dice Díez-Picazo, «saber en qué medida juegan en favor y en contra del nuevo deudor las consecuencias dimanantes de la relación jurídica anterior».[19]

La regulación del Código es sumamente deficiente y confusa, por lo que no presta gran ayuda cuando se trata de precisar cómo se puede realizar el cambio de deudor y cuál ha de ser su alcance. La regla fundamental es la del art. 1.205: «La novación, que consiste en sustituirse un nuevo deudor en lugar del primitivo, puede hacerse sin el conocimiento de éste, pero no sin el consentimiento del acreedor».

Resulta del precepto que el consentimiento del acreedor es fundamental, y que, en cambio, el deudor puede quedar descartado de la obligación incluso sin su conocimiento. En todo caso, lo cierto es que la jurisprudencia de la Sala 1.ª del Tribunal Supremo ha reconocido que está admitida «la existencia de una novación meramente modificativa, por sucesión particular en el débito, ya sancionada por la

---

19. DÍEZ-PICAZO, citado, pp. 840 y 851; SANCHO REBULLIDA, p. 317.

jurisprudencia [citando sentencias como las de 24 abril 1970, 7 diciembre 1971, 25 abril y 7 junio 1975 y 11 diciembre 1979] relativa a la asunción de deuda, que superó la estrecha concepción del personalismo obligacional -salvo, claro está, las obligaciones contraídas *intuitu personae*- y admitió la transmisión personal en la deuda, al amparo del art. 1.205 C.c., ya en la forma de "delegación" (convenio entre los deudores), ya en la de "expromisión" (convenio acreedor y nuevo deudor) que libera al antiguo, naturalmente (art. 1.205) con la aceptación del acreedor...», como dice la Sentencia de 10 enero 1983 (Aranzadi, núm. 161, y La Ley, 1983-2, pp. 441 a 446).[20]

Las cuestiones prácticas que en esta clase de novación se han de resolver son: *a)* si el antiguo deudor queda o no liberado; *b)* repercusión que puede tener la insolvencia del nuevo deudor en la situación del antiguo; *c)* el destino de las garantías de la obligación que incumbía al primitivo deudor; *d)* las excepciones que el nuevo deudor podrá oponer al acreedor.

a) Acerca del primer punto ha de estarse a lo que dispone el art. 1.205, que exige consentimiento del acreedor para la sustitución del deudor, y de lo convenido resultará si el deudor queda liberado o si continúa vinculado a la obligación aunque otro haya asumido el cumplimiento.

b) La segunda cuestión está prevista en el art. 1.206: «La insolvencia del nuevo deudor que hubiese sido aceptado por el acreedor, no hará revivir la acción de éste contra el deudor primitivo, salvo que dicha insolvencia hubiere sido anterior y pública o conocida del deudor al delegar su deuda».

c) Acerca de si subsisten o se extinguen las garantías del antiguo deudor, hay que tener en cuenta lo que dispone el art. 1.207 y su dudosa redacción, como ya se ha visto. En todo caso, la fecha del origen de la relación accesoria será la de la renovación del consentimiento, por exigirlo la protección de los acreedores del nuevo deudor.[21]

---

20. Admiten la transmisibilidad de las deudas CLEMENTE DE DIEGO, *Transmisión de las obligaciones,* Madrid, 1912; PÉREZ GONZÁLEZ y ALGUER, anotaciones al *Derecho de obligaciones* de Enneccerus, volumen 1.° de la segunda edición española, Barcelona, 1954, pp. 416 y 423; Guillermo GARCÍA VALDECASAS, lugar citado en la anterior nota 16; ALBALADEJO, citado, pp. 242 y ss., entre otros. En el sentido de moderar este criterio de la transmisión pasiva de las obligaciones o de señalar el alcance práctico de la cuestión, DÍEZ-PICAZO, citado, pp. 839 y ss.; SANCHO REBULLIDA, citado, especialmente, p. 317.

21. ÁLVAREZ CAPEROPICHI, citado, p. 1.426.

d) Respecto a las excepciones que el nuevo deudor puede oponer al acreedor, las que deriven de la obligación misma podrán ser opuestas con eficacia; las que deriven de la relación interna entre el antiguo deudor y el nuevo podrán oponerse cuando ya existían en el momento de la sustitución de deudor, pero no lo son si han surgido posteriormente. Por ejemplo, es oponible la falta de causa de la asunción de deuda, pero no lo es que el deudor primitivo no haya pagado al nuevo lo que le prometió.

F. Novación subjetiva por cambio de acreedor

La tercera de las posibilidades de modificar las obligaciones es «la subrogación de un tercero en los derechos del acreedor» (art. 1.203).

El Código se refiere a esta novación modificativa en el caso de pago con efecto subrogatorio, que regulan los arts. 1.209 a 1.213 C.c. Al margen de estas reglas, la novación por cambio de acreedor carece de interés porque cabe lograr el mismo resultado con el medio más sencillo y eficaz de ceder el crédito (art. 1.526 y ss. C.c.), que le permitirá conservar las garantías establecidas a su favor (art. 1.528).

Por ello hay que referirse exclusivamente a la subrogación por efecto del pago, que el Código dice que no puede presumirse fuera de los casos que el mismo expresamente menciona, pues, en los demás, «será preciso establecerla con claridad para que produzca efecto» (art. 1.209). En este sentido se habla de subrogación legal y de subrogación convencional.

El art. 1.210 C.c. enumera los tres casos de subrogación legal:

«*1.°* Cuando un acreedor pague a otro acreedor preferente.

»*2.°* Cuando un tercero, no interesado en la obligación, pague con aprobación expresa o tácita del deudor.

»*3.°* Cuando pague el que tenga interés en el cumplimiento de la obligación, salvo los efectos de la confusión en cuanto a la porción que le corresponda.»

El Código se refiere a otro caso de subrogación legal, pero no en el sentido de presunta, sino de forzosa para el acreedor. Dice el art. 1.211: «El deudor *podrá hacer la subrogación sin consentimiento del acreedor,* cuando para pagar la deuda haya tomado prestado el dinero por escritura pública, haciendo constar su propósito en ella, y expresando en la carta de pago la procedencia de la cantidad pagada».

Espín ha explicado el origen de esta regla que apareció en Derecho francés en 1601, cuando la rebaja del interés del dinero determinó que muchos deudores obtuvieran nuevos préstamos con el nuevo tipo de interés, con lo que podían cancelar los anteriores y quedar así beneficiados. A los antiguos acreedores no les convenía cancelar unos créditos por los que percibían intereses superiores a los que en lo sucesivo podrían obtener. Por una ordenanza de 1609, Enrique IV dispuso que los nuevos prestamistas sucedieran a los antiguos en todos sus derechos y garantías, siempre que en el nuevo préstamo se estipulara expresamente esta sucesión y se cumplieran ciertos requisitos de forma. Por consiguiente, se impuso al acreedor antiguo la terminación del contrato, a pesar de que el plazo estaba fijado en su interés. Éste fue el origen de una disposición excepcional.[22]

El art. 1.212 determina los efectos del pago con subrogación: «La subrogación transfiere al subrogado el crédito con los derechos a él anexos, ya contra el deudor, ya contra los terceros, sean fiadores o poseedores de las hipotecas». Puede verse su identidad sustancial con los efectos de la cesión del crédito (art. 1.528 C.c.).

El acreedor tiene derecho a no admitir pagos parciales (artículo 1.169); pero, aunque los admita, no por ello renuncia a la preferencia de su crédito sobre el que tendrá contra el mismo deudor el tercero que haya efectuado el pago con subrogación. Por tanto, la subrogación no proporciona al nuevo acreedor de parte del crédito pagado, la misma posición preferente del antiguo acreedor. El art. 1.213 lo dispone con las siguientes palabras:

«El acreedor a quien se hubiere hecho un pago parcial, puede ejercitar su derecho por el resto con preferencia al que se hubiere subrogado en su lugar a virtud del pago parcial del mismo crédito.»

---

22. Espín, citado en la nota 16, pp. 300 y ss.

VIII

INCUMPLIMIENTO DE LA OBLIGACIÓN

1. Quebrantamiento de la obligación imputable al deudor

Una obligación existe en la medida en que el deudor u obligado no puede liberarse por su sola voluntad de ajustar su conducta a lo que el vínculo obligatorio le exige. Sólo cuando la prestación debida sea de imposible realización por causas no imputables al obligado, podrá éste quedar libre contra la voluntad del acreedor.

El Código civil impone esta necesidad de cumplir la prestación debida, pero ante el hecho del incumplimiento no reacciona de manera automática, sino que procura calificar la conducta del deudor y comprobar si constituye un hecho lícito o ilícito dentro de la relación obligatoria. Sólo cuando el obligado ha obrado de una manera técnicamente reprensible, sea intencionadamente o por negligencia, considera nuestro ordenamiento legal que el deudor es responsable de las consecuencias del incumplimiento.[1]

Es fundamental lo que dispone el art. 1.101 C.c.: «Quedan sujetos a la indemnización de los daños y perjuicios causados los que en el cumplimiento de sus obligaciones incurrieren en dolo, negligencia o morosidad, y los que de cualquier modo contravinieren al tenor de aquéllas.»

El incumplimiento del deudor puede ofrecer los siguientes aspectos:

1.º El deudor no cumple la prestación en el momento debido, pero todavía puede hacerlo si la obligación no excluye el cumplimiento retrasado, sin perjuicio de la obligación de indemnizar los daños resultantes de la mora o retraso.

---

1. Véase especialmente DÍEZ-PICAZO, *Fundamentos del derecho civil patrimonial*, 4.ª edición, Madrid, 1993, vol. II, pp. 567 y ss.

2.º El deudor incumple la obligación de manera definitiva por causa que le es imputable (dolo o culpa). El Derecho proporciona en tal caso la manera de contrarrestar esta falta de total cumplimiento.

3.º El deudor realiza una prestación que no se ajusta a lo que exige el vínculo obligatorio; es decir, cumple, pero cumple mal. En este caso existirá responsabilidad por el cumplimiento defectuoso.

Hay que examinar por separado estas tres clases de incumplimiento.

2. La mora o retraso en el cumplimiento

En sentido amplio mora es el retraso en el cumplimiento de la obligación, pero en sentido propio y jurídico mora es el retraso culpable que no impide el cumplimiento tardío. Existe mora, en lugar de incumplimiento definitivo, cuando la prestación no está sometida a un término absolutamente esencial; es decir, cuando el interés del acreedor no está circunscrito a que la prestación tenga efecto sólo en un momento determinado. Cuando se trata de un término esencial absoluto, el retraso equivale a un total incumplimiento.[2]

Si la mora es el retraso en el cumplimiento de la prestación debida, parece que sólo ha de poder ser imputable al deudor; pero, en realidad, el retraso también puede ser debido a la falta de la debida cooperación por parte del acreedor. Por tanto, existe la mora del deudor (*mora solvendi* o en el pago) y la del acreedor (*mora accipiendi* o en recibir la prestación). La primera se subdivide en *mora sol vendi ex persona* y mora *solvendi ex re,* según que sea necesario que el acreedor interpele al deudor para que se produzca o que esta interpelación no sea necesaria.

Mora del deudor. Como se ha visto en su lugar, las obligaciones no sometidas a condición ni a plazo suspensivo son exigibles «desde luego», como dice el art. 1.113 C.c.; es decir, a partir del momento de quedar constituidas. Las sometidas a condición suspensiva o a plazo de la misma clase serán exigibles cuando se cumpla la condición o haya transcurrido el plazo.[3]

---

2. J.L. CANO MARTÍNEZ DE VELASCO, *La mora*, Madrid, 1978; Carlos FERNÁNDEZ RODRÍGUEZ, *Término esencial propio*. Comentario de la sentencia de 24 septiembre 1954, Anuario de Derecho civil, 1954, pp. 937 a 942.

3. Félix HERNÁNDEZ-GIL, *La intimación del acreedor en la mora ex persona*, Anuario de Derecho civil, 1962, pp. 331 a 364; J. BELTRÁN DE HEREDIA, *El cumplimiento de las obligaciones,* Madrid, 1956, pp. 260 a 264, admite la eficacia de la intimación o

Sin embargo, ha de tenerse en cuenta que por regla general no basta que la obligación esté vencida y sea exigible para que el deudor incurra en mora si no cumple inmediatamente la prestación. Las graves consecuencias de la mora han hecho prevalecer el criterio de que es necesaria una precisa e inequívoca exigencia o requerimiento del acreedor al deudor para que éste realice la prestación. Por regla general no es suficiente en las obligaciones civiles que la obligación haya vencido y sea exigible, sino que el acreedor ha de tomar la iniciativa en el sentido de requerir el cumplimiento al deudor para que éste incurra en mora.

En Derecho romano la obligación a plazo producía el efecto de colocar al deudor en mora al llegar el día señalado. Este efecto quedó acuñado en la Edad Media con las palabras *dies interpellat pro homine*. Es la mora *ex re* contrapuesta a la mora *ex persona*. Pero los redactores del Código civil francés pensaron que incluso en el caso de señalamiento de plazo era necesario que el acreedor reclamara el cumplimiento, pues en otro caso se supone que no sufre perjuicios por el retraso. Por ello se consideró normal que la mora del deudor ha de producirse a iniciativa del acreedor, excepto en los supuestos excepcionales en que se produce *de plein droit*.[4]

El Código civil español adoptó este criterio en el art. 1.100, que dispone:

«Incurren en mora los obligados a entregar o a hacer alguna cosa desde que el acreedor les exija judicial o extrajudicialmente el cumplimiento de su obligación.

»No será, sin embargo, necesaria la intimación del acreedor para que la mora exista: *1.º* Cuando la obligación o la ley lo declaren así expresamente. *2.º* Cuando de su naturaleza y circunstancias resulte que la designación de la época en que había de entregarse la cosa o hacerse el servicio, fue motivo determinante para establecer la obligación.

»En las obligaciones recíprocas ninguno de los obligados incurre en mora si el otro no cumple o no se allana a cumplir debidamente lo

---

requerimiento antes del vencimiento del plazo suspensivo. M.º Dolores, GRAMUNT FOMBUENA, *La Mora del deudor en el Código civil*, Barcelona, 1993.

4. F. BENATTI, *La costituzione in mora del debitore, Milán,* 1968, critica la necesidad de interpelación judicial para que se produzca la mora, por entender que responde a realidades superadas desde el punto de vista social y económico. Muchas veces, dice, los deudores son empresas más poderosas que los acreedores.

que le incumbe. Desde que uno de los obligados cumple su obligación, empieza la mora para el otro.»

Nuestra doctrina estima que la llegada del día fijado se limita a convertir la obligación en pura y sometida a las reglas que rigen para ésta. Por ello es necesaria, por regla general, la intimación judicial o extrajudicial del acreedor para que el deudor quede constituido en mora. En todo caso es necesario que la obligación sean jurídicamente exigible, vencida y de posible cumplimiento por estar determinado su contenido. Por ello el requerimiento no sirve para constituir al deudor en mora cuando el crédito es ilíquido: *in illiquidis non fit mora.*[5]

La regla del art. 1.100-l se refiere a las prestaciones de contenido positivo, pues claramente se refiere a «los obligados *a entregar o a hacer* alguna cosa», pues en las obligaciones de contenido negativo o de no hacer el retraso en el cumplimiento implica un efectivo quebrantamiento de lo debido.

Después de la regla general del primer párrafo, el mismo artículo 1.100 se refiere a las excepciones. No es necesaria la intimación para que la mora exista cuando la obligación o la ley lo declaren expresamente y cuando resulte que la designacion del momento de la prestación fue el motivo determinante de la obligación según su naturaleza y circunstancias.

Esta segunda excepción no se refiere al «término esencial» o prestación a fecha fija porque la mora supone que el cumplimiento todavía es posible y útil al acreedor, mientras que la fecha fija significa que la prestación fuera de tiempo equivale a un incumplimiento total y definitivo. Pero entonces hay que averiguar qué significa dicha segunda excepción. Díez-Picazo opina que la mora automática o sin necesidad de interpelación puede ser «inducida u obtenida por vía interpretativa o valorando las circunstancias y la naturaleza de la obligación».[6]

El último párrafo del mismo artículo se refiere a las obligaciones recíprocas, en las que «ninguno de los obligados incurre en mora si el otro no cumple o no se allana a cumplir debidamente lo que le incumbe. Desde que uno de los obligados cumple su obligación empieza la mora para el otro».

Del precepto resulta que en la obligación con prestaciones recíprocas los efectos de la mora se compensan si ambas partes han in-

---

5. F. HERNÁNDEZ-GIL, citado en la nota 3, p. 346; DÍEZ-PICAZO, citado, p. 671.

6. DÍEZ-PICAZO, citado, pp. 633 y 634, respecto a que no se refiere a un término esencial.

currido en retraso, y que la mora empezará a partir del momento de cumplir uno de los obligados. Pero se pregunta entonces si, a pesar de todo, hace falta el requerimiento que exige la regla general del primer párrafo del artículo. Díez-Picazo estima que es necesario distinguir las obligaciones recíprocas de cumplimiento simultáneo de las que señalan a las partes momentos temporalmente distanciados en el cumplimiento de las respectivas prestaciones. El párrafo final del art. 1.100 sólo es aplicable a las primeras, de manera que si los dos contratantes han de cumplir simultáneamente, pero solamente uno lo hace, tiene derecho a considerar que el otro está en mora sin necesidad de especial intimación. En la práctica es normal que, para salir de una situación de mora bilateral, la parte que se decida a cumplir lo haga mediante requerimiento en el que ponga a disposición de la otra la prestación debida a cambio de que cumpla por su parte.[7]

Si las obligaciones recíprocas no son de cumplimiento simultáneo, el último párrafo del art. 1.100 no es propiamente aplicable. Así, un vendedor con precio aplazado ha de anticipar la entrega y por ello puede incurrir en mora antes de que el comprador tenga que pagar el precio. Éste deberá requerir al vendedor para que la mora exista técnicamente, y si su propia obligación, la de pagar el precio, ya hubiese vencido, en el mismo requerimiento ha de manifestar que por su parte se allana a cumplir la prestación que le incumbe.

Los efectos de la mora del deudor son la obligación de indemnizar daños y perjuicios (art. 1.101 C.c.) y la responsabilidad por la pérdida o destrucción de las cosas debidas, incluso por caso fortuito (cfr. arts. 1.096 y 1.182 C.c.). La obligación de indemnizar daños exige que el acreedor demuestre que los ha sufrido realmente, pero esta prueba no es necesaria en el caso a que se refiere el art. 1.108 C.c.:

> «Si la obligación consistiere en el pago de una cantidad en dinero y el deudor incurriese en mora, la indemnización de daños y perjuicios, no habiendo pacto en contrario, consistirá en el pago de los intereses convenidos, y a falta de convenio, en el interés legal.»

La mora puede desaparecer si el acreedor renuncia a sus efectos, concede una prórroga al deudor, pacta una novación, etc. Por supuesto que desaparece con el cumplimiento tardío de la prestación, pero con subsistencia de la responsabilidad por el retraso.

---

7. DÍEZ-PICAZO, p. 644.

Para las obligaciones mercantiles, el Código de comercio contiene disposiciones especiales que es interesante comparar con las civiles. El art. 61 C. com. dice que «no se reconocerán términos de gracia, cortesía u otros que bajo cualquier denominación difieran el cumplimiento de las obligaciones mercantiles, sino los que las partes hubieren prefijado en el contrato o se apoyaren en una disposición terminante de Derecho». El siguiente art. 62 dispone: «Las obligaciones que no tuvieron término prefijado por las partes o por las disposiciones de este Código, serán exigibles a los diez días después de contraídas, si sólo produjeran acción ordinaria, y al día inmediato, si llevaren aparejada ejecución».

El art. 63 del mismo C. com. dispone que los efectos de la morosidad en el cumplimiento de las obligaciones mercantiles comenzarán: «*1.º* En los contratos que tuvieren día señalado para su cumplimiento, por voluntad de las partes o por la Ley, al día siguiente de su vencimiento. *2.º* En los que no lo tengan, desde el día en que el acreedor interpelare judicialmente al deudor, o le intimare la protesta de daños y perjuicios hecha contra él ante un Juez, Notario u otro oficial público autorizado para admitirla».

Si se compara el art. 1.100 C.c. con el art. 63 C. com., puede afirmarse que en la obligación mercantil que tuviere día señalado para su cumplimiento el deudor incurre en mora al día siguiente de su vencimiento, y que en la obligación civil la mora solamente se produce sin necesidad de intimación «cuando la obligación o la ley lo declaren así expresamente». Véase la Sentencia de 19 diciembre 1944.

3. Mora del acreedor

Como se ha dicho, la mora del acreedor se produce cuando falta la debida cooperación del mismo para recibir o admitir la prestación debida.

El C.c. no contiene una regulación sistemática de esta mora del acreedor, pero se refiere a ella en varios preceptos, como los arts. 1.176 a 1.181 que regulan el ofrecimiento de pago y la consignación; el art. 1.185 sobre pérdida de una cosa cierta y determinada procedente de delito o falta; el párrafo tercero del art. 1.452, sobre daño o provecho de la cosa vendida después de perfeccionado el contrato; el art. 1.505, sobre resolución de la venta de bienes muebles; los arts. 1.589 y 1.590, que se refieren a la morosidad en recibir la obra contratada, etc.

Los requisitos que han de concurrir para la mora del acreedor son los siguientes:

1.º Que una obligación haya vencido y que el deudor necesite para cumplirla la asistencia del acreedor.

2.º Que el deudor haga el ofrecimiento de pago y se halle dispuesto a realizar todo lo que sea necesario para efectuar la prestación.

3.º Que el acreedor no acepte la prestación sin justificación alguna para ello, o no contribuya en la medida indispensable a que se realice. No es necesario hablar de culpa del acreedor porque basta su negativa «sin razón», como dicen los arts. 1.176 y 1.185 C.c.

Son efectos de la mora del acreedor:

a) Que el deudor puede consignar la cosa debida y quedar exento de responsabilidad (art. 1.176).

b) Que el deudor, concurriendo los mismos requisitos, queda eximido de las consecuencias de la pérdida de la cosa, si es cierta y determinada, cuando sobrevenga por caso fortuito (art. 1.185).

c) La mora del acreedor excluye la del deudor, pues el ofrecimiento por parte de éste, no aceptado por el acreedor, aunque no vaya seguido de consignación, impide dar al deudor trato moroso y obsta a la aplicación del art. 1.124. Téngase en cuenta la doctrina de la Sentencia de 9 julio 1941.

d) Opinan algunos autores que los Tribunales podrían moderar la responsabilidad del deudor en el cumplimiento de la obligación cuando el acreedor ha incurrido en mora. Véase el art. 1.103.[8]

4. Incumplimiento definitivo imputable al deudor

Existe incumplimiento total de la prestación debida cuando la conducta del deudor lesiona definitivamente el derecho del acreedor. Ante esta falta de cumplimiento, las reglas del C.c. distinguen entre obligaciones de dar, de hacer o de no hacer.

Cuando lo que deba entregarse sea una cosa determinada, el acreedor, con independencia de su derecho a la indemnización de

---

8. PÉREZ y ALGUER, anotaciones al *Derecho de obligaciones* de Enneccerus y Lehmann, volumen 1.º de la segunda edición española, Barcelona, 1954, p. 299.

daños y perjuicios, «puede compeler al deudor a que realice la entrega» (art. 1.096, párrafo primero). Si en lugar de una cosa determinada, «la cosa fuere indeterminada o genérica, podrá pedir que se cumpla la obligación a expensas del deudor» (art. 1.096, párrafo segundo). Hay que tener en cuenta los arts. 919 a 950 de la Ley de Enjuiciamiento civil sobre ejecución de sentencias.[9]

La prestación debida puede consistir en una obligación de hacer y para este supuesto el Código dispone: «Si el obligado a hacer alguna cosa no la hiciere, se mandará ejecutar a su costa» (art. 1.098, párrafo primero). La obligación de hacer también puede incumplirse si el deudor la hiciere contraviniendo al tenor de la obligación, para cuyo caso está dispuesto que también se mande ejecutar a su costa, sin perjuicio de decretar que se deshaga lo mal hecho (art. 1.098-2).

Cuando la obligación consista en no hacer, el incumplimiento consiste en que el deudor ejecute lo que le había sido prohibido, y en semejante hipótesis el Código ordena que se deshaga lo mal hecho (art. 1.099, en relación con el 1.098-2).

Puede observarse que el Código parte de la suposición de que, a pesar del incumplimiento, la obligación todavía puede ser cumplida en forma específica prescindiendo del obligado. Pero también cabe que la conducta completamente negativa del deudor implique la imposibilidad de satisfacer el interés del acreedor en el cumplimiento de la obligación en la forma prevista. En este caso la única posibilidad de compensar al acreedor será la indemnización de daños y perjuicios, como dispone el art. 1.101.[10]

El Código considera que el incumplimiento implica la presunción de culpa por parte del obligado. En realidad, basta el hecho de haber contraído voluntariamente una obligación y de no poder demostrar la existencia de un hecho que le libere de tener que cumplirla, para que el ordenamiento trate de satisfacer el interés del acreedor que resulta perjudicado por el incumplimiento. En el fondo, más que la existencia de una culpa comprobada, se trata de una responsabilidad que brota directamente del hecho de estar obligado y de no poder alegar y demostrar ningún hecho que exima de la obligación.

La obligación más simple y corriente, la de tener que pagar una suma de dinero, produce responsabilidad para el deudor aunque éste

---

9. Véase la redacción del art. 921 de la Ley de Enjuiciamiento civil por la Ley 34/1984 del 6 de agosto, de reforma urgente de la Ley procesal.

10. ESPERT SANZ, *La frustración del fin del contrato*, Madrid, 1968; DÍEZ-PICAZO, citado, p. 679.

sea insolvente sin culpa por su parte. Pero la insolvencia no puede significar necesariamente culpabilidad, sino que el deudor está obligado a pagar o a cumplir la prestación debida en virtud de la obligación constituida, con independencia de la idea de culpa.

El fundamento de la responsabilidad contractual en la doctrina de la culpa, con su variedad de grados y cierto margen de arbitrio judicial, es reflejo de la compleja realidad que existe por el diverso contenido de las obligaciones nacidas de contrato. No es lo mismo la obligación de pagar una suma de dinero, o de entregar una cosa determinada, o de custodiar un objeto mueble, o de administrar una finca, o de dirigir una empresa, o de edificar una casa, o de practicar una operación quirúrgica. Si la prestación debida no se cumple, o no queda terminada en el momento convenido, o existe la duda de si lo realizado se ajusta a lo prometido, surgirán una serie de cuestiones sobre la responsabilidad del obligado. «Lo debido» en cada caso exige unas aptitudes, una dedicación y una diligencia diferentes. La conducta del obligado no puede ser juzgada en cada caso con el mismo criterio. La doctrina de la culpa contractual y de su graduación responde a la tentativa de juzgar tal diversidad de situaciones sin incurrir en un exceso de casuismo. Lo natural sería determinar la diligencia que ha de emplearse en el cumplimiento de las distintas clases de obligaciones.[11]

El art. 1.104 C.c. responde a lo que acabamos de señalar. Dice: «La culpa o negligencia del deudor consiste en la omisión de aquella diligencia que exija la naturaleza de la obligación y corresponda a las circunstancias de las personas, del tiempo y del lugar». Añade su segundo párrafo: «Cuando la obligación no exprese la diligencia que ha de prestarse en su cumplimiento, se exigirá la que correspondería a un buen padre de familia».

Resulta claro que la culpa del deudor es la omisión de la diligencia que exija la obligación, considerada en cada caso. Es un criterio para juzgar si una obligación ha sido cumplida según lo que exija su natu-

---

11. Es muy interesante y exacto lo que dice DÍEZ-PICAZO, en su citada obra, p. 697, de la primera edición y pp. 579 y 580 de la cuarta, cuando señala la indudable existencia en el Código civil de dos estratos superpuestos: «En la superficie se encuentran una serie de máximas o de reglas generales, concebidas abstractamente y producidas por inducción o por generalización de anteriores experiencias o por obra de un pensamiento jurídico-lógico. Son resumidamente, los artículos 1.101-1.105 y algunos otros más (1.094, 1.096, 1.122, 1.136, 1.147, 1.183, etc.). A otro nivel, en cambio, el sistema se descompone en un rico casuismo y determina, en definitiva, un pluralismo de regímenes jurídicos de responsabilidad: la responsabilidad del vendedor, del arrendatario, del comodatario, etc.».

raleza y las circunstancias que concurren. Es problema diferente, por tanto del peculiar de la responsabilidad extracontractual, en la que no se ha de juzgar del cumplimiento de una obligación existente, sino del posible nacimiento de una nueva obligación.

Ha de tenerse en cuenta, además, el problema de la prueba de la culpa. Incumbe al deudor destruir la presunción de que el incumplimiento es debido a que ha incurrido en culpa (como establece expresamente para el caso de pérdida de la cosa debida en poder del deudor el art. 1.183), a diferencia de lo que sucede en el caso de responsabilidad extracontractual, en la que corresponde al acreedor esta demostración. En la responsabilidad contractual le basta al acreedor demostrar la existencia de la obligación, y recaerá sobre el deudor la carga de probar que no es culpable del incumplimiento.

Lo dicho, sin duda, es lo que procede en las obligaciones de dar o hacer (positivas); pero si la obligación es de contenido negativo (no hacer), corresponde al acreedor la demostración de su existencia y, además, la prueba del acto o hecho que signifique el quebrantamiento de lo debido por parte del obligado. Cfr. art. 1.214 C.c.

En los arts. 1.103 y 1.102, el Código se refiere al fundamento de la responsabilidad contractual en la negligencia y en el dolo. Como hemos visto, el Código parte de la idea general de que el hecho de no cumplir una obligación eficazmente contraída implica, *res ipsa loquitur,* que el deudor ha incurrido en negligencia, si no demuestra la concurrencia de hechos que le eximen de responsabilidad. Según el art. 1.103, «la responsabilidad que proceda de negligencia es igualmente exigible en el cumplimiento de toda clase de obligaciones; pero podrá moderarse por los Tribunales según los casos». La culpa o negligencia es la figura que, en negativo, corresponde a la falta de la diligencia necesaria para el normal cumplimiento de la obligación. Pero, con la figura del dolo, interviene en la responsabilidad contractual un elemento nuevo y en cierto modo ajeno a la razón de ser de la obligación, como vamos a ver a continuación.

Según el art. 1.102: «La responsabilidad procedente de dolo es exigible en todas las obligaciones. La renuncia de la acción para hacerla efectiva es nula». Mientras las partes pueden expresar la diligencia necesaria para el cumplimiento de las obligaciones (cfr. art. 1.104), el dolo es un factor que no cabe regular ni dispensar. El incumplimiento por omisión de la diligencia que corresponde al normal contenido de la obligación no supone o no exige intención o estado consciente de que se daña, sino sólo una posibilidad de previsión que la ligereza del deudor desaprovecha. Pero en el dolo, en cambio, existe un incumplimiento intencionado o, por lo menos, consciente. Seguramente existe dolo aunque sólo haya habido indiferencia y falta de reacción del deudor ante el conocimiento de que va a producirse un resultado contrario al interés del acreedor. Véase la Sentencia de 9 marzo 1962 (Aranzadi, núm. 1.230).

Al referirse al alcance de la indemnización de daños y perjuicios debidos al incumplimiento, el art. 1.107 contrapone el incumplimiento del deudor que califica «de buena fe» al caso de dolo. Dispone:

«Los daños y perjuicios de que responde el deudor de buena fe son los previstos o que se hayan podido prever al tiempo de constituirse la obligación y que sean consecuencia necesaria de su falta de cumplimiento.

»En caso de dolo responderá el deudor de todos los que conocidamente se deriven de la falta de cumplimiento de la obligación.»

5. Cumplimiento defectuoso de la prestación debida

La responsabilidad del deudor puede derivar del retraso o mora en el cumplimiento, del incumplimiento total imputable y del cumplimiento defectuoso de la obligación. Examinados los dos primeros supuestos, pasamos a examinar el tercero.

Incluso Códigos tan detenidamente elaborados como el alemán incurrieron en el error de creer que con el retraso o mora y el incumplimiento total imputable al deudor habían regulado todas las posibles infracciones que puede cometer el obligado. Pero la práctica ofrece casos en que los daños no derivan ni del retraso ni del incumplimiento total imputable al deudor, sino que son resultado de haber realizado la prestación defectuosamente. Se produce en semejantes casos un daño suplementario que obliga a hablar de responsabilidad por cumplimiento defectuoso.[12]

Esta violación del derecho de crédito se halla latente en el art. 1.101 de nuestro Código civil, pues habla de la obligación de indemnizar, no sólo por dolo, negligencia o morosidad, sino de la responsabilidad que incumbe a «los que de cualquier modo contravinieren al tenor de aquéllas». Por tanto, es fuente de responsabilidad cualquier acto contrario a la diligencia que exige el cumplimiento de la prestación debida, causando un perjuicio al acreedor.

---

12. LARENZ, obra citada, pp. 362 y ss.

El cumplimiento defectuoso se produce generalmente en los siguientes casos: cuando el acreedor sólo ha podido conocer los defectos de la prestación después de recibirla; cuando los ha conocido antes, pero no ha rehusado la prestación porque el defecto sólo afectaba a una mínima parte; y cuando el acreedor recibe la prestación defectuosa pero haciendo protesta expresa de ella. Según los casos, el acreedor podrá elegir entre pedir la corrección o rectificación, un reajuste en la contraprestación y la resolución o redhibición.[13]

6. La justificación del incumplimiento por caso fortuito o fuerza mayor

Cuando la prestación debida no puede cumplirse por haber sobrevenido hechos imprevistos e inevitables que lo impiden, el deudor ha de quedar liberado de la obligación.

El Código lo dice con las siguientes palabras: «Fuera de los casos expresamente mencionados en la ley, y de los en que así lo declare la obligación, nadie responde de aquellos sucesos que no hubieren podido preverse, o que, previstos, fueran inevitables». Es el art. 1.105.

Ha de tratarse de un hecho no imputable al deudor, imprevisto o en todo caso inevitable. Estas afirmaciones generales no han de evitar que cada caso sea juzgado según el criterio que imponga la naturaleza de la obligación y las circunstancias concurrentes. Así, la obligación más frecuente, la de tener que pagar una suma de dinero, parece insensible a la imposibilidad derivada del caso fortuito. Las sentencias judiciales no lo reconocen expresamente, pero con la afirmación de que la deuda de dinero es una deuda de cosa genérica, cuyo género nunca perece, llegan al mismo resultado. Compárese con las obligaciones, tan diferentes, de realizar una obra artística o de practicar una intervención quirúrgica. A medida que la prestación

---

13. Es abundante, aunque todavía no estudiada de manera sistemática, la jurisprudencia que se refiere a casos de cumplimiento defectuoso, que en ocasiones no se distinguen claramente de los supuestos de saneamiento por vicios ocultos, a pesar de las importantes diferencias prácticas que se derivan. Por ejemplo, la sentencia de 23 de junio 1965 (Rep. Aranzadi, núm. 3.911) rechazó un recurso de casación por la razón de que los «artículos 1.484, 1.485 y 1.490 del Código civil, que se dicen violados por la sentencia recurrida, como reguladores que son de las acciones redhibitoria y estimatoria o *quanti minoris*, resultan inaplicables cuando, como ocurre en este caso, la demanda no se dirige a obtener las reparaciones provenientes de los vicios ocultos de la cosa vendida, sino las derivadas del defectuoso cumplimiento de la obligación contractual», citando las sentencias de 6 mayo 1911, 19 abril 1928 y 1.° julio 1947.

debida es más compleja y difícil, existirán más posibilidades de que se frustre el resultado.

Además, entre el hecho constitutivo del caso fortuito y la imposibilidad de la prestación ha de existir una relación que justifique racionalmente el incumplimiento. Como ya se ha dicho, la regla de que el deudor queda liberado si la cosa determinada que ha de entregar se pierde sin su culpa (art. 1.182), ha de combinarse con la regla de que la pérdida de la cosa que está en poder del deudor se presume que ocurrió por su culpa, lo que obliga a probar que ha sobrevenido un caso fortuito o ha intervenido fuerza mayor (art. 1.183).

El Código lo expresa de manera clara y sencilla en relación con las obligaciones de hacer: «También quedará liberado el deudor en las obligaciones de hacer cuando la prestación resultare legal o físicamente imposible» (art. 1.184).

En ciertos casos el Código parece distinguir entre caso fortuito y fuerza mayor al no eximir de responsabilidad al deudor por el primero pero sí por el segundo. Así, el art. 457 dice, al referirse al poseedor de mala fe, que «responde del deterioro o pérdida [de la cosa poseída] en todo caso, y aun de los ocasionados por *fuerza mayor* cuando maliciosamente haya retrasado la entrega de la cosa a su poseedor legítimo». Parece, pues, que la ley considera una situación de responsabilidad agravada en la que, incluso, se responde de la fuerza mayor.

En relación a la responsabilidad de los conductores de efectos por tierra o por mar, el art. 1.602 dice que responden «de la pérdida y de las averías de las cosas que reciben, a no ser que prueben que la pérdida o la avería ha provenido de caso fortuito o de fuerza mayor». En este caso se atribuyen a los dos conceptos los mismos efectos.

El art. 1.784 se refiere a la responsabilidad de los fondistas o mesoneros por los efectos introducidos por los viajeros en las fondas o mesones, y afirma que «comprende los daños hechos en los efectos de los viajeros, tanto por los criados o dependientes de los fondistas o mesoneros, como por los extraños; pero no los que provengan de robo a mano armada o sean ocasionados por otro suceso de fuerza mayor». Por tanto, el robo a mano armada u otro suceso de fuerza mayor son situaciones excepcionales que eximen de responsabilidad incluso a quienes en este caso responden de los daños causados por extraños.

Con referencia a un supuesto de responsabilidad extracontractual, el art. 1.905 hace responsable al poseedor de un animal de los perjuicios que causare, aunque se le escape o extravíe; pero añade que esta responsabilidad cesa «en el caso de que el daño proviniere de fuerza mayor o de culpa del que lo hubiese sufrido». Por tanto, la fuerza mayor exime en este caso de responsabilidad.[14]

El Código usa los términos de caso fortuito y de fuerza mayor con bastante imprecisión. Albaladejo hace notar que lo mismo significa «caso fortuito» en el último párrafo del art. 1.096, que «fuerza mayor» en el 1.777. De lo contrario se llegaría al resultado inadmisible de que el depositario que hubiese perdido la cosa depositada por caso fortuito, no estaría obligado a entregar al depositante la que hubiese recibido en su lugar.[15]

Opinan algunos que el caso fortuito es un acontecimiento que sobreviene de manera imprevista, aunque se trate de un hecho evitable, mientras que la fuerza mayor sería el acontecimiento inevitable aunque hubiese sido previsto. Otros distinguen según que el hecho provenga de la esfera interna o de la externa del círculo en que la obligación se desenvuelve. Pero el Código civil parece tener en cuenta la mayor o menos gravedad del suceso, como resulta del comentado art. 1.784.

En el art. 1.575 el Código establece la diferencia entre los que denomina casos fortuitos ordinarios y los extraordinarios, con referencia a hechos que inciden en la obligación de pagar la renta debida por arrendatarios de fincas rústicas. En su segundo párrafo dice: «Entiéndese por casos fortuitos extraordinarios: el incendio, guerra, peste, inundación insólita, langosta, terremoto u otro igualmente desacostumbrado, y que los contratantes no hayan podido, racionalmente, prever».

Si a consecuencia del caso fortuito el obligado obtiene algún beneficio, es justo que éste corresponda al acreedor, como dispone el art. 1.186: «Extinguida la obligación por la pérdida de la cosa, corresponderán al acreedor todas las acciones que el deudor tuviese contra terceros por razón de ésta».

7. Las consecuencias del incumplimiento

En caso de incumplimiento imputable al deudor, el acreedor puede pedir el cumplimiento en forma específica, esto es, la ejecución de

---

14. Pero ha de tenerse en cuenta que no exime del cumplimiento de una obligación ya contraída, sino que impide que surja una obligación por responsabilidad extracontractual.

15. ALBALADEJO, citado, p. 120.

la misma prestación debida; pero, en su defecto, tiene derecho a recibir a costa del patrimonio del obligado una cantidad en concepto de indemnización que represente el interés del acreedor en el cumplimiento específico.

La regla del cumplimiento en forma específica es la que prevalece en los Códigos civiles de los países de tradición romana, y el resarcimiento o indemnización de daños y perjuicios desempeña una función subsidiaria. Así resulta, en nuestro Código, de los arts. 1.096, 1.098 y 1.099, y asimismo de los siguientes arts. de la Ley de Enjuiciamiento civil: 921, 923, 924 y 926.[16]

Por consiguiente, si el deudor no cumple voluntariamente, se decretará la ejecución forzosa de la misma prestación debida, y en el supuesto de no ser ésta posible, el acreedor será resarcido con el correspondiente equivalente económico.

Las bases para juzgar si el incumplimiento es imputable al deudor están señaladas en los arts. 1.101 a 1.105 C.c., que ya han sido examinados. El alcance de la indemnización que en su caso proceda se regula en los arts. 1.106 a 1.109.

Según el art. 1.106: «La indemnización de los daños y perjuicios comprende, no sólo el valor de la pérdida que haya sufrido, sino también el de la ganancia que haya dejado de obtener el acreedor, salvas las disposiciones contenidas en los artículos siguientes».

El incumplimiento, con la consiguiente obligación de indemnizar, puede ser imputable incluso a un deudor de buena fe, como reconoce el art. 1.107, párrafo primero, al disponer: «Los daños y perjuicios de que responde el deudor de buena fe son los previstos o que se hayan podido prever al tiempo de constituirse la obligación y que sean consecuencia necesaria de su falta de cumplimiento». El segundo párrafo añade: «En caso de dolo responderá el deudor de todos los que conocidamente se deriven de la falta de cumplimiento de la obligación».

El Código contiene una disposición para el caso de una obligación que consista en el pago de una cantidad de dinero, si el deudor incurre en mora. A falta de pacto en contrario, la indemnización de daños y perjuicios «consistirá en el pago de los intereses convenidos, y a falta de convenio, en el interés legal» (art. 1.108, cuyo párrafo segundo ha sido derogado por la Ley de 29 junio 1984).

---

16. Sobre el artículo 921 LEC, véase lo dicho en la anterior nota 9.

IX

GARANTÍAS DEL DERECHO DE CRÉDITO

1. Consideración general

El derecho de crédito faculta al acreedor para exigir del deudor una prestación de dar, hacer o no hacer alguna cosa, con la garantía de todo el activo patrimonial del obligado (arts. 1.101 y 1.911 C.c.). Sobre el fondo de esta garantía general, aparecen otras garantías de origen legal o convencional que conviene examinar.

En primer lugar existen las que consisten en estimular la voluntad del obligado para que realice la prestación debida, que son la cláusula penal y el derecho de retención.

Después ha de prestarse atención a los medios de satisfacer el derecho del acreedor con independencia de la voluntad del obligado. El acreedor puede instar la adopción de medidas de conservación y de recuperación patrimonial: acciones subrogatorias y revocatorias. Después ha de hacerse referencia a la acción conjunta de los acreedores, en primer lugar como medida transitoria o preventiva (quita y espera) y luego para atender a la grave situación que se presenta cuando el pasivo es superior al activo, lo que obliga a tener en cuenta la preferencia de los distintos derechos de crédito que concurren.

La ley clasifica los bienes del patrimonio del deudor en determinados grupos para que a ellos se circunscriban los créditos de una clase determinada, y para que, incluso dentro de cada grupo se establezca una prelación entre los créditos para que unos excluyan a otros con referencia a determinados bienes. Sin convertirse en derecho real, el derecho de crédito puede afectar con preferencia a un objeto determinado del patrimonio del deudor para que su valor se destine en primer lugar a su pago.

2. La cláusula penal

Hay que distinguir la cláusula penal, la obligación con cláusula penal y la pena convencional. *Cláusula penal* es una obligación convencional y accesoria por la que el deudor promete realizar una prestación para el caso de que no cumpla o cumpla defectuosamente lo prometido. *Obligación con cláusula penal* es la obligación principal cuyo incumplimiento se sanciona con la pena. *Pena convencional* es la denominación que corresponde a la pena convenida en un negocio separado del principal, aunque para el caso de incumplimiento de lo convenido en éste. Cfr. Ss. 17 octubre 1957 (Aranzadi, núm. 2.872) y 11 marzo 1957 (Aranzadi, núm.751).[1]

En todo caso se trata de una obligación accesoria que, siguiendo la terminología usual, llamaremos simplemente cláusula penal. Pero, en todo caso, a diferencia de lo que resulta de la sistematización del Código, no es una clase especial de las obligaciones, sino un medio de garantía que puede utilizarse en cualquiera de ellas (Lobato).

Es una pena de carácter accesorio, en el sentido de que sólo producirá efectos si no se cumple la obligación principal. Por ello, cuando se transmita el crédito asegurado se transmitirá también la garantía (cfr. arts. 1.528 y 1.212 C.c.).

La cláusula penal se distingue de otras figuras jurídicas con las que ofrece ciertas semejanzas. Se distingue de las *arras* porque éstas consisten en la efectiva entrega o depósito de una cosa en poder del acreedor o de un tercero, en lugar de asumir una obligación para una posible prestación futura. La diferencia es más clara cuando las arras son puramente confirmatorias; esto es, cuando sirven para la confirmación del contrato celebrado. En el caso de arras penitenciales, no se trata de indemnizar un incumplimiento, sino de pagar una cantidad para optar por la resolución del contrato. Las arras aseguran el cumplimiento de la obligación mediante la entrega real y actual de

1. J. M. LOBATO DE BLAS, *La cláusula penal en Derecho español,* Pamplona, 1974; A. ORTI VALLEJO, *Nuevas perspectivas sobre la cláusula penal,* Revista General de Legislación y Jurisprudencia, 1982, tomo 85, pp. 281 a 319; Félix HERNÁNDEZ-GIL, *Las arras en el Derecho de la contratación,* Universidad de Salamanca, 1958; RUIZ VANILLO, *Algunas consideraciones sobre la cláusula penal,* Revista de Derecho privado, 1975, pp. 388 y ss.; ESPÍN, *La cláusula penal en las obligaciones contractuales,* Revista de Derecho privado, 1946, pp. 145 y ss.; SILVA RUIZ, *La cláusula penal,* Revista Jurídica de la Universidad de Puerto Rico, 1985, pp. 89 a 112; Javier DÁVILA GONZÁLEZ, *La Obligación con cláusula penal,* Madrid, 1992.

una cosa que se perderá si no se cumple, mientras que la pena convencional es la promesa de una prestación que se tendrá que realizar si no se cumple la obligación principal (Lobato). Cfr. S. 22 febrero 1949 (Aranzadi, núm. 255).

Tampoco se confunde una cláusula penal con una *obligación alternativa*. La concurrencia de dos obligaciones, una principal y otra accesoria, no significa que la cláusula penal sea una obligación alternativa. La obligación con cláusula penal sólo tiene un objeto que es la prestación principal, y la pena es una prestación accesoria que sólo se podrá reclamar en caso de incumplimiento de la primera. Por ello el deudor no puede ofrecer la pena en lugar de la prestación principal.

Si la cláusula penal implicara una obligación alternativa, la elección de la obligación principal por el acreedor le privaría de la posibilidad de poder reclamar la pena, incluso después del incumplimiento; en cambio, el acreedor no pierde la posibilidad de reclamar la pena convencional por el hecho de exigir el cumplimiento de la obligación principal, sino únicamente cuando ésta es efectivamente cumplida. Cfr. S. 29 abril 1965 (Aranzadi, núm. 2.434), 20 junio 1981 (Aranzadi, núm. 2.533).

También es evidente la diferencia entre la obligación con cláusula penal y la *obligación facultativa*, pues en la primera no se deja al arbitrio del deudor la posibilidad de liberarse de la obligación pagando la pena. Como dice el art. 1.153, «el deudor no puede eximirse de cumplir la obligación pagando la pena, sino en el caso de que expresamente le hubiese sido reservado este derecho. En el caso de haberse hecho esta reserva expresa no existirá una verdadera cláusula penal, sino que se habrá convertido en una obligación facultativa. Pero no hay inconveniente en considerar que se trata de una de las varias finalidades que puede cumplir la pena convencional. Cfr. S. 21 febrero 1969 (Aranzadi, núm. 967).

La diferencia entre pena convencional y *obligación condicional* también es clara porque la pena convencional existe para asegurar una prestación debida de manera incondicional, y la necesidad de que se cumpla la prestación principal debida no puede equipararse al cumplimiento o incumplimiento de una condición. En cambio, las reglas sobre obligaciones condicionales serán aplicables cuando se ha prometido una pena para asegurar un acto no debido; esto es, un acto que el acreedor no puede exigir.

Para su validez y eficacia la cláusula penal ha de reunir los siguientes requisitos:

a) Ha de quedar establecida por contrato o testamento, para el caso, por ejemplo, de que sea impugnada la última voluntad del testador.

De manera excepcional puede señalarse algún supuesto de cláusula penal de origen legal. Véase la Ley de Reforma y Desarrollo Agrario de 12 enero 1973, art. 148, párrafo segundo.

b) Ha de quedar subordinada a una obligación principal válida. La pena puede quedar establecida en el momento de contraerse la obligación principal o en convenio posterior; pero siempre antes de quedar incumplida la obligación principal. La relación de accesoriedad explica lo que dispone el art. 1.155:

«La nulidad de la cláusula penal no lleva consigo la de la obligación principal.

»La nulidad de la obligación principal lleva consigo la de la cláusula penal.»

Si la obligación principal se extingue por imposibilidad subsiguiente de la prestación, se extinguirá también la pena convencional, que presupone la no realización de una prestación *debida* (cfr. art. 1.152).

No puede pactarse una pena para el caso de ser legalmente ineficaz determinada obligación, pues ello implicaría un fraude de ley, al quedar privada de eficacia la disposición legal determinante de la nulidad de la obligación. Cfr. art. 6.º, ap. 4, C.c.

Cuando el art. 1.155 C.c. habla de nulidad, ha de entenderse que se refiere a la nulidad absoluta, no a las otras formas que dejan subsistente la posibilidad de que la obligación llegue a producir efecto por confirmación expresa o tácita, y que por ello pueden justificar el mantenimiento de la función de garantía que desempeña la cláusula penal (Castán).

c) Que la obligación principal quede incumplida por causa imputable al deudor. Según el párrafo segundo del art. 1.152, «sólo podrá hacerse efectiva la pena cuando ésta fuere exigible conforme a las disposiciones del presente Código». Estas disposiciones son las que determinan cuándo el incumplimiento es imputable al deudor.

En principio es posible que, mediante pacto expreso, el deudor haya asumido el riesgo del caso fortuito. El art. 1.105, al excluir la responsabilidad por sucesos imprevisibles o inevitables, añade «fuera de los casos expresamente mencionados en la Ley y en los que así lo declare la obligación».

d) La cláusula penal ha de ser válida y exigible. Acerca de la validez hay que remitir nuevamente al art. 1.155.

Por lo que se refiere a la exigibilidad, la mínima exigencia es que el deudor esté constituido en mora (art. 1.100), que es uno de los supuestos que obligan a la indemnización de daños y perjuicios (art. 1.101). Sin duda es válido el pacto de que si llegado el momento de cumplir no se cumple, podrá exigirse la pena sin necesidad de requerimiento (Albaladejo).

Cuando la obligación principal consista en no hacer, la pena convencional será exigible desde que se haya realizado el acto prohibido (cfr. art. 1.099). Si la prestación se hace imposible por causa imputable al deudor, la pena es exigible desde el momento de producirse la imposibilidad.

El acreedor no puede exigir conjuntamente el cumplimiento de la obligación y la satisfacción de la pena, salvo que esta facultad le haya sido claramente otorgada (art. 1.153); pero la prohibición de la reclamación conjunta no se opone a que el acreedor pueda optar por una u otra de esas posibilidades. Pero se discute si, elegida una de ellas, puede intentar la otra. Seguramente la intención de los contratantes ha consistido en que el acreedor sólo pierda el derecho a la pena cuando reciba efectivamente la prestación principal, pero no por el solo hecho de exigirla. Pero, en cambio, si exige la pena, pierde el derecho al cumplimiento de la obligación principal porque en este caso se pide indemnización por el incumplimiento, al ser la pena una forma más cómoda de indemnización, y quien la pide reclama lo que se le debe en lugar de la obligación principal. Es la solución que parece más ajustada a los arts. 1.152 y 1.153 C.c.

Conviene recordar que el art. 1.124 C.c. permite que el acreedor elija entre el cumplimiento y la resolución, e incluso «pedir la resolución, aun después de haber optado por el cumplimiento, cuando éste resultare imposible».

Véase el art. 56 del Código de comercio, que parece redactado sin tener en cuenta la distinción entre el hecho de exigir una prestación y el de recibirla efectivamente, pues habla de la acción que se extingue «utilizando» la otra.

Funciones que puede desempeñar la cláusula penal. Las principales son las siguientes:

a) Función liquidadora de los perjuicios que deriven del incumplimiento. Es la función que el Código civil atribuye como normal a la cláusula penal. Según el art. 1.152, «la pena sustituirá a la indemnización de daños y al abono de intereses en caso de falta de cumplimiento, si otra cosa no se hubiere pactado». De esta manera se evitan las dificultades inherentes a la prueba de tales extremos.

Estipulada la cláusula penal, no hay que discutir sobre la cuantía de los perjuicios, que ya vienen predeterminados por la convención de las partes. En el caso de incumplimiento absoluto la ley no establece ninguna distinción, y sólo para el supuesto de incumplimiento irregular, el art. 1.154 atribuye a los Tribunales la facultad de moderar la pena. Cfr. S. de 8 julio 1911.

Al hablar el art. 1.152 de que la pena sustituirá a la indemnización, ha de entenderse que la sustitución será total tanto en el caso de que los daños y perjuicios reales hayan sido inferiores como superiores a la cuantía de la pena. Lo más natural es entender que los contratantes han convenido la pena sustitutiva de la indemnización por las ventajas que ambos obtienen con ello.

b) Función coercitiva o de estímulo. La posibilidad de que un deudor deba pagar por el incumplimiento un importe superior a la prestación originariamente debida, sin duda ejerce una eficaz presión sobre su voluntad de cumplir. Esta ampliación de responsabilidad ya se produce en todo caso como resultado del incumplimiento, por daños, intereses de demora, costas judiciales, etc.; por ello las partes pueden haber agravado de antemano la prestación debida en forma de cláusula penal. Cfr. Ss. 8 enero 1945 (Aranzadi, núm. 7) y 29 abril 1965 (Aranzadi, núm. 2.434).[2]

c) Función de pena cumulativa. El art. 1.153 permite la agravación de responsabilidad que consiste en pactar expresamente que el acreedor podrá pedir conjuntamente el cumplimiento de la obligación y la satisfacción de la pena. Como dice: «El deudor no podrá eximirse de cumplir la obligación pagando la pena, sino en el caso de que expresamente le hubiese sido reservado este derecho. Tampoco podrá el acreedor exigir conjuntamente el cumplimiento de la obligación y la satisfacción de la pena, sin que esta facultad le haya sido claramente otorgada». Por consiguiente, cabe otorgar claramente esta facultad.

d) Pena de arrepentimiento. Como acaba de verse el Código reconoce la posibilidad de estipular expresamente que el deudor, a su libre arbitrio, pueda librarse de la obligación principal pagando la pena convenida. Cfr. art. 1.153, primera proposición.

---

2. LARENZ, *Derecho de obligaciones*, I, Madrid, 1958, p. 369.

Pero, en realidad, en este caso no se trata de una pena convencional, sino de lo que se llama «dinero de arrepentimiento» *(multa poenitentialis)*, en el sentido de que el deudor puede elegir entre cumplir la prestación principal o pagar el dinero de arrepentimiento. Pero, a falta de pacto expreso, una multa convencional no ha de intérpretarse como una concesión de esta facultad de desligarse de lo convenido.

e) Función de cubrimiento de riesgo. Aunque la pena convencional es exigible cuando el incumplimiento es imputable al obligado, puede pactarse que el deudor pagará determinada cantidad incluso cuando el cumplimiento resulte imposible por caso fortuito o fuerza mayor. Ha de tenerse en cuenta que el art. 1.105 admite la determinación de responsabilidad incluso en casos imprevisibles o inevitables. Pero, en realidad, no se tratará entonces de una verdadera pena convencional, sino del cubrimiento de un riesgo.[3]

f) Pena moratoria. Es la pactada como liquidación anticipada de un daño que puede resultar si el deudor incurre en mora. En realidad se trata de una modalidad de la pena liquidadora o sustitutiva, examinada en primer lugar. Se caracteriza por ser compatible con la reclamación de la obligación principal porque la indemnización por mora siempre es compatible con este cumplimiento. Será normal que la cuantía de la indemnización se haya fijado en proporción a los días de retraso.

3. El derecho de retención

Pablo Beltrán de Heredia dice que es «una facultad concedida a quien se encuentra en la tenencia de una cosa perteneciente a otra persona para oponerse a su restitución cuando el propietario la reclama hasta que no se le satisfaga el crédito que contra él tiene el tenedor por razón de la cosa misma».[4]

No ha de confundirse esta facultad de retención con la excepción del contrato no cumplido. En esta excepción existe una relación inicial de prestación y contraprestación; pero, en el derecho de retención, aunque ambas prestaciones se basen en una misma relación jurídica, no han sido creadas la una en virtud de la otra; no han naci-

3. ROCA SASTRE y PUIG BRUTAU, *Estudios de Derecho privado*, I, Madrid, 1948, pp. 270 y 284.

4. Pablo BELTRÁN DE HEREDIA DE ONÍS, *El derecho de retención*, Revista de Derecho privado, 1952, pp. 1.007 y ss.; LÓPEZ DE HARO, *El derecho de retención*, Madrid, 1921; VIÑAS MEY, *El derecho de retención*, Revista de Derecho privado, 1922, pp. 102 y ss., y 1923, pp. 1 y ss.

do en recíproca dependencia y entre ellas no media, por tanto, auténtica reciprocidad. Si dos personas acuerdan permutar unos bienes, tenemos dos prestaciones con un mismo origen y que cada una justifica a la otra. Esta reciprocidad autoriza a cada parte a denegar su prestación si la otra no está dispuesta a cumplir la que le incumbe; por lo mismo, desde que una de las partes realiza su prestación, la otra queda incursa en mora.

En cambio, si en virtud de una relación jurídica de mandato, el mandatario ha de entregar al mandante lo que para éste ha obtenido en virtud de la gestión de sus asuntos, pero, además, ostenta dicho mandatario contra su mandante un crédito dirigido al reembolso de ciertos gastos (ejemplo de Larenz), tendremos dos pretensiones derivadas de la misma relación jurídica de mandato, pero sin que en ellas exista verdadera reciprocidad porque ninguna de ellas tiene su justificación en la existencia de la otra. Si, a pesar de ello, la ley autoriza al mandatario para retener la cosa hasta obtener el pago de lo que le debe el mandante, nos encontraremos ante un verdadero derecho de retención. En las obligaciones propiamente recíprocas, por la regla general del cumplimiento simultáneo, un acreedor no puede exigir la prestación de la otra parte sin ofrecer por su parte la que le corresponde; pero en las obligaciones meramente contrapuestas sin reciprocidad inicial, un acreedor puede requerir a su deudor para que cumpla, sin perjuicio de que éste haga uso del derecho de retención.[5]

El Código civil no regula el derecho de retención de una manera general, pero lo establece en determinados supuestos. Son los siguientes:

El poseedor de buena fe vencido en juicio por el propietario o por quien tenga mejor derecho a poseer puede retener la cosa poseída hasta que le paguen los gastos necesarios y útiles hechos en la misma (art. 453 C.c.).

El usufructuario puede retener la cosa usufructuada al terminar el usufructo hasta obtener el pago de los desembolsos de los que deba ser reintegrado (art. 522, rel. art. 502).

El que ejecuta una obra en cosa mueble tiene derecho a retenerla hasta que se le pague el precio convenido (art. 1.600).

El mandatario puede retener las cosas objeto del mandato hasta que el mandante le satisfaga las cantidades que deba reembolsarle o los perjuicios que deba indemnizarle (art. 1.730).

---

5. LARENZ, citado, pp. 272 a 278.

El depositario puede retener la cosa depositada hasta el completo pago de lo que se le deba por razón del depósito (art. 1.780).

El acreedor pignoraticio puede prorrogar la retención cuando el deudor haya contraído con él una nueva deuda exigible antes de haberse pagado la primera, hasta obtener la satisfacción de ambos créditos, aunque no se hubiese convenido la sujeción de la prenda a la seguridad de la segunda deuda (art. 1.866 C.c.). Cfr. S. 24 junio 1941 (Aranzadi, núm. 758).

Los autores opinan que no cabe admitir la extensión por analogía del derecho de retención a otros supuestos, debido al carácter excepcional de este derecho. En este sentido, véase la sentencia que se acaba de citar. Otro criterio defiende Beltrán de Heredia de Onís. Albaladejo estima que puede reconocerse algún caso de retención mediante una interpretación extensiva de los casos ya regulados, por asimilación a éstos; por ejemplo, asimilar el gestor, el albacea, etc., al mandatario. En definitiva, puede parecer más justo y equitativo que un sujeto de derecho no pueda obtener satisfacción de sus pretensiones frente a otro si no está dispuesto, por su parte, a cumplir lo que le debe.[6]

Son requisitos generales del derecho de retención, los siguientes: *a)* dedtentación de una cosa; *b)* existencia de un crédito a favor de quien practica la retención; *c)* conexión entre la cosa y el crédito. Este último requisito es el esencial y el que permite limitar las aplicaciones del derecho de retención a sus justos límites. El crédito debe tener conexión con la cosa que está en poder de quien ha de restituirla; o bien, el crédito ha de derivar de la misma relación jurídica en virtud de la cual la cosa está en poder del que invoca la retención.

Hay que preguntar si el derecho de retención puede ser invocado frente a un crédito de los que la ley exceptúa de la compensación. Es procedente negar en este caso el derecho de retención para no desvirtuar la finalidad que persigue la ley al disponer que el acreedor perciba determinados créditos de manera efectiva, en lugar de quedar extinguidos por compensación. Por otra parte, la compensación sin duda será imposible en la hipótesis legal del derecho de retención, por tratarse de pretensiones que no son homogéneas ni de carácter fungible (Díez-Picazo).[7]

---

6. Pablo BELTRÁN DE HEREDIA DE ONÍS, lugar citado, p. 1.023, dice que los casos que el Código civil cita tienen un carácter enunciativo o de ejemplo, y no restrictivo, como aplicaciones de una institución general cuyos principios y regulación están latentes en el Código.

7. DÍEZ-PICAZO, *Fundamentos del Derecho civil patrimonial*, I, Madrid, 1972, p. 580, dice: «No cabe compensar la deuda de restitución de una cosa cierta y determi-

El principal efecto del derecho de retención es prolongar la tenencia de una cosa hasta que el obligado a devolverla obtenga de la otra parte la prestación a que tiene derecho. La garantía se limita a esta posible eficacia compulsiva sobre la voluntad del deudor, y no implica ningula prelación o ventaja especial del crédito en cuyo beneficio se invoque, si no la tiene ya reconocida por su propia naturaleza.

La citada Sentencia de 24 junio 1941 dice que el contenido del derecho de retención es muy diverso: «En unos supuestos, como el contemplado por el art. 502 C.c. lleva anejo un derecho de reintegro; en otros se traduce en una preferencia o prioridad, como en la de los eventos a que aluden los números 4, 5 y 7 del art. 1.922, y en algunos, como en los casos a que se refieren los artículos 276, 704 y 842 del Código de comercio, el privilegiado originario se aproxima, casi hasta la confusión, a un derecho de garantía».

El derecho de retención carece de la facultad de persecución *(droit de suite),* que es el distintivo de los verdaderos derechos reales. Si la cosa retenida es embargada o pasa a integrar la masa activa de un concurso o de una quiebra, el acreedor que pretendía retener únicamente estará protegido en la medida en que su derecho de crédito tenga una preferencia o privilegio para el cobro.

4. Derechos accesorios de garantía

El examen de estas clases de garantías se hace en otros lugares de la presente obra, al tratar de los derechos reales de garantía.

5. Las acciones subrogatoria y revocatoria

El art. 1.111 C.c. dispone: «Los acreedores, después de haber perseguido los bienes de que esté en posesión el deudor para realizar cuanto se les debe, pueden ejercitar todos los derechos y acciones de éste con el mismo fin, exceptuando los que sean inherentes a su persona; pueden también impugnar los actos que el deudor haya realizado en fraude de su derecho». Con ello se reconocen y admiten las acciones subrogatoria y revocatoria.

---

nada con una deuda de reembolso o de indemnización». Véase en la cuarta edición, Madrid, 1993, vol. II, p. 408.

A) *Acción subrogatoria.* Es el medio que el Ordenamiento legal pone a disposición del acreedor para que ejercite los derechos y acciones del deudor que no sean de carácter personalísimo y que su titular no utilice, cuando el patrimonio del obligado no ofrezca otra posibilidad de satisfacer el crédito.[8]

Su ejercicio presupone la existencia de un crédito contra el deudor, que el acreedor no pueda cobrar de otro modo lo que se le debe, y que el derecho a favor del deudor no sea personalísimo. Cfr. la Sentencia de 21 abril 1964 (Aranzadi, núm. 2.118).

Ha de tratarse de un crédito vencido y exigible. En cuanto a la necesidad de la previa persecución de los bienes del obligado, no es necesario que se trate de un trámite procesal anterior, sino que puede acreditarse la inexistencia de otra clase de bienes libres en el mismo juicio en el que se ejercite la acción subrogatoria. Cfr. Ss. 23 junio 1903 y 26 mayo 1942.

Finalmente, es necesario que no se trate de derechos del deudor inherentes a su persona. Como tales señala la doctrina los derechos extrapatrimoniales y los patrimoniales que deriven de su violación; los de carácter personal por razón de su origen, como el derecho de alimentos; los derechos que la ley declara inembargables y que sustrae, por tanto, a la acción de sus acreedores.

Respecto a los efectos del ejercicio de esta acción, como el acreedor ejercita la misma acción que correspondía a su deudor, la prestación que ha de realizar el demandado (deudor del deudor) es la que realmente debía. Pero se cuestiona si la prestación obtenida está destinada a extinguir directamente el derecho del acreedor que ha accionado por subrogación, o si lo que provoca es el ingreso en el patrimonio del deudor en beneficio de todos sus acreedores y no exclusivamente del accionante. Por tratarse de una ejecución individual, la prestación ingresará en el patrimonio del deudor y el acreedor podrá embargarlo y ejecutarlo para la extinción de su crédito. Con ello no queda excluida la posibilidad de que el ejercicio de la acción subrogatoria redunde en beneficio de otro acreedor que interponga oportunamente una tercería de mejor derecho.

B) *La acción directa.* La acción subrogatoria es calificada a veces de acción indirecta u oblicua, por estar dirigida a subsanar la falta de acción directa del acreedor contra el deudor de su propio

---

8. LACRUZ, *Algunas consideraciones sobre el ejercicio de la acción subrogatoria*, Anuario de Derecho civil, 1950, pp. 1.100 y ss.

deudor. Pero en algunos casos la ley reconoce excepcionalmente esta acción directa del acreedor.

Sin embargo, es preciso tener en cuenta que, en los casos concretos en que procede la acción directa, se trata de una posibilidad que no depende de la solvencia o de la insolvencia del deudor. Es una simplificación de las relaciones jurídicas en atención a los intereses que concurren, en lugar de ser una autorización extraordinaria para que el acreedor se subrogue en una acción de su deudor.

Los supuestos de acción directa que aparecen en el Código civil, son:

El arrendador puede reclamar directamente al subarrendatario el importe del precio convenido en el subarriendo que se halle debiendo cuando el primero le requiera de pago, considerándose no hechos los pagos anticipados si no se han realizado con arreglo a la costumbre. Es el art. 1.552 C.c.

Los que ponen su trabajo y materiales en una obra ajustada alzadamente por el contratista tienen acción contra el dueño de ella hasta la cantidad que éste adeude a aquél cuando se hace la reclamación. El Código lo expresa en sentido negativo: «...no tienen acción contra el dueño de ella sino hasta la cantidad que éste adeude a aquél», como si fuere necesario, no establecer la acción directa, sino limitarla. Art. 1.597 C.c.

Los acreedores del enfiteuta podrán evitar el comiso redimiendo el censo y pagando las pensiones vencidas, si lo hacen dentro de los treinta días siguientes al en que el dueño directo haya recobrado el pleno dominio. Es el art. 1.650. Pero en este supuesto se trata de la facultad de realizar un pago, en lugar del derecho a reclamarlo.

El mandante tiene acción directa contra el sustituto del mandatario cuando éste lo nombró sin tener concedida tal facultad y cuando, a pesar de haberle sido concedida, no se le señaló la persona y él escogió a quien era notoriamente incapaz o insolvente. Art. 1.722 C.c.

El art. 1.512 autoriza a los acreedores del vendedor para hacer uso del retracto convencional contra el comprador.

En las disposiciones generales de la prescripción, el art. 1.937 permite a los acreedores y a cualquiera otra persona interesada en hacerla valer, que pueda utilizarla a pesar de la renuncia expresa o tácita del deudor o propietario.

C) *La acción revocatoria o pauliana.* Nos ocupamos de ella al tratar de la rescisión de contratos en fraude de acreedores.

6. Los beneficios de quita y espera y el concurso de acreedores

Cuando el pasivo de un deudor es superior al activo, o cuando por falta de liquidez no puede pagar sus obligaciones a su vencimiento, no es conveniente que los acreedores procedan por separado a la reclamación de sus derechos. Un esfuerzo secular ha procurado la sustitución de «la carrera del más diligente» por el principio de la «distribución por igual» y el establecimiento de un orden o jerarquía entre los créditos en atención a su respectiva importancia.

Mientras el patrimonio del deudor tiene un activo superior al pasivo, los derechos del crédito podrían mantenerse separados. Pero las cosas cambian radicalmente cuando el pasivo excede o amenaza exceder del importe del activo. Los derechos de los acreedores han de unirse y organizarse, e incluso será conveniente privar al deudor de su normal poder de disposición de sus bienes para que no pueda perjudicar a sus acreedores.

Hay que evitar, escribió Ruiz Gallardón, que «por una simple anticipación de una acción individual pueda un acreedor resultar completamente satisfecho a costa de la total o parcial insatisfacción de los demás, que en muchas ocasiones, y aun ostentando mejor derecho, se verán en la imposibilidad de llegar a tiempo por un simple retraso en el conocimiento de la verdadera situación».[9]

El beneficio de quita y espera. La imposibilidad de pagar las deudas a su vencimiento en ocasiones no se debe a verdadera insolvencia (pasivo superior al activo), sino a falta de liquidez. En esta situación es conveniente lograr una avenencia entre el deudor y sus acreedores para que éstos consientan en rebajar el importe de sus créditos o para diferir el pago hasta un momento posterior al fijado.

El art. 1.912 C.c. dispone: «El deudor puede solicitar judicialmente de sus acreedores quita y espera de sus deudas, o cualquiera de las dos cosas; pero no producirá efectos jurídicos el ejercicio de este derecho sino en los casos y en la forma previstos en la Ley de Enjuiciamiento civil».

Para ello es necesario que el activo patrimonial sea superior al pasivo y que la solicitud del deudor haya sido aprobada por mayoría de votos en la Junta de acreedores convocada al efecto. Habrá mayoría cuando voten a favor los dos tercios de los acreedores concurrentes a la reunión (mayoría de número), siempre que sus créditos importen,

9. Ruíz Gallardón, *Derecho civil-Obligaciones*, Madrid, 1957, p. 266.

como mínimo, las tres quintas partes del pasivo (mayoría de cantidad). Véase el art. 1.142, en relación con el art. 1.139, regla 6.ª, de la Ley de Enjuiciamiento civil.

Adoptado en las condiciones señaladas, el convenio obligará a todos los acreedores concurrentes y a los que, citados y notificados en forma, no hubiesen protestado a tiempo. Quedan exceptuados los acreedores que hubiesen usado oportunamente del derecho de abstenerse, si éste les corresponde por tratarse de los acreedores privilegiados de los arts. 1.922, 1.923 y 1.924 C.c. La sumisión de los acreedores al convenio es sin perjuicio de la prelación de sus respectivos créditos. Art. 1.918 C.c.

Si el deudor cumple el convenio, sus obligaciones quedan extinguidas en los términos fijados en el mismo. Si no lo cumpliere en todo o en parte, renacerá el derecho de los acreedores por las cantidades que no hubieren percibido, y cualquiera de ellos podrá pedir la declaración o continuación del concurso (art. 1.919).

El siguiente artículo, relativo al concurso de acreedores, es considerado aplicable a los convenios de quita y espera: «No mediando pacto expreso en contrario entre deudor y acreedores, conservarán éstos su derecho, terminado el concurso, para cobrar, de los bienes que el deudor pueda ulteriormente adquirir, la parte de crédito no realizado» (art. 1.920).

El concurso de acreedores. Nuestro Derecho regula dos procedimientos de ejecución colectiva: el concurso de acreedores, para un deudor civil o no comerciante, y la quiebra para los comerciantes individuales y las sociedades mercantiles. El estudio de la quiebra pertenece al Derecho Mercantil.

El concurso de acreedores se desarrolla a través de un proceso regido por normas procesales, pero sus efectos civiles más importantes están regidos por normas sustantivas. Según Díez-Picazo, se trata de «un procedimiento judicial de ejecución universal o colectiva, que tiene por finalidad agrupar a todos los acreedores de un deudor insolvente, con el fin de realizar ordenadamente los bienes del deudor, para satisfacer los derechos de los acreedores, de acuerdo con el principio de igual condición y trato de los mismos y, en su caso, con los privilegios o preferencias que les puedan corresponder».[10]

El deudor está obligado a presentarse en concurso siempre que su pasivo exceda de su activo, según dispone el art. 1.913 C.c. Cfr. arts. 1.156 y 1.158 Ley Enjuiciamiento civil.

---

10. DÍEZ-PICAZO, p. 778 de la cuarta edición, vol. II.

Según el artículo 1.914 C.c.: «La declaración de concurso incapacita al concursado para la administración de sus bienes y para cualquier otra que por la ley le corresponda. Será rehabilitado en sus derechos terminado el concurso, si de la calificación de éste no resultase causa que lo impida».

Después de la reforma introducida en materia de tutela por la Ley de 24 octubre 1983, el art. 244 del C.c. dispone, en su núm. 5.º, que no pueden ser tutores: «Los quebrados y concursados no rehabilitados, salvo que la tutela lo sea solamente de la persona». El art. 291, párrafo segundo, añade: «No podrán ser curadores los quebrados y concursados no rehabilitados».

El concurso también es causa de extinción de los contratos de sociedad y de mandato (arts. 1.700 y 1.732). Sobre el derecho del concursado a recibir alimentos de la masa activa del concurso, véanse los artículos 1.314 a 1.317 de la Ley Enj. civil.

En el auto que declare el concurso se decretará el embargo y depósito de todos los bienes del deudor, la ocupación de sus libros y papeles, la retención de su correspondencia y el nombramiento de un depositario que se encargue de la administración y conservación de los bienes ocupados al deudor, salvo los exceptuados del embargo.

La declaración de concurso produce también el efecto de que vencen todas las deudas a plazo del concursado, y si se pagaren antes del tiempo prefijado en la obligación, sufrirán el descuento correspondiente al interés legal del dinero. Cfr. arts. 1.915 C.c. y 1.172 Ley Enjuiciamiento civil.

Dejarán de devengar interés las deudas del concursado desde la fecha de la declaración, salvo los créditos hipotecarios y pignoraticios hasta donde alcance su respectiva garantía. Si después de pagado el capital quedare remanente, se satisfarán los intereses, reducidos al tipo legal, salvo si el pactado fuere menor (art. 1.916 C.c.).

El Código determina la forma y efectos del convenio de la manera expuesta para la quita y espera, que en este punto tienen una regulación unitaria.

7. La concurrencia y prelación de créditos

La regla de que el deudor responde del cumplimiento de las obligaciones con todos sus bienes presentes y futuros (art. 1.911 C.c.) no exige necesariamente que todos los acreedores concurran sobre el patrimonio del obligado en igualdad de condiciones. Destacan los acreedores dotados de un derecho de garantía real (prenda, hipoteca, anticresis), pero la ley establece además un orden de preferencia entre determinados acreedores personales. El carácter privilegiado de algunos créditos tiene un doble sentido: en el caso de los llamados privilegios generales el derecho a cobrar con preferencia se tiene respecto de todo el patrimonio del obligado, mientras que en el caso de los llamados privilegios especiales la ley afecta el valor de algún bien determinado al pago del derecho de crédito favorecido por el privilegio.

De esta manera destacan dos grupos de privilegios: los generales, que dan preferencia a unos acreedores sobre otros con referencia a la totalidad del patrimonio del deudor, y los privilegios especiales, cuyo carácter preferente recae sobre el valor de bienes determinados y concretos, de los que excluyen a los acreedores con privilegio general.

En consecuencia, existen en nuestro Derecho créditos amparados por una garantía real, créditos privilegiados sobre objetos determinados, créditos que lo son respecto a todo el patrimonio del deudor y créditos ordinarios. Los que gozan de garantía real sujetan bienes concretos a responsabilidad incluso en caso de ser enajenados, por tener eficacia contra terceros. En cambio, los créditos privilegiados no tienen verdadera eficacia real y sólo pueden hacerse efectivos sobre los bienes afectados mientras pertenezcan al deudor en el momento de la ejecución.

A. *Créditos preferentes con relación a determinados bienes muebles*

Los determina el art. 1.922 C.c. por el orden siguiente:

1.º «Los créditos por construcción, reparación, conservación, o precio de venta de bienes muebles que estén en poder del deudor, hasta donde alcance el valor de los mismos.»

Ha de tenerse en cuenta que si la cosa está en poder del acreedor, éste dispone de un derecho de retención (art. 1.600), y si está en poder del deudor existirá la preferencia señalada; pero si ha pasado a poder de terceros, habrá desaparecido.[11]

Gullón estima que los créditos por las primas del seguro han de considerarse privilegiados como los de conservación de la cosa por-

11. GULLÓN, *La prelación de créditos en el Código civil*, Barcelona, 1962, pp. 34 y 36; DÍEZ-PICAZO, p. 760 de la cuarta edición, vol. II.

que al cubrir el riesgo de su pérdida sustituyen un valor por otro en beneficio de los acreedores del deudor asegurado.

Por existir esta preferencia por el precio de venta de bienes muebles que estén en poder del comprador (deudor del precio), la Ley de 16 diciembre 1954, art. 4.º, prohíbe constituir hipoteca mobiliaria o prenda sin desplazamiento sobre los bienes muebles cuyo precio de adquisición no se halle enteramente pagado. De lo contrario, el privilegio sería ineficaz por la preferencia de la prenda o hipoteca, según el art. 1.926 C.c. Pero véase el art. 340 del Código de comercio.

2.º «Los garantizados con prenda que se halle en poder del acreedor, sobre la cosa empeñada y hasta donde alcance su valor.»

En este caso no se trata de la preferencia derivada de la cualidad del crédito, sino de la que resulta del derecho real expresamente constituido. Están incluidos en este mismo privilegio los créditos garantizados con hipoteca mobiliaria y prenda sin desplazamiento (arts. 10 y 66 de la Ley de 16 diciembre 1954).[12]

3.º «Los garantizados con fianza de efectos o valores, constituida en establecimiento público o mercantil, sobre la fianza y por el valor de los efectos de la misma.

En este supuesto se trata igualmente de una prenda sobre efectos o valores, aunque el Código habla de fianza.

4.º «Los créditos por transporte, sobre los efectos transportados, por el precio del mismo, gastos y derechos de conducción y conservación, hasta la entrega y durante treinta días después de ésta.»

Véanse los arts. 374 y 375 del Código de comercio.

5.º «Los de hospedaje sobre los muebles del deudor existentes en la posada.»

Gullón dice que en este caso se trata de una figura compleja que consiste en un privilegio junto a un derecho de retención hasta que se le pague el importe del crédito. Teniendo en cuenta lo que dispone el art. 464 C.c., el privilegio no puede afectar a las cosas robadas o perdidas, ni a las de ajena pertenencia cuando ésta ha sido expresamente revelada.[13]

6.º «Los créditos por semillas y gastos de cultivo y recolección anticipados al deudor, sobre los frutos de la cosecha para que sirvieron.»

El privilegio lo tiene el crédito de quien ha proporcionado las semillas o ha realizado los trabajos de cultivo y recolección; pero no se

---

12. DÍEZ-PICAZO, citado, p. 761 y 762 de la cuarta edición, vol. II.
13. GULLÓN, citado, p. 58.

refiere a los créditos procedentes de cantidades prestadas para pagar las semillas o los gastos. Gullón opina que si las cantidades se han recibido para pagar las deudas ya contraídas y se cumplen los requisitos del art. 1.211 para la subrogación, el prestamista gozará de la misma preferencia.[14]

7.º «Los créditos por alquileres y rentas de un año, sobre los bienes muebles del arrendatario existentes en la finca arrendada y sobre los frutos de la misma.»

En un segundo párrafo (último del artículo) añade: «Si los bienes muebles sobre que recae la preferencia hubieren sido sustraídos, el acreedor podrá reclamarlos de quien los tuviese, dentro del término de treinta días contados desde que ocurrió la sustracción».

Esta regla parece referirse a un verdadero derecho de prenda, al existir el derecho de preferencia y el de persecución durante dichos treinta días. Sin embargo, falta el correspondiente derecho de realización de valor, aunque la Ley de Enj. civil, al regular la ejecución de las sentencias de desahucio, dispone que se retendrán y constituirán en depósito los bienes más realizables para cubrir las costas del juicio y diligencias posteriores (art. 1.601) y el importe de las rentas y alquileres pendientes de pago, o el de los desperfectos causados en la finca (art. 1.602), y que si las costas no se pagan en el acto se procederá a la venta de los bienes depositados (art. 1.603). Pero véase también los arts. 1.407, 1.447 y 1.602, párrafo segundo, de la misma Ley.[15]

B. Créditos preferentes con relación a determinados bienes inmuebles

Los enumera el art. 1.923 C.c.:

1.º «Los créditos a favor del Estado, sobre los bienes de los contribuyentes, por el importe de la última anualidad, vencida y no pagada, de los impuestos que graviten sobre ellos.»

El Código considera preferentes los créditos por la última anualidad vencida y no pagada; pero la Ley hipotecaria amplía el privilegio a la anualidad corriente. Además, esta Ley se refiere también a los créditos a favor de las provincias y los pueblos.[16]

---

14. GULLÓN, pp. 61 y 63.
15. GULLÓN, pp. 66 y 70.
16. F. L. SERRERA CONTRERAS, *La anualidad corriente en la hipoteca legal tácita por contribuciones*, Revista Crítica de Derecho inmobiliario, 1978, pp. 9 y ss.

2.º «Los créditos de los aseguradores, sobre los bienes asegurados, por los premios del seguro de dos años, y, si fuere el seguro mutuo, por los dos últimos dividendos que se hubiesen repartido.»

Es un privilegio que deriva de la llamada hipoteca legal tácita que la Ley hipotecaria reconoce a favor de los aseguradores (arts. 168 y 169). En la actualidad se considera que es una preferencia que carece de justificación por la serie de garantías y recursos que las compañías aseguradoras se reservan en las pólizas para el caso de falta de pago de las primas.

3.º «Los créditos hipotecarios y los refaccionarios, anotados e inscritos en el Registro de la Propiedad, sobre los bienes hipotecados o que hubiesen sido objeto de la refacción.»

La preferencia a favor de los créditos hipotecarios es una consecuencia del carácter real de la hipoteca, como derecho que sujeta los bienes gravados al cumplimiento de una obligación (arts. 1.876 C.c. y 104 L.h.). La preferencia reconocida a los créditos refaccionarios se funda en el aumento de valor que experimenta la cosa a consecuencia del préstamo realizado por el acreedor. Su eficacia depende de que el crédito haya sido anotado en el Registro de la Propiedad (arts. 59 y 60 L.h. y 155 de su Reglamento), lo que le confiere efectos de hipoteca respecto a los acreedores que inscriban su título posteriormente. Los créditos anteriores a la anotación conservan su derecho sobre el valor que tenía la finca antes de la refacción (art. 64 L.h.). Esta anotación preventiva está sometida al plazo de caducidad de sesenta días a partir de la conclusión de la obra (art. 92 L.h.). Pasado este plazo, el acreedor puede pedir que la anotación se convierta en inscripción de hipoteca (arts. 93, 94 y 95 L.h. y 196 y 197 del Regl.).[17]

4.º «Los créditos preventivamente anotados en el Registro de la Propiedad, en virtud de mandamiento judicial, por embargo, secuestro o ejecución de sentencias, sobre los bienes anotados, y sólo en cuanto a créditos posteriores.»

Ha de entenderse que se refiere a créditos de nacimiento posterior a la fecha de anotación del embargo; es decir, la anotación sólo atribuye preferencia al derecho anotado frente a las obligaciones o enajenaciones contraídas u otorgadas por el deudor después de la fecha de la anotación (Gullón). Cfr. S. de 5 octubre 1981 (Aranzadi, núm. 3.581).[18]

---

17. GULLÓN, citado, p. 90; DÍEZ-PICAZO, p. 758.
18. GULLÓN, pp. 91 a 95.

5.° El último número del art. 1.923 se refiere a los créditos «refaccionarios no anotados ni inscritos, sobre los inmuebles a que la refacción se refiera, y sólo respecto a otros créditos distintos de los expresados en los cuatro números anteriores».

C. *Los privilegios generales*

Después de referirse a los privilegios especiales respecto a bienes muebles y a bienes inmuebles, el Código enumera los privilegios generales en el art. 1.924. Dispone que gozan de preferencia con relación a los demás bienes muebles e inmuebles, del deudor:

1.° «Los créditos a favor de la provincia o del Municipio, por los impuestos de la última anualidad vencida y no pagada, no comprendidos en el art. 1.923, núm. 1.°.»

La regla parece referirse, no sólo a los impuestos que gravan los bienes inmuebles, sino a los de cualquier clase. Pero el art. 194 L.h. concede a las entidades locales una hipoteca legal como la que corresponde al Estado y que se hace efectiva frente al deudor y a cualquier otro adquirente de los bienes aunque haya inscrito su derecho en el Registro, con el objeto de obtener el cobro de la anualidad corriente y de la última vencida y no pagada de las contribuciones e impuestos que gravan dichos bienes.

2.° «Los devengados: *A.* Por gastos de justicia y de administración del concurso en interés común de los acreedores, hechos con la debida autorización o aprobación.»[19]

Sobre gastos de administración del concurso, v. los arts. 1.929 y ss. Ley Enj. civil.

«*B.* Por los funerales del deudor, según el uso del lugar, y también de su cónyuge y los de sus hijos constituidos bajo su patria potestad, si no tuviesen bienes propios.» Redactado conforme a la Ley 11/1990, de 15 de octubre.

El acreedor privilegiado será el que acredite una retribución por haberse encargado de los actos funerarios. Teniendo en cuenta que si el difunto no ha dejado bienes, dichos gastos han de ser pagados «por aquellos que en vida habrían tenido la obligación de alimentarle» (art. 1.894, párrafo segundo, C.c.), hay que preguntar si también será

---

19. GULLÓN, p. 102, dice que el fundamento de este privilegio está en que se trata de «la conservación de la cosa común a la que se atiende con estos gastos en beneficio de los acreedores».

privilegiado el crédito de la persona que por este concepto haya anticipado las cantidades necesarias. Gullón opina en sentido negativo porque el privilegio se atribuye a quien no tenía obligación legal de hacer el desembolso, y no ha de beneficiar a quien ya tenía obligación legal de hacerlo.[20]

«*C.* Por gastos de la última enfermedad de las mismas personas, causados en el último año, contados hasta el día del fallecimiento.»

Ha de tenerse en cuenta esta doble limitación: ha de tratarse de la enfermedad anterior a la muerte y de los gastos causados en el último año.

«*D.* Por los salarios y sueldos de los trabajadores por cuenta ajena y del servicio doméstico correspondientes al último año.» Texto redactado por la Ley de 17 julio 1958.

Véase la Sentencia de la Sala 1.ª del T.S. de 27 octubre 1983 (Aranzadi, núm. 5.345), que se refiere al art. 32 de la Ley de Relaciones Laborales de 8 abril 1976 y al precepto del mismo número del Estatuto de los Trabajadores de 10 marzo 1980, que acentúan las garantías del salario, por los últimos treinta días de trabajo y en cuantía que no supere el doble del salario mínimo interprofesional, incluso frente a los acreedores hipotecarios y prendarios. Sobre el carácter de salario diferido y complementario de la indemnización por despido, S. 12 noviembre 1981 (Aranzadi, núm. 5.399).

«*E.* Por las cuotas correspondientes a los regímenes obligatorios de subsidios, seguros sociales y mutualismo laboral por el mismo período de tiempo que señala el apartado anterior, siempre que no tengan reconocida mayor preferencia con arreglo al artículo precedente.» (Ley 17 julio 1958.)

«*F.* Por anticipaciones hechas al deudor, para sí y su familia constituida bajo su autoridad, en comestibles, vestido o calzado, en el mismo período de tiempo.»

La referencia a la familia del deudor «constituida bajo su autoridad» es más amplia que si se hiciera a la que está «bajo su patria potestad», pues aquélla comprende los hijos emancipados, parientes y domésticos que convivan en la unidad familiar.[21]

«*G.* Por pensiones alimenticias durante el juicio de concurso, a no ser que se funden en un título de mera liberalidad.»

3.º «Los créditos que sin privilegio especial consten: *A.* En escritura pública. *B.* Por sentencia firme, si hubiesen sido objeto de litigio.

---

20. GULLÓN, p. 106; diversamente DÍEZ-PICAZO, p. 770.
21. GULLÓN, p. 118.

»Estos créditos tendrán preferencia entre sí por el orden de antigüedad de las fechas de las escrituras y de las sentencias.»

La norma parece fundarse en el carácter fehaciente de la fecha del documento, oponible a terceros. Pero ello implica una derogación poco justificada de la regla de que todos los acreedores no privilegiados son de igual condición *(par conditio creditorum).*

Añade el art. 1.925: «No gozarán de preferencia los créditos de cualquiera otra clase, o por cualquier otro título, no comprendidos en los artículos anteriores».

D. La prelación de créditos

Después de la clasificación de los privilegios generales y especiales, los arts. 1.926 y 1.929 C.c. dictan normas destinadas a resolver la colisión de créditos privilegiados, pues cabe que algunos sean incompatibles en su ejercicio y es necesario establecer un orden entre ellos. Ahora se trata de establecer la prelación de los créditos preferentes dentro de cada grupo.

Según el primer párrafo del art. 1.926: «Los créditos que gozan de preferencia con relación a determinados bienes muebles, excluyen a todos los demás hasta donde alcance el valor del mueble a que la preferencia se refiere».

Pero, excluidos «todos los demás», como dice el precepto, pueden concurrir dos o más créditos preferentes con respecto a determinados bienes muebles, y por ello el mismo art. 1.926 señala la prelación que se observará para su pago, que es la siguiente:

1.ª «El crédito pignoraticio excluye a los demás hasta donde alcance el valor de la cosa dada en prenda.

2.ª »En el caso de fianza, si estuviere ésta legalmente constituida a favor de más de un acreedor, la prelación entre ellos se determinará por el orden de fechas de la prestación de la garantía.[22]

3.ª »Los créditos por anticipo de semillas, gastos de cultivo y recolección, serán preferidos a los de alquileres y rentas sobre los frutos de la cosecha para que aquéllos sirvieron.

---

22. Ha de tenerse en cuenta que, en este artículo, con la palabra «fianza» el Código civil designa la prenda de valores, y la preferencia se determina, como observa DÍEZ PICAZO, p. 776, por el orden de fechas de los negocios jurídicos que hayan establecido la garantía.

4.ª »En los demás casos, el precio de los muebles se distribuirá a prorrata entre los créditos que gocen de especial preferencia con relación a los mismos.»

A continuación, el art. 1.927 se refiere a los créditos que gozan de preferencia con relación a determinados bienes inmuebles. Según su primer párrafo: «Los créditos que gozan de preferencia con relación a determinados bienes inmuebles o derechos reales, excluyen a todos los demás por su importe hasta donde alcance el valor del inmueble o derecho a que la preferencia se refiera».

Pero, como añade el mismo artículo, si concurren dos o más créditos respecto a determinados inmuebles o derechos reales, se observarán, en cuanto a su respectiva prelación, las reglas siguientes:

1.ª «Serán preferidos, por su orden, los expresados en los números 1.º y 2.º del art. 1.923 a los comprendidos en los demás números del mismo.

2.ª »Los hipotecarios y refaccionarios, anotados o inscritos, que se expresan en el núm. 3.º del citado art. 1.923 y los comprendidos en el núm. 4.º del mismo, gozarán de prelación entre sí por el orden de antiguedad de las respectivas inscripciones o anotaciones en el Registro de la Propiedad.

3.º »Los refaccionarios no anotados ni inscritos en el Registro a que se refiere el núm. 5.º del art. 1923, gozarán de prelación entre sí por el orden inverso de su antigüedad.»

La razón sin duda está en que lo invertido por el último acreedor permitió la conservación del inmueble y el valor de los créditos refaccionarios anteriores.[23]

Finalmente, los créditos con la preferencia general a que se refiere el art. 1.924, es decir, los que no la tienen con respecto a bienes determinados, se pagarán según las reglas del art. 1.929:

1.ª «Por el orden establecido en el art. 1.924.

2.ª »Los preferentes por fechas, por el orden de éstas, y los que la tuvieren común, a prorrata.

3.ª »Los créditos comunes a que se refiere el art. 1.925, sin consideración a sus fechas.»

---

23. GULLÓN, citado, p. 139.

Los créditos que gozando de preferencia con relación a determinados bienes, muebles o inmuebles, no hubiesen sido totalmente satisfechos con el importe de éstos, lo serán, por la diferencia, por el orden y en el lugar que les corresponda según su respectiva naturaleza. Así lo dispone el segundo párrafo del art. 1.928.

directamente percibida separado de sus formas de exteriorización, por lo que sólo puede ser protegida en la medida en que se ha manifestado externamente.

La necesidad de atender a problemas prácticos y de dar protección a los actos de negociación jurídica se ha traducido doctrinalmente en la formulación de la teoría objetiva o de la declaración. El destinatario de una declaración de voluntad ha de poder confiar en ella, sin tener que investigar si corresponde a la verdadera voluntad del declarante. En ocasiones, a pesar de la falta de voluntad interna, la declaración ha de ser considerada eficaz, como en el caso de reserva mental, o cuando el que propone un contrato sufre un error que le es personalmente imputable, como en el caso de quien ofrece por carta una mercancía y pide un precio inferior al que realmente quería. En este sentido, la voluntad declarada ha de valer como voluntad real en la medida en que la primera responde a una conducta imputable al declarante. Lo que importa no es hacer una investigación psicológica de la verdadera voluntad del declarante, sino examinar y valorar su declaración, para saber si el destinatario podía confiar razonablemente en ella.

En este tema como en tanto otros, los absolutismos doctrinales son inaceptables. Por ello existen criterios intermedios que observan que la voluntad y la declaración no son dos elementos independientes, sino que forman una unidad, que regulará la conducta de los contratantes en la medida en que sus voluntades pueden juzgarse como coincidentes a través de lo que han declarado.

El Código civil español no ha seguido de manera exclusiva ninguna de las dos teorías, la subjetiva o de la voluntad y la objetiva o de la declaración, sino que resuelve los problemas que pueden presentarse a favor de una u otra, en atención a lo más justo en cada caso.

Como ejemplos de la tesis subjetiva o de la voluntad interna pueden citarse los arts. 1.254, que afirma la existencia del contrato desde que una o varias personas consienten en obligarse; 1.258, que afirma que los contratos se perfeccionan por el mero consentimiento; 1.261, que considera como requisito esencial el consentimiento de los contratantes; 1.263, relativo a quienes no pueden prestar consentimiento; el 1.265, que declara nulo el consentimiento internamente viciado; el 1.283, que excluye de los contratos los elementos que los contratantes no se propusieron.

Sin embargo, estas declaraciones generales no pueden ser utilizadas para resolver los problemas de cada caso según el contenido de la voluntad real o interna. Los preceptos que hablan del consentimiento suponen necesariamente que ha sido manifestado; el artículo 1.265 se refiere a los contratos meramente anulables (cfr. artículos 1.300 y 1.301); el citado art. 1.283 contiene una regla de interpretación de la voluntad precisamente común a una y otra parte; el art. 1.258 incluye en el contrato consecuencias no queridas o previstas por las partes. Algún precepto del Código puede ser invocado a favor de la tesis objetiva o de la declaración; por ejemplo, el art. 1.288 refiere la interpretación del contrato a elementos externos o manifiestos, esto es, a la voluntad declarada, con independencia de la voluntad interna del declarante. En realidad, y en la práctica, es necesario reconocer que la voluntad contractual eficaz es la que ha sido declarada, ha sido percibida por la otra parte y en la que ésta ha confiado de manera efectiva.

Según la Sentencia de 28 mayo 1951 (Aranzadi, núm. 1.633), «en principio y por regla general, debe prevalecer la voluntad declarada sobre la interna, ya que así lo exige la buena fe y la seguridad del tráfico, a menos que se acredite evidentemente que fue otra la intención de los contratantes»; lo que no sucedía en el caso de autos, al que por ello no era aplicable la Sentencia de 9 abril 1941, según la que debe prevalecer la voluntad real, porque esta última decisión se refería a un caso de notoria discrepancia entre la voluntad real y la declarada. Cfr. Ss. 13 marzo 1952 (Aranzadi, núm. 498) y 1.º diciembre 1959 (Aranzadi, núm. 4.476).

XI
VICIOS DEL CONSENTIMIENTO

1. Consideración general

El consentimiento necesario para la existencia del contrato (cfr. artículo 1.261 C.c.) ha de ser espontáneo y libre; por ello, el art. 1.265 dice que: «Será nulo el consentimiento prestado por error, violencia, intimidación o dolo».

El error y el dolo afectan a la formación de la voluntad; la violencia y la intimidación se oponen a su libre exteriorización. Los vicios del consentimiento forman, pues, dos grupos: falta del debido conocimiento y falta de libertad. Error y dolo significan que el contrato se ha celebrado sin el debido conocimiento; la violencia y la intimidación privan de la libertad necesaria para manifestar debidamente la voluntad de contratar.

Antes de examinar el error que es un vicio del consentimiento que condiciona la formación interna de la voluntad, ha de examinarse el llamado error obstativo o en la declaración, que consiste en una divergencia que se produce involuntariamente entre la voluntad interna y la declarada.

2. Error obstativo o en la declaración

Aunque la voluntad contractual se haya formado correctamente a base de un exacto conocimiento de la realidad, puede incurrirse en error al emitir la declaración. Aparece entonces el error impropio o solamente obstativo de la exacta correspondencia entre lo querido y lo declarado.[1]

---

1. DÍEZ-PICAZO, *Fundamentos del Derecho civil patrimonial*, I, cuarta edición, Madrid, 1993, pp. 157 y ss; Carlos J. MALUQUER DE MOTES BERNET, *Derecho de la persona y Negocio Jurídico*, Barcelona, 1993.

La diferencia entre error obstativo y error propio o vicio del consentimiento no puede ofrecer duda. El segundo influye en la misma volición interna del contratante que lo sufre, mientras que el error impropio u obstativo consiste en una divergencia entre lo que se ha querido declarar y lo que resulta declarado. El error vicio induce al contratante a adoptar una decisión diferente de la que en otro caso hubiese adoptado; en cambio, el error obstativo o en la declaración provoca una divergencia entre lo realmente querido y lo efectivamente declarado. Es un error que recae en la declaración. Ésta no traduce, sino que traiciona, la voluntad del declarante.

El error obstativo o en la declaración plantea el problema de saber si deberá mantenerse la validez de lo convenido según lo que ha sido declarado, o si procederá decretar la invalidez por no haberse manifestado la voluntad verdadera. En este último supuesto se deberá saber si existe una simple causa de anulación o si procederá declarar la nulidad radical o inexistencia por no haberse producido un acuerdo de voluntades.

El Código civil no resuelve la cuestión; sólo en el art. 773-1 encontramos un caso de error en la declaración unilateral del testador al referirse al nombre, apellido o cualidades del heredero, que no viciará la institución cuando de otra manera pueda saberse a qué persona se ha referido; en otro caso, si no puede saberse a quién se ha referido el testador, la declaración no producirá efecto.

El hecho de tratarse de una declaración de voluntad unilateral permite esta solución, la cual, por ello, no puede tener valor analógico con relación a declaraciones recepticias, como las contractuales. El art. 1.266 se refiere exclusivamente al error interno o subjetivo, que se produce antes de que el contratante declare su voluntad.

La diferencia entre uno y otro error ha de consistir en una diferencia de efectos; de lo contrario, deberían quedar equiparados, como hace el Código civil italiano en su art. 1.433.

Creemos que lo decisivo ha de ser la voluntad declarada y rectamente entendida. Según ella se forma el contrato, sin perjuicio de que pueda ser impugnado según las circunstancias que concurran. El problema puede presentarse en el caso de que una declaración contractual sea transmitida por un medio de comunicación, v.g. el telégrafo. El Código civil alemán, en su párrafo 120, dispone: «Una declaración de voluntad que ha sido transmitida inexactamente por la persona o institución utilizada para la transmisión, puede ser impugnada bajo los mismos presupuestos que una declaración de voluntad erróneamente emitida puede serlo según el párrafo 119». Ello significa que el contratante quedaría vinculado por la declaración, aunque podría impugnarla como si el error fuese sobre el contenido y lo hubiese sufrido él mismo.

En el caso de error sufrido, no por el declarante, sino por el servicio de comunicaciones que ha elegido, ha de resolverse la cuestión de quien ha de sufrir las consecuencias, ¿el oferente o el aceptante? Parece la solución más correcta que sufra la pérdida la parte que ha escogido determinado medio de comunicación. Si no pudiera obrarse con seguridad sobre la base del mensaje que se recibe por el medio elegido por el proponente, las negociaciones civiles y mercantiles quedarían seriamente obstaculizadas.

3. El error propio o vicio del consentimiento

A diferencia del error obstativo o en la declaración, en el error propio o vicio de la voluntad lo declarado corresponde a lo que internamente quiere el declarante, pero con la particularidad de que esta resolución interna se ha formado por efecto de una consideración que no corresponde a la realidad. La ignorancia o una falsa información ha podido llevar al declarante a decidir algo diferente de lo que realmente le interesaba.[2]

Este error, como vicio jurídico, se funda en un previo error psicológico. Pero lo que incumbe al Derecho es dar la solución al problema de si procede mantener o no la vinculación resultante del contrato; es decir, si procede mantener la obligación en perjuicio de la parte que ha sufrido el error, o descartarla en perjuicio de la otra parte que no se ha equivocado y que tenía interés en el cumplimiento de lo convenido.

La solución del C.c. está en el art. 1.266, que dispone:

«Para que el error invalide el consentimiento, deberá recaer sobre la sustancia de la cosa que fuere objeto del contrato, o sobre aquellas condiciones de la misma que principalmente hubiesen dado motivo a celebrarlo.

2. DÍEZ-PICAZO, citado, p. 179; ONECHA SANTAMARÍA, *El error, causa de nulidad de los contratos*, Revista General de Legislación y Jurisprudencia, 1975 (octubre) p. 361. M. ALONSO PÉREZ, *El error sobre la causa*, Estudios de Derecho civil en honor del Profesor Castán Tobeñas, III, pp. 7 y ss.; R. CELICE, *El error en los contratos*, traducción española, Madrid, s.f.

»El error sobre la persona sólo invalidará el contrato cuando la consideración a ella hubiese sido la causa principal del mismo.

»El simple error de cuenta sólo dará lugar a su corrección.»

Hay que distinguir los tres supuestos:

a) Error sobre la sustancia y las cualidades determinantes de la celebración del contrato. — El primer párrafo del art. 1.266 parte de la idea de que el error sustancial es de tal gravedad que ha de estimarse decisivo para la invalidación del consentimiento, y lo mismo ha de entenderse cuando recae sobre aquellas cualidades (lo que el Código en este punto llama impropiamente «condiciones») del objeto del contrato que hayan sido determinantes de la declaración.

El criterio bastante amplio de este primer párrafo del artículo permite incluir el error sobre la identidad de la cosa, el que recae sobre la materia que la constituye, cuando de ello dependa decisivamente su valor, y en el mismo sentido por lo que se refiere a error sobre sus cualidades esenciales.

Por consiguiente, el Código, en lugar de adoptar un criterio objetivo y fijo, se refiere a la sustancia de la cosa y a lo que llama sus «condiciones», en el sentido de cualidades, que en cada caso hayan sido determinantes de la celebración del contrato. Véase la Sentencia de 10 octubre 1962 (Aranzadi, núm. 3.792).

b) Error sobre la persona. — El mismo art. 1.266, en su segundo párrafo, dispone: «El error sobre la persona sólo invalidará el contrato cuando la consideración a ella hubiese sido la causa principal del mismo».

Este error sobre la identidad del otro contratante sólo ha de producir la anulación del contrato cuando esta identidad haya sido determinante de la voluntad. Es necesario que la personal manera de hacer del otro contratante, o su aptitud para la realización del trabajo, se haya tenido en cuenta de una manera decisiva. Es el caso que contempla el art. 1.595 C.c.: «Cuando se ha encargado cierta obra a una persona por razón de sus cualidades personales, el contrato se rescindirá por la muerte de esta persona». Por la misma razón, si el contrato hubiese sido inicialmente celebrado con persona distinta de la que se había pensado al contratar, existirá error en la persona.

c) Error de cuenta. — Añade el art. 1.266, párrafo tercero: «El simple error de cuenta sólo dará lugar a su corrección».

No se trata de un error sobre la cantidad o el valor, sino del que se haya cometido en una operación aritmética o de cálculo, cuyos factores eran exactos. Es evidente que, en semejante supuesto, bastará rectificar la equivocación objetivamente comprobada. Si no se trata de un simple error de cálculo, sino que recae sobre la inclusión o exclusión de algunas partidas, no se tratará de esta clase de error sino del que recae sobre el objeto del contrato. V. Ss. 16 febrero 1897, 7 febrero 1895, 8 julio 1904.

Los errores sobre la cantidad o el valor no pertenecen a la doctrina de los vicios del consentimiento, sino que reciben un tratamiento separado y distinto en casos concretos (por ejemplo, en el art. 1.470). El error sufrido en el valor del objeto del contrato pertenece a la figura de la rescisión por lesión, que el Código sólo regula en el artículo 1.074 y en el art. 1.291, 1.° y 2.°.

En la Compilación del Derecho civil de Cataluña, aprobado el Texto refundido por Decreto Legislativo 1/1984, de 19 de julio, regulan la rescisión por lesión los arts. 321 a 325. En la Compilación del Derecho civil foral de Navarra modificada por la Ley Foral 5/1987, de 1 de abril, está regulada en las leyes 499 a 507.

d) Error sobre el objeto del contrato y sobre la clase de éste. — Error en el negocio es el que recae sobre la identidad del contrato celebrado. No consiste en querer celebrar, por ejemplo, un contrato de depósito y hablar de un contrato de comodato (pues en este caso se trataría de un error obstativo o en la declaración), sino que se declara querer un comodato porque el declarante cree erróneamente que el contenido de este contrato corresponde al contrato de depósito. El contratante quiere producir los efectos propios del depósito y cree que para ello ha de celebrar un contrato llamado comodato. En Derecho romano este error *in negotio* era considerado decisivo para la anulación del contrato. En cuanto al error *in corpore,* ya se ha dicho que es el que recae sobre la identidad del objeto.

e) El error en los motivos. — La seguridad de la contratación no puede depender de consideraciones personalísimas del contratante, y, por ello, el error en los motivos no puede tener trascendencia para la anulación del contrato.

Pero si este mismo error es común a ambos contratantes, se tratará de algo que habrá actuado como base o presuposición expresa o tácita del negocio. Si los motivos han sido tenidos en cuenta expresamente como base del acuerdo, su trascendencia no puede ofrecer dudas. Si falta este convenio expreso, pero se trata de algo que tiene el valor de presuposición o base objetiva del negocio, el problema ha de tener otro tratamiento y será objeto de examen al estudiar la alteración sobrevenida de las circunstancias.[3]

Lo expuesto hasta ahora se ha referido al error de hecho. El error de derecho es el que consiste en alegar que un contratante ha manifestado su voluntad en determinado sentido por no haber tenido conocimiento de una disposición legal. La posibilidad de admitir esta clase de error ha suscitado graves dudas. Algunos consideran que su admisión quebrantaría el principio de que la ignorancia de las leyes no exime de su cumplimiento; otros estiman que se trata de cuestiones diferentes que no cabe confundir.

Es cierto que los particulares no pueden eludir el cumplimiento de las leyes con la simple alegación de que no las conocían; pero, quien alega que ha sufrido un error de derecho no pretende eludir la ley, sino que afirma que su consentimiento ha sido prestado por ignorar la existencia de una disposición legal. No se pretende eludir el cumplimiento de esta disposición y sólo se quiere que su desconocimiento no nos condene a tener que sufrir las consecuencias de un consentimiento erróneo. Cfr. Sentencia de 16 diciembre 1953 (Aranzadi, núm. 3.514).

Cabe decir, en síntesis, como conclusiones sobre la doctrina del error como vicio del consentimiento, lo siguiente: El error propio o que ha actuado en la formación de la voluntad interna del declarante ha de reunir los siguientes requisitos para que pueda servir como fundamento de una acción de anulabilidad.

Primero. Ha de ser esencialmente determinante de la formación de la voluntad del contratante que lo alega. Sentencias de 5 marzo 1960 (Aranzadi, núm. 950) y 15 octubre 1973 (Aranzadi, núm. 3.797).

Segundo. Ha de existir un nexo de causalidad entre el error padecido y la finalidad que el contrato perseguía. S. 14 junio 1943 (Aranzadi, núm. 719).

Tercero. Ha de ser un error excusable o no imputable al contratante que lo ha sufrido. El error es inexcusable cuando el contratante hubiese podido evitarlo empleando una normal diligencia.

La Sentencia de 8 junio 1968 (Aranzadi, núm. 3.766) declaró que el error que vicia el consentimiento ha de ser sustancial, no imputable al que lo padece, y con nexo de causalidad entre el mismo y la finalidad perseguida.

---

3. DÍEZ-PICAZO, citado, p. 176.

Según la Sentencia de 5 marzo 1962 (Aranzadi, núm. 1.532), no es excusable el error cuando éste fue debido a no haberse consultado el Registro de la Propiedad.

Si el error de uno de los contratantes puede ser advertido por el otro, éste tendrá que soportar la impugnación del contrato, pues precisamente por el conocimiento que tuvo de la circunstancia invalidante no puede alegar que va a quedar perjudicada su confianza en la declaración ajena, cuyo error pudo evitar con la oportuna advertencia. Véase el art. 1.302 C.c.

4. El dolo

En sentido amplio, dolo es sinónimo de mala fe, pero en sentido estricto significa la maquinación o artificio de que se sirve uno de los contratantes para engañar al otro. Como vicio del consentimiento, es el error que una de las partes ha provocado maliciosamente en la otra.

Declara el art. 1.269: «Hay dolo cuando con palabras o maquinaciones insidiosas de parte de uno de los contratantes, es inducido el otro a celebrar un contrato que, sin ellas, no hubiese hecho».

La concurrencia de fraude o engaño imputable a uno de los contratantes transforma el error en un caso de dolo. Cuando el engaño ha sido provocado por un tercero, se tratará de un supuesto de error; pero cuando la otra parte tuvo conocimiento de ello y nada hizo para evitarlo, la impugnación puede igualmente fundarse en la concurrencia de dolo. Cfr. Ss. de 26 diciembre 1944 y 31 enero 1950.

Para la alegación de dolo como vicio del consentimiento han de concurrir los siguientes requisitos:

a) Ha de concurrir un acto ilícito que el Código describe como «palabras o maquinaciones insidiosas» (art. 1.269). Si no existe intención de engañar, no puede hablarse de dolo aunque puede existir error. Cfr. S. 3 julio 1954 (Aranzadi, núm. 1.884).

b) El dolo ha de ser *grave y* utilizado únicamente por una de las partes. Dice el art. 1.270 C.c.:

«Para que el dolo produzca la nulidad de los contratos, deberá ser grave y no haber sido empleado por las dos partes contratantes.

»El dolo incidental sólo obliga al que lo empleó a indemnizar daños y perjuicios.» Cfr. S. 4 diciembre 1956 (Aranzadi, núm. 4.121).

Si el dolo es mutuo o recíproco, se compensa y no puede ser tenido en cuenta. Ninguno de los contratantes merece entonces, dice Díez-Picazo, ser protegido en su interés contractual.

Como se ha visto, el párrafo segundo del art. 1.270 se refiere al dolo incidental, que no anula el contrato, pero obliga al que lo empleó a indemnizar daños y perjuicios.

Si el dolo grave es el que ha tenido una eficacia determinante de la celebración del contrato, el incidental es el que no ha inducido de manera decisiva a contratar, pero que ha incidido en el contenido del contrato, causando daños y perjuicios. Por tanto, no es un vicio del consentimiento, sino un acto ilícito que obliga a indemnizar (Albaladejo). Cfr. S. 31 octubre 1924.

5. Consentimiento obtenido por violencia

Hay violencia, dice el primer párrafo del art. 1.267, «cuando para arrancar el consentimiento se emplea una fuerza irresistible».

En realidad, no puede hablarse propiamente de consentimiento si la fuerza que se ha empleado para obtenerlo ha sido irresistible. Si la fuerza empleada ha sido absolutamente determinante no existirá una voluntad viciada, sino que no habrá existido voluntad. La violencia no se limita a viciar el consentimiento sino que lo excluye radicalmente.

Pero, en la práctica, esta cuestión se reduce a preguntar si conviene que el contratante que ha sufrido la violencia pueda pedir la nulidad del contrato durante el mismo plazo de que disponen las acciones de anulabilidad (cuatro años: art. 1.301), o si es preciso concederle un plazo superior. La solución del Código significa que bastará el plazo de las acciones de anulabilidad, pues, cesada la violencia, quien la ha sufrido estará en condiciones de ejercitar la correspondiente acción.

6. La intimidación

Existe intimidación, dice el segundo párrafo del art. 1.267, «cuando se inspira a uno de los contratantes el temor racional y fundado de sufrir un mal inminente y grave en su persona y bienes, o en la persona o bienes de su cónyuge, descendientes o ascendientes».

Añade el párrafo tercero: «Para calificar la intimidación debe atenderse a la edad, el sexo y a la condición de la persona.»

Intimidar es sinónimo de amenazar, pero no hay duda que la amenaza ha de reunir ciertos requisitos, como ha puntualizado la Sentencia de 21 marzo 1970 (Aranzadi, núm. 2.582). Estos requisitos son los siguientes:

a) Ha de existir una auténtica amenaza, que será la que, como dice el Código, inspire a uno de los contratantes un temor racional y fundado. Pero sólo mediante el examen de cómo se ha concretado en cada caso la amenaza podrá saberse si ha de considerarse determinante de la declaración de voluntad. Cfr. S. 27 febrero 1964 (Aranzadi, núm. 1.253).

b) El mal con que se amenaza ha de ser inminente y grave, y en todo caso determinante del consentimiento prestado por el contratante que experimenta el temor racional y fundado. Entre la amenaza y el consentimiento ha de mediar un nexo eficiente de causalidad (S. 3 junio 1941).

c) La amenaza puede ser obra del otro contratante o de un tercero. Dice el art. 1.268: «La violencia o intimidación anularán la obligación, aunque se hayan empleado por un tercero que no intervenga en el contrato». Como en el caso de error, y a diferencia del dolo, no cabe distinguir entre partes y terceros.

d) La amenaza ha de ser contraria a derecho. La manifestación de que se ejercitará un derecho o de que se incoará un procedimiento judicial no constituye una amenaza injusta, siempre que no se trate de la abusiva utilización de un derecho (cfr. art. 7.º C.c.). Cfr. Ss. 18 febrero 1944, 21 marzo 1950, 11 diciembre 1986, 22 abril 1991.

e) El mal inminente y grave que constituya la amenaza ha de afectar a la persona o bienes del amenazado, o de su cónyuge, descendientes o ascendientes (art. 1.267-2).

Hay que preguntar si esta enumeración es limitativa y excluyente de que pueda apreciarse la intimidación cuando el mal pueda afectar a otras personas. Si se tiene en cuenta que en todo caso se trata de salvaguardar la libertad del consentimiento, lo decisivo será la prueba de que alguien fue efectivamente intimidado (Pérez González y Alguer, Díez-Picazo).[4]

f) Acerca del llamado temor reverencial, el último párrafo del artículo 1.267 dice: «El temor de desagradar a las personas a quienes se debe sumisión y respeto no anulará el contrato».

---

4. DÍEZ-PICAZO, citado, p. 163; PÉREZ GONZÁLEZ y ALGUER, anotaciones al *Derecho civil-Parte General* de Enneccerus y Nipperdey, traducción española, tercera edición al cuidado de HERNÁNDEZ MORENO y M.ª del Carmen GETE-ALONSO, Barcelona, 1981, pp. 388 y 389.

XII

EL OBJETO, LA CAUSA Y LA FORMA DE LOS CONTRATOS

1. El objeto del contrato

El segundo requisito del contrato que enumera el art. 1.261 C.c. es el objeto. Si en el contrato una o varias personas se obligan «a dar alguna cosa o prestar algún servicio», como dice el art. 1.254, la cosa que se ha de entregar o el servicio o actividad que se ha de realizar será el objeto del contrato en cada caso particular. Además, si toda obligación puede consistir en dar, hacer o no hacer (art. 1.088), no hay duda que una abstención o conducta pasiva puede ser objeto de la obligación nacida del contrato.[1]

En todo caso, el objeto ha de reunir determinados requisitos para que pueda pedirse el cumplimiento de lo convenido. Ha de ser posible, lícito y determinado o susceptible de determinación.

El objeto ha de ser *real y posible.* Los dos primeros párrafos del artículo 1.271 establecen:

«Pueden ser objeto del contrato todas las cosas que no están fuera del comercio de los hombres, aun las futuras.

»Sobre la herencia futura no se podrá, sin embargo, celebrar otros contratos que aquellos cuyo objeto sea practicar entre vivos la división de un caudal conforme al art. 1.056.»

La necesidad de que las cosas no estén fuera del comercio equivale a exigir que la obligación sea de posible cumplimiento. La posibilidad de contratar sobre cosas futuras significa que el cumplimiento de

1. J.L. DE LOS MOZOS, *El objeto del negocio jurídico*, Revista de Derecho privado, 1960, pp. 372 a 391; J.L. LACRUZ, *Elementos de Derecho civil,* II-1, Barcelona, 1977, pp. 111 y ss. (edición posterior II-2, 1987); DÍEZ-PICAZO, *Fundamentos del Derecho civil patrimonial*, I, cuarta edición, Madrid, 1993, pp. 197 y ss.

la obligación quedará diferido hasta un momento posterior. La imposibilidad de proporcionar determinada cosa o de prestar algún servicio, significa que la obligación no podrá existir por no ser de posible ejecución.

En el caso de tratarse de objetos de comercio prohibido ha de tenerse en cuenta que el art. 6.º-3 C.c. dispone: «Los actos contrarios a las normas imperativas y a las prohibitivas son nulos de pleno derecho, salvo que en ellas se establezca un efecto distinto para el caso de contravención». Cfr. Sentencia de 27 octubre 1956 (Aranzadi, número 3.417).

Las cosas que han dejado de existir no pueden ser objeto del contrato, como demuestra el art. 1.460 C.c., que establece que el contrato de compraventa quedará sin efecto si al tiempo de celebrarse se hubiese perdido en su totalidad la cosa que era su objeto. En todo caso, la imposibilidad que resulta de la falta de objeto se refiere a la originaria, total y absoluta, en oposición a la sobrevenida, parcial y meramente subjetiva o relativa.

Por lo que se refiere al contrato sobre cosa futura, el objeto contemplado por las partes puede consistir en la esperanza de que llegue a existir *(venditio spei), o* puede quedar subordinada la obligación al caso de que la cosa futura llegue a tener existencia real *(venditio rei sperate*).

Además de real y posible, el objeto del contrato ha de ser *lícito.* El tercer párrafo del art. 1.271 C.c. dispone: «Pueden ser igualmente objeto de contrato todos los servicios que no sean contrarios a las buenas costumbres».

La cuestión de la licitud es fundamental en todo el Derecho y se manifiesta en tema de contratos cuando se determina lo que pueden pactar los contratantes (art. 1.255), lo que puede ser objeto del contrato (art. 1.271) y los efectos de la causa ilícita (art. 1.275).

La licitud de un servicio que sea objeto de un contrato se refiere al juicio que merezca un comportamiento según la ley o la moral. Con respecto a las cosas la licitud se traduce en su comercialidad.

Finalmente el Código exige que el objeto del contrato esté *determinado o sea susceptible de determinación.* Dice el art. 1.273: «El objeto de todo contrato debe ser una cosa determinada en cuanto a su especie. La indeterminación en la cantidad no será obstáculo para la existencia del contrato siempre que sea posible determinarlo sin necesidad de nuevo convenio entre los contratantes».

Esta disposición no debe ser entendida en el sentido de que sea improcedente concretar el objeto de un contrato mediante un convenio posterior. Lo que dispone es que no puede ser eficaz el contrato que tenga un objeto indeterminado, sin perjuicio de que el defecto sea subsanado mediante un nuevo contrato entre las partes.

La determinación puede haber sido dejada al arbitrio de un tercero. El C.c. lo admite en dos casos: según el art. 1.447, para que el precio de la compraventa se tenga por cierto bastará «que se deje su señalamiento al arbitrio de persona determinada» y sólo en el caso de que «ésta no pudiere o no quisiere señalarlo, quedará ineficaz el contrato»; además, según el art. 1.690, los socios pueden confiar a un tercero la designación de la parte que ha de corresponder a cada uno en las ganancias y en las pérdidas sociales. Pero, aparte de estos dos casos, ha de admitirse en general la posibilidad de que un tercero determine el objeto de un contrato. Cfr. Ss. 23 marzo 1924 y 30 junio 1972 (Aranzadi, núm. 3.333).

Acerca de la prohibición de contratar sobre una herencia futura, a que se refiere el art. 1.271-2, hemos de remitir a la parte correspondiente del Derecho de sucesiones. Respecto a la posibilidad de contratar sobre el patrimonio actual de una persona, ha de tenerse en cuenta que los requisitos de posibilidad, licitud y determinación, podrían quedar incumplidos. No bastaría un contrato referido a todo el patrimonio de una persona para poder afirmar que tiene un objeto posible. Del contrato nacerían obligaciones que necesitarían, caso por caso, actos singulares de ejecución. Además, la enajenación de un patrimonio habría de referirse a las cosas existentes o que tuviere en su poder el enajenante, pues las cosas futuras serían indeterminadas. Aunque el art. 1.271 permite, como se ha visto, que las cosas futuras sean objeto de contrato, no es posible añadir a esta circunstancia la otra contingencia de que la cosa sea indeterminada. La obligación de transmitir lo que todavía no es nuestro y sin que podamos dejarlo determinado, debe rechazarse por ilicitud. Con semejante contrato no quedaría afectado un objeto, sino el propio sujeto que asumiera la obligación, al quedar prácticamente privado de la capacidad de adquirir para sí mismo. Aunque debiera recibir por ello una justa contraprestación, quedaría en situación de estrecha dependencia respecto de la otra parte contratante.

2. La causa del contrato

Según el art. 1.261 C.c., no hay contrato sino cuando además de consentimiento y objeto cierto concurre la «Causa de la obligación que se establece». Los arts. 1.274 a 1.277 están dedicados a este requisito.[2]

El art. 1.274 trata de dar el concepto de causa: «En los contratos onerosos se entiende por causa, para cada parte contratante, la prestación o promesa de una cosa o servicio por la otra parte; en los remuneratorios, el servicio o beneficio que se remunera, y en los de pura beneficencia, la mera liberalidad del bienhechor».

Sin duda el precepto revela que la pretensión de que la causa sea un requisito general y unitario de los contratos es ilusoria y que la distancia que separa los contratos onerosos de los gratuitos es insalvable. En los primeros la causa es un elemento objetivo que constituye la estructura del contrato (por ejemplo, la entrega de la cosa a cambio del precio en la compraventa), pero en los gratuitos se trata de un elemento subjetivo, como es la liberalidad del donante. Como apunta Díez-Picazo, mientras en materia onerosa *(do ut des)* se habla de una causa final (*ut* = para que), en los actos gratuitos se entiende como causa eficiente el ánimo liberal.[3]

La voluntad o intención concurre en todo contrato, pero en los onerosos, especialmente los que generan obligaciones recíprocas, la intención se traduce en la existencia de los elementos objetivos y típicos del contrato: venta, arrendamiento, depósito, etc. Estos contratos son obligatorios «cualquiera que sea la forma en que se hayan celebrado» (art. 1.278 C.c.); en cambio, cuando se trata de donaciones, hacen falta ciertos requisitos de forma para que la «mera liberalidad» sea vinculante (cfr. arts. 632 y 633 C.c.). Por sí sola, la mera liberalidad no es causa civil de obligar.

La causa ha de reunir los siguientes requisitos: ha de existir, ha de ser lícita y ha de ser verdadera.

---

2. J.L. DE LOS MOZOS, *La causa del negocio jurídico,* Revista de Derecho Notarial, 1961, pp. 283 a 425; del mismo, *Causa y tipo en la teoría general del negocio jurídico*, Revista de Derecho privado, 1970, pp. 739 a 751; DÍEZ-PICAZO, *El concepto de la causa en el negocio jurídico*, Anuario de Derecho civil, 1963, pp. 3 y ss.; Álvaro D'ORS, *Sobre la causa de los actos jurídicos*, Anuario de Derecho civil, 1956, pp. 578 y ss.; JORDANO BAREA, *Causa, motivo y fin del negocio,* en el mismo ADC, 1949, pp. 749 y ss.; SANCHO REBULLIDA, *Notas sobre la causa de la obligación en el Código, Civil,* Revista General de Legislación y Jurisprudencia, noviembre de 1971; TORRALBA SORIANO, *Causa ilícita; exposición sistemática de la jurisprudencia del Tribunal Supremo*, Anuario de Derecho civil, 1966, pp. 661 a 708; M.ª Rosa LLÁCER MATACÁS, *La causa del negocio jurídico*, en Carlos J. MALUQUER DE MOTES BERNET, *Derecho de la Persona y Negocio Jurídico*, Barcelona, 1993, pp. 270 a 284.

3. DÍEZ-PICAZO, citado en la nota 1, p. 240.

X

EL CONTRATO EN GENERAL

1. La autonomía de la voluntad

La autonomía de la voluntad significa que, en principio, todo individuo puede contratar cuando quiera, como quiera y con quien quiera. Según declaraciones de la Sala 1.ª del Tribunal Supremo, el individuo tiene el derecho de realizar los negocios jurídicos que crea convenientes, y que contenidos en los límites de la ley, son reconocidos por ésta y reciben de ella fuerza obligatoria (Sentencias de 5 noviembre 1957, 13 mayo 1959 y 3 mayo 1960).[1]

Esta libertad no se extiende a todo el campo del Derecho privado, ya que no puede crear a su arbitrio las relaciones personales del Derecho de familia. Hay libertad para contraer matrimonio o para adoptar, pero los derechos y deberes que estos actos producen no dependen de la voluntad de quienes los celebran, sino que están predeterminados por la ley.

En tema de derechos reales la autonomía de la voluntad sólo goza de posibilidades limitadas. La ley ha establecido de antemano los tipos de estos derechos, sin clara posibilidad de añadir otros por la simple iniciativa de los particulares. En cambio, el Derecho de obligaciones es el terreno de más plena y adecuada actuación de la autonomía de la voluntad, mediante el contrato y en medida mucho más limitada mediante la declaración unilateral.

El contrato es el medio adecuado para que los sujetos de derecho elijan sus propias obligaciones y puedan adquirir derechos correlativos a las obligaciones asumidas por otros; es decir, mediante el contrato los particulares pueden introducir cambios en sus propias relaciones jurídicas.

---

1. Federico DE CASTRO, *El negocio jurídico*, Madrid, 1967, pp. 11 y ss. Reimpreso en 1985. OSSORIO MORALES, *Crisis de la dogmática del contrato*, Anuario de Derecho civil, 1952, p. 1.178; Carlos J. MALUQUER DE MOTES BERNET, *Derecho de la persona y Negocio Jurídico*, Barcelona, 1993.

El Derecho español proclama la autonomía de la voluntad en el artículo 1.255 del Código civil, que dice: «Los contratantes pueden establecer los pactos, cláusulas y condiciones que tengan por conveniente, siempre que no sean contrarios a las leyes, a la moral, ni al orden público». Además, se procura mantener el ejercicio de esta libertad desligada de los requisitos de forma, y por ello se dice que los contratos existen «desde que una o varias personas consienten en obligarse» (art. 1.254); que «se perfeccionan por el mero consentimiento» (art. 1.258) y que los contratos «serán obligatorios, cualquiera que sea la forma en que se hayan celebrado» (art. 1.278). Por tanto, mediante la simple prestación del consentimiento dos sujetos pueden quedar obligados según los pactos, cláusulas y condiciones que hayan creído conveniente adoptar.

Sin embargo, las restricciones impuestas a esta autonomía de la voluntad forman un denso capítulo en el Derecho moderno. Ante todo, los particulares no pueden alterar los preceptos relativos a la capacidad para contratar, ni las normas que determinan qué objetos son de lícita o posible contratación, ni cabe perseguir un fin ilícito, inmoral y prohibido, ni es posible deformar la estructura peculiar de cada contrato, como pretender que un contrato esencialmente gratuito (v.g. el comodato) sea retribuido, etc. La distinción entre *ius cogens* o Derecho necesario y *ius dispositivum* o Derecho supletorio de la voluntad de las partes, señala los límites de la libertad contractual.

Del mismo Código civil resultan las siguientes limitaciones generales: es nula la renuncia de la acción para hacer efectiva la responsabilidad procedente de dolo (art. 1.102); no cabe admitir convenio sobre condiciones imposibles, contrarias a las buenas costumbres o prohibidas por la ley, bajo pena de nulidad de la obligación que de ellas dependa (art. 1.116); no puede dejarse al arbitrio de uno de los contratantes la validez y cumplimiento de los contratos (art. 1.256); no pueden ser objeto de contrato las cosas y servicios imposibles (art. 1.272); no producen efecto los contratos sin causa o con causa ilícita (art. 1.275); en las capitulaciones matrimoniales será nula cualquier estipulación contraria a las leyes o a las buenas costumbres o limitativa de la igualdad de derechos que corresponda a cada cónyuge (art. 1.328, según Ley de 13 mayo 1981); en los contratos de prenda e hipoteca no puede pactarse que el acreedor se incaute o disponga de las cosas gravadas, pues su derecho sólo recae sobre el valor en cambio (art. 1.859), y lo mismo sucede en el derecho de anticresis (art. 1.884); etcétera.

2. El contrato: delimitación del concepto

En los Derechos primitivos el acuerdo de voluntades no era suficiente para producir obligaciones y era necesario que se realizara un acto que correspondiera a los tipos admitidos para producir acción en juicio. Eran los actos que en Derecho romano correspondían a una *causa civilis obligandi.* Esta causa era la cualidad de ciertos actos, necesaria para que los Tribunales les reconocieran eficacia. En Derecho moderno, por el contrario, el contrato es toda convención libremente celebrada para crear obligaciones, y si también se habla de causa es por haberse convertido en un elemento del contrato que permite juzgar si un negocio jurídico es propiamente un contrato por razón de su estructura y si puede crear obligaciones por razón de su contenido.[2]

Puede hablarse de contrato, en sentido amplio, para designar toda convención o acuerdo de voluntades por el que se crean, modifican o extinguen relaciones jurídicas de contenido patrimonial. Pero, en sentido propio y estricto, la palabra contrato hace referencia al acuerdo de voluntades de dos o más partes por el que se crean, modifican o extinguen relaciones pertenecientes al Derecho de obligaciones.

El contrato existe cuando la voluntad de cada una de las partes actúa en consideración a un interés opuesto o diferente del que impulsa a la otra, y precisamente se ponen de acuerdo para conseguirlo. Los contratantes pretenden cosas diferentes, pero sus intereses se armonizan en el acuerdo de voluntades. En la compraventa el comprador quiere obtener una cosa a cambio de pagar el precio y el vendedor quiere recibir dinero a cambio de entregar la cosa. Querer la cosa y querer dinero son finalidades diferentes, que se armonizan mediante el acuerdo de voluntades.

---

2. OSSORIO MORALES, *Notas para una teoría general del contrato*, Revista de Derecho privado, 1965, p. 1.073; F. DE CASTRO, *Las condiciones generales de los contratos y la eficacia de las leyes*, Madrid, 1961; DÍEZ-PICAZO, *Fundamentos del Derecho civil patrimonial*, tomo I, Madrid, 1972, pp. 85 y ss., y cuarta edición, Madrid, 1993, vol. I, pp. 115 y ss.; ENTENZA ESCOBAR, *Concepción normativa de la obligación y del contrato,* Revista General de Legislación y Jurisprudencia, octubre de 1961 y edición separada; GARCÍA BAÑÓN, *Concepción unitaria del contrato,* Estudios de Derecho civil en honor del Profesor Castán, vol. V, pp. 261 a 337; MARÍN PÉREZ, *La crisis del contrato,* Revista General de Legislación y Jurisprudencia, mayo de 1964; SANTOS BRIZ, *La contratación privada. Sus problemas en el tráfico moderno,* Madrid, 1966; JORDANO FRAGA, *Consideraciones preliminares para un estudio crítico de las reglas de responsabilidad contractual en el Código civil español,* Anuario de Derecho civil, 1984, pp. 109 a 155; del mismo, *Las reglas generales de la responsabilidad contractual en el sistema del Código civil español,* en el mismo ADC, 1985, pp. 275 a 399.

Aunque en algunos casos la celebración del contrato y su cumplimiento o consumación son actos simultáneos, lo normal es que resulten establecidas obligaciones que se tengan que cumplir en algún momento posterior. Las partes habrán sido libres para decidirse a contratar o para desistir de hacerlo; pero lo peculiar del contrato es que, en el primer caso, lo convenido subsistirá con fuerza obligatoria con independencia de que todavía subsista la voluntad inicial de obligarse. Una vez celebrado, el contrato es ley para las partes porque se ha convertido en una norma jurídica que regirá la conducta posterior de los contratantes.

El C.c. lo reconoce al disponer que «las obligaciones que nacen de los contratos tienen fuerza de ley entre las partes contratantes, y deben cumplirse al tenor de los mismos» (art. 1.091), y al reconocer que «la validez y el cumplimiento de los contratos no pueden dejarse al arbitrio de uno de los contratantes» (art. 1.256). Por consiguiente, el concepto de contrato comprende el acuerdo de voluntades que genera obligaciones, y la situación o estado jurídico resultante de su contenido. En este segundo sentido, es el complejo de normas a las que los contratantes quedan sometidos y que regulan sus conductas recíprocas, mediante los correspondientes derechos y obligaciones.

3. Fundamento de la fuerza obligatoria del contrato

El contrato está justificado en la medida en que debe reconocerse un valor a la palabra del hombre y ha de quedar protegida su voluntad. Es algo, dice Díez-Picazo, que tiene su fundamento en la misma vida social.[3]

El ordenamiento jurídico no ha de dar una respuesta filosófica al tema, y ha de limitarse a establecer los requisitos necesarios para que los hombres puedan usar de su libertad de obligarse en conformidad con sus intereses.

En determinados momentos de la evolución histórica, la explicación de la fuerza obligatoria del contrato se ha fundado en razones diversas. Según el llamado dogma de la voluntad (denominación que no es más que la traducción de la palabra compuesta alemana *Willensdogma),* el contrato obliga por el valor de la voluntad de los contratantes, precisamente en el sentido y dentro de los límites de esta intención o voluntad.

---

3. DÍEZ-PICAZO, citado en la nota anterior, p. 92.

Según otro criterio, la obligatoriedad del contrato se funda en la realidad de que la voluntad manifestada es un hecho que ha influido en la esfera de intereses de otro sujeto de derecho que sufriría un perjuicio si el primero no quedara obligado. En este sentido, la obligatoriedad del contrato se funda en una consideración ética derivada de la buena fe, que exige proteger la confianza que nuestra conducta ha suscitado en otro.

La primera posición doctrinal (la voluntad como fundamento de la obligación contractual y medida de su eficacia) tiene en su apoyo el hecho indudable de que la mayoría de los contratos desempeñan la función que les corresponde sin necesidad de intervención de los Tribunales, sobre la base de lo querido por los contratantes. La segunda tesis se funda en la observación de lo que sucede en los casos que exigen intervención judicial.

La concepción voluntarista es la que predomina en la fase de preparación y perfección del contrato; también es la que puede considerarse como dominante en los casos en que los contratos cumplen normalmente la finalidad que persiguen. En cambio, cuando se trata de una pugna surgida después de la perfección del contrato, se tiene en cuenta de manera predominante el hecho de que la declaración de voluntad consiste, en definitiva, en un acto jurídico que ha influido en la conducta ajena.[4]

4. El contrato en el Código civil

El art. 1.254 C.c. declara que «el contrato existe desde que una o varias personas consienten en obligarse, respecto de otra u otras, a dar alguna cosa o prestar algún servicio».

Siguiendo la tradición romana, nuestro Código presupone que el contrato es el acuerdo de voluntades dirigido a crear obligaciones. El art. 609 dice que la propiedad y los demás derechos reales sobre los bienes se adquieren y transmiten «por consecuencia de ciertos contratos mediante la tradición». Es decir, el contrato es el antecedente obligacional de los actos de creación, modificación, transmisión y extinción de los derechos reales. Según el art. 1.095, el acreedor tiene derecho a los frutos de la cosa desde que nace la obligación de entregarla, pero «no adquirirá derecho real sobre ella hasta que le haya

4. Véase más adelante, en este capítulo, al tratar de la imputación de la voluntad declarada a la voluntad interna, p. 184.

sido entregada». Véase en este sentido la Sentencia de 4 mayo 1965 (Aranzadi, núm. 2.441).[5]

En alguna ocasión el Código habla de los «contratos que tengan por objeto la creación, transmisión, modificación o extinción de derechos reales», y podría pensarse que alude a contratos cuya finalidad sea crear o modificar directamente derechos reales; pero, sin duda, se refiere a los contratos de los que nacen obligaciones dirigidas a dicha finalidad, y ello no desvirtúa, sino que confirma, lo que disponen los arts. 609 y 1.095 del Código civil.

Es cierto que la diferencia entre el nacimiento de la obligación de transmitir y la transmisión misma muchas veces desaparece o se atenúa, como en el caso de compraventa mediante escritura pública (cfr. art. 1.462-2 C.c.). Sin embargo, siempre es posible y en ocasiones tiene importancia, distinguir entre la perfección y la consumación del contrato, como en el supuesto de tener que juzgar si las prestaciones realizadas se han ajustado a lo convenido.

5. Requisitos del contrato

Para que exista contrato el art. 1.261 C.c. exige que concurran los requisitos siguientes: *1.º* Consentimiento de los contratantes. *2.º* Objeto cierto que sea materia del contrato. *3.º* Causa de la obligación que se establezca. Hay que añadir, en ciertos casos, el requisito de una forma determinada.

La exigencia de tales requisitos presupone la existencia de otros elementos que han de concurrir para que pueda hablarse de contrato. El profesor Luna distingue entre presupuestos y requisitos. Éstos son los que se acaban de indicar, pero los presupuestos previos y lógicamente necesarios son la pluralidad de partes y el interés de las mismas tutelado por el ordenamiento jurídico.[6]

La pluralidad de partes existe incluso en el caso de donación hecha al concebido y no nacido (art. 627 C.c.), que será eficaz cuando, con el nacimiento, haya quedado determinada la personalidad del beneficiado (cfr. art. 29 C.c.). Lo mismo sucede, por analogía, en el caso de donación a favor de una persona jurídica en trámite de constitución.

---

5. OSSORIO MORALES, citado en la anterior nota 2, p. 1.077.

6. LUNA SERRANO, en los *Elementos de Derecho civil* de LACRUZ. II-1, Barcelona, 1977, p. 41.

En la contratación por medio de representante legal o voluntario, el representado es la parte contratante, en cuanto sobre ella recaen los efectos del contrato. En los casos admitidos de autocontratación tampoco falta la pluralidad de partes porque en el convenio están representados los intereses de dos o más sujetos.

6. La capacidad para consentir

El consentimiento es el primero de los requisitos esenciales que enumera el art. 1.261 C.c. Su examen ha de referirse a dos aspectos: la capacidad para consentir y el acto de prestación del consentimiento.

A la capacidad para consentir se refieren los arts. 1.263 y 1.264 Código civil. El primero señala la capacidad para consentir en sentido negativo, a base de indicar quiénes no pueden prestar consentimiento. Dice, redactado por la Ley de 2 mayo 1975:

«No pueden prestar consentimiento:
»*1.º* Los menores no emancipados.
»*2.º* Los incapacitados.»

El art. 1.264 añade: «La incapacidad declarada en el artículo anterior está sujeta a las modificaciones que la ley determina, y se entiende sin perjuicio de las incapacidades especiales que la misma establece».

Existe, pues, la regla implícita de capacidad general para contratar, entendida como capacidad para contraer obligaciones por medio de la declaración de voluntad. Sobre esta regla general se proyectan las incapacidades señaladas en el art. 1.263 y las aludidas, en concepto de incapacidades especiales, en el art. 1.264. Este precepto también se refiere a las prohibiciones legales que afectan a determinadas personas con independencia de sus condiciones estrictamente personales.

La distinción entre incapacidades y prohibiciones es clara. La incapacidad es algo inherente a la persona que le afecta en relación con toda clase de posibles contratos; en cambio, la prohibición legal se funda en razones de moralidad o conveniencia. Así, en el caso del sometido a tutela, existirá la incapacidad que afectará personalmente al tutelado; pero, al mismo tiempo, existirá la prohibición legal de que el tutor pueda adquirir por compra los bienes de la persona o personas que estén bajo su tutela (art. 1.459-1.º C.c.).

El núm. 1.° del art. 1.263 C.c. no es muy preciso al declarar que no pueden prestar el consentimiento «los menores no emancipados». Sin acto formal de emancipación, el hijo mayor de dieciséis años que con el consentimiento de sus padres viviere independientemente de éstos, se reputará para todos los efectos como emancipado, según el art. 319 C.c., en la redacción de la Ley de 13 mayo 1981. Por otra parte, tampoco es cierto que los menores emancipados puedan en todo caso contratar libremente, como resulta del actual art. 323 (Ley de mayo 1981) del Código.

A su vez, el art. 1.263 C.c. no hace referencia al hecho de que hayan sido judicialmente incapacitados. Nadie puede ser declarado incapaz, dice el art. 199 C.c. (Ley de 24 octubre 1983), «sino por sentencia judicial en virtud de las causas establecidas en la Ley». Además, según el art. 210: «La sentencia que declare la incapacidad determinará la extensión y los límites de ésta, así como el régimen de tutela o guarda a que haya de quedar sometido el incapacitado». Los incapacitados estarán sometidos a tutela cuando la sentencia lo haya establecido (art. 222, núm. 2.°). Pero estarán sometidas a curatela, dice el art. 287, «las personas a quienes la sentencia de incapacitación o, en su caso, la resolución judicial que la modifique coloquen bajo esta forma de protección en atención a su grado de discernimiento».

Los contratos que por sí mismos hayan celebrado los incapacitados judicialmente y sometidos a tutela, pueden ser impugnados sin otro fundamento que la incapacitación, por tratarse de contratos anulables (arts. 1.301, 1.302, 1.309 y 1.313 C.c.). La acción corresponderá a los representantes legales del incapacitado y no podrá ejercitarla quien contrató con el incapacitado.[7]

Pero es posible que antes de haber recaído declaración judicial de incapacitación, se haya celebrado un contrato, que será igualmente anulable por el hecho innegable de haber sido celebrado por un incapaz, teniendo en cuenta el art. 1.263, núm. 2.°.

El art. 1.263 redactado por la Ley Orgánica 1/1996, de 15 de enero, ya no se refiere, como se establecía en la redacción anterior, a «los

---

7. Sobre la incapacitación, véase en el tomo I de este *Compendio* el capítulo XII. Podría creerse que si no hay contrato cuando falta el consentimiento de los contratantes (art. 1.261, núm. 1.°, C.c.), y si no pueden prestar consentimiento las personas a que se refiere el art. 1.263, no existirá en tal caso el contrato. Sin embargo, el contrato existe y es meramente anulable en atención a que el art. 1.301 del Código somete la correspondiente acción de impugnación al plazo de caducidad de cuatro años, cuando se trata de «los contratos celebrados por los menores o incapacitados, desde que salieren de la tutela».

sordomudos que no sepan escribir». Los sordomudos están afectados por una causa de incapacitación que puede encajar en el concepto del art. 200 C.c., en su nueva redacción: «Enfermedades o deficiencias persistentes de carácter físico o psíquico que impidan a la persona gobernarse por sí misma». Si ha recaído declaración judicial en tal sentido, habrá determinado la extensión y los límites de la incapacidad, así como el régimen de tutela o guarda a que haya de quedar sometido.

La Ley de 24 octubre 1983, de reforma del Código civil en materia de tutela, ha sometido a los declarados pródigos exclusivamente a curatela (art. 286, núm. 3.° C.c.), que no tendrá otro objeto que la intervención del curador en los actos que los pródigos no puedan realizar por sí solos (arts. 289 y 290 C.c.). Según el art. 293: «Los actos jurídicos realizados sin la intervención del curador cuando ésta sea preceptiva, serán anulables a instancia del propio curador o de la persona sujeta a curatela, de acuerdo con los arts. 1.301 y siguientes de este Código». La sentencia que declare la prodigalidad «determinará los actos que el pródigo no pueda realizar sin el consentimiento del curador» (art. 298). Pero en este caso la declaración judicial es indispensable para que los actos del pródigo puedan ser impugnados. El art. 297 dispone: «Los actos del declarado pródigo anteriores a la demanda de prodigalidad no podrán ser atacados por esta causa».[8]

El art. 1.263 no se refiere a la incapacitación que afecta al concursado y al quebrado para la administración de sus bienes (arts. 1.914 Código civil y 878 C. de comercio). Los contratos de contenido patrimonial que hayan realizado pueden ser objeto de impugnación; pero se trata de prohibiciones genéricas que tratan de evitar actividades que causen perjuicio a los acreedores, por lo que se tratará de nulidades de pleno derecho. En este sentido, la sentencia de 13 febrero 1960 (Aranzadi, núm. 478).

Con independencia del art. 1.263 C.c., pueden presentarse casos de incapacidad natural, entendida como la imposibilidad de un sujeto de darse cuenta de lo que verdaderamente realiza. Es cierto que sólo muy raramente se celebrarán contratos en tales circunstancias, pero puede suceder en el caso de personas de edad muy avanzada o

8. Respecto a la suprimida interdicción civil, la Disposición transitoria tercera de la Ley 13/1983 dice: «En cuanto subsista la pena de interdicción civil, la tutela de los condenados a ella corresponderá a las personas que determinan los artículos 234 y 235 de este Código, y se regirá en adelante por sus preceptos. Estas mismas normas serán de aplicación para las interdicciones ya firmes al tiempo de su entrada en vigor, continuando como tutor el que entonces lo sea».

en estado de grave enfermedad. El Código civil no resuelve la cuestión. Parece que sin el acuerdo de voluntades que es base del contrato, se estará ante un supuesto de inexistencia o de nulidad radical; pero si a pesar de todo hay una apariencia de acuerdo, el contrato podrá darse por real, aunque susceptible de anulación.[9]

El caso se halla previsto en la Ley 19-1 de la Compilación del Derecho Civil Foral de Navarra, en el sentido de que «son nulas las declaraciones de voluntad emitidas por menores no emancipados o personas que no se hallen en su cabal juicio...». Por tanto, se trata de una nulidad radical. La Ley 50 de la misma Compilación ha previsto lo que pueden hacer los púberes menores.

7. La manifestación del consentimiento o declaración de voluntad

No basta la capacidad general para contratar, ni que exista una voluntad efectiva en el fuero interno. Es preciso que la voluntad interna se manifieste, que no exista discrepancia entre lo querido y lo declarado, y que los contratantes coincidan en lo que afecta al objeto y a la causa del contrato.

Acerca de la pluralidad de sujetos, el contrato es el prototipo de los negocios bilaterales en lo que se refiere a su formación. Puede suceder que sólo uno de los contratantes asuma obligaciones, y entonces el contrato será unilateral por lo que se refiere a su contenido, pero habrá sido necesariamente bilateral en la constitución, por necesitar el consentimiento de dos o más partes para quedar establecido. Todos los contratos son bilaterales (o plurilaterales) en su formación, con independencia de que sean unilaterales o bilaterales por su contenido.

La oferta se dirige a la formación de un contrato y es una parte del negocio jurídico bilateral que se trata de constituir. La aceptación es lo único que puede convertir a la oferta en la obligación ofrecida; por ello, aunque existiera la obligación de mantener la oferta durante cierto tiempo, sólo se trataría de un punto de apoyo para facilitar la aceptación.

Respecto a si ha de considerarse que la declaración que contiene la oferta tiene sustantividad propia después de emitida, se trata de

9. LUNA, citado, p. 50.

otra cuestión diferente que consiste en averiguar si en el caso de fallecer el declarante o convertirse en incapaz, ha de ser protegido el interés de quienes han aceptado sin tener conocimiento de la desaparición del autor de la oferta. En todo caso, también se trataría de que la oferta necesita ser aceptada para que pueda nacer la correspondiente obligación.

8. Necesidad de la existencia de la voluntad contractual

La necesidad de que la voluntad exista obliga a estudiar los siguientes extremos: declaración hecha por quien carece de discernimiento; consentimiento obtenido empleando la violencia; la reserva mental; la declaración hecha sin seriedad; y una referencia a los supuestos de simulación.

A. Declaración de quien carece de discernimiento

La cuestión ha sido expuesta al examinar el art. 1.263, que se refiere a quienes no pueden prestar consentimiento. Como se ha dicho, los contratos celebrados por los menores no emancipados pero que tienen discernimiento son contratos existentes, aunque estén viciados y se hallen expuestos durante cuatro años a la acción de anulabilidad o impugnación. Pero no es posible estimar lo mismo cuando se trata de un contratante menor de tan corta edad que no pudiera tener discernimiento o de un incapacitado que se encuentre afectado por la misma imposibilidad radical de consentir.

El Código civil no recoge el límite de edad tradicional de siete años para la «infancia», pero en el art. 177, redactado según la Ley Orgánica 1/1996, de 15 de enero, incluye entre las personas que han de ser simplemente oídas por el Juez, «el adoptando menor de doce años, si tuviere suficiente juicio».

Esta falta de un límite general puesto al discernimiento es un grave defecto del Código. Basta tener en cuenta que los arts. 625 y 626, al disponer que «podrán aceptar donaciones todos los que no estén especialmente incapacitados por la ley para ello», y que «las personas que no puedan contratar no podrán aceptar donaciones condicionales u onerosas sin la intervención de sus legítimos representantes», plantean la duda de si las donaciones puras podrán ser aceptadas por el donatario, cualquiera que sea su edad. Parece lo más prudente exigir el indicado límite mínimo de los siete años para que los sujetos de derecho puedan consentir, incluso para admitir lo que sólo pueda favorecerles.[10]

Por lo que se refiere a la incapacidad mental, la sentencia que declare la incapacitación determinará la extensión y los límites de ésta (art. 210 C.c. según la Ley 13/1983, de 24 octubre).

B. *Consentimiento obtenido empleando la violencia*

El Código civil incluye entre los vicios del consentimiento la violencia (art. 1.265). Parece, pues, que incluso en el caso de consentimiento arrancado con violencia surge un contrato inicialmente eficaz, aunque expuesto a una acción de anulabilidad durante cuatro años (art. 1.301). Pero esta equiparación de la violencia con los demás vicios del consentimiento es censurada por todos los comentaristas, pues la violencia significa la actuación de una fuerza irresistible (art. 1.267-1), que sólo puede provocar una apariencia de contrato, con la consecuencia de que éste debería ser considerado radicalmente nulo o inexistente.

Sin embargo, en el terreno práctico puede ser difícil trazar con seguridad la línea que separa la violencia de la intimidación (art. 1.267-2), y seguramente por ello el Código considera que la mera apariencia de voluntad contractual da lugar a un contrato que puede estimarse existente, aunque sea susceptible de anulación. En todo caso, siguiendo la sistemática del Código, nos ocupamos de la violencia al tratar de los vicios del consentimiento.

C. *La reserva mental*

La declaración hecha con reserva mental es un caso claro de discrepancia, consciente y querida, entre la voluntad interna y la declaración. Consiste en que el declarante se reserva en su interior no querer lo declarado, y en realidad excluye los efectos jurídicos que indica como queridos.

En este supuesto se produce una declaración que es contradictoria con la más elemental exigencia de la negociación jurídica. La voluntad ha de manifestarse para que la otra parte contratante pueda confiar en lo que aparece declarado. Por tanto, la reserva mental ha de ser completamente irrelevante para la validez del contrato y el

---

10. El Código civil alemán, art. 104-1, dice que es incapaz para celebrar negocio jurídicos «quien no ha cumplido siete años de edad».

declarante ha de quedar vinculado por su declaración. La buena fe en la contratación lo exige necesariamente.

En consecuencia, la existencia de una reserva mental no invalida la declaración de voluntad, si no la conoce la otra parte o no la puede conocer con una normal atención.

D. *La declaración hecha por juego o sin seriedad*

En este supuesto existe igualmente una divergencia consciente entre voluntad y declaración, pero que se hace contando con que la falta de seriedad será claramente percibida por la otra parte. En este sentido se habla de declaración hecha *iocandi causa* o como juego, hasta el punto de que puede afirmarse que la divergencia en realidad no existe, siempre que la falta de seriedad no pueda pasar desapercibida.

No hay duda que la declaración hecha en las circunstancias indicadas es nula, pues en realidad no existe declaración contractual que el Derecho pueda tener en cuenta.

En el caso excepcional de que alguien, a pesar de todo, hubiese tomado en serio y de buena fe una declaración hecha sin seriedad, sólo podría pretender resarcimiento por el llamado interés contractual negativo; es decir, ser resarcido del perjuicio sufrido por haber considerado de buena fe como válido el negocio.[11]

E. *Referencia a los supuestos de simulación*

Hay que distinguir entre simulación absoluta y relativa. En la primera, las dos partes se ponen de acuerdo para crear una apariencia de contrato, con el resultado de que no hay verdadera declaración de voluntad contractual para ninguna de las partes. En lo que precisamente se han puesto de acuerdo es en que el contrato no exista, a pesar de que les interesa crear su apariencia. La discordancia o falta de seriedad no se produce en la declaración de una parte contratante frente a la otra, sino que las dos han convenido en producir la apariencia de contrato frente a terceros.

Muy distinta de la simulación absoluta es la relativa porque en ésta existe un contrato auténtico, aunque no es el que se aparenta haber celebrado. Por esta razón, en la simulación relativa la interpretación y calificación judicial ha de dirigirse a lograr una conversión

---

11. VERDERA y TUELLS, *Algunos aspectos de la simulación*, Anuario de Derecho civil, 1950, p. 33.

de lo que es apariencia en la realidad del contrato verdadero, pero disimulado, para que le sean aplicadas las normas que le correspondan; por ejemplo, para que una compraventa simulada sea considerada como una donación real y disimulada.[12]

9. Formas de manifestación de la voluntad

La voluntad contractual sólo tiene eficacia en la medida en que se exterioriza. El consenso, acuerdo o unión de voluntades se forma en virtud de lo declarado por una y otra parte, y significa que cada contratante conoce que puede ajustar su conducta a lo que ha declarado el otro. La vinculación contractual se produce porque cada parte ha podido formarse la idea, a base de lo manifestado por la otra, de cuál es el interés que el Derecho le protegerá cuando el contrato quede perfeccionado. Por tanto, lo que importa es que cada parte haya podido comprender lo que la otra ha ofrecido, y que, conforme a ello, haya prestado su consentimiento. Véase la Sentencia de 7 diciembre 1966 (Aranzadi, núm. 5.706).

La manifestación o declaración de voluntad puede ser de tres clases: expresa, tácita y presunta.

a) Manifestación expresa

La voluntad se manifiesta de manera expresa cuando los sentidos pueden percibir palabras, signos o actos cuyo fin consiste en exteriorizar directamente dicha voluntad. Por lo general, se tratará de palabras, habladas o escritas, que formularán una oferta o la aceptarán; pero también es posible que otros signos externos, hechos o circunstancias representen una forma sensible de exteriorizar la voluntad contractual de manera directa (levantar un brazo, dar un golpe en la mesa con un martillo, etc.), pues bastará que haya mediado acuerdo previo acerca del significado de tales actos para que pueda hablarse de una manifestación expresa, o que las circunstancias del caso, los usos del tráfico y la buena fe impongan la misma conclusión.

b) Manifestación tácita

Es aquella que resulta de hechos incompatibles con la voluntad contraria. La voluntad se manifiesta de manera indirecta, pero indu-

---

12. Véase, en el tomo I de este *Compendio*, el capítulo XX, en la parte dedicada los negocios jurídicos simulados.

dable, a través de los llamados «actos concluyentes», que son los que permiten inferir la existencia de la voluntad de contratación. Son actos, hechos o circunstancias que permiten confiar justificadamente que ha sido hecha una oferta o ha sido aceptada.

Véase, en el art. 1.710 del Código civil, que el mandato puede ser conferido y aceptado tanto de manera expresa como tácita.

c) Declaración presunta

En el supuesto de una declaración presunta no existe una declaración tácita, en el sentido que acabamos de ver, sino que se trata de que la ley ha previsto ciertos hechos o circunstancias como antecedentes necesarios o suficientes para que se reconozca la existencia de una obligación contractual. La ley presume la existencia de voluntad e impone directamente las consecuencias. En este sentido son obligaciones legales, pero por su contenido son equiparables a las contractuales. Como dice Castán, las declaraciones presuntas no se fundan en hechos concluyentes, sino sobre una particular disposición de la ley. En este sentido cabe citar los siguientes casos: el art. 1.188, que presume la renuncia del acreedor a la acción contra el deudor cuando le entrega el documento privado justificativo de un crédito; el art. 1.189, que presume que la entrega ha sido voluntaria cuando dicho documento privado se encuentra en poder del deudor; el art. 1.191, que establece la presunción de que ha sido remitida la obligación accesoria de prenda cuando la cosa pignorada que fue entregada al acreedor se halle en poder del deudor, etc.[13]

d) Posibilidad de valorar el silencio como una declaración de voluntad

Por lo mismo que callar no es hablar, el silencio no es una declaración y no puede significar, normalmente, una manifestación de voluntad. Sin embargo, en determinadas circunstancias en las que lo normal sería no callar, no cabe excluir que el silencio pueda ser valorado como una actitud de asentimiento.

El silencio tendrá el valor de una declaración cuando los interesados lo hayan convenido de esta manera respecto a una situación perfectamente delimitada. Pero, incluso sin convenio previo, el silencio puede ser el hecho concluyente que revele la existencia de una declaración de voluntad tácita. El silencio implica asentimiento cuando el

---

13. CASTÁN, *Derecho civil español común y foral*, I-2, décima edición, Madrid, 1963, p. 654; con posterior edición 13 de 1984.

que calla tiene perfecto conocimiento de que su conducta puede ser interpretada como una prueba de conformidad. Si en tal caso fuese otra su intención, se trataría de una reserva mental que, por lo antes dicho, no podría tener trascendencia.

Pero no es admisible que una oferta imponga al posible aceptante la obligación de contestar para que se entienda que la rechaza. El oferente no puede dar al silencio del destinatario de la oferta el valor de una aceptación, por la evidente razón de que nadie, por su sola voluntad, puede imponer a otra persona una obligación, aunque sólo sea la obligación de contestar. Cfr. Ss. 24 noviembre 1943 (Aranzadi, núm. 1.292) y 14 junio 1963 (Aranzadi, núm. 3.057).[14]

10. La voluntad declarada ha de ser imputable a una voluntad real o interna

La cuestión básica del Derecho de contratos es la de si se reconoce fuerza vinculante a la voluntad real y efectiva de quien ha querido obligarse, o si la ejecución del contrato responde a la protección del interés de quien ha confiado en la declaración de la otra parte. De esta manera se plantea la diferencia entre la llamada teoría de la voluntad y la de la declaración.

Acerca de la teoría subjetiva o de la voluntad conviene decir lo siguiente: Hay que partir de la realidad de que la mayoría de los contratos se cumplen normalmente y que ello permite sostener que los contratos obligan en conformidad con lo que las partes realmente han querido. La hipótesis normal es que la voluntad declarada coincida con la voluntad interna, y la falta de coincidencia aparece en supuestos anormales. Pero ello obliga, precisamente, a preguntar cuál será el criterio decisivo en los casos que susciten controversia: ¿deberá considerarse decisiva la voluntad interna o la que aparezca manifestada en la declaración?

La tradicional tesis subjetiva o de la voluntad se funda en que el contrato merece protección por ser expresión de la voluntad interna de las partes, que se traduce en el acuerdo de voluntades, el *convenire* del Derecho romano, como resulta de un texto del Digesto (D. 2. 14. 1. 3). Sin embargo, se ha observado que la voluntad no puede ser

---

14. Según la ley 20 de la Compilación del Derecho de Navarra, «el silencio o la omisión no se considerarán como declaración de voluntad, a no ser que así deba interpretarse conforme a la ley, la costumbre o los usos, o lo convenido entre las partes».

El art. 1.275 dispone: «Los contratos sin causa o con causa ilícita, no producen efecto alguno. Es ilícita la causa cuando se opone a las leyes o a la moral».

Añade el art. 1.276: «La expresión de una causa falsa en los contratos dará lugar a la nulidad, si no se probase que estaban fundados en otra verdadera y lícita».

El art. 1.275 se refiere en primer lugar a los contratos *sin causa* para afirmar que no producen efecto alguno. En realidad, si no hay causa, en alguna de las posibilidades que admite el art. 1.274 (prestación o promesa de una cosa o servicio para cada parte contratante, remuneración de un servicio o mera liberalidad), no existirá contrato, sino que posiblemente estaremos ante un supuesto de simulación absoluta.

En cambio, si se ha creado la apariencia de un contrato para disimular otro contrato diferente, se tratará de una simulación relativa, que ha de encuadrarse en lo que dispone el art. 1.276 (causa aparente falsa, pero concurrencia de otra causa verdadera y lícita), como sucederá en el caso más frecuente de donación disimulada bajo la apariencia de compraventa simulada.

El contrato sin causa, igual que el contrato con causa ilícita, no produce efecto alguno, como dice el art. 1.275, lo que revela que no es un contrato simplemente anulable, sino radicalmente nulo o inexistente. Sin embargo, el Código civil incurre en el defecto de disponer, en el art. 1.301, que en el caso de «falsedad de la causa» el plazo de cuatro años para pedir la anulación empieza a transcurrir desde su consumación, cuando por tratarse de un supuesto de nulidad radical y no de simple anulación no debería quedar sometido a limitación temporal para su ejercicio. Por referirse los arts. 1.300 y 1.301 a la anulación de contratos por vicios del consentimiento, podría entenderse que la alusión a la falsedad de la causa en el art. 1.301 se refiere al error que ha recaído en la causa, propósito o fin del contrato, con la posibilidad de ejercitar la correspondiente acción quien hubiese sufrido el error (art. 1.302).[4]

En realidad, el verdadero error sobre la causa es el que recae sobre la naturaleza del negocio, como sucedería en el caso de que se aceptara una oferta de venta creyendo que se trataba de una donación, en cuyo caso existiría en realidad falta de consentimiento o unión de voluntades (art. 1.262).

---

4. Federico DE CASTRO, *El negocio jurídico*, Madrid, 1967, p. 242 (obra reimpresa en 1985).

Después de afirmar el art. 1.275 que los contratos sin causa o *con causa ilícita* no producen efecto alguno, añade: «Es ilícita la causa cuando se opone a las leyes o a la moral». Hay que relacionar este precepto con el del art. 1.255, que dispone que los pactos de los contratantes serán eficaces «siempre que no sean contrarios a las leyes, a la moral ni al orden público». Díez-Picazo pregunta qué añade el artículos 1.275 al 1.255. Parece que cuando el contrato se presenta como un todo, su nulidad será resultado de su carácter de contrato prohibido o inmoral; pero si las diferentes promesas aparecen desligadas, o pueden considerarse con separación del resto del contrato, deberá atenderse a la ilicitud causal para decretar la nulidad.[5]

En la práctica no será fácil distinguir la ilicitud del objeto y de la causa. Pero sin duda la atención deberá centrarse sobre ésta cuando sea necesario tener en cuenta los móviles determinantes del contrato. Muchas cosas no son ilícitas por sí mismas, sino por el comercio que se haga con ellas, como sucede con ciertos medicamentos o sustancias. Cuando más que de ilicitud se trate de inmoralidad, la consideración de los motivos será necesaria para decretar la nulidad.

En los contratos onerosos la causa aparece claramente como un elemento objetivo del contrato, a pesar de que los contratantes actúan en consideración a resultados ulteriores que pueden diferir en cada caso. Aparece entonces la distinción entre causa y motivos, pues la primera es un elemento típico del negocio, en tanto que los motivos operan en cada caso concreto más allá de la causa típica y son por ello variables y generalmente su existencia se mantendrá al margen de la regulación jurídica del contrato. A la ley le basta, normalmente, tener en cuenta los últimos anillos de la cadena que forman las motivaciones que han impulsado a los contratantes. Así, es indiferente que el comprador de un inmueble diga al vendedor para qué hace la adquisición. Para este vendedor la causa será el pago del precio y para el comprador será la obligación del vendedor de entregar la cosa adquirida.[6]

Pero de manera excepcional la ley puede tener en cuenta los motivos ulteriores de las partes para decretar la nulidad de lo convenido si se trata de una finalidad ilícita o inmoral. Por ello ha de tenerse en cuenta, al examinar la jurisprudencia, que algunas sentencias excluyen a los motivos del concepto de causa, y que otras los incluyen cuando estiman que se trata de un supuesto de ilicitud de la causa.

---

5. DÍEZ-PICAZO, citado, p. 242 del volumen I de la cuarta edición.
6. LACRUZ, citado, p. 141; DÍEZ-PICAZO, 215 y ss.

En atención a lo dicho pueden formarse dos grupos de sentencias. Uno de ellos formado por las que mantienen un concepto estricto u objetivo de la causa, entendida como elemento de la estructura del contrato que no puede ser confundido con los motivos que pueden haber inducido a su celebración. En este sentido, la Sentencia de 22 febrero 1940 (Aranzadi, núm. 102) afirma que «la causa en el contrato de compraventa no es la razón primera o determinante de la voluntad o el fin u objeto que se persigue por encima o con independencia de los efectos propios de la convención, sino que lo es, para el vendedor, el precio estipulado, y para el comprador, la cosa a cuyo dominio aspira». Véanse también Ss. 6 diciembre 1947 (Aranzadi, número 1.359), 20 enero 1965 (Aranzadi, núm. 160).

Otro grupo puede formarse con sentencias que se refieren a casos en que la causa del contrato se confunde con los móviles que indujeron a su celebración. Así, la Sentencia de 24 marzo 1950 (Aranzadi, número 711) declaró que «aun dadas las dificultades técnicas para delimitar el ámbito de la causa y del móvil que lleva a su celebración, hay casos que una y otra se comprenden y es procedente aplicar la idea matriz que late en nuestro ordenamiento jurídico al reputar ineficaz todo contrato que persigue un fin ilícito e inmoral, cualquiera que sea el medio empleado por los contratantes para lograr esa finalidad apreciada en su conjunto, por lo que en definitiva esa doctrina proclama el imperio de la teoría subjetiva de la causa individual, impulsiva y determinante, elevando por excepción el móvil a la categoría de verdadera causa en sentido jurídico, cuando imprime a la voluntad la dirección finalista e ilícita del negocio...». En este sentido, Ss. de 12 abril 1941, 12 abril 1944 y 12 abril 1946, entre otras.

El Código civil presume que la causa existe en todo contrato. El artículo 1.277 lo dispone con las siguientes palabras: «Aunque la causa no se exprese en el contrato, se presume que existe y que es lícita mientras el deudor no pruebe lo contrario».

Esta presunción de la causa tiene por consecuencia una inversión de la carga de la prueba en beneficio del acreedor, puesto que, como dice el artículo, se presume que la causa existe y que es lícita «mientras el deudor no pruebe lo contrario». Según la Sentencia de 20 enero 1965 (Aranzadi, núm. 160), «el problema de la existencia de la causa es de mero hecho y favorecido por una presunción que desplaza su prueba al deudor, en contra de lo que sucede con los demás requisitos esenciales del contrato, cuya carga probatoria se impone a quien reclama su cumplimiento», y en este sentido puede decirse que existe una abstracción procesal de la causa.[7]

Pero no por ello cabe afirmar que, en virtud de dicho art. 1.277, se halle admitido en nuestro Derecho civil el llamado negocio jurídico abstracto, que es el que produce, en los sistemas que lo admiten, un desplazamiento patrimonial con independencia de la expresión y de la prueba de la causa. En nuestro ordenamiento esta eficacia puede darse con la aplicación del art. 33 de la Ley Cambiaria de 16 julio 1985, pues al aceptante de una letra de cambio ha de pagarla a quien sea un tercero tenedor de la cambial en el momento del vencimiento, sin perjuicio del derecho de este pagador a ser reembolsado por el librador fuera del juicio ejecutivo.

Por el contrario, a pesar del art. 1.277 C.c., si el deudor hace prueba en contra de la presunción y demuestra que la causa no existe o es ilícita, se aplicará la regla de que en tal supuesto el contrato no produce efecto alguno (art. 1.275 C.c.). Los efectos de semejante negocio sin causa no serían en nuestro Derecho meramente rescindibles, sino nulos de raíz.[8]

Como resumen, conviene hacer algunas puntualizaciones en relación con el uso de la palabra «causa» en nuestro Derecho.

a) Cuando se habla de *causa de la obligación* se hace referencia al origen o fuente de la relación obligatoria. Una obligación siempre tiene por causa el hecho o el acto que la ley ha previsto para dejarla establecida. La causa de la obligación contractual es, naturalmente, el contrato.

b) *Causa del contrato* es el concepto que se ha explicado en este capítulo en relación con el art. 1.274 del C.c.

c) *Falta de causa sobrevenida en el cumplimiento de una obligación* no es lo mismo que falta de causa del contrato que se pretende celebrar. En la fase de cumplimiento la falta de causa sobrevenida es una realidad que no pertenece propiamente a la doctrina de la causa. Una cosa es tener en cuenta la válida formación del contrato y otra distinta atender a los problemas que suscita su desenvolvimiento posterior, que es cuando en Derecho romano actuaba la *condictio causa data causa non secuta*. Por ello resulta significativo que esta

---

7. DÍEZ-PICAZO, citado, p. 239 de la citada cuarta edición.

8. Véase en el tomo I de este *Compendio* lo que se dice sobre la causa del negocio jurídico en el capítulo XX.

aplicación de la causa existe incluso en los ordenamientos que no se refieren a la causa como requisito de la celebración del contrato.

d) Finalmente, puede considerarse el supuesto de faltar toda justificación a un desplazamiento patrimonial. Entonces puede hablarse de inexistencia o de falta de «causa» en el sentido que tiene esta palabra en el art. 1.901 C.c., que habla de que un pago efectuado o una cosa entregada por supuesto error, puede ser un acto válido e irrevocable si se demuestra que «la entrega se hizo a título de liberalidad o por otra causa justa».

3. La forma de los contratos

En un sentido amplio y general, forma es la manifestación sensible de todo fenómeno jurídico, la manera de revelar su propia existencia. En este sentido, como manifestación sensible de la voluntad, la forma no puede faltar en ningún contrato. Pero de la forma de los actos jurídicos se habla de manera más concreta cuando su celebración está sometida a reglas que determinan cuándo, por existir la forma, existe el acto o contrato. Ante todo hay que distinguir entre la forma libre y la impuesta, y en este segundo caso hay que hablar de formalismo o de las formalidades legales necesarias para que las declaraciones de voluntad produzcan efectos jurídicos. Cuando el legislador establece una vía única y necesaria para que el contrato alcance su finalidad, ha de someterse necesariamente a las formalidades prescritas y se tratará de un acto formal.[9]

Los requisitos de forma ofrecen inconvenientes y ventajas. Como había observado Jhering, los defectos del formalismo son más visibles que las ventajas, que son principalmente negativas. Un contrato nulo por defecto de forma llama más la atención que millares de contratos que han tenido eficacia y que por ello han pasado desapercibidos. Los dos principales inconvenientes de la forma son su peligro y su incomodidad. El peligro radica en la facilidad con que puede incurrirse en un vicio de forma y, por tanto, en una causa de nulidad. En cuanto a la incomodidad de la forma, en muchas ocasiones puede ser difícil someterse a ella.

Las ventajas de la forma son la posibilidad de juzgar con seguridad el carácter jurídico de los actos humanos y sociales. La forma es

---

9. F. de CASTRO, citado en la nota 4, en su p. 277; DÍEZ-PICAZO, citado, p. 247 y ss.

para los actos jurídicos lo que el cuño para la moneda (Jhering). El cuño dispensa del contraste y peso del metal y la forma evita tener que averiguar si se ha querido celebrar un acto jurídico y cuál es este acto. De esta manera la voluntad de obligarse no se confundirá con los simples proyectos o actos preparatorios.

Otro beneficio de la forma es que las obligaciones no son asumidas precipitadamente, sino con prudencia, reflexionando sobre todas sus consecuencias. La exención de todo formalismo puede significar el peligro de que pueda verse obligado contra su voluntad quien no tenía verdadera intención de obligarse.

Las formalidades pueden estar exigidas como requisito esencial para la validez del contrato o solamente como elementos necesarios para su eficacia. Los elementos esenciales del contrato son el consentimiento, el objeto y la causa (art. 1.261 C.c.); pero, en ciertos casos, la ley puede añadir con el mismo carácter esencial algún requisito de forma.

Aunque la ley no haya ligado la validez del contrato a determinados requisitos de forma, pueden ser necesarias algunas formalidades pala que se produzcan los efectos deseados. En este sentido cabe señalar:

a) Determinados requisitos de forma pueden ser necesarios para la publicidad del contrato y su consiguiente eficacia respecto de tercero (cfr. arts. 1.218 y 1.227, entre otros, del C.c.).

b) Las formalidades también pueden estar previstas para dar al contrato un mayor valor en relación con otros contratos que no las hayan observado, lo que tiene importancia para la clasificación y prelación de créditos. Cfr. arts. 1.924-3.° A, 1.929-1.° C.c., y 913-4.° y 914-2.° Código comercio.

c) En otros supuestos el formalismo sirve para incorporar el derecho de crédito a un documento que permita su fácil y segura negociación, como sucede con los títulos valores o documentos negociables.

d) Ciertas formalidades son convenientes para asegurar la prueba de los contratos.

e) La incorporación del contrato a cierta forma puede ser necesaria para que la obligación resultante tenga fuerza ejecutiva (cfr. artículo 1.429, 1.° y 2.°, Ley Enj. civil) o permita la adopción de alguna medida como el embargo preventivo (cfr. arts. 1.400 y 1.401 de la misma Ley).

f) Una circunstancia formal puede ser aprovechada para que se logre cierto resultado, como la entrega o tradición simbólica de la posesión (cfr. art. 1.462 C.c.).

g) La forma, y concretamente el documento puede servir para la fijación del contenido del contrato, lo que es algo más que atribuirle valor probatorio, por tratarse de la manifestación renovada de la voluntad contractual. Pero hay que distinguir entre la posible intención novatoria de los contratantes y el supuesto de que únicamente hayan querido fijar el contrato primitivo. Si han querido limitarse a dar nueva forma al contrato anterior, sin alterarlo, una discordancia que luego se descubra podrá ser interpretada y rectificada como un error. Según el art. 1.224 C.c., la novación del primer documento ha de hacerse constar expresamente.

4. Las normas sobre la forma de los contratos en el Código civil

La Ley de Bases del Código civil de 1888, en la base 20, dispuso que los contratos «continuarán sometidos al principio de que la simple coincidencia de voluntades establece el vínculo, aun en aquellos casos en que se exige solemnidades determinadas para la transmisión de las cosas, o el otorgamiento de escritura a los efectos expresados en la base precedente».

En su cumplimiento, el art. 1.278 del Código dispone: «Los contratos serán obligatorios, cualquiera que sea la forma en que se hayan celebrado, siempre que en ellos concurran las condiciones esenciales para su validez». Como resulta del art. 1.261, la forma no es considerada como un requisito necesario para la existencia del contrato. La regla general es la de libertad de forma en la contratación, sin perjuicio de las excepciones que se han de señalar.

A. *Libertad de forma*

El principio de libertad de forma queda proclamado, como se ha visto, al disponer el art. 1.278 la obligatoriedad del contrato con independencia de la forma. Pero a continuación el art. 1.280 empieza diciendo: «Deberán constar en documento público», y a continuación hace una enumeración que vamos a examinar. Pero hay que empezar preguntando si son congruentes los arts. 1.278 y 1.280.

El profesor Luna dice que la clave del significado de la exigencia formalista del art. 1.280 nos la proporciona el art. 1.279, que dice así: «Si la ley exigiere el otorgamiento de escritura u otra forma especial para hacer efectivas las obligaciones propias de un contrato, los contratantes podrán compelerse recíprocamente a llenar aquella forma desde que hubiese intervenido el consentimiento y demás requisitos necesarios para su validez».[10]

Es criterio dominante en la doctrina que los arts. 1.278, 1.279 y 1.280 han de interpretarse en el siguiente sentido. Los contratos son válidos por regla general «cualquiera que sea la forma en que se hayan celebrado» (art. 1.278); pero, no obstante, si se trata de alguno de los que enumera el art. 1.280, los contratantes podrán «compelerse recíprocamente a llenar aquella forma» prescrita. En consecuencia, los contratos enumerados en el art. 1.280 son válidos en todo caso entre los contratantes, sin perjuicio de que éstos pueden compelerse a otorgar el documento a que se refiere el mismo artículo.

Pero hay que preguntar si la *validez* del contrato supone que el mismo ya es plenamente *eficaz* entre las partes, sin necesidad de pasar por las formalidades del art. 1.280, o si hay que entender que aquella validez sólo tiene de momento la eficacia de que los contratantes puedan obligarse a darles la forma requerida, para hacer efectivas, después, las obligaciones propias del contrato.

Ha prevalecido el primer criterio, que evita que se tengan que seguir dos pleitos, uno para que el contrato ya válidamente otorgado sea elevado a escritura pública, y otro, a base de esta escritura, para hacer efectivas las obligaciones propias del contrato. Es decir, tanto entre las partes como respecto de terceros, la validez del contrato no queda subordinado al otorgamiento de la escritura. Aunque en una primera interpretación, el Tribunal Supremo había entendido que el otorgamiento de la escritura pública debía preceder al cumplimiento de las obligaciones resultantes del contrato (Sentencia de 17 abril 1897), pronto abandonó esta interpretación literal, que daba lugar a gastos y dilaciones que podían evitarse. En este sentido, Sentencias 6 octubre 1965 (Aranzadi núm. 4.358), 26 enero 1967 (Aranzadi, núm. 250), 15 febrero 1969 (Aranzadi, núm. 923),9 mayo 1970 (Aranzadi, núm. 2.224), etc.[11]

El art. 1.280 dispone: «Deberán constar en documento público:

»*1.º* Los actos y contratos que tengan por objeto la creación, transmisión, modificación o extinción de derechos reales sobre bienes inmuebles.

---

10. LUNA SERRANO, en *Elementos de Derecho civil* de LACRUZ, II-1, p. 103.
11. Pero puede verse la crítica de VÁZQUEZ BOTE, *Sobre el artículo 1.279 del Código civil*, Revista General de Legislación y Jurisprudencia, 1970, tomo 61, p. 825.

»*2.º* Los arrendamientos de estos mismos bienes por seis o más años, siempre que deban perjudicar a terceros.

»*3.º* Las capitulaciones matrimoniales y sus modificaciones.

»*4.º* La cesión, repudiación y renuncia de los derechos hereditarios o de los de la sociedad conyugal.

»*5.º* El poder para contraer matrimonio, el general para pleitos y los especiales que deban presentarse en juicio; el poder para administrar bienes, y cualquier otro que tenga por objeto un acto redactado o que deba redactarse en escritura pública, o haya de perjudicar a tercero.

»*6.º* La cesión de acciones o derechos procedentes de un acto consignado en escritura pública.

»También deberán hacerse constar por escrito, aunque sea privado, los demás contratos en que la cuantía de las prestaciones de uno o de los dos contratantes exceda de mil quinientas pesetas.»[12]

Con la interpretación dominante, el art. 1.280 queda limitado a ser una lista de actos que el legislador considera que deben constar en documento público a petición de una de las partes contratantes. Generalmente se dice que los requisitos de forma que exige este artículo son meramente *ad probationem,* en contraposición a los que se exigen en algunos casos concretos, que exigen la forma como requisito *ad solemnitatem* o de manera indispensable para la misma perfección del contrato. Pero no se trata de que dicha forma *ad probationem* sea la única admitida para probar la existencia del contrato de que se trate, pues un requisito de forma nunca tiene la consideración de medio probatorio exclusivo en nuestro Derecho. Por ello alguien ha propuesto que los requisitos de forma del repetido art. 1.280 C.c. sean denominados de forma *ad utilitatem* o para la conveniencia de las partes contratantes (Roca Sastre).[13]

B. *Requisitos de forma de carácter esencial para la validez de los contratos*

En determinados casos el Código civil impone formalidades que, a diferencia de los supuestos previstos en el art. 1.280, la jurisprudencia estima que son requisitos de forma esencial para la validez de los contratos. Son los siguientes:

---

12. El núm. 3.º del art. 1.280 C.c. debe su actual redacción a la Ley 11/1981, de 13 de mayo.

13. ROCA SASTRE, *Estudios de Derecho privado,* Madrid, 1948, I, p. 492.

Primero. El art. 1.327 C.c., redactado según la Ley de 13 mayo 1981, dispone: «Para su validez, las capitulaciones habrán de constar en escritura pública». Se refiere, por supuesto, a las capitulaciones matrimoniales.

En este caso el requisito de forma tiene el carácter de solemnidad esencial para la validez del contrato. Así lo había estimado la Sentencia de 10 junio 1912, y sin duda ha de entenderse lo mismo en la actual redacción del precepto.

Segundo. El art. 633 del C.c. dispone que «para que sea válida la donación de cosa inmueble ha de hacerse en escritura pública, expresándose en ella individualmente los bienes donados y el valor de las cargas que deba satisfacer el donatario».

La jurisprudencia ha subrayado igualmente el carácter de forma o solemnidad esencial del otorgamiento de la escritura en este caso. Cfr. Ss. 21 junio 1932, 3 marzo 1933, y otras.

Tercero. La constitución del derecho real de hipoteca exige necesariamente el otorgamiento de escritura pública e incluso la inscripción en el Registro de la Propiedad, con valor constitutivo del derecho real. Véanse los arts. 1.875 C.c. y 145 de la Ley hipotecaria.

Cuarto. El art. 1.628 C.c. dispone que «el censo enfitéutico sólo puede establecerse sobre bienes inmuebles y en escritura pública». También en este supuesto el requisito de la forma tiene el carácter de solemnidad esencial para que el derecho real quede efectivamente constituido.

Quinto. La Ley de 8 de octubre 1980, sobre el contrato de seguro, en su art. 5.º dispone que el contrato de seguro y sus modificaciones o adiciones deberán ser formalizadas por escrito. La Sentencia de 24 de febrero 1927 afirmó que «para que tengan existencia legal y produzcan efectos jurídicos los contratos de seguro, no basta que vayan precedidos del mero consentimiento... sino que es absolutamente indispensable que se hagan constar en documento público o privado, suscrito por los contratantes». El mismo criterio que sostenía esta sentencia en relación con el derogado art. 1.793 del Código civil, ha de considerarse aplicable a la Ley de 1980.

Sexto. La Ley de hipoteca mobiliaria y prenda sin desplazamiento de 16 diciembre 1954, dispone en su art. 3.º que la hipoteca mobiliaria y la prenda sin desplazamiento se constituirán en escritura pública, que además deberá inscribirse en el Registro correspondiente para que el acreedor hipotecario o pignoraticio goce de los derechos que le concede la Ley.

Séptimo. La constitución de un edificio en régimen de propiedad horizontal también exige el otorgamiento de escritura pública. Véase el art. 5.º de la Ley de 21 de julio 1960, en relación con el art. 8.º, número 4.º, de la Ley hipotecaria.

Lo que ofrece de peculiar el contrato de constitución de sociedad civil será objeto de examen al tratar de este contrato.

Por lo que se refiere al arbitraje de Derecho privado, la vigente Ley 36/1988, de 5 de diciembre, ha introducido como novedad «el principio de libertad formal en el convenio arbitral», como dice en el preámbulo. Véase su artículo 6, que admite su formalización incluso por intercambio de cartas.

En los supuestos que se acaban de enumerar, los requisitos esenciales de los contratos son los de consentimiento, objeto, causa y *forma.* Por supuesto que existen otros actos solemnes que exigen el cumplimiento de una forma determinada para su validez y eficacia; pero se trata de materia ajena a la estrictamente contractual, como el matrimonio, la adopción, la emancipación, el reconocimiento de hijos, el testamento, la repudiación de herencia, etc.

XIII

PREPARACIÓN Y PERFECCIÓN DEL CONTRATO

El contrato se desenvuelve en tres fases o momentos principales: la generación, la perfección y la consumación. La primera comprende las relaciones preliminares; la segunda, el nacimiento al quedar perfeccionado por el concurso de la oferta y aceptación; la tercera, el cumplimiento del fin para el que fue celebrado; es decir, el cumplimiento y efectividad de las prestaciones derivadas del contrato.

No hay duda que excepto en los casos de contratación sometida a fórmulas *standard* o uniformes, los contratos previstos en el Código no se celebran con la brevedad de un automatismo impersonal y son resultado de una negociación en ocasiones dilatada. Como declaró la Sentencia de 18 enero 1964 (Aranzadi, núm. 204), «en la vida del contrato existen tres fases o momentos principales, que son la generación, la perfección y la consumación».

1. La perfección del contrato: oferta y aceptación

Como dice el Código civil, «los contratos se perfeccionan por el mero consentimiento» (art. 1.258), y éste «se manifiesta por el concurso de la oferta y de la aceptación sobre la cosa y la causa que han de constituir el contrato» (art. 1.262-1).

La oferta es la proposición que una de las partes dirige a la otra para celebrar con ella un contrato. Pero sólo hay propiamente oferta cuando el contrato puede quedar perfeccionado con la sola aceptación de la otra parte, sin necesidad de una posterior declaración del que hizo la oferta. La oferta es una declaración de voluntad recepticia, y también es una declaración recepticia la manifestación de que se acepta la oferta.

La Sentencia de 2 abril 1941 (Aranzadi, núm. 493) afirmó que la celebración de un contrato supone, como normal y corriente, una cierta sucesión cronológica de la oferta y la aceptación, de tal modo que para su perfección basta con que la declaración de aceptación se emita estando subsistente la oferta, según lo dispone claramente el art. 1.262 C.c.[1]

Para que exista la oferta han de concurrir los siguientes requisitos:

a) La oferta ha de ser completa, en el sentido de que ha de contener todos los elementos esenciales del contrato para que éste pueda quedar perfeccionado con la aceptación del destinatario.

b) La oferta ha de ser manifestación de la seria voluntad del oferente de obligarse. Si ha sido declarada con la reserva, expresa o implícita, de la prestación final del consentimiento por parte del mismo oferente (como sucede cuando se han usado las cláusulas «salvo confirmación», «salto aprobación», etc.) no se tratará propiamente de una oferta, sino de unos tratos preliminares. La verdadera oferta es la que permite dejar perfeccionado el contrato con la simple aceptación.

c) La oferta no necesita ninguna forma especial, sin perjuicio de los casos en que la ley o lo convenido por las partes hayan previsto que el contrato deba revestir una forma determinada con valor *ad substantiam* o *ad solemnitatem*.

Cuando la aceptación se hace de una manera que modifica la oferta, no existe verdadera aceptación, sino una nueva oferta o contra oferta que a su vez ha de ser aceptada. Un claro ejemplo está en el artículo 54 del Código de comercio, relativo a la contratación por correspondencia, cuando dice que la perfección del contrato se produce «desde que se conteste aceptando la propuesta *o las condiciones con que ésta fuera modificada*».

Declaró la Sentencia de 14 marzo 1973 (Aranzadi, núm. 981) que «si la aceptación se formula modificando o alterando la propuesta o sometiéndola a condición, no es posible apreciar su existencia, sino la de una simple proposición que deja el convenio en estado de proyecto, en tanto no manifieste su conformidad el primer oferente...».

En el mismo sentido, la Sentencia de 7 junio 1986 (La Ley de 28 octubre 1986) declaró que no es posible apreciar la existencia de aceptación cuando se formulan modificaciones, se altera la propues-

---

1. DÍEZ-PICAZO, *Fundamentos del Derecho civil patrimonial*, I, Madrid, 1972, p. 193, y cuarta edición, 1993, vol. I, p. 281.

ta o se somete a condición, apoyándose en las Sentencias de 10 octubre 1962 y 14 marzo 1973.

2. La invitación a presentar ofertas

En ocasiones la parte que inicia la negociación contractual no formula una oferta sino que invita a que otros la formulen. La iniciativa ha partido entonces de alguien que se reserva la facultad de aceptar la proposición que se le haga. Las circunstancias de cada caso deberán tenerse en cuenta para determinar si la declaración de quien ha tomado la iniciativa ha de ser considerada como una efectiva oferta o sólo como una manifestación dirigida a provocarla.[2]

En el caso de exposición de artículos al público con indicación del precio, como sucede en los supermercados, hay que tener en cuenta lo siguiente. Es frecuente que después de haber elegido el comprador un artículo lo vuelva a la estantería por haber descubierto el mismo artículo de otra marca que le parece mejor. Sería absurdo que no pudiera hacerlo por la consideración doctrinal de que la compraventa ya se había perfeccionado. Es preferible entender que el cliente se mantiene en la fase de negociaciones preliminares hasta que, al presentar los artículos elegidos en la caja, hace la efectiva declaración de comprar los artículos. Por lo mismo, un cliente no puede pretender que tiene derecho a llevarse un artículo cuyo precio estaba equivocado, pues la adquisición no quedó perfeccionada al tomarlo el cliente de la estantería.[3]

En general, las manifestaciones contenidas en catálogos, circulares, octavillas, etc., no son verdaderas ofertas, sino invitaciones a formularlas. La iniciativa para que empiece la fase precontractual corresponde al anunciante; pero la iniciativa circunscrita a las dos declaraciones contractuales (oferta y aceptación) está puesta a disposición de la otra parte. Si se entendiera que el anuncio de un artículo o su exposición al público con indicación del precio es una verdadera oferta, se produciría el resultado poco práctico de que el contrato debería considerarse perfeccionado, cuando tal vez la mercancía

---

2. Jorge SOUSS VILLALOBOS, *El anuncio comercial, ¿oferta de contrato?*, Revista Jurídica de la Universidad de Puerto Rico, 1973, pp. 115 y 133.

3. J.L. MONTROSE, *El contrato de venta en establecimientos de autoservicio* (en inglés), The American Journal of Comparative Law, 1955, pp. 235 a 239.

anunciada y expuesta ya estaba agotada o no dispondría el vendedor de la cantidad que el comprador pretendía adquirir.

3. Oferta y aceptación en la venta en subasta pública

Un caso de invitación a formular ofertas aparece en la contratación mediante pública subasta. En ésta el contrato ha de quedar perfeccionado con el mejor postor en una licitación practicada con todos los interesados en contratar. Pero hay que precisar si la oferta es el anuncio de subasta o la licitación o postura de los que pretenden la adquisición. Lo normal será que cada postura se entienda que es una oferta y que el contrato sólo se perfecciona por medio de la adjudicación. Así sucederá en las subastas voluntarias cuando el anunciante se haya reservado el derecho de aprobar el remate (art. 2.055 Ley Enj. civil). La cuestión será diferente en la subasta judicial cuando deba pronunciarse necesariamente la adjudicación (cfr. arts. 1.503 y 1.506 Ley Enj. civ.). Véase la actual redacción de estos artículos según la Ley 34/1984, de 6 de agosto.

4. Ofertas con cláusulas «sin compromiso»

La iniciativa contractual puede manifestarse sin los efectos de una propia oferta cuando la declaración indica que la aceptación no dejará vinculado en firme al oferente. Frases o cláusulas como *sans engagement, senza impegno, Freibleibend,* etc., indican claramente que el oferente no quiere quedar vinculado con la aceptación; pero tampoco se trata de simples invitaciones a tener reservado el derecho de aceptar la proposición formulada por la otra parte, sino que pretende dejar a ésta vinculada en firme desde el momento de la aceptación. Es decir, el oferente pretende quedar todavía en libertad frente a la obligación asumida en firme por la otra parte.

5. Posibilidad de revocar la oferta antes de la aceptación

Conviene distinguir dos cuestiones diferentes: *a)* la de si el oferente está obligado a no revocar la oferta hasta que haya transcurrido un plazo mínimo, con el fin de que el destinatario disponga de un tiempo prudencial para decidir si acepta o rechaza la proposición; *b)* si el oferente puede revocar su oferta incluso después de que haya sido aceptada, pero antes de llegar a su conocimiento la aceptación.

Acerca de si el oferente está obligado a mantener la oferta durante un plazo mínimo, hay que decir lo siguiente: Según la tradición romana, la oferta carece de todo efecto vinculante. Esta regla no se manifestó como insuficiente hasta el desarrollo de la contratación mercantil entre personas ausentes durante el siglo XVIII. La reacción oficial debida a los nuevos hechos aparece en el Código prusiano de 1794 y en el Código austríaco de 1811. La doctrina de la irrevocabilidad de la oferta aparece claramente formulada en el Código de comercio alemán de 1861, circunscrita, naturalmente, a las transacciones comerciales. Más tarde, el vigente Código civil alemán, apartados 145-149, dispuso en términos generales que el oferente no puede revocar la oferta hasta que el destinatario haya dejado transcurrir sin aceptarla el tiempo suficiente para considerar razonable la revocación.[4]

En los países latinos perdura la tradición romana de que la oferta es revocable en todo momento. Pero el Código de comercio italiano de 1882 (art. 36, párrafo 3.º) impuso la obligación de indemnizar daños al oferente cuando el destinatario hubiese preparado el cumplimiento del contrato por confiar en la oferta. En el vigente Código italiano de 1942, véanse los arts. 1.328 y 1.329.

En Derecho francés la oferta puede ser revocada en todo momento antes de la aceptación, por no existir en el Código ningún artículo que obligue a mantenerla durante un plazo determinado. A pesar de ello, observa Josserand que en la práctica se admite que el oferente señale un plazo mínimo durante el cual se obligue eficazmente a no revocar, y además se considera que este plazo debe admitirse cuando resulte implícitamente de las circunstancias o los usos, como sucede en materia comercial.[5]

El Código civil español no contiene disposición alguna que se refiera a si la oferta de contrato ha de ser mantenida durante cierto tiempo. Por supuesto que si el oferente señala plazo para la aceptación, ésta puede hacerse dentro del tiempo señalado. Si no se ha fijado plazo y la oferta se ha dirigido a una persona que no está presente, parece razonable entender que ha de esperarse el mínimo de tiempo necesario para que el destinatario pueda resolver si le conviene aceptar.

---

4. NUSSBAUM, *Aspectos comparativos de la doctrina angloamericana de la oferta y aceptación* (en inglés), Columbia Law Review, vol. 36, pp. 920 y ss.
5. JOSSERAND, *Derecho civil*, II-1, Buenos Aires, 1950, pp. 42 y ss.

La Sentencia de 22 diciembre 1956 (Aranzadi, núm. 4.135) declaró que «la doctrina moderna estima que toda oferta lleva consigo la fijación de un plazo para la aceptación, que cuando es implícito hay que entender como tal el corriente, lógico, adecuado a la naturaleza de la oferta...».

Cuando el mismo oferente ha fijado un plazo dentro del cual cabe manifestar la aceptación, la revocación antes de que haya transcurrido el plazo fijado es inadmisible. Véase la Sentencia 7 marzo 1968 (Aranzadi, núm. 1.735).

La segunda de las cuestiones planteadas (si el oferente puede revocar su oferta cuando una persona ausente ya ha aceptado, pero antes de conocer la aceptación), ha de resolverse en atención a lo que sigue.

6. El problema de la contratación entre personas ausentes: momento en que el contrato queda perfeccionado

El Código civil dedica a esta cuestión el segundo párrafo del artículo 1.262, que dispone: «La aceptación hecha por carta no obliga al que hizo la oferta sino *desde que llegó a su conocimiento*. El contrato en tal caso se presume celebrado en el lugar en que se hizo la oferta».

Distinto es el criterio que sigue al Código de comercio, pues en el art. 54 dice: «Los contratos que se celebren por correspondencia quedarán perfeccionados *desde que se conteste* aceptando la propuesta o las condiciones con que ésta fuere modificada».

No hay duda que el art. 1.262 C.c. deja bastantes cuestiones sin resolver. ¿Puede revocar su oferta el oferente, aunque ya haya sido aceptada, si lo hace antes de recibir la aceptación? ¿Y si lo hace después de recibir la aceptación, pero antes de tener conocimiento de ella, ya que el art. 1.262 dice que la aceptación ha de haber llegado a su conocimiento? Por su parte, el aceptante, ¿puede revocar la aceptación comunicándolo por un medio más rápido (v.g., por telégrafo) que el utilizado (correo ordinario) para cursar la aceptación?

En realidad se trata del problema de cómo se han de distribuir los riesgos que derivan del hecho de que transcurra cierto tiempo entre el envío de la aceptación y su recepción por el oferente. Qué daño es preferible evitar, ¿el positivo que resultaría de considerar que alguien está obligado por un contrato que no ha creído realizar, o el daño negativo de privar al aceptante de los beneficios del contrato que ha creído perfeccionar?

Existen dos principales criterios de orientación: la llamada teoría de la remisión o expedición y la de la recepción. Según la primera, el contrato se perfecciona desde que el destinatario de la oferta remite su aceptación al oferente; en el segundo caso, en cambio, se considera que la perfección del contrato queda pendiente de que el oferente reciba la aceptación.

A estas dos posiciones básicas hay que sumar dos variantes. Antes de que el destinatario de la oferta remita su aceptación, la habrá exteriorizado, y por ello es posible distinguir entre la llamada teoría de la manifestación o declaración y la de la remisión o expedición. Por otra parte, cabe tener en cuenta el momento en que el oferente recibe la aceptación y el momento, posterior, de enterarse del contenido de la misma. En este sentido se distingue entre la teoría de la recepción y la de la cognición.

De esta manera cabe enumerar las siguientes cuatro tesis: el contrato se perfecciona al exteriorizar el destinatario de la oferta la aceptación; o se perfecciona en el momento de cursar o enviar dicha aceptación; o no se perfecciona hasta que la aceptación llega a poder del oferente; o no se perfecciona hasta que este proponente se entera de la aceptación.

Sin embargo, sólo tienen sólido fundamento las dos tesis de la expedición, y de la recepción. Que antes de la expedición el aceptante haya exteriorizado su decisión y, por otra parte, que después de recibida la aceptación deba enterarse de su contenido el proponente, representa soluciones fundadas en circunstancias sumamente frágiles y subjetivas.[6]

Sin embargo, la tesis de cognición, que retrasa hasta el máximo la perfección del contrato, es la adoptada por el art. 1.262-2 del C.c., que dice, en efecto, que «la aceptación hecha por carta no obliga al que hizo la oferta sino *desde que llegó a su conocimiento*». Por tanto, en nuestro Derecho civil el contrato se perfecciona, no al *recibir* el oferente la carta de aceptación, sino al enterarse de su contenido. En cambio, el art. 45 C. de com. sigue la teoría de la expedición, al disponer que la perfección de los contratos celebrados por correspondencia tiene lugar «desde que se *conteste* aceptando la propuesta o las condiciones con que ésta fuere modificada».

Los inconvenientes de la solución del Código son evidentes. Basta tener en cuenta la posibilidad de que el oferente retrase maliciosa-

---

6. JOSSERAND, citado, II-I, pp. 44 y ss.; NUSSBAUM, citado, pp. 920 y ss.

mente la toma de conocimiento, no leyendo o no abriendo la carta o comunicación recibida a pesar de poder hacerlo. Lo justo será, incluso en esta hipótesis, entender que el contrato quedó perfeccionado en el momento en que el oferente pudo tener conocimiento de la aceptación recibida, como ya habían sostenido Pérez González y Alguer.[7]

Lo que dispone el Código no permite saber cómo ha de resolverse la siguiente cuestión: una carta del oferente que revoca la oferta se cruza en el correo con una carta de aceptación. Este planteamiento demuestra que no basta determinar cuándo produce efecto la aceptación, sino que es necesario precisar cuándo la produce la revocación de la oferta.

Conviene tener en cuenta la diferencia que existe entre la posición del oferente y la del aceptante. El primero ha provocado una respuesta a la que ha dejado subordinado su consentimiento; en cambio, el aceptante no aguarda ninguna respuesta sino que manifiesta en firme su voluntad de contratar. Quien ofrece sabe que de momento no queda obligado, pero conoce, en cambio, que provoca una contestación. Por el contrario, el que acepta sabe que se obliga con independencia de que se le notifique que su aceptación ha llegado efectivamente a poder del oferente. Por ello, después de cursada la oferta, el oferente ha de esperar la aceptación de la otra parte; en cambio, el aceptante, una vez manifestada la aceptación, no ha de esperar otra manifestación posterior del oferente relativa a la perfección del contrato. Parece que sería justo permitir que se adelantara en el tiempo la eficacia de la declaración con la que hay que contar, que es la aceptación. En cambio, la revocación de la oferta tendría eficacia solamente en caso de llegar a poder del destinatario antes de manifestar éste su aceptación.

Por otra parte, si la persona que ha cursado una oferta puede cambiar su opinión después de haberlo hecho, sucede igualmente que la persona que ha dado curso a su aceptación puede cambiar de opinión y dejarla sin efecto. Puede suceder que, después de enviar una carta de aceptación, el aceptante mande un telegrama en el que advierte al oferente que debe hacer caso omiso de la carta de aceptación. El oferente se encuentra con un telegrama que revoca la aceptación y que es de fecha posterior a ésta, pero que llega a su poder con anterioridad por tratarse de un medio de comunicación

---

7. PÉREZ GONZÁLEZ y ALGUER, Anotaciones al *Tratado de Derecho civil*, Parte General, de ENNECCERUS y NIPPERDEY, tomo I, volumen 2.°, de la segunda edición española, p. 152.

más rápido. El art. 1.262 C.c. dice que «la aceptación hecha por carta no obliga *al que hizo la oferta* sino desde que llegó a su conocimiento»; pero, con estas palabras, queda sin resolver la cuestión de saber cuándo queda obligado, no el que hizo la oferta, sino el aceptante. No se trata de saber si el oferente queda obligado, sino facultado para considerar aceptada la oferta.

Ha de tenerse en cuenta que en los países en que los servicios postales permiten retirar una carta después de haber sido depositada y antes de su entrega al destinatario, el hecho de la expedición o envío no debe tener un valor decisivo para resolver en qué momento quedó perfeccionado el contrato.[8]

Entendemos que el aceptante ha de poder revocar su aceptación, siempre que su declaración en tal sentido llegue a conocimiento del autor de la oferta antes que la declaración revocada. Si alguien cursa una oferta a una persona que se halla en un lugar distante y la primera noticia que recibe es que la oferta no interesa, deberá considerarse que el contrato no se ha formado y el oferente no habrá sufrido el menor quebranto, aunque el destinatario de la oferta, al rechazarla, revoque una aceptación de la que el oferente no tenía conocimiento en el momento de quedar revocada.

7. Criterio para determinar el lugar de la perfección del contrato

Puede suceder que los contratantes se hallen en territorios correspondientes a la jurisdicción de Tribunales diferentes, o incluso en países de legislación diferente. Cabe preguntar cuál será el lugar de la celebración del contrato, tanto por lo que se refiere a la competencia de uno u otro Tribunal, como para determinar la legislación aplicable. A tal efecto, el párrafo segundo del art. 1.262 C.c. dispone que, en el caso de aceptación hecha por carta, el contrato «se presume celebrado en el lugar en que se hizo la oferta».[9]

---

8. Adolfo PARRA ABAD, *Un comentario al artículo 18 de la Ordenanza postal. La perfección del contrato entre ausentes y la propiedad de la correspondencia.* Anuario de Derecho civil, 1961, pp. 909 a 913.

9. DÍEZ-PICAZO, citado, p. 299 de la 4.ª edición, observa que «la reglamentación contractual se encuentra ya contenida en su totalidad en la oferta, de manera que la aceptación no es un acto de creación del contenido reglamentario del contrato, sino una conformidad del mismo. El lugar de formación del contrato es por ello el lugar de la oferta».

Entre las normas de Derecho Internacional Privado contenidas en el Título Preliminar del C.c., el art. 10, núm. 5, dispone: «Se aplicará a las obligaciones contractuales la ley a que las partes se hayan sometido expresamente, siempre que tenga alguna conexión con el negocio de que se trate; en su defecto, la ley nacional común a las partes; a falta de ella, la de la residencia habitual común, y, en último término, la ley del lugar de celebración del contrato». Añade el segundo apartado del mismo precepto: «No obstante lo dispuesto en el párrafo anterior, a falta de sometimiento expreso, se aplicará a los contratos relativos a bienes inmuebles la ley del lugar donde estén sitos, y a las compraventas de muebles corporales realizadas en establecimientos mercantiles, la ley del lugar en que éstos radiquen».

8. Terminación de la oferta

Con independencia del caso de aceptación de la oferta, ésta puede dejar de surtir el efecto que le es propio en los siguientes casos:

a) Si el destinatario de la oferta la rechaza expresamente.
b) Si transcurre el plazo o se cumple la condición que la misma oferta señaló como límite de su eficacia.
c) Cuando fallece una persona o se destruye una cosa que se consideraron esenciales para el cumplimiento del contrato.
d) Por la subsiguiente prohibición legal de celebrar el contrato.
e) En el caso de que el autor de la oferta pueda revocarla.
f) Por el fallecimiento del mismo oferente o por su incapacidad sobrevenida, que le impida celebrar el contrato propuesto.

Este último supuesto plantea la cuestión de averiguar si la declaración del oferente tiene una sustantividad propia después de emitida. En el Derecho común europeo la declaración caducaba si antes de consumarse fallecía el declarante o perdía la necesaria capacidad. Esta solución era contraria a los intereses de la seguridad en el tráfico y, por ello, el Código civil alemán, en su apartado 130-2, dispone que la declaración hecha a un ausente no pierde la eficacia por el hecho de que el declarante muera o pierda la capacidad después de la declaración.

La solución no está prevista en el Código español. Pérez González y Alguer, al comentar la solución del Código alemán, opinan que es la más racional y la que puede aplicarse sin inconveniente, pues ningún precepto se opone a ello y ninguno exige la permanencia de la vida y de la capacidad del declarante como supuesto de la declaración.[10]

9. La responsabilidad por culpa «in contrahendo» y «post contrahendum»

Muchas veces los contratos van precedidos de una laboriosa negociación durante la cual las partes sin duda están obligadas a comportarse con la buena fe que corresponda a los usos sociales vigentes en la comunidad; por ello es posible que algunos negociadores incurran en la que Jhering llamó culpa *in contrahendo*.[11]

El fundamento legal de esta responsabilidad ha suscitado bastantes dudas. Por un lado, si el contrato por el que se negoció no ha llegado a celebrarse, no puede hablarse de responsabilidad contractual; por otro, fundarlo en el principio general de la responsabilidad extracontractual que proclama el art. 1.902 parece demasiado vago, aparte del breve plazo de prescripción de la acción en un año (art. 1.968-2.° C.c.). Parece que la responsabilidad precontractual ha de representar una protección más concreta para quien se ve perjudicado por una conducta desleal, dolosa o gravemente culposa. Podría recurrirse a la idea de dolo incidental, que obliga a quien lo haya empleado a indemnizar daños y perjuicios (art. 1.270-2), que sería procedente estimar con independencia de si se ha llegado a la válida celebración del contrato.

En el mismo Código se encuentran casos de aplicación concreta de la misma idea; por ejemplo, en los arts. 1.486-2, 1.487, 1.483, 1.566, 1.725, 1.752, 1.779, etc.

Por otra parte, como observa Alonso Pérez, nuestro Derecho público ha dado entrada a la responsabilidad precontractual en el Reglamento de la Ley de Contratos del Estado, aprobado por Decreto 28 diciembre 1967, arts. 44, 45 y 47, con referencia a los actos previos al contrato, imponiendo a la parte que haya sido culpable de la anula-

---

10. PÉREZ y ALGUER, anotaciones citadas, p. 154.

11. ALONSO PÉREZ, *La responsabilidad precontractual*, Revista Crítica de Derecho inmobiliario, 1971, pp. 859 a 992; Alfonso DE COSSIO, *El dolo en el Derecho civil*, Madrid, 1955, pp. 271 y ss.; GALLARDO RUEDA, *Notas doctrinales sobre la responsabilidad precontractual*, Estudios Jurídicos, VII-3, 1944; MORENO QUESADA, *La oferta de contrato*, Barcelona, 1963; DE LOS MOZOS, *El principio de la buena fe*, Barcelona, 1965, pp. 222 a 224; SANTOS BRIZ, *La contratación privada*, Madrid, 1956, p. 101.

ción el deber de indemnizar los daños y perjuicios sufridos por la otra.[12]

El mismo autor opina que por no tener la culpa *in contrahendo* naturaleza autónoma en nuestro Derecho, es más procedente atribuirle naturaleza contractual a efectos de señalar el plazo de prescripción de la acción en quince años (art. 1.964 C.c.).

De la culpa *post contrahendo* se ha hablado con respecto a la obligación que incumbe a las partes contratantes después de la perfección y consumación del contrato. Como se ha visto en relación con el art. 1.258 C.c., los contratos perfeccionados no sólo obligan «al cumplimiento de lo expresamente pactado, sino también a todas las consecuencias que, según su naturaleza, sean conformes a la buena fe, al uso y a la ley». La infracción de las obligaciones que pueden derivarse de estas consecuencias del contrato han de ser consideradas, realmente, como propiamente contractuales.

12. ALONSO PÉREZ, citado, p. 920.

XIV
LA INTERPRETACIÓN DEL CONTRATO

1. Concepto general

La interpretación del contrato se propone encontrar el sentido de lo manifestado por las partes contratantes y averiguar los efectos que corresponden a la voluntad contractual. La interpretación procura fijar la voluntad común o coincidente de ambas partes, aunque en muchos casos, al presentarse la necesidad de interpretar lo convenido, se manifestará la discrepancia acerca de lo que cada parte entiende como consentido.[1]

Puede hablarse de una interpretación estricta o propiamente dicha y de una interpretación integradora del contrato. Es necesario reconocer que en ocasiones no es suficiente una interpretación extensiva de las manifestaciones de los contratantes para resolver todas las dudas que se presentan. La interpretación extensiva atribuye a las palabras de los contratantes un sentido amplio o extenso para que comprendan lo que han querido; pero la interpretación que puede llamarse integradora o supletoria muchas veces es necesaria para que tenga eficacia lo que el contrato contiene de manera virtual. Ha de quedar de manifiesto un elemento normativo del mismo contrato que no se desprende directamente de las palabras de los contratantes, pero cuya inclusión en lo convenido es indispensable para que pueda alcanzarse precisamente la finalidad que se propusieron.

Los problemas de interpretación surgen por un desacuerdo posterior al contrato, y es preciso entonces integrar su contenido, de ma-

---

1. TRAVIESAS, *Los negocios jurídicos y su interpretación*, Revista de Derecho privado, 1925, p. 33 y ss.; DANZ, *La interpretación de los negocios jurídicos*, Madrid, 1926; DÍEZ-PICAZO, *Fundamentos del Derecho civil patrimonial*, Madrid, 1972, pp. 247 a 258; en la cuarta edición de la misma obra, 1993, vol. I, pp. 367 a 388; CANO MATA, *La interpretación de los contratos civiles*, Anuario de Derecho civil, 1971, pp. 193 a 206.

nera que se vaya más allá de lo que pudo estar en la conciencia de las partes contratantes, pero que la buena fe exige que se considere también como querido en un momento posterior.

La Sentencia de 15 octubre 1965 (Aranzadi, núm. 4.446) se refirió a una interpretación amplia del contrato, «extendiéndolo a todo aquello que, por ser práctica observada, reiterada y admitida, se cree innecesario consignar expresamente en el texto contractual...».

Igualmente conviene llamar la atención sobre la diferencia entre interpretación y calificación del contrato. La primera permite fijar el sentido de lo querido y manifestado por las partes; la calificación hace referencia a la disciplina jurídica del contrato. Es normal que el contrato quede incluido en una de las categorías contractuales establecidas por la Ley, la costumbre o la práctica, que tienen prevista la normativa propia para cada clase de contrato. Pero también puede tratarse de un contrato mixto o atípico, en cuyo caso el intérprete determinará las normas que deban aplicarse según la finalidad que las partes hayan buscado. Como ha observado Cano Mata, la atipicidad no siempre es absoluta, y es tan difícil encontrar un negocio jurídico regulado por la ley hasta en sus más mínimos detalles, como pensar que hay contratantes con tanta imaginación como para crear un contrato válido carente de toda previsión normativa.[2]

La autonomía que la ley reconoce a la voluntad de las partes (art. 1.255 C.c.) no comprende la calificación del contrato según el nombre que le hayan atribuido. Las partes se habrán puesto de acuerdo para determinados fines, y esto es lo que ha de ser objeto de interpretación; pero no pueden excluir la aplicación de las normas que correspondan a su contenido dándoles una denominación errónea. Un propietario puede dar su finca en arrendamiento o puede venderla, pero en el primer caso será inútil que califique al contrato de venta y en el segundo que lo llame arrendamiento. El Juez rectificará la errónea denominación de quienes no tienen por qué saber Derecho, y calificará el contrato según su contenido y le aplicará las normas pertinentes. Por ello ha dicho reiteradamente la jurisprudencia de la Sala 1.ª del Tribunal Supremo que los contratos se han de calificar por su propia naturaleza y contenido, con independencia del nombre que las partes les hayan dado. Véanse las Sentencia de 4 febrero 1965 (Aranzadi, núm. 526) y de 13 octubre 1962 (Aranzadi, núm. 3.794), entre otras muchas.

---

2. Cano Mata, citado, p. 204.

2. Reglas del Código civil

El Código dedica nueve artículos a la interpretación de los contratos, que ofrecen criterios interpretativos en relación con los casos que suscitan dudas con más frecuencia.

a) *Palabras claras y de sentido indudable.* El párrafo 1.º del artículo 1.281 dispone: «Si los términos de un contrato son claros y no dejan duda sobre la intención de los contratantes se estará al sentido literal de sus cláusulas».

Más que excluir toda interpretación, esta regla la supone, pues la afirmación de que los términos de un contrato son claros implica una valoración de las palabras. La regla *in claris non fit interpretatio,* supone haber comprobado que el sentido literal es claro y que la intención está exactamente reflejada en la literalidad de los términos del contrato. No hay duda que cuando el contrato aparece redactado en términos claros e inequívocos, hay que presumir que reflejan la voluntad de los contratantes.[3]

b) *Palabras contrarias a la intención.* El segundo párrafo del mismo art. 1.281 dispone: «Si las palabras parecieren contrarias a la intención evidente de los contratantes, prevalecerá ésta sobre aquéllas». Ello significa que sólo se estará al sentido literal de las palabras cuando éstas no parezcan contrarias a la intención de los contratantes, sino que sean fiel reflejo de la misma. Queda así proclamada la primacía de la intención sobre la expresión. Es preciso que los contratantes, no sólo hayan empleado un lenguaje claro, sino que además no quepa duda sobre su intención.

La Sentencia de 9 diciembre 1965 (Aranzadi, núm. 5.603) declaró que «si bien el primer elemento interpretativo es el gramatical, este dato presupone la intervención, dado que al afirmar que una cláusula es clara, implica una valoración de las palabras y de la congruencia que con voluntad guardan, por lo que la claridad, más que en los términos del contrato ha de estar y resaltar en la intención de los contratantes...».

Como han hecho notar los autores, la «intención evidente de los contratantes» a que se refiere el art. 1.281-2 C.c., alude a una intención o voluntad común que nada tiene que ver con la investigación de

3. CANO MATA, citado, p. 201.

la voluntad interna de un contratante que no haya influido en la conducta de la otra parte.

Al referirse a si las palabras *parecieren* contrarias a la intención *evidente,* quiere decir que esta intención se tendrá en cuenta cuando sea evidente que las palabras, por sí solas, no la manifiestan debidamente.

La Sentencia de 28 septiembre 1965 (Aranzadi, núm. 4.056) declaró que la interpretación de los contratos, aunque haya tenido que partir de la expresión contenida en las palabras pronunciadas o escritas, no puede detenerse en el sentido gramatical de las mismas, y ha de indagar fundamentalmente la intención de las partes.

En definitiva, pues, el juzgador ha de examinar todas las circunstancias concurrentes aunque parezca que las partes se han expresado en términos claros. La estimación de que efectivamente lo son estará plenamente fundada después de dicho examen.

c) *Palabras que provocan dudas.* Las dudas pueden ser resultado del empleo de términos generales o de palabras que puedan tener distintas acepciones. El Código lo ha previsto en los arts. 1.283 y 1.286. Según lo primero:

«Cualquiera que sea la generalidad de los términos de un contrato, no deberán entenderse comprendidos en él cosas distintas y casos diferentes de aquellos sobre que los interesados se propusieron contratar». Cfr. Ss. de 23 marzo 1929, 1.º julio 1950 (Aranzadi, núm. 1.184) y 6 abril 1911.

El art. 1.286 dispone: «Las palabras que puedan tener distintas acepciones serán entendidas en aquella que sea más conforme a la naturaleza y objeto del contrato». La regla es de tan elemental sentido común que si no estuviera en el Código se aplicaría igualmente en la práctica. La referencia a la naturaleza del contrato aparece también en el art. 1.258, al referirse a que los contratos obligan «a todas las consecuencias que, según su naturaleza, sean conformes a la buena fe, al uso y a la ley».

d) *Interpretación por los actos de los contratantes.* El art. 1.282 contiene la siguiente regla de interpretación:

«Para juzgar de la intención de los contratantes deberá atenderse, principalmente, a los actos de éstos, coetáneos y posteriores al contrato».

Este artículo pone de manifiesto la importancia de lo que Díez-Picazo llama la «conducta interpretativa», que no sólo puede y debe hacerse teniendo en cuenta los actos coetáneos y posteriores al contrario, sino igualmente y quizá con más razón los anteriores, pues en ellos cabe hallar manifestaciones de la intención de los contratantes, todavía no influida por la conveniencia de sostener una determinada interpretación. Cfr. Ss. 20 abril 1944 (Aranzadi, núm. 658), 9 diciembre 1944 (Aranzadi, núm. 1.280) y 28 septiembre 1965 (Aranzadi, número 4.056).[4]

e) *Cláusulas con diversos sentidos.* El art. 1.284 dispone: «Si alguna cláusula de los contratos admitiere diversos sentidos, deberá entenderse en el más adecuado para que produzca efecto».

Esta regla procura que el contrato conserve siempre su eficacia, por ser lo que corresponde a la voluntad de las partes. Si la duda consistiere en tener que resolver entre que lo convenido tenga un efecto máximo o solamente un efecto mínimo, parece razonable que la duda quede resuelta a favor del efecto mínimo; es decir, no es razonable que la solución de una duda consista en sustituirla por un efecto máximo, pues con ello existiría la posibilidad de que, si la interpretación fuese errónea, se produjese el máximo error.

El sentido «más adecuado para que produzca efecto» el contrato, hay que entenderlo como el efecto más adecuado a la eficacia típica o a la función económica del contrato, y a la finalidad práctica que se trata de alcanzar (Díez-Picazo). Las Ss. de 21 abril 1951 (Aranzadi, número 1.020) y de 2 febrero 1952 (Aranzadi, núm. 279), han dicho que el art. 1.284 C.c. excluye aquellas interpretaciones que hagan las cláusulas del contrato baldías, inútiles e ilusorias.[5]

f) *Cláusulas dudosas.* Según el art. 1.285: «Las cláusulas de los contratos deberán interpretarse las unas por las otras, atribuyendo a las dudosas el sentido que resulte del conjunto de todas».

Se trata de la interpretación sistemática del contrato. Sería absurdo admitir que las contradicciones que pudiera ofrecer la redacción de un contrato han sido realmente queridas por los contratantes. Por ello han de relacionarse sus diversas cláusulas para determinar su sentido como unidad o en conjunto.

Puig Peña ha observado que del art. 1.285, puesto en relación con el 1.282, se infiere la consideración que merece como factor interpretativo el engarce del negocio de que se trate con otros que guarden

4. DÍEZ-PICAZO, citado, p. 253 y p. 377 de la cuarta edición.
5. DÍEZ-PICAZO, citado, p. 256 y 379 de la cuarta edición.

relación con él, y que sin duda tendrían el valor de actos anteriores, coetáneos o posteriores. Cfr. S. 21 abril 1951, antes citada.[6]

En caso de discrepancia entre cláusulas generales y especiales, dice Cano Mata que ha de darse valor preferente a las últimas, por la preferencia de lo especial o particular sobre lo general; es decir, las especiales habrán tenido por objeto alterar o aclarar lo convenido en las generales. Cfr. Ss. 24 octubre 1963 (Aranzadi, núm. 4.196), 19 noviembre 1965 (Aranzadi, núm. 5.164).[7]

g) *Cláusulas ambiguas*. El art. 1.287 establece: «El uso o la costumbre del país se tendrán en cuenta para interpretar las ambigüedades de los contratos, supliendo en éstos la omisión de cláusulas que de ordinario suelen establecerse». Esta regla se halla estrechamente relacionada con la del art. 1.258, que dispone que no sólo ha de cumplirse lo expresamente pactado, sino que los contratos también obligan «a todas las consecuencias que, según su naturaleza, sean conformes a la buena fe, al uso y a la ley».

De esta manera se reconoce el valor interpretativo del uso. Ahora no se trata de los hábitos o costumbres personales de los contratantes, sino del uso del lugar. Este uso puede tener una función estrictamente interpretativa cuando se dirige a poner en claro lo que las partes han querido pactar según lo que es usual en su localidad; pero tendrá una función supletoria cuando permite llenar un vacío contractual a base de entender que forma parte del contrato lo que es usual en los de la misma clase.

h) *Cláusulas oscuras.* Según el art. 1.288: «La interpretación de las cláusulas oscuras de un contrato no deberá favorecer a la parte que hubiese ocasionado la oscuridad».

Este artículo protege la buena fe mediante la sanción de que no podrá ser favorable la interpretación al contratante a quien sea imputable la oscuridad. La regla supone una carga adicional para el redactor unilateral del contrato y al mismo tiempo una ventaja para quien lo suscribe sin haber intervenido en la redacción (Lacruz).[8]

Este criterio normativo tiene su más adecuada y frecuente aplicación en los contratos de adhesión y en la interpretación de las condi-

---

6. Federico PUIG PEÑA, *Tratado de Derecho civil Español*, tomo IV, volumen 2.º, p. 44, nota 19.
7. CANO MATA, citado, p. 198.
8. LACRUZ, *Elementos de Derecho civil*, II-1, Barcelona, 1977, p. 227.

ciones generales de los contratos; esto es, en los casos en que el contrato ha sido redactado por una sola de las partes y la otra se ha limitado a adherirse. Las dudas no pueden, por tanto, resolverse a favor de quien ha causado la oscuridad. Cfr. Ss. 13 diciembre 1934, 27 febrero 1942 (Aranzadi, núm. 314), 16 junio 1966 (Aranzadi, núm. 3.179).[9]

3. Normas para cuando la interpretación no alcanza su objetivo

El Código civil dedica a esta cuestión los dos párrafos del art. 1.289, distinguiendo según que las dudas que no puedan resolverse se refieran a circunstancias accidentales del contrato o a su objeto principal.

Según el primer párrafo de dicho artículo: «Cuando absolutamente fuere imposible resolver las dudas por las reglas establecidas en los artículos precedentes, si aquéllas recaen sobre circunstancias accidentales del contrato, y éste fuere gratuito, se resolverá en favor de la menor transmisión de derechos e intereses. Si el contrato fuere oneroso, la duda se resolverá en favor de la mayor reciprocidad de intereses».

Añade el segundo párrafo: «Si las dudas de cuya resolución se trata en este artículo recayesen sobre el objeto principal del contrato, de suerte que no pueda venirse en conocimiento del cuál fue la intención o voluntad de los contratantes, el contrato será nulo».

Si no puede llegarse a conocer cuál fue la voluntad de los contratantes, no podrá afirmarse la existencia del contrato, pues no aparecerán todos los requisitos que exige el art. 1.261 C.c.

Si el contrato existe pero no es posible aclarar su contenido, el Código sigue el criterio que impone la equidad y procura que de la duda se salga con la mínima posibilidad de error. Es decir, la duda no debe quedar sustituida por una certidumbre que imponga al obligado el máximo rigor, sino con la solución que suponga el efecto mínimo entre todos los posibles.

---

9. Antonio POLO DÍEZ, *Comentario a la sentencia de 13 de diciembre 1934*, Revista de Derecho privado, 1940, p. 852.

XV
LA EFICACIA DEL CONTRATO

1. La relatividad del contrato

El poder que tiene el individuo para efectuar cambios en las relaciones jurídicas que puede mantener con los demás ha sido comparado a la eficacia de la ley. Como dice el art. 1.091 C.c.: «Las obligaciones que nacen de los contratos tienen fuerza de ley entre las partes contratantes, y deben cumplirse al tenor de los mismos». Con ello se afirma que las obligaciones contractuales obligan a su cumplimiento como la ley misma.

Esta eficacia de la *lex* privada ha de quedar limitada a las partes contratantes, pues no cabe admitir que alguien pierda derechos sólo por lo que se ha convenido en un contrato en el que no ha sido parte. En este sentido se dice que el contrato tiene solamente eficacia relativa, y que sólo puede crear derechos y obligaciones entre las partes contratantes.

A los terceros lo convenido en un contrato no les ha de favorecer ni perjudicar: *res inter alios acta tertiis nec nocet nec prodest*. Otra cosa es que los efectos de todo contrato puedan repercutir de alguna manera en los intereses de los terceros. Un acreedor puede encontrar disminuido el patrimonio de su deudor en virtud de contratos que éste haya celebrado con otras personas; un comprador puede encontrarse con que el vendedor ha enajenado dos veces la misma cosa, etc. A continuación se trata con más detenimiento de estos problemas.[1]

1. DÍEZ-PICAZO, *Fundamentos del Derecho civil patrimonial*, Madrid, 1972, p. 265, dice que «el contrato, una vez que ha sido realizado, penetra, puede decirse, en el mundo de la realidad jurídica y se instala en él». En la cuarta edición de la misma obra, 1993, vol. I, p. 399.

2. Eficacia del contrato entre las partes y sus causahabientes

a) *Eficacia entre las partes contratantes.* Las obligaciones contractuales tiene fuerza de ley entre las partes. El art. 1.091, que así lo dispone, tiene su complemento en el art. 1.257, primer párrafo: «Los contratos sólo producen efectos entre las partes que los otorgan y sus herederos, salvo, en cuanto a éstos, el caso en que los derechos y obligaciones que proceden del contrato no sean transmisibles, o por su naturaleza, o por pacto, o por disposición de la ley».

Son partes en el contrato las personas que lo otorgan, aunque sea mediante representante (pero no mediante mandatario sin poder, salvo ratificación). Es parte el representado, y no lo es el representante, que se limita a intervenir en nombre de aquél.[2]

b) *Eficacia en relación con los herederos.* El art. 1.257-1 dispone que los contratos sólo producen efectos entre las partes otorgantes y sus herederos, y en cuanto a éstos, sólo si se trata de derechos y obligaciones transmisibles. En definitiva, como dice el art. 659, la herencia comprende «todos los bienes, derechos y obligaciones de una persona, que no se extingan por su muerte». Además, los herederos suceden al difunto, dice el art. 661 C.c., «en todos sus derechos y obligaciones». Por tanto, el fallecimiento del contratante no extingue sus derechos y obligaciones transmisibles, sino que pasarán a su sucesor a título universal.

c) *Eficacia del contrato en relación con los adquirentes a título singular.* Los derechos adquiridos en virtud de un contrato pueden ser transmitidos a otra persona por medio de un nuevo contrato que ésta celebre con una de las partes del contrato anterior. En este supuesto se produce una adquisición derivativa a título singular de un derecho contractual, pues, como dice el art. 1.112 C.c., «todos los derechos adquiridos en virtud de una obligación son transmisibles con sujeción a las leyes, si no se hubiese pactado lo contrario».

Este subadquirente o tercer adquirente no se subroga por completo en el lugar de quien le ha cedido su derecho, al contrario de lo que ocurre en la sucesión universal, sino que se limita a entrar en la posición delimitada por el contrato en el que ha sido parte. Así, en la compraventa de una finca arrendada, sometida exclusivamente a la

---

2. Véase en el tomo I de este *Compendio*, la página 353 y siguientes, sobre la naturaleza de la representación directa.

legislación del Código, el art. 1.571 C.c. dispone que el comprador tiene derecho a que termine el arriendo vigente al verificarse la venta, precisamente por el hecho de que adquiere del anterior propietario arrendador pero no se subroga en su lugar y no le afectan los derechos personales que haya asumido el enajenante en virtud de un contrato anterior.

3. Eficacia del contrato respecto a terceros

En relación con un contrato celebrado, son terceros todos los que no han intervenido como partes contratantes, y son, por tanto, los que no pueden quedar afectados en sus derechos y obligaciones. Pero una cosa es que nadie pueda disponer de los derechos de los terceros, sin entrar en relación contractual con ellos, y cosa diferente que, una vez el contrato haya sido válidamente celebrado, no pueda ser desconocido. El contrato es una realidad que, en principio, no cabe desconocer, sin perjuicio de que no pueda afectar directamente a los derechos y obligaciones de terceros. Son cosas diferentes los efectos entre las partes contratantes y la oponibilidad del contrato frente a terceros. Conviene hacer las siguientes distinciones:

a) *Efectos en relación con terceros en general.* Nadie puede quedar obligado sin su voluntad de obligarse; lo contrario sería equivalente a que nadie pudiera considerarse dueño de su patrimonio. Por ello, el art. 1.259, párrafo primero, dispone: «Ninguno puede contratar a nombre de otro sin estar por éste autorizado o sin que tenga por la ley su representación legal».

Pero una cosa es adquirir derechos y obligaciones del contrato, y otra que éste no sea una nueva realidad que todos han de respetar. Los contratantes podrán exigir que el contrato celebrado sea reconocido cuando ello les interese (oponibilidad del contrato); los terceros, por su parte, podrán exigir que este nuevo elemento de la realidad legal reúna determinados requisitos de autenticidad y publicidad para que deban tenerlo en cuenta (inoponibilidad del contrato).

Diversas normas determinan los requisitos que los contratos han de reunir para ser oponibles a los terceros. Véanse los artículos del Código civil 1.218-1, 1.219, 1.227, 1.230, 1.280-2.°, el mismo artículo en su número 5.°, 1.327 y 1.331 (Ley 13 mayo 1981); el art. 1.526 se refiere a los arts. 1.218 y 1.227, en relación con la certeza de la fecha de la cesión de un crédito; 1.865, etc.

b) *Eficacia del contrato en relación con terceros especialmente designados.* Los casos más importantes son la cesión de contrato y el contrato en favor de tercero, que son objeto de examen separado. Pero caben otras variantes.

De contrato en perjuicio de tercero se habla cuando los contratantes ocasionan un perjuicio a tercera persona, como en el caso del celebrado en violación de un pacto de exclusiva. Cabe entender que para el tercero se trata simplemente de un acto ilícito, sometido a las normas de la responsabilidad extracontractual. Entendido de esta manera, el contrato produciría efectos entre las partes, sin perjuicio de la obligación de éstos de indemnizar a los perjudicados. Pero también cabe entender que se trata de un contrato con causa ilícita, nulo como tal (cfr. art. 1.275 C.c.).[3]

También puede hablarse de contrato en perjuicio de tercero cuando las partes fijan unos precios mínimos de venta para eliminar la competencia, con el consiguiente perjuicio de los consumidores, etcétera.

El contrato por el que una de las partes se obliga a vender una cosa ajena, no afecta propiamente al tercero que es dueño de la cosa que se ha tenido en consideración. El contrato sólo le afectará si accede a la enajenación; es decir, si deja de ser tercero. Consideraciones semejantes se tendrían que hacer en el supuesto de contrato por el que una de las partes promete a la otra la prestación de un tercero.

Tampoco afecta a un tercero el contrato que otro haya celebrado en su nombre, pero sin poder de representación. El supuesto está previsto en el segundo párrafo del art. 1.259 C.c.: «El contrato celebrado a nombre de otro por quien no tenga su autorización o representación legal será nulo, a no ser que lo ratifique la persona a cuyo nombre se otorgue antes de ser revocado por la otra parte contratante». Por supuesto que esta posible ratificación supone igualmente que el tercero deja voluntariamente de serlo.[4]

---

3. GULLÓN BALLESTEROS, *En torno a los llamados contratos en daño de tercero*, Revista de Derecho notarial, abril-junio de 1958.

4. La sentencias de 7 julio 1944 (Aranzadi, núm. 908) dice que la posibilidad de ratificación «imprime un carácter especial al negocio en que la representación interviene, haciendo de él no un acto propiamente inexistente, sino un negocio jurídico en estado de suspensión, subordinado a una *conditio iuris*, de tal modo que, en definitiva, si la ratificación se da se considera el negocio como válido y eficaz desde el principio, a favor y en contra del representado, y por el contrario, si la ratificación no se produce, será el negocio nulo e ineficaz para aquél...». Véase RIVERO HERNÁNDEZ, *Naturaleza y situación del contrato del «falsus procurator»*, Anuario de Derecho civil, 1976, pp. 1.047

4. El contrato en favor de un tercero

El art. 1.257 C.c., después de afirmar que los contratos sólo producen efectos entre las partes contratantes, añade en su segundo párrafo: «Si el contrato contuviere alguna estipulación en favor de un tercero, éste podrá exigir su cumplimiento, siempre que hubiese hecho saber su aceptación al obligado antes de que haya sido aquélla revocada».

Es el contrato en el que una de las partes conviene con la otra la realización de una prestación en provecho de un tercero, esto es, de una persona ajena a la conclusión del contrato y que no está representada en el mismo.[5]

No es un contrato de esta clase el que autoriza que la prestación debida sea realizada con eficacia liberatoria a un tercero, sin que éste tenga derecho a reclamarla. Es el caso de señalarse un domicilio o una entidad (generalmente un Banco) para realizar el pago.

Tampoco es contrato en favor de un tercero el que permite a personas ajenas al contrato obtener algún beneficio económico, sin conferirles un derecho de crédito independiente.

No aparece un contrato en favor de un tercero en los casos de mandato sin poder de representación, como en la comisión de compra, pues no se forma un vínculo directo entre el mandante y la persona que contrata con el mandatario (cfr. art. 1.717 C.c.).

Tampoco lo es el contrato que celebre un gestor de negocios sin mandato, pues únicamente la ratificación de la gestión por parte del titular de los intereses gestionados lo convierte en acreedor y parte del contrato. Cfr. arts. 1.259-2, y 1.892 C.c.

Por supuesto que no es un contrato en favor de un tercero el que celebra un mandatario o gestor con poder de representación. El representante es un simple instrumento del representado y éste es la verdadera parte en el contrato.

Igualmente clara es la diferencia entre contrato en favor de un tercero y la cesión de contrato. En el supuesto del art. 1.257-2, el tercero puede adquirir el derecho sin necesidad de acto de cesión.

En su redacción literal, el art. 1.257-2 C.c. no se refiere a un contrato que se haya celebrado exclusivamente en favor de tercero, y sólo

---

a 1.136. En el tomo I de este *Compendio,* la sección 6 del capítulo XXI sobre «la representación sin poder y la ratificación».

5. CASALS COLLDECARRERA, *Contratos a favor de tercero*, Nueva Enciclopedia Jurídica (Seix), tomo V; PACCHIONI, *Los contratos a favor de tercero*, traducción española, Madrid, 1948.

habla de un contrato que contenga «alguna estipulación» en tal sentido, entre otras contenidas en el mismo contrato. Por ello, durante bastante tiempo, se entendió que la estipulación en favor de un tercero sólo podía existir como contenido parcial del contrato. Sin embargo, a partir de la importante Sentencia de 9 diciembre 1940 (Aranzadi, núm. 1.131) se admite que la promesa de la prestación al tercero forme el contenido único del contrato. otras sentencias posteriores siguen el mismo criterio. Cfr. Ss. 10 diciembre 1956 (Aranzadi, número 4.126),28 junio 1961 (Aranzadi, núm. 3.017), etc.

Otros preceptos del Código admiten estipulaciones en favor de terceros en casos particulares: contrato de renta vitalicia, en el artículo 1.803-2; reversión de donaciones, art. 641; donación *sub modo,* art. 619; donación con la carga de tener que pagar las deudas del donante, art. 642; venta de finca con el pacto de tener que respetar el derecho del arrendatario, art. 1.571; depósito con la obligación de devolver la cosa a un tercero, art. 1.766, etc.

Las personas a tener en cuenta en un contrato en favor de un tercero son el promitente, el promisario o estipulante y el tercero. Los dos primeros han de tener la capacidad general para contratar y la necesaria según la clase de contrato de que se trate. El tercero, por no ser parte en el contrato, ha de tener capacidad de obrar al manifestar su aceptación.

La Sentencia de 10 diciembre 1956 (Aranzadi, núm. 4.126) declaró que «no es necesario que el tercero esté individualizado en el momento de la conclusión del contrato, bastando con su determinabilidad; es decir, que existan en la disposición contractual elementos suficientes para poder determinarlo con posterioridad, de cualquier modo que sea».

Respecto al contrato con estipulación en favor de persona futura, cabe la siguiente consideración. Una persona futura puede tener protegido un interés en el patrimonio de un causante dentro del límite que señala el art. 781 C.c.; por ello ha de ser posible proteger el interés de una persona futura señalada como beneficiaria en el contrato celebrado por la persona a partir de la cual se calcule el límite que señala dicho art. 781.

Aunque el segundo párrafo del art. 1.257 habla de «aceptación» por parte de tercero, el Tribunal Supremo, en sentencias modernas, ha declarado que no se trata de una verdadera aceptación ni de una ratificación, sino de una adhesión elevada por la ley a la categoría de requisito indispensable para que exista el derecho del tercero. En este sentido, véase las Sentencias de 10 diciembre 1956 (Aranzadi, núm. 4.126) y 23 junio 1961 (Aranzadi, núm. 3.017).

La aceptación del tercero no ha de ajustarse a una forma predeterminada (cfr. S. 26 febrero 1915), pero en todo caso ha de ser comunicada al promitente para que la obligación de éste no pueda revocarse. La revocación incumbe, en su caso, al estipulante o promisario, pero no al promitente, por lo que dispone el art. 1.256 C.c. Aunque el art. 1.257-2 se refiere a cuando el tercero «hubiese hecho saber su aceptación al *obligado*», la Sentencia de 11 noviembre 1950 (Aranzadi, núm. 1.543) se refiere al mismo precepto en el sentido de que exige que «haga saber su aceptación *al que estipuló en su favor*».

Para determinar los efectos del contrato en favor de un tercero, hay que distinguir tres grupos de relaciones:

Primero. La relación entre quien promete la prestación al tercero y la otra parte que contrata, llamada estipulante o promisario. Esta relación es propiamente el contrato en favor de tercero. Lo normal es que la prestación del promitente se haya convenido a título oneroso, esto es, a cambio de una contraprestación a cargo del estipulante o promisario.

Antes de que el tercero haya aceptado la estipulación, el promitente y el estipulante pueden ponerse de acuerdo para dejar sin efecto el contrato; pero, después de la aceptación del tercero, la obligación del promitente es irrevocable. Este carácter irrevocable excluye la aplicación al contrato de la facultad resolutoria fundada en el art. 1.124 C.c.

Segundo. Entre el estipulante y el tercero beneficiario media la relación que consiste en la causa de la atribución patrimonial que el tercero recibe. Al contratar en favor del tercero, el estipulante puede haber querido hacerle una liberalidad *(causa donandi),* cumplir una obligación preexistente *(causa solvendi)* o recibir del tercero una contraprestación *(causa credendi).* En todo caso, aceptada por el tercero la estipulación hecha en su favor, realiza una adquisición cuya causa está en el convenio celebrado o por celebrar entre el tercero y el estipulante.

Tercero. Entre el promitente de la prestación y el tercero beneficiario media la relación que ofrece el rasgo más característico del contrato en favor de tercero, en el que éste se convierte en acreedor directo de dicho promitente. Es un derecho irrevocable a partir del momento en que el tercero ha hecho saber su aceptación al obligado antes de la revocación a que se refiere el párrafo segundo del art. 1.257 C.c. Esta aceptación del tercero no es un requisito de perfección del contrato entre promitente y estipulante, que ya estaban vinculados antes de tal aceptación; pero es una declaración unilateral y recepticia dirigida a promitente y estipulante.

Aunque la aceptación convierta en irrevocable la estipulación en favor del tercero, el promitente podrá denegar provisionalmente la prestación en virtud de una *exceptio non adimpleti contractus*, si el estipulante no ha cumplido por su parte las obligaciones asumidas frente al promitente. Será una excepción derivada del mismo contrato que, a diferencia de la acción resolutoria, no privará definitivamente al tercero del derecho que le ha sido atribuido. De lo contrario, el promitente se habría obligado en condiciones de gran desventaja, sin perjuicio de que así pueda resultar de lo convenido.

La Ley del Contrato de Seguro de 8 octubre 1980, contiene la siguiente disposición relativa al contrato de seguro sobre la vida:

«Art. 88. La prestación del asegurador deberá ser entregada al beneficiario, en cumplimiento del contrato, aun contra las reclamaciones de los herederos legítimos y acreedores de cualquier clase del tomador del seguro. Unos y otros podrán, sin embargo, exigir al beneficiario el reembolso del importe de las primas abonadas por el contratante en fraude de sus derechos.

»Cuando el tomador del seguro sea declarado en concurso o quiebra, los órganos de representación de los acreedores podrán exigir al asegurador la reducción del seguro.»

En la extinción del contrato en favor de tercero, además de las causas generales, tienen especial importancia la renuncia del tercero y la revocación por parte del estipulante.

No hay duda que el tercero puede renunciar, pero hay que considerar cuál será el efecto resultante. Ha de tenerse en cuenta que el promitente generalmente se habrá obligado a cambio de una contraprestación del estipulante o promisario, y la renuncia del tercero ha de repercutir en el patrimonio del cual se obtiene la causa onerosa de la obligación asumida por el promitente. De lo contrario no quedaría justificada la prestación realizada por el estipulante o promisario a favor del promitente y éste experimentaría un enriquecimiento sin causa.

Pero si en lugar de tratarse de una causa onerosa fuese gratuita (caso de donación *sub modo* o imponiendo un gravamen al donatario), la renuncia del tercero sólo significaría la desaparición del matiz oneroso de un acto fundamentalmente gratuito, que debería ser mantenido.

En cuanto a la revocación del contrato, el art. 1.257-2 la admite cuando el tercero todavía no ha hecho saber su aceptación al obligado. Podrá revocar el estipulante, o éste y el promitente, de común acuerdo. No será normal la revocación por parte del promitente por sí solo, por tratarse de la persona obligada (cfr. art. 1.256 C.c.). Es cierto que la obligación del promitente puede tener la contrapartida de una prestación por parte del estipulante, pero incluso en este caso es dudosa la posibilidad de revocación por parte del obligado frente al tercero. No se trataría de una revocación en el sentido del párrafo segundo del art. 1.257, sino de una resolución del contrato fundada en el carácter recíproco de la relación contractual (art. 1.124 C.c.). Como ya se ha dicho, la admisión de la *exceptio non adimpleti contractus,* alegada por el promitente y fundada en no haber cumplido sus obligaciones el promisario o estipulante, podría ser suficiente para la protección de los intereses del primero, sin provocar la desaparición del derecho del tercero después de haber ésta manifestado su aceptación.

5. La cesión de contrato

Es el traspaso a un tercero de la posición íntegra que ocupaba el contratante cedente en el contrato cedido. Contrato cedido y contrato de cesión son dos contratos diferentes, cada uno con su propia causa.[6]

En la cesión de contrato no se pretende transmitir cada uno de los créditos y deudas que corresponden a la posición contractual del cedente mediante contratos singulares de cesión de créditos y de asunción de deudas, sino que se trata de conseguir este resultado de manera global y en un solo acto, manteniendo en vigor el mismo contrato cedido.

Para ello han de concurrir en el acto de la cesión las tres partes interesadas: la que cede su posición contractual, la parte cesionaria que va a adquirirla y el contratante cedido, que va a quedar afectado por el cambio de la persona con la que había contratado. El consentimiento de esta persona o contratante cedido es indispensable porque

6. GARCÍA AMIGO, *Transmisión de las relaciones obligatorias nacidas de un contrato,* Revista de Derecho privado, 1963, pp. 25 a 45; Ángel CRISTÓBAL MONTES, *La cesión de contrato,* Anuario de Derecho civil, 1968, pp. 857 a 880; ANDREOLI, *La cesión de contrato,* traducción española, Madrid, 1956.

la liberación del cedente como deudor respecto a la parte con la que inicialmente ha contratado sólo se consigue con la voluntad de ésta, como resulta del art. 1.205 del Código civil.

Perfeccionado el contrato de cesión, sólo el cesionario estará legitimado para exigir el cumplimiento o, en su caso, la resolución del contrato, incluso cuando el incumplimiento de la otra parte haya sobrevenido antes de la cesión. Por su parte, el cedente quedará liberado de sus obligaciones hacia el contratante cedido, y éste quedará liberado en relación con el cedente. A su vez, cesionario y contratante cedido quedarán como partes del contrato básico, y podrán oponerse las excepciones inherentes a la naturaleza de las obligaciones contractuales y las que tengan carácter personal entre ellos, pero no las que tengan el mismo carácter entre el contratante cedente y el cedido. Cfr. Ss. 14 junio 1966 (Aranzadi, núm. 3.104) y 6 marzo 1973 (Aranzadi, núm. 899).

La Compilación del Derecho civil foral de Navarra regula la cesión de contrato en la ley 513, de la que cabe destacar que la autoriza respecto a las relaciones pendientes que no tengan carácter personalísimo; que será admisible consentir la cesión preventivamente, en cuyo caso bastará que la cesión sea notificada a quien la haya consentido, y que los terceros que hubiesen garantizado el cumplimiento del contrato quedarán liberados por la cesión, excepto si hubiesen prestado su consentimiento.

XVI
INEFICACIA DEL CONTRATO

1. Manifestaciones de la ineficacia contractual

El concepto de ineficacia es más amplio que el de invalidez. Es cierto que la principal causa de la ineficacia de los contratos está en que carecen de validez cuando no se ajustan a lo previsto por la ley; pero en ciertos casos la ineficacia del contrato tiene su base en lo previsto en un contrato válido y vinculante. Un contrato válido puede ser ineficaz si se cumple una condición resolutoria que las partes hayan convenido, o si se extingue su objeto, o no puede alcanzar el fin propuesto, etc.[1]

El contrato es inválido cuando no puede producir sus normales efectos por alguna irregularidad cometida en su otorgamiento. Si no concurren todos los requisitos exigidos por la ley, el contrato no queda válidamente constituido y de esta invalidez, que puede tener diversas causas, derivará su ineficacia.

La autonomía de la voluntad, en la que se funda la libertad de contratación, tiene los límites de que no puede contravenir a las leyes, a la moral ni al orden público (art. 1.255).

Otros artículos del mismo Código se hallan estrictamente relacionados con los supuestos de nulidad de los contratos, como el art. 1.261, sobre los requisitos de consentimiento, objeto y causa, el art. 1.263, sobre las personas que no pueden prestar consentimiento; los arts. 1.265 a 1.270, sobre vicios del consentimiento; los arts. 1.271

---

1. ALBALADEJO, *Invalidez de la declaración de voluntad*, Anuario de Derecho civil, 1957, pp. 985 a 1.037; del mismo, *Ineficacia e invalidez del negocio jurídico*, Revista de Derecho privado, 1958, pp. 603 a 616; DE CASTRO, *El negocio jurídico*, Madrid, 1967, pp. 497 a 615 (obra reimpresa en 1985); DE LOS MOZOS, *La conversión del negocio jurídico*, Barcelona, 1959; del mismo, *La inexistencia del negocio jurídico*, Revista General de Legislación y Jurisprudencia, 1960-1, p. 486 y ss.; DÍEZ-PICAZO, *Eficacia e ineficacia del negocio jurídico*, Anuario de Derecho civil, 1961, pp. 809 a 833; DELGADO ECHEVERRÍA, *La anulabilidad*, Anuario de Derecho civil, 1976, pp. 1.021 a 1.045.

a 1.273, sobre requisitos del objeto; los arts. 1.275 y 1.276, sobre los contratos sin causa, con causa ilícita o con causa falsa.

De manera más concreta en relación con irregularidades cometidas en la contratación, el Código se ocupa de la rescisión de los contratos (arts. 1.290 a 1.299) y de la nulidad (arts. 1.300 a 1.314). De ellos pasamos a tratar a continuación.

Los supuestos de ineficacia e invalidez de los contratos se distribuyen en las siguientes cinco categorías:

1. *Inexistencia.* Ésta es la ineficacia más radical del contrato. Lo más grave que le puede ocurrir a un contrato es no llegar a existir (Díez-Picazo). En realidad, sólo debería hablarse de contrato inexistente cuando del mismo no existiera más que su apariencia, sin contenido jurídico. Pero vamos a ver dentro de poco si cabe hablar de contratos inexistentes como categoría diferente de los contratos radicalmente nulos.

2. *Nulidad radical o absoluta.* Esta nulidad afecta a los contratos que infringen normas imperativas o que carecen de elementos esenciales para su válida y eficaz existencia, por lo que ley impide que produzcan efectos. La decisión judicial que en este caso se dicte declarará que las partes no han contratado válidamente y que, por ello, el contrato es completamente ineficaz.

3. *Anulabilidad.* El contrato no es plenamente nulo, sino únicamente anulable, cuando a pesar de que reúne todos los elementos esenciales, está viciado por algún defecto que autoriza a la parte perjudicada para pedir que sea declarado sin efecto o anulado. La sentencia que se dicte será constitutiva de la anulación y no meramente declarativa de una nulidad no subsanable. No se declara la nulidad de raíz, sino que se concede la anulación.

4. *Rescisión.* Este remedio presupone la existencia de un contrato inicialmente válido, que es posteriormente dejado sin efecto por razones ajenas al negocio mismo. Las partes han contratado de manera efectiva; pero, debido a ciertas consecuencias injustas derivadas precisamente de la eficacia del contrato, es procedente solicitar la supresión de sus efectos.

5. *Resolución.* En este caso el contrato es plenamente válido y eficaz, pero las partes han hecho depender la subsistencia de sus

efectos del cumplimiento de una condición resolutoria; igualmente la ley, para el caso de que uno de los obligados deje de cumplir lo convenido, atribuye al otro la facultad de resolución y de desligarse del contrato. La resolución no afecta propiamente al contrato, sino a la relación jurídica derivada del mismo.

La Compilación del Derecho civil de Aragón, de 1967, modificada por Ley 3/1985, de 21 de mayo, en su art. 3.º dispone: «Conforme al principio *standum est chartae*, se estará, en juicio y fuera de él, a la voluntad de los otorgantes, expresada en pactos o disposiciones, siempre que no resulte de imposible cumplimiento o sea contraria al Derecho natural o norma imperativa aplicable en Aragón».

La Compilación del Derecho civil foral de Navarra de 1973 modificada por la Ley Foral 5/1987, de 1 de abril, contiene las siguientes disposiciones:

«Ley 7. Paramiento. Conforme al principio "paramiento fuero vienze" o "paramiento ley vienze", la voluntad unilateral o contractual prevalece sobre cualquier fuente de Derecho, salvo que sea contraria a la moral o al orden público, vaya en perjuicio de tercero o se oponga a un precepto prohibitivo de esta Compilación con sanción de nulidad.»

«Ley 8. Libertad civil. En razón de la libertad civil, esencial en el Derecho navarro, las leyes se presumen dispositivas.»

«Ley 19. Nulidad, anulabilidad y rescisión. Sin perjuicio de lo dispuesto en la Ley 50, son nulas las declaraciones de voluntad emitidas por menores no emancipados o personas que no se hallen en su cabal juicio, las de objeto imposible o inmoral y todas aquellas que estén prohibidas por la Ley.

»Son anulables las declaraciones viciadas por error, dolo o violencia física o moral graves, pero no podrá alegarse el error inexcusable de hecho o de Derecho.

»Son rescindibles las declaraciones de voluntad cuando así lo disponga la Ley.»

«Ley 489. Nulidad, anulabilidad y rescindibilidad. Las obligaciones serán mulas, anulables o rescindibles conforme a lo dispuesto en la Ley 19.»

2. Inexistencia y nulidad de pleno derecho

Hemos visto que la inexistencia es la forma más radical de ineficacia porque lo más grave que puede sucederle a un contrato es que ni tan siquiera exista. Pero el calificativo de inexistente ha de referirse a un contrato que de alguna manera parezca existir o haberse celebrado. Por ello se discute si los conceptos de inexistencia y de nulidad radical o absoluta se confunden o han de mantenerse diferenciados.[2]

La razón de que se hable de inexistencia como de una categoría diferente de la nulidad radical o absoluta es la siguiente. En la doctrina francesa se había consolidado la regla: *pas de nullité sans texte.* Sin embargo, se presentaron casos en que no podía alegarse un texto legal concreto para decretar la nulidad, a pesar de tratarse de supuestos considerados inadmisibles, como el de matrimonio contraído entre dos personas del mismo sexo, que fue considerado como *matrimonium non existens*; esto es, inexistente. De igual modo se procedió posteriormente cuando faltaba algún requisito esencial del contrato.[3]

La doctrina española opina en general que el concepto de inexistencia es superfluo. Hablar de *inexistencia* como concepto jurídico diferente del de *nulidad,* sólo estará justificado cuando ello conduzca a un resultado práctico. La confusión se ha producido en España y en cierto modo se mantiene por un mal uso de la terminología. Muchas sentencias del Tribunal Supremo hablan de inexistencia para referirse a lo que la moderna doctrina califica de nulidad radical o absoluta, y además hablan de nulidad cuando se trata de lo que entendemos por anulabilidad. Pueden verse, entre otras, las Ss. de 14 mayo 1929, 23 marzo 1934, 24 noviembre 1960 (Aranzadi, núm. 3.761), 11 diciembre 1965 (Aranzadi, núm. 5.610), etc.

Por todo ello es necesario precisar el concepto de nulidad radical o absoluta, sus causas y los efectos de su declaración.

Por nulidad radical, absoluta o de pleno derecho se ha de entender aquella imperfección de los contratos que les impide producir sus propios efectos. *Nulo* es el contrato «que por falta de algún elemento esencial o porque contraviene un precepto legal, carece de la aptitud necesaria para generar la nueva situación jurídica (efectos jurídicos que traducen la intención práctica) pretendida por las partes en el negocio, que el Derecho atribuye al tipo correspondiente» (Vázquez Bote).[4]

---

2. DÍEZ-PICAZO, *Fundamentos del Derecho civil patrimonial,* Madrid, 1972, p. 287 y en la cuarta edición, 1993, vol. I, p. 428; VÁZQUEZ BOTE, Derecho civil de Puerto Rico, tomo I, volumen 2.°, San Juan, 1972, pp. 473, 475, 478.
3. DE CASTRO, citado, p. 464.
4. VÁZQUEZ BOTE, citado, p. 476; PÉREZ GONZÁLEZ y ALGUER, anotaciones al *Tratado* de ENNECCERUS, I-2, segunda edición, Barcelona, 1950, pp. 365, 372 y 374.

A pesar de todo, este contrato nulo de pleno derecho es «un hecho jurídico que el Derecho objetivo toma en cuenta y que, a veces, produce efectos jurídicos, siquiera éstos no sean los del acto válidamente realizado».

Este concepto de nulidad radical o absoluta ha de quedar claramente distinguido, más que de la inexistencia, de la nulidad relativa o anulabilidad. El Código, en los arts. 1.300, 1.301 y 1.302, pretende referirse, según dice el epígrafe correspondiente, a «la nulidad de los contratos»; sin embargo, propiamente se refiere a la anulabilidad. El art. 1.300 dice: «Los contratos en que concurran los requisitos que expresa el art. 1.261 pueden ser anulados, aunque no haya lesión para los contratantes, siempre que adolezcan de alguno de los vicios que los invalidan con arreglo a la ley». Resulta claro que se refiere, por tanto, a los contratos en que concurren los requisitos esenciales de consentimiento, objeto y causa, lo que excluye a los contratos radicalmente nulos por falta de estos requisitos esenciales. Los vicios que, a pesar de ello, pueden invalidarlos son los previstos en los arts. 1.265 a 1.270, los llamados vicios del consentimiento, como antes se ha visto. La «acción de nulidad» a que se refiere el art. 1.301 es la de anulabilidad por vicio del consentimiento, que tiene la breve duración de cuatro años, en contraste con el carácter imprescriptible de la acción de nulidad absoluta, porque esta nulidad es la que no puede convalidarse por el transcurso del tiempo.

No hay duda que existen contratos que adolecen de una nulidad mucho más radical que la prevista en los arts. 1.300 y siguientes, como los celebrados con infracción de normas imperativas o prohibitivas (cfr. el actual art. 6.º-3 C.c.), o cuando falta alguno de los requisitos esenciales en todo contrato.

Inexistencia y nulidad radical aparecen claramente contrapuestos a simple anulabilidad. En este sentido, véase la Sentencia de 5 marzo 1966 (Aranzadi, núm. 2.609).

Las causas de nulidad radical o absoluta de los contratos pueden agruparse en los tres grupos siguientes: infracción de normas imperativas o prohibitivas; falta de alguno de los elementos constitutivos del contrato; no ajustarse a la forma exigida cuando tenga carácter esencial.[5]

A la infracción de normas imperativas se refiere el art. 6.º-3 C.c.: «Los actos contrarios a las normas imperativas y a las prohibitivas

---

5. BONET CORREA, *Los actos contrarios a las normas y sus sanciones*, Anuario de Derecho civil, 1976, pp. 309 a 336.

son nulos de pleno derecho, salvo que en ellas se establezca un efecto distinto para el caso de contravención».

Igualmente se producirá la nulidad cuando se trate de pactos contrarios a las leyes, a la moral y al orden público, como establece el art. 1.255 C.c.

La nulidad por falta de alguno de los elementos constitutivos del contrato se produce cuando falta el consentimiento, el objeto o la causa, como dispone el art. 1.261. Para que el contrato sea radicalmente nulo por falta de consentimiento no es suficiente que éste se encuentre viciado, sino que es preciso que de ningún modo se haya consentido. Respecto a la falta de objeto, puede tratarse de su indeterminación absoluta (art. 1.273) o de su ilicitud (arts. 1.271, 1.272 y 1.305). La causa puede faltar o ser ilícita (arts. 1.275, 1.305 y 1.306).

En cuanto a la nulidad absoluta por falta de forma sólo se halla prevista en casos bastante excepcionales. Nos remitimos a lo expuesto al tratar de la forma de los contratos.

En principio, la nulidad radical opera de pleno derecho y no requiere previa impugnación. La sentencia que en su caso se dicte será declarativa. Sin embargo, cuando la negociación haya dado por resultado cierta apariencia de contrato y alguien pueda pretender su validez, será necesario pedir la declaración judicial de nulidad. La sentencia que se dicte será meramente declarativa, por limitarse a reconocer que el contrato es nulo de por sí o de pleno derecho. Como dice la Sentencia de 3 enero 1947 (Aranzadi, núm. 6), «al crear todo negocio jurídico una apariencia de validez, se hace indispensable destruir tal apariencia».

Es importante tener en cuenta qué personas están legitimadas activa y pasivamente para el ejercicio de esta acción. La comprobación de que un contrato es radicalmente nulo y carece de efectos es algo que trasciende del simple interés de los contratantes, por lo que esta nulidad puede ser invocada incluso por terceros; es decir, puede ejercitarla toda persona que tenga interés en que reconozca la nulidad del contrato.

La Sentencia de 14 marzo 1974 (Aranzadi, núm. 3.218) casó la sentencia recurrida y declaró que no puede oponerse a los contratantes que al pedir la nulidad van contra sus propios actos. Acerca de la legitimación de terceros interesados, cfr. Ss. 3 abril 1962 (Aranzadi, núm. 1.847), 2 diciembre 1966 (Aranzadi, Repertorio de 1967, núm. 1).

En algún caso aparece la tendencia a reconocer la nulidad absoluta de oficio. Cfr. Ss. 27 octubre 1956 (Aranzadi, núm. 3.417), 1.° diciembre 1964 (Aranzadi, núm. 5.572) y 5 marzo 1966 (Aranzadi, número 2.609).

Respecto a la legitimación pasiva, la demanda ha de dirigirse contra todos los interesados en la nulidad o validez del contrato. La defectuosa constitución de la relación jurídica-procesal puede ser apreciada de oficio.

La acción dirigida a la declaración de nulidad absoluta no está sometida a plazo de prescripción. El transcurso del tiempo no puede subsanar la falta de un requisito esencial y, como suele decirse, lo inicialmente nulo no puede convalidarse. Cfr. Ss. 11 enero 1928, 19 diciembre 1951 (Aranzadi, núm. 2.777), 20 diciembre 1975 (Aranzadi, núm. 4.691).

Pero ello no significa que la falta de ejercicio de la acción no haya podido conducir a una posición jurídica inatacable, pues quien trató de adquirir una cosa y no lo consiguió por nulidad radical del contrato, puede a pesar de ello adquirirla por usucapión extraordinaria, que no exige título ni buena fe (cfr. arts. 1.955-2 y 1.959 C.c.). Como ha dicho Puig Peña, un estado de hecho no puede quedar expuesto indefinidamente a la amenaza de una impugnación.[6]

Otro rasgo peculiar del contrato radicalmente nulo es que no puede ser objeto de confirmación. El art. 1.310 dispone: «Sólo son confirmables los contratos que reúnan los requisitos expresados en el art. 1.261». Puede subsanarse el defecto que no implique la nulidad de pleno derecho; pero si el contrato carece absolutamente de validez, lo procedente no será su confirmación, sino la nueva celebración, con todos sus requisitos.

No cabe hablar propiamente de convalidación en los casos de nueva celebración del contrato con todos los requisitos necesarios para su validez, pues la eficacia derivará exclusivamente del nuevo contrato. Sin embargo, puede hablarse de convalidación cuando para la eficacia del contrato sólo sea necesario incorporarlo a la forma documental exigida por la ley.

Tampoco puede hablarse propiamente de convalidación cuando la persona que podía pedir la declaración de nulidad admite e incluso aprueba los efectos derivados de la apariencia de contrato válido. La razón está, como observa Díez-Picazo, en que no se puede actuar en contradicción con los propios actos. En el caso de que la nulidad radical fuese debida a la enajenación de una cosa por quien no podía disponer de ella, si el enajenante adquiriese posteriormente el objeto

6. PUIG PEÑA, *Tratado de Derecho civil español*, I-2, Madrid, 1958, p. 694.

del contrato, éste produciría los efectos resultantes de la doctrina de los propios actos.[7]

Tampoco sería correcto hablar de convalidación en los supuestos de *conversión* del contrato. Esta situación aparece cuando el contrato otorgado es nulo de pleno derecho, pero sus elementos pueden ser utilizados para tener por celebrado otro contrato diferente. Por ejemplo, el arbitraje de Derecho privado necesita ajustarse a los requisitos que exige la Ley de 22 diciembre 1953, según su art. 3-1. Sin embargo, podrá ser eficaz como un contrato diferente cuando, sin tales requisitos, las partes hubieran aceptado la decisión de un tercero, por haber concurrido los requisitos generales de los contratos (art. 3-2 de la misma Ley).[8]

Del contrato radicalmente nulo no pueden derivar los efectos que hubiese producido en el caso de haber sido válido; pero con ello no se puede entender que la declaración de nulidad no ha de producir efectos, o que se ha de limitar a declarar la nulidad absoluta. Por nula que haya sido una compraventa, por ejemplo, puede haber sido causa de la entrega de la cosa y del pago del precio, por lo que la subsiguiente declaración de nulidad tendrá la consecuencia de que deberá deshacerse este intercambio de prestaciones. Ha de tenerse en cuenta la disposición del art. 1.303 C.c.: «Declarada la nulidad de una obligación, los contratantes deben restituirse recíprocamente las cosas que hubiesen sido materia del contrato, con sus frutos, y el precio con los intereses, salvo lo que se dispone en los artículos siguientes».

En los contratos de tracto sucesivo (arrendamiento, sociedad, etcétera) se plantea la cuestión de si los efectos de la nulidad han de producirse sólo en relación al futuro *(ex nunc)* o si han de afectar a los actos anteriores ya consumados *(ex tunc)*. En la medida de lo posible deberá restablecerse la situación anterior al contrato nulo. Los arts. 1.301, 1.303, 1.307, 1.308 C.c. son aplicables, en la medida en que sea materialmente posible, teniendo en cuenta que son reglas de aplicación, no sólo en los casos de anulabilidad, sino en los de nulidad absoluta.[9]

Si la nulidad ha tenido por causa la *incapacidad de uno de los contratantes* «no será obligado el incapaz a restituir, sino en cuanto se enriqueció con la cosa o precio que recibiera» (art. 1.304). El mismo criterio sigue el art. 1.163 C.c. Cfr. Ss. 9 febrero 1949 (Aranzadi, número 99) y 15 febrero 1952 (Aranzadi, núm. 288).

---

7. DÍEZ-PICAZO, obra citada, p. 304, y en la cuarta edición, p. 458.
8. DE LOS MOZOS, *La conversión del negocio jurídico*, obra citada.
9. DELGADO ECHEVERRÍA, citado, p. 296.

La regla general que impone la obligación de restituir lo recibido en virtud de un contrato nulo tiene las excepciones establecidas en los arts. 1.305 y 1.306 C.c.

Dispone el primero: «Cuando la nulidad provenga de *ser ilícita la causa u objeto del contrato,* si el hecho constituye un delito o falta común a ambos contratantes, carecerán de toda acción entre sí, y se procederá contra ellos, dándose, además, a las cosas o precio que hubiesen sido materia del contrato, la aplicación prevenida en el Código penal respecto a los efectos o instrumentos del delito o falta.

«Esta disposición es aplicable al caso en que sólo hubiere delito o falta de parte de uno de los contratantes; pero el no culpable podrá reclamar lo que hubiese dado, y no estará obligado a cumplir lo que hubiera prometido.»

Para el caso de existir *causa torpe, pero no constitutiva de delito o falta,* el art. 1.306 establece las dos siguientes reglas:

«*1.ª* Cuando la culpa esté de parte de ambos contratantes, ninguno de ellos podrá repetir lo que hubiere dado a virtud del contrato, ni reclamar el cumplimiento de lo que el otro hubiese ofrecido.

»*2.ª* Cuando esté de parte de un solo contratante, no podrá éste repetir lo que hubiese dado a virtud del contrato, ni pedir el cumplimiento de lo que se le hubiera ofrecido. El otro, que fuera extraño a la causa torpe, podrá reclamar lo que hubiese dado, sin obligación de cumplir lo que hubiera ofrecido.»

Puede observarse que en estos dos artículos juegan dos distintos conceptos de causa: la del contrato, que por ser ilícita produce la nulidad; la de la atribución patrimonial, que siendo torpe excluye la repetición que en otro caso sería procedente según el art. 1.303. La causa torpe de que habla el art. 1.306 es la que afecta a la atribución realizada, que puede afectar a una sola de las partes, mientras que la causa del contrato implica a las dos. La nulidad por ser ilícita la causa u objeto del contrato se refiere a los motivos ilícitos compartidos y conocidos por ambas partes (Delgado).[10]

Según la ley 510 de la Compilación del Derecho civil foral de Navarra, es irrepetible «lo que se da a causa de un convenio inmoral para el que pagó, aunque lo sea también para el que cobró».

---

10. DELGADO, lugar citado, p. 299. Sobre la diferencia entre causa del contrato y causa de una atribución patrimonial, téngase en cuenta lo que se expone en la p. 333 del tomo I de este *Compendio de Derecho civil.*

Por ser insubsanable la nulidad radical o absoluta, los contratos que la sufren no pueden ser confirmados. Por ello el art. 1.313, que admite la confirmación de los contratos meramente viciados, no les es aplicable.

3. La anulabilidad

Después de los contratos nulos de pleno derecho hay que examinar aquellos que se han celebrado de manera efectiva, pero con la particularidad de que los contratantes han incurrido en ciertas imperfecciones o han sufrido algunas deficiencias que permitirán pedir la anulación de lo convenido.[11]

El art. 1.300 C.c. dispone: «Los contratos en que concurren los requisitos que expresa el art. 1.261 *pueden ser anulados*, aunque no haya lesión para los contratantes, siempre que adolezcan de alguno de los vicios que los invalidan con arreglo a la ley».

Estamos ante un supuesto muy diferente de la nulidad radical, absoluta o de pleno derecho, con sus rasgos característicos de insubsanable e imprescriptible; ahora se trata de contratos inicialmente válidos y eficaces, pero que pueden ser anulados si para ello se acciona en el breve plazo que establece la ley.

El contrato anulable es inicialmente eficaz, aunque desde su mismo origen ya existe la causa que puede invalidarlo. De manera inicial tiene plena eficacia, pero es una eficacia que puede desaparecer por la posibilidad de que sea ejercitada en plazo legal la acción de impugnación. En la formación del contrato ha concurrido un vicio o defecto que ha de permitir, durante cierto tiempo, el ejercicio de la acción de anulación que la ley pone al servicio de determinadas personas, cuyos intereses quiere proteger.

El contrato anulable puede llegar a consolidarse como plenamente eficaz si transcurre el plazo de impugnación sin que la acción se haya ejercitado o sin que ésta haya tenido éxito. En cambio, cuando la acción ha prosperado, el contrato pasa a ser nulo, con un grado de ineficacia equiparable a los casos de nulidad radical o absoluta. Esta posibilidad de quedar subsanado en un plazo relativamente corto o de quedar completamente destruido es el rasgo más característico del concepto de anulabilidad de los contratos.

---

11. DELGADO, lugar citado, pp. 1.021 a 1.045.

Las causas o supuestos de anulabilidad son los enumerados de manera limitativa en los arts. 1.301 y siguientes del Código civil. Pero, como antes se ha dicho, no son supuestos de anulabilidad los de ilicitud de la causa, a pesar de estar regulados en los arts. 1.305 y 1.306. Conviene examinar por separado los siguientes supuestos:

a) *Falta de plena capacidad de obrar.* Son anulables los contratos celebrados por los incapaces de obrar o las personas que posean una capacidad de obrar limitada, y los celebrados sin los necesarios complementos de capacidad (consentimiento del padre, madre o tutor respecto del hijo emancipado, etc.). Ha de tenerse en cuenta que el art. 210 C.c., redactado por Ley de 24 octubre 1983, dispone: «La sentencia que declare la incapacidad determinará la extensión y los límites de ésta, así como el régimen de tutela o guarda a que haya de quedar sometido el incapacitado».[12]

b) *Falsedad de la causa.* A este supuesto se refiere el artículo 1.301 C.c. cuando establece que la acción se contará desde la consumación del contrato. Delgado Echeverría opina que en este caso no se trata de la causa falsa a que se refiere el art. 1.276 que decreta la nulidad del contrato con causa falsa, sino del supuesto de haberse sufrido error sobre la causa del contrato.[13]

c) *Vicios de la voluntad.* Los contratos celebrados con error sustancial, dolo causante, intimidación o miedo grave pueden ser anulados. A pesar de que el art. 1.265 dice que «*será nulo* el consentimiento prestado por error, violencia, intimidación o dolo», ha de entenderse que la concurrencia de estos vicios sólo permite la anulación durante el plazo de cuatro años a que se refiere el art 1.301. Acerca de si el llamado error obstativo es causa de anulabilidad o de nulidad de pleno derecho, predomina en la doctrina el primer criterio.[14]

Como todas las acciones de impugnación, la dirigida a la anulación del contrato es una acción constitutiva, en el sentido de que determina la ineficacia de un contrato que hasta entonces ha sido

---

12. A pesar de que no hay contrato si no concurre el consentimiento de los contratantes (art. 1.261, núm. 1.° C.c.) y de que no pueden prestar consentimiento los menores no emancipados (art. 1.263, núm. 1.°, C.c.), resulta que el art. 1.301 considera que los contratos celebrados por los menores o incapacitados sólo son anulables, pues la acción de impugnación durante cuatro años empieza a contarse «desde que salieren de tutela». Véase el tomo I de este *Compendio*, p. 188.

13. DELGADO, lugar citado, p. 1.024.

14. Véase antes, p. 188.

eficaz. En su ejercicio hay que distinguir los sujetos legitimados, el plazo para el ejercicio de la acción y la extinción.

El art. 1.302 dispone: «Pueden ejercitar la acción de nulidad de los contratos los obligados principal o subsidiariamente en virtud de ellos. Las personas capaces no podrán, sin embargo, alegar la incapacidad de aquellas con quienes contrataron, ni los que causaren la intimidación o violencia, o emplearon el dolo o produjeron el error, podrán fundar su acción en estos vicios del contrato».

Ha de tenerse en cuenta que la violencia o la intimidación pueden haber sido obra de un tercero (cfr. art. 1.268), y que el error puede no haber sido causado por el otro contratante.

La acción ha de dirigirse contra todas las personas que hubiesen sido parte en el contrato impugnado o que del mismo derivaren derechos u obligaciones, pues de lo contrario se quebrantaría la regla del litis consorcio pasivo necesario.

El art. 1.301 fija el plazo para el ejercicio de la acción. Dispone lo siguiente:

> «La acción de nulidad sólo durará cuatro años.
>
> »Este tiempo empezará a correr:
>
> »En los casos de intimidación o violencia, desde el día en que éstas hubiesen cesado.
>
> »En los de error, o dolo, o falsedad de la causa, desde la consumación del contrato.
>
> »Cuando la acción se refiera a los contratos celebrados por los menores o incapacitados, desde que salieren de la tutela.
>
> »Si la acción se dirigiese a invalidar actos o contratos realizados por uno de los cónyuges sin el consentimiento del otro, cuando este consentimiento fuere necesario, desde el día de la disolución de la sociedad conyugal o del matrimonio salvo que antes hubiese tenido conocimiento suficiente de dicho acto o contrato.» Redactado según la Ley 14/1975, de 2 de mayo.

Este plazo no es de prescripción extintiva sino de caducidad y no es susceptible, por tanto, de interrupción, pudiendo los Tribunales apreciarla de oficio. Véanse Sentencias de 25 septiembre 1950 (Aranzadi, núm. 1.406), 5 julio 1957 (Ar., núm. 2.554), 11 mayo 1966 (Ar., - núm. 2.419).[15]

---

15. Acerca de la diferencia entre prescripción extintiva y caducidad, véase el tomo I de este *Compendio*, en su último capítulo, y nuestro libro *Caducidad, prescripción extintiva y usucapión*, Barcelona, 1988, pp. 27 y ss.

Acerca de si está igualmente sometida a caducidad la alegación por vía de excepción de que el contrato es anulable, ha de tenerse en cuenta lo siguiente: La caducidad afecta a la acción restitutoria de que se ocupa el Código en los arts. 1.303, 1.304, 1.307 y 1.308, pero no a la posibilidad de alegar un vicio anulatorio del contrato cuando éste todavía no se ha consumado, oponiéndolo como excepción a quien exija el cumplimiento. Ésta es la solución que puede ampararse en los precedentes romanos; sin embargo, la doctrina moderna estima que la amplia declaración del art. 1.930-2 C.c. de que prescriben «los derechos y las acciones, de cualquier clase que sean», permite incluir tanto a las acciones como a las excepciones, que en definitiva sólo se diferencian por la posición que el derecho ocupa en el proceso.[16]

Además del transcurso del plazo de caducidad, de los arts. 1.309 y 1.314 resultan otras dos causas de extinción. El art. 1.309 se refiere a la confirmación de los contratos anulables y de ellos nos ocupamos por separado. El art. 1.314 dispone:

«También se extinguirá la acción de nulidad de los contratos cuando la cosa objeto de éstos se hubiese perdido por dolo o culpa del que pudiera ejercitar aquélla.

»Si la causa de la acción fuere la incapacidad de alguno de los contratantes, la pérdida de la cosa no será obstáculo para que la acción prevalezca, a menos que hubiese ocurrido por dolo o culpa del reclamante después de haber adquirido la capacidad.»

En el supuesto de dicha pérdida no sería posible proceder a las restituciones recíprocas que impone el art. 1.303. Pero la acción subsistirá si ha perdido la cosa el contratante incapaz, y éste podrá obtener la devolución de lo entregado sin tener que devolver lo que recibió.

La ineficacia resultante de la anulación tiene efecto retroactivo y queda referida a la fecha de celebración del contrato. Por tanto, si las obligaciones derivadas del contrato han sido cumplidas, se aplicará el art. 1.303, ya examinado. Si no es posible restituir las mismas cosas, procederá la devolución de su equivalente pecuniario (art. 1.307 C.c.).

16. Véase *Caducidad...*, citado en la nota precedente, p. 26.

4. La confirmación de los contratos anulables

Los contratos meramente anulables pueden quedar confirmados como válidos antes de que transcurra el plazo de cuatro años que fija el art. 1.301. Para ello es suficiente que el contratante que pudiese ejercitar la acción haga una manifestación en el sentido de que el contrato sea considerado definitivamente como válido. A esta confirmación de los contratos anulables el Código civil dedica los arts. 1.309 a 1.313.

Dice Serrano Alonso que la confirmación es «el acto unilateral realizado por quien puede hacer valer la ineficacia del mismo, en virtud del cual el negocio queda sanado y produce todos sus efectos como si nunca hubiese estado viciado».[17]

En general se afirma que la confirmación implica o significa la renuncia de la correspondiente acción. Delgado Echeverría observa que, sin embargo, la confirmación puede realizarse incluso en momento anterior al nacimiento de dicha acción, como en el supuesto de descubrirse el error o el dolo antes de la consumación del contrato, pues la acción nace a partir de este momento y no puede renunciarse a lo que todavía no se tiene.[18]

Es importante perfilar el concepto de confirmación de los contratos a base de distinguirlo de otras figuras jurídicas.

Son conceptos diferentes los de confirmación y de ratificación. La primera puede ser procedente en relación con cualquier clase de negocio jurídico que pueda quedar anulado, mientras que la ratificación hace siempre referencia a un contrato concluido por quien no tiene poder o representación de un tercero.

La jurisprudencia, a partir de la Sentencia de 14 diciembre 1940 (Aranzadi, núm. 1.135) ha destacado con claridad esta diferencia. La ratificación, declaró, «no puede ser confundida con la confirmación de los contratos anulables a que se refieren los arts. 1.309 a 1.313, ya que esta última significa subsanación de un acto que lleva en sí todos los elementos necesarios para su existencia, adoleciendo empero de un vicio que origina su invalidez, mientras que la ratificación confiere plena eficacia a un negocio que se celebró con falta de un elemento esencial, pero que puede aparecer *a posteriori,* cual es el consenti-

---

17. SERRANO ALONSO, *La confirmación de los negocios jurídicos*, Madrid, 1976, pp. 33 y 70; GULLÓN, *La confirmación*, Anuario de Derecho civil, 1960, pp. 1.195 a 1.219.

18. DELGADO, citado p. 1.040.

miento del principal o representado». Véase, también, la Sentencia de 7 julio 1944 (Aranzadi, núm. 908) de la que fue ponente don José Castán, y la Sentencia de 10 octubre 1963 (Aranzadi, núm. 4.083).

Por consiguiente, en la confirmación se trata de que una persona que desde el principio ha contratado en nombre propio, renuncia al ejercicio de una acción que podía esgrimir en virtud de ciertos defectos en que se incurrió en la celebración del contrato; en cambio, la ratificación trata de subsanar la falta de autorización representativa o la extralimitación del poder en que ha incurrido un representante. Como dispone el art. 1.892, «la ratificación de la gestión por parte del dueño del negocio produce los efectos del mandato expreso».

También conviene distinguir entre confirmación y reconocimiento de un contrato. Este reconocimiento presupone la existencia de un contrato que reúne todos los requisitos legales, pero que podría quedar sin eficacia por falta de medios probatorios. Por tanto, en el reconocimiento, la declaración, en lugar de subsanar algún vicio de voluntad, se dirige a remediar deficiencias de prueba.

La confirmación puede hacerse expresa o tácitamente, como dice el art. 1.311 C.c. Hay confirmación tácita «cuando, con conocimiento de la causa de nulidad y habiendo ésta cesado, el que tuviese derecho a invocarla ejecutase un acto que implique necesariamente la voluntad de renunciarlo».

Para la confirmación expresa no se exige ningún requisito de forma especial, pero no hay duda que ha de existir la correspondiente declaración de voluntad dirigida a confirmar como válido el negocio, manifestada con perfecto conocimiento de la causa de nulidad. Este conocimiento lo exige el art. 1.311 con referencia a la confirmación tácita y no puede ser de otro modo en la expresa, pues la eficacia de la declaración presupone el conocimiento de lo que se declara. No puede subsanarse una causa de nulidad que no sea conocida.

Cabe resumir los requisitos que exige la confirmación de la siguiente manera:

a) Acerca de los contratos que pueden ser confirmados, según el art. 1.310 sólo son confirmables los que reúnan los tres elementos de consentimiento objeto y causa, pero que a pesar de ello puedan ser anulados al amparo del art. 1.300 C.c.

Respecto a los contratos celebrados por los menores de edad, prevalece el criterio de que si se trata de menores que tengan uso de razón, el contrato es anulable y no radicalmente nulo, porque una cosa es la falta de consentimiento y otra el consentimiento viciado

(Castán). Según la Sentencia de 3 julio 1923, lo dispuesto en el art. 1.263 no impide que los menores de edad, después de haber llegado a la mayoría, puedan confirmar los contratos en consonancia con lo dispuesto en el art. 1.311 del Código civil.

Por supuesto que no pueden ser confirmados los contratos que son nulos de pleno derecho, pues lo que no existe legalmente no puede ser confirmado, y a lo sumo podrá ser repetido el acto que se quiso celebrar, si puede superarse la causa de nulidad. Véase, entre otras, la Sentencia de 16 abril 1973 (Aranzadi, núm. 1.792).

b) En cuanto a las personas que pueden confirmar los contratos anulables, son las mismas que el art. 1.302 señala como titulares de la acción. El art. 1.312 C.c. dispone: «La confirmación no necesita el concurso de aquel de los contratantes a quien no correspondiese ejercitar la acción de nulidad».

c) Como se ha dicho, la confirmación exige que se tenga conocimiento de la causa que permitiría pedir la anulación del contrato. El conocimiento de esta causa y que haya cesado, son requisitos que el art. 1.311 exige expresamente para el caso de confirmación tácita y que ha de concurrir igualmente si la confirmación se hace de manera expresa. Véase la Sentencia de 8 junio 1973 (Aranzadi, núm. 2.460).

Los efectos de la confirmación son que la acción de anulación queda extinguida y que el contrato queda purificada de los vicios de que adolecía. Los arts. 1.309 y 1.313 reconocen estas consecuencias evidentes: extinción de la acción desde el momento de la confirmación válida del contrato y purificación de los vicios de que adolecía desde el momento de su celebración.

Llama la atención que dichos preceptos parecen referirse a momentos diferentes: el art. 1.309 dice que la acción se extingue en el momento de la confirmación («La acción de nulidad queda extinguida desde el momento en que el contrato haya sido confirmado válidamente»), y el art. 1.313 dice que: «La confirmación purifica al contrato de los vicios de que adoleciera desde el momento de su celebración». Sin embargo, la contradicción sin duda no existe: la acción deja de existir desde el momento de la confirmación, y el contrato, que ya tenía eficacia provisional, la mantiene de manera definitiva. La validez inicial del contrato es suficiente para que la confirmación lo sane de raíz y pueda oponerse a terceros que pretendan haber obtenido derechos incompatibles con el mismo antes de la confirmación.

XVII

RESCISIÓN Y REVISIÓN DE LOS CONTRATOS

1. La rescisión de los contratos

A. Concepto

La palabra «rescisión» significa deshacer o dejar sin efecto. En ocasiones la palabra se usa de manera imprecisa para referirse a supuestos de ineficacia contractual de la más diversa índole. Pero los casos de nulidad y de anulabilidad no deben confundirse con los de rescisión. Ésta se refiere precisamente a contratos que no son nulos y que tampoco pueden anularse por defectos en sus génesis y estructura, a pesar de lo cual sus consecuencias han de considerarse injustas y merecedoras de corrección.[1]

Tampoco han de confundirse los conceptos de rescisión y de resolución, aunque a veces se usan de manera indiferenciada. La resolución significa que la obligación nacida del contrato se deshace por cumplirse una condición resolutoria o por haber transcurrido un plazo de la misma clase, o cuando por no cumplir una de las partes la obligación que le corresponde, la otra parte queda facultada para desligarse de lo convenido.

Para que la rescisión tenga un sentido propio ha de limitarse a los casos en que la ley permite que se supriman los efectos de un contrato por ser lesivos para una de las partes, o por haber sido vehículo de un fraude que perjudica a tercero. Son los supuestos a que se refieren los arts. 1.290 a 1.299 C.c. La ley señala de manera concreta en qué casos los contratos, a pesar de haberse celebrado válidamente (cfr. art. 1.290 C.c.), puede ser dejados sin efecto.

---

1. Federico DE CASTRO, *El negocio jurídico*, Madrid, 1967 (reimpreso en 1985), p. 520.

Por su misma razón de ser, la acción de rescisión es subsidiaria, por tratarse de un recurso al que se acude cuando no existe otro medio legal de reparar el perjuicio (art. 1.294 C.c.).

La Sentencia de 17 abril 1943 (Aranzadi, núm. 418) ha señalado la diferencia entre los conceptos de anulabilidad (a la que llama nulidad relativa) y de rescisión. Señala que «la rescisión presupone que la relación jurídica ha sido válidamente constituida, si bien concurren en ella determinadas circunstancias –en general un agravio jurídico-económico– que obstan a su eficacia, según revelan los arts. 1.290 y 1.300, en relación por lo que a particiones se refiere, con el 1.073 y con el 1.081 del Código civil...».

B. Causas de rescisión

El Código civil, después de afirmar que «los contratos válidamente celebrados pueden rescindirse en los casos establecidos por la ley» (art. 1.290), añade a continuación los supuestos en que los contratos pueden ser rescindidos. Según el art. 1.291:

«Son rescindibles:
»*1.º* Los contratos que pudieren celebrar los tutores sin autorización del Consejo de Familia, siempre que las personas a quienes representan hayan sufrido lesión en más de la cuarta parte del valor de las cosas que hubiesen sido objeto de aquéllos. La referencia al Consejo de Familia ha de entenderse sustituida por la autoridad judicial, después de la Ley de 24 octubre de 1983.
»*2.º* Los celebrados en representación de los ausentes, siempre que éstos hayan sufrido la lesión a que se refiere el número anterior.
»*3.º* Los celebrados en fraude acreedores, cuando éstos no puedan de otro modo cobrar lo que les deba.
»*4.º* Los contratos que se refieran a cosas litigiosas, cuando hubiesen sido celebrados por el demandado sin conocimiento y aprobación de las partes litigantes o de la Autoridad judicial competente.
»*5.º* Cualesquiera otros en que especialmente lo determine la ley.»

El Código expresa que la rescisión es un remedio contra las consecuencias injustas de «contratos válidamente celebrados» (art. 1.290) y que sólo procede con carácter subsidario. Según dice el art. 1.294: «La acción de rescisión es subsidiaria; no podrá ejercitarse sino cuando el perjudicado carezca de todo otro recurso legal para obtener la reparación del perjuicio».

En su núm. 3.º, el art. 1.291 declara rescindibles los contratos en fraude de acreedores, cuando «éstos no puedan de otro modo cobrar lo que se les deba». Esta causa, por su importancia, será examinada por separado.

En el caso del núm. 4 o del mismo artículo la rescisión trata de proteger al demandante frente a las enajenaciones de la cosa litigiosa que pudiera hacer el demandado con el fin de frustrar los efectos de la demanda. Sin embargo, para los mismos efectos puede utilizarse con ventaja la anotación preventiva de demanda, si se tratase de bienes inmuebles (cfr. art. 42, núm. 1.º, Ley hipotecaria).

La cosa se considera litigiosa desde el momento del emplazamiento. Cfr. Ss. 25 enero 1913 y 15 febrero 1965 (Aranzadi, núm. 613). obsérvese la diferencia en relación con el retracto de créditos litigiosos, pues en este caso lo es «desde que se conteste a la demanda relativa al mismo» (art. 1.535-2).

El art. 1.291 C.c., después de declarar rescindibles los contratos de los primeros cuatro números, añade en el quinto la posibilidad de rescindir: «Cualesquiera otros en que especialmente lo determine la ley». Precisamente el siguiente art. 1.292 añade que también son rescindibles «los pagos hechos en estado de insolvencia por cuenta de obligaciones a cuyo cumplimiento no podía ser compelido el deudor al tiempo de hacerlos». Además, los arts. 1.073 a 1.081 regulan la rescisión de las particiones de herencias. Véanse, además, los arts. 406 y 1.708 C.c.

C. Ejercicio de las acciones rescisorias

Los arts. 1.290 a 1.299 C.c. contienen reglas comunes al ejercicio de las acciones rescisorias:[2]

a) *Legitimación activa y pasiva.* El ejercicio de la acción corresponde a las personas que la ley protege: el pupilo, el ausente y el demandante en los casos de los núms. 1.º, 2.º y 4.º del art. 1.291. En el supuesto del núm. 3.º, están legitimados los acreedores defraudados, y en el caso de rescisión de la partición, los partícipes en la herencia que se consideren lesionados.

En los casos de los núms. 1.º y 2.º del art. 1.291 han de ser demandados los que han celebrado el contrato con el tutor o el representan-

---

2. José Antonio MARTÍN PÉREZ, *La rescisión del Contrato (En torno a la lesión contractual y el fraude de acreedores)*, Barcelona, 1995.

te del ausente, y también el mismo tutor o representante, a los efectos de su posible responsabilidad, por tratarse de una acción de carácter subsidiario (art. 1.294). En los casos de fraude serán demandados los que fueron parte en el contrato fraudulento, y en su caso las terceras personas que hubiesen adquirido a título gratuito las cosas enajenadas, y los subadquirentes que las hubiesen adquirido a título oneroso pero de mala fe.

b) Acerca del *plazo para el ejercicio de la acción,* el art. 1.299 C.c. dispone:

«La acción para pedir la rescisión dura cuatro años.

»Para las personas sujetas a tutela y para los ausentes, los cuatro años no empezarán hasta que haya cesado la incapacidad de los primeros, o sea conocido el domicilio de los segundos.»

Lo mismo dispone el art. 1.076 para la rescisión por lesión de las particiones hereditarias, contándose los cuatro años desde que se hizo la partición, v lo mismo regirá en la división de cosa común y en la partición entre socios (arts. 406 y 1.708).

En la rescisión por fraude de acreedores el C.c. nada dispone acerca del momento de empezar a contarse los cuatro años, y sin duda ha de tenerse en cuenta la regla general del art. 1.969, y se contará desde el día en que pudieron ejercitarse.

El art. 37, penúltimo párrafo, de la Ley hipotecaria dispone que «no perjudicará a tercero la acción rescisoria que no se hubiese entablado dentro del plazo de cuatro años, contados desde el día de la enajenación fraudulenta».

El plazo, sin duda, es de caducidad.

D. *Efectos de la rescisión*

Conviene señalar los efectos de cada acción rescisoria por su alcance y contenido. Las dirigidas a remediar la lesión sufrida por uno de los contratantes tienen eficacia *restitutoria,* en cuanto imponen la devolución de las prestaciones recíprocas. Así ocurre en los casos de los núms. 1.° y 2.° del art. 1.291 y del art. 1.073 C.c. El efecto restitutorio lo impone claramente el primer párrafo del art. 1.295.

Acerca de si puede evitarse la rescisión mediante el ofrecimiento y abono del importe del perjuicio causado, el art. 1.077, párr. 1.°, lo establece para el caso de rescisión de la partición: «El heredero demandado podrá optar entre indemnizar el daño o consentir que se proceda a nueva partición». Sin duda ha de entenderse lo mismo en los otros casos de rescisión con efecto restitutorio, pues con ello queda atendida la finalidad perseguida y se favorece la estabilidad de los contratos.

Distinto es lo que sucede en el caso de rescisión con eficacia *revocatoria,* por tratarse de privar de eficacia a un contrato, en la medida en que ha causado un perjuicio a otra persona, el acreedor defraudado. Sólo de esta manera se consigue la recomposición del patrimonio del deudor, en la medida necesaria para satisfacer a los acreedores. Por ello esta rescisión puede ser parcial y también podrá enervarse la acción cuando se ofrezca al acreedor la correspondiente prestación del resarcimiento.

Cfr. S. 14 junio 1958 (Aranzadi, núm. 2.150).

2. La rescisión por fraude a los acreedores

A. *Concepto*

El Código incluye entre las acciones rescisorias a la llamada acción pauliana (por haber sido creada por un pretor romano llamado Paulus) o revocatoria, que es un recurso que la ley concede a los acreedores cuando no pueden cobrar por insolvencia del deudor que ha realizado enajenaciones fraudulentas.[3]

El art. 1.111 del C.c., después de referirse a la acción subrogatoria, dice que los acreedores «pueden también impugnar los actos que el deudor haya realizado en fraude de su derecho». El núm. 3.° del art. 1.291 incluye entre los actos rescindibles los contratos «celebrados en fraude de acreedores, cuando éstos no puedan de otro modo cobrar lo que se les debe». Los arts. 1.297 y 1.298 regulan esta acción.

La enajenación en fraude de acreedores supone que un deudor, mediante la enajenación de bienes de su patrimonio, priva a sus acreedores de la posibilidad de cobrar lo que les debe. La acción pauliana trata de restablecer en la medida necesaria la responsabili-

3. DE CASTRO, *La acción pauliana y la responsabilidad patrimonial,* Revista de Derecho privado, 1932, p. 196 y ss.; KIPP, *Impugnación de los actos «in fraudem creditorum» en Derecho romano y en el moderno Derecho español,* Revista de Derecho privado, 1924, pp. 1 y ss.; TRAVIESAS, *La acción pauliana,* Revista General de Legislación y Jurisprudencia, 1920-2, pp. 99 y ss.; MARTÍN RETORTILLO, *La lucha contra el fraude civil,* Barcelona, 1943; Ramón M.ª ROCA SASTRE y Luis ROCA-SASTRE MUNCUNILL, *Derecho hipoecario,* séptima edición, Barcelona, 1979, tomo I, pp. 859 y ss.

dad patrimonial del deudor, y a tal efecto reconoce a los acreedores el derecho de pedir que sean rescindidas las enajenaciones que les han perjudicado.

El Código configura esta acción como personal y rescisoria, en el sentido de que no es una acción real ni de nulidad, como resulta de las siguientes disposiciones: el art. 1.291-3.° incluye la acción entre las dirigidas a obtener la rescisión de los contratos; el art. 1.294 dice que «la acción de rescisión es subsidiaria; no podrá ejercitarse sino cuando el perjudicado carezca de todo otro recurso para obtener la reparación del perjuicio». Además, el art. 1.290 establece claramente que los contratos rescindibles son los «válidamente celebrados»; y cuando la rescisión no es posible, por encontrarse las cosas enajenadas en poder de terceros adquirentes a título oneroso y de buena fe, la acción tiene una finalidad puramente indemnizatoria; y lo mismo cuando el adquirente de mala fe no pudiese devolver lo adquirido (art. 1.298).

B. Requisitos que han de concurrir

Para el ejercicio de la acción pauliana han de concurrir los siguientes requisitos:

a) Ha de existir un crédito o varios entre el acreedor demandante y el enajenante demandado. Si el acreedor lo es en virtud de un crédito sometido a condición o término suspensivo, opina algún autor que la acción puede ejercitarse con carácter preventivo y conservativo.[4]

b) El deudor ha de haber otorgado un acto de enajenación o varios con posterioridad a la existencia del crédito del impugnante. El acto de disposición ha de ser real, pues los casos de simulación son diferentes y están sometidos a otro tratamiento. A consecuencia de la actividad del obligado, han de haber desaparecido de su patrimonio bienes susceptibles de ejecución, a cambio de otros bienes, generalmente precio en dinero, que pueden sustraerse con facilidad a la acción de los acreedores.

c) Ha de existir una relación de causa a efecto entre la enajenación y el perjuicio causado. El perjuicio ha de consistir en la desaparición o disminución significativa de la garantía patrimonial del deudor, que impida la efectividad del crédito.

---

4. DÍEZ-PICAZO, *Fundamentos del Derecho civil patrimonial*, Madrid, 1972, p. 743. En la cuarta edición, 1993; vol. II, pp. 733 y ss.

No es necesario que el deudor haya sido declarado en concurso o quiebra, ni que se haya seguido un juicio previo para la declaración de insolvencia; pero el acreedor impugnante tendrá que probar que no existen bienes suficientes para hacer efectivo su derecho de crédito.

d) Es necesario que el deudor haya realizado la enajenación con la intención de sustraer bienes a la acción de los acreedores *(consilium fraudis);* además, si la enajenación ha sido hecha a título oneroso, es necesario que el adquirente haya tenido conocimiento del designio fraudulento del enajenante *(conscius fraudis);* de lo contrario, una adquisición a título oneroso y de buena fe por parte del tercero proporcionaría a éste un título inatacable.

La distinción entre adquisiciones a título oneroso y a título gratuito aparece claramente en el art. 1.297:

«Se presumen celebrados en fraude de acreedores todos aquellos contratos por virtud de los cuales el deudor enajenare bienes a título gratuito.

»También se presumen fraudulentas las enajenaciones a título oneroso, hechos por aquellas personas contra las cuales se hubiese pronunciado antes sentencia condenatoria en cualquier instancia o expedido mandamiento de embargo de bienes.»

Pero, aparte de las presunciones de este segundo párrafo, un acreedor puede impugnar por fraude las enajenaciones onerosas, con la carga de probar su existencia. Ha declarado el Tribunal Supremo que las presunciones del art. 1.297 no impiden que por otros medios probatorios se demuestre que una enajenación es fraudulenta. Sentencias de 18 marzo 1929, 23 febrero 1934, 17 abril 1950 (Aranzadi, núm. 991).

Si concurre alguna de las presunciones a que se refiere el segundo párrafo del art. 1.297, actuará la regla de que «las presunciones que la ley establece dispensan de toda prueba a los favorecidos por ella» (art. 1.250 C.c.); por consiguiente, será el deudor quien podrá destruir la presunción de fraude mediante prueba en contrario.

Por lo que se refiere al primer párrafo del mismo art. 1.297, cabe la siguiente observación. Si la enajenación de bienes a título gratuito ha de presumirse celebrado en fraude de acreedores, resultará que será posible realizar prueba en contrario, por lo que dispone el art. 1.251 C.c. («Las presunciones establecidas por la ley pueden destruirse por la prueba en contrario, excepto en aquellos casos en que aquélla expresamente lo prohíba»). En realidad, esta solución no es satisfactoria y hubiese sido preferible establecer sin presunción alguna que un deudor no puede sustraer bienes en la acción de sus acreedores mediante enajenaciones gratuitas. Quien es deudor ha de pagar antes de poder atribuir beneficios a terceros, y el Derecho ha de conceder más protección a quien tiene un derecho de crédito nacido a título oneroso que al adquirente que obtiene algo gratuitamente. Véase el párrafo segundo del art. 643.

e) El acreedor ha de probar que el acto cuya rescisión pide le es perjudicial y ha sido realizado fraudulentamente. No se le exige una persecución previa de los bienes del deudor para demostrar su insolvencia, pero en todo caso le es necesario probar que no le quedan bienes suficientes. Sentencia de 9 noviembre 1966.

f) La acción ha de dirigirse contra el deudor y el tercero que celebró con él el acto fraudulento. Además, si el tercero enajenó a su vez a un subadquirente, ha de ser también demandado si realizó la adquisición a título gratuito o si, en el caso de haber adquirido a título oneroso, participó igualmente en la maniobra fraudulenta.

g) La acción ha de ejercitarse antes de que transcurran cuatro años contados a partir de la celebración del acto que se impugna. Cfr. Ss. 8 mayo 1903 y 26 junio 1946. El plazo es de caducidad. S. 16 octubre 1971.

El art. 37 de la Ley hipotecaria, al referirse a que las acciones rescisorias, revocatorias y resolutorias no se darán contra tercero que haya inscrito los títulos de sus respectivos derechos, exceptúa, en el núm. 4.º: «Las acciones rescisorias de enajenaciones hechas en fraude de acreedores, las cuales perjudicarán a tercero: *a)* cuando hubiese adquirido por título gratuito; *b)* cuando habiendo adquirido por título oneroso, hubiese sido cómplice en el fraude. El simple conocimiento de haberse aplazado el pago del precio no implicará, por sí solo, complicidad en el fraude». En el párrafo que sigue, añade: «En ambos casos no perjudicará a tercero la acción rescisoria que no se hubiere entablado dentro del plazo de cuatro años, contados desde el día de la enajenación fraudulenta».[5]

C. *Efectos del ejercicio de la acción pauliana*

Los efectos de la rescisión por fraude de acreedores son los siguientes: La enajenación es declarada ineficaz en la parte necesaria

---

5. ROCA SASTRE, obra citada, I, pp. 887 y ss., con una crítica del art. 37 de la Ley hipotecaria.

para que la víctima del fraude pueda hacer efectivo su crédito. La cosa enajenada ha de reingresar en el patrimonio del deudor para que el acreedor pueda proceder ejecutivamente contra ella. Sin embargo, en la práctica, sobre todo en caso de rescisión parcial, la operación se simplifica mediante abonar el tercero directamente al acreedor el importe del perjuicio causado; o bien el tercero soporta directamente la ejecución sobre el bien afectado y que sigue en su poder.

Díez-Picazo y Gullón observan que el tercer adquirente de mala fe es tratado como poseedor de mala fe y, como tal, obligado a restituir los frutos percibidos y debidos percibir (art. 455 C.c.), y será deudor personal de la cantidad a que asciendan, de la que responderá con sus propios bienes.[6]

La sentencia que declare fraudulenta la enajenación y condene a la restitución total o parcial de los bienes afectados no podrá tener estos efectos cuando no proceda la devolución de la cosa por estar en poder de un adquirente a título oneroso y de buena fe, e incluso en otros supuestos, como resulta del art. 1.298:

«El que hubiese adquirido de mala fe las cosas enajenadas en fraude de acreedores, deberá indemnizar a éstos de los daños y perjuicios que la enajenación les hubiese ocasionado, siempre que por cualquier causa le fuere imposible devolverlas.»

La acción rescisoria se convierte en dichos supuesto en una acción de indemnización de daños y perjuicios.

3. La rescisión por lesión en Cataluña y Navarra

La rescisión por lesión enorme o en más de la mitad del justo precio *(ultradimidium),* conocida en Derecho romano justinianeo para cuando un inmueble se había vendido por precio inferior a la mitad de su valor real, subsiste en las Compilaciones de Cataluña y Navarra.[7]

---

6. DÍEZ-PICAZO y GULLÓN, *Sistema de Derecho civil,* II, Madrid, 1978, p. 183 (última edición de 1983).

7. ALBALADEJO, *Estudio sintético de la rescisión por lesión en más de la mitad en los Derechos. catalán y navarro,* Revista de Derecho privado, 1976, pp. 981 a 992; PUIG FERRIOL y ROCA TRÍAS, *Institucions del Dret civil de Catalunya,* Barcelona, 1984, pp. 76 a 83.

A. *Cataluña*

En la redacción debida a la Ley del Parlamento de Cataluña de 19 de julio de 1984, los artículos 321 a 325 de la Compilación disponen lo siguiente:

Los contratos de compraventa, permuta y los demás de carácter oneroso relativos a bienes inmuebles, cuando el enajenante haya sufrido lesión en más de la mitad del justo precio, serán rescindibles a su instancia, aunque en el contrato concurran todos los requisitos necesarios para su validez. No procederá esta acción rescisoria en las compraventas o enajenaciones realizadas en subasta pública, ni en los contratos en los que la contraprestación haya sido decisivamente determinada por el carácter aleatorio o litigioso o por el deseo de liberalidad del enajenante. En las ventas a carta de gracia o con pacto de retroventa no podrá ejercitarse dicha acción rescisoria hasta que se haya extinguido o haya caducado el derecho de redención o recuperación (art. 321).

Esta acción rescisoria es de naturaleza personal, transmisible a los herederos y caduca a los cuatro años de la fecha del contrato. Sólo podrá renunciarse después de celebrado el contrato lesivo, excepto en Tortosa y su antiguo territorio, en que la renuncia podrá hacerse en el mismo contrato (art. 322).

Cuando sean enajenadas varias cosas en un mismo contrato, la rescisión sólo procederá tomándolas en conjunto y por su valor total, aunque se haya especificado el precio o valor de cada una de ellas. Para apreciar la existencia de la lesión se atenderá al precio justo, o sea el valor en venta que las cosas tuviesen al tiempo de otorgarse el contrato en relación con otros de iguales o análogas circunstancias en la respectiva localidad, aunque el contrato se consume después (art. 323).

El art. 324 dispone que será aplicable a la rescisión lo que dispone el art. 1.295 del Código civil, pero sin que tengan que restituirse los frutos o intereses anteriores a la reclamación judicial, y tendrán que abonarse los gastos extraordinarios de conservación o refacción y las mejoras útiles.

El art. 325 dispone que el comprador o adquirente demandado podrá evitar la rescisión mediante el pago en dinero al vendedor o enajenante del complemento del precio o valor lesivos, con los intereses, desde la consumación del contrato.

B. Navarra

La compilación del Derecho civil foral de Navarra de 1.° marzo 1973 modificada por la Ley Foral 5/1987, de 1 de abril, regula la rescisión por lesión en las leyes 499 a 507.[8]

La ley 499 dispone: «Quien haya sufrido lesión enorme a causa de un contrato oneroso que hubiere aceptado por apremiante necesidad o inexperiencia, podrá pedir la rescisión del mismo».

«Se entenderá por lesión enorme el perjuicio de más de la mitad del valor de la prestación, estimada al tiempo del contrato. Si el perjuicio excediere de los dos tercios de aquel valor, la lesión se entenderá enormísima.»

De la transcrita ley resulta que en Navarra la rescisión puede pedirse por el enajenante y también por el adquirente que haya sufrido el perjuicio; además, que la acción procede tanto respecto de bienes inmuebles como muebles; que se distingue entre lesión enorme y enormísima; y que no sólo se ha de tener en cuenta si existe el perjuicio de más de la mitad o de los dos tercios, sino, además, la prueba de que el contrato se «hubiere aceptado por apremiante necesidad o inexperiencia».

Según el párrafo tercero de la Ley 500: «En ningún caso podrá pedir la rescisión por lesión quien, profesional o habitualmente, se dedique al tráfico de las cosas objeto de contrato o fuere perito en ellas.»

Son rescindibles los contratos onerosos (Ley 499, párr. 1.°), y «no sólo en los contratos sobre bienes inmuebles, sino también sobre los muebles cuando se estime justificada la acción en consideración al valor de los mismos y al perjuicio causado por el contrato en relación al patrimonio» (Ley 501).

Cuando el contrato tenga por objeto varias cosas conjuntamente y por un solo precio «sólo podrá rescindirse por lesión en su totalidad, aunque se especificare separadamente el precio, valor o estimación de cada cosa» (Ley 502).

«En las ventas efectuadas a carta de gracia o con pacto de retro, sólo se dará la rescisión cuando haya caducado el plazo o se haya extinguido el derecho a retraer. Cuando no se hubiere fijado plazo, se estará a lo dispuesto en la ley 578» (párrafo segundo de la Ley 503).

«No tendrá lugar la rescisión en los contratos de simple liberalidad, aleatorios o sobre objeto litigioso» (Ley 503).

---

8. F. SALINAS QUIJADA, *Derecho civil de Navarra*, Pamplona, 1974, IV-I, pp. 437 a 483.

Es una acción «personal y transmisible a los herederos. No tendrá lugar cuando sean procedentes las acciones de saneamiento por vicios o defectos de la cosa, o la de nulidad del contrato» (Ley 504).

Es una acción indivisible y por ello «deberá ser ejercitada conjuntamente contra todos los obligados y por todos los que tengan derecho a ejercitarla, o por uno cualquiera de éstos respecto a la totalidad» (Ley 507, párrafo primero).

«Cuando sólo uno se disponga a ejercitar la acción, deberá notificarlo previamente a los otros que tengan derecho a la rescisión, para que puedan concurrir al litigio. Después de haberse ejercitado la acción por uno de ellos, deberá éste hacer partícipe a los otros del resultado favorable de la acción por él ejercitada, deducidos los gastos del litigio» (Ley 507, párrafo 3.º).

Aunque la acción sea procedente, podrá ser evitada mediante el abono por el demandado del complemento del precio, valor o estimación, más los intereses legales. Véanse los dos párrafos del apartado *c)* de la Ley 506. Cuando sean varios los obligados, la rescisión no procederá cuando todos ellos estén de acuerdo en indemnizar, y deberán hacerlo en la proporción que a cada uno corresponda (Ley 507, párr. 2.º).

Cuando la rescisión no sea evitada según lo que antecede, la restitución deberá efectuarse con la devolución de la cosa con sus frutos sin derecho al abono de mejoras; pero «el demandado podrá retirarlas cuando puedan separarse sin menoscabo de la cosa a que se hubiesen unido» (cfr. Ley 506, apartados *a)* y *b)*). Si la restitución no es posible por no tener el demandado la cosa en su poder, «deberá pagar sólo el complemento del precio, valor o estimación más los intereses legales» (íd. ap. *c*). En la restitución de los frutos se aplicará lo que disponen las Leyes 353 y 354.

Según la Ley 505, «la renuncia a la acción rescisoria, hecha simultánea o posteriormente al contrato a que se refiere, será válida siempre que observe, al menos, la forma utilizada para tal contrato. Sin embargo, no será válida la renuncia determinada por apremiante necesidad o por inexperiencia».

4. Límites a la exigibilidad de las obligaciones contractuales

A. *Planteamiento*

El deudor ha de cumplir la obligación asumida siempre que ello sea posible, aunque tenga que hacer un sacrificio superior al previsto.

Con independencia del cumplimiento, la obligación sólo se extingue cuando se ha convertido en imposible sin culpa del deudor y sin que éste haya asumido el riesgo de la imposibilidad.

Sin embargo, aparecen situaciones que no son de absoluta imposibilidad ni de normal y exigible posibilidad. Queda planteada entonces la cuestión de resolver cuándo una obligación será de cumplimiento tan oneroso que estará justificada la exoneración del obligado.[9]

Los contratos han de exigirse y cumplirse de buena fe, y aunque el Código no se refiera expresamente a ésta en las reglas sobre interpretación de contratos, el art. 1.258 dice que las consecuencias de éstos han de producirse «conformes a la buena fe, al uso y a la ley». Además, el art. 7.º C.c. dispone que los derechos «deberán ejercitarse conforme a las exigencias de la buena fe», y que la ley «no ampara el abuso del derecho o el ejercicio antisocial del mismo». El Código de comercio, en el art. 57, dice que los contratos se ejecutarán y cumplirán de buena fe.

Este imperativo de buena fe ofrece serias dificultades cuando, después de la celebración del contrato y antes del cumplimiento, sobrevienen hechos y concurren circunstancias que agravan la ejecución de lo pactado más allá de lo que pudo suponerse.

No hay duda que al contratar se asume el riesgo de que sobrevenga una alteración de las circunstancias que agrave el cumplimiento de la obligación. Lo pactado ha de cumplirse: *pacta sunt servanda.* Sin embargo, puede no ser justo mantener la regla de manera inflexible bajo cualesquiera circunstancias. Cuando sobrevienen alteraciones extraordinarias que no pudieron tenerse en cuenta al contratar, el Derecho no puede permanecer indiferente ante las consecuencias imprevistas de la aplicación maquinal de sus propias normas. El problema consiste en saber hasta qué límite ha de prevalecer la regla general de estar a lo pactado, y a partir de qué instante ha de trazarse un límite a la eficacia de lo convenido.

---

9. BOEHMER, *El Derecho a través de la jurisprudencia*, traducción española, Barcelona, 1959, especialmente pp. 457 y ss.; M. CID LÓPEZ, *Observaciones sobre la aplicación de la cláusula «rebus sic stantibus» ante las medidas devaluatorias de nuestro signo monetario*, Revista de Derecho privado, 1968, pp. 329 a 335; ESPERT SANZ, *La frustración del fin del contrato*, Madrid, 1968; pp. 137 y ss.; C. FERNÁNDEZ RODRÍGUEZ, *La cláusula «rebus sic stantibus»*. Comentario a la sentencia de 17 de mayo 1957, Anuario de Derecho civil, 1958, pp. 1.267 a 1.275; MARTÍN BALLESTEROS, *La doctrina del riesgo imprevisible*, Universidad, Zaragoza, 1941, pp. 557 a 580; Ángel VELASCO, *La prestación agobiante en las obligaciones de carácter mercantil,* Revista de Derecho mercantil, 1948, pp. 431 y ss.

B. Criterios alegados para trazar dicho límite

A base de algunos antecedentes romanos, el Derecho común europeo estimó que la fidelidad a lo pactado no debía concebirse de manera ilimitada. Las declaraciones de voluntad debían entenderse hechas bajo la condición implícita *rebus sic stantibus et aliquo de novo non emergentibus.* Según esta regla de la llamada cláusula *rebus sic stantibus,* todo contrato cuya eficacia se proyecta en el futuro, ha de considerarse celebrado con la condición implícita de que «las cosas han de permanecer así».[10]

Aunque esta cláusula se reflejó en el Derecho territorial prusiano, cayó en olvido a últimos del siglo XVIII. No la recogió Savigny ni la mayoría de los romanistas del siglo XIX. Es cierto que en 1850 Windscheid expuso su tesis de la «presuposición» (*Voraussetzung),* pero tampoco fue acogida por el Código civil alemán.[11]

Por «presuposición» entendía Windscheid una condición implícita o no desarrollada. No era una verdadera condición porque las partes no la habían declarado expresamente, a pesar de que correspondía a su intención que el contrato sólo produjera efectos si no experimentaba alteración, lo que daban por supuesto. Hay cuestiones esenciales en la contratación que no se formulan como condición porque no se ponen en duda y por ello han de actuar como «pre-suposición» = *Voraus-setzung.*

A pesar de la imprevisión legislativa, la Primera Guerra Mundial y la inflación subsiguiente plantearon lo que de verdad había en las doctrinas de la cláusula *rebus sic stantibus y* de la «pre-suposición».

En 1921 publicó Oertmann su obra «La base del negocio» en la que sostuvo una doctrina que fue inmediatamente aceptada por el Tribunal Supremo del *Reich.* Por base del negocio ha de entenderse: «La representación mental de una de las partes en el momento de la conclusión del negocio jurídico, conocida en su totalidad y no rechazada por la otra parte, o la común representación de las diversas partes sobre la existencia o aparición de ciertas circunstancias, en las que se basa la voluntad negocial» (Larenz).[12]

---

10. F. DE CASTRO, *El negocio jurídico,* Madrid, 1967, p. 314; LARENZ, *Base del negocio y cumplimientos de los contratos,* traducción española y estudio preliminar de C. FERNÁNDEZ RODRÍGUEZ, Madrid, 1956, pp. 27 y ss.

11. B. WINDSCHEID, *La doctrina del Derecho romano de la presuposición,* 1850; LARENZ, citado, pp. 21, 28, 34 y 79.

12. OERTMANN, *La base del negocio* (en alemán), Leipzig, 1921; LARENZ, citado, pp. 7, 11, 22 a 26.

Oertmann trató de perfilar más claramente la distinción entre los simples motivos y lo que las partes dan por supuesto que es la base del contrato sin formularlo expresamente. Para ello exige que ambas partes participen de la misma representación mental y que la hayan admitido como base del negocio aunque sólo sea tácitamente.

En realidad, las construcciones doctrinales fracasan porque no pueden abarcar, de manera unitaria, todos los supuestos de hecho que han de ser estudiados y resueltos. Pero el estudio de los conflictos que se presentan lleva al convencimiento de que son dos los principales supuestos de aplicación de todas las doctrinas que puedan idearse, y que son la destrucción de la relación de equivalencia entre las prestaciones y la imposibilidad sobrevenida de alcanzar el fin del contrato.

Respecto a la destrucción de la relación de equivalencia entre las prestaciones, es cierto que no es esencial que sean equivalentes; pero ello no ha de justificar que un desequilibrio grave y sobrevenido no tenga que producir consecuencias. Cuando la modificación es tan profunda que ya no es posible hablar de contraprestación, ha de entenderse que la base del contrato ha desaparecido. Consideraciones parecidas pueden hacerse cuando se ha frustrado la finalidad del contrato.[13]

En Francia, el problema se presentó también durante la guerra de 1914 a 1918, cuando el Consejo de Estado resolvió, el 30 de marzo de 1916, que era procedente una demanda de la compañía que suministraba energía eléctrica a Burdeos para que este municipio consintiera la determinación de un nuevo precio de suministro, teniendo en cuenta el alza que había experimentado el precio del combustible que consumía la compañía. El Consejo de Estado desarrolló la llamada teoría de la imprevisión, fundada en que el interés general exige que en los contratos de tracto sucesivo sea posible revisar sus términos cuando sobrevenga una profunda alteración de las circunstancias. Por otra parte, en enero de 1918 se promulgó en Francia la Ley Faillot por la que los contratos mercantiles anteriores al 1.º de agosto de 1914 podían quedar resueltos cuando su cumplimiento hubiese de ocasionar a una de las partes daños y perjuicios desproporcionados.[14]

---

13. LARENZ, citado pp. 175 y ss.

14. MARTY & RAYNAUD, *Droit Civil*, II-I, París, 1962, pp. 209 y ss.; PLANIOL, RIPERT y BOULANCER, *Traité Elémentaire de Droit Civil*, 4.ª ed., 1952, p. 173. Puede verse una amplia referencia a la doctrina en el Derecho de Gran Bretaña y Estados Unidos, en nuestro libro *Fundamentos de Derecho civil*, II-I, segunda edición, 1978, pp. 407 a 417, y en la tercera edición, 1988, pp. 363 a 373.

C. *El problema en la doctrina y la jurisprudencia española*

A base de examinar por orden cronológico las sentencias que señalan con más claridad un límite a la exigibilidad de las obligaciones contractuales, merecen especial mención las siguientes:

La *Sentencia de 9 noviembre 1949* (Aranzadi, núm. 1.245) equiparó la prestación exorbitante a la que es de imposible cumplimiento. Según declaró, «el art. 1.105 C.c., al decir que fuera de los casos expresamente mencionados en la ley, y de los en que así lo declare la obligación, nadie responde de aquellos sucesos que no hubieran podido preverse, o que previstos fueran inevitables, suscita un interesante problema de interpretación que debe resolverse de acuerdo con la doctrina en el sentido en que, siendo la posibilidad de prever los sucesos un concepto teóricamente amplísimo y de límites imprecisos, hay que entenderlo en su aplicación legal y práctica como excluyente de aquellos sucesos totalmente insólitos y extraordinarios que, aunque no imposibles físicamente y, por tanto, previsibles en teoría, no son de los que puede calcular una conducta prudente, atenta a las eventualidades que el curso de la vida permite esperar».

La *Sentencia de 11 junio 1951* (Aranzadi, núm. 1.649) sostuvo que «en contratos de transporte... a muy largo plazo, habría de entrar en juego la justiciera norma de la cláusula *rebus sic stantibus*, que autoriza el acoplamiento de lo convenido a las nuevas circunstancias sobrevenidas que alteran la base económica del contrato y rompen el equilibrio originario de las recíprocas prestaciones».

La *Sentencia de 24 septiembre 1953* (Aranzadi, núm. 2.277) sostuvo el criterio de que «la fuerza mayor, en materia de obligaciones por ella afectadas, opera unas veces en forma definitiva, y otras veces actúa en forma transitoria retardando el cumplimiento de la obligación, la cual generalmente revive al cesar los efectos de la fuerza mayor, salvo que el contrato haya perdido su valor por haberse estipulado un término fijo de cumplimiento inexcusable, transcurrido el cual ya no es posible conseguir la finalidad perseguida por las partes».

La *Sentencia de 17 mayo 1957* (Aranzadi, núm. 2.164) calificó de peligrosa a la cláusula *rebus sic stantibus* y declaró que su admisión requiere como premisas fundamentales: *a)* una alteración extraordinaria de las circunstancias en el momento de cumplir el contrato en relación con las concurrentes al tiempo de su celebración; *b)* una desproporción desorbitada, fuera de todo cálculo, entre las pretensiones de las partes contratantes que verdaderamente derrumben el contrato por aniquilamiento del equilibrio de las prestaciones; y *c)* que todo ello acontezca por sobrevenir circunstancias radicalmente imprevisibles. Añadió que, en cuanto a los efectos, no se le reconocen los rescisorios, resolutorios o extintivos del contrato, otorgándole solamente los modificativos del mismo, encaminados a compensar el desequilibrio de las prestaciones u obligaciones.

La *Sentencia de 21 octubre 1958* (Aranzadi, núm. 2.110) refleja las dudas que suscita el tema que examinamos al declarar que «inspirado nuestro ordenamiento sustantivo en las ideas dominantes en la época de su elaboración, de predominio individualista, patrocina la exigencia de estar a lo pactado con libertad de volición y dentro de lo lícito, como lo demuestran, entre otras, las normas de los arts. 1.091, 1.255 y 1.256 del Código; sin que esto quiera decir que los Tribunales tengan absolutamente cerrado el camino para sus construcciones jurisprudenciales en el campo de la interpretación de los negocios jurídicos y del derecho aplicable, a fin de llenar posibles lagunas y conciliar antinomias no percibidas con la necesaria claridad por el órgano legislativo y por las partes al ordenarse por el contenido de sus pactos».

La *Sentencia de 23 noviembre 1962* (Aranzadi, núm. 5.005) se ocupó de un caso de revisión de pensión en pago de un usufructo viudal. En primera instancia se denegó la revisión, pero la Audiencia revocó la sentencia y elevó el importe de la pensión. El Tribunal Supremo rechazó el recurso de casación. Aunque consideró que no se trataba de un supuesto en que procediera la aplicación de la cláusula *rebus sic stantibus,* juzgó que «es justa consecuencia de la buena fe, en sentido objetivo, el restablecimiento de la base contractual», debido a que el equilibrio de las prestaciones se había roto por la imprevisible elevación del precio de los frutos.

La *Sentencia de 26 marzo 1963* (Aranzadi, núm. 2.120) declaró que la repetida cláusula *r.s.s.* sólo permite templar equitativamente, en atención a circunstancias extraordinarias y en contratos de ejecución diferida, la excesiva onerosidad del obligado, pero nunca puede aspirar a que los órganos jurisdiccionales construyan una nueva convención distinta de la libremente pactada.

La *Sentencia de 31 octubre 1963* (Aranzadi, núm. 4.264) se ocupó del contrato de arrendamiento de una cantera celebrado en 1946 por veinticinco años. Se había pactado un canon por tonelada de piedra que la parte actora pidió fuera aumentada en dos pesetas, por la imprevista alza de precios. La demanda fue desestimada en las dos instancias y por el Tribunal Supremo. Éste declaró que «es obvio que siendo a la sazón del contrato previsible la devaluación monetaria que, con carácter incontenible y casi a escala mundial se viene produciendo desde fechas muy anteriores a la de la perfección del mismo, ello pudo y debió tenerse en cuenta, para conjugarlo con la posible duración del contrato... y como la cláusula *rebus sic stantibus* no es para el remedio de la imprevisión de los contratantes, sino de los acontecimientos extraños a la voluntad de los mismos, no cabe estimar la violación de la doctrina legal que se aduce y cuyo carácter restrictivo, al respecto, está suficientemente patentizado».

La *Sentencia de 28 enero 1970* (Aranzadi, núm. 503) casó la sentencia recurrida en atención a que en la instancia se había decretado la rescisión del contrato, en lugar de la revisión, que era lo procedente al amparo de la doctrina de la cláusula *r.s.s.*

La *Sentencia de 15 marzo* 1972 (Aranzadi, núm. 1.252) decidió que la pretendida revisión de un contrato no era procedente porque las partes pudieron establecer los remedios oportunos y aconsejables en los contratos de tracto sucesivo, «tales como revisión periódica del contrato, cláusulas de estabilización y pago en especies para garantizar al acreedor de la prestación pecuniaria que la cantidad a recibir no resultaría afectada por la disminución del poder adquisitivo de la moneda», por lo que, «si no fueron adoptados esos remedios, ello sólo podrá atribuirse a no haberse previsto lo que puede preverse, de cuya falta de previsión se deriva la situación gravosa sobrevenida».

Como resumen, pueden formularse las siguientes conclusiones:

1. La doctrina del Tribunal Supremo no excluye la posibilidad de llegar a la revisión de los contratos por causa de alteración de las circunstancias, cuando ello sea indispensable para evitar un resultado notoriamente injusto.

2. A tal efecto han de concurrir los siguientes requisitos: *a)* que se trate de una alteración verdaderamente extraordinaria de las circunstancias, apreciada mediante la comparación de las vigentes en el momento de la celebración del contrato con las imperantes en el momento de su cumplimiento; *b)* que esta alteración produzca una desproporción o desequilibrio de gran importancia entre las prestaciones recíprocas de las partes, hasta el punto de desnaturalizar el carácter conmutativo del contrato; *c)* que tal alteración extraordinaria de las circunstancias y el alcance de sus efectos no hayan podido ser previstas por los contratantes; *d)* que las consecuencias anómalas resultantes no puedan quedar subsanadas por los medios previstos y regulados por el Código.

3. La concurrencia de las descritas circunstancias justifica la revisión del contenido del contrato, sin decretar su rescisión o resolución, excepto en casos excepcionales en que no sea posible restablecer el equilibrio jurídico de otra forma.

4. En el caso de haberse hecho constar la finalidad o resultado que con el contrato se quiera alcanzar, si esta finalidad se ha frustrado, en el sentido de que por las circunstancias sobrevenidas no se pueda conseguir o haya dejado de tener sentido, los Tribunales podrán decretar la ineficacia del contrato por desaparición de su fin u objeto.

XVIII

CLASIFICACIÓN DE LOS CONTRATOS

1. El contrato en su regulación general y en sus figuras típicas

En el moderno Derecho civil codificado coexiste una regulación general del contrato con la de una serie de figuras contractuales típicas. De esta manera, las partes contratantes pueden pactar lo que estimen más conveniente, siempre que no sea contrario a las leyes, a la moral, ni al orden público (art. 1.255 C.c.), o pueden ajustarse a las figuras contractuales típicas, cuyas normas de Derecho supletorio pueden igualmente sustituir por las que estimen más convenientes. Las reglas generales de la contratación están contenidas en los arts. 1.254 a 1.314 del Código, y las figuras contractuales típicas están en los arts. 1.445 a 1.886. Estas figuras son la compraventa, la permuta, el arrendamiento, los censos, la sociedad civil, el mandato, el préstamo, el depósito, el contrato de seguro, el de juego y de apuesta, el de renta vitalicia, el de transacción y de compromiso, el de fianza los de prenda, hipoteca y anticresis (derechos reales que el Código considera y regula en su origen contractual).[1]

---

1. ÁLVARO D'ORS, *La formación histórica de los tipos contractuales romanos*, Madrid, 1950, pp. 3 y ss.; LALAGUNA, *La libertad contractual*, Revista de Derecho privado, 1972, p. 871; SANTOS BRIZ, *La contratación privada*, Madrid, 1966; DÍEZ-PICAZO, *Los llamados contratos forzosos*, Anuario de Derecho civil, 1956, p. 85; JORDANO BAREA, *La categoría de los contratos reales*, Barcelona, 1958; del mismo autor, *Los contratos atípicos*, Revista General de Legislación y de Jurisprudencia, 1953, p. 53; PRADA GONZÁLEZ, *Onerosidad y gratuidad en los actos jurídicos*, Anuario de la Academia Matritense del Notariado, XVI, 1968, pp. 255 y ss.

2. Clases de contratos

Ciertos rasgos genéricos permiten clasificar los contratos a base de señalar alguna oposición significativa. Los principales grupos que así resultan son los siguientes:

a) *Contratos unilaterales y bilaterales.* En su formación el contrato siempre es un negocio jurídico bilateral porque como mínimo han de intervenir dos personas en su otorgamiento; pero, por su contenido, unos son bilaterales y otros unilaterales. En éstos, uno de los contratantes es deudor y el otro acreedor, mientras que en los bilaterales estas dos cualidades de acreedor y de deudor concurren en las dos partes. Así, en el contrato bilateral por su contenido cada contratante es a la vez acreedor y deudor, en tanto que en el unilateral el acreedor no es deudor y éste no es acreedor. Si tomamos como ejemplo la donación y la compraventa, resulta que en la primera sólo el donante realiza, normalmente, una prestación; en la compraventa, en cambio, ambos contratantes son recíprocamente acreedores y deudores, pues cada uno ha de realizar una prestación a cambio de la que espera recibir de la otra; el comprador ha de pagar el precio para recibir la cosa y el vendedor ha de entregar esta cosa a cambio de cobrar el precio.

La distinción entre contratos unilaterales y bilaterales tiene consecuencias prácticas de importancia. Según el art. 1.100 C.c.: «En las obligaciones recíprocas ninguno de los obligados incurre en mora si el otro no cumple o no se allana a cumplir debidamente lo que le incumbe. Desde que uno de los obligados cumple su obligación, empieza la mora para el otro». Por razón del mismo ligamen de la reciprocidad, el art. 1.124 C.c. dispone en su primer párrafo: «La facultad de resolver las obligaciones se entiende implícita en las recíprocas, para el caso de que uno de los obligados no cumpliere lo que le incumbe». Por la misma razón de la reciprocidad, el art. 1.466 dice: «El vendedor no estará obligado a entregar la cosa si el comprador no le ha pagado el precio o no se ha señalado en el contrato un plazo para el pago». Etcétera.

En los contratos de contenido unilateral, la falta de reciprocidad en las prestaciones puede ser causa de cierta inestabilidad del vínculo contractual o de sus efectos. Cfr. arts. 644 y ss. sobre revocación de donaciones; el art. 1.733, sobre la facultad del mandante de revocar el mandato a su voluntad, y el art. 1.736, sobre la posibilidad del mandatario de renunciar al mandato; los arts. 1.775 y 1.776, relativos al depósito, etc.

b) *Contratos onerosos y gratuitos.* En los primeros, cada parte ha de recibir una prestación de la otra, aunque las dos prestaciones no sean equivalentes ni exista entre ellas reciprocidad; en los gratuitos o a título lucrativo, sólo una de las partes está obligada a realizar una prestación. Esta distinción entre contratos onerosos y gratuitos no coincide ni se ha de confundir con la que existe entre los bilaterales y unilaterales. El contrato de préstamo con interés es unilateral, pero es oneroso. Por el contrario, una donación que imponga una carga al donatario, es un acto a título gratuito y, en cambio, no tiene un contenido unilateral. La onerosidad no significa que las obligaciones resultantes del contrato deban quedar enlazadas en situación de reciprocidad, y tampoco la gratuidad significa que no puedan corresponder a ambas partes posiciones de acreedor y deudor. Un contrato no deja de ser unilateral a pesar de adquirir un matiz oneroso. El carácter bilateral o recíproco de las obligaciones contractuales se reconoce cuando nacen o existen simultáneamente, mientras que si nacen sucesivamente «no pueden ser consideradas como sirviéndose entre sí de contrapartida, de contrapeso» (Josserand).[2]

El depositario no se compromete a devolver la cosa *porque* el depositante se haya comprometido a indemnizar sus posibles gastos; ambas obligaciones no funcionan recíprocamente como causa. El contrato sólo es propiamente bilateral cuando los contratantes se obligan recíprocamente los unos respecto a los otros. Los llamados contratos sinalagmáticos imperfectos son en realidad contratos unilaterales.

c) *Contratos conmutativos y aleatorios.* Esta clasificación es una subdivisión de los contratos onerosos. En éstos, el cambio o trueque de prestaciones puede quedar determinado de dos maneras distintas: puede quedar determinado de una manera invariable en el mismo momento de la perfección del contrato, y en este caso, por el rigor con que se produce la conmutación de valores, se dice que el contrato es conmutativo; pero también es posible que la proporción entre las prestaciones quede supeditado a lo que resulte de un acontecimiento posterior a la celebración del contrato. Esta incertidumbre es el factor aleatorio que lo opone al contrato conmutativo.

d) *Contratos instantáneos, duraderos y de ejecución periódica.* Los de cumplimiento instantáneo son los que generan obligaciones

---

2. JOSSERAND, *Derecho civil*, traducción española, Buenos Aires, 1950, II-I, p. 25.

que se extinguen mediante prestaciones de realización inmediata y unitaria; los duraderos generan obligaciones que implican una conducta dotada de cierta permanencia, como la custodia de la cosa en el contrato de depósito; los de ejecución periódica exigen el cumplimiento de prestaciones reiteradas durante un tiempo determinado, como pagar la renta en el arrendamiento o las pensiones de una renta vitalicia, etc.

e) *Contratos consensuales, reales y formales.* Los primeros son los que se perfeccionan por la declaración de voluntad de las partes; reales, los que, además del consentimiento, exigen que la cosa objeto del contrato sea entregada por una parte a la otra; formales o solemnes son los que exigen una forma especial para su celebración y, más concretamente, los que han de estar otorgados en escritura pública. Son contratos reales el mutuo, el comodato, el depósito y la prenda.

f) *Contratos de negociación bilateral y contratos de adhesión.* Los primeros son los convenidos a través de una negociación mantenida en pie de relativa igualdad entre los contratantes; los de adhesión son lo que, en lugar de un proceso de oferta y aceptación realizada caso por caso, se celebran a base de ofertas uniformes, según un modelo fijado de antemano, dirigidas a todas las personas que necesiten o pueda convenirles la cosa o el servicio ofrecido.

g) *Contratos típicos y atípicos.* Esta división se funda en la distinta regulación de los contratos. Los típicos o que se ajustan a un tipo previsto por la ley son los que tienen individualidad propia y una regulación específica. Atípicos son los que, por no tener estas características, se rigen por lo que los contratantes dejen convenido y, supletoriamente, por las normas generales de la contratación.

3. Contratos que la ley regula de manera específica

Ahora no se trata de formar grupos de contratos delimitados por sus rasgos genéricos, sino de enumerar los contratos que la ley regula como figuras concretas y determinadas, con sus propias previsiones normativas. En este caso se habla de la clasificación de los contratos en atención a su objeto. También pueden agruparse en atención a la función económico social que desempeñan.

Con criterio jurídico cabe hacer la siguiente clasificación:

a) Contratos traslativos de dominio: donación, compraventa, permuta y cesión de derechos y acciones.

b) Contratos traslativos de uso y disfrute: arrendamiento de cosas, comodato, precario y mutuo.

c) Contratos de trabajo y gestión: arrendamiento de servicios, contrato de trabajo, contrato de ejecución de obra, contrato de transporte, contratos de mandato y de corretaje.

d) Contratos de gestión colectiva: sociedad y aparcería.

e) Contratos de custodia: depósito, secuestro, hospedaje.

f) Contratos aleatorios: seguro, renta vitalicia, juego, apuesta y decisión por suerte.

g) Contratos de garantía y dirigidos a esclarecer situaciones dudosas: fianza, transacción, compromiso, reconocimiento de crédito o de deuda.

Con un criterio económico, la clasificación podría ser la siguiente:

a) Contratos dirigidos a la adquisición de bienes o intercambio de prestaciones: compraventa, permuta, donación.

b) Contratos de cesión de uso o intercambio de bienes: arrendamiento, préstamo en comodato.

c) Contratos de prestación de servicios o de gestión: contratos de trabajo, mandato, depósito.

d) Contratos de producción, fabricación o confección de obras por encargo: contrato de obra.

e) Contratos para proporcionar crédito o facilitar operaciones de cambio: préstamo mutuo, operaciones bancarias.

f) Contratos para la creación de garantías personales o reales: fianza, prenda e hipoteca.

g) Constitución de entes colectivos: contrato de sociedad, etc.

4. Contratos atípicos

Los particulares pueden celebrar toda clase de contratos, aunque no correspondan a los tipos previstos y regulados por la ley. Sólo hace falta actuar dentro de los límites de legalidad que determina el art. 1.255 C.c. y observar las normas imperativas sobre capacidad, objeto, causa y, en su caso, forma.

La admisión de contratos que no se ajusten exactamente a los tipos legales y que por ello se llaman contratos atípicos, no ofrece ninguna duda en Derecho moderno; pero lo que importa es «averiguar cuál haya de ser la regulación imperativa a la que tendría que someterse y las reglas de Derecho dispositivo que hayan de completar, en su caso, la regla negocial en sentido estricto» (F. de Castro y Bravo).[3]

La contraposición entre contratos típicos y atípicos no ha de ser entendida como una diferencia radical. Su diferencia es relativa en el sentido de que no existe un contrato cuya tipicidad signifique tanta riqueza de previsiones normativas que de su contenido no pueda brotar un problema imprevisto; a la inversa, tampoco es fácil señalar contratos que sean tan completamente atípicos que no permitan recurrir a previsiones normativas ya establecidas con referencia a otros contratos. En todo caso es necesario distinguir entre el contrato propiamente atípico, que no encaja en ninguna de las figuras con específica regulación legal, y que no consiste en una combinación de elementos pertenecientes a dos o más figuras contractuales típicas, y el contrato atípico en este sentido de tener un contenido mixto o complejo, por presentarse con esta combinación de elementos diferentes.[4]

En el primer caso (contrato propiamente atípico) hay que examinar si es suficiente la regulación que los contratantes le hayan dado (cfr. arts. 1.091 y 1.255 C.c.). Si las partes no sólo se han ajustado a los requisitos esenciales de la contratación (arts. 1.261 y ss. C.c.), sino que han regulado su contenido y han previsto las posibilidades de su desarrollo, la atipicidad (cabe decir la originalidad) del contrato no suscitará problemas. En lo que no hubiese quedado claramente previsto se tendrán en cuenta las normas del contrato o contratos típicos más afines, siempre que parezcan apropiadas a su naturaleza; en su defecto, se recurrirá a los principios generales de las obligaciones y contratos, y, en último caso, a los principios generales del Derecho.

En el caso de tratarse de un contrato atípico, en el sentido de tener un contenido mixto o complejo, por combinar elementos procedentes de contratos diferentes, ha de resolverse si prevalecerá la normativa del contrato dominante o si deberán combinarse normas procedentes de contratos diferentes. La Sentencia de 30 diciembre 1965 (Aranzadi, núm. 6.005) declaró que «en nuestro Derecho son admisibles los contratos que combinan diferentes tipos contractuales o varias prestaciones singulares reguladas en figuras contrac-

---

3. F. DE CASTRO, *El negocio jurídico*, Madrid, 1967, p. 205.
4. JORDANO, citado en la nota 1; CASTRO LUCINI, *Los negocios jurídicos atípicos*, Revista de Derecho notarial, 1974, pp. 7 a 34, esp. 17.

tuales diversas, siendo en tales casos de aplicación analógica... en cuanto no estén previstas especialmente por los contratantes, las normas de los negocios típicos afines...».[5]

Para determinar el estatuto normativo de semejantes contratos, pueden seguirse distintos criterios. Así se habla de la teoría de la *absorción,* que significa que han de aplicarse al contrato mixto las normas propias de la figura contractual que corresponda a la prestación o elemento dominante; de la teoría de la *combinación,* según la cual se aplicaría al contrato mixto un estatuto legal formado por reglas procedentes de los contratos cuyos elementos se hallan combinados; o de la *extensión analógica,* que aconseja someter a los contratos mixtos al régimen legal obtenido por combinación de las normas generales de la contratación con las de los contratos típicos que puedan aplicarse por analogía, según los intereses que estén en conflicto. Pero, más que en fórmulas o esquemas abstractos, la solución se hallará con criterios prácticos que atiendan a las circunstancias del caso concreto y al fin económico perseguido por las partes.[6]

5. Nuevas clases de contratos

Un breve examen de los contratos atípicos más conocidos puede servir para dar una idea de los nuevos rumbos o tendencias que se presentan en la contratación.

El llamado *contrato estimatorio* ya fue conocido en Derecho romano como un contrato innominado. Consiste en un mandato para la venta o en una comisión de venta. Muñoz M. Planas señala lo que tiene de peculiar: el consignatario actúa siempre en nombre propio y no como representante del *tradens*; la autoentrada del consignatario es un elemento natural del negocio y la licencia expresa que exige el art. 267 del Código de comercio se presume otorgada con la celebración del contrato; igualmente se presume que el consignatario está autorizado para obrar a su arbitrio en el desempeño del encargo, que su comisión es un porcentaje en el precio de la venta y que en la operación estimatoria existen los plazos convencionales o los usuales

5. FUBINI, *Contribución al estudio de los contratos complejos*, Revista de Derecho privado, 1931, pp. 1 y ss.

6. ENNECCERUS y LEHMANN, *Derecho de obligaciones*, II-2, segunda edición, Barcelona, 1950, p. 6.

para liquidar cuentas. Lo regula el Código civil italiano en los arts. 1.556 a 1.558.[7]

El contrato de *mediación o corretaje* autoriza a un mediador para realizar gestiones necesarias para poner en relación a dos personas para la celebración de un contrato a cambio de una retribución, y el mediador sólo tiene derecho a percibir su retribución cuando el negocio se realice, o cuando el comitente se aproveche de las gestiones de aquél para ultimar la operación. Cfr. Sentencia de 9 octubre de 1965 (Aranzadi, núm. 4.437).[8]

La donación modal o con carga y el *negotium mixtum cum donatione* son objeto de examen al estudiar las donaciones.

Los *arrendamientos complejos,* mixtos o irregulares son las relaciones locativas afectas a prestaciones principales de naturaleza diversa. Remitimos también al capítulo del contrato de arrendamiento.[9]

El contrato de arrendamiento puede aparecer combinado con el pacto o cláusula de opción, de manera que no puedan separarse, como ha reconocido la Sentencia de 27 febrero 1950 (Aranzadi, núm. 366).

Como combinación de arrendamiento y de cláusula de opción aparece el contrato de *leasing,* que permite el uso de una cosa (generalmente maquinaria o bienes de equipo) a cambio del pago de cantidades periódicas, con un derecho de adquisición a favor del usuario, que éste puede ejercitar al terminar el plazo convenido.[10]

El *contrato de hospedaje* tiene de peculiar que una de las partes se obliga a las prestaciones procedentes de contratos típicos diferentes (especialmente el de arrendamiento de habitación y el de prestación de servicios), pero combinándose e incluso fundiéndose en un nuevo contrato que la otra parte retribuye con el precio convenido.[11]

---

7. J. M. MUÑOZ PLANAS, *El contrato estimatorio*, Madrid, 1963. Véase, en sus pp. 220 y ss. lo que expone sobre el contrato de cuenta-depósito en los usos del comercio del libro en España.

8. Además, las Ss. de 27 diciembre 1962 (Aranzadi, núm. 5.140), 2 mayo 1963 (Aranzadi, núm. 2.458), 21 octubre 1964 (Aranzadi, núm. 4.487), etc.

9. PORCIOLES, *Arrendamientos complejos en el Código civil y en las legislaciones especiales*, Nueva Enciclopedia Jurídica (Seix), tomo II, Barcelona, 1950, pp. 924 a 933.

10. J. M. DE LA CUESTA RUTE, *Reflexiones en torno al «leasing»*, Revista de Derecho mercantil, 1970, pp. 533 a 619; R. ILLESCAS ORTLZ, *El «leasing». Aproximación a los problemas planteados por un nuevo contrato*, en la misma RDM, 1971, pp. 73 y ss.; L. ROJO AJURIA, *«Leasing» mobiliario*, Madrid, 1987.

11. N. PÉREZ SERRANO, *El contrato de hospedaje*, Madrid, 1930.

En el *contrato de transporte a distancia* (coche-cama, avión) sucede como en el hospedaje, por necesitar la persona transportada alimentación, servicios, etc.[12]

El *contrato de abono a las cajas de seguridad* es un contrato complejo en el que puede aparecer como dominante el arrendamiento o concesión de la utilización de la caja, con las prestaciones accesorias de los servicios del cierre común y de seguridad del establecimiento, o puede predominar el aspecto de custodia o depósito cuando el abonado entrega bienes determinados (carpetas, sobres, paquetes, etc.) a los empleados del Banco para que examinen su contenido y lo depositen en sus cajas fuertes, a las que el cliente no tiene acceso. Cfr. Ss. 14 diciembre 1928 y 5 abril 1933.[13]

El *contrato de exposición* es un contrato mixto con prestaciones subordinadas de clase distinta que la principal. Ésta es el arrendamiento de cosa o de local para depositar objetos para que puedan ser vistos por el público; las prestaciones subordinadas son las de custodia y de posible prestación de otros servicios.

Para el *contrato de edición* ha de tenerse en cuenta el Real Decreto Legislativo 7/1996, de 12 de abril por el que se aprueba el Texto Refundido de la Ley de Propiedad Intelectual, que lo define en el artículo 58.[14]

El *contrato de garaje* permite al propietario de un automóvil dejar el vehículo, a cambio de una remuneración, en el lugar o local que a este efecto le ceda el garajista, con la posibilidad de utilizar el vehículo siempre que quiera, durante el contrato. Se ha discutido si se trata de un contrato de arrendamiento o de depósito, con posibles prestaciones subordinadas de otra clase, o de un verdadero contrato mixto o complejo. La Sentencia de 10 junio 1929 negó que fuera un contrato de depósito por entender que no podía admitirse que en un mismo día se celebraran y extinguieran tantos contratos de depósito como ocasiones se presentaran para entrar y salir del garaje con el automóvil.[15] Interesante resulta analizar la Sentencia de 23 de octu-

---

12. M. GARCÍA AMIGO, *La relación contractual de transporte entre las agencias y sus usuarios*, Revista de Derecho mercantil, 1964, pp. 311 y ss.

13. A. POLO DÍEZ, *Comentario a la sentencia de 5 abril 1933*, Revista de Derecho privado, 1933, p. 345.

14. En relación con la Ley del libro de 12 marzo 1975, téngase en cuenta la Disposición derogatoria de dicha ley 22/1987 (B.O.E. del 17 noviembre).

15. J. SANTOS BRIZ, *El contrato de garage*, Revista de Derecho de la circulación, 1960, pp. 105 a 123; ESPERT SANZ, *¿Otro contrato de custodia? El aparcamiento vigilado*, en la misma Revista, 1968, pp. 438 a 455.

bre de 1996, que condena a la empresa concesionaria de un aparcamiento público a indemnizar al propietario de un vehículo por la sustracción del mismo.

La venta a plazos financiada es una operación unitaria desde un punto de vista económico, pero jurídicamente está formada por dos relaciones jurídicas diferentes: una compraventa al contado entre comprador y vendedor, y un contrato de préstamo entre el comprador y el Banco o entidad financiera prestamista. El comerciante vendedor tiene la ventaja de recibir inmediatamente la totalidad del precio; pero, al quedar el comprador como deudor de la entidad financiera, puede encontrarse con el inconveniente de tener que pagar sin interrupción los plazos a su vencimiento, aunque en la cosa adquirida se manifiesten vicios o defectos que justificarían frente al vendedor la interrupción de los plazos.[16]

Muchos más contratos de nuevo tipo podrían estudiarse; pero sólo cabe hacer una breve alusión a las disposiciones promulgadas en muchos países para proteger al consumidor, hasta el punto de formar una rama especial del Derecho de contratos que trata del contrato de consumo. Otros contratos son los de publicidad, asistencia técnica, apoderamiento de artistas, exclusivas de venta y de suministro, etc. Además existen formas nuevas o modernas de contratación, como los llamados contratos de adhesión, que conviene examinar por separado.

6. El contrato de adhesión

El *contrato reglamentado* aparece cuando la legislación interviene para proporcionar al particular garantías superiores a las que obtendría con un sistema de libre concurrencia. La reglamentación puede versar sobre el objeto del contrato, el precio o su modificación, la duración e incluso sobre la persona del contratante. La celebración del contrato corresponde a la iniciativa particular, pero su contenido ha de ser el establecido por la legislación especial. Puede citarse, como ejemplo significativo, el contrato de seguro. Cfr. Ley de 8 octubre 1980.[17]

Los *contratos normativos* son los que dejan regulada de manera uniforme una contratación futura. Podría decirse igualmente que es

---

16. J. SANTOS BRIZ, *La venta a plazos financiada*, Revista de Derecho de la circulación, 1971, pp. 209 y ss.

17. DÍEZ-PICAZO, *Fundamentos del Derecho civil patrimonial*, 4.ª edición, Madrid, 1993 vol. I, p. 334.

un contrato reglamentado, pero no por la ley, sino por lo convenido entre particulares, empresas o determinados grupos de intereses. Así, en los «contratos de tarifa», los fabricantes o comerciantes de una clase determinada pactan los precios que regirán de manera uniforme en determinado período. En caso de infracción, seguramente no será posible obligar al infractor al cumplimiento específico de lo convenido, pues el quebrantamiento se habrá cometido al contratar con un tercero para quien el contrato normativo no tendrá fuerza de obligar. Pero será procedente condenar al resarcimiento de los perjuicios que puedan demostrarse.

De *contratos impuestos o forzosos* se habla en más de un sentido. En ocasiones la ley obliga a determinada persona a celebrar un contrato, pero ha de hacerlo mediante una normal manifestación de voluntad. Por ejemplo, la obligación del propietario de un vehículo de motor de asegurar su responsabilidad, sin perjuicio de que pueda elegir la compañía aseguradora; o la obligación de vender un solar en virtud de lo que dispone la Ley del Suelo, etc.[18]

También puede hablarse de *contratación forzosa* cuando se trata de obtener los servicios o suministros que proporciona una empresa en régimen de monopolio, en cuyo caso el concesionario no puede negarse a contratar con las personas que lo solicitan. Pero cabe sostener que en semejantes casos no puede hablarse propiamente de «contratos». La compañía de transportes nos ofrece sus servicios en un sentido diferente del que constituye la clásica oferta de contrato, que antes hemos estudiado. No se trata de la celebración de un contrato, sino de utilizar directamente el servicio ofrecido, del que se puede disponer a cambio del pago de un precio. La relación jurídica surge de manera inmediata por el hecho de utilizar el servicio, en lugar de nacer de una coincidencia de voluntades de dos partes contratantes.[19]

Pero la forma de contratación más importante por su extensión en la vida moderna es la que se designa con las palabras *contratos de adhesión*. Su afinidad con las llamadas fórmulas *standard* y las condiciones generales de los contratos es evidente, sin que deban identificarse.[20]

---

18. DÍEZ-PICAZO, *Los llamados contratos forzosos*, Anuario de Derecho civil, 1956, p. 85.

19. W. SIEBERT, *Relaciones contractuales de hecho*, Revista Crítica de Derecho inmobiliario, 1970, pp. 277 a 287; K. LARENZ, *Derecho de obligaciones*, I, traducción española, Madrid, 1958, pp. 58 y ss.; F. DE CASTRO, citado, pp. 47 y ss.

20. M. ROYO MARTÍNEZ, *Contratos de adhesión*, Anuario de Derecho civil, 1949, pp. 54 a 70; A. GARCÍA BAÑON, *Concepción unitaria del contrato*, Estudios de Derecho civil en honor del profesor Castán, V. pp. 261 a 337; Vera BOLGAR, *The Contract of*

La denominación de «contrato de adhesión» fue por primera vez usada por Saleilles en 1901. Las palabras ya indican que el contrato no queda redactado como resultado de una negociación, con su tira y afloja *(give-and-take bargain),* sino que una de las partes, el cliente, no puede discutir las condiciones del contrato y ha de adherirse al contrato que ya ha redactado la otra parte.

Los contratos de adhesión se caracterizan por los siguientes rasgos:

a) El contenido del contrato está redactado de manera uniforme para muchos contratos y es inalterable por ajustarse a un modelo *standard.*

b) Significa la respuesta que da la producción en masa a la demanda, también en masa, de bienes o servicios determinados, de manera que el cliente ha de dejarlo o tomarlo: *take it or leave it.*

c) La oferta se mantiene de una manera general y permanente, lo que significa que el oferente no se preocupa de elegir a la otra parte contratante, y el cliente, por su parte, muchas veces tampoco puede elegir, sobre todo en situaciones de monopolio.

d) De ello resulta el rasgo peculiar de estos contratos de que las partes no están situadas en pie de igualdad, porque están previamente redactados por quien tiene un superior poder de negociación.

e) En muchos casos las condiciones generales de los contratos están en letra impresa, que pocas veces se lee y que a veces incluso es ilegible.[21]

La cuestión capital que se plantea es la que encierra la pregunta de *si adherirse es consentir.* En los contratos tradicionales basta la demostración de que las partes lo han suscrito para que pueda suponerse que lo han consentido; pero no cabe llegar a la misma rápida conclusión cuando la firma aparece al pie de una serie de cláusulas impresas, de difícil lectura, que por su contenido muchas veces no son comprensibles para un profano.

Adhesion – A Comparison of Theory and Practice, The American Journal of Comparative Law, vol. 20, núm. 1, 1972, pp. 53 a 76; KESSLER, *Contrats of Adhesion – Some Thoughts about Freedom of Contract,* Columbia Law Review, vol. 43, 1943, pp. 627 y ss.

21. F. DE CASTRO, *Las condiciones generales de los contratos y la eficacia de las leyes*, Anuario de Derecho civil, 1961, pp. 295 a 341; M. GARCÍA AMIGO, *Condiciones generales de los contratos*, Madrid, 1969; del mismo, *Sobre la naturaleza jurídica de las condiciones generales de los contratos*, Revista de Derecho privado, 1965, pp. 701 a 734; A. POLO DÍEZ, *Comentario a las sentencias de 27 febrero 1942*, Revista de Derecho privado, 1942, pp. 714 y 715; URIA, *La contratación mercantil en serie*, Revista de Derecho mercantil, 1956, pp. 231 y ss.

Con tal forma de contratar pueden desaparecer fácilmente dos de las libertades en que se fundaba el Derecho contractual tradicional: la libertad de elección y la libertad de contenido. En el contrato de adhesión, en lugar de un proceso de oferta y aceptación realizado caso por caso, se contraen obligaciones a base de ofertas uniformes, dirigidas a un número indeterminado de aceptantes. Por ello, la «adhesión» a una oferta *standard* no parece equiparable a la «aceptación» tradicional de la oferta, en el sentido a que se refiere el art. 1.262, 1.º, C.c.

Lo que sucede es que la contratación en masa necesita uniformidad y rapidez, para lo cual el contrato de adhesión proporciona el instrumento adecuado. Pero ello no obliga a entender que todo su contenido haya sido voluntaria y conscientemente aceptado. La intervención de los Tribunales consistirá, en su caso, en averiguar qué cláusulas han sido libremente aceptadas y cuáles no; e incluso deberá juzgarse acerca de cuáles son justas y cuáles no lo son. Ha de evitarse, como en cierta ocasión se dijo, que una extorsión sea realizada con el aparente consentimiento de la víctima.[22]

No hay duda que esta manera de contratar tiene ventajas, por ser una vía rápida que ahorra discusiones y tiempo. Pero ni en este caso la sociedad puede renunciar a la justicia. En el tratamiento que legisladores y jueces dediquen a los contratos de adhesión se verá si la eficacia sigue siendo compatible con la justicia.

En España, aparte de la intervención administrativa para la aprobación de las condiciones generales de determinados contratos (seguros, transportes, banca, etc.), hay que recordar la jurisprudencia sobre interpretación de las cláusulas oscuras de un contrato, en el sentido de que no puede favorecer a la parte que haya ocasionado la oscuridad (art. 1.288 C.c.), como se ha dicho al estudiar la interpretación de los contratos. La parte que ha ocasionado las dudas es, necesariamente, la que ha redactado o impreso unilateralmente las condiciones generales de los contratos.

---

22. Vera BOLGAR, artículo citado, en sus notas 20 y 22, con referencia al caso Railroad Co. v. Lockwood, 84 US 357 (1874).

XIX
CONTRATOS SIMULADOS, FIDUCIARIOS, INDIRECTOS Y FRAUDULENTOS

1. Anomalías contractuales

Puede suceder que una figura de contrato adaptada normalmente a situaciones determinadas, se utilice en ocasiones para finalidades diferentes de las que le son propias, lográndose unos efectos directamente queridos, pero indirectamente buscados. La compraventa es el prototipo del contrato oneroso, y aunque el Código no exige que el precio sea justo, no hay duda que ha de representar una efectiva conmutación de valores y una ventaja equilibrada para una y otra parte. Sin embargo, es posible que una persona venda a otra una cosa por un precio inferior al normal y que lo haga con ánimo de liberalidad; o a la inversa, pero de manera análoga, el comprador puede pagar al vendedor un precio superior, con la misma intención liberal. En ambos casos la compraventa habrá sido el medio de alcanzar el resultado de una donación.

Esta utilización de los cauces legales para obtener resultados que no son los que corresponden normalmente al medio empleado, es admisible si con ello no se infringen normas imperativas o no se comete un fraude a la ley; pero representa una anomalía que ha de merecer especial atención para que lo convenido sea calificado de la manera que corresponda a su verdadera finalidad. Los límites que impone el art. 1.255 C.c. no pueden variar, cualquiera que sea el camino seguido para alcanzar un resultado.

Las principales anomalías contractuales, en el sentido indicado, aparecen en los llamados contratos simulados, fiduciarios, indirectos y en los otorgados en fraude de ley.[1]

---

1. Federico DE CASTRO, *El negocio jurídico*, Madrid, 1967 (reimpreso en 1985), pp. 329 y ss., observa que con las indicadas expresiones no se trata de aludir a verdaderos tipos de contratos, ya que no se refieren a una finalidad específica y regulada como

2. Contratos simulados

A. Concepto

Como se ha dicho en otro lugar, la simulación es el fenómeno de la divergencia entre lo declarado y lo querido; pero, a diferencia de la reserva mental, en la simulación la divergencia no está entre lo que una parte ha querido y lo que ha declarado la otra, sino que en los contratos simulados los contratantes están perfectamente de acuerdo entre sí, precisamente para producir una apariencia frente a terceros. Existe un acuerdo para simular y por ello la causa del contrato simulado es falsa, por ser meramente aparente. La causa verdadera y concreta de la simulación está en este acuerdo para simular. En la simulación, dice Luna Serrano, hay divergencia entre lo que las partes contratantes declaran externamente y lo que quieren y se declaran entre ellas.[2]

B. Clases

Puede ser propósito común de las partes que detrás de lo declarado subsista la realidad jurídica anterior (simulación absoluta), o que se trate de alcanzar la finalidad propia de otro contrato diferente (simulación relativa). En el primer caso, las partes fingen celebrar un contrato, pero quieren que sólo sea una apariencia frente a terceros. Por ello, al no haber más que simulación, se dice que ésta es absoluta. En el segundo caso se finge celebrar un contrato destinado a ocultar otro contrato diferente, que es el que las partes verdaderamente han querido. Esta simulación sólo es relativa porque bajo el contrato simulado existe otro, disimulado pero verdadero.

---

tal por el Derecho, sino que son deformaciones que pueden afectar a los más variados tipos de negocios.

2. LUNA SERRANO, en los *Elementos de Derecho civil* de Lacruz, II-2, Barcelona, 1977, p. 91. Sobre simulación, F. DE CASTRO, *La simulación y los requisitos de la donación de inmuebles*. Comentario a la sentencia de 23 junio 1953, Anuario de Derecho civil, 1953, pp. 1.003 a 1.016; del mismo autor, obra citada en la nota precedente, p. 333 a 368; VALLET DE GOYTISOLO, *Las donaciones de bienes inmuebles disimuladas según la jurisprudencia del Tribunal Supremo*, Anuario de Derecho civil, 1972, pp. 669 a 733; VERDERA TUELLS, *Algunos aspectos de la simulación*, Anuario de Derecho civil, 1950, pp. 22 a 54; FERRARA, *La simulación de los negocios jurídicos*, Madrid, 1931, traducción española de la quinta edición italiana; M.ª Rosa, LLÁCER MATACÁS, *La Simulación*, en Carlos J. MALUQUER DE MOTES BERNET, *Derecho de la Persona y Negocio Jurídico*, Barcelona, 1993, págs. 253 a 259.

El Código civil no regula la simulación contractual con esta denominación, pero el art. 1.276 dispone que «la expresión de una causa-falsa en los contratos dará lugar a su nulidad si no se probase que estaban fundados en otra verdadera y lícita». Contratos simulados son los que tienen una causa falsa, fingida, que permite crear una apariencia de contrato que no corresponde a la realidad. En la *simulación absoluta* las partes se han puesto de acuerdo para crear la mera apariencia de contrato, sin que se modifique la situación jurídica anterior. Una venta con simulación absoluta significa que el vendedor sólo aparenta vender y sigue siendo dueño de la cosa que finge enajenar. Por ello, demostrada la falsedad de la causa, el contrato será declarado radicalmente nulo y desaparecerá lo que no era más que una apariencia de contrato.

Por el contrario, en la *simulación relativa,* por debajo del contrato simulado existe otro contrato, oculto o disimulado, que las partes han querido al mismo tiempo celebrar y ocultar. En este caso la causa es falsa en el sentido de que los contratantes han pretendido que se crea que el contrato celebrado es el aparente, en lugar del real. Podrá demostrarse, como dice el art. 1.276, que además de esta causa falsa existe otra verdadera y lícita, por lo que, declarada la simulación, el contrato disimulado podrá subsistir si reúne los requisitos necesarios para su validez y eficacia. Así, en el ejemplo de la venta simulada, ésta puede encubrir una donación, un mandato para administrar, etc.

La Sentencia de 29 octubre 1956 (Aranzadi, núm. 3.421) declaró que «negocio simulado es el que tiene una apariencia contraria a la realidad, sea que no exista en absoluto, sea que es distinto de aquel que se muestra al exterior...». Cfr. también la Sentencia de 13 febrero 1958 (Aranzadi, núm. 590).

C. *Simulación absoluta*

La simulación es absoluta cuando los supuestos contratantes se han limitado a crear una apariencia de contrato sin haber querido celebrar contrato de clase alguna. Sólo existe el contrato simulado y no existe otro que se haya disimulado. Es un supuesto de nulidad radical o de inexistencia de contrato, por lo que, cuando haya quedado probada, se producirán los efectos que señala la Sentencia de 23 mayo 1956 (Aranzadi, núm. 2.435): «Primero, que si el contrato es inexistente no produce efecto alguno y por lo tanto no liga a los contratantes a su cumplimiento; segundo, que tal nulidad total no se rige por las prescripciones de los arts. 1.300 y siguientes del Código civil, que se refieren a los contratos anulables; tercero, que en consecuencia no limita a los contratantes obligados el derecho a la impugnación; cuarto, que por el contrario, sin llegar al extremo de ser pública impugnación según doctrinalmente pudiera sostenerse, la reiterada doctrina de casación reconoce puede ejercitarla quien tenga interés en ella; y quinta, que éste es indiscutible en el heredero de la vendedora, privado de la herencia por simulación, interesado en establecer la verdad jurídica para poder entrar en su disfrute...».

Por ser radicalmente nulos los contratos celebrados con simulación absoluta no pueden subsanarse por cumplimiento, confirmación o convalidación, ni pueden ser objeto de novación, delegación o cesión.[3]

D. *Simulación relativa*

La simulación es calificada de relativa cuando además de la apariencia de un contrato (el contrato simulado) existe otro que las partes han querido verdaderamente celebrar y que han pretendido mantener disimulado bajo el aparente. Cfr. S. 31 mayo 1965 (Aranzadi, número 3.214).

Probada la simulación, el contrato simulado ha de quedar eliminado por no ser más que una cobertura que oculta el contrato verdadero y disimulado; sin embargo, como dice De Castro, el primero ha de ser tenido en cuenta para conocer datos que tal vez no consten en el contrato disimulado (fecha, partes que intervienen, condiciones, etc.).[4]

Para declarar la validez del contrato oculto o disimulado es necesario que reúna los requisitos que exige la ley, sin que sus defectos puedan suplirse a base de requisitos que únicamente se refieran al contrato aparente o simulado. En este sentido se ha discutido si la compraventa simulada de cosa inmueble, otorgada en escritura pública, puede ser válida como donación,, teniendo en cuenta lo que dispone el art. 633 C.c., que exige escritura pública, pero además que en ella se expresen individualmente los bienes donados, el valor de las cargas que en su caso deba satisfacer el donatario, y hacer constar que se acepta «en la misma escritura de donación o en otra separada».

La doctrina estima que los requisitos que exige el art. 633 no se cumplen con la escritura de venta simulada, que precisamente sirve

---

3. DE CASTRO, *El negocio jurídico,* citado, p. 348.
4. DE CASTRO, citado, p. 353.

para su ocultación. No puede admitirse, dice De Castro, que los simuladores jueguen con la ventaja de que si la simulación no se descubre quede consumado el fraude (que puede ser en perjuicio de los legitimarios), y que si en cambio no prospera, la donación puede admitirse como válida. La jurisprudencia sigue este criterio. Cfr. Ss. 23 junio 1953, 29 octubre 1956, 5 noviembre 1956, 31 marzo 1959, 19 octubre 1959, 9 diciembre 1959, 6 abril 1962 (Aranzadi, núm. 1.681), 6 octubre 1977 (Aranzadi, núm. 3.713).[5]

E. *El acuerdo simulatorio y el contradocumento*

El acuerdo simulatorio es la base de la simulación porque las partes han tenido que ponerse de acuerdo para manifestar la voluntad configuradora del contrato aparente o ficticio y, al mismo tiempo, han de haber convenido que lo aparentado no obliga a nada (simulación absoluta) o que han querido un contrato diferente del simulado (simulación relativa).

Este acuerdo para proceder a la simulación generalmente se hace constar en un documento privado, llamado contradocumento o contradeclaración. Por ello ha de tenerse en cuenta lo que dispone el artículo 1.230 del C.c.: «Los documentos privados hechos para alterar lo pactado en escritura pública no producen efecto contra tercero». Si el contradocumento constase en escritura pública, se tendría en cuenta lo que dispone el art. 1.219.

El acuerdo simulatorio explicará la finalidad inmediata de la simulación y establecerá lo que con ella se persigue. Desaparecida la apariencia del contrato simulado deberá aparecer la causa o motivo del contrato disimulado, para lo que también deberá tenerse en cuenta el acuerdo simulatorio, pues si la finalidad fuese ilícita, el contrato disimulado quedaría contagiado por la misma licitud. En todo caso, el contrato que realmente se haya querido otorgar deberá reunir los requisitos que exige la ley.[6]

F. *Ejercicio de la acción*

Es evidente que la ley ha de conceder acción a los afectados por algún negocio simulado para que sea eliminado lo que no es más que falso y aparente. La acción fundada en la simulación de un contrato

---

5. DE CASTRO, lugar citado en la nota anterior.
6. DE CASTRO, citado, pp. 339 y 353.

es una acción declarativa que puede abrir el paso a algunas acciones complementarias de condena. En la simulación absoluta, la acción se dirigirá a obtener la declaración de que el contrato aparente no existe por falta de causa (art. 1.275 C.c.). Si la simulación es relativa, la acción se dirigirá, en primer lugar, a obtener la declaración de la falsedad del contrato aparente o simulado, y en segundo lugar, aunque simultáneamente, a la declaración de que existe otro contrato, oculto o disimulado, cuya validez o nulidad deberá quedar establecida en la sentencia (art. 1.276 C.c.). A consecuencia de lo declarado, puede ser procedente la petición de que el demandado sea condenado a restituir las cosas al estado anterior a la simulación.

Legitimados activamente lo están los mismos contratantes que la han causado y sus herederos, pero además todos los afectados por ella; es decir, los que sufren un perjuicio o dejan de obtener un beneficio en virtud de un derecho ya adquirido. Los mismos contratantes que han creado la apariencia pueden destruirla, sin que pueda oponerse que con ello van contra sus propios actos porque sólo pretenden que prevalezca lo que en realidad quisieron. En este sentido, véase la S. de 31 mayo 1963 (Aranzadi, núm. 3.592).

Respecto a la legitimación pasiva, la acción de simulación ha de dirigirse contra todos los que aparecen como partes en el negocio y sus causahabientes (a título de herencia o por cualquier otro), y contra cualquier persona que pretenda ampararse jurídicamente en el negocio que se impugna.

Acerca de si es una acción sometida a prescripción, ha de tenerse en cuenta lo siguiente. Puesto que en la simulación absoluta solamente se ha creado una apariencia que encubra pero no altere la situación real, la acción encaminada a que esta ocultación de la realidad desaparezca no puede prescribir, pues de la nada no puede surgir nada (*ex nihilo nihil*).[7]

En el caso de simulación relativa, el negocio simulado no tiene realidad jurídica, ni puede llegar a ser real a base de la prescripción. Si la venta con pacto de retro oculta un préstamo, no cabe admitir que las disposiciones sobre prescripción (arts. 1.930, 1.940, 1.961) permitan su conversión en una compraventa. Lo que sucede es que, tanto en el caso de simulación absoluta como relativa, al ser necesario para el ejercicio de la acción la existencia de un interés del de-

---

7. Véase nuestro libro *Caducidad, prescripción extintiva y usucapión,* Barcelona, 1988, pp. 27 y ss.

mandante, este interés puede haber desaparecido al extinguirse por prescripción el derecho que lo justifique.[8]

Pero lo que importa precisar es si la prescripción afecta, no al contrato simulado y aparente, sino el verdadero y disimulado. La Sentencia de 21 octubre 1963 (Aranzadi, núm. 4.154) declaró que «dotado el negocio disimulado de existencia legal, es decir, con actividad funcional en el orden jurídico, le alcanzan las normas de la prescripción extintiva cuya noción o motivo radica en poner término a una situación de incertidumbre, dando garantía al derecho constituido no afectado de vicio de invalidez o nulidad».

G. *Prueba de la simulación*

La carga de la prueba de la simulación incumbe al demandante; es decir, a quien pretende que sea declarada. Cuando demanda uno de los autores de la simulación y existe un documento en el que se ha hecho constar el acuerdo simulatorio (contradeclaración), la prueba quedará facilitada, aunque se trate de un documento privado (art. 1.225 y ss. C.c.). Si sólo existe la escritura pública de otorgamiento del contrato simulado, será necesario desvirtuar la eficacia que el art. 1.218 atribuye a los documentos públicos. Según reiterada jurisprudencia del Tribunal Supremo, la fe notarial hace prueba de que los otorgantes hicieron las manifestaciones que constan en el documento, pero no de que correspondan a la verdad. Cfr. S. 30 junio 1965 (Aranzadi, núm. 3.942).

Si falta la contradeclaración o la acción es ejercitada por terceros, será necesario acudir a los demás medios de prueba, sin excluir la testifical. En tema de simulación adquiere extraordinario relieve la prueba de presunciones de los arts. 1.249 y 1.253 C.c. Según reiterada jurisprudencia, la posible infracción del art. 1.249, por referirse a una cuestión de hecho (que esté completamente acreditado al hecho del que se ha de deducir la presunción), sólo puede ser recurrida en casación a base del núm. 7.º del art. 1.692 de la Ley de Enjuiciamiento civil; en cambio, si en casación se pretende censurar el juicio lógico a que se refiere el art. 1.253 C.c., el recurso ha de apoyarse en el número 1.º del mismo artículo de la Ley procesal. Cfr. Ss. 6 mayo 1950 (Aranzadi, núm. 736), 31 marzo 1964 (Aranzadi, núm. 1.767). Pero, después de la reforma urgente de la Ley procesal por ley 34/1984, de

---

8. DE CASTRO, citado, p. 357.

6 de agosto, han de tenerse en cuenta los números 4.º y 5.º del nuevo art. 1.692.

3. Contratos fiduciarios

A. Concepto

Los contratos fiduciarios consisten en una atribución patrimonial que uno de los contratantes (fiduciante) realiza a favor del otro (fiduciario), para que éste utilice el derecho adquirido con la finalidad que se haya convenido en el pacto de fiducia, asumiendo el adquirente la obligación de retransmitir la cosa o derecho adquirido al enajenante o a un tercero, una vez cumplida dicha finalidad.[9]

Según la concepción tradicional, el contrato fiduciario aparece formado por la combinación de dos negocios, uno de disposición o traslativo y otro constitutivo de una obligación, de manera que el primero es un medio para lograr el fin práctico que interesa al fiduciante. El Tribunal Supremo admite el contrato fiduciario, y así, la Sentencia de 18 febrero 1965 (Aranzadi, núm. 882) se ocupó de un caso en el que los propietarios de dos fincas colindantes estaban interesados en obtener un crédito hipotecario sobre la totalidad de las mismas, y a este fin, para formar una finca única con esta exclusiva finalidad, celebraron un contrato de compraventa que dicha sentencia califica como un negocio fiduciario, «pues en la convención se integraron dos contratos, uno real y positivo de transferencia de la propiedad, y otro obligacional negativo que constreñía al adquirente a hacer uso del derecho en la forma pactada para restituirlo después al transmitente».

Otra Sentencia de 8 marzo 1963 (Aranzadi, núm. 1.628) formuló una serie de consideraciones que pasamos a resumir:

Primera. El pacto de fiducia con el acreedor no está específicamente regulado en nuestro ordenamiento jurídico, pero puede en-

---

9. F. DE CASTRO, *El negocio jurídico,* citado, pp. 379 a 442; del mismo, *El negocio fiduciario*, Revista de Derecho notarial, 1966, pp. 7 a 40; JORDANO BAREA, *Sobre el negocio fiduciario*, Anuario de Derecho civil, 1950, pp. 129 a 145; del mismo, *Propiedad fiduciaria y negocio fiduciario*, ADC, 1950, pp. 1.258 a 1.265; del mismo y sobre los mismos temas, en Revista de Derecho privado, 1958; NAVARRO MARTORELL, *La propiedad fiduciaria*, Barcelona, 1950; Joaquín GARRIGUES y DÍAZ-CAÑABATE, *Negocios fiduciarios en Derecho mercantil*, Madrid, 1955.

marcarse dentro del amplio criterio de libertad de contratación mantenido por el art. 1.255 C.c., como en cierto modo lo ha hecho el párrafo tercero del art. 2.° de la Ley hipotecaria, por cuya razón adquirió carta de naturaleza en nuestra práctica jurídica a partir de la Sentencia de 23 mayo 1935.

Segunda. Esta fiducia con el acreedor consiste en el contrato en virtud del cual una persona (fiduciante) transmite en plena propiedad un determinado bien o derecho a otra distinta (fiduciario), para garantizarle el pago de una deuda, con la obligación, por parte de éste, de retransmitirlo a su anterior propietario cuando la obligación asegurada se haya cumplido *(pactum fiduciae).*

Tercera. El contrato fiduciario no es un contrato ficticio, aparente o relativamente simulado (Sentencias de 25 mayo 1944, 28 enero 1946, 31 octubre 1955 y 10 julio 1957), sino real y existente, querido por las partes contratantes (Sentencia de 28 diciembre 1955), que lo elaboran mediante un acto formal complejo, integrado por otros dos interdependientes de finalidad unitaria, uno de naturaleza real, por el que se transmite plenamente el dominio, y otro de carácter obligacional, que constriñe a la devolución de lo adquirido cuando la obligación crediticia que el primero asegura se haya saldado (Sentencias de 23 febrero 1954 y 4 enero 1956), constituyendo en su conjunto un contrato causal, conforme al art. 1.274 C.c., en el que la causa *fiduciae* no consiste en la enajenación propiamente dicha, sino en la garantía o afianzamiento del débito a que la relación obligacional responde (Sentencias 10 marzo 1944 y 3 mayo 1955).

Cuarta. Nada impide que en tal contrato aparezcan personas ajenas al mismo, como ha reconocido la jurisprudencia, que ha autorizado que la retransmisión de la finca se efectúe a favor de un tercero (Sentencia de 23 febrero 1951), que el fiduciario no sea realmente un prestamista del enajenante, sino el fiador, avalista o garante de una deuda contraída por aquél con una entidad bancaria (Sentencia de 5 diciembre 1959), y que el inmueble objeto de la operación no pertenezca en propiedad al transmitente con anterioridad a la celebración del contrato, sino que sea adquirido por él en ese momento a persona extraña al mismo con metálico aportado para su compra por el fiduciario a nombre del cual se transfiere su titularidad con la promesa de retransmitirla al verdadero comprador cuando éste le haya abonado su importe (Sentencia de 25 septiembre 1956).

De lo que antecede se desprende el concepto general de contrato fiduciario y la tendencia de nuestra doctrina a concebirlo como el efecto resultante de la suma o combinación de dos diferentes convenciones: una de ellas consistente en la transmisión de la titularidad efectiva de un derecho al fiduciario y la otra de contenido obligacional, para que el adquirente o fiduciario quede personalmente obligado frente al fiduciante a ajustar su conducta a la convenido.

El contrato fiduciario no puede considerarse como un contrato simulado, como resulta de lo dicho y vamos a ver más detenidamente. Tampoco es un contrato fiduciario la compraventa con pacto de retro que regula nuestro Código en el art. 1.507 y concordantes. En la compraventa con pacto de retro el vendedor queda provisto de una acción real de readquisición, mientras que el rasgo peculiar de la fiducia con el acreedor consiste en que el deudor fiduciante queda solamente protegido con una pretensión personal de retransmisión frente al fiduciario adquirente. En este sentido, véase la Sentencia de 14 diciembre 1966 (Aranzadi, núm. 5.753).

B. *Distinción entre simulación y fiducia*

La Sentencia de 28 enero 1946 (Aranzadi, núm. 111) contiene la afirmación terminante de que el negocio fiduciario «está muy lejos de implicar doctrinalmente un supuesto de simulación absoluta o relativa».

La Sentencia de 23 febrero 1951 (Aranzadi, núm. 267) insistió en que el negocio simulado «es un negocio simple y se realiza para producir una apariencia o un engaño», mientras que el fiduciario «revista una forma compleja y está integrado por dos diversos, uno de transmisión y otro de garantía, significando una diferencia entre el fin económico propuesto y el medio jurídico utilizado para conseguirlo».

La Sentencia de 28 diciembre 1955 (Aranzadi del año 1956, número 240) afirma que el contrato fiduciario «se caracteriza por ser real, existente y querido por las partes con todas sus consecuencias jurídicas, pero teniendo una finalidad económica distinta de la normal». También, Sentencia de 22 mayo 1956 (Aranzadi, núm. 2.433).

La Sentencia de 18 febrero 1965 (Aranzadi, núm. 882) distinguió claramente entre contrato simulado y contrato fiduciario, hasta el punto de que casó la sentencia recurrida que había estimado la existencia de simulación y confirmó la del Juzgado que apreció la fiducia.

La sentencia de 4 abril 1972 (Aranzadi, núm. 1.576) insistió en que cuando existe un verdadero negocio fiduciario «no se trata de un negocio ficticio o relativamente simulado, sino de un negocio real, existente y querido por las partes que lo elaboraron mediante un acto formal y complejo».

Por tanto, en la fiducia no hay simulación, ni absoluta ni relativa, sino un contrato verdadero, que muchas veces es calificado de complejo o indirecto. Su rasgo peculiar está en que emplea un medio (como la transmisión de la propiedad) desproporcionado con la finalidad verdaderamente perseguida por las partes, que es cumplir determinado encargo, en, el caso de fiducia con el amigo, o bien garantizar una obligación ya existente, como en la fiducia con el acreedor, lo que significa que se trata de un contrato indirecto, como precisaron las sentencias de 8 marzo 1963 y 14 marzo 1964. Cfr. S. 20 enero 1966 (Aranzadi, núm. 8).

C. *Efectos del contrato fiduciario y crítica de la teoría del doble efecto*

Hay que examinar los siguientes extremos:

a) *Pacto de fiducia.* El contrasentido que puede advertirse en el contrato fiduciario consiste en apelar a la libertad de contratación para sostener que los contratantes han pretendido lo que les resultaría más difícil de comprender: que han combinado la transmisión de un derecho real con la imposición de una obligación personal al adquirente para que puedan lograrse los resultados prácticos que les interesan. Esta imputación a la voluntad de los particulares de la combinación de dos efectos, uno real y otro obligacional, para que de la combinación resulte lo deseado, es completamente artificiosa y ajena a la comprensión de las partes.

Si se alegara que ello es posible por no tratarse de la interpretación de la voluntad, sino de la calificación jurídica del contrato celebrado, cabría oponer el siguiente argumento de Federico de Castro: en Derecho español, «para la existencia de cada contrato se requiere una causa propia y adecuada (arts. 1.261 y 1.274). La transmisión de la propiedad se produce por consecuencia de ciertos contratos (los que tienen tal naturaleza transmisiva), mediante la tradición (art. 609). Aplicando estas reglas, por ejemplo, a la venta de garantía, resulta que el negocio transmisor de la propiedad (la venta) carece de su causa propia, al no haber precio (art. 1.445) y que no tiene otra causa, porque no puede servir de tal el pacto fiduciario, al haberse predicado la independencia total entre los dos negocios, el transmitivo de eficacia real y el pacto de mera eficacia obligatoria».[10]

---

10. DE CASTRO, citado, pp. 406 y 409.

Por otra parte, la *causa fiduciae* no parece adecuada para transmitir la propiedad de manera total y definitiva. Si el contrato fiduciario tiene por finalidad garantizar un cobro o cumplir un encargo, no parece que con ello pueda justificarse una pérdida y adquisición de la propiedad. Es necesario rectificar el criterio clásico del doble efecto (que supone una transmisión «auténtica» de la propiedad, pero mediatizando la conducta del adquirente respecto al uso de la cosa adquirida con una obligación personal), y entender que lo que se transmite y adquiere no es una propiedad o titularidad plena y perfecta, sino un dominio impropio, como si se produjera una división del dominio en una parte formal y otra material. De la primera quedaría investido el fiduciario mientras que el fiduciante conservaría la segunda. Cfr. la resolución de 14 junio 1922.[11]

La cuestión tendría que replantearse sobre nuevas bases. Lo que importa es contestar a las siguientes preguntas: ¿es válida la transmisión fiduciaria?, ¿qué alcance ha de tener la titularidad del fiduciario?, ¿qué facultades ha de conservar el fiduciante?[12]

Es significativo que en bastantes ocasiones el Tribunal Supremo, después de describir el contrato fiduciario según la tesis del doble efecto, limita el efecto real (o de plena y perfecta adquisición de la titularidad) a la relación del fiduciario con terceros de buena fe. La transmisión del derecho queda así limitada a su eficacia externa, como sin duda corresponde a la voluntad de las partes. Por ello ha de prevalecer el criterio de alguna sentencia que habla de una titularidad externa del fiduciario, que no destruye ni es incompatible con el encargo interno y de confianza, de manera que la transmisión sólo es el medio de alcanzar la finalidad convenida. Véase la Sentencia de 10 noviembre 1958 (Aranzadi, núm. 4.190).

Esta concepción que reduce la titularidad fiduciaria a una titularidad formal, no impide que los actos dispositivos del fiduciario sean plenamente eficaces en favor de tercero de buena fe y a título oneroso, pues el fiduciante ha creado esta posibilidad con sus actos.

b) *Derecho de recuperación del fiduciante y derecho de retención del fiduciario.* El primero es un derecho personal del fiduciante contra el fiduciario. Como antes se ha visto, mientras el retrayente

---

11. Jerónimo GONZÁLEZ, *El titular*, Revista Crítica de Derecho inmobiliario, 1928, pp. 277 y ss. y en sus *Estudios de Derecho hipotecario y Derecho civil*, Madrid, 1948, I, pp. 458 y ss., esp. 468 a 479.

12. DE CASTRO, citado, pp. 420 y 422.

dispone de una acción real de readquisición (cfr. arts. 1.507 y ss. C.c. sobre retracto convencional), el fiduciante sólo dispone de un derecho personal contra el fiduciario para que éste cumpla la obligación de retransmitir lo que ha recibido en fiducia.

Pero en la fiducia con el acreedor o transmisión de garantía, el fiduciario está facultado para retener la cosa hasta que se haya extinguido la obligación asegurada. Incluso la posición más fuerte del vendedor con pacto de retro, que puede recuperar la cosa con una acción real (art. 1.510 C.c.), no le permite hacerlo «sin reembolsar al comprador el precio de la venta» y abonar determinados gastos (cfr. artículo 1.518 C.c.), y con tanta o más razón el fiduciante, que sólo dispone de una acción personal, tendrá que proceder al mismo abono previo de las cantidades debidas.

Por tratarse en el fondo de la concesión de un derecho real de garantía, en caso de incumplimiento por parte del fiduciante, el acreedor fiduciario no deberá incautarse definitivamente del objeto que ha recibido en fiducia, sino que deberá proceder como en el caso de ejecución de una garantía real. De lo cont:rario, dice Jordano, se cometería una violación indirecta *(fraus legis)* de la prohibición del pacto comisorio (arts. 1.858 y 1.859 C.c.). Es necesario que el acreedor se ajuste a lo dispuesto en el art. 1.872 C.c. en relación con la prenda común, o que proceda a la venta de la cosa entregada en fiducia con intervención del fiduciante y deudor, satisfaciendo su crédito con el precio obtenido y devolviendo el sobrante al deudor. Igualmente procede la equiparación de la fiducia a la prenda cuando el deudor fiduciante cumpla la obligación garantizada. Como dispone el artículo 1.871 C.c.: «No puede el deudor pedir la restitución de la prenda contra la voluntad del acreedor mientras no pague la deuda y sus intereses, con las expensas en su caso».[13]

La Sentencia de 21 marzo 1969 (Aranzadi, núm. 1.520) reconoció el derecho de retención del fiduciario. Cfr también Ss. de 31 octubre 1955 (Aranzadi, núm. 3.096),14 marzo 1964 (Aranzadi, núm. 1.422) y 28 febrero 1968 (Aranzadi, núm. 1.389).

c) *La titularidad fiduciaria en los procedimientos ejecutivos.* En algunas operaciones particionales se forma una hijuela de deudas para cuyo pago son adjudicados bienes en propiedad, con carácter fiduciario, para que los adjudicatarios paguen las deudas de la heren-

13. JORDANO, *Naturaleza, estructura y efectos del negocio fiduciario,* Revista de Derecho privado, 1958, p. 831.

cia. Puede suceder que los mismos bienes o la cuota correspondiente sean objeto de embargo por deudas del adjudicatario y se plantea la cuestión de si el embargo y ejecución son procedentes.

La Sentencia de 23 mayo 1935 resolvió esta cuestión. La Audiencia había rechazado la tercería de dominio interpuesta, pero el Tribunal Supremo estimó procedente la casación y declaró que los bienes habían pasado a poder de los adjudicatarios «únicamente como órganos de disposición, que, por consecuencia, no podían atribuirse un dominio absoluto, o sea para toda clase de fines, y sí tan sólo cumpliendo la voluntad del testador, para pagar las deudas de la testamentaría».

Igualmente significativo es lo que pasa en el caso de quiebra del fiduciante o del fiduciario. En caso de quiebra del fiduciante, sus acreedores se subrogarán en los derechos que al mismo correspondían según el pacto interno que conste entre fiduciante y fiduciario, como estima la Sentencia de 10 marzo 1944.[14]

Los arts. 908 y 909 del Código de comercio disponen la separación de la masa de la quiebra de una serie de bienes que considera «de dominio ajeno», a fin de que se pongan «a disposición de sus legítimos dueños». Con ello, dice Federico de Castro, se deja en situación incómoda a los partidarios de la teoría del doble efecto. Resulta que, según el Código de comercio, el fiduciante es el dueño de los bienes y puede exigir la separación en caso de quiebra del fiduciario, a pesar de que dicha teoría pretendía que éste había adquirido la propiedad de manera plena y definitiva.[15]

En el caso de endoso a efectos de cobro, el art. 909, núm. 5.º, del Código de comercio limita el derecho de separación a «las letras de cambio o pagarés que, sin endoso o expresión que transfiera su propiedad, se hubiesen remitido para su cobranza al quebrado». Pero si se tiene en cuenta que un endoso de esta clase significa en realidad una comisión para el cobro, podrá aplicarse el núm. 4.º del art. 909 del mismo C. de com., y de esta manera pueden evitarse las consecuencias desastrosas que el mecanismo del negocio fiduciario puede producir al endosante en caso de quiebra del fiduciario.[16]

---

14. NAVARRO MARTORELL, obra citada, p. 274; GARRIGUES, citado.
15. DE CASTRO, citado, pp. 412 y 420.
16. Acerca de la fiducia y el *trust*, nos hemos ocupado del tema en *Fundamentos de Derecho civil*, II-I, segunda edición, Barcelona, 1978, pp. 520 a 532, y en la tercera edición, 1988, pp. 474 a 486.

4. Contratos indirectos

El llamado contrato indirecto no es un tipo especial de contrato, sino la utilización de alguno de los contratos típicos conocidos con la intención de alcanzar un fin distinto del que le es peculiar. Las partes celebran un contrato típico, pero lo hacen para conseguir un resultado propio de otro contrato. Podría decirse que los efectos directos son los que corresponden a la causa del contrato y los indirectos a los motivos o intención final de los contratantes. Pero ha observado Albaladejo que los efectos llamados indirectos son un resultado tan directo de la intención de las partes como el fin típico del contrato. El término «indirecto» sólo significa que el resultado se logra mediante un negocio con el que normalmente no se obtiene, como en el caso de una compraventa amistosa para efectuar una donación.[17]

En sentido amplio puede considerarse que los contratos indirectos engloban a los simulados, fiduciarios y en fraude de acreedores; pero, en sentido más estricto y preciso, deben diferenciarse. El contrato indirecto no es un contrato simulado porque con el primero nada se finge ni oculta. Quien compra una cosa por un precio superior al normal con la finalidad de favorecer al vendedor, no simula una compraventa sino que la realiza auténticamente. No se trata del supuesto de simulación relativa con la que se da apariencia de compraventa a una donación para evitar el régimen legal de las atribuciones gratuitas, sino que ha querido celebrar una verdadera compraventa, aunque consciente de que es favorable al vendedor.

Tampoco se confunde el contrato indirecto con el fiduciario porque éste persigue una finalidad única, y no doble, como el indirecto. La eficacia típica de éste no está limitada por un convenio ulterior o paralelo, sino que precisamente con aquella eficacia peculiar consigue la de otro tipo de negocio (Lacruz).[18]

Los sistemas contractuales modernos tienen límites bastante amplios; pero ello no ha de ser aprovechado para la infracción de normas imperativas, ni es posible escapar a la debida calificación de un contrato a base de recurrir a la ficción de otro. En principio han de

---

17. Domenico RUBINO, *El negocio jurídico indirecto*, traducción, Madrid, 1953, p. 25; F. DE CASTRO, *El negocio jurídico*, citado, pp. 443 a 457; L. RODRÍGUEZ-ARIAS, En *torno al negocio indirecto y figuras jurídicas afines*, Revista General de Legislación y Jurisprudencia, marzo de 1949; ORTEGA PARDO, *Donaciones indirectas*, Anuario de Derecho civil, 1949, pp. 918 a 980.

18. LACRUZ, *Elementos de Derecho civil*, II-2, Barcelona, 1977, pp. 160 y 161, y segunda edición de 1987.

aplicarse al contrato indirecto las normas que correspondan al tipo de contrato directamente utilizado; pero ha de tener en cuenta cuál ha sido el fin verdaderamente querido para que no queden sin aplicación, defraudadas, las normas imperativas que corresponden al resultado alcanzado: normas fiscales, sobre colación y reducción de liberalidades, sobre incapacidades, etc. (Albaladejo).[19]

5. Contratos fraudulentos

El fraude a la ley por medio de la contratación consiste en utilizar un tipo de contrato, o varios contratos combinados, para evitar la aplicación de normas dictadas para regular otro contrato, precisa mente aquel cuyo resultado se pretende alcanzar. Este resultado se trata de lograr muchas veces mediante una duplicidad o pluralidad de actos, cuya combinación revela que se trata de conseguir lo que la ley impide hacer directamente.[20]

Lo que está prohibido hacer directamente tampoco ha de poderse hacer por vía indirecta, si no se quiere premiar la astucia dirigida a hacer fracasar la ordenación legal. Con independencia del procedimiento o combinación que se haya utilizado, su resultado ha de ser ineficaz, o ha de quedar sometido a la normativa que verdaderamente le corresponda.

El Código civil se refiere al fraude a la ley en el art. 6.°, apartado 4, de la siguiente manera: «Los actos realizados al amparo del texto de una norma que persigan un resultado prohibido por el ordenamiento jurídico, o contrario a él, se considerarán ejecutados en fraude de ley y no impedirán la debida aplicación de la norma que se hubiere tratado de eludir».

Según el apartado 2 del mismo artículo, la exclusión voluntaria de la ley aplicable sólo podrá ser válida cuando no contraríe el interés o el orden público ni perjudique a terceros, y no hay duda que la exclusión será improcedente tanto si se ha alcanzado de manera directa como indirecta.

La Ley de Arrendamientos Urbanos, en el art. 9.°, párrafo segundo, dispone: «Los Jueces y Tribunales rechazarán las pretensiones

---

19. De Castro, citado, pp. 448 y ss.

20. A. Miaja de la Muela, *Fraude a la ley,* Nueva Enciclopedia Jurídica (Seix), X, Barcelona, 1960, pp. 148 a 164; A. Rodríguez Adrados, *El fraude a la ley,* Estudios al Título Preliminar del Código civil, I-1, p. 416.

que impliquen manifiesto abuso o ejercicio anormal de un derecho o constituyan un medio para eludir la aplicación de una norma imperativa, que deberá prevalecer en todos los casos frente al fraude de la Ley».

Ha de considerarse igualmente como una norma destinada a evitar la misma clase de fraude lo que establece el art. 9 de la Ley de Usura de 23 julio 1908: «Lo dispuesto por esta Ley se aplicará a toda operación sustancialmente equivalente a un préstamo de dinero, cualesquiera que sean la forma que revista el contrato y la garantía que para su cumplimiento se haya ofrecido».

Véase, también, el segundo apartado del art. 24 de la Ley General Tributaria de 28 diciembre 1963.

Puede discutirse si el contrato fraudulento merece la sanción prevista por la ley con independencia de que los contratantes hayan tenido ánimo de defraudar, por tratarse de evitar el resultado objetivo del fraude, o si ha de concurrir dicho ánimo o intención fraudulenta. En realidad, sólo en casos muy excepcionales ignorarán los contratantes el carácter ilícito del fin que persiguen.[21]

---

21. Sobre la cuestión, véase el Tomo Preliminar de nuestra obra *Fundamentos de Derecho Civil,* segunda edición, Barcelona, 1989, pp. 357 y ss.

XX
EL CONTRATO PREPARATORIO O PRECONTRATO

1. Concepto general

La perfección de los contratos es resultado en muchos casos de negociaciones prolongadas. La negociación preliminar no conduce en ocasiones al contrato definitivamente querido, sino a un contrato preparatorio por el que las partes se comprometen a celebrar otro contrato cuyas bases dejan establecidas. Este contrato preparatorio es llamado también promesa de contrato o precontrato. Castán dice que se trata de un contrato perfecto y obligatorio que tiene por fin asegurar la celebración de un determinado contrato futuro.[1]

La doctrina de la Sala 1.ª del Tribunal Supremo, especialmente resumida en la Sentencia de 2 marzo 1965 (Repertorio de Jurisprudencia Aranzadi, núm. 1.238), permite hacer las siguientes afirmaciones acerca del precontrato.

El contrato preliminar es un contrato consensual no regulado o atípico, cuyo objeto es un contrato futuro y definitivo, cuya celebración extinguirá la obligación nacida del contrato preliminar.

Aunque nuestra legislación no lo regula, salvo en la Ley de 22 diciembre 1953 para los arbitrajes de Derecho privado, su admisión no

---

1. ALGUER, *Para la crítica del concepto de precontrato,* Revista de Derecho privado, 1935, pp. 321 y ss., y 1936, pp. 1 y ss.; ALONSO PÉREZ, *La responsabilidad precontractual,* Revista Crítica de Derecho inmobiliario, 1971, pp. 859 y ss.; DE CASTRO, *La promesa de contrato. Algunas notas para su estudio,* Anuario de Derecho civil, 1950, pp. 1.133 a 1.186; LALAGUNA, *La función negocial de la promesa de venta,* Estudios de Derecho Civil en honor del Profesor Castán Tobeñas, II, Pamplona, 1969, pp. 305 a 339; SÁNCHEZ VELASCO, *Contrato de promesa y promesa de contrato,* Anales de la Academia del Notariado, VI, 1952, pp. 491 y ss.; MORO LEDESMA, *El precontrato. Notas para su estudio,* Revista Crítica de Derecho inmobiliario, 1934, pp. 1-14, 81-96, 161-180, 245-259, 321-336, 401-411, 481-494, 561-575, 651-660; Fernando José LORENZO MERINO, *La promesa de Contrato en el Código civil (Un estudio sobre el artículo 1.451),* Santiago de Compostela, 1991.

ofrece dudas, al amparo de la libertad de contratación, regulándose por las normas generales del Derecho de obligaciones.

Añade la citada sentencia: «No debe confundirse el contrato preliminar con la promesa unilateral de contratar *(pollicitatio de contrahendo)*, ni con los simples tratos preliminares *(tractatus)*, ni con la simple minuta *(delineatio, abbreviatura, Punktation)*, aunque haya casos en que los tratos preliminares o la minuta pueden asumir el carácter de contratos preliminares, ni menos debe confundirse con el contrato a término, ni con el contrato condicional, ni con los llamados *negotiis claudicantis*, ni con los contratos bilaterales *si volet*, por tener la naturaleza jurídica de contratos definitivos».

Ha de reunir los requisitos necesarios para la validez de los contratos en general, siendo necesario que indique la clase de contrato definitivo que se ha de celebrar, pero sin necesidad de que se determinen todos sus elementos específicos, bastando la posibilidad de su determinación ulterior.

Ha de señalar el plazo dentro del que ha de celebrarse el contrato definitivo, y en su defecto lo fijará la autoridad judicial, sin que la falta de término obligue a la estipulación inmediata, pero tampoco a que pueda prorrogarse indefinidamente.

El extremo más discutido en la doctrina del precontrato es el de precisar sus efectos, pues para algunos autores sólo obliga a indemnizar daños y perjuicios en caso de incumplimiento, por el principio de que *nemo ad precise factum cogi potest*, mientras que otros estiman que la sentencia puede condenar al obligado a celebrar el contrato y, en caso de no hacerlo, la misma sentencia podrá servir de título para ejecutar el contrato principal. En realidad, se trata de dos cuestiones que es necesario distinguir.

Puede suceder que en algunos casos se deje totalmente configurado el contrato cuya perfección futura se contempla, para que una parte o las dos puedan declarar, dentro de cierto plazo, si efectivamente deciden que entre en vigor. Pero en otros casos sucederá que se habrá dejado para un momento futuro, como dice la sentencia de 7 febrero 1966 (Aranzadi, núm. 793), «no sólo la obligación de celebrar el contrato definitivo, sino también la total y completa determinación de los elementos y circunstancias del referido contrato», y en este supuesto el incumplimiento sólo podrá conducir a la indemnización por los daños y perjuicios que del mismo resulten. Esta segunda situación es la que corresponde a la razón de ser del precontrato, que es proporcionar una vinculación contractual antes de que se pueda completar el contrato que en definitiva se quiere otorgar.

La Sentencia de 24 mayo 1980 (Aranzadi, núm. 1.963) reconoce que la nota peculiar del contrato preparatorio o precontrato es «la indeterminación específica de los requisitos esenciales del convenio que los interesados quisieron celebrar en definitiva, siendo preciso para conseguir esta finalidad el otorgamiento de un futuro contrato por el cual se completen los requisitos que en el primero quedaron indeterminados... ».

2. El contrato preparatorio de un contrato consensual, especialmente la promesa de comprar y vender

La posibilidad del precontrato se ha discutido en relación con los tres tipos fundamentales de contratos: consensuales, reales y formales.

El prototipo de los contratos consensuales es la compraventa y precisamente el Código dedica el art. 1.451 a la promesa de comprar y vender. Dispone lo siguiente:

> «La promesa de vender o comprar, habiendo conformidad en la cosa y en el precio, dará derecho a los contratantes para reclamar recíprocamente el cumplimiento del contrato.
>
> »Siempre que no pueda cumplirse la promesa de compra y venta, regirá para vendedor y comprador, según los casos, lo dispuesto acerca de las obligaciones y contratos en el presente Libro.»

Por tanto, nuestro Derecho distingue entre prometer una compraventa y celebrarla. Sin embargo, el precepto ofrece serias dudas. ¿Se refiere a la promesa unilateral de vender o de comprar o a la promesa del contrato bilateral de compraventa? El artículo empieza estableciendo una disyuntiva entre promesa de vender o comprar; pero, a continuación, dice que si hay conformidad en la cosa y en el precio «dará derecho a los contratantes para reclamarse *recíprocamente* el cumplimiento del contrato». Y en el siguiente párrafo, al referirse a la imposibilidad de cumplir la promesa, se refiere conjuntamente a la de compra y venta.

Nuestra doctrina entiende que el art. 1.451 se refiere a la promesa de contrato bilateral de compraventa; pero se formula la pregunta de si al afirmarse que «dará derecho a los contratantes para reclamarse recíprocamente el cumplimiento del contrato», este cumplimiento recae sobre las obligaciones que forman el contenido de la compraventa (la de entregar la cosa el vendedor y la de pagar el precio el comprador) o si el cumplimiento que contempla es el de celebrar el propio contrato de compraventa, que sólo existirá después de este cumplimiento de la promesa.[2]

El segundo párrafo del artículo permite resolver esta cuestión. Cuando la promesa no pueda cumplirse regirá para vendedor y comprador «lo dispuesto acerca de las obligaciones y contratos en el presente libro». El presente libro es el IV del Código civil, en el que se refieren con carácter general a las obligaciones los arts. 1.088 a 1.253, y a los contratos los arts. 1.254 a 1.314. Por consiguiente, el segundo párrafo del art. 1.451 deja excluidos precisamente los arts. 1.445 a 1.525, que regula específicamente la compraventa.

De esta discutible regulación legal derivan consecuencias importantes. Por ejemplo, la falta de pago de la contraprestación o prima convenida por la concesión de la promesa permitirá ejercitar la acción resolutoria del art. 1.124, que está entre las normas generales de las obligaciones; pero, en cambio, no serán aplicables los artículos 1.503 y 1.504 que regulan de manera específica la resolución de la compraventa, porque estos dos artículos no forman parte de las normas generales sobre obligaciones y contratos. De igual modo, si en la promesa se ha pactado una cláusula penal, podrán aplicarse los arts. 1.152 y 1.153, pero no el 1.454, ni el 343 del Código de comercio, porque estos últimos se refieren directamente al propio contrato de compraventa.

Sin embargo, hay que preguntar si tiene mucho sentido que alguien no se obligue a vender, sino que de momento sólo se obligue a obligarse después a vender. Hay que observar que la diferencia puede estar justificada en un sistema, como el del Código francés, en el que la propiedad de la cosa vendida se transmite por la sola fuerza del consentimiento (cfr. su art. 1.583), pues entonces el precontrato sirve para anteponer una fase previa en la que el vendedor queda obligado a la entrega de una cosa cuya propiedad de momento conserva, mientras que en Derecho español esta situación es la que se produce con la perfección del propio contrato de compraventa, pendiente de consumación.[3]

El Proyecto de Código civil español de 1851 seguía el sistema francés y por ello tenía sentido la distinción entre promesa de compra-

---

2. DE CASTRO, citado, pp. 1.148 y 1.170.

3. Henri y Léon MAZEAUD-Jean MAZEAUD, *Leçon de Droit civil,* III, Paris, 1960, pp. 669 y ss.; JOSSERAND, *Derecho civil,* traducción castellana, Buenos Aires, 1951, II-2, pp. 47 y ss.

venta y este mismo contrato ya celebrado. Pero, después de promulgado el Código, al no admitirse el efecto de la transmisión de la propiedad por la sola fuerza del consentimiento, lo que hace el precontrato o promesa de compraventa es colocar una obligación delante de otra obligación, mientras que, según el Proyecto de 1851, hubiese significado colocar una obligación delante del acto de transmisión de la propiedad con la entrega de la cosa vendida.[4]

Son bastante numerosas las sentencias de la Sala 1.ª del Tribunal Supremo que interpretan y aplican el art. 1.451 C.c. Es conveniente, incluso necesario, que su alegación se realice con exacto conocimiento de cuál era en cada caso la cuestión discutida y con qué criterio quedó resuelta.

Como síntesis de la doctrina que prevalece en la interpretación del art. 1.451 C.c., la sentencia de la Sala 1.ª del Tribunal Supremo de 10 marzo 1986 (Revista Jurídica Española *La Ley*, 1986-2, página 451) ha dicho en el tercero de sus Fundamentos de Derecho lo siguiente: «... en orden a la distinción entre el contrato de compraventa y la simple promesa de venta, ha declarado la S. de 24 mayo 1980, que si ciertamente en estas situaciones jurídicas, cuya especialidad consiste en que a lo que las partes se comprometen es a celebrar un futuro contrato sobre las líneas del primero, que por ello mismo puede calificarse de auténtica ley de bases del siguiente y cuya fuerza vinculante queda atemperada a la que deriva de su propia ausencia, consistente en "obligarse a obligarse", por consecuencia de la normativa sancionada por dicho art. 1.451 C.c., no sigue nuestro ordenamiento jurídico, según tiene proclamado esta Sala en Sentencia de 7 febrero 1966, el principio de equivalencia a la compraventa, acogido en el art. 1.589 C.c. francés, inspirador en muchos aspectos del C.c. español, que, con base en la regla antigua *pactum de vendendo est venditio,* proclamó que la promesa de venta equivale a la venta siempre que exista consentimiento recíproco de las dos partes sobre la cosa y el precio ("La promesa de venta *vaut vente lorsqu'il y a consentement réciproque des deux parties sur la chose et sur la prix"),* por entender que las dos partes han contraído obligaciones que son en esencia idénticamente iguales a las que asumen el comprador y el vendedor dado el carácter de contrato sinalagmático que es la compraventa, pero cuya apreciación viene jurisprudencialmente rechazada, y de

4. García Goyena, *Concordancias, motivos y comentarios del Código civil español,* Madrid,1852; reimpreso en Barcelona, 1973, III, pp. 362 y ss., al comentar el art. 1.373 del Proyecto.

ello son exponente, entre otras, las Ss. del T.S. de 11 noviembre 1943, 28 marzo 1944, 15 marzo 1945, 26 octubre 1946, 1.º julio 1950, 5 octubre 1951 y 26 marzo 1965, pues, aparte que en el aspecto histórico, constatado concretamente en los Motivos y Comentarios redactados por la presidencia de la Comisión elaboradora del Proyecto del C.c. español de 1851, determinante de una interpretación moralmente auténtica de su espíritu y disposiciones, ya se cuidó de resaltar alguna importante diferencia que separa en todo caso la promesa de vender y la venta misma, la interpretación lógica exige que la voluntad de los contratantes sea respetada, distinguiendo el contrato definitivo de compraventa de la mera promesa de compraventa, aplicando al primero las reglas de este específico contrato y a la segunda simplemente las normas generales relativas a las obligaciones y contratos, descartando en consecuencia el criterio de equiparación e identidad entre ambas figuras jurídicas, es sobre la base, requerida por el T.S. en Ss. de 11 noviembre 1943 y 25 marzo 1957, de que se pruebe que los contratantes, al pretender vender y comprar, quisieron excluir los efectos de la compra actual».

3. El precontrato de contrato real

Contrato real es el que, además del requisito del consentimiento, exige la entrega de la cosa para quedar perfeccionado. El mutuo, el comodato, el depósito y la prenda son contratos reales.[5]

No hay duda que puede prometerse la entrega de una cosa que ha de ser objeto de un contrato real, como v.g. un comodato. Pero mientras en el comodato el consentimiento que se presta cuando se entrega la cosa está dirigido a establecer la obligación de devolverla, en la promesa de dar la misma cosa por igual concepto el consentimiento deja establecida la obligación de entregarla.

Sin embargo, ello sólo significa que en lugar de calificar de precontrato a la promesa de contrato real, se tendrá que llamar, simplemente, contrato consensual preparatorio de un contrato real.

La apertura de una cuenta de crédito y la emisión de obligaciones son manifestaciones de esta clase de contratos consensuales que darán paso a situaciones propias de los contratos reales. Son convenios que preparan entregas de dinero que significarán la consumación de

---

5. J. B. JORDANO BAREA, *La categoria de los contratos reales*, Barcelona, 1958, pp. 53 y ss.

contratos consensuales de préstamo; pero que, a diferencia de los demás contratos consensuales, provocarán el nacimiento, por efecto de la entrega, de la correspondiente obligación de devolver. La entrega que signifique el cumplimiento de la obligación del promitente, sólo será un acto real de entrega, sin necesidad de nueva prestación de consentimiento porque los interesados ya consintieron todo el desenvolvimiento de la operación en el momento inicial.

4. El precontrato de contrato formal

Cuando la ley exige determinada forma como requisito esencial de un contrato, se pregunta si las partes pueden comprometerse a celebrarlo mediante una promesa en la que no se cumpla el mismo requisito de forma.

Hay que distinguir según que la forma esté impuesta por la ley como requisito de existencia y validez del contrato, o que sólo se trate de algún requisito formal cuyo cumplimiento la ley supedite a la voluntad de las partes.[6]

En el primer supuesto, parece que el precontrato no es admisible porque las partes no pueden quedar obligadas a hacer sin la forma requerida lo que después sólo tendría validez en el caso de haberse hecho en dicha forma. La forma solemne se exige precisamente en beneficio de los propios contratantes, para que reflexionen sobre la conveniencia del contrato que se proponen celebrar.

Cuando el requisito de forma no tiene este carácter riguroso y solemne, hay que distinguir. Si se trata de un requisito de calidad que se obtiene con la tipificación formal del contrato, la falta de forma no afectará a la validez de la obligación, pero no se producirán los efectos típicos que la ley adscribe a la forma prevista. Así, para obtener los efectos de la letra de cambio, ésta ha de contener los requisitos que exige el art. 1.º de la Ley Cambiaria y del Cheque de 16 julio 1985; en otro caso, no se considerará letra de cambio, con las salvedades del art. 2.º de la misma Ley.

Pero cuando la forma sólo está prescrita por el Código para que los interesados puedan pedir su otorgamiento si lo estiman conveniente, como se ha visto al examinar la interpretación de los artículos

6. Sobre el particular véase antes, en el capítulo XII de este volumen, sección 4, lo que se expone sobre la forma de los contratos.

1.278, 1.279 y 1.280, la vinculación contractual no depende de la incorporación del contrato a la forma prevista.

Por consiguiente, no cabe considerar como precontrato a la compraventa otorgada en documento privado, puesto que bajo esta forma ya puede ser perfecto y obligatorio, sin perjuicio de que cualquiera de los contratantes pueda exigir su elevación a escritura pública. Ni tan siquiera la compraventa de bienes inmuebles, o cualquier acto de trascendencia real sobre los mismos, necesita ajustarse a la solemnidad de la escritura pública como requisito esencial de validez.

Es cierto que el art. 3.° de la Ley hipotecaria dispone que para la inscripción en el Registro de la Propiedad de los títulos a que se refiere el art. 2.°, es indispensable que consten «en escritura pública, ejecutoria o documento auténtico expedido por Autoridad judicial o por el Gobierno a sus Agentes, en la forma que prescriban los reglamentos». Ello es muy digno de tener en cuenta, pero no implica que el contrato no pueda existir y ser válido antes de su consignación en escritura u otro documento público.

5. Requisitos generales del precontrato

Acerca de la capacidad para celebrarlo, algunos autores opinan que para prometer la celebración de un futuro contrato es suficiente tener la capacidad general para contratar, y que la capacidad especial sólo será necesaria para el otorgamiento del contrato prometido. Según dicen, el precontrato perdería en gran parte su utilidad si se exigiese la misma capacidad para la promesa que para el contrato definitivo.

Sin embargo, cabe opinar en sentido contrario que si la promesa de contrato obliga a la celebración del contrato definitivo, sería un contrasentido exigir para el primero la capacidad general para contratar, cuando para el segundo sea necesaria una capacidad especial, como la de disponer de bienes inmuebles. De lo contrario, podrían eludirse las disposiciones sobre capacidad especial y las prohibiciones de contratar, pues aunque el incumplimiento sólo originara una acción de daños y perjuicios, éstos tendrían que ser un equivalente tan gravoso como el cumplimiento en forma específico de lo prometido. Ha de entenderse, por tanto, que si alguien ha de quedar obligado a celebrar el contrato definitivo a voluntad de la otra parte, ha de tener para ello, desde el principio, la capacidad necesaria para celebrar el contrato proyectado, por quedar obligado a su otorgamiento o, incluso, al cumplimiento directo de su contenido.[7]

Por lo que se refiere al objeto del precontrato, no hay duda que lo constituye el contrato proyectado, y que, precisamente por formar parte del contenido de la promesa, su nulidad determinará igualmente la del precontrato, en atención a lo que dispone el artículo 1.271 C.c.

Pero ha de tenerse en cuenta que la jurisprudencia distingue claramente dos clases de precontratos, según que el contrato definitivo haya quedado perfilado en todos sus detalles o que ello no haya sido posible de momento. En este segundo caso una promesa, por ejemplo de venta, podrá ser válida como tal aunque haya quedado pendiente la fijación del precio o algún otro elemento, que más tarde pueda quedar establecido.

Respecto a la causa, las obligaciones que las partes asumen en el contrato preparatorio o precontrato han de tener una causa jurídica propia, distinta de la del contrato proyectado. Cuando hay promesa por ambas partes, la causa sin duda consiste en la recíproca concesión que se hacen de poder pedir el cumplimiento del contrato proyectado, o de requerirse mutuamente para la cooperación necesaria para completarlo.

Cuando la promesa sólo obligue a una de las partes, la vinculación se fundará en una causa propia, que podrá ser onerosa (cuando el promisario pague un precio o prima por la promesa) o gratuita y fundada en la liberalidad (art. 1.274 C.c.).

En cuanto a los requisitos formales del precontrato, ha de tenerse en cuenta lo antes dicho al tratar del precontrato de contrato formal.

6. Efectos del precontrato

Han de tenerse en cuenta los siguientes extremos:

a) La nota peculiar del precontrato consiste en la posibilidad de que el contrato definitivo pueda completar los elementos que en el primero quedaron indeterminados. Por ello, el contrato preliminar ha de indicar la clase de contrato que se pretende celebrar en el futuro; pero sin que sea indispensable que hayan quedado determinados

---

7. F. DE CASTRO, citado, p. 1.173, nota 144; ROCA SASTRE, *Estudios de Derecho privado,* I, Madrid, 1948, p. 346.

todos sus elementos, pues será suficiente que sea posible su determinación futura.

b) En lo fundamental, existen dos clases de precontratos: los que dejan configurado el contrato que se contempla para que su celebración pueda hacerse en un momento futuro, a voluntad de una o de las dos partes, y los que han dejado para el futuro, no sólo los actos que han de dar realidad al contrato definitivo, sino también la total y completa determinación de los elementos y circunstancias que han de completar su contenido.

c) La diferencia señalada tiene especial importancia en relación con los efectos del precontrato, pues si el contrato definitivo ha quedado totalmente configurado, en el supuesto de que una de las partes no cumpla la obligación que le corresponde, la otra puede exigir directamente el cumplimiento en forma específica del contrato definitivo, como demuestra la Sentencia de 1.° julio 1950, en el que la promesa incumplida de vender permitió condenar directamente a la entrega de la cosa vendida, por consistir en una actividad sustituible y no personalísima, lo que permite que el Juzgado otorgue en su caso la escritura de tradición o entrega, actuando en lugar del vendedor condenado al cumplimiento.

d) En cambio, cuando las partes contratantes han dejado para un momento posterior la completa determinación de los elementos y circunstancias del contrato definitivo, las mismas partes quedan obligadas a una colaboración posterior de carácter personalísimo, que por ello, en caso de incumplimiento, no puede ser sustituida por la actividad del órgano judicial, y no queda otra posibilidad que la condena a resarcir los daños y perjuicios resultantes del incumplimiento. Ello sucede cuando se trata de promesas sobre la posterior celebración de un contrato de contenido complejo, como el de sociedad, según puede verse en la Sentencia de 9 julio 1940. Cfr. S. 24 mayo 1980.

e) En los casos en que puede pedirse directamente el cumplimiento del contenido del contrato prometido, sólo deberán tenerse en cuenta los posibles vicios (violencia, miedo, error) que puedan afectar a la declaración complementaria del obligado, pero no los que se refieran a la falta de acuerdo de voluntades (disenso), ni a los vicios que hayan incidido en la formación del contrato (como el dolo contractual).

f) Si el cumplimiento de lo prometido ha de consistir en dar vida actual al contrato proyectado, este cumplimiento específico determina los siguientes efectos: el momento en que los defectos a la vista perjudican al comprador (art. 1.484 C.c.); el momento que igualmente ha de tenerse en cuenta para saber si un contratante ha sufrido lesión (art. 1.291); el momento que ha de tenerse en cuenta para determinar si el objeto del contrato está en el comercio de los hombres (art. 1.271 C.c.); el momento preciso para saber si se trata de una cosa o servicio imposible (art. 1.272) y si la cosa es determinable (arts. 1.273 y 1.274).

g) A los efectos de un derecho de tanteo o de adquisición preferente, la promesa de vender no es venta, de igual modo que la promesa de constituir sociedad no significa, por sí sola, el quebrantamiento de una cláusula de no concurrencia, y la promesa de subarrendar tampoco ha de equipararse al efectivo subarrendamiento, ni la de traspasar podrá considerarse como un traspaso efectivo.

h) Finalmente, ha de tenerse en cuenta que el ejercicio de la facultad que asiste a las partes del contrato preliminar sólo tiene eficacia *ex nunc* o desde el momento de tal ejercicio, y así ha de tenerse en cuenta por lo que se refiere al régimen de frutos, mejoras, gastos y riesgos.

7. El contrato con pacto de opción

A. *Concepto*

Por el contrato con pacto de opción «una de las partes, concedente de la opción, atribuye a la otra, beneficiaria de la opción, un derecho que permite a esta última decidir, dentro de un determinado período de tiempo y unilateralmente, la celebración de un determinado contrato» (Díez-Picazo).[8]

Nuestra legislación no regula el contrato o pacto de opción, excepto a efectos de su inscripción en el Registro de la Propiedad (art. 14 del Reglamento de la Ley hipotecaria), pero le son aplicables las normas generales sobre la contratación. Cfr. Ss. 5 junio 1951 (Aranzadi, núm. 1.644), 14 abril 1956 (Aranzadi, núm. 1.564), 17 octubre 1961 (Aranzadi, núm. 3.603), etc.

---

8. DÍEZ-PICAZO, *Fundamentos del Derecho civil patrimonial,* cuarta edición, Madrid, 1993, vol. I, p. 318. Además, entre muchos estudios, Jerónimo GONZÁLEZ, *El llamado derecho de opción,* Revista Crítica de Derecho inmobiliario, 1932, pp. 188 y ss., y en sus *Estudios de Derecho hipotecario y Derecho civil,* Madrid, 1948, III, pp. 209 a 222; SERRANO ALONSO, *Notas sobre el derecho de opción,* Revista de Derecho privado, 1979, pp. 1.137 a 1.149; ROCA SASTRE, *Estudios,* obra citada, I, p. 354.

Hablamos de contrato con pacto de opción, en lugar de contrato de opción, porque creemos, como decía Roca Sastre, que «lo que se denomina contrato de opción no es más que un simple pacto de cláusula de opción, acoplada a un contrato perfecto o a un contrato de promesa o precontrato». Es decir, no se opta por optar, sino que la opción es la posibilidad de perfeccionar un contrato previamente delimitado. No hay un contrato que sólo sea de opción, sino la posibilidad de optar en relación al contrato que se ha tenido en cuenta como resultado de la negociación. La Sentencia de 16 abril 1979 (Aranzadi, núm. 1.401) declaró que el derecho de opción a una compraventa surge «no de un contrato autónomo, sino de un pacto o cláusula inscrita en un contrato de aquella naturaleza transmisiva».

El contrato con cláusula de opción no se confunde con una oferta irrevocable. En ésta sólo hay la declaración de voluntad de una de las partes, con independencia de que deba ser mantenida durante cierto tiempo; en cambio, en la opción hay un negocio de perfección bilateral del que resulta la existencia de la facultad unilateral de optar.

También es diferente el contrato con cláusula de opción y el precontrato o promesa de contrato. Es cierto que en ambos casos aparece como esencial la facultad de poder exigir el cumplimiento del contrato preparado, y, en este sentido, el precontrato sería un contrato con facultad de opción a favor de cada una de las partes. Sin embargo, ha de tenerse en cuenta que si el optante, con el ejercicio de su derecho, puede perfeccionar el contrato, ello es debido a que el contrato definitivo había quedado perfilado en todos sus detalles antes del ejercicio de la opción. Por el contrario, el precontrato necesita muchas veces una posterior colaboración de ambas partes que permita completar el contenido de lo que será el contrato definitivo.

La Sentencia de 16 abril 1979 (Aranzadi, núm. 1.401) declaró que en «la compraventa con cláusula de opción, a diferencia del *pactum de contrahendo*, no surge una obligación de cooperar personalmente en la conclusión del contrato definitivo, por venir éste ya perfeccionado con dicha condición del ejercicio de la opción».

El contrato con cláusula de opción tampoco puede confundirse con un contrato pendiente del cumplimiento de una condición potestativa del optante. Ante todo, es necesario advertir la improcedencia de hablar de «condición» en este caso. Un elemento esencial del contrato al que se pueda optar, como sería su aceptación, no puede calificarse de condición. La declaración de que se opta no significa el cumplimiento de una condición. No depende de la voluntad del deudor y por ello no sería nula (cfr. art. 1.115 C.c.), pues en realidad depende de la voluntad del acreedor. La citada S. de 16 abril 1979 ha dicho que la compraventa con opción de compra está supeditada «al libre arbitrio del que asume el papel de comprador, debido a que por de pronto el concedente queda obligado y el aceptante no, en tanto no decida aceptarlo».

Igualmente ha de distinguirse el derecho de opción del derecho de adquisición preferente. En el primero el optante tiene concedido un plazo para decidir si realiza la adquisición, y el concedente del derecho se halla pendiente de la decisión del optante. Por el contrario, en el derecho de adquisición preferente quien se halla en situación de espera es el posible adquirente, pues ha de aguardar a que el propietario o titular de los bienes afectados decida enajenarlos, en cuya oportunidad podrá ejercitar el derecho de adquisición preferente, por tener reconocida la preferencia frente a otros posibles adquirentes.

B. Contenido

En sentido positivo, el contenido de la opción es la facultad del optante de resolver acerca de su ejercicio; pero, además, en sentido negativo, al concedente de la opción le incumbe la obligación negativa de no celebrar contrato alguno con terceros que pueda ser incompatible con el derecho del optante.

Hay que preguntar si en caso de incumplimiento de esta obligación negativa, el optante conservará su derecho a realizar la adquisición frente a los derechos de terceros. El art. 14 del Reglamento de la Ley hipotecaria dice que será inscribible el pacto de opción contenido en algún contrato inscribible, siempre que haya convenio expreso de las partes para que se inscriba, se haya fijado el precio de adquisición del inmueble (aparte del que pueda haberse convenido para conceder la opción) y el plazo para su ejercicio, que no podrá exceder de cuatro años, excepto en el arriendo con opción de compra, que puede alcanzar todo el plazo del arrendamiento. Los efectos de la opción de compra de esta manera registrada son los siguientes:

La inscripción no cierra el Registro, de manera que el propietario de la finca que la haya concedido puede enajenarla y gravarla, sin perjuicio del derecho del optante. Cfr. resolución de 13 diciembre 1955.[9]

El derecho de opción de compra inscrito actuará contra todo propietario del inmueble afectado y, por efecto de la publicidad registral,

9. Ramón M.ª ROCA SASTRE y Luis ROCA-SASTRE, *Derecho hipotecario,* 7.ª edición, Barcelona, 1979, III, p. 542.

todo ulterior adquirente quedará subrogado en la misma posición jurídica del propietario concedente de la opción. El propietario que en su día resulte afectado por el ejercicio del derecho deberá otorgar la correspondiente escritura pública de tradición o entrega de la cosa vendida. Según la Sentencia de 10 julio 1946 (Aranzadi, número 938), al hacer uso de su derecho el titular de la opción de compra, se perfecciona el contrato de compraventa, al producirse entonces el concurso de voluntades exigido por la ley.

En cuanto a los gravámenes o actos de disposición posteriores a la inscripción del derecho de opción en el Registro, será aplicable por analogía lo que establece el art. 175. 6.°, del Reglamento hipotecario.

Si se ha pactado un precio o prima a cambio de la concesión de la opción, se tratará de una contraprestación del optante que formará parte del pacto de opción, con independencia del contenido de los derechos y obligaciones que formarán parte del contrato que pueda perfeccionarse.

C. *Forma de ejercitar el derecho y plazo para hacerlo*

La declaración del optante es unilateral y recepticia, no está sujeta a forma expresa, pero tendrá que constar de manera fehaciente. La jurisprudencia ha reconocido que este carácter es compatible con la comprobación del ejercicio de la opción mediante la prueba de presunciones. Es decir, entre la conducta del optante y la conclusión de que ha manifestado la aceptación puede existir el enlace preciso y directo a que se refiere el art. 1.253 del C.c. S. 16 abril 1979 (Aranzadi, núm. 1.401).

La fijación de un plazo preciso para que el optante pueda hacer uso de su derecho es esencial, como ha reconocido la sentencia de 27 mayo 1967 (Aranzadi, núm. 2.803), por ser inadmisible la vinculación indefinida del concedente del derecho. Cuando los interesados no hayan determinado el plazo, se estará a lo previsto por el art. 1.128 Código civil y los Tribunales fijarán la duración del derecho del optante, que es igualmente la de la obligación del concedente del derecho. Cfr. Ss. 17 noviembre 1966 (Aranzadi, núm. 4.957) y de 3 febrero 1968 (Aranzadi, núm. 726).

Como se ha visto, el art. 14 del Reglamento de la Ley hipotecaria permite la inscripción del pacto de opción de compra, siempre que, entre otras circunstancias, se determine el plazo para su ejercicio, que no podrá exceder de cuatro años. El último párrafo del artículo dispone: «En el arriendo con opción de compra, la duración de la opción podrá alcanzar la totalidad del plazo de aquél, pero caducará necesariamente en caso de prórroga, tácita o legal, del contrato de arrendamiento».

D. *Necesidad de distinguir entre la consumación del derecho de opción y la del contrato al que se ha optado*

Hay que diferenciar con toda claridad el plazo para optar y el plazo para cumplir las obligaciones del contrato aceptado por el optante. Con el ejercicio positivo del derecho de opción, éste queda consumado y extinguido, pero el contrato al que se ha optado sólo queda perfeccionado. Es importante destacar esta diferencia para saber si la declaración afirmativa del optante ha de ir acompañada del cumplimiento de la prestación que le incumbe en el contrato definitivo. Cfr. la citada S. de 10 julio 1946. Igualmente, la de 16 abril 1979 (Aranzadi, núm. 1.401).

En la opción de compra, el comprador (optante) estará obligado a pagar el precio «en el tiempo y lugar fijados en el contrato» (art. 1.500, primer párrafo, C.c.), y, en el caso de no haberse fijado, deberá pagarse «en el tiempo y lugar en que se haga la entrega de la cosa vendida» (segundo párrafo del mismo artículo). Si se ha querido que con la manifestación afirmativa de optar se haga efectivo el precio de compra, ello habrá tenido que ser objeto de convenio expreso.

E. *Transmisión del derecho de opción*

En la opción llamada mediatoria existe el convenio expreso de que el titular del derecho de opción pueda transmitirlo a un tercero dentro del plazo útil para optar. La cesión no será admisible cuando el derecho haya sido concedido al optante en atención a sus cualidades personales.

Si no se trata ni de la opción mediatoria ni de la concedida con carácter personalísimo, la jurisprudencia se inclina por la solución negativa en atención a que, bajo la aparente cesión de un derecho aislado, en realidad se transmitiría la posibilidad de dar vida a una compleja relación contractual, para la que hace falta la autorización o conformidad del concedente de la opción. En este sentido, la Sentencia de 6 marzo 1973 (Aranzadi, núm. 899).

Si el derecho de opción de compra está inscrito en el Registro (art. 14 del Reglamento hipotecario), opina Roca Sastre que en el caso de cesión no actuará a favor del cesionario la fe pública registral del art. 34 de la Ley hipotecaria, por no tratarse de la adquisición de un derecho real, sino de un derecho personal que a través de la inscripción produce el efecto de que el tercer adquirente de la finca, o de algún derecho real sobre la misma, tendrá que soportar los efectos de la opción, como sucede con el derecho de arrendamiento inscrito. Por ello estima el citado autor que hubiese sido más correcto, en ambos casos, admitir solamente la anotación del derecho.[10]

En caso de fallecimiento del optante dentro del plazo para optar, el derecho de opción no se extingue (si no se ha concedido de manera expresa como personalísima del optante), sino que forma parte de los derechos transmisibles que integran el patrimonio hereditario del optante. Cfr. S. de 12 julio 1956 (Aranzadi, núm. 2.483).

F. Extinción

El derecho de opción se extingue mediante su ejercicio positivo, quedando entonces perfeccionado el contrato aceptado. Sin este efecto positivo, se extingue cuando se deja transcurrir el plazo concedido para optar sin hacer manifestación alguna, o haciendo la que signifique la renuncia del derecho. Cfr. S. 14 enero 1964 (Aranzadi, número 155).

---

10. ROCA SASTRE, *Derecho hipotecario,* citado, III, p. 570.

XXI

LA DONACIÓN

1. Concepto

La donación consiste en la transmisión voluntaria de algún bien que una persona realiza a favor de otra sin recibir nada en compensación. Esta circunstancia obliga a someterla a una regulación restrictiva, en atención a que existen intereses que merecen protección por encima del interés del donatario. Igualmente, y por la misma razón, han de calificarse de donación otros actos desinteresados que no consisten en la entrega material de una cosa, como sucede con la remisión gratuita o condonación de una deuda.[1]

Para el Derecho civil es donación todo acto que deba ser calificado teniendo en cuenta dicha finalidad de política jurídica que obliga a determinar: *a)* qué actos han de ser calificados de donación; *b)* qué intereses merecen ser protegidos con preferencia al del donatario; *c)* qué restricciones han de imponerse a la exteriorización de la voluntad de donar; y *d)* qué firmeza ha de atribuirse a las adquisiciones patrimoniales realizadas por este título.

2. La donación en el Código civil

El Código regula la donación en el Título II del Libro 3.º, que se refiere a los modos de adquirir la propiedad. Según el art. 618: «La

1. J. L. DE LOS MOZOS, *La donación en el Código civil y el problema de su naturaleza jurídica,* Revista de Derecho privado, 1971, pp. 803 a 821; FERRANDIS VILELLA, *Donación traslativa y contrato de donación,* Revista de la Facultad de Derecho de Madrid, IV, 1960, p. 329; LALAGUNA, *Los arts. 623 y 629 del Código civil y la naturaleza de la donación,* Revista de Derecho privado, 1964, pp. 275 a 299; VALLET DE GOYTISOLO, *Estudios sobre donaciones,* Madrid, 1978.

donación es un acto de liberalidad por el cual una persona dispone gratuitamente de una cosa en favor de otra que la acepta». Hay que llamar la atención sobre los siguientes aspectos:

El art. 609 C.c. es una disposición preliminar a todo el Libro 3.º, que se refiere a los diferentes modos de adquirir la propiedad. En su segundo párrafo dice: «La propiedad y los demás derechos sobre los bienes se adquieren y transmiten por la ley, por *donación*, por sucesión testada e intestada, y por consecuencia de ciertos contratos mediante la tradición».

La separación que este precepto establece entre donación y contrato se funda en la concepción de aquélla como acto de disposición, en coincidencia con el art. 618, que concibe la donación como un acto por el que el donante dispone gratuitamente de una cosa en favor de otro que la acepta. El criterio parece acertado si se tiene en cuenta que las bases sociales de la donación y del contrato son diferentes. En el contrato aparecen contrapuestos los intereses de las partes, que se equilibran mediante el acuerdo de voluntades. En la donación es decisiva la voluntad del donante, al realizar un acto de disposición a favor del donatario. Ésta ha de manifestar su conformidad para que la atribución gratuita produzca efectos en su patrimonio y para que no pueda dudarse de su carácter gratuito.[2]

Sin embargo, el Código no mantiene con firmeza su criterio inicial, pues a pesar de no incluir a la donación entre los contratos, en el art. 1.274 habla de lo que se entiende por causa y afirma que en los contratos «de pura beneficencia» consiste en «la mera liberalidad del bienhechor». Además, el art. 621 remite a «las disposiciones generales de los contratos y obligaciones» para regular las donaciones que deban producir sus efectos entre vivos, en defecto de las normas contenidas en el título «De la donación».

En todo caso, la donación es un negocio jurídico por el que el donante proporciona, a costa de su patrimonio, una atribución patrimonial al donatario, mediante acuerdo de ambas partes. Igualmente es un negocio jurídico de disposición la donación liberatoria, que consiste en la remisión gratuita de una deuda. El art. 1.187 C.c. dice en su primer párrafo que la condonación de la deuda podrá hacerse expresa o tácitamente, y añade en el segundo: «Una y otra estarán

---

2. SÁNCHEZ BLANCO, *Sobre la naturaleza y la forma de la donación,* Información Jurídica, 1952, p. 807; CALVO SORIANO, *Tradición y donación,* Anales de la Academia Matritense del Notariado, III, pp. 399 a 472; Inmaculada BARRAL VIÑALS, *La reserva de la facultad de disponer en la donación (Análisis del artículo 639 C.c.)*, Barcelona, 1996.

sometidas a los preceptos que rigen las donaciones inoficiosas. La condonación expresa deberá, además, ajustarse a las formas de la donación».

La donación puede aparecer y actuar de dos maneras diferentes: *a)* como acto de disposición en el sentido del art. 618, con eficacia traslativa; *b)* con eficacia simplemente obligatoria, determinante del nacimiento de un crédito y de una correlativa obligación. El legislador ha previsto la donación traslativa al regular las donaciones entre los modos de adquirir la propiedad (arts. 618 a 656). La segunda modalidad es consecuencia de la aptitud del contrato para engendrar obligaciones a título gratuito, pues el art. 1.274 se refiere a los contratos de pura beneficencia, cuya causa es la mera liberalidad del bienhechor.[3]

Sin embargo, ha de tenerse en cuenta que estos contratos de pura beneficencia pueden existir sin que se trate precisamente de donaciones, porque hay actos que implican gratuidad y a pesar de ello no corresponden al concepto de donación, como veremos seguidamente.

Una donación obligacional parece resultar de la que tiene por objeto una cosa mueble con entrega diferida. Según el art. 632 C.c., si la donación de cosa mueble no se hace con entrega simultánea de la cosa donada, «no surtirá efecto si no se hace por escrito y consta en la misma forma la aceptación». Según la Sentencia de 6 abril 1979 (Aranzadi, núm. 1.273), la donación de cosa mueble sin entrega efectiva «precisa la aceptación posterior y por escrito del donatario que transforma la voluntad del oferente o donante en obligación exigible y a éste en deudor».

La Sentencia de 7 diciembre 1948 (Aranzadi, núm. 1.433) afirmó de manera incidental que «son compatibles los términos obligación y donación, pues ésta puede revestir formas diversas y entre ellas la creación de un crédito a favor del donatario»; pero en el litigio se había tratado de unas prestaciones que no eran gratuitas, sino que se habían destinado a compensar lo que la parte destinataria había sacrificado en la liquidación de una testamentaría.

No es frecuente el caso de una donación importante de dinero hecha en forma de promesa, excepto cuando se trata de remunerar algún

---

3. AMOROS GOZÁLBEZ, *La donación remuneratoria y la con carga en nuestro Derecho,* Curso de conferencias del Colegio Notarial de Valencia, 1945; LÓPEZ PALOP, *La donación remuneratoria y el art. 622 de nuestro Código civil,* Anales de la Academia Matritense del Notariado, III, 1946, p. 17; ROCA SASTRE, *La donación remuneratoria,* Revista de Derecho privado, 1947, pp. 828 y ss.

servicio. En el pleito resuelto por Sentencia de 6 abril 1979 (Aranzadi, núm. 1.273) había existido una promesa de donación de un millón de pesetas, «en agradecimiento por todas las molestias perjuicios y ultrajes por defender la verdad del testamento ológrafo». El Tribunal Supremo estimó que la donación había sido aceptada en forma escrita por haber existido «una solicitud dirigida al Juez para que, en su presencia, reconozca el donante la firma al pie del escrito de donación».

Existen actos gratuitos que no corresponden al concepto de donación. Son los que otorgan una ventaja sin compensación, pero que no implican una pérdida patrimonial apreciable. Así ocurre en los contratos de comodato, mutuo sin interés y el depósito gratuito, que no producen un empobrecimiento apreciable.

El legado tampoco es propiamente una donación. Ser liberal con lo que se dejará al morir es cosa muy diferente que desprenderse de lo que todavía podría disfrutarse en vida. Por otra parte, en los legados no quedan indefensos los intereses de terceros, como los acreedores y los legitimarios. El art. 1.082 C.c. dispone el pago preferente de los acreedores, y el art. 817 tiene prevista la reducción de las disposiciones testamentarias que mengüen la legítima.

La renuncia de herencia tampoco puede equipararse a una donación, siempre que se trate de una verdadera renuncia, como en el supuesto de la última proposición del art. 1.000 C.c.

No son donaciones los actos de constitución de un derecho real para fines de garantía, sin perjuicio de que un acreedor pueda demostrar que el gravamen ha tenido la finalidad de disminuir fraudulentamente el patrimonio de su deudor (cfr. art. 6.º-4 C.c.).

3. Capacidad del donante y del donatario

La regulación legal parte de la consideración de que los requisitos de capacidad han de ser más rigurosos en relación con el donante que con el donatario, pues el primero se desprende de algo sin contraprestación, mientras que el segundo en general se limitará a recibir un beneficio. Por ello se exige que el donante no sólo tenga capacidad general para contratar, sino, además, capacidad específica para disponer de sus bienes.

El art. 624 dispone: «Podrán hacer donación todos los que puedan contratar y disponer de sus bienes». Por tanto, los menores de edad emancipados necesitarán el complemento de capacidad a que se refieren los arts. 323 y 324 C.c., redactados por la Ley de 13 mayo 1981.

Por lo que se refiere a los sometidos a tutela, después de la Ley de 24 octubre 1983, el art. 272, núm. 6.º, del C.c. prohíbe al tutor «disponer a título gratuito de bienes o derechos del tutelado, salvo autorización judicial». Igualmente necesita el tutor autorización judicial para renunciar derechos del tutelado (art. 271, núm. 3.º), y para «aceptar sin beneficio de inventario cualquier herencia, o para repudiar ésta o las liberalidades» (art. 272, núm. 1.º).

Los herederos del ausente no pueden hacer donaciones hasta cinco años después de la declaración de fallecimiento (art. 196, redactado según la Ley de 8 septiembre 1939).

Pero si es justo extremar el rigor en cuanto al donante, es natural ser menos riguroso respecto a la capacidad del donatario. Según el artículo 625: «Podrán aceptar donaciones todos los que no estén especialmente incapacitados por la ley para ello».

Pueden recibir donaciones incluso los concebidos y no nacidos, a cuyo efecto el art. 627 dispone que «podrán ser aceptadas por las personas que legítimamente los representarían, si se hubiese verificado ya su nacimiento».

Pero la ley tiene en cuenta los casos en que el donatario no se limita a recibir un beneficio, y por ello el art. 626 C.c. dispone que si las donaciones son condicionales u onerosas no podrán ser aceptadas por las personas que no puedan contratar sin la intervención de sus legítimos representantes.[4]

La regla general, por consiguiente, es que pueden aceptar donaciones que no sean gravosas todas las personas que posean el necesario discernimiento para consentir. Pero sobre esta regla general se proyectan las siguientes incapacidades y prohibiciones:

a) No pueden recibir donaciones las «criaturas abortivas», como dice el Código al ocuparse de la capacidad para suceder en la herencia, ni las asociaciones o corporaciones no permitidas por la ley (cfr. artículo 745). Pero en tales casos, más que de incapacidad para aceptar, se trata de imposibilidad de recibir, al no existir los supuestos donatarios.

---

4. Si es necesario que las donaciones sean condicionales u onerosas para que no puedan aceptarlas las personas que no puedan contratar sin la intervención de sus legítimos representantes, resulta que las donaciones puras podrán ser aceptadas incluso por los que no pueden contratar, sin más requisitos. Sin embargo, parece que este art. 626 no tiene en cuenta que, por debajo de cierto límite de edad, no es posible manifestar el consentimiento. Sería más lógico que, si quiere mantenerse el requisito de la aceptación, se fijara un límite mínimo de edad.

b) En el caso de donaciones condicionales u onerosas, ya se ha dicho que se exige capacidad para contratar (art. 626).

El art. 628 C.c. sale al paso de un posible fraude de ley por medio de persona interpuesta. Dice: «Las donaciones hechas a personas inhábiles son nulas, aunque lo hayan sido simuladamente, bajo apariencia de otro contrato, por persona interpuesta».

Después de la reforma introducida en el Código por la Ley de 13 mayo 1981, ha desaparecido la antigua prohibición que afectaba a los cónyuges para hacerse donaciones. El vigente art. 1.323 dispone: «El marido y la mujer podrán transmitirse por cualquier título bienes y derechos y celebrar entre sí toda clase de contratos».

4. Cosas que pueden ser objeto de donación

Hay que distinguir la donación de bienes presentes y de bienes futuros.

A los primeros se refiere el art. 634: «La donación puede comprender todos los bienes presentes del donante, o parte de ellos, con tal que éste se reserve, en plena propiedad o en usufructo, lo necesario para vivir en un estado correspondiente a sus circunstancias».

Como se advierte, la única restricción trata de impedir que por la excesiva liberalidad del donante nazca la obligación legal de prestar alimentos a cargo de terceras personas. Cfr. arts. 142 y 153 C.c. Pero no es indispensable que en la escritura de donación haya hecho constar el donante que se reserva lo necesario para vivir. Cfr. resolución de la D.G. de los Registros de 17 abril 1907. Según la finalidad del precepto, su infracción no implica la nulidad o anulabilidad de la donación, sino que el donante tendrá el derecho de pedir la reducción para recuperar lo necesario para poder vivir de la manera que expresa el artículo.

Con independencia de esta limitación del art. 634, el Código impone a las donaciones entre vivos de bienes presentes las mismas limitaciones que a las liberalidades testamentarias. Dispone el art. 636:

> «No obstante lo dispuesto en el art. 634, ninguno podrá dar ni recibir, por vía de donación, más de lo que pueda dar o recibir por testamento.
>
> »La donación será inoficiosa, en todo lo que exceda de esta medida.»

No hay duda que el art. 636 no afecta al donante que no tenga legitimarios (Sentencia de 19 octubre 1931). Por otra parte, éstos sólo podrán pedir la declaración de inoficiosidad después de abierta la sucesión, por lo que la donación será eficaz durante la vida del donante y el donatario hará suyos los frutos (Sentencia de 3 abril 1936). La donación que intenta burlar derechos legitimarios tiene causa ilícita (Sentencia de 12 abril 1946, Aranzadi, núm. 418), en base al artículo 1.275, en relación con los arts. 636 y 806 C.c.[5]

En cambio, la donación de bienes futuros está completamente excluida. El art. 635 dispone:

> «La donación no podrá comprender los bienes futuros.
>
> »Por bienes futuros se entienden aquellos de que el donante no puede disponer al tiempo de la donación.»

A los bienes presentes y futuros se refiere también el Código al regular las donaciones por razón de matrimonio. El art. 1.341, redactado por la Ley de 13 mayo 1981, dispone:

> «Por razón de matrimonio los futuros esposos podrán donarse bienes presentes.
>
> »Igualmente podrán donarse antes del matrimonio en capitulaciones matrimoniales bienes futuros, sólo para el caso de muerte, y en la medida marcada por las disposiciones referentes a la sucesión testada.»

El siguiente art. 1.342 añade: «Quedarán sin efecto las donaciones por razón de matrimonio si no llegara a contraerse en el plazo de un año».

5. El requisito de forma en las donaciones

Hay que distinguir entre donaciones de bienes muebles y de bienes inmuebles.

A la donación de bienes muebles se refiere el art. 632, que dispone:

5. La sentencia de 12 abril 1946 afirma que la casación procede «por ser radicalmente nulo, por carecer de causa, el simulado negocio de compraventa y nulo también, absolutamente, el disimulado de donación por ilicitud de la causa». Esta ilicitud deriva de haberse infringido la prohibición legal que protege las legítimas.

«La donación de cosa mueble puede hacerse verbalmente o por escrito.

»La verbal requiere la entrega simultánea de la cosa donada. Faltando este requisito no surtirá efecto si no se hace por escrito y consta en la misma forma la aceptación.»

La referencia a la «entrega simultánea» en la donación verbal significa que en el mismo acto de donar se manifiesta la intención de hacerlo, se hace la entrega y se acepta por el donatario. Por consiguiente, esta donación de cosa mueble es efectiva de presente, como acto de disposición que transmite al donatario la propiedad de la cosa donada.

Puede suceder que el objeto de la donación ya se halle en poder del donatario. Algún autor observa que en este caso la manifestación verbal de donar podría ser suficiente, sin necesidad de forma escrita, pues la entrega tiene por finalidad poner la cosa en poder del donatario, y ello es superfluo cuando ya la tiene. En este caso la manifestación de donar va acompañada de la sensación de efectiva privación, a diferencia de lo que sucede cuando la cosa queda en poder del donante.[6]

A la donación de bienes inmuebles se refiere el art. 633 C.c., que impone el requisito de la escritura pública como forma esencial. Disponen los tres párrafos del artículo:

«Para que sea válida la donación de cosa inmueble, ha de hacerse en escritura pública, expresándose en ella individualmente los bienes donados y el valor de las cargas que deba satisfacer el donatario.

»La aceptación podrá hacerse en la misma escritura de donación o en otra separada, pero no surtirá efecto si no se hace en vida del donante.

»Hecha en escritura separada, deberá notificarse la aceptación en forma auténtica al donante, y se anotará esta diligencia en ambas escrituras.»

La necesidad de hacer constar en la escritura «el valor de las *cargas* que deba satisfacer el donatario», ha suscitado algunas dudas. Una primera orientación interpretativa había estimado que se refería a las cargas de naturaleza real impuestas sobre el inmueble. Pero un

---

6. Contiene interesantes observaciones sobre el particular el artículo de FULLER, *Consideration and Form,* Columbia Law Review, 1941, pp. 820 y ss.

criterio posterior, más atento a la finalidad de la norma, ha estimado que se trata de hacer constar todas las cargas que representan el carácter gravoso de las donaciones onerosas (arts. 619 y 622), con independencia de su carácter real u obligacional. Unas y otras han de tenerse en cuenta para saber hasta qué punto la donación es verdaderamente lucrativa, pues en lo que alcance el valor de las cargas no hay donación, ni cabe, por tanto, revocación.

La falta de escritura pública en el supuesto del art. 633 implica la nulidad radical o absoluta de la donación, sin posible convalidación, ni cabe estimar que se extinga la acción por el transcurso del tiempo. Cfr. Sentencia de 17 febrero 1966 (Aranzadi, núm. 1.531).[7]

En todo caso, la donación ha de ser aceptada en vida del donante, y si la aceptación se hace en escritura separada, ha de serle notificado en forma auténtica al donante, anotándose la diligencia en ambas escrituras.

Con carácter general dispone el art. 630: «El donatario debe, so pena de nulidad, aceptar la donación por sí, o por medio de persona autorizada con poder especial para el caso, o con poder general y bastante».

El art. 631 añade: «Las personas que acepten una donación en representación de otras que no puedan hacerlo por sí, estarán obligadas a procurar la notificación y anotación de que habla el artículo 633».

Ha sido cuestión discutida la de si el requisito de forma que exige el art. 633 puede estimarse cumplido en el caso de que una donación de bienes inmuebles se halle encubierta bajo la apariencia de una compraventa simulada (simulación relativa) otorgada en escritura pública. El criterio jurisprudencial dominante responde negativamente.[8]

La Sentencia de 23 junio 1953 (Aranzadi, núm. 1.992) declaró que «es doctrina de esta Sala, reiteradamente manifestada, y entre otras en las Sentencias de 3 marzo 1932 y 22 febrero 1940, que si bien al amparo del art. 1.276 puede admitirse la validez de los negocios simulados, es necesario que se justifique la causa verdadera y lícita en que se funda el acto que las partes han querido ocultar y el cumpli-

7. Véanse también las Ss. de 1.º diciembre 1964 (Aranzadi, núm. 5.572) y de 25 junio 1966 (Aranzadi, núm. 3.550).

8. Federico DE CASTRO, *La simulación y el requisito de forma en la donación de cosa inmueble,* Anuario de Derecho civil, 1953, pp. 1.003 a 1.016; VALLET DE GOYTISOLO, *Las donaciones de bienes inmuebles disimuladas según la jurisprudencia del Tribunal Supremo,* Anuario de Derecho civil, 1972, pp. 669 a 733.

miento de las formalidades previstas, doctrina rigurosa que ha de ser especialmente aplicable en materia de donaciones puras y simples, cuando consta en una escritura en que se hace figurar una compraventa, que es nula en cuanto falta el precio y no puede servir de donación por no resultar probada su existencia en la manera y forma que exige el art. 633 del Código civil». También, Sentencias de 1.º diciembre 1964 (Aranzadi, núm. 5.572) y de 30 abril 1986 (La Ley, 1986-3, 273).

6. Momento de quedar perfeccionada la donación

El caso de donación de cosa mueble con entrega simultánea no ofrece duda alguna, pues como hemos visto con referencia al art. 632 Código civil, existe unidad de acto en la donación. Tampoco existe duda en la donación de cosa inmueble, si donante y donación otorgan la escritura en un solo acto de donación, entrega y aceptación. En los demás supuestos ha de tenerse en cuenta lo que disponen los arts. 623 y 629 C.c.

Según el art. 623: «La donación se perfecciona desde que el donante conoce la aceptación del donatario».

Según el 629: «La donación no obliga al donante, ni produce efecto, sino desde la aceptación».

Los dos artículos parecen estar en abierta contradicción porque el primero deja pendiente la perfección de la donación hasta el momento en que el donante conoce que el donatario la ha aceptado; en cambio, el segundo supone que basta que la donación sea aceptada para que produzca su efecto. Es decir, el art. 623 responde a la teoría de la información, como el art. 1.262-2 C.c., en tanto que el segundo responde a la llamada teoría de la declaración.[9]

Muchas hipótesis han sido formuladas para salvar la contradicción. Calvo Soriano tiene en cuenta el distinto papel que desempeña la aceptación en la donación y en los demás contratos, y se inclina a favor del art. 629 (producción de efectos desde el momento de la aceptación), y considera que el art. 623 representa una anomalía.

Sánchez Blanco opina que cada artículo tiene su propio campo de aplicación. El art. 623 se aplicaría al contrato obligacional de do-

---

9. Véase LALAGUNA, citado en la nota 1; SÁNCHEZ BLANCO y CALVO SORIANO, citados en al nota 2; Enrique RUBIO, *Los arts. 623 y 629 del Código civil. Apuntes para otra explicación*, Revista Crítica de Derecho inmobiliario, 1981, pp. 351 a 373.

nación, como en los demás contratos celebrados entre ausentes, en los que la aceptación no obliga al que hizo la oferta sino desde que llegó a su conocimiento (art. 1.262 C.c.). En cambio, el art. 629 sería aplicable a la donación que consista en un negocio de disposición o traslativo, en el que ha de bastar la voluntad de transmitir y de adquirir.

Lalaguna opina que los dos artículos no son contradictorios, sino que son de perfecta aplicación sucesiva. Si el donatario no acepta, la donación es nula, como dice el art. 630, pero si acepta, es eficaz desde el mismo instante de la aceptación (art. 629); pero sin perjuicio de la facultad de revocar del donante mientras no conozca la aceptación (art. 623). Se trataría de una facultad revocatoria concedida al donante en atención a su designio liberal.

Enrique Rubio estima que el conocimiento por parte del donante de la aceptación del donatario extingue la posibilidad de revocar la donación. Por ello considera, con Lalaguna, que la notificación es innecesaria cuando por fallecimiento del donante desaparece la posibilidad de revocar la donación que ya ha sido aceptada.

F. J. Moreno Álvarez dice que la contradicción entre ambos artículos desaparece si se acepta su tesis de que el art. 629 queda reservado para las donaciones que se producen a instancia del donatario, de manera que la palabra aceptación ha de ser referida al donante.[10]

Nosotros nos inclinamos a favor del criterio expuesto por Sánchez Blanco. En la promesa de donación tiene perfecto sentido disponer que el donante no queda obligado hasta que haya llegado a su conocimiento la aceptación del donatario, como sucede en todos los contratos (arts. 623 y 1.262 c.c.); pero en la donación con entrega efectiva no tiene sentido diferir la eficacia de la donación hasta que tenga conocimiento de la aceptación del donatario. Se entiende que la facultad de revocación quede reservada a favor del donante que de momento sólo queda obligado; pero no tendría sentido reservar la misma facultad a quien ya se ha desprendido del objeto de la donación. Por lo mismo, en el caso de donación liberatoria por condonación de la deuda hay la misma razón que concurre en el caso de donación de cosa mueble que ya estaba en poder del donatario. Es natural que esta donación tenga pleno efecto en el mismo instante de saber el donatario que– la cosa que tiene en su poder ya es suya.

---

10. F. J. Moreno Álvarez, *Sentido de un artículo sin sentido*, Revista Jurídica Española La Ley, 1985-3, pp. 992 a 996.

7. Efectos de la donación consumada

El Código ha previsto los siguientes efectos:

a) «El donatario se subroga en todos los derechos y acciones que en caso de evicción corresponderían al donante. Éste, en cambio, no queda obligado al saneamiento de las cosas donadas, salvo si la donación fuere onerosa, en cuyo caso responderá el donante de la evicción hasta la concurrencia del gravamen» (art. 638 C.c.).

b) Por el hecho de recibir la donación, el donatario queda incluido entre las personas que podrán ser obligadas, en su caso, a prestar alimentos al donante. Así resulta en atención a que la denegación indebida de los alimentos está incluida entre las causas de revocación de las donaciones a instancia del donante, como causa de ingratitud (art. 648, núm. 3.°, C.c.).[11]

c) Si la donación se ha hecho sin reservarse el donante bienes bastantes para pagar las deudas anteriores a ella, el art. 643-2 impone una presunción de fraude de acreedores. El donatario *responde* de las deudas del donante cuando éste no se haya reservado bienes bastantes para pagar las deudas anteriores a la donación (art. 643-1). No se trata de imponer una responsabilidad personal al donatario frente al acreedor, sino de hacer que los bienes donados respondan de la deuda como si no hubieran salido del patrimonio del deudor. En la donación onerosa el donatario sólo responderá dentro del límite en que la atribución patrimonial le haya resultado lucrativa.

d) Otros efectos de la donación consumada son las causas de revocación y de reducción, que han de ser examinadas por separado.

e) Otros efectos pueden ser resultado de lo convenido entre donante y donatario. El Código ha previsto los siguientes pactos posibles. Dispone el art. 639: «Podrá reservarse el donante la facultad de disponer de algunos de los bienes donados, o de alguna cantidad con cargo a ellos; pero, si muriese sin haber hecho uso de este derecho, pertenecerán al donatario los bienes o la cantidad que se hubiese reservado».

f) Otro pacto está previsto en el art. 640: «También se podrá donar la propiedad a una persona y el usufructo a otra u otras, con la limitación establecida en el art. 781 de este Código». Por tanto, con la

---

11. A. DE FUENMAYOR, *La obligación alimenticia del donatario*, Revista de Derecho privado, 1942, pp. 177 y ss., que señala las dificultades que ofrece esta cuestión y expone las soluciones más acertadas.

limitación de que las sustituciones «no pasen del segundo grado, o que se hagan en favor de personas que vivan al tiempo del fallecimiento del testador» (en este caso, el donante).

g) A la misma limitación queda sometido el pacto previsto en el art. 641: «Podrá establecerse válidamente la reversión en favor de sólo el donador para cualquier caso y circunstancias, pero no en favor de otras personas sino en los mismos casos y con iguales limitaciones que determina este Código para las sustituciones testamentarias».

«La reversión estipulada por el donante en favor de tercero contra lo dispuesto en el párrafo anterior, es nula; pero no producirá la nulidad de la donación.»

h) Por lo que se refiere a la responsabilidad del donatario por las deudas del donante, además de la regla ya examinada del art. 643, el art. 642 dispone: «Si la donación se hubiese hecho imponiendo al donatario la obligación de pagar las deudas del donante, como la cláusula no contenga otra declaración, sólo se entenderá aquél obligado a pagar las que apareciesen contraídas antes».

El pacto a que alude este artículo podría dejar desvirtuada la donación. En realidad, no se concibe que un donatario se comprometa a pagar deudas posteriores a la donación. Podrá tratarse de algún contrato de cobertura a título oneroso, pero difícilmente de una donación.

8. Revocación de las donaciones

Las adquisiciones a título de donación carecen de la firmeza propia de las que han sido obtenidas a título oneroso y son revocables por las causas siguientes: supervivencia o superveniencia de hijos, incumplimiento de cargas y por causa de ingratitud.

A. *Supervivencia o superveniencia de hijos.* El art. 644 C.c., redactado según la Ley de 13 mayo 1981, dispone: «Toda donación entre vivos, hecha por persona que no tenga hijos ni descendientes, será revocable por el mero hecho de ocurrir cualquiera de los casos siguientes:

»*1.º* Que el donante tenga, después de la donación, hijos, aunque sean póstumos.

»*2.º* Que resulte vivo el hijo del donante, que éste reputaba muerto cuando hizo la donación.»

La concurrencia de las causas señaladas en este artículo atribuye un derecho al donante que podrá ejercitar judicialmente (cfr. resolución de 13 febrero 1923 y Sentencia de 8 marzo 1972). Es una acción que «prescribe por el transcurso de cinco años, contados desde que se tuvo noticia del nacimiento del último hijo o de la existencia del que se creía muerto», como dice el art. 646-1; añade en su segundo párrafo que esta acción «es irrenunciable y se transmite, por muerte del donante, a los hijos y sus descendientes».

Los efectos de esta revocación están previstos en los arts. 645 y 651. El primero dispone:

«Rescindida la donación por la supervivencia de hijos, se restituirán al donante los bienes donados, o su valor si el donatario los hubiese vendido.

»Si se hallaren hipotecados, podrá el donante liberar la hipoteca, pagando la cantidad que garantice, con derecho a reclamarla del donatario.

»Cuando los bienes no pudieren ser restituidos, se apreciarán por lo que valían al tiempo de hacerse la donación.»

Según el art. 651, cuando se revoque la donación por alguna de las causas expresadas en el art. 644, «el donatario no devolverá los frutos sino desde la interposición de la demanda».

B. *Revocación por incumplimiento de cargas.* La admite y regula el art. 647:

«La donación será revocada a instancia del donante cuando el donatario haya dejado de cumplir alguna de las condiciones que aquél le impuso.

»En este caso, los bienes donados volverán al donante, quedando nulas las enajenaciones que el donatario hubiese hecho y las hipotecas que sobre ellos hubiese impuesto, con la limitación establecida, en cuanto a terceros, por la Ley hipotecaria.»

La palabra «condiciones» que emplea este artículo tiene el sentido vulgar de obligación o carga impuesta por el donante al donatario. Por depender de su cumplimiento la subsistencia de la donación, producen un efecto equiparable al de las condiciones en sentido propio o técnico.

El incumplimiento tiene un efecto resolutorio, y por la equiparación del Código entre acciones rescisorias y resolutorias, hay que entender que el plazo para el ejercicio de la acción es el de cuatro años (cfr. art. 1.299 C.c.).

El efecto retroactivo se explica también por el carácter resolutorio de la acción, como resulta del transcrito párrafo segundo del artículo 647. El art. 37 de la Ley hipotecaria dispone que las acciones rescisorias, revocatorias y resolutorias no se darán contra tercero que haya inscrito el título de su derecho. Pero se exceptúan las acciones de revocación de donaciones, en el caso de no cumplir el donatario condiciones inscritas en el Registro.

El art. 651-2 se refiere a la devolución de frutos: «Si la revocación se fundare en haber dejado de cumplirse algunas de las condiciones impuestas en la donación, el donatario devolverá, además los bienes, los frutos que hubiesen percibido después de dejar de cumplir la condición».

C. *Revocación por causa de ingratitud.* La regula el art. 648:

«También podrá ser revocada la donación, a instancia del donante, por causa de ingratitud en los casos siguientes: *1.º* Si el donatario cometiere algún delito contra la persona, la honra o los bienes del donante.

»*2.º* Si el donatario imputare al donante alguno de los delitos que dan lugar a procedimiento de oficio o acusación pública, aunque lo pruebe; a menos que el delito se hubiese cometido contra el mismo donatario, su mujer o los hijos constituidos bajo su autoridad.

»*3.º* Si le niega indebidamente los alimentos.»

La ley regula esta revocación con carácter restrictivo; en primer lugar, al conceder un plazo muy breve para su ejercicio: «La acción concedida al donante por causa de ingratitud no podrá renunciarse anticipadamente. Esta acción prescribe en el término de un año, contado desde que el donante tuvo conocimiento del hecho y posibilidad de ejercitar la acción». Es el art. 652.

Otro criterio restrictivo se manifiesta en la regulación de su transmisibilidad. Dice el art. 653:

«No se transmitirá esta acción a los herederos del donante, si éste, pudiendo, no la hubiese ejercitado.

»Tampoco se podrá ejercitar contra el heredero del donatario, a no ser que a la muerte de éste se hallase interpuesta la demanda.»

Otra restricción está en que sus efectos se producen sin retroactividad. Dice el art. 649: «Revocada la donación por causa de ingratitud, quedarán, sin embargo, subsistentes las enajenaciones e hipotecas anteriores a la anotación de la demanda de revocación en el Registro de la Propiedad. Las posteriores serán nulas».

Las causas de ingratitud que permiten el ejercicio de esta acción no pueden hacerse constar en el Registro en forma que pueda afectar a terceros antes de la anotación de la demanda. Pero el Código deja expresamente a salvo el derecho del donante contra el donatario, de la manera que dispone el art. 650: en el caso de que deban quedar subsistentes enajenaciones y gravámenes, «tendrá derecho el donante para exigir del donatario, el valor de los bienes enajenados que no pueda reclamar de los terceros, o la cantidad en que hubiesen sido hipotecados». El valor de los bienes se regulará por el que tuvieren al tiempo de la donación.

Los frutos no se devolverán sino desde la interposición de la demanda. Cfr. art. 651-1 C.c.

9. Reducción de las donaciones inoficiosas

A pesar del amplio criterio con que el Código autoriza las donaciones (art. 634), procura que no se realicen en perjuicio de los legitimarios del donante. Por ello dispone que nadie puede dar ni recibir por vía de donación más de lo que pueda dar o recibir por testamento, y que la donación será ineficaz en lo que exceda de esta medida (art. 636).

La libertad de donar tiene, por tanto, el mismo límite que la libertad de testar. Pero sólo será posible conocer este límite después del fallecimiento del causante. De todo lo cual resulta lo siguiente: *a)* Una donación sólo podrá calificarse de inoficiosa cuando se haya podido conocer el valor líquido de los bienes del donante al tiempo de su muerte. *b)* Por ello, en vida del donante ninguna donación puede ser calificada de inoficiosa. *c)* Por la misma razón, la donación ha de producir efectos durante la vida del donante. *d)* En ningún caso la calificación de inoficiosidad podrá afectar a la posesión de buena fe del donatario, que habrá estado en el ejercicio de su derecho.

El Código dedica el art. 655 a determinar las personas que pueden pedir la reducción de donaciones por inoficiosidad. Dice: «Sólo podrán pedir reducción de las donaciones aquellos que tengan derecho a legítima o a una parte alícuota de la herencia, y sus herederos o causahabientes.

»Los comprendidos en el párrafo anterior no podrán renunciar su derecho durante la vida del donante, ni por declaración expresa, ni prestando su consentimiento a la donación.

»Los donatarios, los legatarios que no lo sean de parte alícuota y los acreedores del difunto, no podrán pedir la reducción ni aprovecharse de ella.»

Por supuesto que es nula toda renuncia sobre legítima futura, como dispone el art. 816 C.c. Pero sin duda hay un error en el precepto transcrito, como ha puesto de relieve la doctrina. Los legatarios de parte alícuota que no sean legitimarios, no han de poder pedir la reducción de las donaciones inoficiosas, por la misma razón de que no pueden pedir la reducción de las disposiciones hechas en testamento.

Acerca del plazo para el ejercicio de la acción, el Código nada dispone y tendrá que estimarse aplicable el plazo de cuatro años que señala el art. 1.299 para las acciones rescisorias.

Para la reducción de las donaciones, dice el art. 654, «se estará a lo dispuesto en este capítulo y en los arts. 820 y 821 del presente Código». En síntesis cabe decir lo siguiente:

a) Se respetarán las donaciones mientras pueda cubrirse la legítima, aunque para esto sea necesario reducir o anular las mandas hechas en testamento (art. 820-1.º).

b) Si la legítima sólo puede cubrirse reduciendo las donaciones y éstas son dos o más, se suprimirán o reducirán, en lo que exceda de la parte de herencia disponible, las donaciones de fecha más reciente (art. 656).

c) Cuando deba reducirse una finca que no admita cómoda división, quedará ésta para el legatario si la reducción no absorbe la mitad de su valor, y en otro caso será de los herederos forzosos con la obligación de compensar la parte que exceda del valor que deba recibir (art. 821, rel. 654).

d) Si el donatario es además legitimario podrá retener toda la finca recibida en vida del causante, siempre que su valor no exceda del importe de la porción disponible y de la cuota que le corresponda por legítima (art. 821-2).

e) Si los herederos o donatarios no quieren usar del derecho que les concede el art. 821, cuando les corresponda, podrá usarlo el que no lo tenía atribuido con preferencia, y si tampoco quiere usarlo, se venderá la finca en pública subasta a instancia de cualquiera de los interesados (art. 822).

Ha de tenerse en cuenta que los legitimarios pueden impugnar los actos del causante que perjudiquen la legítima porque sus derechos no derivan de la voluntad del testador, sino de la ley. En cambio, los herederos voluntarios no pueden hacerlo porque tampoco el mismo causante hubiese podido accionar para pedir la declaración de nulidad. V. Sentencias de 25 abril 1967 (Aranzadi, núm. 2.030) y de 7 enero 1975 (Aranzadi, núm. 12).

10. Donaciones especiales

Cuando se habla de donaciones se hace referencia a las realizadas por actos entre vivos, generalmente con el fin de transmitir el dominio de una cosa material. Pero también se habla a veces de donaciones especiales para señalar las que ofrecen algún rasgo dudoso en su estructura o en sus efectos. Las de más relieve son las donaciones *mortis causa,* las remuneratorias y las que en parte son onerosas (modales y mixtas).

A. *Donaciones por causa de muerte*

El concepto normal de donación responde a la realizada mediante acto entre vivos y para que surta efectos en vida del donante. En cambio, donación *mortis causa* sería la consistente en una atribución gratuita y a título singular, pero ordenada para que surta efecto después del fallecimiento del donante. Lo normal es realizar esta clase de atribuciones en testamento, y en tal supuesto se tratará de legados. Pero, en atención a los antecedentes romanos de la institución, se pregunta si cabe hacer donaciones por acto entre vivos, pero para que sólo surtan efectos después del fallecimiento del autor de la donación.[12]

Cuando se discute acerca de la conveniencia de mantener o suprimir la llamada donación *mortis causa* romana, en realidad se pregunta si conviene que el donante pueda determinar el destino de algunos de sus bienes para después de su muerte, sin perder la facultad de

---

12. ROCA SASTRE, *La donación «mortis causa» en el Código civil español,* Estudios de Derecho privado, I, Madrid, 1948, pp. 563 a 576; FUENMAYOR, *Sobre una revisión de las donaciones «mortis causa» en nuestro Código Civil,* Anuario de Derecho Civil, 1951, pp. 1.082 a 1.095; PARRA GIMÉNEZ, *De nuevo sobre la donación «mortis causa»* y el Código civil, Revista Crítica de Derecho inmobiliario, 1952, p. 191; VALLET DE GOYTISOLO, *Estudios sobre donaciones,* Madrid, 1978, obra que recoge diversos trabajos dedicados al tema.

revocar la disposición y sin ajustarse a las normas que regulan el otorgamiento de los actos de última voluntad.

El art. 620 C.c. dispone: «Las donaciones que hayan de producir sus efectos por muerte del donante participan de la naturaleza de las disposiciones de última voluntad, y se regirán por las reglas establecidas en el capítulo de la sucesión testamentaria».

La opinión más extendida afirma que la referencia a las disposiciones de última voluntad y a la necesidad de regirse por las normas de la sucesión testamentaria, elimina la verdadera donación *mortis causa* romana, con su combinación de efectos *post mortem* y otorgamiento *inter vivos*. Según Roca Sastre, ha de entenderse que el artículo 620 dispone que la donación *mortis causa* se regirá íntegramente, incluso en el modo de otorgarse, por las reglas que el Código establece para las sucesiones testamentarias.

Esta cuestión de forma es la decisiva. En la jurisprudencia del Tribunal Supremo prevalece el criterio que exige la forma testamentaria para las disposiciones cuyos efectos deban producirse después del fallecimiento del disponente. Según la Sentencia de 8 julio 1943 (Aranzadi, núm. 855), lo característico de estas donaciones «es la permanencia en el dominio y libre disposición del donante de la cosa donada y su falta de intención de perderla en caso de vivir, por lo que son revocables, no producen efecto sino *post mortem* y son ineficaces si no se justifican por ninguno de los medios que regulan el otorgamiento de las disposiciones testamentarias». Véase igualmente la S. 29 octubre 1956 (Aranzadi, núm. 3.421).

Vallet de Goytisolo opina, por el contrario, que la palabra «participan» del citado art. 620 C.c. no significa que se identifiquen las donaciones que hayan de producir sus efectos por muerte del donante con las disposiciones de última voluntad, y que sólo se regirán por las reglas de la sucesión testamentaria en cuanto al desenvolvimiento de tales donaciones. No se hablaría de donaciones *mortis causa*, dice el citado autor, si hubiesen de otorgarse en testamento, pues entonces se trataría siempre de legados.

Al margen de esta cuestión interpretativa, ha de tenerse en cuenta que las donaciones a que se refiere el art. 620 son las que no han de producir efecto alguno en vida del donante. Por ello, son negocios jurídicos que pueden otorgarse en acto entre vivos, los siguientes:

a) Los que transmiten de manera inmediata la propiedad al donatario aunque se hallen condicionadas a que éste sobreviva al donante (caso de la Sentencia de 29 octubre 1956, Aranzadi, núm. 3.421).

b) Las que «aun aplazando la transmisión de la propiedad a la muerte del donante, se declaran irrevocables y válidas de presente, pues tal validez representa un efecto actual; una consecuencia jurídica *para los bienes presentes,* que sustrae el objeto de la donación al caudal relicto» (Lacruz.).[13]

Quedan al margen de lo que dispone el art. 620 algunas atribuciones gratuitas para las que el Código establece un régimen específico, como puede verse en los arts. 641 y 827 C.c. Véase el art. 88 de la Ley de 8 octubre 1980, que sustituye el art. 428 del Código de comercio.

B. Donaciones remuneratorias

Son las que el donante hace al donatario para recompensar servicios que éste le ha prestado. El art. 619 C.c. la describe de la siguiente manera:

«Es también donación la que se hace a una persona por sus méritos o por los servicios prestados al donante, siempre que no constituyan deudas exigibles...». Por supuesto que si se trata de una deuda exigible no hay donación, sino un pago o una dación en pago de deuda.[14]

Pero, después de afirmar este artículo que la donación remuneratoria es *también* donación, el art. 622 pretende someterla a un régimen diferencial porque, después de decir que «las donaciones con causa onerosa se regirán por las reglas de los contratos», añade «y las remuneratorias por las disposiciones del presente Título en la parte que exceda del valor del gravamen impuesto».

La redacción de este art. 622 es desconcertante porque lo que caracteriza a la donación remuneratoria no es la imposición de un gravamen, que es cuestión que afecta al contenido de la donación, sino la naturaleza de su causa, que es hacerse en consideración a servicios prestados al donante.

Si lo que dispone el art. 622 debiera entenderse literalmente, la palabra «gravamen» haría referencia a servicios prestados, y en las donaciones con causa onerosa no se distinguiría entre la parte gratuita y la onerosa, y para ambas existiría la remisión a las reglas de los contratos.

---

13. J. L. LACRUZ, *Derecho de sucesiones*, I, Madrid, 1976, p. 226 y ss.

14. Sobre la donación remuneratoria, véanse las citas de la precedente nota 3 de este capítulo.

Dicho artículo sería perfectamente comprensible si sólo hiciera referencia a las donaciones con causa onerosa, que se regirían por las reglas de los contratos, y sólo por las reglas de las donaciones «en la parte que excedan del valor del gravamen impuesto».

Por otra parte, es absurdo querer distinguir en las donaciones remuneratorias una parte gratuita y otra onerosa, para someterlas a regímenes dispares, lo que sería difícil y a veces imposible.

Considerada como un negocio unitario, lo más prudente, en cuanto a la forma de esta donación, es exigir la aplicación de los artículos 632 y 633 C.c. Por lo que se refiere a la firmeza o estabilidad del desplazamiento patrimonial, la donación remuneratoria ha de ser tan vulnerable como la donación simple porque el interés de los acreedores y legitimarios es superior al del donatario.

En cambio, entre donante y donatario la donación puede ser más estable o firme que frente a terceros, en el sentido de que no procederá la revocación por causa de ingratitud por la razón que señala Roca Sastre: la donación remuneratoria no abre, sino que cierra, una relación de gratitud del donante al donatario.[15]

C. *Donación modal o con imposición de un gravamen*

El art. 619, después de referirse a la donación remuneratoria, dice que también es donación «... aquella en que se impone al donatario un gravamen inferior al valor de lo donado». Por otra parte ya hemos visto que el art. 622 se refiere a las donaciones con causa onerosa, que «se regirán por las reglas de los contratos».[16]

En realidad, donación con imposición de un gravamen y donación con causa onerosa son supuestos que no deben confundirse. En el primer caso, mediante una donación se impone un gravamen al donatario (donación con carga o *sub modo*); en el segundo, a través de la estructura de un negocio oneroso se persigue un resultado beneficioso para una de las partes *(negotium mixtum cum donatione).*

Por lo que se refiere a la donación modal o con gravamen, a base del art. 619 puede afirmarse que es «aquella en que se impone al donatario un gravamen inferior al valor de lo donado». Es la que obliga al donatario a dar en todo o en parte al objeto de la donación una inver-

---

15. ROCA SASTRE, *Estudios de Derecho privado*, I, Madrid, 1948, p. 560.

16. Vicente TORRALBA, *El modo en el Derecho civil*, Madrid, 1967, pp. 251 y ss. y 282 y ss.; JORDANO BAREA, *Contratos mixtos y unión de contratos – Comentario a la sentencia de 27 febrero 1951*, Anuario de Derecho civil, 1951, pp. 331 a 339.

sión o un destino determinado. Por analogía con el art. 797, relativo al modo testamentario, puede decirse que es la donación en la que el donante expresa el objeto con que la hace, o la aplicación que haya de darse a lo donado o la carga que se imponga al donatario.

El hecho de que la donación contenga un gravamen no implica que el negocio siempre se componga de un parte onerosa y otra gratuita. Sólo es necesario para la determinación de algunos de sus efectos.

Respecto a la capacidad del donatario, el art. 626 C.c. dispone: «Las personas que no pueden contratar no podrán aceptar donaciones condicionales u onerosas sin la intervención de sus legítimos representantes».

En cuanto a la forma, el art. 633 dispone que ha de hacerse constar en la escritura «el valor de las cargas que debe satisfacer el donatario».

En caso de evicción de los bienes donados, el art. 638 sólo hace responsable al donante «hasta la concurrencia del gravamen».

Nos hemos referido, al tratar de los arts. 647 y 651, párrafo segundo, a la revocación de la donación por incumplimiento de las cargas impuestas al donatario. Si la imposición de la carga no impide que la donación sea considerada como tal, serán igualmente aplicables las demás causas de revocación de donaciones, e incluso procederá la reducción por causa de inoficiosidad (cfr. arts. 636, 654 y 655). La presunción de fraude de acreedores podrá igualmente tener en ella su fundamento (arts. 653, párrafo segundo, y 1.297, párrafo primero).

D. *Donaciones mixtas*

En la donación modal o con carga que acabamos de examinar, la estructura del acto de liberalidad está puesta al servicio de una finalidad en parte onerosa. Pero en la llamada donación mixta o *negotium mixtum cum donatione,* sucede, inversamente, que la estructura de los negocios onerosos está puesta al servicio de una finalidad lucrativa.

La doctrina identifica la donación con causa onerosa del art. 22 Código civil con esta llamada donación mixta. El caso más conocido es el de la llamada compraventa amistosa, en la que el vendedor fija el precio en términos de claro beneficio para el comprador, o éste lo señala de manera que, por su cuantía, represente una donación para el vendedor.

Del art. 622 parece resultar que las reglas de los contratos se aplicarán directamente a la parte gravosa de la donación; pero del artículo 621 se desprende que sólo de manera subsidiaria se aplicarán las reglas generales de los contratos y obligaciones, en la medida en que deban ser suplidas las normas de los arts. 618 a 656 C.c.

Sin embargo, esta interpretación sólo será procedente en el caso de que sea posible distinguir una parte lucrativa y otra onerosa, lo que únicamente sucederá cuando las partes lo hayan establecido claramente. Si la separación no es posible, tendrá que seguirse el régimen general de los arts. 619 y 621. En todo caso, sería imposible aplicar a un mismo negocio un doble régimen en orden a la capacidad o a la forma, mientras que la posibilidad existiría a determinados efectos, como la evicción o la revocación.

En síntesis cabe decir que los arts. 632 y 633 sobre la forma son aplicable a la donación mixta o con causa onerosa, sin perjuicio de que el inmueble vendido por debajo de su valor pueda considerarse en parte vendido y en parte donado (Ferrandis); pero, si ha sido comprado por un precio superior, debido a la intención del comprador de favorecer al vendedor, la parte lucrativa del negocio habrá tenido por objeto una suma de dinero.[17]

Respecto al derecho de revocación (arts. 644, 647 y 648 C.c.),si la compraventa amistosa se ha hecho a favor del comprador, cobrándole un precio inferior, sólo podrá hacerse la revocación de toda la cosa, con devolución del precio recibido; pero si el favor se ha hecho al vendedor, pagándole un sobreprecio, será posible limitar la revocación a esta parte, quedando subsistente la adquisición.

Sobre responsabilidad por vicios de la cosa, el art. 638 dispone que el donante «no queda obligado al saneamiento de las cosas donadas, salvo si la donación fuere onerosa, en cuyo caso responderá el donante de la evicción hasta la concurrencia del gravamen».

---

17. ENNECCERUS y LEHMANN, *Derecho de obligaciones*, tercera edición española, Barcelona, 1966, volumen 2.°, pp. 221 y ss. y 228 y ss., con anotaciones de PÉREZ GONZÁLEZ y José ALGUER, actualizadas por J. FERRANDIS VILELLA.

XXII

EL CONTRATO DE COMPRAVENTA

1. Concepto

La compraventa es el más universal de los contratos y el regulado con más detalle por todos los ordenamientos, como prototipo de los contratos traslativos de la propiedad a título oneroso. Es el contrato por el que una parte transmite o se obliga a transmitir la propiedad de un objeto a la otra, a cambio de un precio en dinero.[1]

Históricamente aparece como un acto real o manual, que es la compraventa al contado con intercambio simultáneo entre un objeto y una suma en dinero. En esta fase las prestaciones no aparecen como el cumplimiento de obligaciones anteriores y recíprocas, pues ello sería tanto como entender que las obligaciones habían nacido y se habían extinguido de manera instantánea. Las obligaciones que aparecían en etapas primitivas eran resultado del cumplimiento defectuoso de las prestaciones, como en el caso de defectos de la cosa entregada.[2]

Posteriormente, la misma compraventa real y manual queda más protegida a base de considerar que las prestaciones corresponden al cumplimiento de obligaciones preexistentes. El Derecho de compra-

---

1. GARCÍA CANTERO, *Comentarios al Código civil y Compilaciones forales,* bajo la dirección de M. ALBALADEJO, tomo XIX, Madrid, 1980; BADENES GASSET, *El contrato de compraventa*, segunda edición, Barcelona, 1979, dos volúmenes; DEGNI, *La compraventa*, traducción española con notas de F. BONET, Madrid, 1957; LUZATTO, *La compraventa*, traducción con notas de BONET RAMON, Madrid, 1953.

2. SCHULZ, *Derecho romano clásico,* traducción de J. SANTA CRUZ TEIGEIRO, Barcelona, 1960, pp. 503 y ss. Según RABEL, *The Nature ot Warranty of Quality*, Tulane Law Review, marzo de 1950, pp. 273 y ss., La regla romana *caveat emptor,* que aparece en las primeras fases de la regulación jurídica de la compraventa, lo mismo que en Derecho alemán *(Augen oder Purse auf* = «si no abres los ojos tendrás que abrir la bolsa») y en Derecho inglés *(let the buyer beware)* responde al predominio de los negocios al contado *(cash-and-carry bargains).*

venta evolucionó a base de entender que las prestaciones realizadas representaban el cumplimiento de unas obligaciones que hubiesen podido quedar diferidas. La compraventa manual pudo convertirse en consensual.[3]

La compraventa consensual y obligacional significa que por la fuerza del consentimiento nacen y se condicionan mutuamente las obligaciones de entregar la cosa y de pagar el precio. De esta manera queda separada la perfección y la consumación del contrato, y si para lo primero basta el acuerdo de voluntades, para lo segundo es necesario entregar la cosa vendida a cambio de cobrar el precio convenido.

Una tercera fase aparece cuando se considera posible, no sólo la vinculación de comprador y vendedor por su mutuo acuerdo, sino igualmente la transmisión de la propiedad del objeto de la venta por efecto del consentimiento, sin necesidad de acto de tradición o entrega.[4]

En Derecho español prevalece la concepción romana de la compraventa, que corresponde a la segunda de las fases descritas. El artículo 1.445 C.c. dispone: «Por el contrato de compra y venta uno de los contratantes se obliga a entregar una cosa determinada y el otro a pagar por ella un precio cierto, en dinero o signo que lo represente».

Por tanto, se trata de un contrato consensual y obligacional, en cuanto el consentimiento lo perfecciona y deja establecidas las obligaciones de entregar la cosa y de pagar el precio. Lo mismo resulta del art. 1.450: «La venta se perfeccionará entre vendedor y comprador, y será obligatoria para ambos, si hubieren convenido en la cosa objeto del contrato y en el precio, aunque ni la una ni el otro se hayan entregado».

Además, es un contrato bilateral o creador de obligaciones recíprocas, en el sentido de que cada parte es acreedora y deudora de la otra. Es oneroso porque cada parte realiza una adquisición a cambio de una contraprestación. Es conmutativo porque el intercambio de prestaciones está determinado normalmente de manera fija e invariable desde la perfección del contrato. Puede ser aleatoria en ciertos casos, como en la venta de cosa futura. Es traslativo de dominio por-

---

3. ENNECCERUS y LEHMANN, *Derecho de obligaciones*, tercera edición española, Barcelona, 1966, con anotaciones de PÉREZ GONZÁLEZ y José ALGUER, actualizadas por FERRANDIS VILELLA, volumen 2.°, Doctrina especial, Primera parte, p. 20.

4. Theodor SÜSS, *El principio de la tradición – Un atavismo del Derecho de cosas* (en alemán), en el Libro Homenaje a Martin Wolff, Tübingen, 1952, pp. 141 y ss.

que sirve de título para la transmisión de la propiedad (cfr. artículos 609 y 1.095 C.c.).[5]

2. Criterio diferencial entre la compraventa y otros contratos

A. Compraventa y permuta

La compraventa apareció históricamente cuando uno de los objetos que se permutaban se especializó para esta función convirtiéndose en dinero. Esta posibilidad de adquirir una cosa a cambio de pagar un precio en dinero permite distinguir la compraventa de la per muta.

Para el supuesto de que el precio se pague parte en dinero y parte mediante la entrega de otra cosa, el art. 1.446 C.c. dispone: «Si el precio de la venta consistiere parte en dinero y parte en otra cosa, se calificará el contrato por la intención manifiesta de los contratantes. No constando ésta, se tendrá por permuta si el valor de la cosa dada en parte del precio excede al del dinero o su equivalente; y por venta, en el caso contrario».

La preferencia dada a la intención manifiesta de los contratantes no ha de permitir que las partes alteren la naturaleza del contrato a base de añadir a la prestación una insignificante suma de dinero para disfrazar de compraventa a una permuta, o un objeto de poco valor, para que una verdadera compraventa pase por permuta. La norma ha de interpretarse según su sentido y finalidad (cfr. art. 3.º-1 Código civil).

B. Compraventa y arrendamiento de cosas

La compraventa es un título adquisitivo de la propiedad y el arrendamiento de cosas sólo justifica la transferencia del goce o uso de una cosa por tiempo determinado a cambio de un precio. La Sentencia de 17 abril 1948 (Aranzadi, núm. 631) declaró que el arrendamiento nunca es título adquisitivo de la propiedad y sólo transfiere el uso de la cosa por tiempo determinado.

---

5. Sobre la entrega o tradición como modo de adquirir la propiedad con fundamento en un antecedente causal que puede ser la compraventa, remitimos a lo que se expone en el volumen III de este Compendio, al tratar de la adquisición de la propiedad.

En la práctica pueden ofrecerse algunos casos dudosos, como en algunos contratos de cesión de frutos, que pueden estimarse vendidos, pero que también pueden corresponder al adquirente como arrendatario del terreno que los produce. Si el contrato se refiere al producto que se ha de adquirir y el precio se fija en relación a su cuantía, medida o calidad, podrá interpretarse que se trata de una venta; pero si el objeto del contrato ha sido la concesión del disfrute de la finca que produce los frutos, por un tiempo determinado y por un precio que no guarde relación con los productos obtenidos, se tratará de un arrendamiento.

C. *Compraventa y dación o adjudicación en pago*

La dación en pago ha sido asimilada muchas veces a la compraventa. La cosa entregada sería la cosa vendida y el importe del crédito extinguido sería el precio pagado por ella. La equiparación entre ambas figuras jurídicas puede ser útil cuando alguna de las reglas de la compraventa permite resolver un problema que se plantee al extinguirse una deuda con la dación en pago de una cosa. Pero ello no ha de ser causa de generalizaciones excesivas. Véanse las Sentencias, examinadas en otro lugar de esta obra, de 21 diciembre 1905, 9 enero 1915, 8 noviembre 1966 y 20 febrero 1967.[6]

D. *Compraventa y contrato estimatorio*

El contrato estimatorio consiste en la entrega de una cosa por una de las partes contratantes a la otra para que ésta proceda a su venta, con fijación del precio en el momento de la entrega y con obligación del receptor de devolver la misma cosa o el precio convenido y cobrado por ella. Es un mandato para la venta o una comisión de venta, frecuente en las relaciones entre editor y librero.[7]

E. *Compraventa y contrato de suministro*

En la compraventa el objeto está considerado como una cosa unitaria, tanto si es entregado de una sola vez o mediante actos diversos. En cambio, en el contrato de suministro la obligación de entrega ha

---

6. Sobre la dación en pago, véase en este mismo volumen, p. 92.
7. Véase antes, p. 285.

de cumplirse de manera periódica y sucesiva, en períodos determinados o determinables.[8]

En el contrato de suministro las prestaciones reiteradas se entenderán aceptadas sin reserva si el adquirente no hace constar lo contrario de una manera que pueda calificarse de inmediata. Será razonable entender que la última entrega aceptada implica la renuncia del adquirente a las acciones que pudiera fundar exclusivamente en defectos de los suministros anteriores.

Cfr. Sentencias de 26 septiembre 1927 y 31 marzo 1975 (Aranzadi, núm. 1.405).

3. Compraventas civiles y mercantiles

Los arts. 1.445 a 1.537 del Código regulan el contrato de compraventa, y los arts. 325 a 345 del Código de comercio tratan igualmente «De la compraventa». Su respectivo ámbito de aplicación resulta de lo que dispone el art. 325 del Código mercantil: «Será mercantil la compraventa de cosas muebles para revenderlas, bien en la misma forma que se compraron o bien en otra diferente, con ánimo de lucrarse en la reventa».[9]

El siguiente art. 326 del mismo Código formula las siguientes excepciones a la fórmula general del artículo anterior:

«No se reputarán mercantiles:

»*1.º* Las compras de efectos destinados al consumo del comprador o de las personas por cuyo encargo se adquieren.

»*2.º* Las ventas que hicieren los propietarios y los labradores o ganaderos de los frutos o productos de sus cosechas o ganados, o de las especies en que se les paguen las rentas.

»*3.º* Las ventas que de los objetos construidos o fabricados por los artesanos hicieren éstos en sus talleres.

»*4.º* La reventa que haga cualquier persona no comerciante del resto de los acopios que hizo para su consumo.»

Como observa Puig Peña, los casos señalados en este art. 326 no permiten considerar que la intención del que compra, vende o inclu-

---

8. E. NOVOA, *Contrato de compraventa con suministro*, Revista General de Legislación y Jurisprudencia, 1947, pp. 6 y ss.; BADENES, obra citada, I, pp. 80 a 95.
9. Sobre el tema, extensamente, BADENES, citado, I, pp. 22 a 41.

so revende sea el ánimo de lucrarse que permite calificar a la compraventa de mercantil según el art. 325.[10]

Cfr. Sentencias de 7 junio 1969 (Aranzadi, núm. 3.285) y de 23 abril 1970 (Aranzadi, núm., 2.033).

4. Capacidad para comprar y vender

Como en todos los contratos, la compraventa exige que los contratantes tengan capacidad suficiente para contratar y obligarse, y para ello han de tenerse en cuenta las reglas generales de la contratación y de la capacidad para consentir. El art. 1.457 C.c. dispone: «Podrán celebrar el contrato de compraventa todas las personas a quienes este Código autoriza para obligarse, salvo las modificaciones contenidas en los artículos siguientes».

Los dos artículos siguientes que contiene el capítulo que trata «De la capacidad para comprar o vender», son los arts. 1.458 y 1.459. En la actualidad el primero no introduce ninguna modificación porque después de la redacción introducida por la Ley 11/1981, de 13 de mayo (B.O.E. de 19 mayo 1981), dispone: «El marido y la mujer podrán venderse bienes recíprocamente».

El artículo que limita, mediante especiales prohibiciones, la declaración general del art. 1.457, es el art. 1.459, que señala las personas que, en relación con bienes determinados, «no podrán adquirir por compra, aunque sea en subasta pública o judicial, por sí ni por persona alguna intermedia». A tal efecto, establece los siguientes cinco grupos de personas..

1.º Prohibiciones por razón de la tutela. Los que desempeñen algún cargo tutelar no podrán adquirir los bienes de la persona o personas que estén bajo su guarda o protección, según ha quedado establecido en la redacción dada a este apartado del precepto por la L.O. 1/1996, de 15 de enero, sobre situación jurídica del menor.

Después de la reforma introducida en el Código civil en materia de tutela, el art. 215 dispone: «La guarda y protección de la persona y bienes, o solamente de la persona o de los bienes de los menores o incapacitados se realizará, en los casos que proceda, mediante: 1.º La

---

10. F. PUIG PEÑA, *Tratado de Derecho civil español*, IV-2, p. 89; A. POLO DÍEZ, *La calificación mercantil de la reventa – En torno a la sentencia de 27 enero 1945*, Revista de Derecho privado, mayo de 1945.

tutela. 2.º La curatela. 3.º El defensor judicial». Ley de 24 octubre 1983.

El art. 221 se refiere a las prohibiciones que afectan a quien desempeñe algún cargo tutelar:

«Se prohíbe a quien desempeñe algún cargo tutelar: *1.º* Recibir liberalidades del tutelado o de sus causahabientes, mientras que no se haya aprobado definitivamente su gestión. *2.º* Representar al tutelado cuando en el mismo acto intervenga en nombre propio o de un tercero y existiera conflicto de intereses. *3.º* Adquirir por título oneroso bienes del tutelado o transmitirle por su parte bienes por igual título.»

2.º Tampoco podrán adquirir por compra «los mandatarios, los bienes de cuya administración o enajenación estuviesen encargados».

Por referirse el precepto a los mandatarios que tienen conferido cierto poder de disposición en virtud de negocio jurídico, sin duda ha de entenderse que incluye a los gerentes, directores, administradores y representantes de sociedades, en cuanto puedan realizar actos de disposición en nombre de las mismas.[11]

3.º La prohibición de adquirir por compra afecta también a «los albaceas, los bienes confiados a su cargo». Según la Sentencia de 22 de junio 1948, este precepto «establece sin distingos la prohibición de que el albacea adquiera en virtud de compraventa, aunque sea en pública subasta, los bienes de herencia que estén a su cargo, ni mediando persona intermedia».

4.º «Los empleados públicos, los bienes del Estado, de los Municipios, de los pueblos y de los establecimientos también públicos, de cuya administración estuviesen encargados. Esta disposición regirá para los jueces y peritos que de cualquier modo interviniere en la venta.»

5.º «Los Magistrados, Jueces, individuos del Ministerio fiscal, Secretarios de Tribunales y Juzgados y oficiales de Justicia, los bienes y derechos que estuviesen en litigio ante el Tribunal en cuya jurisdicción o territorio ejercieren sus respectivas funciones, extendiéndose esta prohibición al acto de adquirir por cesión.»

Añade que se exceptúa de la anterior regla «el caso en que se trate de acciones hereditarias entre coherederos, o de cesión en pago de

---

11. Alfonso GARCÍA VALDECASAS, *La prohibición de comprar a los encargados de vender y administrar y la jurisprudencia del Tribunal Supremo*, Revista de Derecho privado, 1960, pp. 499 y ss.; DÍEZ-PICAZO, *La prohibición de comprar impuesta a los mandatarios*, Anuario de Derecho civil, 1965, pp. 641 y ss.

créditos, o de garantía de los bienes que posean». En semejantes hipótesis no existe motivo para la prohibición por la preexistencia de una situación de hecho que la causaliza o justifica. La prueba está en que dichos supuestos son los mismos que el art. 1.536 señala como excepción al retracto de créditos litigiosos.

El último párrafo del art. 1.459 dispone: «La prohibición contenida en este número 5.º comprenderá a los Abogados y Procuradores respecto a los bienes y derechos que fueren objeto de un litigio en que intervengan por su profesión y oficio».

Este núm. 5.º del art. 1.459 no precisa a partir de qué momento ha de entenderse que unos bienes o derechos se hallan en litigio. En cambio, el art. 1.535, al referirse al retracto de créditos litigiosos dice que «se tendrá por litigioso un crédito desde que se conteste a la demanda relativa al mismo».

Sin embargo, la Sentencia de 15 febrero 1965 (Aranzadi, número 613), con referencia al núm. 4.º del art. 1.291, que dice son rescindibles «los contratos que se refieran a cosas litigiosas», sostiene que el crédito es litigioso desde la fecha del emplazamiento para contestar a la demanda, para evitar que el emplazado venda maliciosamente las cosas de que se trate. Este criterio o razón legal proporciona una base de analogía para el supuesto del art. 1.459 C.c.

Acerca del carácter que tendrá el negocio celebrado contraviniendo el art. 1.459, la actual redacción del art. 6.º-3 C.c. permite entender que se tratará de una nulidad radical o absoluta. Cfr. S. 11 junio 1966 (Aranzadi, núm. 3.406).

5. El objeto de la compraventa

El objeto de la compraventa ha de ser «una cosa determinada», como dice el art. 1.445 C.c., al dar el concepto de este contrato. Este contenido de la prestación del deudor puede referirse a cosas materiales o a derechos de diversa clase. El Código habla de la venta o cesión de créditos (arts. 1.528 y 1.535), de la venta alzada de la totalidad de ciertos derechos (art. 1.532), de la venta de la herencia adquirida por el vendedor (arts. 1.000, núms. 1 y 3, y 1.531). Incluso tratándose de cosas corporales podrán ser muebles o inmuebles, específicas o genéricas, presentes o futuras, etc. Pero, en todo caso, el objeto de la compraventa ha de reunir una triple condición: ha de existir o poder existir, ha de ser de lícito comercio y ha de ser una cosa determinada o susceptible de determinación.

A. *Existencia real o posible*

Es evidente que el objeto de la compraventa ha de existir o ha de llegar a tener existencia en un momento futuro. Pero el objeto que los contratantes han tenido en cuenta puede perderse en todo o en parte. Si en el momento de perfeccionarse el contrato ya se ha perdido en su totalidad, la compraventa carecerá de objeto y quedará sin efecto, como dispone el art. 1.460; pero si sólo se ha perdido en parte, «el comprador podrá optar entre desistir del contrato o reclamar la parte existente, abonando su precio en proporción al total convenido». Art. 1.460, párrafo segundo.

En el caso de cesión por precio (venta) de un crédito, el art. 1.529 obliga al vendedor de buena fe a responder de su existencia, sin perjuicio de que haya podido venderse como dudoso. De igual modo, el art. 1.531, sobre venta de herencia, también presupone que ésta existe.

Si la cosa no existe pero se considera que puede existir, se habla de venta de cosa futura. Conviene recordar que, con referencia a todo contrato, el art. 1.271, párrafo primero, C.c., dice que pueden ser objeto de contrato «todas las cosas que no están fuera del comercio de los hombres, aun las futuras». Pero en la compraventa de una cosa futura caben dos posibilidades: puede tratarse de la compraventa de una cosa que se espera llegue a existir *(emptio rei sperate),* en cuyo supuesto se trata de una compraventa conmutativa y condicional, en el sentido de que la obligación de pagar el precio depende de que la cosa llegue a existir; pero también puede consistir en la llamada compraventa de esperanza *(emptio spei),* que es un contrato aleatorio por el que el comprador se obliga en firme a pagar en todo caso, a cambio de la posibilidad de que la cosa llegue a existir.

La Sentencia de la Sala 1.° del T.S. de 17 junio 1986 se ocupó de la compraventa de pisos pendientes de construcción y afirmó que el contrato tenía objeto cierto por constar los datos suficientes para la identificación de la cosa comprada.

B. *Cosa de lícito comercio*

Lo exige con carácter general el art. 1.271 C.c. Deberá tenerse en cuenta en cada caso si existe alguna disposición legal prohibitiva. No pueden venderse los derechos intransmisibles, como el uso y la habitación (art. 525 C.c.), las servidumbres con independencia de la finca a la que pertenecen (art. 534), los animales que sufren enfermedades contagiosas (art. 1.494), las cosas nocivas para la salud, las armas, etcétera.

C. Cosa determinada o susceptible de determinación

Este requisito aparece en la misma definición de la compraventa, cuando el art. 1.445 dice que «uno de los contratantes se obliga a entregar una cosa determinada». Pero, como puede advertirse, la determinación está referida a la entrega, por lo que se trata de un requisito necesario para la consumación del contrato.

La indeterminación de las cosas que pertenecen a un género determinado no impide la perfección del contrato, con la correspondiente vinculación de las partes, pero afecta a su consumación y a quien ha de soportar los riesgos, como se verá. El art. 1.273 C.c., sobre la determinación del objeto del contrato en general, admite que «la indeterminación en la cantidad no será obstáculo para la existencia del contrato, siempre que sea posible determinarla sin necesidad de nuevo convenio entre los contratantes».

La indeterminación de una cosa señalada solamente por su pertenencia a un género, no impide la eficacia obligatoria del contrato, si se ha establecido la manera de proceder a su determinación en el momento de la entrega, sin necesidad de nuevo acuerdo sobre la calidad. A falta de convenio, el acreedor no podrá exigir que la cosa sea de la calidad superior, ni el deudor podrá entregarla de la inferior (art. 1.167 C.c.).

6. El requisito del precio

El precio en dinero o signo que lo represente es el más peculiar elemento de la compraventa. Ha de ser real y cierto.

La exigencia de que el precio sea real o verdadero es evidente porque si fuera meramente nominal o fingido, la compraventa sería simulada.

El art. 1.445 exige que el precio sea cierto y por ello ha de quedar determinado en el momento de la perfección del contrato o ha de ser posible su determinación en un momento posterior, siempre que para ello no sea necesario un nuevo acuerdo entre las partes, pues ello significaría que la compraventa no había quedado perfeccionada antes. Añade el Código que el señalamiento del precio «no podrá nunca dejarse al arbitrio de uno de los contratantes» (art. 1.449).

Los arts. 1.447 y 1.448 contienen reglas especiales para la determinación del precio. Según el art. 1.447: «Para que el precio se tenga por cierto bastará que lo sea con referencia a otra cosa cierta, o que se deje su señalamiento al arbitrio de persona determinada. Si ésta no pudiere o no quisiere señalarlo, quedará ineficaz el contrato». Si las partes no han fijado el tipo de arbitrio que ha de seguir esta tercera persona designada, habrá de entenderse que su arbitrio será el de equidad, sólo impugnable «cuando evidentemente haya faltado a la equidad» (cfr. art. 1.690).

Según el art. 1.448: «También se tendrá por cierto el precio en la venta de valores, granos, líquidos y demás cosas fungibles, cuando se señale el que la cosa vendida tuviera en determinado día, Bolsa o mercado, o se fije un tanto mayor o menor que el precio del día, Bolsa o mercado, con tal que sea cierto».

El comprador ha de pagar el precio en dinero o signo que lo represente. Es un requisito esencial para que el contrato sea de compraventa en lugar de permuta. El art. 1.445 exige expresamente que el precio consista «en dinero o signo que lo represente».[12]

Acerca de la entrega de pagarés a la orden, letras de cambio u otros documentos mercantiles, en lugar de dinero efectivo, el art. 1.170, en sus párrafos segundo y tercero, dispone que «sólo producirá los efectos del pago cuando hubiesen sido realizados, o cuando por culpa del acreedor se hubiesen perjudicado. Entretanto la acción derivada de la obligación primitiva quedará en suspenso».

El precio no puede ser ficticio, pero tampoco cabe exigir que se ajuste con la máxima precisión al valor de la cosa vendida. El Código no exige que la prestación del comprador corresponda de manera exacta a dicho valor. En otras palabras, el Código no exige como requisito de la compraventa que el precio sea justo.

Sin embargo, han de tenerse en cuenta las disposiciones administrativas que regulan ciertos sectores del comercio y establecen precios tasados.

7. Perfección del contrato de compraventa

La consecuencia de tratarse de un contrato consensual y generador de obligaciones está perfectamente reflejada en el art. 1.450 del Código

12. BADENES. citado, I, pp. 196 y ss.

civil: «La venta se perfeccionará entre comprador y vendedor, y será obligatoria para ambos, si hubieren convenido en la cosa objeto del contrato y en el precio, aunque ni la una ni el otro se hayan entregado».

Acerca de la forma rigen las normas generales de los artículos 1.278 a 1.280 C.c. Aunque se trate de la compraventa de bienes inmuebles, se perfecciona en virtud del consentimiento, sin perjuicio de que cada parte pueda obligar a la otra al otorgamiento de escritura (cfr. art. 1.279 y núm. 1.º del 1.280). Pero no cabe olvidar que la escritura es indispensable para la inscripción en el Registro de la Propiedad (art. 3.º de la Ley hipotecaria). Cfr. S.17 febrero 1975 (Aranzadi, núm. 568).[13]

La circunstancia de que el otorgamiento de escritura pública de compraventa equivalga a la entrega de la cosa, según lo que dispone el art. 1.462 C.c., tampoco implica que esta forma de otorgamiento sea indispensable para la existencia del contrato, sin perjuicio de que sea la forma que se utilice para alcanzar su consumación.

8. Las arras en la compraventa [14]

El art. 1.454 C.c. dispone: «Si hubieren mediado arras o señal en el contrato de compra y venta, podrá rescindirse el contrato, allanándose el comprador a perderlas, o el vendedor a devolverlas duplicadas».

Debido a la trascendencia de este artículo, el Tribunal Supremo ha subrayado la necesidad de que los contratantes hagan constar de manera clara e inequívoca que quisieron dar efectivamente a las arras el carácter y efectos que el precepto les atribuye. Véase la Sentencia de 22 octubre 1948 (Aranzadi, núm. 1.211); también la de 7 de febrero 1966 (Aranzadi, núm. 793).

En conjunto, de los arts. 1.153 y 1.154 C.c., 343 del Código de comercio, y de la doctrina de la Sala 1.ª del T.S. resulta que la entrega de una cantidad anticipada por el comprador puede tener uno de los siguientes tres sentidos:

a) Arras *confirmatorias* del contrato celebrado, en el sentido de que la entrega anticipada de parte del precio significará un pago a

---

13. ROCA SASTRE, *Derecho hipotecario*, séptima edición, Barcelona, 1979, II, pp. 589 y ss.

14. Manuel ALBALADEJO GARCÍA, *Arras de desistimiento y arras penales*, Revista de Derecho privado, junio de 1996, pp. 427 a 435.

cuenta y revelará la firmeza del contrato celebrado (Sentencias de 11 octubre y 7 diciembre 1927, y 5 junio 1945).

En la compraventa mercantil, el art. 343 del Código de comercio dispone: «Las cantidades que por vía de señal se entreguen en las ventas mercantiles, se reputarán siempre dadas a cuenta del precio y en prueba de la ratificación del contrato, salvo pacto en contrario». Por tanto, en la actividad mercantil las arras son confirmatorias si no se ha convenido otra cosa.

b) Arras en función de *dinero de arrepentimiento* es la que admite el art. 1.454 del Código civil, al autorizar a cada parte que pueda desligarse de lo convenido a base de un sacrificio equivalente: pérdida de la cantidad entregada por el comprador o devolución de la misma y de otra suma igual por parte del vendedor (Sentencia de 11 noviembre 1950).

c) Finalmente, puede tratarse de una cantidad entregada en concepto de *pena convencional.* En este caso de obligación con cláusula penal (examinada en el Derecho general de las obligaciones), la suma entregada lo sería en concepto de prestación equivalente al resarcimiento de daños y perjuicios que podrían derivar del incumplimiento del contrato. No puede hablarse en este caso de una facultad reservada a una y otra parte, sino de una medida de garantía del cumplimiento de la obligación del comprador, sin que éste pueda eximirse de la obligación que le incumbe pagando la pena, «sino en el caso de que expresamente le hubiese sido reservado este derecho» (cfr. art. 1.153 y Sentencia de 28 diciembre 1946).

9. La venta a calidad de ensayo o prueba

El acuerdo de las partes sobre los elementos esenciales de la cosa y el precio perfecciona el contrato y deja obligados a vendedor y comprador, como establece el art. 1.450, que confirma el carácter consensual y obligacional de la compraventa.

El mismo efecto se produce cuando la compraventa se celebra bajo condición suspensiva porque ésta no impide los efectos vinculantes del acuerdo de voluntades, y las partes no pueden sustraerse a los efectos que deriven del cumplimiento o incumplimiento de la condición. Cfr. art. 1.114 C.c.

El art. 1.453 contempla una modalidad de la condición suspensiva: «La venta hecha a calidad de ensayo o prueba de la cosa vendida, y la venta de cosas que es costumbre gustar o probar antes de recibirlas, se presumirán hechas siempre bajo condición suspensiva».[15]

Hay que distinguir los dos supuestos del artículo. En la venta hecha a calidad de ensayo o prueba de la cosa vendida, la compraventa ya está perfeccionada, aunque pendiente de la comprobación de que la cosa reúne las cualidades indispensables. La comprobación, por ejemplo, del funcionamiento de una maquinaria en poder del comprador, no significa que éste pueda a su arbitrio admitirla o rechazarla. Lo que sucede es que, por la dificultad de hacer la comprobación antes de la entrega, se dispone que su resultado tenga la eficacia de una condición suspensiva. El vendedor ha de poder intervenir en el ensayo o prueba, por tratarse de la comprobación de una cualidad objetiva, como es que en la cosa vendida y entregada concurren las circunstancias convenidas.

En cambio, el otro supuesto del artículo, esto es, la venta de cosas que es costumbre gustar o probar antes de recibirlas, en realidad se refiere a una fase anterior a la perfección del contrato, por dejarse al arbitrio del posible comprador la aceptación de la oferta.

10. Obligaciones del vendedor: la obligación de transmitir la propiedad de la cosa vendida

El Código civil, al referirse a las obligagiones del vendedor, contiene la siguiente disposición general en el art. 1.461: «El vendedor está obligado a la entrega y saneamiento de la cosa objeto de la venta».

Sin embargo, a pesar de que no se refiere a la obligación de transmitir la propiedad del objeto de la venta, no hay duda que la finalidad económica y social de este contrato es la de hacer al comprador dueño de la cosa adquirida, por lo que ha de ser igualmente su finalidad jurídica. Por otra parte, el mismo Código lo considera de esta manera. El art. 609 dice que la propiedad y los demás derechos reales sobre los bienes se adquieren y transmiten «por consecuencia de ciertos contratos mediante la tradición»; es decir, mediante la compraventa seguida de entrega. El art. 1.095 dispone igualmente que el acreedor de una cosa «no adquirirá derecho real sobre ella hasta que le haya sido entregada».

---

15. GARCÍA CANTERO, obra citada, XIX, pp. 86 a 97; BADENES, citado, I, pp. 305 a 317; LUIS RIERA y Felipe ARAGÜES, *Naturaleza jurídica de la venta «ad gustum»*, Universidad, 1933, pp. 513 a 535. Acerca de la venta sobre muestra a que se refieren los arts. 327 y 328 del Código de comercio, María Mercedes VERGEZ SÁNCHEZ, *Concepto y particularidades de la venta sobre muestra*, Estudios Jurídicos en Homenaje a Joaquín Garrigues, Madrid, 1971, tomo III, pp. 457 a 480.

Por consiguiente, cuando el Código dispone que la primera obligación del vendedor es la de entregar la cosa objeto de la venta, se refiere necesariamente a la entrega que transmite la propiedad. Todo ello sin perjuicio de lo que diremos al tratar del saneamiento por evicción.

Antes de entrar en el examen de las obligaciones de entrega y de saneamiento, hay que examinar dos cuestiones relacionadas con el carácter transmisivo de la propiedad que tiene la compraventa: la venta de cosa ajena y la venta con reserva de dominio.

11. La venta de cosa ajena

Por venta de cosa ajena se entiende el contrato de compraventa por el que el vendedor se obliga a entregar una cosa u objeto que no le pertenece en el momento de quedar obligado. Para saber si ello es admisible y compatible con la obligación de transmitir el dominio, es necesario hacer las siguientes distinciones:

Si el objeto vendido es una cosa genérica, no hay inconveniente en que el vendedor no sea dueño de la cosa en el momento de obligarse. Las cosas genéricas que se encuentran en el mercado (trigo, aceite, café, etc.) pueden ser perfectamente objeto de la venta aunque el vendedor no las tenga todavía en su poder. Será suficiente que pueda hacer la entrega en el momento convenido.

Si el objeto de la compraventa es una cosa individualmente determinada y de pertenencia ajena, es necesario distinguir. Cuando ambas partes conocen esta circunstancia, el contrato es válido, sobre todo teniendo en cuenta la diferencia que se hace en nuestro Derecho entre la perfección y la consumación del contrato; esto es, entre el acto de quedar las partes obligadas y la posterior consumación o cumplimiento mediante la entrega. Así resulta de los arts. 690, 1.095 y 1.461 C.c. Véase la Sentencia de 5 julio 1958 (Aranzadi, núm. 2.537).

Es cierto que los sistemas que como el francés atribuyen eficacia traslativa al contrato en el momento de quedar perfeccionado, presentan un obstáculo para la admisión de la compraventa de cosa ajena. Pero la dificultad se refiere a la explicación teórica del fenómeno, pues los mismos efectos se obtienen a base del concepto de promesas de venta.[16]

---

16. Pierre GULHO, *Les actes de disposition sur la chose d'autrui*, Revue Trimestrielle de Droit civil, enero/marzo de 1954, pp. I y ss.

Puede suceder que la venta de cosa determinada se refiera a un objeto que no pertenezca al vendedor, pero ignorando ambas partes esta circunstancia. El contrato puede ser en tal supuesto anulable si el comprador ha sufrido un error que pueda calificarse de sustancial (art. 1.266); es decir, si las circunstancias permiten estimar que dicho comprador fue inducido por la creencia de que la cosa pertenecía efectivamente al vendedor. Si no prosperase la anulación del contrato por vicio del consentimiento y el vendedor llegara a entregar la cosa al comprador, se estaría en una hipótesis de posible evicción.

Distinta es la hipótesis de venta de cosa ajena con engaño fraudulento cometido por el vendedor. En este caso el contrato puede ser anulable por causa de dolo (art. 1.269).

Como argumento favorable a la admisión de la venta de cosa ajena se alega el hecho de que nuestro Código regula el saneamiento por evicción (art. 1.475), que no presupone la nulidad, sino la eficacia del contrato. Si éste fuese nulo, el art. 1.303 obligaría a los contratantes a «restituirse recíprocamente las cosas que hubiesen sido materia del contrato, con sus frutos, y el precio con los intereses». En cambio, el saneamiento por evicción obliga al vendedor a restituir el «precio que tuviere la cosa vendida al tiempo de la evicción, ya sea mayor o menor que el de la venta» (art. 1.478).

Al examinar las decisiones del T.S. sobre la venta de cosa ajena pueden aparecer declaraciones aparentemente contradictorias, si no se tienen en cuenta las circunstancias de cada caso. El examen detenido de las cuestiones de hecho y el criterio normativo derivado de la solución recaída tienen más importancia que las declaraciones generales que puedan citarse desligadas de las circunstancias concretas del litigio.

Véanse, teniendo en cuenta la anterior observación, las siguientes Sentencias de la Sala 1.ª del T. S.: 19 diciembre 1946 (Aranzadi, núm. 1.411); 23 junio 1951 (Aranzadi, núm. 1.882); 27 mayo 1957 (Aranzadi, núm. 2.178); 5 julio 1958 (Aranzadi, núm. 2.537); 13 marzo 1964 (Aranzadi, núm. 1.419); 13 junio 1970 (Aranzadi, núm. 2.922); 5 julio 1976 (Aranzadi, núm. 3.329).

12. La venta con reserva de dominio

La compraventa con reserva de dominio es la que se celebra con el pacto de que el comprador no adquirirá la propiedad del objeto de la venta hasta el pago total del precio convenido. El vendedor entrega la cosa al comprador para que éste la use normalmente, pero el primero retiene el título de propiedad hasta el pago total del precio de la venta.

La principal finalidad de este pacto es proporcionar al vendedor una garantía cuando el pago del precio queda aplazado, y tiene especial importancia en la venta a crédito de cosas muebles, pues en el caso de bienes inmuebles la misma finalidad está ampliamente cubierta con la garantía hipotecaria.[17]

Para examinar las cuestiones que puede plantear la compraventa con reserva de dominio conviene distinguir: *a)* La relación entre comprador y vendedor; *b)* la relación entre el vendedor y los acreedores del comprador; y *c)* la relación entre el mismo vendedor y los subadquirentes del comprador.

En la relación entre comprador y vendedor el pacto es plenamente eficaz. El vendedor entregará la cosa para que el comprador pueda usarla inmediatamente, pero éste sólo adquirirá la propiedad cuando haya pagado el precio aplazado.

La jurisprudencia admite el pacto de reserva de dominio y declara que constituye una garantía del pago, que no desnaturaliza el concepto jurídico de compraventa, ni priva a los contratantes del derecho a exigir el cumplimiento de las obligaciones de la misma en la forma convenida. Véanse las Sentencias de 15 marzo 1934 y 10 junio 1958 (Aranzadi, núm. 2.142).

En la relación entre el vendedor y los acreedores del comprador pueden surgir conflictos por la siguiente razón. El comprador posee una cosa que todavía no le pertenece, y que el vendedor, por su derecho reservado, ha de poder reivindicar de terceros. Pero los terceros que son acreedores del comprador han de estar protegidos de toda posible confabulación destinada a sustraer bienes del patrimonio del deudor, y el derecho del vendedor dependerá de la autenticidad con que pueda demostrar que ha retenido la propiedad de la cosa embargada. Por ello, en los litigios promovidos por tercería de dominio fundada en documento privado se discute la aplicación del art. 1.227 C.c. Véase la Sentencia de 10 junio 1958 (Aranzadi, núm. 2.142).

Finalmente, en cuanto a la relación entre el mismo vendedor y los subadquirentes del comprador, a título oneroso y de buena fe, ha de

---

17. En la venta de bienes inmuebles con precio aplazado han de ser tenidos en cuenta los artículos 10 y 11 de la Ley hipotecaria. Según el art. 11, la expresión en la inscripción del aplazamiento del pago «no surtirá efectos en perjuicio de tercero, a menos que se garantice aquél con hipoteca o se dé a la falta de pago el carácter de condición resolutoria expresa». Véase sobre el particular ROCA SASTRE, *Derecho hipotecario*, séptima edición, Barcelona, 1979, tomo II, pp. 760 y ss.

tenerse en cuenta que se trata de un supuesto diferente de los anteriores. Sobre todo, es preciso distinguir claramente la diferente posición entre los acreedores del comprador y los subadquirentes del mismo. Los primeros tienen derecho a embargar cualquiera de los bienes que integran el patrimonio de su deudor (art. 1.911 C.c.); pero el hecho de tener el deudor en su poder una cosa comprada a crédito no autoriza a tales acreedores a que desconozcan la auténtica pertenencia de la cosa embargada. Sólo tienen derecho a que se les garantice que la invocación del título de dominio reservado a favor del vendedor no responde a una maniobra fraudulenta.

En cambio, el subadquirente del comprador plantea un problema diferente. No se trata de quién pretende hacer efectivo un crédito contra los bienes del deudor, sino de quién es inducido a comprar precisamente en consideración a una cosa que alguien le ofrece como si pudiera venderla. En este caso, la seguridad de las transacciones exige que sea el vendedor con reserva de dominio (el primer vendedor) quien demuestre, en su caso, que el tercer adquirente a título oneroso conocía o podía conocer (por un medio que razonablemente pueda calificarse de normal) que el dominio de la cosa no pertenecía al segundo vendedor. En este punto, una cuestión de política jurídica se enlaza con otra de carácter técnico. La misma razón existe para que los terceros dispongan de medios de información adecuados en el caso de venta con reserva de dominio y en el de hipoteca mobiliaria. En uno y otro se trata de regular el conflicto de intereses que surge entre quien tiene reservado sobre una cosa un derecho de garantía y quien adquiere dicha cosa por contrato oneroso celebrado con alguien que aparenta ser su dueño. Que en uno de los dos casos el derecho de garantía sea calificado de dominio retenido, no altera los términos del problema desde el punto de vista de los intereses en conflicto y de los efectos que, a través de uno u otro medio, se quieran alcanzar.

13. La obligación de entregar la cosa vendida

A. La tradición o entrega: sus modalidades

El Código regula la entrega en los arts. 1.462, 1.463 y 1.464 que por su carácter son objeto de examen detenido al tratar de los medios de adquirir la propiedad.

Como se ha visto, nuestro Código civil sigue el sistema romanista de enlazar la transmisión de la propiedad con el acto de tradición o entrega, que se considera realizada, dice el art. 1.462, cuando la cosa vendida «se ponga en poder y posesión del comprador».

Pero el mismo artículo añade en su segundo párrafo: «Cuando se haga la venta mediante escritura pública, el otorgamiento de ésta equivaldrá a la entrega de la cosa objeto del contrato, si de la misma escritura no resultare o se dedujere claramente lo contrario».

De este artículo y de los 1.463 y 1.464 resultan posibles las siguientes formas de entrega:

a) Acto de poner la cosa vendida en poder y posesión del comprador (art. 1.462-1).

b) Otorgamiento de escritura pública de compraventa, que será equivalente a la entrega de la cosa objeto del contrato, si de ella no resulta o se deduce claramente lo contrario (art. 1.462-2).

Según la Sentencia de 8 julio 1983 (La Ley, 1983-2, p. 916, y Aranzadi, 1983, núm. 4.122), la presunción de entrega de la cosa cuando la venta se haga por escritura pública (art. 1.462-2 C.C.) no tiene el carácter de todas las presunciones *iuris tantum,* sino que sólo puede rebatirse demostrando que de la propia escritura resulta o se deduce claramente lo contrario.

Es necesario, además, para esta tradición instrumental que el vendedor tenga la posesión de la cosa en concepto de dueño, aunque sea como poseedor mediato o superior.

c) No es necesaria la entrega material cuando el vendedor sigue en la posesión material de la cosa vendida por un título distinto del que tenía antes de la venta; por ejemplo, cuando la retiene como arrendatario o usufructario *(constitutum possessorium).* Tampoco hace falta la entrega cuando es el comprador quien ya tiene en su poder la cosa que adquiere, de manera que en lugar de poseerla como arrendatario o usufructario, sigue poseyéndola pero como propietario *(brevi manu traditio).*

d) El Código autoriza la entrega simbólica de los bienes muebles de la manera que dispone el art. 1.463: «Fuera de los casos que expresa el artículo precedente, la entrega de los bienes muebles se efectuará: por la entrega de las llaves del lugar o sitio donde se hallen almacenados o guardados; y por el solo acuerdo o conformidad de los contratantes, si la cosa vendida no puede trasladarse a poder del comprador en el instante de la venta, o si éste la tenía ya en su poder por algún otro motivo».

e) Respecto de los bienes incorporales regirá lo dispuesto en el párrafo segundo del art. 1.462 (otorgamiento de escritura pública).

Pero el art. 1.464, que así lo admite, añade: «En cualquier otro caso en que éste [el art. 1.462] no tenga aplicación se entenderá por entrega el hecho de poner en poder del comprador los títulos de pertenencia, o el uso que haga de su derecho el mismo comprador, consintiéndolo el vendedor».

Según la Sentencia de 31 octubre 1983, la enumeración de las formas espiritualizadas de tradición que se contienen en los arts. 1.462 y 1.464 C.c., no son *numerus clausus*.

B. Identidad de la cosa entregada

Conviene distinguir entre la venta de cosa específica y de cosa genérica, y en el primer caso entre la venta de cosa mueble y de cosa inmueble.

Cuando la cosa vendida sólo ha quedado determinada por sus cualidades genéricas, la prestación del vendedor ha de ajustarse a la calidad y circunstancias expresadas en el contrato, y si no hubiesen quedado señaladas ha de tener en cuenta la norma fundamental del art. 1.167: «Cuando la obligación consista en entregar una cosa indeterminada o genérica, cuya calidad y circunstancias no se hubiesen expresado, el acreedor no podrá exigirla de la calidad superior, ni el deudor entregarla de la inferior».

Si el objeto de la venta ha sido una cosa específicamente determinada, el vendedor ha de entregarla «en el estado en que se hallaba al perfeccionarse el contrato» (art. 1.468). Por ello, la obligación de entrega implica la accesoria de conservarla diligentemente (cfr. art. 1.094). En todo caso, «la obligación de entregar la cosa vendida comprende la de poner en poder del comprador todo lo que exprese el contrato» (art. 1.469, párrafo primero).[18]

C. Reglas para el caso de venta de bienes inmuebles hecha con expresión de su cabida, a razón de un precio por unidad de medida o número

Para el supuesto de discrepancia entre lo determinado en el contrato y el contenido de la entrega, el Código dicta las siguientes reglas:

---

18. A. ORTEGA CARRLLLO DE ALBORNOZ, *Custodia Venditoris*, Revista de Derecho notarial, 1974, pp. 285 a 311; BADENES, citado, I, pp. 545 y ss.

El vendedor tendrá la obligación de entregar al comprador, si éste lo exige, todo cuanto se haya expresado en el contrato; «pero si esto no fuere posible, podrá el comprador optar entre una rebaja proporcional del precio o la rescisión del contrato, siempre que, en este último caso, no baje de la décima parte de la cabida la disminución de la que se le atribuyera al inmueble». Así lo dispone el segundo párrafo del art. 1.469 C.c.

Aunque no haya diferencia de cabida, si alguna parte de la finca no es de la calidad expresada en el contrato, se aplicará la misma solución que se acaba de exponer; es decir, la diferencia de calidad da lugar a la misma repercusión que la diferencia de cabida. Cfr. art. 1.469, párrafo tercero. El último párrafo del mismo artículo fija el mínimo a partir del cual el comprador puede optar por la rescisión. Dice: «La rescisión en este caso sólo tendrá lugar a voluntad del comprador, cuando el menos valor de la cosa vendida exceda de la décima parte del precio convenido».

Por tanto, si la disminución de valor no llega a la décima parte, el contrato conserva su fuerza vinculante y el vendedor cumplirá su obligación con la entrega del inmueble a cambio de recibir el precio disminuido en la misma proporción.

En el mismo caso de venta de bienes inmuebles con precio fijado por unidad de medida o número, puede suceder que la cabida sea superior a la señalada en el contrato. El Código ha previsto la solución de obligar al comprador a pagar el exceso de precio, siempre que no pase de un límite razonable. Dispone el art. 1.470 que «el comprador tendrá la obligación de pagar el exceso de precio si la mayor cabida o número no pasa de la vigésima parte de los señalados en el mismo contrato; pero, si excediese de dicha vigésima parte, el comprador podrá optar entre satisfacer el mayor valor del inmueble, o desistir del contrato».

Por consiguiente, en el supuesto de tratarse de una disminución de cabida o número, el comprador puede desistir del contrato a partir de una diferencia que no baje de la décima parte de la cabida; pero si se trata de un aumento, puede hacer lo mismo a partir de una diferencia que exceda de la vigésima parte.

D. *Venta de inmueble por un precio alzado*

En este supuesto, a diferencia de los anteriores, la regla es que no tendrá lugar el aumento o disminución del precio, «aunque resulte mayor o menor cabida o número de los expresados en el contrato» (art. 1.471 C.c.). Lo mismo tendrá lugar en el caso de ser dos o más las fincas vendidas por un solo precio.

Los problemas no se presentan en este caso por aumentos o disminuciones de cabida que se haya tenido en cuenta para la fijación del precio, sino por la posibilidad o imposibilidad de entregar la finca vendida en toda la extensión que corresponda a la descripción de sus linderos. Dice el párrafo segundo del mismo art. 1.471:

«... pero si, además de expresarse los linderos, indispensables en toda enajenación de inmuebles, se designasen en el contrato su cabida o número, el vendedor estará obligado a entregar todo lo que se comprenda dentro de los mismos linderos, aun cuando exceda de la cabida o número expresados en el contrato, y si no pudiere, sufrirá una disminución en el precio, proporcional a lo que falte de cabida o número, a no ser que el contrato quede anulado por no conformarse el comprador con que se deje de entregar lo que se estipuló.»

E. *Prescripción de las acciones que nacen de los arts. 1.469, 1.470 y 1.471*

El art. 1.472 C.c. dispone: «Las acciones que nacen de los tres artículos anteriores prescribirán a los seis meses, contados desde el día de la entrega».

Los tres artículos anteriores al 1.472 son, como se ha visto, los que regulan la compraventa de inmuebles por precio fijado por unidad de medida o número y por precio alzado. Badenes, con apoyo en Manresa y García Goyena, dice que la disposición del art. 1.472 no alcanza a las acciones por las que el comprador pide la entrega de ciertos trozos de terreno alegando que fueron comprendidos en la venta. Tampoco es de aplicación a las acciones que puedan ejercitarse en casos no previstos en el Código, excepto cuando la aplicación pueda fundarse en una razón de analogía suficiente.[19]

F. *Destino de los frutos de la cosa vendida*

El párrafo segundo del art. 1.468 dispone: «Todos los frutos pertenecerán al comprador desde el día en que se perfeccionó el contrato». Lo mismo resulta del art. 1.095, al disponer que el acreedor tiene derecho a los frutos de la cosa desde que nace la obligación de entre-

19. BADENES, citado, I, p. 565.

garla, aunque no adquirirá derecho real sobre ella hasta que le haya sido entregada.

G. *Lugar y tiempo de la entrega*

Las normas de la compraventa nada disponen sobre el particular, por lo que se aplicará la regla del art. 1.171, que se refiere al lugar de la entrega.[20]

Por otra parte, de los arts. 1.113 y 1.125 resulta que, a falta de condición o plazo, la obligación de entregar la cosa nace en el mismo instante de la perfección del contrato.

H. *Obligaciones complementarias a la entrega*

Existen obligaciones complementarias anteriores, simultáneas y posteriores a la entrega.

Antes de la entrega ha de tenerse en cuenta lo que dispone el art. 1.094 C.c.: «El obligado a dar alguna cosa lo está también a conservarla con la diligencia propia de un buen padre de familia». La regla es aplicable a la compraventa de cosa específica o de cosa comprendida en un grupo delimitado de cosas genéricas que estén en poder del vendedor. En el supuesto de las demás cosas genéricas, las consecuencias del incumplimiento de la obligación principal comprenderían la responsabilidad por falta de diligencia en la obtención de la cosa genérica debida.

Respecto a las obligaciones simultáneas a la entrega, ya se ha visto que el vendedor ha de entregarla en el estado en que se hallaba al perfeccionarse el contrato, con los frutos producidos desde el mismo instante (arts. 1.095 y 1.468). Si se trata de cosa genérica la entrega ha de hacerse de la manera que resulta del art. 1.167: si su calidad y circunstancias no se han expresado, «el acreedor no podrá exigirla de la calidad superior, ni el deudor entregarla de la inferior».

Además el vendedor ha de entregar los títulos de pertenencia, ya sea como una obligación accesoria de la entrega (cfr. por analogía arts. 1.065 y 1.066), o como forma de cumplimiento de la obligación principal mediante la cuasi tradición que consiste en «el hecho de

---

20. Teresa PUENTE MUÑOZ, *El lugar de cumplimiento de las obligaciones, en especial en la esfera de la compraventa civil y mercantil*, Revista Crítica de Derecho inmobiliario, 1968, pp. 905 a 949.

poner en poder del comprador los títulos de pertenencia» (art. 1.464).

También incumbe al vendedor la obligación de pagar los gastos de otorgamiento de la escritura (la escritura matriz), sin perjuicio de que se hubiese pactado lo contrario (art. 1.455).

Como obligaciones posteriores, no hay duda que el vendedor ha de observar una conducta que permita al comprador alcanzar los fines del contrato. La Sentencia de 23 octubre 1934 declaró de manera incidental que a base del art. 1.258, que declara que los contratos obligan a todas las consecuencias que según su naturaleza sean conformes a la buena fe, al uso y a la ley, cabe sostener la existencia de las obligaciones complementarias, sin las cuales se frustraría la finalidad de los contratos.

I. Casos en que el vendedor puede suspender la entrega

La suspensión de la entrega de la cosa vendida, como garantía del vendedor, procede en dos casos:

En el caso de compraventa con precio de presente, ha de tenerse en cuenta lo que dispone el art. 1.466 C.c.: «El vendedor no estará obligado a entregar la cosa vendida, si el comprador no le ha pagado el precio o no se ha señalado en el contrato un plazo para el pago».

Por consiguiente, el vendedor sólo está obligado a entregar la cosa a cambio de que el comprador cumpla la obligación correlativa de pagar el precio. Es natural que esta exigencia de prestaciones simultáneas no rige cuando el pago del precio ha quedado aplazado o se haya convenido que el vendedor anticipe la entrega.

Si se trata de un supuesto de precio aplazado, se aplica el art. 1.467: «Tampoco tendrá obligación el vendedor de entregar la cosa vendida cuando se haya convenido un aplazamiento o término para el pago, si después de la venta se descubre que el comprador es insolvente, de tal suerte que el vendedor corre inminente riesgo de perder el precio. Se exceptúa de esta regla el caso en que el comprador afiance pagar en el plazo convenido».

La regla es una adaptación a la compraventa de lo que dispone el núm. 1.º del art. 1.129, en el sentido de que el deudor perderá el derecho a utilizar el plazo «cuando después de contraída la obligación resulte insolvente, salvo que garantice la deuda».

14. La obligación de saneamiento

Además de la obligación de entregar la cosa vendida, el Código impone al vendedor la de «saneamiento de la cosa objeto de la venta» (art. 1.461). En virtud de esta obligación el vendedor responde al comprador: *1.º* De la posesión legal y pacífica de la cosa vendida. *2.º* De los vicios o defectos ocultos que tuviere (art. 1.474).

A. *El saneamiento por evicción*

La evicción tiene lugar «cuando se prive al comprador, por sentencia firme y en virtud de un derecho anterior a la compra, de todo o parte de la cosa comprada» (art. 1.475, párrafo primero).

Cabía pensar, dice Espín, que la privación de la cosa comprada por efecto de una decisión judicial implicaba pura y simplemente el incumplimiento contractual de la compraventa, por tener este contrato una finalidad esencialmente traslativa del derecho sobre la cosa. La evicción (privación judicial del derecho del comprador ante el mejor derecho de un tercero sobre la misma cosa) podía quedar reconducido a las reglas generales sobre el incumplimiento contractual. Sin embargo, en conformidad con la tradición romana, el Código civil no impone directamente al vendedor la obligación de proporcionar al comprador el dominio o derecho de propiedad de la cosa vendida (cfr. arts. 1.445 y 1.461). Junto a la obligación de entregar la cosa queda establecida una obligación subsidiaria de saneamiento cuando alguien ajeno al contrato consigue reivindicar la cosa y sustraerla del poder del comprador.[21]

Esta obligación del vendedor existe si no ha quedado expresamente excluida. Como disponen los párrafos segundo y tercero del citado art. 1.475: «El vendedor responderá de la evicción aunque nada se haya expresado en el contrato. Los contratantes, sin embargo, podrán aumentar, disminuir o suprimir esta obligación legal del vendedor». Pero será nulo el pacto que exima al vendedor de responder de la evicción «siempre que hubiera mala fe de su parte» (art. 1.476).

Aunque se haya pactado que el vendedor no responderá de la evicción, la completa exención de responsabilidad sólo se produce cuando la renuncia del comprador está calificada por tener perfecto cono-

---

21. ESPÍN, *Fundamento de la garantía del vendedor en caso de evicción*, Revista de Derecho privado, 1966, pp. 3 a 18; del mismo autor, *La garantía por evicción a causa de actos del vendedor posteriores a la venta*, en la misma RDP, 1965, pp. 469 a 486.

cimiento de los riesgos de la evicción, sometiéndose a sus consecuencias. Lo dispone el art. 1.477:

«Cuando el comprador hubiese renunciado al derecho al saneamiento para el caso de evicción, llegado que sea éste, deberá el vendedor entregar únicamente el precio que tuviere la cosa vendida al tiempo de la evicción, a no ser que el comprador hubiere hecho la renuncia con conocimiento de los riesgos de la evicción y sometiéndose a sus consecuencias.»

Por tanto, la simple renuncia no priva al comprador del derecho a obtener la restitución del precio de la cosa vendida al tiempo de la evicción.

Para que proceda el saneamiento por evicción han de cumplirse los siguientes requisitos. El comprador ha de notificar la demanda de evicción al vendedor, y si esta notificación no queda probada «el vendedor no estará obligado al saneamiento» (art. 1.481).

El art. 1.482 señala el procedimiento a seguir: «El comprador demandado solicitará, dentro del término que la Ley de Enjuiciamiento civil señala para contestar a la demanda, que ésta se notifique al vendedor o vendedores en el plazo más breve posible.

«La notificación se hará como la misma Ley establece para emplazar a los demandados.

»El término de contestación para el comprador quedará en suspenso ínterin no expiren los que para comparecer y contestar a la demanda se señalen al vendedor o vendedores, que serán los mismos plazos que determina para todos los demandados la expresada Ley de Enjuiciamiento civil, contados desde la notificación establecida en el párrafo primero de este artículo.

»Si los citados de evicción no comparecieren en tiempo y forma, continuará, respecto del comprador, el término para contestar a la demanda.»

Para que efectivamente proceda exigir el saneamiento, es necesario que haya recaído sentencia firme por la que se condene al comprador a la pérdida de la cosa adquirida, en todo o en parte (art. 1.480).

Los efectos del saneamiento por evicción son diferentes según las circunstancias que concurran. Cuando el comprador se ha limitado a una simple renuncia del derecho, el vendedor tiene la obligación de «entregar únicamente el precio que tuviere la cosa vendida al tiempo de la evicción». Como se ha dicho, para la exoneración total del vendedor es necesario que el comprador haya renunciado «con conocimiento de los riesgos de la evicción y sometiéndose a sus consecuencias» (art. 1.477).

Cuando las partes han pactado la obligación de saneamiento, sin agravarla, o nada han establecido y rige la disposición legal, el art. 1.478 detalla todo lo que el comprador podrá exigir del vendedor en caso de evicción:

«*1.°* La restitución del precio que tuviere la cosa vendida al tiempo de evicción, ya sea mayor o menor que el de la venta.

»*2.°* Los frutos o rendimientos, si se le hubiere condenado a entregarlos al que le haya vencido en juicio.

»*3.°* Las costas del pleito que haya motivado la evicción, y, en su caso, las del seguido con el vendedor para el saneamiento.

»*4.°* Los gastos del contrato si los hubiere pagado el comprador.

»*5.°* Los daños e intereses y los gastos voluntarios o de puro recreo u ornato, si se vendió de mala fe.»

Ha de observarse que no es lo mismo dejar indemne al comprador de la compraventa celebrada o de la evicción sobrevenida. Si se tratase de lo primero, el vendedor debería devolver el precio pagado por el comprador; pero, en su lugar, ha de restituir el precio que tenía la cosa vendida en el momento de la evicción. Por consiguiente, el art. 1.478 trata de dejar indemne al comprador de la pérdida representada por la evicción sobrevenida. La valoración de la cosa en el momento de la evicción significa una importante diferencia de efectos en comparación con las causas de resolución y de rescisión.

El hecho de que el mismo art. 1.478, en su núm. 5.°, excluya de la restitución el valor de los gastos voluntarios o de puro recreo u ornato, excepto cuando la venta se haya efectuado de mala fe, no impide que el comprador tenga el derecho de dirigirse contra el verdadero propietario ejercitando las acciones que corresponden al poseedor de buena fe (cfr. art. 453, párrafo segundo).

En el caso de evicción parcial, el Código dispone en el art. 1.479:

«Si el comprador «perdiere por efecto de la evicción, una parte de la cosa vendida de tal importancia con relación al todo que sin dicha parte no la hubiere comprado, podrá exigir la rescisión del contrato; pero con la obligación de devolver la cosa sin más gravámenes que los que tuviese al adquirirla.

»Esto mismo se observará cuando se vendiesen dos o más cosas conjuntamente por un precio alzado, o particular para cada una de ellas, si constase claramente que el comprador no habría comprado la una sin la otra.»

Los comentaristas entienden que este artículo se refiere a los casos en que la evicción parcial podrá equipararse a la total, sin perjuicio de que se produzca una evicción parcial fuera de la hipótesis de aplicación del mismo art. 1.479; de lo contrario, existiría un enriquecimiento injusto, al sufrir una disminución apreciable la cosa entregada por el vendedor, si esta disminución no pudiese repercutir de manera proporcional en el precio pagado por el comprador.

B. Responsabilidad del vendedor por gravámenes ocultos no aparentes ni conocidos

El último de los artículos que el Código dedica al saneamiento en caso de evicción es el 1.483, que dispone lo que sigue:

«Si la cosa vendida estuviese gravada, sin mencionarlo la escritura, con alguna carga o servidumbre no aparente, de tal naturaleza que deba presumirse no la habría adquirido el comprador si la hubiera conocido, podrá la rescisión del contrato, a no ser que prefiera la indemnización correspondiente.

»Durante un año, a contar desde el otorgamiento de la escritura, podrá el comprador ejercitar la acción rescisoria, o solicitar la indemnización.

»Transcurrido el año, sólo podrá reclamar la indemnización dentro de un período igual, a contar desde el día en que haya descubierto la carga o servidumbre.»

Es censurable la inclusión de este artículo entre los dedicados al saneamiento en caso de evicción, porque ésta supone la privación de la cosa a consecuencia de un juicio reivindicatorio, y la existencia de la carga no implica la privación de la cosa ni requiere sentencia ejecutoria.[22]

---

22. Ricardo DE ÁNGEL YAGÜEZ, *Algunas consideraciones en torno al art. 1.483 del Código civil*, Revista Crítica de Derecho inmobiliario, 1971, pp. 1.345 a 1.447; Pascual LACAL, *Interpretación del art. 1.483 del Código civil*, Revista de Derecho privado, 1929, p. 93; OSSORIO MORALES, *Sobre una interpretación del art. 1.483 del Código civil*, Revista de Derecho privado, 1929, p. 150.

Este artículo concede al comprador dos acciones entre las que podrá elegir si lo hace dentro de un año a contar desde el otorgamiento de la escritura: la acción rescisoria del contrato y la de in demnización de daños y perjuicios. El transcurso del año elimina la posibilidad de ejercitar la acción rescisoria, pues, a partir de este plazo, «sólo podrá reclamarse la indemnización dentro de un período igual, a contar desde el día en que haya descubierto la carga o servidumbre».

El supuesto de aplicación de la norma está en la existencia de un gravamen oculto que permita llegar a la conclusión de que la compraventa llegó a celebrarse por el desconocimiento que de ello tenía el comprador. Es decisivo que el comprador no conociera el gravamen ni pudiera suponerse que lo conocía por tratarse de una carga no aparente.

Hay que preguntar si la apariencia que deriva de la publicidad registral produce los mismos efectos. Si la carga no consta en el Registro de la Propiedad y el comprador puede ampararse en el art. 34 de la Ley hipotecaria, el art. 1.483 no será aplicable porque el comprador adquirirá la finca libre del gravamen. Si la carga está inscrita en el Registro, se discute si se está en la hipótesis de aplicación del art. 1.483 C.c. Parece que si la carga está inscrita, el comprador no podrá jurídicamente alegar su desconocimiento. Pero De Ángel Yagüez razona ampliamente en sentido afirmativo y que el artículo responde precisamente a dejar cubierta semejante hipótesis.

C. *Saneamiento por defectos o vicios ocultos de la cosa vendida*

El Código civil se refiere al saneamiento por defectos ocultos en el art. 1.484: «El vendedor estará obligado al saneamiento por los defectos ocultos que tuviere la cosa vendida, si la hacen impropia para el uso a que se la destina, o si disminuyen de tal modo este uso que, de haberlos conocido el comprador, no la habría adquirido o habría dado menos precio por ella; pero no será responsable de los defectos manifiestos o que estuvieren a la vista, ni tampoco de los que no lo estén, si el comprador es un perito que, por razón de su oficio o profesión, debía fácilmente conocerlos».[23]

---

23. R. BERCOVITZ, *Naturaleza de las acciones redhibitoria y estimatoria en la compraventa*, Anuario de Derecho civil, 1969, pp. 777 a 837; del mismo, *Saneamiento por vicios ocultos en la cosa objeto de la compraventa*. Notas a la sentencia del T.S. de 22 diciembre 1971, Anuario de Derecho civil, 1973, pp. 356 a 361; J. M. DE LA CUESTA RUTE, *Compraventa civil y mercantil. Saneamiento por vicios y responsabilidad contractual*. Comentario a la sentencia de 21 diciembre 1981, Revista Jurídica Española LA

Del artículo resulta claramente que la obligación de sanear del vendedor depende de la concurrencia de los siguientes requisitos:

Ha de tratarse de defectos ocultos, que son los que no están manifiestos o a la vista, y quedan excluidos los que pueden percibirse normalmente, tanto por su carácter manifiesto como por ser el comprador una persona especialmente capacitada para darse cuenta de su existencia.

Es necesario que los defectos ocultos repercutan en la cosa vendida hasta el punto de hacerla inservible para el uso a que se destina. Si el comprador ha querido dar a la cosa un uso o destinación especial, fuera de lo corriente, el vendedor sólo responderá cuando haya asegurado al comprador, o le haya permitido creer, que la cosa reunía las condiciones precisas para tal uso especial.

El art. 1.484 distingue entre el supuesto de que la cosa resulte completamente impropia para el uso a que va destinada o que sólo disminuya este uso; y en ambos casos distingue entre que el comprador hubiese rehusado hacer la adquisición o que sólo hubiese estado dispuesto a dar menos precio por ella.

La responsabilidad del vendedor por los vicios o defectos ocultos es independiente de que los conociera, sin perjuicio de que las partes hubiesen excluido por pacto esta responsabilidad. En este sentido dispone el art. 1.485:

«El vendedor responde al comprador del saneamiento por los vicios o defectos ocultos de la cosa vendida, aunque los ignorase.

»Esta disposición no regirá cuando se haya estipulado lo contrario, y el vendedor ignorase los vicios o defectos ocultos de lo vendido.»

Los efectos de esta clase de saneamiento están previstos en el art. 1.486:

«En los casos de los dos artículos anteriores, el comprador podrá optar entre desistir del contrato, abonándosele los gastos que pagó, o rebajar una cantidad proporcional del precio, a juicio de peritos.

LEY, 1982-2, pp. 331 a 341; del mismo, *De nuevo sobre la compraventa civil y mercantil. Saneamiento por vicios y responsabilidad contractual.* Comentario a las sentencias de 12 y 23 marzo 1982, LA LEY, 1982-4, pp. 155 a 163; BADENES, citado, I, pp. 714 a 725; M.ª Rosa LLÁCER MATACÁS, *El Saneamiento por vicios ocultos en el Código civil: Su naturaleza jurídica*, Barcelona, 1992.

»Si el vendedor conocía los vicios o defectos ocultos de la cosa vendida y no los manifestó al comprador tendrá éste la misma opción y además se le indemnizará de los daños y perjuicios, si optare por la rescisión.»

Las disposiciones examinadas contemplan los supuestos de vicios o defectos ocultos de la cosa vendida que la hacen impropia para el uso a que se la destina, o que disminuyan este uso de la manera que describe el art. 1.484. Pero, además, los arts. 1.487 y 1.488 contemplan otro aspecto de los vicios ocultos, y es que la cosa vendida se pierda por efecto de los mismos. Las consecuencias que en este caso proceden son las siguientes:

«Si la cosa «vendida se perdiere por efecto de los vicios ocultos, conociéndolos el vendedor, sufrirá éste la pérdida, y deberá restituir el precio y abonar los gastos del contrato, con los daños y perjuicios. Si no los conocía, debe sólo restituir el precio y abonar los gastos del contrato que hubiese pagado el comprador» (art. 1.487).

Se trata, pues, de la pérdida de la cosa por efecto de los vicios, y se distingue según que el vendedor los conociera o no. Caso de conocerlos, la responsabilidad es más amplia porque comprende, además de la restitución del precio, la obligación de abonar los gastos del contrato y los daños y perjuicios. Si no los conocía, se excluye la indemnización de daños y perjuicios y la referencia a los gastos del contrato incluye la precisión de que son los que hubiese pagado el comprador. En todo caso procede la restitución del precio.

Pero la pérdida de la cosa que tiene algún vicio oculto se contempla también en el caso de que ello suceda «por caso fortuito o por culpa del comprador». A pesar de ello se reconoce al comprador el derecho de reclamar del vendedor «el precio que pagó, con la rebaja del valor que la cosa tenía al tiempo de perderse», como dice el art. 1.488-1. En el segundo párrafo añade que «si el vendedor obró de mala fe, deberá abonar al comprador los daños e intereses».

La responsabilidad por vicios o defectos ocultos puede aparecer igualmente en las ventas judiciales, pero con la particularidad de que nunca procederá la responsabilidad por daños y perjuicios (art. 1.489).

En el supuesto de que se vendan dos o más cosas conjuntamente, el vicio redhibitorio sólo dará lugar a la redhibición de la cosa o cosas afectadas, tanto si el precio se ha fijado de manera global como si se ha individualizado el de cada cosa. Pero se trata de una norma de interpretación que no se aplica cuando está demostrado que el comprador no habría comprado la cosa o cosas libres de defectos sin las defectuosas. Así resulta del art. 1.491, relativo a la venta conjunta de dos o más animales, y del art. 1.492, que extiende la misma regla a toda clase de cosas. Además, la norma queda invertida en el segundo párrafo del art. 1.491, según el cual, cuando se compra un tiro, yunta, pareja o juego, se presume que el comprador no habría adquirido el animal sano sin el enfermo, sin que la presunción quede desvirtuada por el solo hecho de que se haya señalado un precio separado a cada uno de los animales.

D. Prescripción de las acciones nacidas por razón de los vicios o defectos ocultos de la cosa vendida

El art. 1.490 C.c. dispone: «Las acciones que emanen de lo dispuesto en los cinco artículos precedentes se extinguirán a los seis meses, contados desde la entrega de la cosa vendida».

El artículo se refiere literalmente a las acciones que emanen de los «cinco artículos precedentes», con lo que parece quedar descartado el fundamental art. 1.484. Sin embargo, como ha puntualizado la Sentencia de 22 diciembre 1971 (Aranzadi, núm. 5.399), «esta limitación es meramente nominal, pues entre los cinco artículos precedentes, que el art. 1.490 cita, está el 1.486, que expresa el ámbito del derecho tuitivo a que el comprador podrá optar, o sea, entre desistir del contrato, abonándosele los gastos que pagó, o rebajar una cantidad proporcional a juicio de peritos, lo que se observará en los casos de los artículos anteriores, o sea que el plazo de seis meses que establece el art. 1.490, se extiende por el art. 1.486, al 1.484, o sea a todos los que le preceden en la subsección 2.ª de la sección 3.ª, referente al saneamiento de defectos o gravámenes ocultos de la cosa vendida».

La brevedad del plazo está justificado. No se puede dejar expuesto al vendedor durante un largo plazo a las reclamaciones del comprador, pues el transcurso del tiempo dificulta de manera progresiva la comprobación de los hechos. El plazo incluso es más corto en la compraventa mercantil, que exige seguridad en las transacciones con más intensidad que en el orden civil.

El plazo empieza el día de la entrega, que es cuando el comprador tiene la posibilidad de descubrir el vicio. En atención a esta finalidad de la norma, será necesaria la entrega efectiva o hecha en forma que permita al comprador adquirir la posesión material e inmediata.

La cuestión más discutida en relación con el art. 1.490 es la de saber si se trata de un plazo de caducidad o de prescripción. El Tribunal Supremo no ha seguido una orientación invariable, pero la jurisprudencia más reciente se inclina a favor de la caducidad. Véanse las Sentencias de 27 mayo 1957 (Aranzadi, núm. 2.179), de 5 julio 1957 (Aranzadi, núm. 2.554), de 30 octubre 1981, etc.[24]

E. Saneamiento por los vicios ocultos de los animales o ganado

El Código civil contiene reglas especiales destinadas a regular los requisitos y efectos del saneamiento en la venta de animales o ganado. Son los siguientes:

Ha de tratarse de un vicio oculto. Aunque se haya practicado un reconocimiento facultativo el vicio se considera redhibitorio cuando sea de tal naturaleza que no basten los conocimientos periciales para su descubrimiento; pero el profesor que practique el reconocimiento será responsable de los daños y perjuicios si por su ignorancia o mala fe no pudo descubrirse el defecto en momento oportuno (art. 1.495 Código civil).

Ha de tratarse de un vicio o defecto determinado por la ley o los usos locales (art. 1.496, párrafo segundo).

No ha de tratarse de ventas hechas en feria o en pública subasta, ni de caballerías enajenadas como de deshecho, pues el art. 1.493 dispone que en tales casos no procederá el saneamiento por los vicios ocultos de los animales y ganados.

La acción redhibitoria ha de ejercitarse dentro de *cuarenta días* contados desde la entrega de los animales al comprador, «salvo que, por el uso en cada localidad, se hallen establecidos mayores o menores plazos» (art. 1.496, párrafo primero).

Si concurren los anteriores requisitos, el comprador gozará de la facultad expresada en el art. 1.486 (cfr. art. 1.499); por tanto, podrá optar entre la acción redhibitoria y la estimatoria. Si ejercita la primera, «el animal deberá ser devuelto en el estado en que fue vendido y entregado, siendo responsable el comprador de cualquier deterioro debido a su negligencia, y que no proceda del vicio o defecto redhibitorio» (art. 1.498).

Para el supuesto especial de que un animal muriese a los tres días de comprado, el art. 1.497 dispone que el vendedor será responsable

---

24. BADENES, citado, I, p. 566. Puede verse nuestro libro, *Caducidad y prescripción extintiva,* Barcelona, 1986, pp. 79 y 80.

siempre que la enfermedad que ocasionó la muerte existiera antes del contrato, a juicio de los facultativos.

El Código contempla, además, dos supuestos en que se produce la nulidad del contrato, según el art. 1.494. El primer supuesto es: «No serán objeto de contrato de venta los ganados y animales que padezcan enfermedades contagiosas. Cualquier contrato que se hiciere respecto de ellos será nulo».

El segundo supuesto es el que considera el segundo párrafo del citado artículo: «También será nulo el contrato de venta de los ganados y animales si, expresándose en el mismo contrato el servicio o uso para que se adquieren, resultaren inútiles para prestarlo».

La nulidad decretada en el primer caso no ofrece duda alguna, pues la prohibición responde a una elemental medida de orden público. Basta examinar los artículos 6.º-3 y 1.271-3 C.c. para comprender que se trata de un caso de nulidad absoluta o de pleno derecho, insubsanable y que cualquiera puede invocar.

Por el contrario, en el caso de venta de animales que no sirvan para el servicio o uso para el que fueron adquiridos, la ineficacia del negocio tiene por base la falsa manifestación del vendedor al comprador, quien fue inducido a contratar por una falsa apariencia. Por ello, aunque la ley considera que también se trata de un caso de nulidad de pleno derecho, sería más consecuente con el sistema del Código estimar, o que se trata de un supuesto de contrato anulable por vicio del consentimiento, o como causa de resolución del contrato por incumplimiento de la obligación asumida.

15. Obligaciones del comprador

A. *Pago del precio: tiempo y lugar de hacerlo*

Incumbe al comprador la obligación de pagar el precio, esencial para que pueda hablarse de compraventa. A esta obligación acompañan otras que la ley señala con carácter más o menos accesorio, sin perjuicio de las que puedan haber pactado las partes. Hay que referirse a las de tiempo y lugar del pago.

Respecto al tiempo o momento de realizar el pago, el artículo 1.500 C.c. dispone: «El comprador está obligado a pagar el precio de la cosa vendida en el tiempo y lugar fijados en el contrato. Si no se hubieren fijado, deberá hacerse el pago en el tiempo y lugar en que se haga la entrega de la cosa vendida».

El Código, cuando en el art. 1.171-1 se refiere al pago en general, dice que «deberá ejecutarse en el lugar que hubiese designado la obligación». Esta regla coincide con la transcrita del art. 1.500, lo que es natural por tratarse en ambos casos de una remisión a lo convenido por los interesados. Pero cuando ambas normas determinan lo que procede a falta de pacto, no coinciden. Los párrafos segundo y tercero del art. 1.171 disponen que si no se ha expresado el lugar del pago, «y tratándose de entregar una cosa determinada, deberá hacerse el pago donde ésta existía en el momento de constituirse la obligación. En cualquier otro caso, el lugar del pago será el del domicilio del deudor». Por su parte, el art. 1.500 dispone supletoriamente que «deberá hacerse el pago en el tiempo y lugar en que se haga la entrega de la cosa vendida».

La diferencia es claramente explicable porque el art. 1.171 trata del pago como medio de extinción de una obligación unilateral o aisladamente considerada; pero el pago del precio en la compraventa es la contrapartida de la entrega de la cosa enajenada, por lo que su cumplimiento ha de adaptarse al de la obligación del vendedor, y por ello el art. 1.500 hace prevalecer las circunstancias de tiempo y lugar fijadas para la entrega de la cosa vendida.

El precio debido por el comprador sólo devenga intereses en los tres casos que enumera el art. 1.501: «El comprador deberá intereses por el tiempo que medie entre la entrega de la cosa y el pago del precio, en los tres casos siguientes: *1.º* Si así se hubiere convenido. *2.º* Si la cosa vendida y entregada produce fruto o renta. 3.º Si se hubiere constituido en mora con arreglo al artículo 1.100».

Por tanto, la regla general es que el precio debido no produce intereses, salvo tales excepciones, y ello es congruente con lo que dispone el art. 1.108, que fija la indemnización de daños y perjuicios por mora del deudor en el pago de los intereses convenidos y, a falta de convenio, en el interés legal. La mora, en las obligaciones recíprocas, precisamente se produce desde que uno de los obligados cumple su obligación. Cfr. art. 1.101, párrafo tercero.

B. *Casos en que el comprador puede suspender el pago del precio*

El hecho de estar pendiente el pago del precio de la cosa comprada permite una protección del comprador de carácter preventivo, autorizándole para que suspenda dicho pago si existe el temor, en todo caso fundado, de ser perturbado en la posesión o dominio de la cosa adquirida por una acción reivindicatoria o hipotecaria. El art. 1.502 lo dispone de la siguiente manera:

«Si el comprador fuere perturbado en la posesión o dominio de la cosa adquirida, o tuviere fundado temor de serlo por una acción reivindicatoria o hipotecaria, podrá suspender el pago del precio hasta que el vendedor haya hecho cesar la perturbación o el peligro, a no ser que afiance la devolución del precio en su caso, o se haya estipulado que, no obstante cualquier contingencia de aquella clase, el comprador estará obligado a verificar el pago.»

A la naturaleza preventiva de esta facultad corresponde el carácter provisional de la medida. Las acciones reivindicatoria e hipotecaria a que se refiere el art. 1.502 pueden tener por resultado que la cosa se pierda para el comprador. Por ello puede verse en este artículo una regla simplificadora de las que están destinadas a proteger al comprador en caso de evicción, a base de aprovechar la circunstancia de hallarse pendiente de cumplimiento la obligación que le incumbe.

La jurisprudencia ha insistido en que el art. 1.502 ha de ser interpretado restrictivamente, en el sentido de entender que sólo es aplicable a los casos que en el mismo se mencionan de modo expreso, o sea, por el ejercicio de la acción reivindicatoria o de la hipotecaria. Cfr. Sentencia 3 junio 1986 (La Ley de 3-9-86).

C. *Obligación de recibir la cosa comprada*

Cuando el comprador se niega sin razón a recibir la cosa adquirida, o no comparece a otorgar la escritura que corresponda, incurre en un incumplimiento que el Código no regula con independencia del incumplimiento por falta de pago. Sin embargo, como ya se ha visto, la constitución en mora, según lo que dispone el art. 1.100, es uno de los supuestos que el art. 1.501 tiene en cuenta para obligar al comprador a pagar intereses por el precio debido.

Ha de tenerse en cuenta, además, lo que se dirá seguidamente en relación con los arts. 1.504 y 1.505 C.c.

D. *Obligación de pagar gastos*

Además del precio de la cosa comprada, afectan al comprador las siguientes obligaciones de pago:

a) Ha de pagar los gastos necesarios y útiles hechos en la cosa vendida desde la perfección hasta la consumación del contrato. Ha de tenerse en cuenta que los frutos producidos por la cosa vendida pertenecen al comprador desde el día de la perfección del contrato (arts. 1.095 y 1.468-2 C.c.), por lo que es natural que deba aplicarse el art. 356, que impone al que percibe los frutos la obligación de pagar los gastos hechos por un tercero para su producción, recolección y conservación. La obligación de pagar intereses del precio debido como contrapartida de la percepción de frutos, sólo está prevista en el Código cuando se trata de cosa vendida y *entregada* (art. 1.501, núm. 2.º).

b) Los gastos de transporte o traslación de la cosa vendida, salvo pacto en contrario (art. 1.465).

c) Los gastos de expedición de la primera copia de la escritura y los demás posteriores a la venta, también salvo pacto en contrario (art. 1.455).

d) Los gastos de inscripción en el Registro de la Propiedad (cfr. art. 614 del Reglamento hipotecario).

16. Garantías del pago del precio

Si la cosa vendida no ha sido entregada, su retención por parte del vendedor es la garantía más sencilla y eficaz de que dispone. Pero es necesario, naturalmente, que no se haya obligado a anticipar su prestación. Véase lo antes dicho en relación con los artículos 1.466 y 1.467.

Para el caso de que la cosa vendida ya haya sido entregada, el art. 1.503 concede al vendedor un derecho de resolución en los siguientes términos: «Si el vendedor tuviere fundado motivo para temer la pérdida de la cosa inmueble vendida y el precio podrá proponer inmediatamente la resolución de la venta. El segundo apartado añade: «Si no existiere este motivo, se observará lo dispuesto en el art. 1.124».

La regla tiene de peculiar que permite la resolución de la venta por el hecho de existir el «fundado motivo para temer la pérdida de la cosa inmueble vendida y el precio». La «inmediata» resolución de la venta es una especial protección concedida al vendedor que ya ha entregado la cosa y todavía no ha cobrado el precio, siempre que para ello exista un temor fundado. Si este temor no existe se estará en el caso normal del art. 1.124, que permite la resolución de las obligaciones recíprocas a partir del incumplimiento.

Para el caso de venta de bienes inmuebles, con *pacto expreso de que se producirá la resolución del contrato por falta de pago del precio,* el art. 1.504 contiene una disposición que tiene mucha importancia. Dispone: «En la venta de bienes inmuebles, aun cuando se hubiera estipulado que por falta de pago del precio en el tiempo convenido tendrá lugar de pleno derecho la resolución del contrato, el comprador podrá pagar, aun después de expirado el término, ínterin no haya sido requerido judicialmente o por acta notarial. Hecho el requerimiento, el Juez no podrá concederle nuevo término». A este requerimiento se refiere el art.59 del Reglamento hipotecario.[25]

La importancia de este artículo se advierte si se tiene en cuenta cuál es la regla general en caso de mora del deudor (art. 1.100 C.c.), y el efecto automático de una condición resolutoria expresamente pactada (art. 1.114). Según el art. 1.504 la resolución automática no se produce en el caso que contempla y el comprador tiene una última oportunidad para pagar. Para que el vendedor pueda rechazar este pago es preciso que haya requerido judicialmente o por acta notarial al comprador.

La jurisprudencia ha insistido en poner claramente de relieve que *este requerimiento no se dirige a exigir el pago, sino a excluir definitivamente su posibilidad y a provocar la resolución del contrato.* Véanse las Sentencias de 3 julio 1917, 30 mayo 1942 (Aranzadi, núm. 640), 1.° mayo 1946 (Aranzadi, núm. 558), etc.

El requerimiento puede ser judicial (y es suficiente el acto de conciliación: S. 30 octubre 1956) o notarial (art. 202 y ss. Reglamento notarial, bastando la entrega a un vecino de la cédula de notificación: Sentencia 30 octubre 1922).

El requerimiento de este art. 1.504 ha de practicarse después de expirado el plazo señalado para el pago del precio y en todo caso antes de que el comprador haya realizado el pago. Expirado el plazo, sólo el pago total del precio debido puede impedir que el requerimiento provoque la resolución del contrato (S. 7 julio 1911).

Después de las disposiciones que el Código dedica a la venta de bienes inmuebles en los arts. 1.503 y 1.504, el siguiente art. 1.505 se refiere a la *venta de bienes muebles,* de la siguiente manera: «Respecto de los bienes muebles, la resolución de la venta tendrá lugar de pleno derecho, en interés del vendedor, cuando el comprador, antes de vencer el término fijado para la entrega de la cosa, no se haya presentado a recibirla o, presentándose, no haya ofrecido al mismo tiempo el precio, salvo que para el pago de éste se hubiese pactado mayor dilación».

Puede advertirse el contraste que se ofrece entre la venta de bienes inmuebles y de bienes muebles. En virtud del art. 1.504 puede decirse

---

25. R. M. MULLERAT, *El pacto comisorio en las compraventas de inmuebles (art. 1.504 del Código civil)*, Anuario de Derecho civil, 1971, pp. 481 a 529; BADENES, citado, I, pp. 884 a 899.

que el comprador de bienes inmuebles siempre puede pagar antes del requerimiento de carácter resolutorio que le dirija el vendedor, y en cambio, en virtud del art. 1.505, el comprador de bienes muebles ha de presentarse a recibir la cosa antes del vencimiento del plazo y ha de ofrecer al mismo tiempo el precio, si para el pago no se ha pactado un plazo superior. Cfr. S. 24 abril 1956.

17. La doble venta de una misma cosa

El art. 1.473 del Código civil ha previsto y resuelto el supuesto de doble venta de una misma cosa. Al efecto dispone:

«Si una misma cosa se hubiese vendido a diferentes compradores, la propiedad se transferirá a la persona que primero haya tomado posesión de ella con buena fe, si fuere mueble.

»Si fuere inmueble, la propiedad pertenecerá al adquirente que antes la haya inscrito en el Registro.

»Cuando no haya inscripción, pertenecerá la propiedad a quien de buena fe sea primero en la posesión, y, faltando ésta, a quien presente título de fecha más antigua, siempre que haya buena fe.»

Para comprender esta clase de regulación conviene recordar que el Código exige la tradición o entrega de la cosa para que el comprador adquiera la propiedad (arts. 609 y 1.095), y no se considera entregada la cosa vendida hasta que pasa a poder y posesión del comprador. Por ello, el primer párrafo del art. 1.473 dispone que en la *venta de cosas muebles* adquirirá la propiedad «la persona que primero haya tomado posesión de ella con buena fe», con independencia de que sea el primero o el segundo comprador. El primer comprador de una cosa que después es vendida y *entregada* a un segundo comprador, sólo tendrá el derecho de reclamar contra el vendedor por su falta de cumplimiento de una obligación personal (art. 1.101). No puede esgrimir la acción reivindicatoria contra el segundo comprador porque ha sido éste, y no el primero, el adquirente del derecho real.[26]

En caso de *venta de inmuebles,* hay que distinguir según que se haya procedido o no a la inscripción de la finca en el Registro de la

26. ALBALADEJO, *Pluralidad de ventas de una misma cosa*, Revista de Derecho privado, 1976, pp. 885 a 894; CANO TELLO, *El artículo 1.473 del Código civil y la inscripción registral*, Revista General de Derecho, abril de 1965, pp. 274 y ss.; BADENES, citado, I, pp. 191 a 199.

Propiedad. Según el párrafo segundo del mismo artículo, «la propiedad pertenecerá al adquirente que antes la haya inscrito en el Registro». Si la inscripción no se ha practicado, el tercer párrafo añade que la propiedad pertenecerá «a quien de buena fe sea primero en la posesión; y, faltando ésta, a quien presente título de fecha más antigua, siempre que haya buena fe».[27]

Entendemos que la posesión a que se refiere el art. 1.473 es la posesión real o de hecho y que la tradición instrumental del art. 1.462 sólo puede tener eficacia a base de la inscripción de la escritura en el Registro. Ante el conflicto de intereses que se produce entre dos adquirentes, el Código protege la adquisición de quien, de buena fe, compra una cosa a quien la tenía en su poder y le desapodera de ella.

Acerca del caso de doble inmatriculación de fincas y de la consiguiente neutralización de los efectos registrales, ha de tenerse en cuenta lo que establece el art. 313 del Reglamento hipotecario. Véase la Sentencia de 27 febrero 1975 (Aranzadi, núm. 730).

18. La transmisión de los riesgos en la compraventa

La cosa vendida puede perderse o sufrir daños, o experimentar beneficios, antes de que el vendedor cumpla la obligación de entrega, y es necesario saber a quién afectan tales hechos. El art. 1.452 trata de resolver la cuestión con las siguientes disposiciones:

«El daño o provecho de la cosa vendida, después de perfeccionado el contrato, se regulará por lo dispuesto en los arts. 1.096 y 1.182.

»Esta regla se aplicará a la venta de cosas fungibles, hecha aisladamente y por un solo precio, o sin consideración a su peso, número o medida.

»Si las cosas fungibles se vendieren por un precio fijado con relación al peso, número o medida, no se imputará el riesgo al comprador hasta que se hayan pesado, contado o medido, a no ser que éste se haya constituido en mora.»

Este artículo plantea la cuestión de averiguar, en primer lugar, qué regla de Derecho resulta de la remisión que contiene su primer párrafo. Después de perfeccionado el contrato y antes de su consumación, se estará a lo que disponen los arts. 1.096 y 1.182. Del primero de estos artículos, interesa su tercer párrafo, que dispone:

---

27. GARCÍA CANTERO, lugar citado, p. 253.

«Si el obligado se constituye en mora o se halla comprometido a entregar una misma cosa a dos o más personas diversas, serán de su cuenta los casos fortuitos hasta que se realice la entrega.»[28]

Resulta de la ley que el vendedor soportará el riesgo de que la cosa se pierda por caso fortuito antes de realizar la entrega, solamente si se ha constituido en mora o se ha obligado a entregar la misma cosa a dos o más personas diversas. Por consiguiente, en los demás casos, que son los normales en la situación de compraventa perfecta pero no consumada, el riesgo de los casos fortuitos lo soportará el comprador: *periculum est emptoris.*

Lo mismo resulta del otro artículo al que remite el art. 1.452, en su primer párrafo. Es el art. 1.182, que dispone:

«Quedará extinguida la obligación que consista en entregar una cosa determinada cuando ésta se perdiere o destruyere sin culpa del deudor y antes de haberse éste constituido en mora.»

Por tanto, si la cosa se pierde o destruye, pero no es por culpa del vendedor, ni éste se ha constituido en mora, ni se ha comprometido a entregar la misma cosa a más de una persona, la obligación se extingue. Pero lo que se extingue, según resulta de la redacción del artículo, es la obligación del vendedor cuando se trata de entregar una cosa determinada. Con ello quedan dos incógnitas, la de si a pesar de la pérdida de la cosa por caso fortuito el comprador ha de cumplir su obligación de pagar el precio, y qué sucede cuando no se trata de la venta de cosa determinada.

Por lo que se refiere a la segunda de estas cuestiones, los párrafos segundo y tercero del art. 1.452 resuelven la cuestión. Los riesgos de la cosa vendida (pérdida, daños y provechos) están sometidos a diferente régimen antes y después de su determinación concreta. Esta determinación ya existe al perfeccionarse el contrato si el objeto de la venta es una cosa específica; pero queda igualmente determinada cuando las cosas genéricas se individualizan de tal manera que el precio unitario o global corresponde a un cuerpo cierto. En cambio, no se produce la concreta determinación de lo vendido cuando se

28. GARCÍA CANTERO, lugar citado, pp. 72 a 86; BADENES, I, pp. 283 a 304; A. DE COSSÍO, *Los riesgos en la compraventa civil y mercantil*, Revista de Derecho privado, 1944, pp. 361 y *ss.*; del mismo autor, *La transmisión de la propiedad y de los riesgos en la compraventa de cosas genéricas*, Anuario de Derecho civil, 1953, pp. 597 y ss.; ALONSO PÉREZ, *El riesgo en el contrato de compraventa*, Madrid, 1972; PINTO RUIZ, *Resolución del contrato y la regla «periculum est emptoris»*, Revista Jurídica de Cataluña, 1975, pp. 693 y ss.; Aurelio MENÉNDEZ, *La transferencia de la propiedad y el riesgo en la compraventa mercantil*, Revista de Derecho mercantil, 1951, pp. 227 y ss.

trata de cosas cuyo precio está fijado en relación al peso, número o medida, hasta que se proceda a pesarlas, contarlas o medirlas. Este acto de pesar, contar o medir separa el objeto de la compraventa de las demás cosas de su mismo género y deja referida la prestación del vendedor a un cuerpo cierto.

Por consiguiente, de los arts. 1.096, 1.182 y 1.452 se desprende el siguiente criterio legal: el comprador soporta el riesgo que afecta al objeto de la venta cuando consiste en una cosa individualmente determinada, ya por tratarse de una cosa específica, de una cosa genérica delimitada o de cosas genéricas después de haber sido pesadas, contadas o medidas; pero el riesgo afectará al vendedor cuando la pérdida de la cosa debida haya sobrevenido por su culpa, o cuando se haya constituido en mora o cuando se haya comprometido a entregar la misma cosa a más de una persona.[29]

El Tribunal Supremo, en la Sentencia de 6 octubre 1965 (Aranzadi, núm. 4.358), al rechazar un recurso de casación en el que se pretendía que el riesgo de la cosa vendida pesaba sobre el vendedor, declaró que tal pretensión «se basa en la teoría germánica de los riesgos –*res perit venditori*–, mientras que nuestro Ordenamiento legislativo sigue la teoría romana –*res perit emptori*– como regla general en la compraventa, según se deduce del art. 1.452, párrafo segundo –cuando se trata de cosas compradas sin consideración a su peso, número o medida–, y del propio art. 1.095, que atribuye al acreedor –que aquí lo es el comprador– los frutos de la cosa desde que nace la obligación de entregarla, es decir, desde la perfección del contrato consensual, porque es lógico que las utilidades sean justamente compensadas con los riesgos».

19. Compraventa con pacto de retracto

A. *Concepto*

El Código civil describe el retracto convencional en el art. 1.507: «Tendrá lugar el retracto convencional cuando el vendedor se reserve

---

29. Puede verse en nuestro *Fundamentos de Derecho civil*, II-2, segunda edición, Barcelona, 1982, pp. 175 a 178, que los sistemas jurídicos que proclaman reglas opuestas, como son que la cosa perece para su dueño *(res perit domino)* o que perece para el comprador *(periculum est emptoris)*, se aproximan en la práctica mediante las excepciones que experimentan en su aplicación.

el derecho de recuperar la cosa vendida, con obligación de cumplir lo expresado en el art. 1.518 y lo demás que se hubiere pactado».

Este pacto por el que el vendedor se reserva el derecho de recuperar la cosa vendida ha de quedar convenido en el mismo contrato de compraventa. El convenio posterior de retransmisión tendrá eficacia, pero sólo como promesa de nueva venta. V. Ss. 23 mayo 1944 (Aranzadi, núm. 671), 6 marzo 1947 (Ar., núm. 344)J 28 junio 1961 (Ar., núm. 3.017).[30]

En muchos casos el pacto de retracto significa que la compraventa a la que se ha incorporado tiene una función de garantía por una cantidad recibida; es decir, quien aparece como vendedor ha recibido una suma en concepto de préstamo y el título de propiedad transmitido al comprador es su garantía. El ejercicio del derecho de retracto significará que el prestatario ha podido devolver la suma recibida y cancelar la garantía.

Mientras está pendiente el ejercicio del derecho el comprador tiene la propiedad revocable de la cosa comprada. El Código civil lo expresa, en el art. 1.511, de la siguiente manera: «El comprador sustituye al vendedor en todos sus derechos y acciones».

B. *Carácter enajenable del derecho de retracto*

El derecho de retracto convencional sigue la regla general del art. 1.112 C.c.; esto es, es transmisible con sujeción a las leyes si no se ha pactado lo contrario. Por lo mismo, es hipotecable, como resulta del art. 107, núm. 8.°, de la Ley hipotecaria.

C. *Plazo para retraer*

El Código fija límites a la duración del derecho de retracto convencional. Dispone el art. 1.508: «El derecho de que trata el artículo anterior durará, a falta de pacto expreso, cuatro años contados desde la fecha del contrato. En caso de estipulación, el plazo no podrá exceder de diez años».

---

30. DE DIEGO, *De la naturaleza jurídica del retracto convencional – Cuándo debe entenderse válidamente enajenado y procede inscribirlo*, Revista de Derecho privado, 1916, pp. 137 a 146; LEZON, Los *préstamos usurarios y la venta con pacto de retro,* Revista de Derecho privado, 1919, pp. 332 a 335; SAPENA, *Actualidad de la «fiducia cum creditore» (Problemas de la carta de gracia)*, Revista de Derecho notarial, 1957, pp. 125 a 212; A. HERNÁNDEZ-GIL, *Dictámenes*, I, Madrid, 1968, pp. 349 a 360.

La Sentencia de 28 junio 1961 (Aranzadi, núm. 3.017) ha declarado que este plazo no es de prescripción sino de caducidad, que como tal debe y puede apreciarse de oficio.

D. Ejercicio del derecho

No puede ejercitarse el derecho de retracto sin cumplir lo que prescribe el art. 1.518 C.c.:

«El vendedor no podrá hacer uso del derecho de retracto sin reembolsar al comprador el precio de la venta, y además:

»*1.°* Los gastos del contrato y cualquier otro pago legítimo hecho para la venta.

»*2.°* Los gastos necesarios y útiles hechos en la cosa vendida.»

Las mismas obligaciones incumben a otras personas activamente legitimadas para el ejercicio del derecho, como son el adquirente del derecho y los acreedores del vendedor, en el caso de la accción subrogatoria (art. 1.111 C.c.), aunque han de ajustarse a lo que establece el art. 1.512: «Los acreedores del vendedor no podrán hacer uso del retracto convencional contra el comprador, sino después de haber hecho excusión en los bienes del vendedor».

La demanda de retracto ha de dirigirse contra el comprador; pero igualmente es procedente «contra todo poseedor que traiga su derecho del comprador, aunque en el segundo contrato no se haya hecho mención del retracto convencional, salvo lo dispuesto en la Ley hipotecaria respecto de terceros» (art. 1.510).

Ha de tenerse en cuenta que el art. 37 de la Ley hipotecaria dispone que las acciones rescisorias, revocatorias y resolutorias no se darán contra tercero que haya inscrito los títulos de sus respectivos derechos; pero con la excepción de las acciones rescisorias y resolutorias «que deban su origen a causas que consten expresamente en el Registro».[31]

E. Supuestos especiales en el ejercicio del derecho

a) El retracto puede haberse convenido en el caso de compraventa de una parte de finca indivisa, y en este supuesto puede suceder que el adquirente se haga dueño de la totalidad de la misma por lo

---

31. ROCA SASTRE, citado al final de la nota 16, tomo I, pp. 780 y ss., 828 y ss., 846 y ss. Sobre la inscripción del retracto convencional, tomo III, pp. 615 a 620.

que dispone el art. 404 C.c. (cosa indivisible que se adjudica a uno de los condueños indemnizando a los demás). En esta hipótesis el art. 1.513 dispone que el comprador que haya adquirido la totalidad «podrá obligar al vendedor a redimir el todo, si éste quiere hacer uso del retracto».

b) El Código también ha previsto la venta por varios, conjuntamente y en un solo contrato, de una finca indivisa con pacto de retro. En este supuesto el art. 1.514-1 dispone que «ninguno de ellos podrá ejercitar este derecho más que por su parte respectiva».

El segundo párrafo del mismo artículo dispone que lo mismo se observará «si el que ha vendido por sí solo una finca ha dejado varios herederos, en cuyo caso cada uno de éstos podrá redimir la parte que hubiese adquirido».

Pero, en ambos casos, para evitar al comprador una pluralidad de pleitos, el Código le autoriza para «exigir de todos los vendedores o coherederos que se pongan de acuerdo sobre la redención de la totalidad de la cosa vendida; y, si así no lo hacen, no se podrá obligar al comprador al retracto parcial» (art. 1.515).

c) Del supuesto anterior (venta realizada conjuntamente por los copropietarios de una finca indivisa) hay que distinguir claramente el caso de que cada uno de los copropietarios de una finca indivisa enajene separadamente su parte. En este supuesto, el Código dispone que cada uno «podrá ejercitar, con la misma separación, el derecho de retracto por su porción respectiva, y el comprador no podrá obligarle a redimir la totalidad de la finca» (art. 1.516).

d) El Código también contempla el supuesto de que, durante la pendencia del derecho, la cosa vendida haya pasado a varios herederos del comprador. En este caso «la acción de retracto no podrá ejercitarse contra cada uno sino por su parte respectiva, ora se halle indivisa, ora se haya distribuido entre ellos» (art. 1.517-1 C.c.).

Pero, en la misma hipótesis, si la división de la herencia se ha practicado a base de adjudicar la cosa vendida a uno solo de los herederos, «la acción de retracto podrá intentarse contra él por el todo» (art. 1.517-2).

F. *Efectos del ejercicio o de la falta de ejercicio del derecho*

Si el vendedor no ejercita el retracto en tiempo y forma, el derecho del comprador queda consolidado. El art. 1.509 lo expresa así: «Si el vendedor no cumple lo prescrito en el art. 1.518, el comprador adquirirá irrevocablemente el dominio de la cosa vendida». Transcurrido el plazo, lo único que cabe es que el comprador proceda voluntariamente a la retransmisión de la finca a quien se la enajenó. Véase la resolución de 22 julio 1910.

Si el vendedor ejercita el retracto en tiempo y forma, provoca la resolución del derecho del comprador y recupera el objeto vendido. En congruencia con esta eficacia resolutoria del retracto, el art. 1.520 declara que el «vendedor que recobre la cosa vendida, la recibirá libre de toda carga o gravamen impuesta por el comprador, pero estará obligado a pasar por los arriendos que éste haya hecho de buena fe y según costumbre del lugar en que radique».

Al recuperar la cosa vendida, el vendedor ha de reembolsar al comprador «los gastos necesarios y útiles hechos en la cosa vendida», como dispone el art. 1.518, núm. 2.°. Por lo que se refiere a los frutos, el art. 1.519 dispone que si al celebrarse la venta había en la finca frutos manifiestos o nacidos, no se hará abono ni prorrateo de los que haya al tiempo del retracto; pero si no los hubo al tiempo de la venta y los hay al del retracto, se prorratearán entre el retrayente y el comprador, dando a éste la parte correspondiente al tiempo que poseyó la finca en el último año a contar desde la venta.

20. La compraventa de bienes muebles a plazos regulada por la Ley de 1965

La Ley de 17 julio 1965 regula la venta de bienes muebles a plazos con la finalidad de facilitar su adquisición a crédito al público consumidor. Según su art. 1.°, la Ley tiene por objeto «la regulación de las ventas a plazos de bienes muebles corporales no consumibles, de los préstamos destinados a facilitar su adquisición y de las garantías que se constituyan para asegurar el cumplimiento de las obligaciones nacidas de aquellos contratos».

La orden del Ministerio de Justicia de 8 julio 1966 dictó normas para el funcionamiento del Registro de los contratos de ventas a plazos.[32]

32. J. A. TORRES LANA, *Notas críticas a la ley de venta de bienes muebles a plazo*, Revista de Derecho privado, 1975, pp. 601 a 635; Rodrigo BERCOVITZ, *La cláusula de reserva de dominio*. Estudio sobre su naturaleza jurídica en la compraventa a plazos de bienes muebles, Madrid, 1971; del mismo autor, *La venta a plazos de bienes muebles*, Anuario de Derecho civil, 1966, pp. 117 a 185.

A. *Concepto*

La compraventa contemplada por la Ley es la descrita en su art. 2 de la siguiente manera: «Por venta a plazos se entenderá, a efectos de esta Ley, el contrato mediante el cual el vendedor entrega al comprador una cosa mueble corporal y recibe de éste, en el mismo momento, una parte del precio, con la obligación de pagar el resto diferido en un período de tiempo superior a tres meses y en una serie de plazos que se determinarán en la forma que dispone el art. 20». Este art. 20 atribuye al Gobierno la facultad de fijar los bienes que pueden ser objeto de contratos sometidos a esta Ley.

Añade el segundo párrafo del art. 2: «También se entenderán comprendidos en esta Ley los actos o contratos, cualquiera quc sca su forma jurídica, mediante los cuales las partes se propongan conseguir los mismos fines económicos que con la venta a plazos».

En estrecha relación con el art. 2, párrafo primero, el art. 9 establece: «De conformidad con lo dispuesto en el art. 2.º, la venta de bienes muebles corporales a plazos regulada por esta Ley, sólo quedará perfeccionada cuando el comprador satisfaga, en el momento de la entrega o puesta a disposición del objeto vendido, el desembolso inicial».

Añade el párrafo segundo de este art. 9: «Si el vendedor entrega la cosa sin haber recibido simultáneamente el desembolso inicial, perderá el derecho a exigir el importe de éste, y la obligación de pago del comprador se entenderá reducida al importe del resto del precio, conservando el derecho a hacerlo en los plazos convenidos».

Resulta de ello que la Ley abandona la configuración de la compraventa como contrato consensual, según el art. 1.445 C.c., y queda configurado como un contrato real, que se perfecciona por la entrega de la cosa y pago simultáneo del desembolso inicial, sin duda con la intención y finalidad de asegurar que el vendedor perciba inmediatamente una parte del precio. Sin embargo, no hay duda que dentro del marco del contrato consensual podía haberse alcanzado el mismo resultado, pues nada impide, observa Bercovitz, establecer una cláusula mediante la que se condicione la entrega de la cosa vendida al pago de una parte del precio.[33]

Por otra parte, el párrafo segundo del mismo art. 9 resulta incongruente con el primero. Éste hace depender la perfección del contra-

---

33. BERCOVITZ, en el citado Anuario de Derecho civil, p. 134.

to del pago del desembolso inicial por el comprador al recibir la cosa, y dicho párrafo segundo, en cambio, supone que el contrato es eficaz sin dicha entrega, al disponer que el vendedor habrá perdido simplemente el derecho a exigirla.

Los preceptos de la Ley tienen carácter imperativo, como resulta de su art. 18: «Se tendrán por no puestos los pactos, cláusulas y condiciones de los contratos regulados en la presente Ley que fueren contrarios a sus preceptos o se dirijan a eludir su cumplimiento».

B. Contratos excluidos de la aplicación de la Ley

La Ley se aplica, según dispone su art. 1.º, a los «bienes muebles corporales no consumibles». Pero con ello no queda debidamente delimitado el grupo de bienes cuya venta a plazos la Ley quiere regular, y, para lograrlo, el art. 4 enumera los bienes excluidos de su aplicación. Son los siguientes:

«*1.º* Las compraventas a plazos de bienes muebles que, con o sin ulterior transformación o manipulación, se destinen a la reventa al público, y los préstamos cuya finalidad sea financiar tales operaciones.

»*2.º* Las ventas y préstamos ocasionales efectuados sin finalidad de lucro.

»*3.º* Las ventas y préstamos cuyo importe sea inferior o superior a la cantidad que se determine por el Gobierno.

»*4.º* Los préstamos garantizados con hipoteca o prenda sin desplazamiento.

»*5.º* Las operaciones de comercio exterior.»

El núm. 1 de este artículo pretende excluir las compraventas mercantiles (art. 325 del Código de comercio), en consideración a que, como expresó la Exposición de Motivos, se trata de compraventas entre comerciantes que, conocedores de la realidad económica, no necesitan especial protección.

La excepción del núm. 2 responde a que no tiene sentido que la finalidad de la Ley de facilitar las compraventas a plazos se extienda a las ventas aisladas que no sean más que elementos accidentales del tráfico.

La del núm. 3 responde a lo que determina el art. 20 de la Ley.

La del núm. 4 es la exclusión lógica de las contratos garantizados con la eficacia de la hipoteca o la prenda sin desplazamiento.

La del núm. 5 es igualmente obvia por las características propias de las operaciones de comercio exterior.

C. *Forma del contrato*

El art. 5 fija los requisitos de forma esenciales para la validez de los contratos amparados por la Ley: «Para la validez de los contratos sometidos a esta Ley, y a efectos de la misma, será preciso que consten por escrito en tantos ejemplares como partes intervengan». Con ello, declara la Exposición de Motivos, no se pretende alterar las reglas de la prueba ordinaria.

Además, para que tengan acceso al Registro correspondiente los contratos de ventas de bienes muebles a plazos han de estar extendidos en los modelos oficiales aprobados por la Dirección General de los Registros y del Notariado.

D. *Contenido del contrato*

El art. 6 de la Ley enumera las catorce circunstancias que los contratos han de contener con carácter obligatorio, además de los pactos y cláusulas que las partes libremente estipulen. Como expone Rodrigo Bercovitz, dichas catorce circunstancias atienden a las siguientes cuestiones:[34]

a) Lugar y fecha del contrato (núm. 1.º).
b) Determinación de las partes del contrato (núm. 2.º).
c) Determinación del objeto y precio de la compraventa (números 3 y 4).
d) Circunstancias que afectan al precio de la compraventa (números 5.º a 10).
e) Facultades y garantías del vendedor o del financiador (números 11 a 13).
f) Derechos del comprador (núm. 14).

Las consecuencias de no hacer constar en el contrato todas las circunstancias que exige la Ley están previstas en el siguiente art. 7:

«La omisión o expresión inexacta de alguna de las circunstancias señaladas en los núms. 3 a 10, del artículo anterior, que no fueren

34. BERCOVITZ, en el citado ADC, p. 150.

imputables a la voluntad del comprador, reducirá la obligación de éste a pagar exclusivamente el importe del precio al contado, con derecho a satisfacerlo en los plazos convenidos, exento de todo recargo por cualquier concepto.

»La omisión de las demás circunstancias del artículo anterior, así como la inexactitud de alguna de ellas, podrá determinar la misma reducción, acordada por el Juez, si el comprador justifica que ha sido perjudicado.»

Puede observarse que el primer párrafo del art. 7 se refiere a las circunstancias destinadas a la determinación del objeto y del precio de la compraventa, y dispone que su omisión o expresión inexacta «que no fueren imputables a la voluntad del comprador» conllevará la sanción prescrita. Ello es consecuencia de que se trata de operaciones realizadas generalmente en forma de contratos de adhesión, en los que el comprador se limita a aceptar las cláusulas redactadas unilateralmente por el vendedor.

En cambio, según el párrafo segundo del mismo art. 7, la omisión de las demás circunstancias del art. 6, o su inexactitud, podrá determinar la misma reducción, pero en este supuesto siempre que el comprador demuestre que ha sido perjudicado y que el Juez así lo determine.

E. Derechos y obligaciones del comprador

a) Derecho a desistir del contrato. Según el art. 8: «Si se hubiese pactado, el comprador podrá desistir del contrato dentro de los tres días siguientes a la entrega de la cosa, comunicándolo por carta certificada o de otro modo fehaciente al vendedor, siempre que no hubiere usado de la cosa vendida más que a efectos de simple examen o prueba, y la devuelva dentro del mismo plazo en el lugar, forma y estado en que la recibió, libre de todo gasto para el vendedor».

b) Derecho a anticipar el pago del precio. Por ser el aplazamiento un beneficio del comprador, éste puede renunciarlo, como reconoce el art. 10 de la Ley. Para ello se exigen dos requisitos: que se haga al vencimiento de cualquiera de los plazos y que pague la totalidad del precio pendiente. Los recargos que por razón del aplazamiento se hubiesen aplicado al precio de venta al contado, se reducirán en proporción al período de tiempo en que resulte abreviada la duración del contrato.

c) Derecho a la alteración de los plazos. Según el art. 13: «Los Jueces y Tribunales, con carácter excepcional y por justas causas apreciadas discrecionalmente, tales como desgracias familiares, paro, accidentes de trabajo, larga enfermedad u otros infortunios, podrán señalar nuevos plazos o alterar los convenios». Añade que «en estos casos el propio Juzgado o Tribunal determinará el recargo que, como consecuencia de los nuevos aplazamientos, deberá experimentar el precio».

Respecto a las obligaciones del comprador, le afecta la fundamental de pagar el precio en la forma estipulada, con los recargos que en su caso procedan. Además, ha de tenerse en cuenta de manera especial lo que dispone el art. 12: «El comprador que dolosamente, en perjuicio del vendedor o de un tercero que haya financiado la operación, dispusiera de la cosa o la dañare, será castigado con las penas previstas en el Código penal para los delitos de apropiación indebida o de daños, respectivamente, persiguiéndose el hecho solamente a denuncia del perjudicado».

F. Derechos y obligaciones del vendedor

Le corresponde el derecho a obtener el pago del precio a que está obligado el comprador, según lo expuesto. Pero, además, el art. 11 de la Ley hace adaptación a esta clase de contratos de la facultad resolutoria del art. 1.124 C.c., y a este efecto dispone en su primer párrafo:

«Si el comprador demora el pago de dos plazos o del último de ellos, el vendedor, sin perjuicio de lo que dispone el art. 13, podrá optar entre exigir el pago de todos los plazos pendientes de abono o la resolución del contrato.»

La expresión utilizada («Si el comprador demora...») no parece la adecuada, y sin duda se refiere a que exista *impago,* como demuestra el último párrafo del mismo artículo. La Ley se refiere, pues, al impago de dos plazos consecutivos o del último de ellos. Si opta por la resolución, «las partes deberán restituirse recíprocamente las prestaciones realizadas» (art. 11-2 de la Ley). Pero de las sumas recibidas como precio el vendedor sólo tendrá que devolver lo que reste después de hacer las siguientes deducciones:

a) El 10 por ciento en concepto de indemnización por la tenencia de la cosa por el comprador.

b) Una cantidad igual al desembolso inicial por la depreciación comercial del objeto.

Además, en el supuesto de que la cosa vendida fuere devuelta con un deterioro superior al que corresponda por su uso normal, el vendedor podrá exigir la indemnización que proceda, si dicho deterioro resulta probado.

Si a pesar de tales deducciones, el importe de los plazos satisfechos fuere insuficiente para que el vendedor se reintegre de los conceptos mencionados en el mismo artículo, «quedarán a salvo las pertinentes acciones de resarcimiento».

Las obligaciones que incumben al vendedor son correlativas a los derechos del comprador. De manera especial hay que señalar la de cumplir las condiciones que determine el Gobierno, según lo que dispone el art. 20; y la que determina el art. 15: «La publicidad relativa al precio de las cosas ofrecidas en venta a plazos deberá expresar el precio de adquisición al contado y el precio total a plazos, considerándose la infracción de este precepto como un acto contrario a los principios regulados en el Estatuto de la Publicidad».

G. *Las garantías en favor de vendedores y financiadores*

La Ley de 1965 establece las siguientes garantías:

Primera. El pacto de reserva de dominio. Esta Ley, dice Bercovitz, «es el primer texto legal donde se reconoce la validez de la cláusula de reserva de dominio. Con ello incorpora a su texto un recurso técnico utilizado continuamente en el mundo del comercio y que, además, ha sido admitido repetidas veces por la Jurisprudencia y la Doctrina».[35]

El núm. 12 del art. 6.º, como circunstancia que han de contener los contratos con carácter obligatorio, se refiere a: «La cláusula de reserva de dominio, si así se pactara, así como el derecho de cesión de la misma o cualquier otra garantía de las previstas y reguladas en el ordenamiento jurídico».

Segunda. La prohibición de enajenar. Según el núm. 13 del mismo art. 6.º de la Ley, los contratos también han de contener: «La prohibición de enajenar o de realizar cualquier otro acto de disposición en tanto no se haya pagado la totalidad del precio o reembolsado el préstamo, sin la autorización por escrito del vendedor o del financiador, en su caso». Esta prohibición actúa imperativamente aunque no se haya pactado.

Tanto las reservas de dominio como las prohibiciones de disponer que consten en los contratos sujetos a la Ley, para que sean oponibles

---

35. BERCOVITZ, en el citado Anuario, p. 175.

a tercero será necesario que se inscriban en el Registro de reservas de dominio y prohibiciones de disponer que se llevará por los Registradores mercantiles, según dispone el art. 23 de la misma Ley.

La Sentencia de 4 octubre 1971 (Aranzadi, núm. 3.724) se ha referido al concepto de *tercero* del art. 23-1 de la Ley y le ha reconocido el sentido amplio que resulta del art. 1.257 C.c.; es decir, son terceros todos los que no sean las partes otorgantes y sus herederos. A través del Registro, el tercer adquirente podrá cerciorarse de la situación de la cosa que trata de adquirir y no podrá alegar que la desconoce frente a las reclamaciones del vendedor o de los financiadores.

Tercero. Preferencia y prelación a favor del acreedor. Los dos primeros párrafos del art. 19 de la Ley de 1965 disponen:

«El acreedor, para el cobro de los créditos nacidos de contratos inscritos en el Registro a que se refiere el art. 20, gozará de la preferencia y prelación establecidos en los arts. 1.922, núm. 2, y 1.926, núm. 1, del Código civil.

»En los casos de quiebra no se incluirán en la masa los bienes comprados a plazos mientras no sea satisfecho el crédito garantizado, sin perjuicio de llevar a aquélla el sobrante del precio obtenido en la subasta. En los de suspensión de pagos, el acreedor tendrá la condición de singularmente privilegiado con derecho de abstención, según los arts. 15 y 22 de la Ley de suspensión de pagos.»

Resulta del art. 19 de la Ley que ésta equipara la situación del titular de un dominio reservado (que sólo existe «si así se pactara», dice el núm. 12 del art. 6.º) y la del titular de un derecho de crédito sólo amparado por la prohibición de enajenar que impone el art. 6.º, núm. 13, de la Ley. Ambos son «el acreedor» que menciona el primer párrafo del art. 19 de la misma. Por ello procede entender, con Bercovitz, que esta reserva de dominio es equiparada a un derecho de prenda con publicidad registral, lo mismo que sucede en la Ley de prenda sin desplazamiento de 16 diciembre de 1954.

Como dice el citado autor, si la reserva de dominio «se reduce a garantizar el pago del precio, esto es, la función propia del derecho de prenda, no existe razón alguna para concederle mayor eficacia que éste». No hay duda que la Ley de 1965 no concede a la reserva de dominio más efectos que los de un derecho de prenda, sobre todo si se advierte la coincidencia de los dos primeros párrafos de su art. 19 con los dos párrafos del art. 10 de la Ley de hipoteca mobiliaria y prenda sin desplazamiento de 1954. En uno y otro caso el acreedor tiene para el cobro de su crédito la preferencia que resulta de los arts. 1.922, núm. 2.º, y 1.926, núm. 1.º, del Código civil, que es la preferencia que tienen los créditos garantizados con prenda.[36]

En caso de quiebra del deudor, no se incluyen en la masa los bienes hipotecados ni pignorados, según lo que dispone el segundo párrafo del art. 10 de la Ley de 1954, ni los bienes comprados a plazos, según el segundo párrafo del art. 19 de la Ley de 1965, mientras no sea satisfecho el crédito garantizado y sin perjuicio de llevar a aquélla el sobrante del precio obtenido en la subasta. En ambos supuestos se adopta la solución peculiar del derecho de prenda, como se advierte teniendo en cuenta el art. 918 del Código de comercio.

H. Procedimiento para el cobro de los créditos

Los cuatro últimos párrafos del art. 19 regulan un procedimiento extrajudicial para hacer efectivos los créditos procedentes de contratos inscritos, mediante una subasta notarial. Este procedimiento es copia literal del expuesto en el art. 94 de la Ley de Prenda sin Desplazamiento.

La regulación de este procedimiento extrajudicial no impide el ejercicio de la vía judicial porque, según el párrafo quinto del art. 19 de la Ley de 1965, cuando el deudor incumpliere la obligación de entregar la posesión de los bienes, «el Notario no seguirá adelante en su actuación, y el acreedor podrá acudir a cualquiera de los procedimientos judiciales, sin perjuicio de ejercitar las acciones civiles y criminales que le correspondan».

Según el art. 14, «la competencia judicial para el conocimiento de los litigios relativos a contratos regulados en esta Ley corresponderá a los Juzgados y Tribunales del domicilio del comprador, siendo nulo cualquier pacto en contrario».

21. Nuevas modalidades de venta al público por la Ley 7/1996, de 15 de enero

La incorporación de nuevos sistemas de venta y la dispersión de la legislación existente obligan a un esfuerzo legislativo de modernización para la adecuación y sistematización de un adecuado funcionamiento del sistema distributivo que mejore el nivel de servicios y

---

36. BERCOVITZ, *La cláusula de reserva de dominio*, citado, p. 94.

permita el mejor aprovisionamiento de los consumidores. Con la denominación de ordenación del comercio minorista, recientemente se ha publicado la Ley 7/1996, de 15 de enero que a la vez que pretende la creación de un marco legal de mínimos, ha considerado indispensable proceder a la creación y establecimiento de un régimen jurídico que regule las nuevas modalidades de venta al público como manifestación de las nuevas fórmulas contractuales existentes.

Esta regulación, partiendo del principio de libertad contractual, pretenderá una mejora de la calidad y de las condiciones de la oferta, junto con un mejor servicio al público, que redundará en beneficio de la persona, en su consideración final de consumidor. Por ello, la citada ley ha procedido a regular las siguientes modalidades de ventas, a saber:

a) Venta en rebajas, que se considera como tal «cuando los artículos objeto de la misma se ofertan, en el mismo establecimiento en el que se ejercita habitualmente la actividad comercial, a un precio inferior al fijado antes de dicha venta» (art. 24). Los objetos o artículos ofertados en esta modalidad de venta tienen que haber sido objeto de oferta habitual con anterioridad al inicio de la venta en rebajas.

b) Venta en promoción que comprende aquellas que se realizan por un precio inferior o en condiciones más favorables a las habituales, con la finalidad clara y precisa de desarrollar o potenciar ciertos productos, sin que puedan en ningún momento ser los productos de inferior calidad que la que correspondiese en el supuesto de ser una oferta ordinaria a precio normal.

c) Venta de saldos, que comprende la de aquellos «productos cuyo valor de mercado aparezca manifiestamente disminuido a causa del deterioro, desperfecto, desuso u obsolencia de los mismos» (art. 28), sin que en ningún momento pueda admitirse la existencia de un posible riesgo o engaño para el comprador.

d) Venta en liquidación, que se considera una venta de carácter excepcional por tener por finalidad la extinción de determinadas existencias de productos ya sea por la cesación de la actividad comercial, por el cambio de comercio o por el cambio de orientación del negocio, o por la realización de obras de cierta importancia en el local no destinado a vivienda en el que se desarrolla la actividad, siendo preciso en estas ventas indicar la causa de la liquidación.

e) Venta con obsequios que, teniendo por finalidad el aumento de la realización de las ventas, se oferta «a los compradores otro producto o servicio gratuito o a precio especialmente reducido, ya sea en forma automática, o bien, mediante la participación en un sorteo o concurso» (art. 32).

f) Y, finalmente, la ley engloba un conjunto de situaciones que denomina Ventas especiales y que comprende las ventas a distancia, las ventas ambulantes, las ventas automáticas y las ventas en pública subasta. Quizá la más importante a destacar consiste en la llamada venta a distancia se caracterizan por la necesidad de consentimiento expreso del comprador, de tal modo que la falta de contestación o respuesta a la oferta de venta realizada nunca puede considerarse como aceptación de la misma, ni queda el consumidor o usuario obligado a la devolución del objeto en el supuesto de que se le haya remitido objetos o artículos no solicitados.

La importancia de esta figura también se destaca por el derecho de desistimiento que siempre corresponde al comprador y al principio de irrenunciabilidad de los derechos. Por el primero de ellos, el comprador siempre puede desistir libremente del contrato dentro del plazo de siete días a contar desde el momento de la recepción del producto u objeto (art. 44-1), sin que tenga que documentarse por medio de una formalidad concreta, siendo suficiente que se acredite de cualquier modo la misma, no implicando nunca la imposición de penalidad de ningún tipo.

En general, todas las modalidades de ventas mencionadas y, consiguientemente, todos los contratos de compraventa que se formalicen, no están sometidos a la realización de formalidades, excepto en algún supuesto que excepcionalmente tenga establecido el Código civil o mercantil, y el comprador tiene derecho a que se le entregue la correspondiente factura, recibo u otro documento análogo en donde se haga constar los derechos y las garantías que le corresponden y el precio satisfecho o la parte del mismo ya abonado.

El vendedor siempre responde de la calidad del objeto vendido, siendo de aplicación las normas del Código civil y mercantil y las contenidas en la Ley General para la Defensa de los Consumidores y Usuarios, estableciéndose un plazo mínimo de garantía que, en el supuesto de bienes de naturaleza duradera será de seis meses a contar desde la fecha de recepción del objeto. También se reconoce una acción o derecho de recuperación entregados por el usuario o consumidor al comerciante para su reparación, la cual prescribirá a los tres años a partir del momento de la entrega.

XXIII
CONTRATOS DE PERMUTA Y CESIÓN

1. El contrato de permuta

A. *Concepto y caracteres*

La permuta es el antecedente histórico de la compraventa. Cuando en las operaciones de intercambio de bienes pudo utilizarse una mercancía común y de universal aceptación, hubo la posibilidad de medir de una manera unitaria el valor de todas las cosas canjeables. Así nació económicamente el dinero y jurídicamente la compraventa. La permuta pudo ser considerada como una doble compraventa con los precios compensados; aunque, desde un punto de vista jurídico, la complejidad está de parte de la compraventa, por el diferente contenido de sus obligaciones, que permiten diferenciar las posiciones de las dos partes contratantes.[1]

Nuestro Código civil considera que la permuta es un contrato consensual, obligacional y bilateral. El art. 1.538 lo define de la siguiente manera: «La permuta es un contrato por el cual cada una de los contratantes se obliga a dar una cosa para recibir otra». Por consiguiente, el acto real de cambio o trueque aparece como el cumplimiento de las obligaciones previamente asumidas por las partes.

Como en todo contrato que deja establecidas obligaciones recíprocas, éstas tienden a condicionarse mutuamente. Cuando una de las partes ha anticipado su prestación, puede exigir la contraprestación, mientras que en su origen romano como acto de trueque, cuando una de las partes había cumplido, pero no la otra, la primera tenía derecho a pedir la restitución de lo entregado, sin poder exigir el

---

1. F. MELÓN INFANTE, *El contrato de permuta en el Código civil*, Revista de Derecho privado, 1961, pp. 707 a 719; LUCAS FERNÁNDEZ, *La contratación sobre edificio futuro. Especial consideración del contrato de aportación de solar a cambio de pisos en el edificio a construir*, Revista de Derecho notarial, 1961, pp. 707 a 719.

cumplimiento de la omitida por la otra parte. De esta manera aparece en Derecho moderno la permuta como un contrato independiente, aunque de hecho está regulado por muchos de los preceptos de la compraventa. Puede verse, en la Sentencia de 11 mayo 1964 (Aranzadi, núm. 2.338), un caso en que el T.S. casa la sentencia recurrida que desconoció el carácter obligacional de la permuta.[2]

Aparte del art. 1.538, que define la permuta, el Código dedica a este contrato otros tres artículos, el último de los cuales contiene una remisión a las disposiciones de la compraventa. Además, entre los artículos de este último contrato, el art. 1.446 se refiere a la permuta al dar el criterio para resolver cuál de los dos contratos es el celebrado cuando sólo parte del precio se paga en dinero. Ha sido examinado antes.[3]

B. *Permuta de cosa ajena*

Al examinar la posibilidad de la venta de cosa ajena hemos visto que la obligación que alguien asume de entregarnos una cosa puede nacer cuando esta cosa todavía pertenece a un tercero. La posibilidad es la misma por el hecho de que la contraprestación deba consistir en dinero o en otra cosa distinta; por tanto, puede darse en la permuta lo mismo que en la compraventa.

Hemos visto lo que sucede en la compraventa cuando el comprador pierde la cosa por evicción (arts. 1.475 I ss.) y cuando tiene fundado temor de perderla por la misma causa si todavía no ha pagado el precio (art. 1.502). Pero, en contraste con esta última disposición que autoriza al comprador para que suspenda el pago del precio, el art. 1.539 dispone: «Si uno de los contratantes hubiese recibido la cosa que se le prometió en permuta, y acredite que no era propia del que la dio, no podrá ser obligado a entregar la que él ofreció en cambio, y cumplirá con devolver la que recibió».

C. *Pérdida de la cosa por evicción*

A pesar de lo que dispone el art. 1.539, que acabamos de ver, es posible que alguien reciba en permuta una cosa ajena y que la pierda por evicción. Para tal caso, el art. 1.540 dispone:

---

2. Biondo BIONDI, *Contratto e Stipulatio*, Milán, 1953, pp. 104 y ss.
3. Véase antes p. 353.

«El que pierda por evicción la cosa recibida en permuta, podrá optar entre recuperar la que dio en cambio, o reclamar la indemnización de daños y perjuicios; pero sólo podrá usar del derecho a recuperar la cosa que él entregó mientras ésta subsista en poder del otro permutante, y sin perjuicio de los derechos adquiridos entretanto sobre ella con buena fe por un tercero.»

La especialidad de esta disposición respecto a la procedente en caso de compraventa (art. 1.478) consiste en que, por no existir precio en la permuta, no cabe que la evicción obligue a restituir el que corresponde a la cosa entregada. Pero, en realidad, la inexistencia de precio no sería obstáculo para imponer a una de las partes la obligación de pagar el precio equivalente al valor de la cosa perdida por evicción en el momento de tener ésta efecto. En definitiva, el art. 1.478 no impone al vendedor la obligación de restituir el precio recibido del comprador, sino el «que tuviere la cosa vendida al tiempo de la evicción, ya sea mayor o menor que el de la venta».

D. Reglas de la compraventa aplicables a la permuta

El último de los artículos de la permuta dispone: «En todo lo que no se halle especialmente determinado en este Título, la permuta se regirá por las disposiciones concernientes a la venta» (art. 1.541).

Son aplicables a la permuta las disposiciones sobre capacidad de las partes en la compraventa (resolución de la D.G. de los Registros de 28 noviembre 1898), sobre las cosas que pueden ser transmitidas y a las obligaciones del vendedor, con la excepción del comentado art. 1.540. En cambio, faltará la indispensable base común para que se apliquen las disposiciones relativas al pago del precio y las fundadas en la diferente posición del comprador y el vendedor.

La resolución del 19 noviembre 1917 declaró que la naturaleza de la permuta no permite su celebración en subasta, que se funda en la posibilidad de que una de las partes contratantes quede determinada por la ventaja cuantitativa de su postura sobre las ofertas de los demás, porque para ello es necesario que las prestaciones ofrecidas sean de la misma cualidad; esto es, que consistan en dinero.

Acerca de si las enajenaciones por medio de permuta permiten el ejercicio de derechos de adquisición preferente, la posibilidad había sido tradicionalmente denegada. Pero, en la actualidad, el art. 89 de la Ley de Arrendamientos Rústicos de 31 diciembre 1980, incluye a la permuta entre los contratos que lo autorizan, y para ello el arrendatario deberá pagar el valor justo de la finca transmitida si resulta del contrato, o el precio justo determinado en vía civil, según las normas de valoración que rigen para la expropiación forzosa.

2. El contrato de cesión de derechos de crédito

A. *Concepto*

El Derecho moderno admite la cesión de los derechos de crédito; es decir, no sólo es posible la entrega de una cosa corporal con transmisión del derecho de propiedad sobre la misma, sino que también es posible ceder los derechos dirigidos a obtener una prestación de persona determinada, el sujeto obligado. Antes de que un derecho de crédito sea pagado, es posible obtener todo o parte de su valor, como resulta de la definición de la operación de descuento bancario que contiene la sentencia de 20 mayo 1975 (Aranzadi, núm. 2.053).[4]

En términos generales puede afirmarse que la cesión de créditos es el contrato por el que una de las partes, titular del derecho o cedente, lo transmite a la otra parte, adquirente o cesionario, de manera que ésta tendrá derecho a exigir del deudor la prestación originariamente debida al cedente.

A diferencia de lo que sucede cuando se transmite una cosa corporal, en la cesión de un derecho de crédito existen tres sujetos implicados en la operación, en el sentido de que una persona transmite un derecho que tiene un valor transitorio en cuanto está destinado a obtener una prestación debida por otra.

Entre acreedor y deudor existe una *relación de cobertura,* en cuanto la prestación debida por el segundo cubre o ha de satisfacer el interés jurídicamente protegido del primero; pero antes de que el crédito se extinga entre estas dos personas por medio del cumplimiento del obligado, puede extinguirse para una de ellas, el acreedor, si lo transmite a título oneroso en favor de un tercero, el cesionario.

Entre cedente y cesionario existirá en tal caso una *relación de valuta,* que explica por qué causa de valor dado o entendido se ha realizado el cambio de acreedor. Relación de cobertura y relación de valu-

---

4. La citada sentencia dice que la operación de descuento bancario es el negocio jurídico por virtud del cual el poseedor de un crédito ordinario o de un título-valor, lo transmite por cualquiera de los medios que el derecho permite a una persona natural o jurídica, generalmente un Banco, para que le anticipe su importe como ciertas deducciones o descuento, de donde toma su nombre, con independencia del contrato subyacente del que surgieron los efectos descontados».

ta son como dos lados unidos en ángulo cuyo vértice está ocupado por el cedente.

B. Elementos de la cesión

En la cesión contratan dos personas, pero los efectos de la cesión afectan, además, al deudor cedido. Existe una relación triangular porque lo que se transmiten los contratantes tiene su punto de apoyo en un tercero obligado a extinguir por cumplimiento el contenido del derecho cedido.

No subsiste en el Código civil la prohibición romana de la cesión a una persona más poderosa; pero sin duda no podrán ser cesionarios quienes se hallen con el cedente en la relación que expresa el art. 1.459 relativa a la compraventa.

Respecto a los derechos susceptibles de cesión, la regla general es que todos los derechos son transmisibles, si no se ha pactado lo contrario (art. 1.112 C.c.). Por excepción no podrán cederse los derechos de crédito de carácter personalísimo o que deriven de una situación jurídica adscrita al titular con el carácter de personalísima. Por ello dispone el art. 151 C.c. que «no es renunciable ni transmisible a un tercero el derecho a los alimentos», lo que ha de entenderse en el sentido de que no puede ser objeto de tráfico jurídico el derecho global de alimentos, sin perjuicio de que puedan cederse las pensiones vencidas.

Desde el punto de vista de los elementos formales de la cesión, han de distinguirse los siguientes tres aspectos:

a) *Relación entre cedente y cesionario.* Por aplicación del art. 1.278, la cesión será eficaz, de cualquier forma que se haya celebrado, si concurren los requisitos esenciales para su validez. El art. 1.280 dispone que «deberán constar en documento público» la cesión de los derechos hereditarios o los de la sociedad conyugal (núm. 4.°) y «la cesión de acciones o derechos procedentes de un acto consignado en escritura pública» (núm. 6.°). Como se ha visto, esta exigencia de forma sólo significa que las partes podrán, si les conviene, obligarse al otorgamiento de escritura pública cuando la cesión ya sea válida por concurrir todos los requisitos esenciales (art. 1.279).

b) *Eficacia de la cesión contra el deudor.* En Derecho romano la cesión no quedaba consolidada a favor del cesionario hasta que la notificación o *denunciatio,* a manera de *litis contestatio,* convertía en irrevocable la autorización del cedente al cesionario. En Derecho moderno persiste la necesidad de notificar la cesión al deudor, pero con una función diferente. Como todo contrato, la cesión obliga a las partes y no puede, por tanto, quedar sin efecto por un acto unilateral del cedente; pero es necesario, además, evitar que el deudor pueda pagar a su primitivo acreedor con eficacia liberatoria. La posibilidad de que así ocurra se funda en la necesidad de proteger a quien cumple una obligación confiando en la apariencia jurídica. Si el deudor no tiene conocimiento de la cesión y paga al acreedor, queda libre de la obligación, como dispone el art. 1.527 C.c. No sería justo imponer al deudor la carga de tener que investigar en cada momento quién es su acreedor, y por ello el Derecho opta por la solución más viable de que sea el cesionario quien se preocupe de notificar la cesión al deudor.[5]

c) *Efectos frente a terceros.* Además del cedente, del cesionario o nuevo acreedor y del deudor del crédito cedido, existen otros sujetos que pueden tener interés en la misma relación jurídica. Por ejemplo, el cedente puede tener deudas y sus acreedores pueden embargar el crédito. En semejante supuesto lo que interesa es evitar cesiones fraudulentas o simuladas. A ello responde el art. 1.526 C.c.:

«La cesión de un crédito, derecho o acción, no surtirá efecto contra tercero, sino desde que su fecha deba tenerse por cierta en conformidad a los arts. 1.218 y 1.227.

»Si se refiere a un inmueble, desde la fecha de su inscripción en el Registro.»

Son complementarios los arts. 149 a 152 de la Ley hipotecaria. Según el art. 149:

«El crédito hipotecario puede enajenarse o cederse en todo o en parte, siempre que se haga en escritura pública, de la cual se dé conocimiento al deudor y se inscriba en el Registro.

»El deudor no quedará obligado por dicho contrato, a más que lo estuviere con el suyo.

»El cesionario se subrogará en todos los derechos del cedente.»

C. *Efectos de la cesión consumada*

El contrato de cesión no limita sus efectos a quienes lo celebran, que son el cedente y el cesionario. Mediante la notificación al deudor

---

5. Acerca de los efectos de la notificación al deudor de la cesión del crédito, en los diferentes sistemas, véase ROCA SASTRE, *Derecho hipotecario*, séptima edición, Barcelona 1979, IV-2, pp. 870 y ss.

se establece una relación directa entre éste y el cesionario. Hay que distinguir los dos aspectos:

a) *Efectos entre cedente y cesionario.* El adquirente de un crédito o cesionario puede haberlo realizado a título oneroso o gratuito. En el primer caso habrá realizado una prestación a favor del cedente. Generalmente se hará la cesión a cambio de un precio en dinero, cuyo pago efectuará de la manera convenida. Esta prestación del cesionario constituye la relación de valuta entre las partes contratantes y justifica la adquisición del crédito cedido. La cesión transfiere el crédito en el estado que tenía antes de la cesión, por lo que el cesionario adquiere el derecho a percibir el importe nominal del crédito, aunque haya pagado al cedente un precio inferior (Sentencia de 12 enero 1910). Como dice el art. 1.258, «la venta o cesión de un crédito comprende la de todos los derechos accesorios, como la fianza, hipoteca, prenda o privilegio», sin más excepción que los derechos personalísimos del cedente.

Pero hay que preguntar si el cedente va a quedar responsable por la futura prestación del deudor. Hay que distinguir:

En la cesión a *título gratuito* el cedente no asume ninguna responsabilidad, y sólo se exceptúa el caso de que la cesión represente una donación modal o con un gravamen, pues la cuantía de este gravamen fijará el límite de la responsabilidad del cedente por causa de evicción (cfr. art. 638).

Si ha sido realizada a *título oneroso y de buena fe,* el cedente responderá de la existencia y legitimidad del crédito al tiempo de la venta, pero no de la solvencia del deudor (art. 1.529, primer párrafo). El hecho de recibir el cedente una contraprestación del cesionario obliga al primero a responder de la existencia del crédito *(veritas nominis),* pero no de que el deudor sea efectivamente solvente *(bonitas nominis).*[6]

La cesión puede haberse hecho igualmente a título oneroso y de buena fe, pero con la particularidad de *haberse vendido como dudoso.* En este caso, la anterior regla general sufre una excepción en el sentido de que el cedente no responderá de la existencia y legitimidad del crédito, pues sin duda, por tratarse en realidad de una operación aleatoria, el cesionario habrá pagado una suma inferior a la cuantía

6. J. L. NAVARRO PÉREZ, *Responsabilidad y garantía en la cesión de créditos (Estudio de los arts. 1.529 y 1.530 del Código civil),* Revista General de Legislación y Jurisprudencia, 1972, tomo 232, pp. 13 a 52.

nominal del crédito, ya que asume el riesgo que representa la dudosa existencia del mismo (cfr. art. 1.529, párrafo primero).

La cesión puede haberse hecho igualmente a título oneroso y de buena fe, pero con *pacto expreso de que el cedente responde de la solvencia del deudor.* En este caso el cedente responde de la existencia del crédito y de la solvencia del deudor; pero el segundo párrafo del art. 1.529 atenúa esta responsabilidad al disponer que «sólo responderá del precio recibido y de los gastos expresados en el núm. 1.° del art. 1.518», que son «los gastos del contrato, y cualquier otro pago legítimo hecho para la venta».

Es natural que esta responsabilidad por la solvencia del deudor tenga un límite de tiempo, y al efecto dispone el art. 1.530:

«Cuando el cedente de buena fe se hubiese hecho responsable de la solvencia del deudor, y los contratantes no hubieran estipulado nada sobre la duración de la responsabilidad, durará ésta sólo un año, contado desde la cesión del crédito, si estaba ya vencido el plazo.

»Si el crédito fuere pagadero en término o plazo todavía no vencido, la responsabilidad cesará un año después del vencimiento.

»Si el crédito consistiera en una renta perpetua, la responsabilidad se extinguirá a los diez años contados desde la fecha de la cesión».

Puede suceder que la cesión a título oneroso y de buena fe se refiera a un crédito contra un deudor insolvente y que esta *insolvencia sea pública y anterior a la cesión.* En este supuesto, el primer párrafo del art. 1.529 también impone al cedente responsabilidad por la *boonitas nominis*; es decir, responderá de la solvencia del deudor, aunque el segundo párrafo del mismo artículo dispone que la obligación de garantía del cedente sólo implicará la devolución del precio recibido y el pago de los gastos del contrato y de cualquier otro. pago legítimo hecho por causa de la cesión, con lo que excluye la indemnización de daños y perjuicios.

La cesión a título oneroso puede haberla realizado el cedente *de mala fe,* y para este supuesto el art. 1.529-3 dispone: «El vendedor de mala fe responderá siempre del pago de todos los gastos y de los daños y perjuicios».

b) *Efectos entre deudor y cesionario.* Después de tener conocimiento de la cesión, el deudor sólo puede extinguir su deuda pagando al cesionario (art. 1.527). Pero el cambio de acreedor no ha de empeorar la posición del deudor. Como todos los contratos, la cesión sólo produce efectos entre las partes que la otorgan (art. 1.257), y por ello, sólo en el caso de haber *consentido* el deudor la cesión, pierde el derecho de oponer al cesionario la compensación que le correspondería contra el cedente (art. 1.198-1). En cambio, el mero conocimiento de la cesión sólo permite que el deudor pueda oponer la compensación de las deudas anteriores a ella, cuando le fue oportunamente comunicada (art. 1.198-2), o anteriores en todo caso al momento de haber tenido conocimiento de la cesión (art. 1.198-3).

D. Cesiones especiales

En el capítulo dedicado a la transmisión de créditos, el Código civil se refiere a las siguientes:

a) *Cesión de derechos hereditarios.* El art. 1.531 dispone: «El que vende una herencia sin enumerar las cosas de que se compone, sólo estará obligado a responder de su cualidad de heredero».

El precepto se refiere a la venta de herencia que es la transmisión de todos los derechos que corresponden al heredero en una sucesión. Si se tiene en cuenta que la herencia comprende «todos los bienes, derechos y obligaciones de una persona que no se extingan por su muerte» (art. 659 C.c.) y que el sucesor a título universal en este conjunto es el heredero (art. 660), es natural que la persona que responda a esta cualidad pueda vender la herencia sin necesidad de enumerar las cosas de que se compone. El art. 1.531 se refiere, por tanto, a la transmisión de la universalidad hereditaria o de una cuota de la misma.

Por supuesto que no puede tratarse de la venta de una herencia futura, prohibida por el art. 1.271, ya que mientras vive el titular de un patrimonio no puede hablarse de herencia, que sólo podrán adquirir los herederos por el hecho de su muerte (art. 661).

El Código dispone que si el vendedor de una herencia se hubiese aprovechado de algunos frutos o hubiese percibido alguna cosa de la misma «deberá abonarlos al comprador, si no se hubiese pactado lo contrario» (art. 1.533). La regla se explica porque, en otro caso, el beneficio hereditario quedaría de hecho repartido entre cedente y cesionario, lo que no cabe admitir sin convenio expreso. La misma justificación tiene la regla del art. 1.534: «El comprador deberá, por su parte, satisfacer al vendedor todo lo que éste haya pagado por las deudas y cargas de la herencia y por los créditos que tenga contra la misma, salvo pacto en contrario».

b) *Cesión de la totalidad de ciertos derechos, rentas o productos por un precio alzado.* En este caso el cedente o vendedor «cumplirá con responder de la legitimidad del todo en general; pero no estará obligado al saneamiento de cada una de las partes de que se componga, salvo en el caso de evicción del todo o de la mayor parte». Así lo establece el art. 1.532.

En este caso, el carácter global de la adquisición del cesionario deriva del hecho de haberse fijado el precio en consideración al conjunto de los objetos cedidos. Al faltar la determinación de un precio unitario para cada objeto, la pérdida de éstos por evicción sólo ha de repercutir en el precio si la evicción afecta a la mayor parte de los que han sido cedidos.

c) *Cesión de créditos litigiosos.* En Derecho romano, la Constitución *Per diversas* (C. 4, 35, 22), conocida como *lex Anastasiana,* promulgada por el emperador Anastasio y confirmada por Justiniano (C. 4, 35, 23), dispuso que el cesionario de un crédito litigioso no pudiera reclamar al deudor una cantidad superior a la que había pagado para la adquisición del mismo.

La regla general de que el cesionario adquiere el derecho a cobrar del deudor el importe nominal del crédito, con independencia de lo que haya pagado al cedente, sufre en este caso una justa excepción porque se trata de evitar que los litigantes profesionales obtengan beneficio de los créditos que obtienen a bajo precio. El art. 1.535 C.c. dispone que «vendiéndose un crédito litigioso, el deudor tendrá derecho a extinguirlo, reembolsando al cesionario el precio que pagó, las costas que se le hubiesen ocasionado y los intereses del precio desde el día en que éste fue satisfecho». En el párrafo segundo añade que «se tendrá por litigioso un crédito desde que se conteste a la demanda relativa al mismo». En el párrafo tercero señala el breve plazo de nueve días para el ejercicio de este derecho, calificado con alguna impropiedad de retracto: «El deudor podrá usar de su derecho dentro de nueve días, contados desde que el cesionario le reclame el pago».

El art. 1.536 señala las excepciones a este derecho: «Se exceptúan de lo dispuesto en el artículo anterior la cesión o venta hechas: 1.° A un coheredero o condueño del derecho cedido. 2.° A un acreedor en pago de su crédito. 3.° Al poseedor de una finca sujeta al derecho litigioso que se ceda».

Al examinar el art. 1.459, que se refiere a las personas que no pueden adquirir por compra determinados bienes, nos hemos referido a que su penúltimo párrafo contiene una disposición igual a la del art. 1.536. Los dos casos se fundan en la misma razón, que es no existir en ellos motivo para creer que la adquisición tiene una finalidad censurable, ya que preexiste una situación que la causaliza y justifica.

XXIV

EL ARRENDAMIENTO DE COSAS

1. El concepto general de arrendamiento

El concepto de arrendamiento que hemos recibido de la tradición romana es un ejemplo ilustrativo de los inconvenientes de una excesiva generalización. Bajo la expresión *locatio conductio* se agrupaban tres tipos de contratos:

1. *Locatio conductio rei,* contrato consensual por el que una parte *(locator)* se obligaba a ceder a la otra *(conductor)* el uso de una cosa a cambio de una retribución.
2. *Locatio conductio operis,* contrato consensual por el que una parte *(conductor)* prometía alcanzar un resultado con su trabajo, a cambio de una compensación que debía pagar la otra parte *(locator).*
3. *Locatio conductio operarum,* contrato consensual por el que una parte *(locator)* prometía servicios de cierta clase a cambio de una remuneración que se obligaba a pagar la otra parte *(conductor).*

Puede observarse que la terminología causa cierta perplejidad. El trabajador es llamado *conductor* en el contrato descrito bajo el número 2, y en cambio es llamado *locator* en el contrato del número 3. Ello es debido a que *locare* significa «colocar», en el sentido de confiar algo a una persona; *conducere* significaba «llevar juntamente», en el sentido, para los juristas clásicos, de *secum ducere.* El que arrendaba un esclavo era llamado *conductor* porque lo llevaba consigo, y la persona que se lo había proporcionado era llamado *locator,* porque lo «colocaba» a disposición del *conductor.* La persona que recibía una cosa para llevarla a otro lugar también era llamado *conductor, y* quien la había entregado para su transporte era llamado *locator* porque «colocaba» la cosa en poder del portador. El arquitecto contratado para construir una casa era llamado *conductor* porque asumía el trabajo de hacerla, y la parte que encargaba la obra era el *locator*. Pero si alguien contrataba obreros para construir una casa bajo su propia dirección, los obreros eran los *locatores* porque se colocaban a disposición de la otra parte.[1]

Como puede verse, semejantes criterios de clasificación no están justificados, a pesar de que la distinción entre arrendamiento de cosas o *locatio conductio rei*, de arrendamiento de obra o *locatio conductio operis* y de arrendamiento de servicios o *locatio conductio operarum* ha llegado hasta nosotros y puede verse todavía en el Código civil. Los Códigos más modernos no engloban tales contratos en la idea genérica de arrendamiento, y se deja este concepto para el de bienes, mientras que, con referencia a los contratos de obra o resultado se habla simplemente de arrendamiento de obra, y el contrato de prestación de servicios personales se llama contrato de servicios o de relaciones laborales, como sucede en España fuera del Código.

Sin embargo, los antecedentes históricos brevemente expuestos han de permitir comprender lo que todavía dice el art. 1.546 del Código civil: «Se llama arrendador al que se obliga a ceder el uso de la cosa, ejecutar la obra o prestar el servicio; y arrendatario al que adquiere el uso de la cosa o el derecho a la obra o servicio que se obliga a pagar». A pesar de ello, es aconsejable hablar solamente de arrendador y de arrendatario en relación con el arrendamiento de cosas.

2. El arrendamiento de cosas

A. Concepto y caracteres. Es un contrato bilateral, consensual, oneroso y de tracto sucesivo, por el que el arrendador cede el uso o aprovechamiento de una cosa al arrendatario por tiempo determinado, a cambio de un precio cierto, generalmente abonado en forma periódica.[2]

El art. 1.543 del Código dice: «En el arrendamiento de cosas una de las partes se obliga a dar a la otra el goce o uso de una cosa por tiempo determinado y precio cierto».

---

1. Fritz SCHULZ, *Derecho romano clásico*, traducción de J. SANTA CRUZ TEGEIRO, Barcelona, 1960, p. 520.

2. F. LUCAS FERNÁNDEZ, *Comentarios al Código civil y Compilaciones forales*, tomo XX, volumen 1.º, Madrid, 1980, pp. 1 y ss.; Alfonso DE COSSÍO, *Instituciones de Derecho civil*, Madrid, 1975, I, pp. 378 y ss.; MANRESA y BLOCH, *Comentarios al Código civil*, tomo X, quinta edición, Madrid, 1950, pp. 452 y ss.

Todas las cosas pueden ser objeto de arrendamiento, pero el arrendamiento de bienes inmuebles ocupa el lugar más destacado. Hay que distinguir el de fincas urbanas y rústicas; el primero es llamado inquilinato y el segundo colonato.

Al tratar de la compraventa nos hemos referido a la distinción entre este contrato y el que ahora nos ocupa. Los rasgos propios del arrendamiento pueden destacarse a base de la comparación, además, con otros contratos.

El arrendamiento y el comodato tienen en común que ambos consisten en la cesión de uso de una cosa, pero se distinguen porque el comodato es esencialmente gratuito y el arrendamiento siempre es oneroso. Como dice el Código, el contrato deja de ser comodato «si interviene algún emolumento que haya de pagar el que adquiere el uso» (art. 1.741).

Arrendamiento y usufructo ofrecen de común que el usufructuario tiene «derecho a disfrutar los bienes ajenos» durante cierto tiempo (art. 467 C.c.) y en el arrendamiento de cosas el arrendatario adquiere «el goce o uso de una cosa por tiempo determinado y precio cierto» (art. 1.543); pero este último elemento del precio cierto no existe en el usufructo, que es un derecho real cuya subsistencia no depende del pago de una contraprestación, con independencia de la naturaleza del negocio jurídico en cuya virtud se haya constituido. La diferencia que se advierte entre el art. 520 (que afirma que el usufructo no se extingue por el mal uso de la cosa usufructuada) y el art. 1.569 (que señala las causas de desahucio en el arrendamiento), es un significativo reflejo de lo que tiene de peculiar cada una de estas figuras jurídicas.

La diferencia entre arrendamiento y depósito también es indudable y significativa. El arrendador proporciona al arrendatario el goce o uso de una cosa por tiempo determinado y precio cierto (art. 1.543), y en el depósito la finalidad está en la obligación de guardar y restituir una cosa ajena (art. 1.758) Además, el primero es un contrato consensual y el segundo es un contrato real, pues sólo existe a partir de la entrega de la cosa en depósito.

La Sentencia de 14 de diciembre 1928 resolvió que el contrato entre un particular y un establecimiento bancario para que el primero pudiera guardar objetos en una de las cajas de la cámara acorazada del segundo, es un contrato de arrendamiento y no de depósito, por faltarle la condición esencial de recibir lo depositado con obligación de devolverlo. La Sentencia de 10 junio 1929 se refirió al contrato celebrado con el dueño de un garaje para guardar el automóvil, y declaró que se trata de un arrendamiento.

La diferencia entre arrendamiento y sociedad aparece destacada en la Sentencia de 27 febrero 1945 (Aranzadi, núm. 266). La duda había surgido por tratarse de un contrato mediante el que las partes habían querido constituirse en sociedad para una explotación agropecuaria.

Entre arrendamiento y servidumbre la diferencia también es indudable en términos abstractos, con independencia de que en algún caso práctico, por las circunstancias que concurrían, fuera objeto de discusión. La Sentencia de 4 febrero 1930 declaró que el pacto por el que las aguas de unos regantes podían discurrir por los cauces de la sociedad demandante, no implica la constitución de una servidumbre voluntaria, al no poderse determinar cuáles eran los predios dominantes y sirvientes.

B. Capacidad, cosa, precio, duración y forma en el arrendamiento. Acerca de la *capacidad*, la doctrina considera que el arrendamiento es el prototipo de los actos de administración, y que por ello es suficiente que una y otra parte tengan la capacidad general para contratar (art. 1.263 C.c.), sin necesidad de que concurran los requisitos que son indispensables en los actos de enajenación.

Sin embargo, en un contrato de tracto sucesivo no puede considerarse indiferente su duración, por lo que la ley sigue el criterio de que si ha de exceder de seis años, no basta la simple capacidad para administrar. El art. 1.548, redactado por la Ley de 2 mayo 1975, dice: «Los padres o tutores, respecto de los bienes de los menores o incapacitados, y los administradores de bienes que no tengan poder especial, no podrán dar en arrendamiento las cosas por término que exceda de seis años».

El límite de seis años también es el que la Ley hipotecaria tiene en cuenta para admitir la inscripción de los arrendamientos. Dice el art. 2.°, núm. 5.°, que son inscribibles: «Los contratos de arrendamiento de bienes inmuebles por un período de más de seis años, o aquellos en los cuales se hayan anticipado las rentas de tres o más, o cuando, sin concurrir ninguna de estas circunstancias, hubiere convenio expreso de las partes que se inscriban».[3]

El diferente grado de capacidad exigible para contraer obligaciones y para enajenar se advierte en los arts. 323 y 324 C.c., redactados por la Ley de 13 mayo 1981, relativos a la emancipación, y en el art. 1.713, párrafo primero, respecto a las personas que gestionen intereses ajenos en virtud de un poder general.

---

3. ROCA SASTRE, *Derecho hipotecario*, séptima edición, Barcelona, 1979, tomo III, pp.502 y ss., esp. 524 y ss.

Respecto de la administración de bienes derivada de una potestad familiar, el art. 164 C.c. (redactado por Ley 13 mayo 1981) dispone: «Los padres administrarán los bienes de los hijos con la misma diligencia que los suyos propios, cumpliendo las obligaciones generales de todo administrador y las especiales establecidas en la Ley hipotecaria». El mismo artículo señala a continuación los bienes exceptuados de la administración paterna.

Por lo que se refiere a la tutela, el art. 271, núm. 2.°, redacción de la Ley de 24 octubre 1983, exige al tutor autorización judicial para enajenar o gravar bienes inmuebles y realizar otros actos de disposición sobre bienes de los menores o incapacitados; y el siguiente art. 272, redactado por la misma Ley, exige la misma clase de autorización para «ceder bienes en arrendamiento sujetos a prórroga forzosa» (núm. 4.°).

La diferencia entre actos de administración y de disposición también aparece con claridad en los arts. 1.376 y 1.377 C.c., redactados por la Ley de 13 mayo 1981, relativos a la administración de la sociedad de gananciales.

Los que tienen el goce de una cosa en virtud de un derecho real pueden arrendarlo, pero con la limitación de que los efectos del contrato no podrán exceder de los límites del derecho real del propio arrendador. Véase, con referencia al usufructo, el art. 480 C.c.

Acerca de los *requisitos reales* de la cosa y el precio, el Código utiliza la palabra «cosa» para designar el objeto del contrato. En la terminología legal española esta palabra, «cosa», se refiere a los objetos corporales, pero también a los incorporales y a los derechos (por ejemplo, arts. 334, núm. 10, 336 y otros). Por ello es admisible, en principio, el arrendamiento de cosas incorporales cuyo goce o utilización pueda cederse. Sin embargo, en la práctica, la cesión, por ejemplo, de patentes, etc., es considerada como un contrato atípico de cesión temporal de derechos. Véase la Ley de Patentes de 20 marzo 1986, arts. 74 y ss. y 81 y ss., sobre concesión de licencias.

No pueden ser objeto de arrendamiento los derechos personalísimos y los que tienen la consideración legal de intransferibles, como el uso y la habitación (art. 525 C.c.) y las servidumbres, separadas de las fincas a que pertenecen (art. 534).

No pueden ser objeto de arrendamiento los bienes fungibles. Dice el art. 1.545: «Los bienes fungibles que se consumen por el uso no pueden ser materia de este contrato».[4]

---

4. Véase el volumen I de este *Compendio*, sobre bienes fungibles y no fungibles.

Por lo que se refiere al precio, el Código exige que sea cierto (art. 1.543), tanto si consiste en dinero o en frutos; pero los frutos no pueden consistir en una parte alícuota de los que se obtengan de la finca, pues en tal caso se trataría de un contrato de aparcería, sometido al art. 1.579.

Ante la circunstancia de que el art. 1.543 C.c. no exige que el precio tenga que ser «en dinero» o en «signo que lo represente», como está dispuesto en la compraventa, se considera posible y válido el pacto de que se pague en especie, pero siempre que consista en una cantidad fija.

En el caso de arrendamiento verbal, si falta la prueba del precio convenido, el art. 1.457 C.c. dispone que «el arrendatario devolverá al arrendador la cosa arrendada, abonándole, por el tiempo que la haya disfrutado, el precio que se regule».

El *tiempo de duración* del contrato de arrendamiento ha de ser limitado, si no se quiere desvirtuar la naturaleza personal del derecho del arrendatario. La Sentencia de 20 febrero 1960 (Aranzadi, núm. 919) declaró que es un derecho de naturaleza personal y de duración temporal. Por ello, si el plazo no ha quedado expresamente pactado, el art. 1.581 dispone que el arrendamiento de predios urbanos «se entiende hecho por años cuando se ha fijado en alquiler anual, por meses cuando es mensual, por días cuando es diario». Además, el arrendamiento cesa «sin necesidad de requerimiento especial, cumplido el término». Si con la finca se han arrendado muebles, el plazo de duración es común para ambos arrendamientos (cfr. art. 1.582).

Para el arrendamiento de predios rústicos, el art. 1.577 dispone que «cuando no se fija su duración, se entiende hecho por todo el tiempo necesario para la recolección de los frutos que toda la finca arrendada diere en un año o pueda dar por una vez, aunque pasen dos o más años para obtenerlos». Añade que el arrendamiento de tierras labrantías «divididas en dos o más hojas, se entiende por tantos años cuantas sean éstas».

Respecto a la *forma* del contrato, son aplicables las reglas generales de la contratación. Las partes quedan obligadas cualquiera que sea la forma en que se haya celebrado (art. 1.278), y sólo deberá constar necesariamente en escritura pública el arrendamiento de bienes inmuebles por seis o más años, siempre que.deba perjudicar a tercero, según el art. 1.280, núm. 2.º, C.c. y art. 3.º de la Ley hipotecaria.

C. *Obligaciones del arrendador y del arrendatario*

a) *Obligaciones del arrendador.* El Código impone las siguientes:

Primera. Ha de entregar o poner la cosa arrendada a disposición del arrendatario (art. 1.554, núm. 1.º).

Segunda. Ha de «hacer en ella durante el arrendamiento todas las reparaciones necesarias a fin de conservarla en estado de servir para el uso a que ha sido destinada» (art. 1.554, núm. 2.º).

Estas reparaciones necesarias a cargo del arrendador pueden serlo por el mero transcurso del tiempo, por el uso normal del derecho del arrendatario, o pueden derivar de caso fortuito o de fuerza mayor. Cuando el arrendador no realice las obras, después de ser requerido por el arrendatario, podrá ordenar éste su ejecución y reclamar su importe al primero.

El Código dice (art. 1.553) que son aplicables al contrato de arrendamiento las disposiciones sobre saneamiento contenidas en el título de la compraventa, y que son vicios ocultos que entran en la obligación de sanear incluso los que aparecen o sobrevienen durante la vigencia del contrato, por la relación de tracto sucesivo que éste engendra. Cfr. S. 28 mayo 1907.[5]

Con referencia al arrendamiento de fincas urbanas, el Código (art. 1.580) dispone: «En defecto de pacto especial, se estará a la costumbre del pueblo para las reparaciones de los predios urbanos que deban ser de cuenta del propietario. En caso de duda se entenderán de cargo de éste».

Tercera. Ha de «mantener al arrendatario en el goce pacífico del arrendamiento por todo el tiempo del contrato» (art. 1.554, 3.º).

Ante todo, el arrendador no puede perturbar con sus propios actos el derecho del arrendatario. Éste puede exigir el cumplimiento en forma específica de lo convenido, y por ello el art. 1.557 dispone: «El arrendador no puede variar la forma de la cosa arrendada».

El arrendador debe asimismo proteger al arrendatario de la posible interferencia de terceros, pero únicamente cuando éstos invoquen una causa jurídica para hacerlo. Lo impone la obligación de sanear por defectos ocultos a que se refiere el primer párrafo del art. 1.553. Pero cuando se trata de una perturbación de mero hecho, procedente

---

5. P. BELTRÁN DE HEREDIA DE ONÍS, *La obligación de saneamiento en el arrendamiento*, Revista de Derecho privado, 1964, pp. 367 a 379.

de tercero, se aplica otro criterio. Dispone el artículo 1.560 C.c.: «El arrendador no está obligado a responder de la perturbación de mero hecho que un tercero causare en el uso de la finca arrendada; pero el arrendatario tendrá acción directa contra el perturbador».

Añade este artículo en un segundo párrafo: «No existe perturbación de hecho cuando un tercero, ya sea la Administración, ya un particular, ha obrado en virtud de un derecho que le corresponde».

Las obligaciones que incumban al arrendador en virtud de la remisión que hace el Código (art. 1.553) a las reglas sobre saneamiento en la compraventa, han de considerarse refundidas con la obligación de conservar la cosa en el estado adecuado a la finalidad del contrato. Dicha remisión a las normas del saneamiento apenas tiene justificación. Si el arrendatario sufriera evicción, el arrendador habría incumplido la obligación de mantener al primero en el goce pacífico de la cosa arrendada, y habría incurrido en la sanción del artículo 1.556 C.c.[6]

Este artículo dice: «Si el arrendador o el arrendatario no cumplieren las obligaciones expresadas en los artículos anteriores, podrán pedir la rescisión del contrato y la indemnización de daños y perjuicios, o sólo esto último, dejando el contrato subsistente.

En el supuesto de pedirse la rescisión, dispone el C.c. que «se hará la disminución proporcional al tiempo que el arrendatario haya disfrutado de la cosa» (art. 1.553-2).

Cuarta. Otra obligación del arrendador es la de reembolsar al arrendatario los gastos necesarios y ciertas mejoras que, en primer lugar, incumben al primero. Si por no hacer el arrendador los gastos necesarios los emprende el arrendatario, éste tiene derecho a ser reembolsado del importe de lo gastado.

Este derecho presupone que el arrendatario haya cumplido la obligación de poner con urgencia en conocimiento del dueño la necesidad de las reparaciones (art. 1.559-2), por ser el arrendador quien ha de hacer las reparaciones necesarias (art. 1.554, núm. 2.º). Sólo de manera subsidiaria se transforma esta obligación del dueño de la cosa en la de tener que reembolsar al arrendatario el importe de las reparaciones necesarias cuando no las hiciere el primero.

En el caso de mejoras útiles y voluntarias hechas por el arrendatario en la cosa arrendada, son muy limitadas las obligaciones que el Código impone al arrendador. Según el art. 1.573, el arrendatario

---

6. LUCAS FERNÁNDEZ, citado, pp. 254 a 264.

tendrá respecto de tales mejoras «el mismo derecho que se concede al usufructuario». Es decir, el arrendador tendrá que tolerar que el arrendatario retire tales mejoras «si fuere posible hacerlo sin detrimento de los bienes» (art. 487).

b) *Obligaciones del arrendatario*

Del art. 1.555 y de otros preceptos del C.c., resultan las siguientes:

Primera. «Pagar el precio del arrendamiento en los términos convenidos» (art. 1.555, núm. 1.º). Acerca del lugar y tiempo del pago, se estará a lo pactado en el contrato y subsidiariamente tendrá efecto en el domicilio del deudor, que es el arrendatario (art. 1.171, en relación con el 1.574), y en el momento en que deba considerarse debido según la costumbre de la tierra (art. 1.574).

El crédito del arrendador «por alquileres y rentas de un año» goza de preferencia «sobre los bienes muebles del arrendatario existentes en la finca arrendada y sobre los frutos de la misma» (art. 1.922, núm. 7.º, C.c.).

Segunda. Tiene la obligación de «usar de la cosa arrendada como un diligente padre de familia, destinándola al uso pactado; y en defecto de pacto, al que se infiera de la naturaleza de la cosa arrendada según la costumbre de la tierra» (art. 1.555, núm. 2.º).

Tercera. Ha de pagar los gastos que ocasione la escritura del contrato (art. 1.555, núm. 3.º).

Cuarta. «Si durante el arrendamiento es necesario hacer alguna reparación urgente en la cosa arrendada que no pueda diferirse hasta la conclusión del arriendo, tiene el arrendatario obligación de tolerar la obra, aunque le sea muy molesta, y aunque durante ella se vea privado de una parte de la finca» (art. 1.558, párrafo primero).

Quinta. El arrendatario «está obligado a poner en conocimiento del propietario, en el más breve plazo posible, toda usurpación dañosa que otro haya realizado o abiertamente prepare en la cosa arrendada. También está obligado a poner en conocimiento del dueño, con la misma urgencia, la necesidad de todas las reparaciones comprendidas en el núm. 2.º del art. 1.554. En ambos casos será responsable el arrendatario de los daños y perjuicios que por su negligencia se ocasionaren al propietario» (art. 1.559).

Sexta. Tiene la obligación de «devolver la finca, al concluir el arriendo, tal como la recibió, salvo lo que hubiese perecido o se hubiera menoscabado por el tiempo o por causa inevitable» (art. 1.561).

Séptima. El arrendatario es responsable por el deterioro o pérdida de la cosa arrendada, debiendo añadirse que, en cuanto al deterioro, la ley presume que la recibió en buen estado, salvo prueba en contrario (art. 1.562), y en cuanto a la pérdida, ha de probar que ha ocurrido sin culpa suya (art. 1.563). Es responsable del deterioro causado por las personas de su casa (art. 1.564).

Octava. En los arrendamientos de predios rústicos, el arrendatario saliente debe permitir al entrante el uso del local y demás medios necesarios para las labores preparatorias del año siguiente, y el entrante debe permitir al colono saliente lo necesario para la recolección y aprovechamiento de los frutos, todo con arreglo a la costumbre del pueblo (art. 1.578 C.c.).

D. *Casos en que el arrendatario puede pedir reducción de la renta*

Esta posibilidad aparece en los siguientes supuestos:

Primero. En el caso de tener que tolerar el arrendatario las obras necesarias para alguna reparación urgente, si la reparación dura más de cuarenta días, «debe disminuirse el precio del arriendo a proporción del tiempo y de la parte de la finca de que el arrendatario se vea privado» (art. 1.558, párrafo segundo).[7]

Segundo. En el supuesto de arrendamiento de predios rústicos, el Código dispone: «El arrendatario no tendrá derecho a rebaja de la renta por esterilidad de la tierra arrendada o por pérdida de los frutos provenientes de casos fortuitos ordinarios; pero sí en caso de pérdida de más de la mitad de los frutos por casos fortuitos extraordinarios e imprevistos, salvo siempre el pacto especial en contrario» (art. 1.575, párrafo primero). Pero no tiene el arrendatario derecho a rebaja de la renta «cuando los frutos se han perdido después de estar separados de su raíz o tronco» (art. 1.576).

Como casos fortuitos el Código enumera «el incendio, guerra, peste, inundación insólita, langosta, terremoto u otro igualmente desacostumbrado y que los contratantes no hayan podido racionalmente prever» (art. 1.575, párrafo segundo).

Tercero. El precio del arrendamiento está fijado en relación al tiempo de duración del contrato y al valor de la cosa arrendada. Si cualquiera de estos elementos experimenta una disminución, el pre-

7. LUCAS FERNÁNDEZ, citado, pp. 381 a 390.

cio deberá reducirse. Respecto al factor tiempo, ya se ha dicho lo que resulta del art. 1.553, en el sentido de que si se rescinde el contrato por aplicación de las disposiciones sobre saneamiento, sólo ha de pagarse el precio que corresponda al tiempo en que el arrendatario ha disfrutado de la cosa arrendada.

Si la disminución se produce en el objeto del contrato, hay que distinguir. En el caso de que el arrendador no haya podido entregar en su totalidad el objeto convenido, si a pesar de ello lo admite el arrendatario, ha de suponerse que no renuncia a una rebaja proporcional del precio; es decir, la subsistencia del contrato deberá comportar un reajuste entre el valor de la cosa y el precio del arrendamiento.

Cuando la disminución sobreviene durante la vigencia del contrato, es necesario distinguir. Ante todo será lo más procedente que las deficiencias sobrevenidas en la cosa arrendada sean subsanadas por el arrendador en cumplimiento de la obligación que le impone el núm. 2.º del art. 1.554; pero, en su defecto, el arrendatario podrá elegir entre desistir del contrato o continuar en el uso de la cosa arrendada con una rebaja proporcional del precio.

Si en lugar de una disminución sobrevenida se tratase de la pérdida por evicción de una parte de la cosa arrendada, el arrendatario podría desistir del contrato, pero también sería justo que pudiese optar por una rebaja proporcional del precio. La rebaja que reconoce el párrafo segundo del art. 1.553 en caso de evicción total, para que el precio sea proporcionado al tiempo de duración del contrato, ha de encontrar su complemento en la facultad del arrendatario de continuar el arrendamiento de la parte de la cosa arrendada que subsista, con una rebaja en el precio proporcional a la disminución sobrevenida.

E. Casos de imposibilidad de cumplimiento y de quebrantamiento de lo convenido

El Código civil dispone: «Si se pierde la cosa arrendada o alguno de los contratantes falta al cumplimiento de lo estipulado, se observará, respectivamente, lo dispuesto en los arts. 1.182 y 1.183 y en los 1.101 y 1.124» (art. 1.568).

Este artículo desconoce la dificultad de aplicar unas mismas normas a los contratos de tracto único y de tracto sucesivo. No hay duda que el arrendamiento queda extinguido cuando su objeto desaparece por caso fortuito. Podrá discutirse si en la compraventa, al quedar extinguida la obligación del vendedor de entregar la cosa en virtud de lo que dispone el art. 1.182, subsiste a pesar de ello la correlativa obligación del comprador de pagar el precio. Pero nadie discute que al quedar extinguidas las obligaciones del dueño de la cosa arrendada no pueden subsistir las del arrendatario.

El art. 1.568 se refiere también al art. 1.183, que contiene una presunción favorable a entender que la pérdida de la cosa que se encontraba en poder del deudor ha de atribuirse a culpa de éste, sin perjuicio de que demuestre que se debió a caso fortuito. Asimismo encontramos una presunción de culpabilidad de arrendatario en el art. 1.563, al disponer que será «responsable del deterioro o pérdida que tuviere la cosa arrendada, a no ser que pruebe haberse ocasionado sin culpa suya». Pero ha de tenerse en cuenta que, en el primer caso, se trata de puntualizar que la pérdida de la cosa debida afecta a la obligación de tracto único de entregarla, mientras que en el segundo caso se determina cuándo el propietario de la cosa puede exigir responsabilidad al obligado a conservarla.

Por lo que se refiere a la remisión del mismo art. 1.568 a los arts. 1.101 y 1.124, no ofrece ningún problema la aplicación del primero; pero en cuanto a la aplicación al arrendamiento del art. 1.124, el hecho de ser un contrato de tracto sucesivo provoca algunas diferencias. El art. 1.556 dispone que «si el arrendador o el arrendatario no cumplieren las obligaciones expresadas en los artículos anteriores, podrán pedir la rescisión del contrato y la indemnización de daños y perjuicios, o sólo esto último dejando el contrato subsistente». Por tanto, el art. 1.124 tiene en cuenta la situación creada por unas obligaciones recíprocas que han de cumplirse en un tracto único, por cuyo motivo hay que elegir entre el cumplimiento y la resolución, y el art. 1.566 considera la posibilidad de optar entre la terminación del contrato y su subsistencia, con la indemnización que proceda.

3. El subarriendo

El artículo 1.550 del Código civil autoriza el contrato de subarriendo con las siguientes palabras: «Cuando en el contrato de arrendamiento de cosas no se prohíba expresamente, podrá el arrendatario subarrendar en todo o en parte la cosa arrendada, sin perjuicio de su responsabilidad al cumplimiento del contrato para con el arrendador».

Por tanto, subsiste la relación contractual de arrendamiento entre arrendador y arrendatario, y se crea otra relación contractual entre el arrendatario, en concepto de subarrendador y el subarrendatario. Con ello se produce una superposición de arrendamientos.[8]

Además de estas relaciones nacidas de lo convenido, la ley impone una relación directa entre el arrendador del primer contrato y el subarrendatario del segundo, con objeto de garantizar los derechos de aquél en el contrato que ha celebrado con el arrendatario.

El Código dispone que el subarrendatario o segundo arrendatario queda obligado a favor del arrendador por todos los actos que se refieran al uso y conservación de la cosa arrendada en la forma pactada entre arrendador y arrendatario (art. 1.551 C.c.). Por supuesto que el uso que haya obtenido el subarrendatario no podrá exceder de los límites establecidos en el primer contrato para el arrendatario.

Pero el Código, además, establece una obligación directa del subarrendatario «para con el arrendador por el importe del precio convenido en el subarriendo que se halle debiendo al tiempo del requerimiento, considerándose no hechos los pagos adelantados, a no haberlos verificado con arreglo a la costumbre» (art. 1.552).[9]

El subarrendador puede instar el desahucio contra el subarrendatario por las mismas causas que, según el art. 1.569, puede invocar el arrendador contra el arrendatario. En este sentido, véase la sentencia de 21 abril 1954 (Aranzadi, núm. 1.309).

La duración del contrato de subarriendo depende de la subsistencia del contrato de arrendamiento, del que el propio arrendatario ha obtenido la legitimación para subarrendar. Nadie puede dar más de lo que tiene y por ello la extinción del arrendamiento provoca necesariamente la resolución del subarriendo. En este sentido, la sentencia de 24 mayo 1960 (Aranzadi, núm. 2.055).

4. Cesión del arrendamiento

A diferencia de lo que sucede con el subarriendo, en la cesión el arrendatario se desliga de su posición de parte en el contrato, y su lugar pasa a ocuparlo el cesionario.[10]

Pero, por tratarse de un contrato que genera obligaciones recíprocas, la cesión de la posición del arrendatario no puede hacerse sin el consentimiento del arrendador, pues no se trata únicamente de ce-

8. LUCAS FERNÁNDEZ, pp. 197 a 224.
9. LUCAS FERNÁNDEZ, pp. 225 a 253.
10. LUCAS, p. 217.

sión de derechos, sino también de asumir obligaciones, ya que el uso y aprovechamiento de la cosa arrendada pasa a una persona distinta de la que contrató inicialmente con el arrendador.

Por ello, la validez de la cesión depende del consentimiento del arrendador, y aunque en el contrato de arrendamiento no se haya prohibido el subarriendo, no por ello ha de estimarse autorizada la cesión. La ley admite el subarriendo, salvo pacto en contrario, pero no autoriza la cesión sin la autorización del arrendador.

5. Extinción del arrendamiento

A. *Por el transcurso del plazo de duración*

Como derecho que atribuye el uso o disfrute de una cosa ajena, es natural que ha de durar un tiempo limitado. Por ello el Código dispone que si la duración no resulta de los términos del contrato, los arrendamientos de predios rústicos se entenderán hechos por todo el tiempo necesario para la recolección de los frutos que diere en un año la finca arrendada o pueda dar por una vez, aunque pasen dos o más años para obtenerlos (véase el art. 1.577 C.c.); y si se tratare de predios urbanos, el plazo se entenderá hecho por años cuando se ha fijado un alquiler anual, por meses cuando es mensual, por días cuando es diario (art. 1.581). En todo caso, el arrendamiento urbano termina, sin necesidad de requerimiento especial, cumplido el término (art. 1.581, segundo párrafo). En el supuesto de haberse pactado un tiempo determinado, dispone el Código que «concluye el día prefijado sin necesidad de requerimiento» (art. 1.565).

Puede suceder que, a pesar de haber transcurrido el plazo, las partes permanezcan en la situación correspondiente a la vigencia del contrato. Para tal supuesto el Código dispone que «si al terminar el contrato permanece el arrendatario disfrutando quince días de la cosa arrendada con aquiescencia del arrendador, se entiende que hay tácita reconducción por el tiempo que establecen los artículos 1.577 y 1.581, a menos que haya precedido requerimiento» (art. 1.566 C.c.). En este caso cesan «las obligaciones otorgadas por un tercero para la seguridad del contrato principal» (art. 1.567).

La conclusión es que no hace falta requerimiento *previo* para que el arrendamiento por tiempo determinado concluya el día prefijado; pero que, en cambio, el requerimiento es necesario para evitar que la permanencia del arrendatario en el uso de la cosa arrendada durante los expresados quince días tenga la eficacia de prorrogar el contrato. En la práctica, el arrendador dispone de quince días, a partir del señalado como el último del contrato, para lograr por medio de un requerimiento que tal conclusión sea efectiva.

B. Pérdida de la cosa arrendada

El Código dispone que si se pierde la cosa arrendada, se observará lo dispuesto en los artículos 1.182 y 1.183 (cfr. art. 1.568). No es del todo pertinente la aplicación de estos artículos en un supuesto de contrato de tracto sucesivo, como hemos visto al referirnos a los casos de imposibilidad de cumplimiento y de quebrantamiento de lo convenido.

C. Resolución del derecho del arrendador

No hay duda que si el arrendamiento ha sido concertado por quien sólo tenía un derecho temporal sobre la cosa arrendada, la conclusión del derecho provocará la resolución del contrato. Por ello dispone el art. 480 C.c. que todos los contratos celebrados por el usufructuario «se resolverán al fin del usufructo, salvo el arrendamiento de las fincas rústicas, el cual se considerará subsistente durante el año agrícola».

En el supuesto de que el arrendador pierda la propiedad de la cosa por evicción, no hay duda que el reivindicante no tendrá que respetar el contrato celebrado por quien resulta que no era el propietario.

El caso del art. 1.571 es diferente. Dispone su primer párrafo: «El comprador de una finca arrendada tiene derecho a que termine el arriendo vigente al verificarse la venta, salvo pacto en contrario y lo dispuesto en la Ley Hipotecaria». A diferencia de los dos supuestos anteriores, el adquirente que tiene en cuenta el art. 1.571-1 deriva su derecho de la misma persona que concertó el arrendamiento y no le afectan las relaciones jurídicas estrictamente personales entre el anterior propietario y otra persona (cfr. art. 1.257-1).[11]

Este derecho que reconoce al adquirente el artículo 1.571 C.c. tiene las siguientes limitaciones: 1.ª No procede cuando exista pacto en contrario, en el sentido de que comprador y vendedor hayan convenido que el primero respetará el arrendamiento. 2.ª Tampoco procede cuando el arrendamiento esté inscrito en el Registro de la Propiedad. 3.ª La que establece el art. 1.572: «El comprador con pacto de

---

11. Sobre el art. 1.571 C.c., LUCAS, pp. 487 a 501.

retraer no puede usar de la facultad de desahuciar al arrendatario hasta que haya concluido el plazo para usar del retracto».

Cuando se haya producido este efecto de que «la venta quita renta» *(emptio tollit locatio)*, el arrendatario podrá exigir del comprador que «le deje recoger los frutos de la cosecha que corresponda al año agrícola corriente y que el vendedor le indemnice los daños y perjuicios que se le causen» (art. 1.571, párrafo segundo).

D. Extinción por causa de incumplimiento

El artículo 1.569 enumera las causas por las que el arrendador podrá desahuciar judicialmente al arrendatario. La primera es la de expiración del plazo, ya examinada. Las otras tres se refieren a infracciones del arrendatario. Son las siguientes: Falta de pago del precio convenido. Infracción de cualquiera de las condiciones estipuladas en el contrato. Destinar la cosa arrendada a usos o servicios no pactados que la hagan desmerecer, o no sujetarse en su uso a lo que ordena el número 2.° del art. 1.555.

El art. 1.570 declara que «fuera de los casos mencionados en el artículo anterior, tendrá derecho el arrendatario a aprovechar los términos establecidos en los artículos 1.577 y 1.581». Por tanto, las indicadas causas de desahucio son taxativas, sin perjuicio de lo que resulta del art. 1.571. Pero, además, por la diferencia entre el arrendamiento de bienes muebles y de bienes inmuebles, el juicio de desahucio sólo es procedente con referencia a los segundos. Sentencia de 3 julio 1911.[12]

6. Legislación especial de arrendamientos urbanos

En el momento de preparar la segunda edición de este volumen está anunciada la remisión a las Cortes del proyecto de la nueva Ley destinada a regular los arrendamientos urbanos y a devolver a estos contratos su tradicional carácter de disfrute temporal de fincas ajenas a cambio de una retribución libremente pactada. La Ley de 1964 ya dispuso, en su artículo 97, que después de su entrada en vigor la renta de las viviendas y locales de negocio sería la que libremente estipularan las partes; por otra parte, el Real Decreto-Ley 2/1985 suprimió la prórroga forzosa en su artículo 9.

---

12. LUCAS FERNÁNDEZ, citado, pp. 469 a 487.

El resultado de las citadas disposiciones ha sido que en el mercado arrendaticio han subsistido arrendamientos urbanos anteriores a la Ley de 1964, con renta antigua y prórroga forzosa, arrendamientos posteriores a esta Ley, y arrendamientos sin prórroga forzosa, aparte de renta libremente pactada, posteriores al Decreto-Ley de 1985. Por razones de diversa índole, pero especialmente de protección social, la unificación se producirá, seguramente, de manera gradual por lo que se refiere a los arrendamientos llamados de renta antigua.

El Proyecto ha sido calificado de insuficiente e inconcreto, sin duda para que en la discusión parlamentaria se alcance el detalle necesario para dejar esta materia debidamente regulada. Por ello es preferible no entrar en la casuística del mismo, que sin duda no coincidirá con las disposiciones que en su día serán Derecho positivo. Por la misma razón, a continuación se expone lo que es Derecho todavía vigente (enero de 1994) sobre el particular.

A. *Carácter de esta legislación especial*

Después de la guerra de 1914 a 1918 se manifestó en toda Europa el grave problema de la escasez de viviendas que se trató de afrontar con disposiciones protectoras que pudieran tener un carácter meramente provisional o transitorio. Por ello las primeras disposiciones fueron Decretos adoptados como medidas de emergencia para un período que se confiaba sería breve. En España, a partir de un Decreto de Alquileres de diciembre de 1919, apareció esta legislación excepcional, fundada en el doble principio de la prórroga legal de todos los contratos vigentes y de la tasa de la renta en los futuros.

Estas limitaciones fueron mantenidas por sucesivos Decretos hasta llegar a convertirse en un ordenamiento de carácter estable a partir de la Ley de 1942, de manera que, como observó Alfonso de Cossío, lo que en sus orígenes había sido un Derecho de carácter excepcional, se convirtió en un Derecho especial.[13]

Después rigió el texto de la Ley de Arrendamientos Urbanos o LAU, refundido y aprobado por Decreto de 24 diciembre 1964, que entró en vigor el día 1.° de enero de 1965, y que con algunas modificaciones importantes, como la introducida por el art. 9.° del Real Decreto-Ley 2/1985, de 30 de abril (B.O.E. del 9 de mayo 1985), ha puesto fin a la prórroga legal forzosa de los arrendamientos.

---

13. Alfonso DE COSSIO, *Instituciones de Derecho civil*, volumen 1.°, Madrid, 1975, p. 389.

Actualmente esta materia se rige por la Ley 29/ 1994, de 24 de noviembre, que plantea nuevas perspectivas y enormes cambios respecto de la legislación anterior, aunque establece un conjunto de disposiciones transitorias que determinarán la vigencia y aplicación de la antigua ley de 1964 durante mucho tiempo. Sustancialmente la nueva ley de arrendamientos varía la directriz principal sobre la que se asentaba, la prórroga legal forzosa en favor del arrendatario, que determinaba la presencia de contratos de arrendamiento practicamente indefinidos, así como la existencia de la permanencia de contratos con unas rentas que se encontraban en un gran número de supuestos, muy por debajo de los reales precios de mercado.

La nueva ley de 1994 se caracteriza principalmente por establecer un régimen sencillo, dando una mayor prioridad imperativa a las normas que regulan la vivienda y estableciendo un amplio respeto a la autonomía de la voluntad en los demás tipos de arrendamiento. Se diferencia muy claramente el arrendamiento de vivienda, considerándose como aquel cuyo destino principal es la satisfacción de las necesidades permanentes de vivienda del arrendatario, en la medida en que constituye el reflejo del derecho a vivienda de naturaleza constitucional, del arrendamiento para uso distinto al de vivienda, que comprenderá toda aquella edificación cuyo destino principal sea distinto del de vivienda, y que por su propia naturaleza y por las realidades económicas actuales es merecedor de un tratamiento jurídico distinto.

B. Contratos sometidos a la LAU

En los artículos 2 y 3 se establecen dos categorías de contratos según su destino, sea vivienda o uso distinto del de vivienda.[14]

Primero. Se considera arrendamiento de vivienda aquel arrendamiento que recae sobre una edificación habitable cuyo destino primordial sea satisfacer la necesidad permanente de vivienda del arrendatario (art. 2-1).

Segundo. Se considera arrendamiento para uso distinto del de vivienda aquel arrendamiento que, recayendo sobre una edificación, tenga como destino primordial uno distinto al de vivienda (art. 3.1).

---

14. GUILARTA ZAPATERO y otros, *La Nueva Ley de Arrendamientos Urbanos,* Valladolid, 1994; Enrique CASALS GENOVER, Margarita GINESTA DE PUIG, Alejandro PINTÓ SALA, Jorge PINTÓ SALA, *Comentarios a la Ley de Arrendamientos Urbanos de 1994,* Barcelona, 1995.

Tercero. También tienen la consideración de arrendamiento para uso distinto del de vivienda, los arrendamientos de fincas urbanas celebrados por temporada, sea ésta de verano o cualquier otra, y los celebrados para ejercerse en la finca una actividad industrial, comercial, artesanal, profesional, recreativa, asistencial, cultural o docente (art. 3-2.).

Todas las normas establecidas en la LAU no tienen siempre caracter imperativo. De este modo se establece que las normas comprendidas en los títulos I, IV y V sí que son aplicables a todos los arrendamientos, y se refieren, respectivamente, a las categorías y tipos de arrendamientos, a la necesidad de abonar una fianza y a la necesidad de formalizar el contrato por escrito si las partes lo desean, y a las normas de carácter procesal. Mención especial requiere la necesidad de exigencia de fianza, que sólo beneficia al arrendador y que no es excluible, ya que tiene por finalidad responder por el cumplimiento del contrato. Tiene que abonarse específicamente en metálico.

C. Contratos excluidos

Del ámbito de aplicación de la ley quedan excluidos, en virtud de lo dispuesto en el artículo 5, los siguientes contratos:

Primero. El uso de las viviendas que los porteros, guardas, asalariados, empleados y funcionarios, tengan asignadas por razón del cargo que desempeñen o del servicio que presten (art. 5-*a*).

Segundo. El uso de viviendas militares, cualquiera que fuese su calificación y régimen, que se regirá por lo dispuesto en su legislación específica (art. 5-*b*).

Tercero. Los contratos en que, arrendándose una finca con casa-habitación, sea el aprovechamiento agrícola, pecuario o forestal del predio la finalidad primordial del arrendamiento. Estos contratos se regirán por la legislación sobre arrendamientos rústicos (art. 5-*c*).

Cuarto. El uso de viviendas universitarias, cuando éstas hayan sido calificadas expresamente como tales por la propia Universidad propietaria o responsable de las mismas, que sean asignadas a los alumnos matriculados en la correspondiente Universidad y al personal docente y de administración y servicios (art. 5-*d*).

D. *Renta o precio en los arrendamientos sometidos a la LAU*

La vigente Ley de 1994 establece en su artículo 17 que la renta será la que libremente estipulen las partes, siendo el pago de la misma de forma mensual y deberá efectuarse en los primeros siete días de cada mes, en el lugar y por el procedimiento que acuerden las partes, siendo la norma la que contempla para el supuesto de falta de especificación en el contrato, que el pago se efectuará en metálico y en la vivienda arrendada. Nunca podrá el arrendador exigir el pago anticipado de más de una mensualidad de renta y siempre estará el arrendador obligado a entregar al arrendatario un recibo del pago efectuado.

La ley contempla el principio de la actualización de la renta, la cual podrá ser efectuada cuando se cumpla el año de vigencia del contrato y así sucesivamente, y siempre por medio de la aplicación del Índice General Nacional del Sistema de Precios de Consumo en un período de doce meses inmediatamente anteriores a la fecha de la actualización o de las sucesivas, y tomando como mes de referencia para la primera actualización el que corresponda al último índice que estuviera publicado en la fecha de celebración del contrato, y en las sucesivas el que corresponda al último aplicado.

La actualización de la renta deberá ser notificada al arrendatario y será exigible al arrendatario a partir del mes siguiente a la notificación, que deberá contener el porcentaje de alteración aplicado y, si el arrendatario lo exige, la correspondiente Certificación del Instituto Nacional de Estadística.[15]

Diferente de la actualización es la elevación de la renta por mejoras, cuya posibilidad se contempla en el art. 19 de la LAU. Este precepto contempla la posibilidad de que, transcurridos cinco años de duración del contrato, el arrendador que haya realizado obras de mejora, pueda elevar la renta anual en la cuantía que resulte de aplicar al capital invertido en la mejora el tipo de interés legal del dinero en el momento de la terminación de las obras incrementado en tres puntos, sin que pueda exceder el aumento del 20 por 100 de la renta vigente en aquel momento. Es preciso mencionar que por Ley 12/1996, de 30 de diciembre, de Presupuestos Generales del Estado,

---

15. Sobre el tema Bonet Correa, *Arrendamientos urbanos con renta actualizada*, Pamplona, 1994 y ediciones posteriores; F.J. ALAMILLO SANZ, *La cláusula de estabilización en los arrendamientos sometidos a la ley especial*, La Ley, 1985-1, pp. 1.018 a 1.023.

el interés legal del dinero ha quedado establecido en el 7,5 por 100 hasta el 31 de diciembre de 1997.

Consideración diferente de la renta la tienen los llamados gastos generales y de servicios individuales, como pueden ser los gastos de contribución, servicios, tributos, cargas, que no sean susceptibles de individualización y correspondan a la vivienda arrendada, que si bien corresponden inicialmente al arrendador, puede pactarse que sean a cargo del arrendatario. Si se trata de viviendas comprendidas en edificios en régimen de propiedad horizontal, los referidos gastos serán los que correspondan a la finca arrendada en función de su cuota de participación.

E. Duración de los contratos sometidos a la legislación especial

Dada la pluralidad de normas legislativas que concurren, debe diferenciarse entre los diversos contratos de arrendamiento, a saber:

a) Contratos de arrendamiento de vivienda celebrados con anterioridad al 9 de mayo de 1985. Estos contratos continuarán rigiéndose por las normas relativas al contrato de inquilinato del texto refundido de la Ley de Arrendamientos Urbanos de 1964, con algunas modificaciones importantes que se refieren principalmente a la extinción y subrogación. En este sentido, a partir de la entrada en vigor de la ley de 1994, la subrogación a que se refería el artículo 58, sólo podrá tener lugar a favor del cónyuge del arrendatario no separado legalmente o de hecho, o en su defecto, de los hijos que conviviesen con él durante los dos años anteriores a su fallecimiento. E incluso, en defecto de los anteriores, se podrán subrogar los ascendientes del arrendatario que estuviesen a su cargo y conviviesen con él con tres años como mínimo de antelación a la fecha de su fallecimiento.

En materia de extinción, el contrato se extinguirá al fallecimiento del subrogado, salvo que lo fuera un hijo del arrendatario no afectado por una minusvalía igual o superior al 65 por 100, en cuyo caso se extinguirá a los dos años o en la fecha en que el subrogado cumpla veinticinco años, si ésta fuese posterior, con la excepción de que si el subrogado fuese el cónyuge y al tiempo de su fallecimiento hubiese hijos del arrendatario, podrá haber una ulterior subrogación, quedando extinguido el contrato a los dos años o cuando el hijo alcance la edad de veinticinco, si ésta fuese posterior. Según establece la Disposición transitoria segunda, no se autorizan posteriores subrogaciones.

b) Contratos celebrados a partir del 9 de mayo de 1985. Estos contratos que subsistan a la entrada en vigor de la actual ley de 1994, seguirán rigiéndose por lo dispuesto en el art.º 9 del Real Decreto-Ley 2/1985, de 30 de abril, sobre medidas de política económica, y por lo dispuesto en la ley de arrendamientos urbanos de 1964.

c) Los contratos realizados al amparo de la nueva ley de 1994 tendrán la duración que libremente establezcan las partes. Pero el art.º 9 de la ley establece que si la duración pactada fuere inferior a cinco años, cuando llegue el vencimiento del contrato, éste queda prorrogado automáticamente y de forma obligatoria por plazos anuales hasta que el arrendamiento alcance una duración mínima de cinco años. De todas maneras, el arrendatario siempre puede manifestar al arrendador con treinta días de antelación como mínimo a la fecha de terminación del contrato, su voluntad de no renovarlo.

Existe una posibilidad de prórroga, que se produce al llegar la fecha de vencimiento del contrato, una vez transcurridos cinco años de duración y ninguna de las partes hubiese notificado a la otra su voluntad de renovarlo. Ello determina que el contrato se prorrogará voluntariamente por plazos anuales hasta un máximo de tres años más.

Importante es destacar la facultad de desistimiento del contrato establecida en el artículo 11 de la LAU. Dicho precepto contempla los arrendamientos de duración pactada superior a cinco años y la facultad de desistir que siempre tiene el arrendatario, pero contempla que las partes puedan haber pactado que el arrendatario indemnice al arrendador con una cantidad equivalente a una mensualidad de la renta en vigor por cada año del contrato que reste de cumplir.

Como también resulta importante contemplar un supuesto de desistimiento y facultad legal de permanencia en favor del otro cónyuge, sin que ello comporte modificación del tiempo de duración del contrato. En efecto, si el arrendatario manifiesta su voluntad de desistir o no renovar, la ley concede al cónyuge que conviviera con él, la posibilidad de continuar en el arrendamiento.

F. De los arrendamientos para uso distinto del de vivienda

La nueva LAU consagra de una forma rotunda el principio de autonomía de la voluntad que contempla el artículo 1.255 del C.c. en materia de arrendamientos para uso distinto al de vivienda, al establecer que éstos se regirán por la voluntad de las partes y, solamente en defecto de pacto, por lo propiamente establecido en la ley, cerrándose esta jerarquía de normas de aplicación por lo dispuesto en el Código civil.

Pero en el artículo 32 establece un mecanismo de cesión y subarriendo cuando en la finca arrendada se establezca una actividad profesional o empresarial, reconociéndose al arrendatario la posibilidad de subarrendar la finca o de ceder el contrato de arrendamiento sin necesidad de disponer de la autorización del arrendador, teniendo derecho el arrendador a una elevación de la renta en vigor de un 10 por 100, en el supuesto de producirse un subarriendo parcial, y de un 20 por 100 en el caso de que la cesión o el subarriendo sea de la totalidad de la finca arrendada.

Pero el artículo 32-3, establece un mecanismo de protección y privilegio a las entidades o personas jurídicas, ya que se establece que no se considerará cesión cuando se produzca una sustitución de la persona del arrendatario como consecuencia de la fusión, transformación o escisión de la sociedad arrendataria, pero se respeta el derecho a la elevación de la renta.

Distinto de los supuestos anteriores son las consecuencias producidas por la muerte del arrendatario contemplada en el artículo 33, al mencionarse que si dicho acontecimiento se produce cuando el arrendatario ejercía en el local una actividad empresarial o profesional, el heredero o legatario que continúe el ejercicio de la actividad podrá subrogarse en los derechos y obligaciones del arrendatario hasta la extinción del contrato. Evidentemente la subrogación deberá notificarse al arrendador dentro de los dos meses siguientes a la fecha del fallecimiento del arrendatario.

Pero más interesante resulta contemplar el supuesto de indemnización a favor del arrendatario que se contiene en el artículo 34 de la LAU. Este precepto reconoce que a la extinción del contrato por el transcurso del tiempo establecido y si el arrendatario hubiese estado ejerciendo durante los últimos cinco años una actividad comercial de venta al público, tendrá derecho a una indemnización a ser abonada por parte del arrendador, condicionada a que el arrendatario hubiese manifestado con cuatro meses de antelación su voluntad de renovar el contrato por un mínimo de cinco años más y por una renta de mercado. Se trata de un mecanismo indemnizatorio por los perjuicios que para el arrendatario le va a representar no solamente por los gastos de traslado de la actividad, sino también por la pérdida de clientela que le representará con respecto a la que tenía en el local que ha tenido que abandonar.

G. Derechos de adquisición preferente regulados en la LAU

En el supuesto de venta de la vivienda arrendada se reconoce al arrendatario el derecho de adquisición preferente sobre la misma. Para ello, el arrendatario podrá ejercitar un derecho de tanteo sobre la finca en un plazo de treinta días naturales, a contar del siguiente al que se le notifique la decisión de vender la finca. Cuando no se hubiese hecho la notificación preceptiva o se hubiese omitido alguno de los requisitos exigidos, así como cuando resultase inferior el precio efectivo de la compraventa, o las condiciones finales y esenciales fuesen menos onerosas a las que le hubiesen comunicado, el arrendatario tendrá derecho de retracto, con sujección a lo dispuesto en el artículo 1.518 del Código civil.

Estos derechos de tanteo y retracto son preferentes sobre cualquier otro tipo de derecho, excepto el retracto reconocido al condueño de la vivienda, o aquel retracto convencional cuya existencia figurase inscrito en el Registro de la Propiedad al tiempo de celebrarse el contrato de arrendamiento. Para dar mayor efectividad a este derecho, el artículo 25 establece que para inscribir en el Registro de la Propiedad los títulos de venta de las viviendas arrendadas, deberá justificarse que se han realizado las notificaciones oportunas, debiendo declararlo el vendedor en la correspondiente escritura de venta, bajo la pena de falsedad en documento público.

H. Causas de suspensión, resolución y extinción del contrato

La importancia del derecho a una vivienda digna se manifiesta también en la ley en la contemplación de la ejecución de obras en la vivienda arrendada acordadas por la autoridad competente y que provoquen la inhabitabilidad de la vivienda. Esta circunstancia determinará en favor del arrendatario la opción de suspender el contrato o desistir del mismo, sin posibilidad de recibir indemnización de ningún tipo. La suspensión determina una paralización del contrato, afectando no solamente al tiempo de duración del mismo, sino también a la obligación del pago de la renta. De este modo, el arrendatario que opte por la suspensión del contrato, no se le computará como tiempo de duración del mismo el período de tiempo que duren las obras, a la vez que no tendrá que satisfacer cantidad alguna en concepto de renta.

Diferente de la suspensión del contrato es la resolución del mismo. Esta circunstancia es posible por el incumplimiento de cualesquiera de las partes de sus propias obligaciones. De este modo, el cumplimiento de sus obligaciones da derecho, frente al incumplimiento de la otra parte de las suyas, a exigir ese cumplimiento o a promover la resolución del contrato de arrendamiento conforme con lo dispuesto por el artículo 1.124 del Código civil, sin perjuicio de la existencia de unas causas de extinción que pueden afectar tanto al arrendor como al arrendatario.

En efecto, las causas de extinción específica están contempladas en el artículo 27 de la LAU, en donde se confiere la facultad de resolver de pleno derecho el contrato al arrendador en base a los supuestos siguientes:

a) La falta de pago de la renta o, en su caso, de cualquiera de las cantidades cuyo pago haya asumido o corresponda al arrendatario.
b) La falta de pago del importe de la fianza o de su actualización.
c) El subarriendo o la cesión inconsentida.
d) La realización de daños causados dolosamente en la finca o de obras no consentidas por el arrendador cuando el consentimiento de éste sea necesario.
e) Cuando en la vivienda tengan lugar actividades molestas, insalubres, nocivas, peligrosas o ilícitas.
f) Cuando la vivienda deje de estar destinada de forma primordial a satisfacer la necesidad permanente de vivienda del arrendatario o quien efectivamente la viniera ocupando de acuerdo con lo dispuesto en el artículo 7.

Igualmente cuando concurran determinadas circunstancias le corresponderá al arrendatario la posibilidad de resolverlo, que se concretan en las siguientes:

a) La no realización por el arrendador de las reparaciones a que se refiere el artículo 21.
b) La perturbación de hecho o de derecho que realice el arrendador en la utilización de la vivienda.

Es importante determinar que la extinción del contrato puede venir determinada por causas objetivas, sin que en ellas haya tenido intervención alguna ni el arrendador ni el arrendatario. Estas causas se concretan en:

a) Por la pérdida de la finca arrendada por causa no imputable al arrendador.

b) Por la declaración firme de ruina acordada por la autoridad competente.

7. La legislación especial de arrendamientos rústicos

La vigente Ley de Arrendamientos Rústicos es de 31 de diciembre de 1980, modificada por la Ley 19/1995, de 4 de julio, de Modernización de las Explotaciones Agrarias. Está dividida en tres títulos que regulan los arrendamientos, las aparcerías y la jurisdicción.[16]

El ámbito de aplicación de la Ley está determinado por la Disposición Adicional que dispone su aplicación en todo el territorio nacional, sin perjuicio de la preferencia de los Derechos civiles forales o especiales, en los territorios donde existan, y de la conservación, modificación o desarrollo por las Comunidades Autónomas de sus normas de Derecho Civil.

Están excluidos de la Ley los bienes comunales, los propios de las Corporaciones locales y los montes vecinales en mano común, cuyo disfrute ha de regularse por normas específicas.

Contratos sujetos a la Ley son aquellos «mediante los cuales se ceden temporalmente una o varias fincas para su aprovechamiento agrícola, pecuaria o forestal, a cambio de precio o renta» (art. 1.º).

Pueden coexistir varios arrendamientos rústicos simultáneos sobre una misma finca, que tengan por objeto aprovechamientos diferentes, compatibles y principales (cfr. art. 3.º).

La Ley no se aplica en los supuestos que detalla en los arts. 4.º a 7.º.

En los arts. 8 a 11 contiene preceptos para una especial protección del arrendamiento agrícola. Según el art. 8.º: «Son nulos los actos ejecutados en fraude de esta Ley y no impedirán la debida aplicación de la norma que se hubiese tratado de eludir». Compárese con el inciso final del apartado 4, del art. 6.º del Código civil.

---

16. J. M. GIL ROBLES y GIL DELGADO, *Comentarios prácticos a la Ley de arrendamientos rústicos*, Madrid, 1981; MASA ORTIZ, *Líneas generales de la nueva Ley de arrendamientos rústicos*, Información Jurídica, 1981, p. 40; DE LOS MOZOS, *La nueva Ley de arrendamientos rústicos. Comparación crítica con la legislación anterior*, Revista de Derecho privado, 1982, p. 99; VATTIER, *La duración y la renta de los arrendamientos rústicos*, Revista de Derecho privado, 1983, p. 671; del mismo autor, *Gastos y mejoras en el arrendamiento rústico*, Anuario de Derecho civil, 1984, p. 63.

Los derechos del arrendador son renunciables en conformidad con las normas ordinarias; pero los del arrendatario no pueden serlo por anticipado y sólo «desde el momento en que puedan ser ejercitados. La renuncia deberá constar en documento público» (art. 11).

Para dar fincas en arrendamiento rústico se exige la misma capacidad que para enajenarlas. Si pertenecen a menores, los padres o tutores pueden arrendarlas por un plazo no superior al que falte a los menores para alcanzar la mayoría de edad, y son improrrogables (art. 12). Los que pretendan arrendar y sólo tengan un derecho de uso o goce sobre la finca necesitarán el concurso del propietario para darlas en arrendamiento por un tiempo que exceda del de su derecho (art. 13).

Arrendatarios sólo pueden serlo los que la Ley califica de profesionales de la agricultura, que son los que reúnen los requisitos que determina el art. 15. La pérdida de esta cualidad implica quedar incurso en una causa de resolución.

La Ley dispone la libertad de forma en estos contratos (art. 20), pero ello es sin perjuicio de que la Administración establezca contratos tipos para su formalización por escrito, que las partes podrán compelerse recíprocamente a otorgar y a elevar a escritura pública. También podrán obligarse a formalizar un inventario que describa el estado de la finca.

Si en el contrato no se hiciere constar el tiempo de duración y el precio o renta, se presumirá concertado por el tiempo de duración mínima que fija la Ley y por el precio que se ajuste a lo que es habitual en la comarca. Salvo pacto expreso en contrario, se considera que el arrendamiento es a renta fija.

La duración mínima prevista por la Ley es de cinco años, con derechos de prórroga a favor del arrendatario. Hay una primera prórroga que también es por seis años de duración, y después prórrogas sucesivas de tres años cada una. El derecho a prórroga se considera utilizado si al terminar el plazo inicial o el de cada prórroga el arrendatario no renuncia a seguir en el arrendamiento. El tiempo total de las prórrogas legales no puede exceder de quince años (art. 25).

Pero a raíz de la reforma producida en la Ley de Arrendamientos rústicos, por la ley de 4 de julio de 1995, los contratos de arrendamiento que se celebren a partir de la entrada en vigor de ésta tendrán una duración mínima de cinco años, pudiendo el arrendador recuperar la finca al término de dicho período, sin necesidad de ningún requisito o compromiso, con la salvedad de notificárselo fehacientemente al arrendatario, al menos con un año de antelación.

Pero si el arrendador no realiza este derecho de recuperación, el contrato de arrendamiento se entiende tácitamente prorrogado por tres años y así sucesivamente, pudiendo el arrendador ejercitar el derecho de recuperación, al término de cada prórroga.

El arrendatario podrá dejar sin efecto el contrato al término de cada año agrícola dando al arrendador un preaviso de un año. El arrendador, por su parte, tiene el derecho de oponerse a cualquiera de las prórrogas de la manera que determinan los arts. 26 a 29 de la Ley.

La Ley también regula los contratos que llama de larga duración, cuyo mínimo es de 18 años (art. 28). Han de constar necesariamente por escrito y han de reconocer al arrendatario la facultad de hacer libremente mejoras útiles e indemnizables al final del contrato.

Este contrato se entenderá tácitamente prorrogado por tres años, y así sucesivamente, si el arrendador no notifica al arrendatario su intención al menos con un año de antelación. El mismo derecho de recuperación puede hacerse valer al final de cada prórroga. El art. 30 determina los casos en que este derecho podrá quedar excluido por causa justificada de utilidad pública o interés social.

Las partes contratantes han de fijar la renta en dinero, pero el contrato será válido aunque la hubieren fijado en especie, sin perjuicio de que cada contratante pueda pedir su conversión en dinero (art. 31, en relación con el art. 38).

Se pagará por plazos anuales en la fecha convenida; en su defecto, se ajustará a la costumbre del lugar (art. 32). En el supuesto de que el precio se hubiere fijado en una suma alzada para todo el tiempo del arrendamiento, se dividirá por el plazo de duración para determinar la suma a pagar cada año (art. 32). El pago anticipado de rentas por más de un año está prohibido (art. 33). Si no se ha convenido otra cosa, el pago se realizará en casa del arrendatario (art. 34).

El derecho del arrendador a repercutir sobre el arrendatario las cantidades que aquél hubiere de pagar, prescribirá al año de haber efectuado el pago (art. 35).

La Ley dicta normas para la actualización, revisión y reducción o exoneración de la renta (arts. 38 y 39).

La actualización está prevista como resultado de un acuerdo entre las partes; pero, en su defecto, cualquiera de ellas puede solicitar al Juez que adicione al contrato la cláusula correspondiente.

El derecho a pedir la revisión corresponde a cada parte siempre que la renta sea superior o inferior a la usual en el lugar para fincas análogas. Puede ejercitarse una vez transcurrido el primer año de vigencia del contrato (arts. 40 a 43).

La reducción e incluso la exoneración puede ser procedente cuando por caso fortuito o fuerza mayor y tratándose de riesgos ordinariamente no asegurables, se perdiere antes de terminar la recolección más de la mitad de los productos que normalmente produzca la finca. La renta se reducirá en el mismo porcentaje en que hayan quedado reducidos los productos de la finca (art. 44, rel. art. 36). La Ley dicta reglas a las que se ha de ajustar el ejercicio de este derecho (art. 45).

Cuando por obras permitidas o que la Ley imponga al arrendador disminuya la productividad de la finca, el arrendatario también podrá solicitar reducción de la renta en la proporción correspondiente y durante el tiempo que dure la disminución (art. 46).

Respecto a los gastos y mejoras, la Ley contiene reglas generales en los arts. 47 a 51. Cada parte contratante ha de permitir la realización de las obras que deba o pueda realizar la otra. Para ello se realizarán en la época del año y en las circunstancias que menos perturben, salvo las que no puedan diferirse.

Incumben al arrendador las obras, mejoras e inversiones que por Ley o resolución firme hayan de realizarse sobre la finca arrendada. Incumben al arrendatario las impuestas al empresario agrario. En caso de duda se presume que han sido hechas por el arrendatario, salvo prueba en contrario.

Por la razón de ser de todo arrendamiento, las obras y reparaciones necesarias para que la finca sirva a la explotación a que esté destinada, corresponden al arrendador (art. 52). Pero no está obligado a reparar los daños no indemnizables, debidos a fuerza mayor, cuyo coste sea superior a una anualidad de renta. En tal supuesto, el arrendatario puede optar entre rescindir el contrato o que la renta experimente una disminución en la proporción que corresponda (art. 53).

Si después de requerido, el arrendador no realiza las obras que le corresponden, la ley permite al arrendatario optar entre compelerle a ello por vía judicial, pedir la resolución del contrato, obtener una reducción de la renta que sea proporcional a la disminución de productividad de la finca, o realizar las obras por su cuenta, reintegrándose con las rentas que vayan venciendo (art. 54). Esto último también procederá en el caso de reparaciones urgentes (art. 55).

El derecho de resolución del contrato asiste al arrendador en caso de daño doloso o negligente producido por el arrendatario (art. 56 en relación con el 75).

La Ley dedica varias disposiciones a las que llama mejoras útiles y sociales (arts. 57 a 68).

Son mejoras útiles las obras incorporadas a la finca arrendada que aumenten, de modo duradero, su producción, rentabilidad o valor agrario. Las de carácter social son las que, incorporadas a la finca, facilitan la prestación del trabajo en condiciones de mayor comodidad o dignidad, o las que tienen por objeto la promoción de los trabajadores. Unas y otras introducen una alteración en el objeto del arrendamiento y por ello la Ley señala en qué casos y circunstancias podrá realizarlas el arrendador (art. 58). En síntesis cabe decir que no se ha de menoscabar el uso agrícola de la finca ni su rendimiento y que el arrendatario tiene derecho a la reducción de la renta mientras duren las obras y a la indemnización de los daños y perjuicios que se le causen.

Realizada la mejora, el arrendador tendrá derecho a elevar la renta en relación a la mayor productividad o rentabilidad de la finca; pero esta posibilidad de elevación ha de atribuir lógicamente derechos al arrendatario, que regula el art. 59, dos.

Las mejoras útiles y sociales también pueden ser realizadas por el arrendatario, con el consentimiento del arrendador y de la manera que dispone el art. 60. Previsiones para el caso de mejoras que impliquen un cambio en el destino productivo de la finca, se encuentran en el art. 61.

La Ley prohíbe expresamente que en el contrato se pacte que el arrendador puede recuperar la finca arrendada con sus mejoras sin indemnización (art. 63).

Acerca de las mejoras suntuarias, la Ley autoriza que tanto el arrendador como el arrendatario puedan realizarlas, siempre que no sufran detrimento los intereses de la otra parte. Al terminar el arrendamiento, el arrendatario podrá llevarse los adornos con que hubiere embellecido la finca, si ésta no sufre deterioro (art. 69).

La Ley contiene normas sobre el subarriendo, cesión y subrogación (arts. 70 a 74). La regla general es que son nulos los subarriendos o las cesiones, totales o parciales, de los derechos del arrendatario, y además son causa de desahucio, sin que la nulidad pueda ser subsanada por el consentimiento del arrendador (art. 70).

Sin embargo, se establecen las siguientes excepciones: Son procedentes sin necesidad de consentimiento del arrendador: *a)* El subarriendo entre labradores o ganaderos residentes en la comarca, cuando circunstancias extraordinarias impidan el cultivo. La renta del subarriendo no podrá ser superior de la del arrendamiento, ni el plazo podrá ser superior a tres años. *b)* El subarriendo en caso de mejoras, a que se refieren los arts. 61 y 62. *c)* El subarriendo de temporada de la vivienda que sea parte integrante de la finca rústica arrendada y los subarriendos de aprovechamientos secundarios. Si lo que percibe el arrendatario por todos los subarriendos excede de la renta anual del arrendamiento, la mitad del exceso deberá abonarse al arrendador. *d)* Los subarriendos pactados en favor del cónyuge o de sus descendientes. El arrendatario podrá conceder por escrito al descendiente subarrendatario el derecho a sucederle en el arrendamiento. *e)* La cesión, incluso por precio, al IRYDA u organismos similares. *f)* La aportación del uso y disfrute a las Entidades del art. 15, *b)*.

La Ley dicta reglas para realizar estas cesiones o subarriendos (arts. 71 y 72).

El arrendatario tiene el derecho de subrogar en el contrato a su cónyuge o a uno de sus descendientes si concurren las circunstancias de profesional de la agricultura y cultivador personal. Es indispensable la notificación al arrendador (art. 73).

Es necesario subrayar lo que dispone el art. 74: «El adquirente de la finca, aun cuando estuviere amparado por el art. 34 de la Ley Hipotecaria, quedará subrogado en todos los derechos y obligaciones del arrendador».

Como supuestos de terminación del arrendamiento, la Ley contempla los de resolución, sucesión y extinción.

Son causas de resolución a instancia del arrendador: la falta de pago de la renta; el incumplimiento grave de las obligaciones del arrendatario; la falta de explotación total o parcial de la finca o destinarla a aprovechamientos distintos de los previstos; el subarriendo, cesión o subrogación en casos no previstos por Ley; causar daños graves en la finca con dolo o negligencia (cfr. art. 75).

Por interés social la Ley determina los siguientes casos de resolución en el art. 76: perder el arrendatario su condición de profesional de la agricultura; no reunir o perder la Entidad arrendataria las características a que se refiere el art. 15, apartados *b)* a *e)*; excederse el arrendatario de los límites que impone el art. 18; infringir normas en orden a mejoras o cultivos.

Si el arrendador sólo tenía un derecho resoluble sobre la finca arrendada, la resolución facultará al que sea propietario para pedir la resolución del arrendamiento, sin perjuicio de las acciones que correspondan a los que lo concertaron (art. 78).

Respecto a la terminación del arrendamiento por causa de sucesión, la Ley (art. 79) señala el siguiente orden de preferencia: 1.º El legitimario o cooperador de hecho en el cultivo de la finca que designe el arrendatario en su testamento. 2.º El cónyuge supérstite no separado legalmente o de hecho. 3.º El heredero o legatario que fuere subarrendatario de la finca o cooperador de hecho. 4.º Cualquiera de los restantes herederos. Pero, en todo caso, el sucesor ha de ser un profesional de la agricultura.

Si existen varias personas con el mismo derecho a suceder, sucederá la que elijan por mayoría los que tienen derecho a continuar en el arrendamiento (art. 80, uno). Además, en el caso de fallecer un arrendatario cuando existan varios, los que le sucedan se integrarán en la relación arrendaticia y, en otro caso, el contrato continuará con los demás arrendatarios (art. 80, dos).

En cuanto a la extinción, si la finca se pierde totalmente por caso fortuito o fuerza mayor, el arrendamiento quedará extinguido sin derecho a indemnización para ninguna de las partes. Si la pérdida ha sido parcial, el arrendatario puede optar entre continuar el arriendo con la reducción proporcional de la renta o pedir la resolución del contrato. En caso de pérdida por culpa o dolo de una de las partes, la otra tendrá derecho a la indemnización correspondiente (cfr. art. 82).

El arrendador podrá instar el desahucio en los siguientes casos: *a)* por terminación del plazo contractual si el arrendatario ha renunciado a la prórroga; *b)* por expiración del último plazo de prórroga legal, salvo tácita reconducción, que en su caso tendrá la duración que fija el Código civil; *c)* por haber expirado la tácita reconducción (art. 83, uno).

La Ley ha previsto la terminación del contrato en el supuesto de que la finca pase a ser suelo urbano, o accesoria de edificios o de explotaciones ajenas al destino rústico (cfr. art. 83, dos, en relación con el art. 7.º, uno). El arrendador también podrá poner término al arriendo si por circunstancias ajenas al destino agrario, la finca arrendada pasa a tener un valor en venta superior al doble del precio normal en la comarca o zona para las de su misma calidad o cultivo (cfr. art. 83, tres y cuatro).

La Ley también determina los medios que permiten al arrendatario de una finca rústica acceder a la propiedad. Son: 1.º Mediante el ejercicio de los derechos de tanteo y retracto o el de adquisición preferente. 2.º Mediante el ejercicio del derecho de adquisición forzosa que se regula en los arts. 98 y ss.

Respecto de todos los derechos de acceso, la Ley dispone que «el arrendatario que adquiera la propiedad de la finca arrendada no podrá, salvo que lo haga en favor del IRYDA, enajenarla, arrendarla o cederla en aparcería hasta que transcurran seis años desde la fecha de adquisición. Si hipotecase la finca, la acción del acreedor no podrá tener efectividad mientras no transcurra dicho plazo» (art. 84, dos). El incumplimiento de esta disposición facultará al arrendador para recuperar la propiedad de la finca.

Los derechos de tanteo y retracto o de adquisición preferente proceden en toda enajenación intervivos de fincas rústicas o arrendadas, de su nuda propiedad, de porción determinada o de una participación indivisa de las mismas (art. 86).

Como es sabido, tanteo y retracto son aspectos de un mismo derecho de adquisición. El arrendatario podrá ejercitarlos en el plazo de sesenta días hábiles desde la notificación del precio y condiciones en que el arrendador pretende enajenar, o a partir de la fecha en que por cualquier medio haya tenido conocimiento de la transmisión efectuada (cfr. arts. 87 y 88).

La Ley de 1980 habla de «derecho de adquisición preferente» como derecho diferente del tanteo y retracto. La distinción resulta del art. 89, al referirse a los contratos de donación, aportación a Sociedad, permuta, adjudicación en pago o cualesquiera otros distintos de la compraventa. En tales casos el arrendatario podrá ejercitar su derecho de la misma forma establecida para el tanteo y el retracto (cfr. art. 89). La escritura se otorgará dentro de los treinta días siguientes (art. 90, uno). El pago se realizará en las mismas condiciones estipuladas en el contrato de transmisión, siendo de cuenta del arrendatario los reembolsos determinados en el art. 1.518 del Código civil (art. 90, dos).

La Ley señala los casos, estrictamente delimitados, en que no procederá el ejercicio de los derechos de tanteo, retracto y adquisición preferente (cfr. art. 92).

Los repetidos derechos, que sólo pueden ser ejercitados por profesionales de la agricultura, «serán preferentes con respecto a cualquier otro de adquisición, salvo el retracto de colindantes establecido por el art. 1.523 del Código civil, que prevalecerá sobre los derechos regulados en esta sección A) cuando no excedan de una hectárea tanto la finca objeto de retracto como la colindante que lo fundamente» (art. 94).

No podrán ejercitar tales derechos los arrendatarios que sean propietarios al mismo tiempo de más de veinte hectáreas en regadío o de doscientas en secano, en territorio nacional (art. 97).

El acceso del arrendatario a la propiedad está regulado bajo el epígrafe de «Adquisición forzosa» en los arts. 98 y 99. El art. 100 regula los derechos del arrendatario en caso de expropiación.

8. El arrendamiento parciario y las aparcerías

La misma Ley de 31 de diciembre de 1980 modificada por la Ley 19/1995, de 4 de julio, de Modernización de las Explotaciones Agrarias se ocupa, en el art. 101, del arrendamiento parciario, y en los arts. 102 a 120 (que forman el Título II) del contrato de aparcería.

A. *El arrendamiento parciario*

La diferencia entre arrendamiento parciario y aparcería consiste en que, a pesar de que en los dos casos se cede temporalmente la explotación agraria de una finca a cambio de una participación en sus productos, sólo se tratará de un arrendamiento parciario cuando el cedente no aporte, además de la tierra, el ganado, la maquinaria y el capital circulante, o lo haga en proporción inferior al veinticinco por ciento.

El arrendamiento parciario se regirá por las normas que la misma Ley establece para los arrendamientos rústicos, con las modificaciones que resultan de los apartados dos a seis del art. 101. Estas normas son:

«Las mejoras realizadas por el arrendatario determinarán la elevación de la participación en proporción a la mayor productividad conseguida por el mismo, según determinación de la Junta Arbitral de Arrendamientos Rústicos, conforme al art. 121, apartado cuatro.» Art. 101, dos.

«Las partes contribuirán al seguro concertado por cualquiera de ellas, en proporción a sus respectivas participaciones.» Íd. tres.

»En caso de expropiación, la renta a que se refiere la letra *a)*, apartado uno del art. 100, será la media del último quinquenio.» Íd. cuatro.

«En el arrendamiento parciario será también causa de resolución del contrato a instancia del arrendador la deslealtad o fraude por parte del arrendatario en la valoración o en la entrega al arrendador de los frutos que le correspondan.» Íd. cinco.

«El arrendamiento parciario se convertirá en arrendamiento ordinario sobre la totalidad de la finca si alguna de las partes lo pidiere dentro de los dos meses anteriores al comienzo del nuevo año agrícola. La renta en metálico será la usual en el lugar para fincas análogas y su actualización se hará de acuerdo con lo dispuesto en el art. 38.» Íd. seis.

B. *El contrato de aparcería*

El Código civil destina a este contrato el art. 1.579, que dispone: «El arrendamiento por aparcería de tierras de labor, ganados de cría o establecimientos fabriles e industriales, se regirá por las disposiciones relativas al contrato de sociedad y por las estipulaciones de las partes, y, en su defecto, por la costumbre de la tierra».

Como se advierte, los conceptos de arrendamiento, de aparcería y de sociedad se entremezclan en la definición de este contrato. Arrendamiento y aparcería ofrecen de común que se cede el uso de una cosa a cambio de una retribución, pero se diferencian porque sólo en la aparcería la retribución consiste en una parte de los frutos o beneficios que se obtengan.

Sociedad y aparcería también ofrecen el rasgo común de que existe una aportación de bienes con la finalidad de obtener y distribuir beneficios; pero la diferencia está en que en la sociedad se constituye un fondo común por parte de los que se agrupan y dejan establecida una gestión colectiva, mientras que la aparcería respeta la propiedad separada de quien ha hecho la aportación y el aparcero entra en la explotación de una cosa ajena y el propietario sólo tiene derecho a una cuota de los beneficios obtenidos con la gestión separada del aparcero.

Según la sentencia de 16 mayo 1947 (Aranzadi, núm. 626), «mediante la aparcería una persona se obliga a ceder a otra el disfrute de ciertos bienes o ciertos elementos de una explotación a cambio de obtener una parte alícuota de los frutos o utilidades que aquéllos o éstos produzcan».

La Ley de 31 diciembre 1980 modificada por la Ley 19/1995, de 4 de julio, de Modernización de las Explotaciones Agrarias regula la aparcería, como se ha dicho, en los arts. 102 a 120. Lo más esencial de su contenido se expone a continuación.

El contrato de aparcería existe cuando «el titular de una finca rústica cede temporalmente para su explotación agraria el uso y disfrute de aquélla o de alguno de sus aprovechamientos, aportando al mismo tiempo un veinticinco por ciento, como mínimo, del valor total del ganado, maquinaria y capital circulante, y conviniendo con el cesionario en repartirse los productos por partes alícuotas, en proporción a sus respectivas aportaciones. El cedente será considerado como cultivador directo» (art. 102, uno).

La Ley establece la presunción de que este contrato no comprende relación laboral alguna entre cedente y cesionario, salvo pacto en contrario (art. 102, dos).

Bajo sanción de nulidad está prohibida la cesión total o parcial del uso o disfrute de la finca dada en aparcería, de su aprovechamiento o aprovechamientos principales o del mismo contrato (art. 104).

Son irrenunciables los beneficios que la Ley concede a los aparceros, salvo que concurran circunstancias análogas a las del art. 11, que, según hemos visto, dispone que los derechos del arrendatario sólo son renunciables «desde el momento en que puedan ser ejercitados», haciéndose constar la renuncia en documento público (cfr. art. 105).

La jerarquía de las normas aplicables es la siguiente: «En defecto de pacto expreso, de normas forales o de Derecho especial y de costumbre, se aplicarán las disposiciones del presente título y, con carácter supletorio, las normas sobre arrendamientos rústicos contenidos en la presente Ley, siempre que no resulten contrarias a la naturaleza del contrato de aparcería» (art. 106).

El contrato de aparcería ha de formalizarse por escrito, en el que se hará constar el valor de las respectivas aportaciones de los contratantes o los criterios para su valoración o, cuando menos, la indicación del porcentaje que representa la aportación de cada uno, y la participación en los productos (art. 107, dos).

Si el aparcero sólo aporta su trabajo personal o lo que aporta es inferior al diez por ciento del valor total del ganado, maquinaria y capital circulante, deberá cumplirse lo previsto en la legislación laboral y de seguridad social, y tendrá los siguientes derechos: un salario mínimo por el tiempo que dedique al cultivo de las fincas, que este pago sea semanal y que lo reciba como cantidad a cuenta de su participación (art. 108).

El plazo mínimo de duración será el tiempo necesario para completar una rotación o ciclo de cultivo (art. 109, uno). Si el cedente quiere extinguir las que son de duración superior a un año, ha de dar al aparcero un preaviso como mínimo con un año de antelación (art. 109, dos). Si falta el preaviso, se prorrogará por otra rotación de cultivo, y así sucesivamente (art. 109, tres). El aparcero que reciba el aviso previo puede optar entre abandonar el cultivo de la finca o continuar como arrendatario (art. 109, cuatro, rel. art. 119).

El aumento de las aportaciones por parte del cedente disminuye los derechos del aparcero, con tendencia a reducirle a los derechos de un asalariado, como se advierte en el art. 110.

Por la naturaleza del contrato, tiene gran importancia la determinación del tipo y clase de cultivo. El derecho a fijarlo corresponde al cedente, al aparcero o a ambos, según lo que se haya establecido en el contrato; en su defecto, se observará el sistema y método de cultivo más usual en la localidad o comarca.

El tiempo y forma de practicar la liquidación de los frutos obtenidos y de adjudicarlos es igualmente de capital importancia. Deberá practicarse «en el tiempo y forma que exprese el contrato, o en defecto del mismo, de acuerdo con las costumbres locales o comarcales» (art. 112, uno). «En defecto de pacto o costumbre, se practicará anualmente o al terminar la recolección del fruto» (ap. dos).

Están permitidos los posibles anticipos del cedente al aparcero, pero están prohibidos los del aparcero al cedente a cuenta de la cosecha futura, y se tendrá por no puesta la cláusula que lo estableciera (art. 113, dos).

La Ley declara bienes comunes a cedente y aparcero los frutos o productos separados sobre los que tengan participación, y ninguno de ellos puede retirarlos sin el consentimiento del otro (art. 113, tres). El derecho de los acreedores del aparcero o del cedente estará limitado a la parte que en la liquidación corresponda a su deudor (art. 113, cuatro).

Respecto al pago de gravámenes y contribuciones, los que recaigan sobre la propiedad de la finca son de cargo del cedente; los que recaigan sobre productos serán de cuenta del cedente y del aparcero en proporción a su participación (cfr. art. 114).

La Ley establece la presunción de que las mejoras han sido costeadas por la parte contratante a quien incumbe su realización, salvo prueba en contrario (art. 116, uno, en relación a los arts. 48 y 49). A las mejoras útiles y sociales, y las de adorno o recreo, se aplican las normas de la Ley para el arrendamiento (art. 116, dos, en relación con los arts. 57 a 68). Los gastos por deterioro que procedan del uso natural de las cosas serán pagados por los contratantes en proporción a su participación (art. 116, tres).

La muerte o la invalidez del aparcero no produce la extinción de la aparcería, que asumirán los familiares del causante que vinieren cooperando en la explotación, sin perjuicio del derecho del cedente de optar por la conversión de la aparcería en arrendamiento (art. 117, dos, en relación con el art. 119).

Como causas de extinción de la aparcería la Ley enumera las siguientes: 1.° La terminación del plazo pactado o del que rifa según la costumbre del lugar. 2.° El incumplimiento grave de las obligaciones del aparcero. 3.° La falta de entrega al cedente de la parte en los productos que le corresponda. 4.° La deslealtad o fraude por parte del aparcero en las valoraciones de frutos o gastos. 5.° Cualquier otra causa que resulte del contrato o de los usos locales, sin perjuicio de que en estos supuestos el aparcero opte por continuar como arrendatario. 6.° Las demás causas que provocan la extinción del arrendamiento (art. 1 17, uno).

La Ley facilita al aparcero el acceso a la propiedad. A tal efecto dispone que en toda enajenación intervivos de una finca rústica que se explote en aparcería, de su nuda propiedad, de porción de terminada o de participación indivisa de la misma, el aparcero puede ejercitar los derechos de tanteo, retracto y de adquisición preferente, con los mismos requisitos, condiciones y efectos que la Ley establece para el arrendamiento (art. 118, uno, en relación con los arts. 84 y ss.).

Si no usa de su derecho y la finca es efectivamente adquirida por un tercero, éste «no viene obligado a continuar la aparcería y para ello deberá preavisar de extinción al aparcero, quien, en tal caso, tendrá los derechos que se deriven de la existencia de mejoras realizadas por el mismo en la finca y liquidación de productos, así como la posibilidad de optar por la conversión en arrendamiento que se regula en el art. 119 de esta Ley».

Para esta conversión en arrendamiento es necesario que el aparcero reúna las condiciones que exige la Ley para ser arrendatario. Las partes han de haber llegado a un acuerdo sobre la conversión mediante comparecencia ante la Cámara Local Agraria. A falta de acuerdo se procederá según lo que dispone el art. 119. En su caso el arrendamiento tendrá una duración mínima de seis años, con derecho a las prórrogas legales, pero con deducción del tiempo que hubiese durado la aparcería. Durante el tiempo del arrendamiento el aparcero indemnizará anualmente al cedente el capital mobiliario mecánico y vivo aportado por éste.

Para el supuesto de expropiación, la Ley remite a las disposiciones dictadas para el arrendamiento (art. 120).

XXV

COMODATO, PRECARIO Y MUTUO

1. El préstamo

Bajo la rúbrica general «Del préstamo», el Código civil engloba en una misma definición los contratos de comodato y de mutuo. Dice el art. 1.740:

«Por el contrato de préstamo, una de las partes entrega a la otra, o alguna cosa no fungible para que use de ella por cierto tiempo y se la devuelva, en cuyo caso se llama comodato, o dinero u otra cosa fungible, con condición de volver otro tanto de la misma especie y calidad, en cuyo caso conserva simplemente el nombre del préstamo. El comodato es esencialmente gratuito. El simple préstamo puede ser gratuito o con pacto de pagar interés.»

Sin embargo, importantes diferencias separan el mutuo del comodato. El comodato no transmite el dominio sino tan sólo el uso y disfrute de la cosa, mientras que el préstamo mutuo convierte al receptor en propietario de la cosa recibida. Lo que tienen en común es que en ambos casos se ha de devolver algo que es, económicamente, lo mismo que se ha recibido. La suma de dinero que ha de devolver el deudor en concepto de préstamo mutuo es la misma que ha recibido porque la identidad de las cosas fungibles se halla en la equivalencia de la función que desempeñan. Lo prestado en el mutuo es la cantidad nominal entregada, tratándose de dinero, o es el valor de lo que ha recibido el prestatario en cosas de la misma clase y calidad a la hora de su devolución, cuando el préstamo lo sea de cosas fungibles distintas del dinero (cfr. art. 1.754 C.c.). En cambio, lo que se ha de devolver en el comodato es la misma cosa prestada.

La diferencia jurídica está perfectamente fundada. Cuando el comodante reclama la devolución de la cosa prestada, pide una cosa individualizada cuyo dominio conserva. La acción reivindicatoria existe y sólo está paralizada por la necesidad de atender a lo convenido entre las partes. Pero cuando reclama quien ha entregado dinero u otra cosa fungible, no conserva ninguna acción real porque el mutuatario no tiene en su poder cosa alguna que sea propiedad del mutuante. El mutuo deja disuelto el objeto del préstamo en el patrimonio del deudor y sólo subsiste la relación del acreedor contra los bienes del deudor en virtud de la responsabilidad patrimonial de éste (art. 1.911 C.c.).

2. Contrato de comodato

A. *Concepto y caracteres*

Según el art. 1.740, es el contrato por el que una de las partes entrega a la otra una cosa no fungible para que use de ella por cierto tiempo y se la devuelva.

Es un contrato principal, real, gratuito, unilateral imperfecto o no rigurosamente unilateral, temporal y que sólo da derecho al uso de la cosa prestada.

a) Es un *contrato principal,* incluso cuando los tratos preliminares de otro contrato incluyen la breve concesión del uso de una cosa, como en la venta a prueba. El interés del posible vendedor está protegido con la aplicación de las reglas del comodato, sin interferencia de las propias del posible contrato posterior.

b) Es un *contrato real,* en el sentido romano de que nace mediante la entrega de una cosa, sin perjuicio de que, como todo contrato, sea resultado del consentimiento de las partes. Este caracter real significa en Derecho moderno que su regulación se produce a partir de un determinado momento, que es el de la entrega de la cosa. Por ello, la obligación de entregarla, que puede existir a base de lo convenido por los contratantes, representa la existencia de un contrato consensual. En este sentido, no cabe un precontrato de comodato, sino que se tratará de un contrato consensual de comodato.[1]

---

1. ROCA SASTRE, *Estudios de Derecho privado,* Madrid, 1948, volumen I, pp. 340 y 341, dice que no cabe un precontrato de comodato, sino un verdadero contrato consensual de comodato. El hecho de que las obligaciones principales de una y otra parte estén dispuestas en orden sucesivo y no simultáneo, permite centrar la atención en la situación de intereses contrapuestos que resulta de la entrega de la cosa. Por ello, la

c) Es un contrato esencialmente *gratuito,* pues, si mediara precio a cambio del uso de la cosa, se trataría de un contrato de arrendamiento. El párrafo segundo del art. 1.740 C.c. dice que «el comodato es esencialmente gratuito», y el inciso final del art. 1.741 expresa que «si interviene algún emolumento que haya de pagar el que adquiere el uso, la convención deja de ser comodato».

d) Es *unilateral imperfecto* o no rigurosamente unilateral. Constituido con la entrega de la cosa, a partir de tal instante sólo el comodatario tiene una obligación, que es la de devolverla oportunamente; pero es posible que posteriormente aparezca alguna obligación a cargo del comodante, como la de indemnizar los gastos que el comodatario haya tenido que hacer para la conservación de la cosa.

e) Es *temporal* y no transfiere la propiedad. Su carácter gratuito exige que sea temporal; en otro caso se trataría de una donación o de la constitución de un derecho real. La regulación legal del comodato, a falta de pacto relativo al particular, exige la fijación de un plazo de duración o que el contrato pueda terminar al arbitrio del comodante.

B. Constitución del comodato

Procede distinguir entre los elementos personales, reales y formales. Respecto a los primeros, es suficiente que el comodante tenga la capacidad general para contratar, pues no realiza ninguna enajenación o acto de disposición de la cosa. Tampoco es necesario que sea propietario de la cosa prestada y basta que tenga el derecho de aprovecharla para que pueda asimismo ceder su uso. El usufructuario puede dar en comodato la cosa usufructuada (cfr. art. 480 C.c.), y tampoco puede objetarse nada contra la posibilidad de que lo haga el arrendatario de cosa mueble. En cambio, los derechos intransmisibles, como el uso y la habitación no pueden ser cedidos por ninguna clase de título (art. 525 C.c.).

Respecto a los elementos *reales,* el objeto del comodato no puede ser una cosa fungible (cfr. art. 1.740), aunque no cabe excluir, en principio, la posibilidad de que lo sea una cosa de tal naturaleza que deba mantenerse rigurosamente individualizada en poder del comodatario. Aunque por lo general se tratará de cosas muebles, es posible considerar la posibilidad de un comodato de cosa inmueble, como sucede si el propietario de un jardín permite visitarlo gratuitamente.

---

concepción del comodato como contrato real deja fuera de su contenido la fase previa que puede adquirir relieve jurídico como contrato consensual.

El Código italiano se refiere a cosas muebles e inmuebles al definir el comodato.

En cuanto a los requisitos *formales*, la escasa intensidad y la débil estabilidad de la relación jurídica creada pueden explicar que no se exija ningún requisito formal para la válida celebración del comodato, sin perjuicio de lo que hayan acordado las partes para hacer constar lo convenido. La entrega de la cosa, como requisito indispensable del contrato real de comodato, no puede confundirse con los elementos propiamente formales, por tratarse de algo que se identifica con la estructura misma del negocio.

C. *Efectos del contrato*

Hay que distinguir las posiciones jurídicas del comodatario y del comodante.

El comodatario tiene el derecho que constituye el propio contenido del contrato, en cuanto está dirigido a permitir el uso de la cosa prestada, sin poder percibir los frutos (art. 1.741 C.c.).[2]

Respecto a las obligaciones que le incumben, en primer lugar, por tener en su poder una cosa ajena que ha de restituir, ha de conservarla con la diligencia de un buen padre de familia (art. 1.094 C.c.). Para ello «está obligado a satisfacer los gastos ordinarios que sean de necesidad para el uso y conservación de la cosa prestada» (art. 1.743).

La principal obligación del comodatario es devolver la cosa a la terminación del préstamo. El Código le deniega expresamente el derecho de retención, al decir el art. 1.747 que «el comodatario no puede retener la cosa prestada a pretexto de lo que el comodante le deba, aunque sea por razón de expensas». Ello es natural por tratarse de alguien que ha recibido un beneficio sin contraprestación.

La misma circunstancia explica que la responsabilidad del comodatario por el mal cumplimiento de sus obligaciones sea más rigurosa que la de los deudores ordinarios. Por ello, aunque la regla general es que «el comodatario no responde de los deterioros que sobrevengan a la cosa prestada por el solo efecto del uso y sin culpa suya» (art. 1.746), hay que tener en cuenta las dos siguientes excepciones:

«Si el comodatario destina la cosa a un uso distinto de aquel para que se prestó, o la conserva en su poder por más tiempo del conveni-

2. Cirilo MARTÍN RETORTILLO, *El comodato en nuestros días*, Anuario de Derecho civil, 1953, pp. 839 y ss., esp. 846.

do, será responsable de su pérdida, aunque ésta sobrevenga por caso fortuito» (art. 1.744).

«Si la cosa prestada se entregó con tasación y se pierde, aunque sea por caso fortuito, responderá el comodatario del precio, a no haber pacto en que expresamente se le exima de responsabilidad» (art. 1.745).

En la forma de serle exigida la responsabilidad también sufren una agravación las reglas generales de las obligaciones. Así, mientras la solidaridad en la deuda no es exigible por regla general (art. 1.137), prevalece la regla opuesta cuando varios son comodatarios de una misma cosa. Como dice el art. 1.748, «todos los comodatarios a quienes se presta conjuntamente una cosa responden solidariamente de ella, al tenor de lo dispuesto en esta sección».

Respecto al comodante, tiene el derecho que resulta de que «conserva la propiedad de la cosa prestada» (art. 1.741). Conserva la propiedad y la conserva sin gravamen alguno de carácter real. Ha concedido simplemente un uso por tiempo determinado o determinable. Hay que distinguir entre cosa prestada para un uso determinado y el supuesto de no estar determinado ni haberse pactado la duración.

En principio, el comodante «no puede reclamar la cosa prestada sino después de concluir el uso para que la prestó» (art. 1.749, primer inciso); pero incluso en este supuesto, si «tuviere el comodante urgente necesidad de ella, podrá reclamar la restitución» (art. 1.749, segundo inciso).

Para el caso de no haberse pactado la duración del comodato ni el uso a que había de destinarse la cosa prestada, y éste no resulta determinado por la costumbre de la tierra, puede el comodante reclamarla a su voluntad, según dispone el art. 1.750, que añade que, en caso de duda, incumbe la prueba al comodatario.

Al comodante le incumben las siguientes obligaciones. Aparte de no poder reclamar la cosa prestada sino después de concluir el uso para que la prestó, como acabamos de ver, las demás obligaciones que le afectan no son propiamente consecuencia del contrato, sino de su condición de propietario o fundadas en consideraciones de equidad.

Según el art. 1.751, «el comodante debe abonar los gastos extraordinarios causados durante el contrato para la conservación de la cosa prestada, siempre que el comodatario lo ponga en su conocimiento antes de hacerlos, salvo cuando fueren tan urgentes que no pueda esperarse el resultado del aviso sin peligro».

El Código también ha previsto el supuesto de que la cosa prestada adolezca de vicios que puedan hacer sufrir daños al comodatario. El comodante será responsable de estos daños en el caso de que conociendo tales vicios, no los hubiera hecho saber al comodatario (art. 1.752). Es un supuesto que no puede equipararse al de saneamiento por vicios ocultos en los contratos onerosos. En la compraventa, la responsabilidad del vendedor no depende de que conociera los vicios ocultos (art. 1.485) y los efectos que produce se fundan en haber mediado contraprestación por parte del adquirente (art. 1.486 y ss.). En el comodato, la responsabilidad se funda en la culpa del comodante que conocía los defectos de la cosa y no los advirtió al comodatario.

D. *Extinción*

Como resulta de lo expuesto, el comodato se extingue por las siguientes causas:

a) Por haber terminado el uso para el que se prestó la cosa, o haber concluido el plazo convenido o el que resulte de la costumbre de la tierra (arts. 1.749 y 1.750).

b) Por reclamar el comodante la cosa prestada a causa de tener urgente necesidad de ella, incluso antes de la terminación del plazo convenido, o por reclamarla a su voluntad cuando el contrato no tenga un duración determinada (arts. 1.749 y 1.750).

c) Por extinción o perecimiento de la cosa prestada.

d) Por muerte del comodatario si el préstamo se hizo en consideración personal al mismo. El art. 1.742 dispone que «las obligaciones y derechos que nacen del comodato pasan a los herederos de ambos contrayentes, a no ser que el préstamo se haya hecho en contemplación a la persona del comodatario, en cuyo caso los herederos de éste no tienen derecho a continuar en el uso de la cosa prestada».[3]

---

3. Sobre la peculiaridad del comodato en la extinción de las obligaciones por compensación, a tenor del art. 1.200, párrafo primero, del C.c., véase ALBALADEJO, *La prohibición o improcedencia de la compensación en los casos de depósito y comodato*, Revista de Derecho privado, 1947, pp. 254 a 272.

3. El precario

Como se ha visto, el art. 1.750 C.c. dispone que «si no se pactó la duración del comodato ni el uso a que había de destinarse la cosa prestada, y éste no resulta determinado por la costumbre de la tierra, puede el comodatario reclamarla a su voluntad».

Es opinión general que en este precepto se halla un residuo de la idea romana de precario y por ello conviene partir de una breve averiguación de esta idea.[4]

El precario tuvo su origen en la especial constitución agraria romana, cuando los dueños de latifundios concedían parcelas para que alguien las explotara hasta que se le revocara la concesión. No se trataba de un contrato porque no dejaba establecida una verdadera obligación, sino una peculiar y subordinada relación posesoria. Su rasgo peculiar consistía en que el precarista era poseedor, a diferencia del comodatario. El poseedor a precario podía utilizar los interdictos posesorios, en lugar del dueño de la finca; pero el concedente conservaba la posesión *iure civile,* especialmente a los efectos de la usucapión.

El concedente estaba protegido frente al precarista por medio de un interdicto restitutorio previsto en el Edicto pretorio. Aparecía como un desdoblamiento posesorio, más que como una relación contractual. Sin embargo, modernamente, separado el precario del especial contexto social de Roma, aparece como una modalidad del comodato. Es un comodato sin determinación del plazo de duración, por cuya razón puede terminar a voluntad del concedente. Así resulta del art. 1.750 C.c.

La utilidad actual del concepto de precario consiste en que permite la utilización de determinados remedios procesales. Lo importante es disponer de un medio procesal que, sin necesidad de tener en cuenta si la tolerancia significa consentimiento o no, permita al propietario recuperar la plena posesión de la cosa. Por ello el Tribunal Supremo ha calificado a determinadas situaciones de hecho como precario por la necesidad de obtener dicho resultado. Como contrato,

---

4. M. MORENO MOCHOLI, *El precario*, Barcelona, 1951; C. MARTÍN RETORTILLO, *El precario en el Derecho civil español*, Madrid, 1948; M. IGLESIAS CUBRIA, *La relación jurídica de precario en Derecho romano*, Información Jurídica, mayo de 1949, y *El precario en el Derecho español*, en la misma públicación, octubre de 1949; LATOUR, *El precario*, Revista de Derecho privado, 1959, pp. 1.065 a 1.080; FERRER MARTÍN, *El precario y el juicio de desahucio por causa de precario*, Revista de Derecho privado, 1952, pp. 303 a 313.

el precario sólo puede consistir en una modalidad del comodato prevista en el art. 1.750 C.c. Lo que tiene importancia es la situación de precario, por la expresada necesidad de orden procesal. Es una situación posesoria frente a la cual el propietario puede ejercitar una acción recuperatoria, como es la de desahucio, que ordinariamente sólo es procedente entre quienes han estado ligados por un vínculo contractual.

Desde el punto de vista sustantivo, la situación de precario está reflejada en el art. 444 del C.c.: «Los actos meramente tolerados, y los ejecutados clandestinamente y sin conocimiento del poseedor de una cosa, o con violencia, no afectan a la posesión». Pero, desde el punto de vista procesal, la norma que le afecta se halla en el art. 1.565, núm. 3.°, de la Ley de Enjuiciamiento civil. Según la Sentencia de 26 junio 1926, en base a dicho artículo, la acción de desahucio puede ejercitarse contra cualquiera persona que tenga la posesión de una finca sin pagar merced, y se ha hecho extensivo el concepto de precarista a cuantos utilizan la posesión de un inmueble sin tener título, si se demuestra que no pagan merced alguna. Cfr. también Ss. de 5 octubre 1933 y de 5 diciembre 1934.

En síntesis, hay que afirmar que la jurisprudencia del Tribunal Supremo engloba los conceptos de posesión concedida, posesión tolerada y posesión sin título a efectos de reconocer la procedencia de la acción de desahucio, como medio adecuado para que cese la posesión de un inmueble por parte de quien no puede justificarla frente al dueño. Con ello se obtiene una actuación simplificada de la acción reivindicatoria.

4. El contrato de préstamo mutuo

A. *Concepto y caracteres*

Por el contrato de préstamo mutuo o simple préstamo, una de las partes entrega a la otra dinero u otra cosa fungible, con la condición de que le devuelva otro tanto de la misma especie y calidad, ya sea gratuitamente o con el pacto de pagar interés. Así resulta del art. 1.740 C.c.

Los rasgos característicos del préstamo mutuo son los siguientes:

a) Puede tener carácter *real* o *consensual*. El primero, por nacer con la entrega de la cosa, sólo tiene en cuenta las obligaciones a cargo del prestatario, mientras que el consensual comprende una fase anterior e incluye la obligación de quien ha de entregar una cantidad en concepto de préstamo. El pretendido precontrato de contrato real de mutuo es un verdadero contrato consensual, pues no tiene sentido entender que la obligación de entregar una cantidad en concepto de préstamo no forma una unidad con la obligación resultante de esta efectiva entrega cuando ambas obligaciones están previstas y reguladas en el contrato inicial.

b) Es un contrato de contenido *obligacional* en la medida en que la recepción de una suma de dinero o de otra cosa fungible da lugar a la obligación de restituirla y de pagar intereses en su caso.

c) Es un contrato que puede ser *gratuito* u *oneroso*. Nos ocupamos de este último al tratar del préstamo con interés.

d) Como contrato real es rigurosamente *unilateral,* aunque se trate de un préstamo con interés porque la obligación de pagar intereses recae en la misma persona obligada a devolver el capital. Por el contrario, el contrato consensual de mutuo es bilateral, aunque las obligaciones de una y otra parte no nacen y existen simultáneamente, sino que es menester que la del prestamista se cumpla con la entrega de la cantidad para que nazca la del prestatario a devolverla.

No son contradictorias las Sentencias del Tribunal Supremo de 4 de octubre 1915 y de 9 abril 1944, a pesar de que la primera parece referirse a la posibilidad de que el contrato genere obligaciones recíprocas, mientras que la segunda afirma «que el préstamo mutuo, con pacto de intereses o sin él, es, en nuestro Derecho, un contrato unilateral». La aparente contradicción desaparece si se tiene en cuenta la cuestión discutida en cada caso. En el primero se trataba de saber si el crédito personal anotado en el Registro era preferente al derecho de quien todavía no había aceptado una hipoteca inscrita con anterioridad en el Registro por disposición unilateral del propietario; en el segundo caso se trataba de un pacto de intereses revelado por actos indudables del deudor. Sin duda cada caso fue resuelto justamente en atención a sus propias circunstancias, pero ello no debía haber sido causa de que se formularan declaraciones generales innecesarias.

B. *Requisitos para la celebración de este contrato*

a) *Personales.* Por lo que afecta al *prestamista,* basta que tenga la capacidad general para contratar. El art. 272, núm. 5.º, del C.c. (Ley de 24 octubre 1983), al referirse a la necesidad de que el tutor cuente con autorización judicial, equipara los actos de dar y tomar dinero a préstamo.

En cuanto a la facultad de disposición del prestamista sobre el objeto del préstamo, si ha entregado en préstamo una cantidad sobre la que no tenía la libre disposición, se producirán los efectos del contrato, sin perjuicio de que el receptor de la suma pueda quedar obligado a devolverla a persona diferente del mutuante.

Respecto al *prestatario*, no es suficiente que tenga la capacidad general para obligarse. El menor de edad emancipado no puede tomar dinero a préstamo sin el consentimiento de sus padres y, a falta de ambos, sin el de su tutor (art. 323 C.c., según Ley de 13 mayo 1981).[5]

b) *Reales.* El préstamo mutuo ha de tener por objeto dinero o cosas fungibles (arts. 1.740 y 1.753).

c) *Formales.* Si el contrato se celebra sin la entrega del dinero o cosa fungible convenida, existirá un contrato consensual de mutuo. Pero la obligación fundamental de este contrato que el Código regula sólo nace cuando el objeto ha sido entregado por el mutuante. En la concepción del contrato de mutuo como un contrato real (en oposición a consensual), la entrega de su objeto no es una mera formalidad de su celebración sino un elemento constitutivo esencial.

Como propio requisito de forma, el art. 1.280 C.c. dispone que «deberán hacerse constar por escrito, aunque sea privado, los demás contratos en que la cuantía de las prestaciones de uno o de los dos contratantes exceda de 1.500 pesetas».

C. *Efectos del préstamo mutuo*

El efecto principal es que el receptor de dinero o de otra cosa fungible en concepto de préstamo mutuo «adquiere su propiedad, y está obligado a devolver al acreedor otro tanto de la misma especie y calidad» (art. 1.753 C.c.).

---

5. La Compilación del Derecho civil foral de Navarra, en su ley 538, dispone: «El que presta a un hijo de familia no emancipado que vive en compañía de éste, carece de acción para reclamar la cantidad prestada, incluso después de desaparecer las causas de la incapacidad; pero si la cantidad es pagada voluntariamente, no habrá lugar a la repetición de la misma como indebida. Queda exceptuado el caso de conversión en préstamo conforme a la Ley 536, o en el de enriquecimiento del padre con la cantidad prestada». La ley 536 de la misma Compilación se refiere al supuesto de una deuda vencida de cantidad determinada que puede convertirse en deuda de préstamo por el simple acuerdo de las partes, en cuyo caso se presume que se devengarán los intereses legales desde el momento del acuerdo.

En el caso de haberse recibido dinero a préstamo, la obligación del receptor se regirá por lo que dispone el art. 1.170 del Código civil, como dispone el art. 1.754-1. Por consiguiente, como todo pago de deuda en dinero, el correspondiente al prestatario deberá hacerse en la especie pactada, y si ésta no puede entregarse, deberá devolverse una cantidad de dinero nominalmente equivalente a la recibida.

Si lo prestado ha sido otra cosa fungible o una cantidad de metal no amonedado, el deudor deberá «una cantidad igual a la recibida y de la misma especie y calidad, aunque sufra alteración en su precio». En este caso, pues, la igualdad entre lo recibido y lo devuelto no se obtiene mediante la equiparación de valores nominales, sino a base de la identidad de la materia, cantidad y calidad.

En cuanto al tiempo y lugar de la devolución, se estará a lo convenido; en su defecto, por lo que se refiere al tiempo, deberá tenerse en cuenta lo que dispone el art. 1.128. Respecto al lugar, la regla general supletoria es que «el lugar del pago será el del domicilio del deudor» (art. 1.171). Pero Puig Peña observa que en el caso de préstamo gratuito, la obligación del prestamista de recibir la cosa en el domicilio del prestatario produce el efecto de que sea más onerosa la posición asumida sin finalidad de lucro.[6]

5. Examen especial del préstamo mutuo con interés

A. *Regulación del Código civil*

El préstamo mutuo con interés o retribuido es una figura contractual que posee una especial significación económica y social. El Código civil exige que conste de manera indudable el pacto de pagar intereses para que sean exigibles: «No se deberán intereses sino cuando expresamente se hubiesen pactado» (art. 1.755 C.c.).

A pesar de esta exigencia de pacto expreso, en la práctica ha prevalecido el criterio de que el convenio de pagar intereses puede resultar, no de pacto expreso, sino de lo revelado de manera indudable por la conducta de prestatario. En este sentido puede verse la Sentencia de 9 de abril 1944 (Aranzadi, núm. 665).

El artículo más discutido de los que el Código dedica al mutuo es el 1.756: «El prestatario que ha pagado intereses sin estar estipulados, no

---

6. Federico PUIG PEÑA, *Tratado de Derecho civil español*, IV-2 p. 155, final.

puede reclamarlos ni imputarlos al capital». No está claro si el precepto se limita a excluir la repetición de lo que se haya pagado, o si además este pago deja fundado el derecho del prestamista a seguir cobrando intereses. Parece que no tendría sentido un precepto que se limitara a excluir la repetición de los intereses pagados una sola vez. Es más natural suponer que dicho pago revela, a pesar de todo, la obligación de pagarlos por haber sido en realidad convenidos, o incluso por tratarse de una novación modificativa, por la fuerza de un hecho incompatible con la subsistencia de un préstamo sin interés (cfr. art. 1.204 C.c.).[7]

El incumplimiento de la obligación de pagar intereses comporta la aplicación del art. 1.109 C.c., para que los intereses vencidos devenguen el interés legal desde que son judicialmente reclamados, aunque la obligación haya guardado silencio sobre este punto (anatocismo legal). El anatocismo es la acumulación de los intereses devengados y no pagados al capital para que a su vez rindan intereses.

En el mutuo con interés ha de tenerse en cuenta que los intereses han de quedar cubiertos para que los pagos puedan ser recibidos a cuenta del capital. Como dispone el art. 1.173 C.c.: «Si la deuda produce interés, no podrá estimarse hecho el pago por cuenta del capital mientras no estén cubiertos los intereses».

Pero si el acreedor da recibo del capital sin hacer reserva alguna respecto a los intereses, quedará extinguida la obligación del deudor en cuanto a éstos. Así lo dispone el art. 1.110, párrafo primero, C.c. Como opinan Díez-Picazo y Gullón, esta regla se funda en la presunción de que los intereses ya están pagados, o en que existe una renuncia tácita del acreedor a percibirlos.[8]

Cuando el deudor deja de pagar los intereses, se ha discutido si cabe hacer uso de la facultad resolutoria del art. 1.124 C.c. Se ha dicho que ello depende de que el contrato de mutuo sea considerado unilateral o bilateral. Con Albaladejo entendemos que dicha facultad resolutoria es procedente, no sólo tratándose de contratos propiamente bilaterales, sino igualmente en los que la reciprocidad se produzca entre prestaciones, realizadas o prometidas, como en la entrega de la cosa por el mutuante y el pago de intereses por el mutuatario.[9]

---

7. Otra opinión en ALBALADEJO, *Derecho civil*, II, Parte Especial, Barcelona, 1972, p. 267 (séptima edición, 1982).

8. DÍEZ-PICAZO y GULLÓN, *Sistema de Derecho civil*, II, Madrid, 1978, p. 329 (posterior edición, 1983).

9. ALBALADEJO, citado, p. 269. Puede afirmarse que el prestamista se encuentra en la misma situación que tendría la parte que, en un contrato bilateral, ya hubiese cumplido la obligación que le incumbe.

El mutuo termina y el capital prestado ha de devolverse en el plazo convenido (cfr. art. 1.125 C.c.). A falta de convenio, si de la naturaleza del contrato resulta que el plazo ha querido concederse al deudor, corresponderá a los Tribunales su determinación (cfr. art. 1.128).

La circunstancia de que el mutuo sea o no con interés influye en la posibilidad de renunciar al plazo. Si la cantidad prestada no devenga interés, el único beneficiado es el prestatario y, por consiguiente, podrá restituir la cantidad prestada antes del vencimiento. Pero si el mutuo es con interés, se presumirá establecido en beneficio de acreedor y deudor (art. 1.127) y el prestatario no podrá anticipar la devolución.

Finalmente, el art. 1.757 del Código civil dispone: «Los establecimientos de préstamos sobre prendas quedan además sujetos a los reglamentos que les conciernen».

El art. 15 de la Ley de 23 julio 1908 (Usura) dispone igualmente: «Los establecimientos de préstamos sobre prendas se regirán por las Leyes o Reglamentos especiales dictados o que se dicten».

El Real Decreto de 12 junio 1909 aprobó el Reglamento sobre casas de préstamos y establecimientos similares. El Decreto de 14 marzo 1933, modificado por el de 13 diciembre 1962, aprobó el Estatuto de las Cajas Generales de Ahorro Popular, con Monte de Piedad o sin él.

B. El préstamo con interés y la Ley de Usura

La historia del Derecho permite observar. cómo se ha vacilado a la hora de admitir o rechazar el préstamo con interés. Pueden señalarse tres sistemas:

1.º Sistema de prohibición absoluta, como la que se impuso el Derecho canónico y siguió, en España, la legislación de Partidas.

2.º Sistema de libertad absoluta, en el sentido de respetar todos los pactos sobre pago de intereses. En España implantó este sistema la Ley de 14 marzo 1856.

3.º Sistema mixto de libertad limitada, que ofrece dos modalidades:

a) Sistema de tasa de intereses, en el sentido de autorizar los que no excedan de un tipo determinado. Aparece en el Fuero Juzgo, el Fuero Real y las Recopilaciones.

b) Sistema que consiste en hacer depender la validez del contrato del criterio equitativo del juzgador, como sucede actualmente en

España en virtud de la llamada Ley Azcárate de 23 julio 1908. Su art. 1.° establece:

«Será nulo todo contrato de préstamo en que se estipule un interés notablemente superior al normal del dinero y manifiestamente desproporcionado con las circunstancias del caso o en condiciones tales que resulte aquél leonino, habiendo motivos para estimar que ha sido aceptado por el prestatario a causa de su situación angustiosa, de su inexperiencia o de lo limitado de sus facultades mentales.

»Será igualmente nulo el contrato en que se suponga recibida mayor cantidad que la verdaderamente entregada, cualesquiera que sean su entidad y circunstancias. Será también nula la renuncia del fuero propio, dentro de la población, hecha por el deudor en esta clase de contratos.»

En estrecha relación con este art. 1.°, ha de tenerse en cuenta lo que dispone el 9.° de la misma Ley: «Lo dispuesto por esta Ley se aplicará a toda operación substancialmente equivalente a un préstamo de dinero, cualesquiera que sean las formas que revista el contrato y la garantía que para su cumplimiento se haya ofrecido».

Son cuatro, por tanto, los supuestos o tipos de negocios ususarios previstos por la Ley:

Primero. Los que contienen estipulación de un interés superior al normal del dinero y manifiestamente desproporcionado con las circunstancias del caso, que hacen presumir al legislador la falta de libertad del prestatario para aceptarlos.

Segundo. Aquellos en que se consignen condiciones tales que resulten leoninos o pactados de tal forma que todas las ventajas sean para el acreedor, habiendo motivos para estimar que han sido aceptados por el prestatario a consecuencia de su situación angustiosa, de su inexperiencia o de lo limitado de sus facultades mentales.

Tercero. Los contratos en los que figure recibida mayor cantidad que la verdaderamente entregada, cualesquiera que sean su entidad y circunstancias, aun cuando en ella se incluyesen los posibles intereses o rentas pactadas, sin necesidad de concurrir otro requisito.

Cuarto. Toda operación sustancialmente equivalente a un préstamo de dinero, cualesquiera que sean las formas que revista el contrato y las garantías que para su cumplimiento se hayan ofrecido. Es el supuesto a que se refiere la norma un tanto vaga del art. 9.°.

Acerca de si, aparte de este último, los supuestos previstos por el art. 1.º son los tres indicados o solamente dos, conviene advertir lo siguiente. La *Sentencia de 21 octubre 1911* (Jurisprudencia Civil, tomo 40, pág. 529) declaró que la Ley de 1908 se refiere en su art. 1.º a tres grupos o clases de contratos de préstamo: *1.º* Los contratos en que «se estipula un interés superior al normal del dinero, y manifiestamente desproporcionado con las circunstancias del caso. *2.º* Los en que se consignen condiciones tales que resulten leoninos, o pactados de forma que todas las ventajas sean establecidas en favor del acreedor, habiendo motivos para estimar que han sido aceptados por el prestatario a causa de su situación angustiosa, de su inexperiencia o de lo limitado de sus facultades mentales. *3.º* Los contratos en que se suponga recibida mayor cantidad que la verdaderamente entregada, cualesquiera que sean su entidad y circunstancias».

Esta doctrina, sin duda, es la más justa y la que prevalece en la actualidad (Sentencias de 24 marzo 1942, 18 junio y 17 diciembre 1945 y 19 octubre 1948).

Prevalece en la actualidad el criterio de que la existencia de un interés desproporcionado debe determinar la nulidad del contrato sin necesidad de otras circunstancias, pues lo contrario sería tanto como privar de gran parte de su eficacia a una Ley que tiene una finalidad marcadamente social.

Para que pueda alcanzar su objetivo, el art. 2.º dispone: «Los Tribunales resolverán en cada caso, formando libremente su convicción en vista de las alegaciones de las partes». Según la Sentencia de 13 de febrero 1941 (Aranzadi, núm. 147), ni en el caso de que el contrato de préstamo revista carácter mercantil ha de quedar descartada la posible aplicación de la citada Ley.

El Tribunal Supremo ha seguido un criterio amplio para determinar cuándo existe una operación sustancialmente equivalente a un préstamo de dinero. Cfr. Ss. 21 febrero 1907, 25 octubre 1924, 14 enero 1936 (Aranzadi, núm. 52), 7 febrero 1948 (Aranzadi, núm. 278).

Las amplias facultades concedidas a los Tribunales no han de entenderse como si el recurso de casación se convirtiera en una tercera instancia. Como declaró la Sentencia de 28 enero 1977 (Aranzadi, núm. 123), el T. S. «debe aceptar los supuestos y apreciaciones de hecho de la sentencia recurrida, en tanto no se encuentren en manifiesta disconformidad con las resultancias procesales estimadas con arreglo al indicado art. 2.º».

La acción de nulidad fundada en la Ley de Usura prescribe en el plazo de quince años que el art. 1.964 fija para la extinción de las acciones personales que no tengan fijado otro término especial. Cfr. Sentencia de 27 octubre 1960 (Aranzadi, núm. 3.438).

La declaración de nulidad de un contrato por causa de usura obliga al deudor a la restitución de la suma recibida, con exclusión de toda clase de intereses; «y si hubiere satisfecho parte de aquélla y los intereses vencidos, el prestamista devolverá al prestatario lo que, tomando en cuenta el total de lo percibido, exceda del capital prestado» (art. 3.º de la Ley de 1908).

Otras consecuencias de la nulidad resultan de los arts. 5.º, 8.º y 11 de la misma Ley, relativos a correcciones disciplinarias en ciertos casos y a imposición de costas en todos ellos.

XXVI

CONTRATOS DE MANDATO Y DE PRESTACIÓN DE SERVICIOS

1. El contrato de mandato

A. Concepto

Por el contrato de mandato una persona, el mandante, encarga la gestión de algún asunto suyo a otra persona, el mandatario, para que éste desempeñe el encargo en interés del primero.

El Código civil lo define en el art. 1.709 de la siguiente manera: «Por el contrato de mandato se obliga una persona a prestar algún servicio o hacer alguna cosa, por cuenta o encargo de otra».[1]

Si se tiene en cuenta que el Código se refiere al arrendamiento de obras y servicios, en el art. 1.544, diciendo que una de las partes «se obliga a ejecutar una obra o a prestar a la otra un servicio por precio cierto», puede dudarse de cuál es la diferencia entre mandato y arrendamiento de servicios si en ambos casos se trata de prestar algún servicio o hacer alguna cosa.

Sin embargo, la distinción no puede ofrecer duda. En primer lugar faltan en el art. 1.544 las palabras «por cuenta o encargo de otro», que están en el art. 1.709, porque el mandato implica el encargo de

---

1. F. BONET RAMÓN, *Naturaleza jurídica del contrato de mandato*, Barcelona, 1941; del mismo, *Algunas figuras afines al contrato de mandato*, Revista General de Legislación y Jurisprudencia, 1948-2, pp. 633 y ss.; G. GARCÍA VALDECASAS, *La esencia del mandato*, Revista de Derecho privado, 1944, pp. 769 y ss.; GONZÁLEZ ENRÍQUEZ, *La distinción entre poder y mandato*, Revista Internacional del Notariado, 1960, núms. 46 y 47, p. 83; JORDANO BAREA, *Mandato para enajenar*, Anuario de Derecho civil, 1951, pp. 1.458 y ss.; NÚÑEZ LAGOS, *Mandatario sin poder*, Revista de Derecho privado, 1946, pp. 405 y ss.; MARTÍN RETORTILLO, *Responsabilidad del mandatario por no ajustarse a las instrucciones del mandante*, Revista de Derecho privado, 1953, pp. 732 y ss.; PORPETA CLÉRIGO, *Sustitución de poder*, Anales de la Academia Matritense del Notariado, I, p. 129; SANPONS SALGADO, *El mandato*, Barcelona, 1964.

gestionar intereses del mandante. Esta gestión de intereses, aunque el mandatario la realice sin poder de representación, ha de ser de la clase que admitiría perfectamente la gestión representativa, lo que no ocurre en el contrato de servicios. si alguien realiza una compra por cuenta y en interés de otro, tendría pleno sentido que realizara la gestión con carácter representativo; pero si alguien encarga la realización de un servicio a otra persona, como que le pinte una pared, no podrá tratarse de un mandato sino de un contrato de prestación de servicios porque en ningún caso el pintor necesita tener la representación jurídica de quien le encargó el trabajo para realizar su labor.

El mandatario gestiona frente a terceros intereses del mandante, mientras que en el arrendamiento de servicios las prestaciones son realizadas por el servidor contratado directamente por el principal, y es propiamente éste quien gestiona sus propios asuntos.

B. Clases de mandato

a) El mandato puede ser *gratuito* u *oneroso,* como resulta del art. 1.711 C.c.: «A falta de pacto en contrario, el mandato se supone gratuito. Esto no obstante, si el mandatario tiene por ocupación el desempeño de servicios de la especie a que se refiere el mandato, se presume la obligación de retribuirlo». Cfr. S. 19 diciembre 1953 (Aranzadi, núm. 3.515).

b) El mandato *puede tener o no carácter representativo*; es decir, puede tener o carecer de poder de representación. El mandatario siempre obra por cuenta ajena, pero en unos casos puede hacerlo en nombre propio o sin revelar que gestiona intereses ajenos, y en otros casos lo hará ostensiblemente en nombre del mandante. Al puntualizar los efectos del mandato se comprobará la importancia práctica de esta distinción.[2]

c) El mandato puede ser *expreso* o *tácito.* El expreso puede darse por instrumento público o privado y aun de palabra. La aceptación puede ser también expresa o tácita, deducida esta última de los actos del mandatario. Así lo establece el art. 1.710.

---

2. La distinción entre mandato y poder de representación se consolida en España por obra de la jurisprudencia. Cfr. sentencias de la Sala 1.ª del Tribunal Supremo de 22 mayo 1942 (Aranzadi, núm. 634), 6 marzo 1943 (Ar. 306), 1.º diciembre 1944 (Ar. 1.272), 27 enero 1945 (Ar. 257). Véase en el volumen I de este *Compendio* el capítulo XXI, pp. 353 y ss.

La Sentencia de 3 de marzo 1904 puntualiza que los actos de los que se derive el mandato tácito han de implicar de manera evidente la intención de obligarse. La Sentencia de 12 junio 1969 (Aranzadi, núm. 3.423) declara que la «garantía formal del art. 1.280, núm. 5, no afecta a la validez del mandato, ni es un requisito esencial». La Sentencia de 26 noviembre 1970 (Aranzadi, núm. 4.905) insiste en que la forma que requiere el art. 1.280, no es una exigencia de forma *ad substantiam.*

d) Por la extensión de las facultades conferidas, el mandato puede ser *general* o *especial,* según el art. 1.712, o puede estar «concebido en términos generales» o expreso para determinados actos de disposición. Es preciso detenerse en este punto.

El art. 1.712 dispone: «El mandato es general o especial. El primero comprende todos los negocios del mandante. El segundo, uno o más negocios determinados».

Según el art. 1.713: «El mandato concebido en términos generales no comprende más que los actos de administración. Para transigir, enajenar, hipotecar o ejecutar cualquier otro acto de riguroso dominio, se necesita mandato expreso. La facultad de transigir no autoriza para comprometer en árbitros o amigables componedores».

Conviene tener en cuenta, por tanto, que el *mandato general y* el *mandato concebido en tértninos generales* no son lo mismo. Del mismo Código resulta que el mandato es *general* o es *especial* según que comprenda *todos* los negocios del mandante o *uno o varios* negocios determinados (art. 1.712). En cambio, el mandato, no general, sino «concebido en términos generales» es el que sólo permite realizar actos de administración, mientras que los actos de riguroso exigen para su realización mandato expreso.

Así resulta que un mandato *especial,* en el sentido de referirse solamente a negocios determinados del mandante, puede estar concebido *en términos generales,* de manera que con referencia a aquellos determinados negocios el mandatario sólo podrá realizar actos de administración. La división del art. 1.712 se refiere, pues, a la extensión del encargo en relación con los asuntos del mandante, y la del art. 1.713 alude a la intensidad de las facultades concedidas. Véase sobre esta cuestión la Sentencia de 20 noviembre 1968 (Aranzadi, Repertorio de 1969, núm. 51).

C. Otorgamiento del contrato

Las reglas de capacidad son las generales por lo que se refiere al mandante. En cuento al mandatario, la consideración de que no gestiona intereses propios sino ajenos da lugar al criterio más permisivo del art. 1.716: «El menor emancipado puede ser mandatario; pero el mandante sólo tendrá acción contra él en conformidad a lo dispuesto respecto a las obligaciones de los menores». La redacción, de este artículo responde a la Ley de 2 mayo 1975, que suprimió el segundo párrafo que se refería a la mujer casada.

Respecto a los elementos reales basta decir que la gestión de intereses ajenos frente a terceros ha de ser posible, lícita y determinada. No podrá tratarse de intereses de carácter personalísimo del mandante.

En cuanto a los elementos formales, ya se ha dicho que no se exige forma especial para conferir el mandato ni para aceptarlo (art. 1.710), sin perjuicio del núm. 5.° del art. 1.280 C.c.

D. Relaciones entre mandante y mandatario

El *mandatario* está obligado frente al mandante en atención a estas tres directrices: debe cumplir estrictamente lo convenido, debe ajustar sus actos a un determinado modelo de conducta y debe resarcir los perjuicios que su gestión haya causado al mandante. Estos tres grupos de obligaciones se descomponen en las siguientes:

a) *Obligación de ejecutar el mandato.* «El mandatario queda obligado por la aceptación a cumplir el mandato y responde de los daños y perjuicios que, de no ejecutarlo, se ocasionen al mandante» (art. 1.718-1). Para ello ha de ajustarse a las instrucciones del mandante (art. 1.719-1), y no sólo a las manifestadas al perfeccionar el contrato, sino incluso a las que le comunique en lo sucesivo, mientras la relación dure.

En defecto de instrucciones o en el caso de sobrevenir una situación para la cual no las haya recibido, deberá hacer «todo lo que, según la naturaleza del negocio, haría un buen padre de familia» (art. 1.719-2).

Consecuencia de la obligación de ajustarse a las instrucciones del mandante es la de no traspasar los límites del mandato (art. 1.714), aunque no se considerarán traspasados si el mandato «fuese cumplido de una manera más ventajosa para el mandante que la señalada por éste» (art. 1.715).

b) *Obligación de rendir cuentas.* «Todo mandatario está obligado a dar cuenta de sus operaciones y a abonar al mandante cuanto haya recibido en virtud del mandato, aun cuando lo recibido no se debiera al segundo» (art. 1.720).

La falta de relación directa entre el mandante y los terceros cuando el mandatario ha contratado en su propio nombre (art. 1.717) queda compensada con esta conexión entre mandante y mandatario. Por ello, incluso en el mandato sin representación, el pago indebido hecho al mandatario dejará establecida una relación cuasicontractual entre el mandante y el tercero, y la restitución, en su caso, deberá pedirse al mandante (cfr. art. 1.895 en relación con el 1.720).

Esta obligación de rendir cuentas es una aplicación de la regla general a la que están sujetos todos los que por cualquier título administran negocios ajenos (Sentencia de 21 febrero 1967; Aranzadi, núm. 792).

Aunque el Código no exija expresamente la obligación de aportar pruebas de las cuentas, no hay duda que ello incumbe al mandatario, por ser quien tendrá a mano los elementos precisos para ello (Sentencia de 22 enero 1957; Aranzadi, núm. 690).

Consecuencia de la rendición de cuentas es la obligación del mandatario de pagar intereses de las cantidades que haya quedado debiendo después de terminado el mandato y de haberse constituido en mora; y lo mismo sucede respecto de las cantidades del mandante que el mandatario haya aplicado a sus propios usos desde el día en que lo hizo (art. 1.724).

c) *Obligación de resarcir daños*. Esta obligación aparece especialmente destacada en relación con el mandato. Según el art. 1.726: «El mandatario es responsable, no solamente de dolo, sino también de culpa, que deberá estimarse con más o menos rigor por los Tribunales según que el mandato haya sido o no retribuido».

Si el mandante ha nombrado dos o más mandatarios, el Código excluye la responsabilidad solidaria: «La responsabilidad de dos o más mandatarios, aunque hayan sido instituidos simultáneamente, no es solidaria, si no se ha expresado así» (art. 1.723).

d) *Sustitución del mandato*. El Código, en el art. 1.721, dispone: «El mandatario puede nombrar sustituto si el mandante no se lo ha prohibido; pero responde de la gestión del sustituto:

»1.º Cuando no se le dio facultad para nombrarlo.

»2.º Cuando se le dio esta facultad, pero sin designar la persona, y el nombrado era notoriamente incapaz o insolvente.

»Lo hecho por el sustituto nombrado contra la prohibición del mandante será nulo.»

Añade el art. 1.722: «En los casos comprendidos en los dos números del artículo anterior puede, además, el mandante dirigir su acción contra el sustituto.»

En este complejo de disposiciones hay que establecer las siguientes distinciones:

Primero. Cuando el mandante ha autorizado la sustitución con expresión de la persona del sustituto, el mandatario no podrá ser responsable de la gestión de este sustituto, pues en este caso el nombramiento ha sido hecho por el mismo mandante.

Segundo. Cuando el mandante ha concedido autorización para sustituir de manera genérica, sin determinar la persona del sustituto, tampoco puede alcanzar responsabilidad al mandatario, pues el nombramiento ha sido previsto y admitido por el mandante, con la natural excepción de que se tratara de un sustituto notoriamente incapaz o insolvente, pues entonces el mandatario no habrá completado de manera adecuada la voluntad del mandante.

Tercero. Cuando el mandante ni ha autorizado ni ha prohibido la sustitución, ésta sólo producirá los efectos de un submandato y el mandatario no quedará exento de responsabilidad.[3]

Cuarto. Cuando el mandante ha prohibido la sustitución, el mandatario no podrá nombrar sustituto sin quebrantar su contrato con el mandante y habrá incurrido en responsabilidad. Por ello, en este supuesto lo hecho por el sustituto será nulo (art. 1.721). Pero teniendo en cuenta que el mandante puede ratificar lo hecho por su pretendido sustituto, la nulidad a que en este caso se refiere el Código no puede entenderse como una nulidad radical e insubsanable. La mejor protección de los intereses del mandante está en permitirle admitir o rechazar lo hecho por el gestor. Cfr. arts. 1.727 y 1.892.

Las *obligaciones del mandante* frente al mandatario se reducen a las tres siguientes: Pagarle la retribución procedente; reembolsarle los gastos y resarcirle de las pérdidas o los daños sufridos a consecuencia de la ejecución del mandato.

---

3. PORPETA, citado en la nota 1; TORRALBA SORIANO, *La responsabilidad por los auxiliares en el cumplimiento de las obligaciones*, Anuario de Derecho civil, 1971, pp. 1.143 a 1.166, esp. p. 1.153.

Nos hemos referido a la primera al tratar del mandato retribuido. Respecto a la obligación de hacer que la ejecución del mandato deje indemne al mandatario, el Código dispone lo siguiente:

a) Antes de ejecutar el mandato, el mandatario tiene derecho a que el mandante le anticipe las cantidades que para ello sean necesarias, como dispone el art. 1.728: «El mandante debe anticipar al mandatario, si éste lo pide, las cantidades necesarias para la ejecución del mandato».

b) Si el mandatario ha anticipado las cantidades necesarias, tiene derecho al reembolso con independencia del éxito de su gestión. Como dispone el segundo párrafo del mismo art. 1.728: «Si el mandatario las hubiera anticipado, debe reembolsarlas el mandante, aunque el negocio no haya salido bien, con tal que esté exento de culpa el mandatario». El párrafo tercero añade: «El reembolso comprenderá los intereses de la cantidad anticipada, a contar desde el día en que se hizo la anticipación».

c) El mandatario que haya procedido con la debida diligencia tiene derecho a que el mandante le deje resarcido de cualquier quebranto sufrido con motivo de la ejecución del encargo. El art. 1.729 lo prescribe en los siguientes términos: «Debe también el mandante indemnizar al mandatario de todos los daños y perjuicios que le haya causado el cumplimiento del mandato sin culpa ni imprudencia del mismo mandatario».

d) El Código concede al mandatario el siguiente derecho de retención en el art. 1.730: «El mandatario podrá retener en prenda las cosas que son objeto del mandato, hasta que el mandante realice la indemnización y reembolso de que tratan los dos artículos anteriores».

e) Hemos visto que el art. 1.723 se ocupa del caso de haber nombrado un mandante dos o más mandatarios, y el art. 1.731 regula el caso opuesto de que dos o más personas hayan nombrado un mismo mandatario para un negocio común, disponiendo que en este caso «le quedan obligadas solidariamente para todos los efectos del mandato».

La disposición parece lógica en el caso de mandato gratuito, pero significa una agravación de la responsabilidad en el caso de mandato retribuido, especialmente en el caso de haber contratado un mandatario profesional (cfr. art. 1.711-2).

E. Relaciones del mandante y del mandatario con los terceros

Tiene gran importancia la diferencia entre mandato simple y mandato con poder de representación. El importante art. 1.717 dispone:

«Cuando el mandatario obra en su propio nombre, el mandante no tiene acción contra las personas con quienes el mandatario ha contratado, ni éstas tampoco contra el mandante.

»En este caso el mandatario es el obligado directamente en favor de la persona con quien ha contratado, como si el asunto fuera personal suyo. Exceptúase el caso en que se trate de cosas propias del mandante.

»Lo dispuesto en este artículo se entiende sin perjuicio de las acciones entre mandante y mandatario.»

Por tanto, en el mandato simple o no representativo no existen derechos y obligaciones directas entre el mandante y la persona con la que ha contratado, que es un tercero para el mandante (art. 1.717); pero existen derechos y obligaciones entre mandante y mandatario (arts. 1.717, párrafo tercero, 1.720 y otros).

En cambio, cuando se trata de un mandato con poder de representación, en el que el mandatario actúa por cuenta y además en nombre ajeno, se establece una relación jurídica directa entre el mandante y los terceros, y el primero «debe cumplir todas las obligaciones que el mandatario haya contraído dentro de los límites del mandato» (art. 1.727, párrafo primero). Si en su actuación el mandatario no ha traspasado los límites del mandato (cfr. art. 1.719), no queda personalmente obligado con la parte con la que ha contratado, si no se ha obligado a ello expresamente (art. 1.725 C.c.).

Pero si el mandatario excede los límites del poder conferido, será el único responsable frente a la persona con la que ha contratado (art. 1.725), sin perjuicio de la facultad del mandante de ratificar la gestión. Como dice el párrafo segundo del art. 1.727: «En lo que el mandatario se haya excedido, no queda obligado el mandante sino cuando lo ratifica expresa o tácitamente».[4]

---

4. Si a pesar de haberse excedido el mandatario, el mandante aprovecha los resultados favorables de la gestión del primero, hay que considerar la posibilidad de que los terceros contratantes puedan ejercitar una acción de enriquecimiento *(in rem verso)* contra dicho mandante. Cfr. DE DIEGO, *Instituciones de Derecho civil*, Madrid, 1959, II, p. 158. Sobre la acción de *in rem verso*, véase más adelante, p. 612.

F. Extinción del mandato

El art. 1.732 enumera los casos en los que el mandato se extingue, que son:

1.º Por su revocación.
2.º Por la renuncia del mandatario.
3.º Por muerte, quiebra o insolvencia del mandante o del mandatario. (Redactado por Ley 6/1984, de 31 de marzo.)

Como se advierte, el artículo sólo se refiere a las causas más características de extinción del mandato, en comparación con las causas de extinción de las obligaciones en general.

a) *Extinción por revocación del mandato.* Es la causa de extinción que se produce a iniciativa del mandante: «El mandante puede revocar el mandato a su voluntad, y compeler al mandatario a la devolución del documento en que conste el mandato» (art. 1.733 C.c.).

Esta facultad unilateral de una sola de las partes está justificada por la peculiar posición del mandante, que puede verse afectado por responsabilidades derivadas de actos ajenos. El mandato es un contrato fundado en la confianza, por lo que si ésta desaparece, igualmente ha de terminar la relación jurídica. El hecho de conferirse el mandato en interés, generalmente, del mandante, y el contenido unilateral de la relación cuando el mandatario se ha obligado gratuitamente, justifican la misma solución.

La revocación puede ser expresa o tácita. Esta segunda forma supone la realización de actos que tengan un significado concluyente o decisivo de la revocación. Según el art. 1.735, «el nombramiento de nuevo mandatario para el mismo negocio produce la revocación del mandato anterior desde el día en que se hizo saber al que lo había recibido».

En ciertos casos no es suficiente la comunicación al mandatario para que terminen los efectos del mandato. Si éste es representativo (es decir, si va acoplado a un poder de representación), el respeto a la seguridad de los terceros obliga a sostener que el principal queda obligado si los terceros no han podido conocer la extinción del apoderamiento. Para los terceros que contratan con el apoderado, la extinción del poder de éste coincide con la desaparición de su apariencia. Por ello el art. 1.733 faculta al mandante para «compeler al mandatario a la devolución del documento en que conste el mandato», pues la exhibición de este documento justificaría la confianza de los terceros en la subsistencia del poder. Por igual razón, el art. 1.734 dispone que «cuando el mandato se haya dado para contratar con determinadas personas, su revocación no puede perjudicar a éstas si no se les ha hecho saber». La limitación de la eficacia del poder a pocas personas justifica que se exija la comunicación.

Los problemas pueden presentarse cuando el mandatario está autorizado para contratar con terceros en virtud de un poder general de representación. El art. 1.738 dispone: «Lo hecho por el mandatario, ignorando la muerte del mandante u otra cualquiera de las causas que hacen cesar el mandato, es válido y surtirá todos sus efectos respecto a los terceros que hayan contratado con él de buena fe».

No hay duda que procede aplicar esta regla cuando ignoran la revocación del poder tanto el apoderado como la tercera persona que ha contratado con éste. La duda aparece cuando conoce la revocación el mandatario pero la ignora el tercero. Aunque no resulte del texto del artículo, se ha dicho que sería más justo que el acto de representación del mandatario tuviera validez y eficacia entre el mandante representado y el tercero, sin perjuicio de la acción de aquél contra el mandatario.[5]

La Sentencia de 5 diciembre 1958 (Aranzadi, núm. 3.822) declaró que la ignorancia de la revocación a que se refiere el art. 1.738, «no debe limitarse al mandatario, sino extenderla a los terceros contratantes, lo mismo que concurra o sin concurrir con la de aquél, ya que la relación que este artículo regula es con los terceros de buena fe y los efectos para con éstos».

Acerca de si es posible y válido el mandato conferido con carácter irrevocable, cabe decir, en síntesis, que el mandato puro o propiamente tal no será nunca irrevocable si no está injertado en otro negocio básico, pues no cabe desconocer que hay estructuras de mandato subordinadas a una finalidad atípica o no propia del mandato. Puede hablarse de mandato irrevocable, dice M. de la Cámara, «cuando su concesión sea el contenido o medio de ejecución específicamente pactado de un negocio jurídico bilateral o plurilateral, en cuyo caso la posibilidad de su revocación es paralela a la de modificar o denunciar aquel negocio básico».[6]

---

5. SANPONS, citado, pp. 425 y 426.

6. DE LA CÁMARA ÁLVAREZ, *La revocación del mandato y del poder*, Anales de la Academia Matritense del Notariado, IV, 1948, pp. 555 y ss.; MAÑUECO, *Mandatos irrevo-*

Con referencia al poder de representación, es necesario distinguir entre poder general y especial. Seria completamente improcedente la concesión de un poder general de carácter irrevocable; por el contrario, puede ser irrevocable el poder concedido con carácter especial y temporal.

b) *Extinción del mandato por renuncia del mandatario.* La facultad del mandatario para renunciar al encargo es menos amplia que la de revocación que asiste al mandante. Admitirla sin condicionamientos sería dejar a los intereses del mandante sin la protección mínima debida. Por ello el C.c., en el art. 1.736, dispone:

«El mandatario puede renunciar al mandato poniéndolo en conocimiento del mandante. Si éste sufriere perjuicios por la renuncia, deberá indemnizarle de ellos el mandatario, a menos que funde su renuncia en la imposibilidad de continuar desempeñando el mandato sin grave detrimento suyo.»

La buena fe impone a esta facultad de renuncia el límite siguiente: «El mandatario aunque renuncie al mandato con justa causa, debe continuar su gestión hasta que el mandante haya podido tomar las disposiciones necesarias para ocurrir a esta falta» (art. 1.737).

c) *Muerte del mandante o del mandatario.* El mandato es un contrato por el que el mandante encarga una gestión a persona de su confianza. Esta elección de mandatario por sus cualidades obliga a disponer que su fallecimiento extingue el contrato. Sería improcedente que los derechos y obligaciones del mandatario pasaran a sus herederos.

Por la misma razón es causa de extinción del mandato el fallecimiento del mandante, sin perjuicio de que sus herederos puedan conceder un nuevo mandato a la misma persona que era mandatario de su causante.

Puede suceder que el fallecimiento del mandante tarde en llegar a conocimiento del mandatario y de los terceros que contraten con éste. En tal caso hay que resolver si son válidos o no los contratos celebrados durante el tiempo que medie entre la muerte del mandante y el conocimiento que de ésta se tenga. El art. 1.738 trata de resolverlo de la siguiente manera:

---

cables, Revista Crítica de Derecho inmobiliario, 1928, pp. 497 y ss.; J. PUIG BRUTAU, *El poder irrevocable y la jurisprudencia del Tribunal Supremo*, Revista de Derecho privado, 1962, pp. 489 a 500.

«Lo hecho por el mandatario, ignorando la muerte del mandante u otro cualquiera de las causas que hacen cesar el mandato, es válido y surtirá todos sus efectos respecto a los terceros que hayan contratado con él de buena fe.»

En el caso de fallecimiento del mandatario, sus herederos han de cumplir determinadas obligaciones en interés del mandante. Dice el art. 1.739 que «deberán sus herederos ponerlo en conocimiento del mandante y proveer entretanto a lo que las circunstancias exijan en interés de éste».

El fallecimiento del mandante tampoco extingue por completo las obligaciones del mandatario, pues «debe acabar el negocio que ya estuviese comenzado al morir el mandante, si hubiere peligro en la tardanza» (art. 1.718).

d) *Quiebra o insolvencia del mandante o del mandatario.* Enumera estas causas de extinción el art. 1.732, en su núm. 3.º

Ha de añadirse el caso de ausencia, según lo que dispone el artículo 183 C.c., al final, en la redacción de la Ley de 8 septiembre 1939.[7]

2. El contrato de prestación de servicios

A. *Concepto y caracteres*

El Código civil define el contrato de arrendamiento de servicios conjuntamente con el de obra en el art. 1.544: «En el arrendamiento de obras o servicios, una de las partes se obliga a ejecutar una obra o a prestar a la otra un servicio por precio cierto».

Sin embargo, son actividades muy diferentes obligarse a ejecutar una obra o a prestar servicios. En la prestación de servicios se debe una actividad, sin tener directamente en cuenta el resultado, mientras que en el contrato de ejecución de obra se tiene precisamente en cuenta el resultado final, con independencia del trabajo necesario para alcanzarlo. Además, en el contrato de servicios la remuneración acostumbra a ser proporcional al tiempo de duración de los servicios contratados, mientras que en el de obra es normal fijar la retribución en proporción al número o medida de la obra. En el contrato de servicios éstos se prestan en situación de dependencia

---

7. Ignacio SERRANO, *La ausencia en el Derecho español*, Madrid, 1943, p. 463.

de quien los recibe, en tanto que en el de obra, la actividad necesaria para alcanzar el resultado es realizada por un contratista o empresa independiente.

El contrato de prestación de servicios es *consensual* porque se perfecciona por el simple consentimiento; es *bilateral* en el sentido de que genera obligaciones recíprocas; es *oneroso* porque si no hay precio o remuneración se tratar de otra figura contractual o de un servicio amistoso. En cuanto a la forma esta sometido a la regla general del art. 1.278 C.c.

B. Clases

Es tradicional la distinción entre prestación de servicios manuales y prestación de los servicios propios de las profesiones liberales. Los primeros, que se prestan en relación de permanencia habitual, forman el tema del moderno Derecho del trabajo. Los que se prestan sin relación de dependencia propiamente laboral se rigen por el Derecho civil y son los que han de distinguirse tanto del contrato del mandato como del de ejecución de obra.

C. El contrato de prestación de servicios manuales en el C.c.

El Código dedica los artículos 1.583 a 1.587 al contrato que califica como «del servicio de criados y trabajadores asalariados», que tienen escasa importancia y carecen por completo de contenido social. En realidad, no pueden estimarse vigentes.

D. Contrato de prestación de servicios correspondientes a las profesiones liberales

Cuestión discutida es si el contrato cuyo objeto es la prestación de actividades que tienen una base técnica, intelectual o científica debe ser calificado de mandato, de arrendamiento de servicios o, incluso, de contrato de obra si se trata de proporcionar un resultado.

La sentencia de 4 febrero 1950 (Aranzadi, núm. 191) contiene la siguiente declaración: «aunque de ordinario se presenta la relación contractual entre el Letrado y su cliente como un contrato de servicios, también aparece otras veces como contrato de obra, supuesto que se da cuando mediante remuneración se obliga aquél a prestar, no propiamente su actividad profesional sino el resultado producido por la misma, cual ocurre, entre otros casos, en el de aceptar el Letrado el encargo de emitir un dictamen». Cfr. sentencias de 27 diciembre 1915 y 24 noviembre 1954 (Aranzadi, núm. 2.875).

La sentencia de 8 julio 1927 declaró que por la distinta índole de los servicios alegados por el actor, incluidos en la minuta de honorarios, es necesario distinguir entre los que tienen el carácter indiscutible de trabajos de la profesión de abogado y los que carecen de tal carácter, pues aquéllos son los únicos que se retribuyen con lo que el profesional señala en la minuta, y en caso de disconformidad con lo que resuelven los Tribunales, constituyen un contrato de arrendamiento de servicios. Cfr. sentencias de 23 octubre 1961 (Aranzadi, núm. 3.613), 8 febrero 1940 (honorarios devengados por un Notario) y de 9 octubre 1928, 14 noviembre 1929 y 18 enero 1941 (honorarios devengados por médicos).[8]

La sentencia también de la Sala 1.ª del T.S. de 27 octubre 1986 (La Ley, 1987-1, pp. 263 a 265) se ocupó de calificar la relación entre arquitecto y cliente, y en el Fundamento de Derecho Tercero declara que la doctrina jurisprudencial califica la relación entre ambos de contrato de obra o empresa, «en cuanto que el profesional, mediante remuneración, se obliga a prestar al comitente más que una actividad el resultado de la misma, prestación ligada a la finalidad perseguida por los contratantes», a cuyo efecto se apoya en la sentencia de 24 de septiembre de 1984 y las que ésta invoca.

La acción para reclamar los honorarios prescribe a los tres años que establece el art. 1.967 C.C., en sus dos primeros números. Con referencia a los médicos pueden verse las sentencias de 7 noviembre 1940 (Aranzadi, núm. 1.001 y 8 febrero 1949 (Ar. núm. 97).

---

8. M. GITRAMA, *Configuración jurídica de los servicios médicos*, Estudios de Derecho público y privado. Homenaje al Profesor Ignacio Serrano, Valladolid, 1965, I, pp. 217 a 220.

XXVII
CONTRATOS DE EJECUCIÓN DE OBRAS Y DE MEDIACIÓN O CORRETAJE

1. El contrato de ejecución de obras

A. *Concepto y clases*

Por el contrato de ejecución de obras una de las partes, llamada empresario o contratista, se obliga frente a la otra, llamada principal o comitente, a la producción de un determinado resultado con su actividad autónoma o independiente, a cambio de un precio cierto.

Se caracteriza por los siguientes rasgos peculiares:

a) El contratista realiza su trabajo de manera independiente, en el sentido de no estar dirigido por el comitente en la realización de la obra, sino que ejecuta su trabajo en ejercicio de una profesión autónoma.

b) El contratista cobra generalmente un precio alzado, esto es, determinado globalmente en consideración al resultado que ha de alcanzar. Pero también cabe que el precio se haya fijado por unidad de medida o número.

c) Por lo general el contratista poseerá unos conocimientos técnicos adecuados para la realización de la obra, y que sean superiores o incluso que no concurran en el comitente. Sin embargo, la circunstancia de no mediar esta diferencia no ha de conducir necesariamente a la conclusión opuesta. Así, el cirujano que contrata a otro cirujano para operar a un familiar no convierte a éste en un empleado dependiente por el hecho de que le iguale en conocimientos. En sentido contrario, no deja de ser un empleado dependiente (contrato de servicios) el cocinero que tiene más conocimientos de cocina que su principal. Sin embargo, lo normal será que la superior habilidad técnica esté de parte del contratista.

d) El contratista trabaja generalmente con herramientas o equipo de su propiedad, y siempre que la clase de obra lo permita, en sus propios talleres o dependencias.

e) No es preciso que el contratista realice la obra personalmente y es suficiente que la dirija. Pero hay que señalar excepciones debido al diverso contenido que puede tener este contrato; es decir, con la diversidad de obras que pueden ser objeto del mismo. Cuando se encarga un cuadro a un pintor de fama, es indudable que no puede delegar en otro la ejecución del encargo, sin que ello le prive de su condición de contratista independiente.

Para realizar la obra el contratista puede tener, y en muchos casos es necesario que tenga, personal a su servicio; es decir, personas con las que mantiene un contrato de prestación de servicios. Pero si para llevar a término la obra contratada ha celebrado a la vez otro u otros contratos de obra con otros contratistas independientes, estaremos ante el supuesto de la subcontratación.

Puede ser contratada la ejecución de obras muy diversas, pero los arts. 1.588 a 1.600 del C.c. han tenido en cuenta de manera dominante el contrato que tiene por objeto la construcción de un edificio o la reparación de inmuebles. Algunos preceptos tienen en cuenta las obras de creación artística, en cuyo caso se trata del encargo hecho a una persona con conocimientos especiales.[1]

Por otra parte, los arts. 1.601 a 1.603, que forman una sección aparte, regulan el contrato de transporte por agua y tierra, de personas y de cosas.

En el contrato de obra puede convenirse que el que la ejecute ponga solamente su trabajo o su industria, o que también suministre el material (art. 1.588). En este sentido se distingue entre el simple *contrato de obra* y el de *ejecución de obra con suministro de material.*

---

1. CADARSO PALAU, *El cumplimiento defectuoso y la responsabilidad por vicios del suelo en el contrato de obra* (Comentario a la sentencia de 19 febrero 1970), Anuario de Derecho civil, 1970, pp. 670 a 677; del mismo autor, *La responsabilidad decenal de arquitectos y constructores*, Madrid, 1976; Ricardo DE ÁNGEL YAGÜEZ, *Los créditos derivados del contrato de obra. Su protección legal en la legislación civil*, Madrid, 1969; G. GARCÍA CANTERO, *La responsabilidad por ruina de los edificios*, Anuario de Derecho civil, 1963, pp. 1.053 a 1.113; LÓPEZ VILAS, *El subcontrato,* Madrid, 1973; Ignacio NART, *Contrato de obra y empresa*, Revista de Derecho privado, 1951, pp. 814 a 825; J. SANTOS BRIZ, *El contrato de ejecución de obra y su problemática jurídica*, Revista de Derecho privado, 1972, pp. 379 a 419; M.ª Encarna ROCA TRÍAS, *Naturaleza de la relación entre el arquitecto y los clientes*, Revista de Derecho privado, 1976, pp. 783 a 797.

Cuando se trata del segundo caso, se discute si ha de regirse por las reglas del Código sobre el contrato de compraventa o por las del contrato de obra. Se ha dicho que el contratista se obliga a proporcionar una cosa nueva o recién hecha, mientras que el vendedor se obliga a entregar un objeto que ya existe al contratar, y en este sentido sería fácil distinguir el contrato de obra con suministro de materiales y el de compraventa. Pero también se ha dicho que todo contrato que obliga a transmitir la propiedad de una cosa ha de calificarse de compraventa, y la cuestión se resolvería entonces en sentido contrario, pues todo contrato de obra con suministro de materiales sería una compraventa, lo que no parece admisible.

Cabe adoptar el criterio intermedio de entender que cuando se ha de producir una cosa fungible con materia suministrada por el contratista han de aplicarse las disposiciones de la compraventa; pero si la obra a producir es no fungible, se aplicarán las normas del contrato de ejecución de obra para regular las obligaciones del contratista, la responsabilidad por vicios, el traspaso del riesgo y la obligación de recibir la obra producida. La razón de la diferencia está en que la posibilidad de sustituir las cosas fungibles por otras equivalentes significa que el contratista puede entregar cosas fabricadas por otro, o que ya tuviese fabricadas con anterioridad, lo que implica que el contrato estará más próximo a la compraventa que a la ejecución de una obra.[2]

B. *Contrato y subcontrato*

El subcontrato es un contrato derivado y dependiente de otro anterior, como sucede con el subarrendamiento y el submandato. Pero las máximas posibilidades para la subcontratación aparecen con ocasión del contrato de obra. Éste es un contrato en que la obligación principal consiste en proporcionar un resultado, y precisamente para alcanzarlo se necesitará en muchos casos la colaboración de personas y empresas especializadas a las que se habrá delegado la realización de diversas partes de la obra.[3]

Los derechos y obligaciones que integran el contenido del subcontrato se constituyen a expensas del contrato principal y están limita-

---

2. Es la solución que adopta el parágrafo 651 del Código civil alemán. Cfr. ENNECCERUS y LEHMANN, *Derecho de obligaciones*, volumen 2.º de la segunda edición, Barcelona, 1950, pp. 552 a 556, y tercera edición, actualizada por FERRANDIS VILELLA, 1966, volumen 2.º, primera parte, pp. 591 a 596.

3. LÓPEZ VILAS, obra citada en la nota 1.

dos por el propio contenido del contrato al que han de contribuir en una relación de tracto sucesivo.

El mecanismo de la subcontratación, dice López Vilas, se caracteriza por la concurrencia de estas tres partes: el contratante que sólo interviene en el primer contrato (comitente que contrata con el contratista); el contratante intermedio, que participa en los dos (contratista que subcontrata), y el subcontratante que sólo es parte en el segundo contrato. Sólo en el contratante intermedio (contratista) se reúnen las cualidades de parte en el contrato base y en el subcontrato.

Al subcontrato se hará referencia al examinar los arts. 1.596 y 1.597.

C. *Obligaciones del contratista y responsabilidades por pérdida de la cosa*

La obligación fundamental del contratista es la de ejecutar la obra, en conformidad con lo establecido en el contrato y teniendo siempre en cuenta lo que exija la buena fe y los usos profesionales. El Código no contiene disposiciones generales sobre las obligaciones del empresario o contratista, sino previsiones referidas a alguna clase concreta de contrato de obra, que no se prestan a aplicaciones analógicas. Basta tener en cuenta, como observa un autor, la imposibilidad de aplicar al cirujano las reglas relativas a la responsabilidad del constructor de un edificio. Los problemas que puedan aparecer deberán ser resueltos recurriendo a las reglas generales de las obligaciones y contratos.[4]

Respecto a la pérdida de la cosa, el Código civil distingue entre el caso de pérdida anterior y posterior a la entrega, y, en el primer supuesto, entre el caso de un simple contrato de obra y el de obra con suministro. Cabe distinguir los tres siguientes supuestos:

Si se trata de alguien que *sólo se ha obligado a poner su trabajo o industria,* el art. 1.590 dispone que «no puede reclamar ningún estipendio si se destruye la obra antes de haber sido entregada, a no ser que haya habido morosidad para recibirla, o que la destrucción haya provenido de la mala calidad de los materiales, con tal que haya advertido oportunamente esta circunstancia al dueño».

En consecuencia, en este caso el dueño o comitente pierde los materiales y el contratista el derecho a la remuneración por el trabajo o

---

4. FERRANDIS, anotaciones citadas, p. 527.

actividad que haya invertido en la obra, salvo en los casos resultantes de las citadas excepciones: morosidad del acreedor de la obra y destrucción por mala calidad de los materiales proporcionados por el mismo comitente, con la obligación del contratista de haberlo advertido oportunamente.

En el caso de *ejecución de obra con suministro*; esto es, cuando el contratista se obligó a poner, no sólo su trabajo, sino además el material, el art. 1.589 dispone que el mismo contratista «el que contrató la obra») «debe sufrir la pérdida en el caso de destruirse la obra antes de ser entregada, salvo si hubiese habido morosidad en recibirla».

Si la pérdida o destrucción sobreviene después de la entrega por parte del contratista y de la aceptación por parte del comitente, se aplicará la norma general de que la cosa perece para su dueño y, por consiguiente, el contratista quedará exento de responsabilidad. Sin embargo, en el caso de tratarse de la construcción y posterior ruina de un edificio, el art. 1.591 C.c. plantea serios problemas que merecen atención por separado.

D. Responsabilidad por daños derivados de la ruina de edificios

a) *Examen del art. 1.591 del Código civil.* Este artículo dispone:

«El contratista de un edificio que se arruinase por vicios de la construcción, responde de los daños y perjuicios si la ruina tuviere lugar dentro de diez años, contados desde que concluyó la construcción; igual responsabilidad, y por el mismo tiempo, tendrá el arquitecto que la dirigiere, si se debe la ruina a vicio del suelo o de la dirección.

«Si la causa fuere la falta del contratista a las condiciones del contrato, la acción de indemnización durará quince años.»[5]

Este artículo es un claro ejemplo de la necesidad de interpretar las normas en relación con «la realidad social del tiempo en que han de ser aplicadas», como dice el actual art. 3.º-1 C.c. Su redacción corresponde a la manera habitual de contratar la edificación de los inmuebles en la época de la promulgación del Código, cuando los edificios nunca eran las grandes construcciones que en la actualidad conocemos.

---

5. TORRALBA, *Los vicios del suelo: reflexiones sobre el artículo 1.591 del Código civil*, Anuario de Derecho civil, 1970, pp. 123 a 140; D. TELLEZ DE PERALTA, *En torno a los vicios de construcción*, Revista Jurídica de Cataluña, 1975, pp. 133 a 139. Además, varios artículos de MULLERAT publicados en la Revista Jurídica de Cataluña, sobre la responsabilidad de arquitectos, ingenieros y promotores: RJC 1977, pp. 169 a 174: 1978, 165 a 170; id. 499 a 502; 1979, 429 a 437.

La jurisprudencia ha declarado que el art. 1.591 es aplicable, no sólo en el caso de la edificación de un nuevo edificio, sino también con motivo de hacer reparaciones en uno ya construido. La Sentencia de 19 febrero 1959 (Aranzadi, núm. 486) ha declarado que «la culpa por impericia profesional lo mismo puede darse cuando se levanta un edificio de nueva planta que en el caso de la reparación de alguno de sus elementos esenciales...».

Acerca de si la palabra «edificio» incluye los aparatos mecánicos, eléctricos o de otro orden instalados en el mismo (ascensores, etc.), véase en sentido afirmativo la Sentencia de 18 de marzo de 1961.

Acerca del alcance que ha de darse a la palabra «ruina», la Sentencia de 20 noviembre 1959 (Aranzadi, núm. 4.452) declaró que «no hay que referirla, tan sólo, a lo que en sentido riguroso y estricto pudiera implicar, es decir, al inmediato y actual derrumbamiento y destrucción, total o parcial, de la obra, sino a un más amplio y lato contenido del arruinamiento, extensivo a la estimación de tan graves defectos de construcción que hacen temer la próxima pérdida de la misma, si inmediatamente no se sustituye, como impropia e inútil para la finalidad a la que se destinó». Véase también la Sentencia de 19 abril 1977 (Aranzadi, núm. 1.658).

Por lo que se refiere al carácter de la responsabilidad que establece el art. 1.591 C.c., ha de tenerse en cuenta que nacerá, en su caso, de un contrato de ejecución de obra, por defectuosa ejecución de las obligaciones resultantes. Sin embargo, en atención a que los daños pueden afectar gravemente a terceras personas, se ha discutido si los dos párrafos del artículo se refieren por igual a la responsabilidad de carácter extracontractual, como una aplicación concreta del principio general a que responde el art. 1.902 del mismo Código.

No hay duda que la obligación de construir edificios sólidos y estables existe y ha de imponerse de manera previa a toda relación contractual. Pero ello no excluye que la responsabilidad del contratista y del arquitecto frente al dueño de la obra sea de carácter contractual y no puede perder este carácter por el hecho de que la ruina pueda afectar a terceros. El art. 1.909 ha de entenderse en el sentido de que, al producirse la ruina dentro de los diez años prefijados, el tercero se beneficia de la presunción de culpa de que puede valerse el comitente dentro del mismo plazo.

En el primer párrafo del art. 1.591, la protección del interés privado en el cumplimiento de la prestación debida tiene superpuesta otra protección del interés público en la buena construcción de los edificios, que no han de someter al público a riesgos indebidos.

En cambio, el segundo párrafo del mismo artículo, por referirse de manera expresa y exclusiva al incumplimiento de las condiciones del contrato, parece tener solamente en cuenta el interés contractual del comitente. Sin embargo, como observa Cadarso, es difícil imaginar que la «falta del contratista a las condiciones del contrato» que sea causa de la ruina del edificio, no suponga al mismo tiempo un vicio de la construcción.[6]

No hay duda que la responsabilidad que deriva del art. 1.591 sefunda en la existencia de culpa, exigida en toda clase de obligaciones por el art. 1.101 C.c.; pero la necesidad de probarla viene dispensada en la medida en que se establece una presunción *iuris tantum* de culpabilidad del contratista y del arquitecto.

Además, se trata de prestaciones fundadas en los conocimientos técnicos de las personas obligadas, y la diligencia exigible es por ello más elevada que la simplemente exigible al buen padre de familia (cfr. art. 1.104 C.c.). Cfr. Sentencias de 29 marzo 1966 (Aranzadi, número 1.670) y de 24 enero 1975 (Aranzadi, núm. 93).[7]

Ha de tenerse en cuenta la especial naturaleza del plazo de diez años que fija el primer párrafo del art. 1.591. Como admite la doctrina, *es un plazo de garantía,* en el sentido de que el suceso que desencadena la responsabilidad ha de haber ocurrido «dentro de diez años contados desde que concluyó la construcción».[8]

Cadarso estima que, a pesar de estas palabras del artículo, hay razones bastante poderosas para entender que el momento inicial de este plazo de garantía es la fecha de recepción de la obra.

En todo caso, como dice García Cantero: «No es un plazo de prescripción ni de caducidad, sino el término final de una relación de derecho sustancial». Por ello no es susceptible de suspensión ni de interrupción.

La ruina ha de haber ocurrido dentro de dichos diez años y, a partir de la misma, podrá ejercitarse la acción y empezará a contarse el correspondiente plazo de prescripción. Pero hay que preguntar cuál es este plazo, es decir, el plazo para accionar. Los que opinan que se trata de un supuesto de responsabilidad extracontractual llegan a la natural conclusión de que se tratará del plazo de un año (art. 1.968, 2.º). Si se estima, por el contrario, que la responsabilidad es contractual, la acción estará sometida al plazo de prescripción de quince

6. CADARSO, *La responsabilidad decenal,* obra citada, p. 99.
7. TORRALSA, citado, p. 137.
8. GARCÍA CANTERO, citado, p. 1.107; CADARSO, 315, 332.

años, como acción personal que no tiene señalado término especial de prescripción (art. 1.964).

Creemos que los legitimados activamente como partes en la relación contractual dispondrán del plazo de quince años para accionar y que los terceros perjudicados por la ruina de la obra dispondrán del breve término de un año.

Desde un punto de vista crítico, no hay duda que los quince años de prescripción sumados a los años transcurridos de los diez de duración máxima de la garantía, dan por resultado un tiempo que parece excesivo y que en la práctica será innecesario al perjudicado. Pero la jurisprudencia ha confirmado la aplicación del plazo de quince años del art. 1.964 C.c. Véase la Sentencia de 11 octubre 1974 (Aranzadi, núm. 3.798).

El segundo párrafo del mismo art. 1.591 contempla como causa de ruina «la falta del contratista a las condiciones del contrato», y para este supuesto dispone que «la acción de indemnización durará quince años». Por supuesto que este plazo de prescripción de la acción personal no elimina el plazo general de garantía de los diez años. En todo caso la ruina ha de haberse producido dentro de este plazo de garantía de diez años.

b) *Vicios o defectos causantes de la ruina y personas responsables (legitimación pasiva)*

El art. 1.591 C.c. señala como personas responsables el contratista (el art. 1.909 dice el «constructor») y el arquitecto. La responsabilidad del primero se produce cuando la ruina es debida a *vicios de la construcción* (primer párrafo) o por *haber faltado a las condiciones del contrato* (segundo párrafo); la del arquitecto, cuando la ruina sea debida a *vicios del suelo o de la dirección*.

La norma parece suponer que siempre podrá determinarse la participación de las personas que contribuyen a la causa determinante de la ruina. Pero en algún supuesto no será posible determinar la participación de cada uno en el daño causado. En estos casos la jurisprudencia ha impuesto la responsabilidad solidaria. Ss. 5 mayo 1961, 17 mayo 1967 (Aranzadi, núm. 2.423) y 1.º febrero 1975 (Aranzadi, número 323).[9]

En relación con el arquitecto, el art. 1.591 se refiere a «vicio del suelo o de la dirección». Pero, como observa Torralba, también pue-

---

9. CADARSO, p. 293; FERRANDIS, p. 529.

den existir vicios del proyecto y ser personas diferentes el arquitecto proyectista y el que dirige la obra. Si el arquitecto director revisa el proyecto, la solución puede estar todavía en el repetido art. 1.591.[10]

La jurisprudencia también ha reconocido que la responsabilidad decenal del art. 1.591 es transmisible a los herederos, en atención a que la herencia comprende, no sólo los bienes y derechos, sino también las obligaciones del causante (art. 659 C.c.). Teniendo en cuenta los indicados plazos de garantía y de prescripción, es muy posible que aparezca un hecho determinante de la responsabilidad civil del causante después de la aceptación de la herencia. Por ello, la aceptación a beneficio de inventario resulta especialmente recomendable para los sucesores del arquitecto y del contratista.[11]

Ha de tenerse en cuenta que modernamente ha sido frecuente la adquisición de viviendas a un promotor, que puede aparecer como simple vendedor de los pisos o locales construidos. No es admisible que los compradores sólo puedan disponer del breve plazo de caducidad de las acciones de saneamiento por vicios o defectos de la cosa vendida, que es de seis meses a partir de la entrega (art. 1.490). La doctrina y la jurisprudencia se han preocupado de que el comprador pueda ser considerado como comitente y el vendedor constructor (promotor) como contratista, a efectos del art. 1.591. En este sentido, véanse las Sentencias de 11 octubre 1974 (Aranzadi, núm. 3.798) y 17 octubre 1974 (Aranzadi, núm. 3.896). Ultimamente, la de 30 octubre 1986.

c) *Personas que pueden ejercitar la acción derivada del artículo 1.591 del Código civil (legitimación activa)*

Sin referirse expresamente al titular de la acción, el precepto da por supuesto que se trata del comitente o dueño de la obra, sin perjuicio de la posible legitimación de terceros en los casos fundados en los arts. 1.902 y 1.909 C.c.

Están igualmente legitimados los sucesores del propietario del edificio siniestrado, tanto en el caso de sucesión entre vivos como por causa de muerte. Es una acción que sobrevive al titular porque no es personalísima o intransmisible. El Tribunal Supremo ha reconocido la legitimación activa del adquirente a título singular de un edificio.

10. TORRALBA, pp. 131 a 135.
11. CADARSO, citado, p. 237.

Véase especialmente la Sentencia de 1.º abril 1977 (Aranzadi, núm. 1.510).

Por lo que se refiere a los terceros, su legitimación estará fundada, en su caso, en los arts. 1.902 y 1.909 C.c., como se ha dicho. Por tratarse de responsabilidad extracontractual, la acción estará sometida al breve plazo de un año que establece el art. 1.968, núm. 2.º, C.c., a contar desde que el perjudicado tenga conocimiento del daño. En atención a lo que dispone el art. 1.909 (acción ejercitada «dentro del tiempo legal»), parece que la ruina ha de haberse producido dentro de los diez años que señala el art. 1.591. Sin embargo, Cadarso y otros autores observan que no sería admisible que pasados los diez años, los perjudicados que no contrataron con el responsable vieran limitado su derecho. Como escribe el autor citado: «No puede admitirse que los constructores vengan solamente obligados a levantar edificios que se mantengan en pie durante sólo diez años, no respondiendo de la ruina producida después».[12]

d) *Responsabilidad del contratista por las personas que empleare en la obra*

Dispone el art. 1.596 C.c.: «El contratista es responsable del trabajo ejecutado por las personas que ocupare en la obra».

Conviene comparar este artículo con el art. 1.903, párrafo 4.º, sobre responsabilidad extracontractual. Dice: «Lo son igualmente los dueños o directores de un establecimiento o empresa respecto de los perjuicios causados por sus dependientes en el servicio de los ramos en que los tuvieran empleados, o con ocasión de sus funciones».

Resulta que, en el primer caso, se responde no sólo de los dependientes, sino también de las personas que el contratista ocupare en la obra, aunque no estén en relación de dependencia; en cambio, en el segundo supuesto se responde de los perjuicios causados por los dependientes, sin incluir a los que no lo sean.[13]

Cabe preguntar si el subcontratista también es una de las personas de las que el contratista ha de responder. Sin duda, por no existir una relación directa entre el comitente y el subcontratista, el primero no dispone de acción contra el segundo, sin perjuicio de la responsabilidad del subcontratista frente al contratista principal. No hay duda

---

12. CADARSO, pp. 108 y 109.

13. Jaime SANTOS BRIZ, *Derecho de daños*, Madrid, 1963, pp. 281 y ss.; TORRALSA, citado, p. 1.160.

que los subcontratistas también «se ocupan» en la ejecución de la obra, aunque lo hagan por un cauce distinto al del personal dependiente del contratista general.

La acción de indemnización por vicios del suelo y de la dirección, de los que ha de responder el arquitecto, sólo podrá dirigirse contra éste si ha sido contratado directamente por el propietario; pero si ha sido contratado por el contratista, el propietario y los terceros perjudicados podrán dirigirse contra el constructor o contra el arquitecto en virtud del art. 1.596.[14]

e) *Indemnización de los daños y perjuicios*

Con referencia al cumplimiento de las obligaciones, en general, el art. 1.101 C.c. se refiere a los que quedan sujetos a la indemnización «de los daños y perjuicios causados», y en el caso de contratista o el arquitecto el art. 1.591 habla de que «responde de los daños y perjuicios». Por su parte, el art. 1.902, para la responsabilidad extracontractual, se refiere a la obligación de «reparar el daño causado». En todo caso, como observa García Cantero, la única cuestión que se plantea es la de si cabe exigir la reparación *in natura* de los daños producidos por la ruina de la construcción (cfr. art. 1.098-1 C.c.), o si sólo podrá exigirse la indemnización en dinero.[15]

Santos Briz ha señalado los inconvenientes de la reparación *in natura,* que cabe resumir de la siguiente manera: puede ser imposible cuando se trate de cosas específicas destruidas o desaparecidas; puede representar para el obligado un sacrificio desproporcionado con la gravedad del hecho dañoso; no permite tener en cuenta las variaciones determinadas por el curso posterior de los hechos; en el caso de tratarse de cosas usadas plantearía los difíciles problemas de la «deducción de viejo por nuevo»; que el autor del daño no es la persona más indicada para repararlo; que no es posible para compensar el lucro cesante; que una indemnización complementaria en dinero puede ser indispensable para compensar la privación temporal del uso de la cosa, etc.[16]

Sin embargo, García Cantero observa que los Tribunales están facultados para condenar a la reposición de las cosas al estado anterior

---

14. LÓPEZ VILAS, citado, pp. 129, 206; TORRALBA, citado en la nota 5, pp. 137 y 138.
15. GARCÍA CANTERO, citado, pp. 1.108 y 1.109.
16. SANTOS BRIZ, citado, pp. 252 a 254.

a la ruina, si ello es posible. En este sentido, cita las Sentencias de 19 febrero 1959 (Aranzadi, núm. 486), que condenó a rehacer una cubierta derruida, y la de 20 noviembre 1959 (Aranzadi, núm. 4.452), que condenó a deshacer una solera de hormigón mal construida y a rehacerla de nuevo. Si la reparación *in natura* no es posible, la sentencia condenará a indemnizar los daños y perjuicios.

E. Derechos y obligaciones de la persona que encargó la obra

El principal derecho del comitente es que la obra encargada se realice en conformidad con lo contratado. En las obras de cierta importancia lo usual es que las cláusulas del contrato se remitan a los planos, estudios y proyectos que se acompañen. Además, la obra ha de quedar terminada en el plazo establecido. Pero la prórroga del plazo podrá considerarse implícitamente convenido cuando el pro yecto inicial haya sido objeto de alguna modificación importante. Es frecuente la previsión de una cláusula penal que obligue al contratista a pagar una suma en caso de retraso, sea como un tanto alzado o en proporción al tiempo; pero, como opinan Díez-Picazo y Gullón, ha de entenderse que sólo el retraso culpable dará lugar a su aplicación.[17]

El comitente ha de recibir la obra y ha de pagar el precio convenido. La posibilidad de examinar la obra es un trámite previo a la recepción porque éste significa su aprobación.

El art. 1.598 dispone: «Cuando se conviniere que la obra se ha de hacer a satisfacción del propietario, se entiende reservada la aprobación, a falta de conformidad, al juicio pericial correspondiente.

«Si la persona que ha de aprobar la obra es un tercero, se estará a lo que éste decida.»

La Sentencia de 14 octubre 1968 (Aranzadi, núm. 4.386) declaró que la doctrina más generalizada entiende que la entrega de la obra es cosa distinta de la recepción, constituida por el acto o la manifestación del propietario reconociendo que la obra ha sido ejecutada correctamente. Pero, como advierten Díez-Picazo y Gullón, lo que esta sentencia llama recepción es lo que técnicamente se denomina aprobación, que requiere normalmente la previa entrega por parte del contratista.[18]

---

17. DÍEZ-PICAZO y GULLÓN, *Sistema de Derecho civil*, p. 334.
18. DÍEZ-PICAZO y GULLÓN, obra citada, p. 338.

Cuando se trata de obras importantes, es usual distinguir la recepción provisional y la definitiva, destinada la primera a facilitar la comprobación, y significando la segunda que se ha comprobado si la obra se ajustaba a lo convenido.

Acerca del pago del precio, dice el art. 1.599: «Si no hubiere pacto o costumbre en contrario, el precio de la obra deberá pagarse al hacerse la entrega».[19]

La necesidad de que el precio sea cierto (cfr. art. 1.544) no significa que tenga que haberse concretado en el momento de la celebración del contrato, sino que bastará que pueda determinarse después por el medio convenido.

El precio puede haberse fijado por ajuste o a tanto alzado o por piezas ejecutadas o unidades de medida. Por ajuste o precio alzado significa que la obra se ha de realizar a cambio de un precio global. La sección del Código que regula este contrato se titula precisamente «De las obras por ajuste o precio alzado». El precio fijado por piezas o medidas implica la fijación de un precio o cantidad por unidad de obra. El art. 1.592 se refiere a quien «se obliga a hacer una obra por piezas o por medida», en cuyo supuesto dispone que «puede exigir del dueño que la reciba por partes y que la pague en proporción. Se presume aprobada y recibida la parte satisfecha».

En relación con el pago del precio es importante lo que dispone el art. 1.593: «El arquitecto o contratista que se encarga por un ajuste alzado de la construcción de un edificio u otra obra en vista de un plano convenido con el propietario del suelo, no puede pedir aumento de precio aunque se haya aumentado el de los jornales o materiales; pero podrá hacerlo cuando se haya hecho algún cambio en el plano que produzca aumento de obra, siempre que hubiese dado su autorización el propietario».

F. Protección de los créditos nacidos de un contrato de obra

Hay que referirse a los siguientes extremos:

a) Privilegio a favor del crédito nacido de la construcción, reparación o conservación de cosa mueble. El art. 1.922, núm. 1.º, C.c. dispone que con relación a determinados bienes muebles del deudor gozan de preferencia: «Los créditos por construcción, reparación,

---

19. MULLERAT, *Los sistemas de fijación de precio en el contrato de construcción de inmuebles según el Código civil*, Revista Jurídica de Cataluña, 1977, p. 897.

conservación o precio de venta de bienes muebles que estén en poder del deudor, hasta donde alcance el valor de los mismos.

Esta disposición ha sido examinada en otro lugar de la presente obra, al tratar de la concurrencia y prelación de créditos.[20]

b) El art. 1.923, en su número 3.º, establece la siguiente preferencia con relación a determinados bienes inmuebles y derechos reales del deudor: «Los créditos hipotecarios y los refaccionarios, anotados e inscritos en el Registro de la propiedad, sobre los bienes hipotecados o que hubiesen sido objeto de la refacción».

Según el núm. 5.º del mismo artículo, también gozan de preferencia: «Los refaccionarios no anotados ni inscritos, sobre los inmuebles a que la refacción se refiera, y sólo respecto a otros créditos distintos de los expresados en los cuatro números anteriores».

Crédito refaccionario, dice Puig Peña, «es aquel derivado de un contrato por cuya virtud una persona entrega a otra una determinada cantidad de dinero o materiales para que ésta la invierta en la construcción, conservación o reparación de una cosa determinada».[21]

La exposición de motivos de la Ley Hipotecaria de 1861 decía que «precisaba conceder a los acreedores, que habían contribuido con sus préstamos a mejorar las fincas y a asegurar el crédito de los demás acreedores, garantías para sus propios créditos, mediante la anotación».

La garantía refaccionaria, dice Roca Sastre, «es el derecho de afección y realización de valor que tiene el acreedor en seguridad de la devolución o pago de dicha cantidad prestada». Tiene un crédito refaccionario el contratista que, además de construir, pone los materiales.[22]

c) Derecho de retención del que ha realizado una obra en cosa mueble. El art. 1.600 C.c. dispone: «El que ha ejecutado una obra en cosa mueble tiene el derecho de retenerla en prenda hasta que se le pague».

Los autores opinan que este artículo reconoce el derecho de retener la prestación debida, de la misma manera que en la compraventa

---

20. Véase antes, p. 160.

21. Federico PUIG PEÑA, *Créditos refaccionarios,* Nueva Enciclopedia Jurídica (Seix), tomo V, Barcelona, 1954, pp. 932 a 936.

22. ROCA SASTRE, *Derecho hipotecario,* séptima edición, Barcelona, 1979, IV-I, p. 180.

el comprador no está obligado a entregar la cosa vendida si el comprador no le paga el precio (cfr. art. 1.466 C.c.). De manera parecida, el art. 453 se refiere a que el poseedor de buena fe «podrá retener la cosa hasta que se le satisfagan» los gastos necesarios y útiles hechos en la cosa poseída. Por su parte, los arts. 1.730 y 1.780, sobre mandato y depósito, hablan de «retener en prenda», aunque no hay duda de que sólo existe un derecho de retención. No se trata, pues, de un verdadero derecho real de prenda.[23]

Las palabras del art. 1.600, de «retenerla en prenda», refiriéndose a la cosa mueble, no atribuyen al contratista la facultad de realizar el valor de la cosa mueble como medio para la satisfacción de su derecho. Son derechos diferentes, dice Ferrandis, porque el derecho de prenda faculta al titular para retener la cosa empeñada hasta el vencimiento de la obligación garantizada, mientras que el derecho de retención del art. 1.600 sirve de garantía a una obligación ya vencida y exigible.[24]

Este derecho de retención, aparte de la fuerza compulsiva sobre el deudor, sirve para asegurar el privilegio del art. 1.922, número 1.°, C.c., y la reclamación judicial del contratista pondrá en marcha la preferencia para el cobro que el privilegio concede.

d) *La acción directa contra el dueño de la obra de los que han puesto en ella su trabajo y materiales*

El art. 1.597 C.c. dispone: «Los que ponen su trabajo y materiales en una obra ajustada alzadamente por el contratista, no tienen acción directa contra el dueño de ella sino hasta la cantidad que éste adeude a aquél cuando se hace la reclamación».

Como ha hecho notar Ricardo de Ángel, la redacción del artículo tiene el defecto de su formulación negativa. Decir que los que han puesto su trabajo y materiales no tienen acción directa contra el dueño «sino hasta la cantidad que éste adeude» al contratista, significa que de esta manera limitada «tienen acción» contra el dueño, que es lo que importa.[25]

En virtud de tal norma los trabajadores y proveedores tienen acción directa contra el comitente, sin alterar la cuantía de la deuda de

---

23. Ricardo DE ÁNGEL YAGÜEZ, citado, p. 125.
24. FERRANDIS, anotaciones, pp. 546 y 547.
25. R. DE ÁNGEL, citado, pp. 13 y 22; SANTOS BRIZ, lugar citado en la Revista de Derecho privado, 1972, p. 407.

éste. La acción de los terceros frente al dueño se limita a las cantidades pendientes de pago al formularse la reclamación. Sin tal artículo, dichos acreedores sólo dispondrían de la acción subrogatoria del art. 1.111 C.c., con todos los inconvenientes derivados de su carácter subsidiario. Basta tener en cuenta que el art. 1.597 no menciona la necesidad de hacer previa excusión de los bienes del contratista.

Si se tratara de un caso de aplicación de la acción subrogatoria, su efecto sería el de integrar en el patrimonio del deudor el importe de su crédito contra el propietario de la obra, lo que llevaría a la concurrencia de todos sus acreedores sobre su patrimonio. Pero el art. 1.597 evita precisamente esta concurrencia y la posibilidad de ejecución de los demás acreedores del contratista sobre el crédito que éste tiene contra el propietario o comitente.[26]

Titulares del crédito son «los que ponen su trabajo y materiales», lo que sin duda no excluye a los subcontratistas. Vease la Sentencia de 29 junio 1936 (Aranzadi, núm. 1.491).

Por lo que se refiere a la legitimación pasiva, el art. 1.597 sólo habla de la acción que procederá «contra el dueño». Sin embargo, lo decisivo no es tanto ser el dueño de la obra como ser el comitente o persona que la ha contratado, lo que aconseja una interpretación amplia. Puede suceder que el crédito contra el propietario no exista o sea insuficiente y que exista, en cambio, un crédito importante del subcontratista contra el contratista general. La razón de ser del art. 1.597 justificará que contra éste puedan accionar los suministradores.

El mismo artículo señala como límite de esta acción directa «la cantidad que éste [el comitente] adeuda a aquél [contratista] cuando se hace la reclamación». Por tanto, el comitente sólo tendrá que pagar a quien ejercite la acción directa en la medida en que tenga una deuda que pueda exigirle el contratista. Como dice R. de Ángel, «solamente puede actuarse en base al art. 1.597 cuando exista un crédito del contratista contra el comitente nacido precisamente a consecuencia del contrato de ejecución de una obra para la cual aportaron su trabajo o materiales los que accionan». Cfr. Ss. 15 octubre 1915, 11 junio 1928 y 7 febrero 1968 (Aranzadi, núm. 826).[27]

---

26. SANTOS BRIZ, en el mismo lugar de la RDP, p. 408.
27. R. de ÁNGEL, citado, pp. 33, 88 y 90.

G. Extinción del contrato de obra

Con independencia de las causas generales de extinción de las obligaciones, las peculiares de este contrato son las siguientes:

a) *Desistimiento del comitente.* Según el art. 1.584: «El dueño puede desistir, por su sola voluntad, de la construcción de la obra aunque se haya empezado, indemnizando al contratista de todos los gastos, trabajo y utilidad que pudiera obtener de ella».

Mediante dicha obligación de indemnizar, el interés económico del contratista en la realización de la obra queda completamente respetado y el comitente podrá ahorrarse la diferencia que, por encima de la ganancia neta de aquél, representaría la ejecución total de la obra. La Sentencia de 22 junio 1911 interpretó restrictivamente este art. 1.594, en el sentido de que no cabe darle otro alcance que el permitido por el tenor literal de su texto.

b) *Muerte del contratista.* Los dos primeros párrafos del artículo 1.595 disponen:

«Cuando se ha encargado cierta obra a una persona por razón de sus cualidades personales, el contrato se rescinde por la muerte de esta persona.

»En este caso el propietario debe abonar a los herederos del constructor, a proporción del precio convenido, el valor de la parte de obra ejecutada y de los materiales preparados, siempre que de estos materiales reporte algún beneficio.»

La razón de lo dispuesto es evidente, por tratarse de una obligación personalísima de la persona que debía realizar la obra. Lo único transmisible a los herederos es el derecho a percibir el valor de la parte de obra ejecutada y de los materiales preparados, de la manera indicada.

c) *Imposibilidad de terminar la obra.* El tercer párrafo del mismo art. 1.595 establece que también se extinguirá la obligación «si el que contrató la obra no puede acabarla por alguna causa independiente de su voluntad».

2. El contrato de transporte

Los arts. 1.601 a 1.603, que forman la sección tercera del Capítulo que el Código dedica al arrendamiento de obras y servicios, está dedicado a «los transportes por agua y tierra, tanto de personas como de cosas».

Es una regulación muy pobre para un tema tan vasto que, en realidad, está reglamentado fuera del Código civil. Como dice el art. 1.603, lo dispuesto en los arts. 1.601 y 1.602 «se entiende sin perjuicio de lo que prevengan las leyes y los reglamentos especiales».

En todo caso, se trata de un contrato de obra porque el porteador se obliga a conseguir un resultado, que es el traslado de las personas o cosas de un lugar a otro a cambio de percibir un precio.

Es cierto que existe el transporte gratuito, pero sólo suscita problemas jurídicos por la responsabilidad que puede afectar al transportista.

Según el art. 1.601, «los conductores de efectos por tierra o por agua están sujetos, en cuanto a la guarda y conservación de las cosas que se les confían, a las mismas obligaciones que respecto a los posaderos se determinan en los arts. 1.783 y 1.784». Es decir, se aplican la reglas del depósito necesario.

El segundo párrafo del art. 1.601 añade: «Lo dispuesto en este artículo se entiende sin perjuicio de lo que respecto a transportes por mar y tierra establece el Código de comercio».

El art. 1.602 dispone: «Responden igualmente los conductores de la pérdida y de las averías de las cosas que reciben, a no ser que prueben que la pérdida o la avería ha provenido de caso fortuito o de fuerza mayor».

3. El contrato de mediación o corretaje

Por el contrato de corretaje se obliga uno (el comitente) a pagar a otro (el corredor) una remuneración (la comisión) por la información de la oportunidad para concluir un contrato o por la mediación en un contrato. El corredor interviene para mediar entre dos personas a las que pone en relación para que contraten entre sí. El derecho a cobrar la comisión depende de la efectiva celebración de un contrato en el que el corredor no interviene como parte.[28]

---

28. J. Bonet Correa, *El contrato de corretaje o mediación*, Anuario de Derecho civil, 1951, p. 1.617; del mismo, *La mediación*, en el mismo ADC, 1952, p. 1.056, y *El corretaje o mediación*, Revista de Derecho notarial, 1956, p. 305; Martínez Val, *El contrata de corretaje*, Foro Español, núm. 1.° de 1955; Sanpons Salgado, *El contrato de corretaje*, Madrid, 1965.

El Código civil no regula este contrato, que se rige por los usos del tráfico y los criterios establecidos por la jurisprudencia. Ésta ha precisado los siguientes extremos:

Acerca del concepto, caracteres y normas que lo regulan, la Sentencia de 18 octubre 1956 (Aranzadi, núm. 3.202) declaró que «consiste en poner en relación dos o más personas con el fin de que concluyan un negocio jurídico, contrato carente de regulación en el Código civil y que se ha de regir por las normas establecidas por las partes, y en su defecto por las disposiciones sobre obligaciones y contratos, y en ocasiones por lo pertinente en instituciones con las que guarda íntima relación».

La Sentencia de 28 noviembre de 1956 (Aranzadi, núm. 3.844) puntualiza que las gestiones del mediador «no van más allá de la perfección del contrato, a menos que otra cosa se pacte, pues con ella termina la misión que le ha sido confiada, ya que la consumación depende de la voluntad de los contratantes, a la que es ajeno, pues no puede compelerlos para ejercitar las acciones que les asisten al objeto de que el contrato se cumpla», por cuya razón «el mediador tiene derecho a la remuneración convenida aun cuando el contrato celebrado por su mediación no llegue a consumarse».

La Sentencia de 9 octubre 1965 (Aranzadi, núm. 4.437) declara que se trata de un contrato innominado *facio ut des,* por tratarse de una relación contractual de resultado.

La jurisprudencia también ha declarado que se trata de un contrato *principal* y *autónomo,* con sustantividad propia, aunque *preliminar o preparatorio de otro,* de naturaleza *consensual.* Acerca de si es bilateral o unilateral, lo más frecuente es lo segundo, en el sentido de que la única obligación asumida en firme es el pago de la comisión en el caso de que el corredor consiga que se celebre el contrato querido por el comitente.

El plazo de duración del encargo al corredor no puede ser indefinido, pues no puede obligarse al oferente a permanecer en la incertidumbre. Véase la Sentencia de 2 mayo 1963 (Aranzadi, núm. 2.458). Por otra parte, aunque el encargo haya sido conferido en exclusiva, el comitente no queda privado de la facultad de concertar personalmente el negocio, salvo pacto expreso en contrario. Cfr. S. 9 octubre 1965 (Aranzadi, núm. 4.437).

Un agente de la propiedad inmobiliaria tiene derecho a cobrar la comisión aunque la finca haya cambiado de propietario mediante la transmisión de todas las acciones de la sociedad a la que pertenecía, como declaró la S. de 27 mayo 1961 (Aranzadi, núm. 2.342).

Para fijar el porcentaje a favor del corredor no ha de restarse del precio la parte que del mismo retenga en su poder el comprador para destinarlo al pago de una hipoteca. S. 14 marzo 1952.

XXVIII
EL CONTRATO DE SOCIEDAD CIVIL

1. Concepto y caracteres

Según el art. 1.665 C.c.: «La sociedad es un contrato por el cual dos o más personas se obligan a poner en común dinero, bienes o industria, con ánimo de partir entre sí las ganancias».[1]

Ofrece los siguientes caracteres:

a) No está dirigido a la satisfacción de intereses contrapuestos, sino que procede a una adición de intereses iguales para alcanzar un fin común.

b) Es un contrato *consensual,* en el sentido de que basta el consentimiento para que el contrato sea vinculante entre los socios, en virtud de lo que dispone el art. 1.278 C.c., sin perjuicio de los requisitos que exigen los arts. 1.668 y 1.669 para que tenga existencia frente a terceros.

c) Es un contrato *oneroso y conmutativo,* en la medida en que todos los que se obligan han de realizar alguna aportación. Es conmutativo, no en el sentido de consistir en transferencias mutuas, sino por la certeza inicial con que se determina la extensión o cuantía de la prestación de cada parte.

d) Es *bilateral o plurilateral* porque las partes se obligan a realizar las aportaciones convenidas, a colaborar para la consecución del fin social, al reparto de ganancias y a la cuota de liquidación después de disuelta la sociedad; y cada socio promete estas prestaciones para

---

1. GARRIDO PALMA, *Hacia un nuevo enfoque jurídico de la sociedad civil,* Revista de Derecho privado, 1972, pp. 759 a 773; AZURZA, *Problemas de la sociedad civil,* Anuario de Derecho civil, 1952, pp. 125 a 198; MARÍN LÁZARO, *Sociedad y comunidad,* Revista de Derecho privado, 1942, pp. 689 y ss.; LOIS ESTEVEZ, *La distinción de condominio y sociedad,* Revista General de Legislación y Jurisprudencia, 1947, pp. 681 y ss. F. CAPILLA RONCERO, *La sociedad civil,* Bolonia, 1984.

que los otros se obliguen a prestaciones iguales o equivalentes. Pero no se produce el efecto peculiar de las obligaciones propiamente recíprocas porque las obligaciones median entre los socios y la sociedad y ésta es la acreedora de lo que el socio ha prometido, y por ello, aunque uno de los socios deudores incurra en mora, los otros no pueden recurrir a la excepción de contrato no cumplido, ni a la compensación de la mora (cfr. art. 1.682).

e) Es un contrato de confianza y por ello siempre se contrae *intuitu personae* (cfr. art. 1.696).

f) Es un contrato de *gestión colectiva* en el que los socios están situados en un plano de igualdad para la consecución de un fin común. Con este rasgo se distingue de la aparcería, en la que no se agrupan las partes para comunicar sus ganancias, sino que la obtención de éstas es obra de una sola de ellas, aunque deba dar parte a la otra.

g) Es un contrato de *tracto sucesivo* por dar origen a una situación jurídica duradera. La subsistencia de la sociedad determina la subsistencia de la cualidad de socio.

h) Puede significar la creación de una persona jurídica. Según Roca Sastre, el contrato de sociedad crea un centro unitario y orgánico de voliciones, o sea, un *substratum* al que el Derecho reconoce el *status personae* (cfr. arts. 35, 36, 1.669 C.c.), siempre que se cumpla el requisito de la publicidad (arts. 1.667 y 1.668). De lo contrario, hay un simple contrato y los bienes aportados formarán una mera comunidad.

i) Los contratantes se obligan a *poner en común dinero, bienes o industria* (art. 1.665), elementos que han de ser entendidos en sentido amplio y comprensivo de toda ventaja patrimonial o actividad que pueda representar un beneficio social. De este patrimonio social es titular la sociedad civil, como persona jurídica. Cuando el contrato no puede crear una nueva personalidad jurídica, distinta de cada socio, serán de aplicación las disposiciones relativas a la comunidad de bienes (art. 1.669-2).

j) Finalmente, ha de existir el *ánimo de partir las ganancias*. Si la agrupación de personas no tuviese un fin patrimonial, sería aplicable la Ley de Asociaciones. Según el art. 2.º de la Ley de Asociaciones de 24 diciembre 1964, «quedan excluidas del ámbito de aplicación de esta Ley las entidades que se rijan por las disposiciones relativas al contrato de sociedad, según se define en las leyes y se constituyan con arreglo al Derecho civil o mercantil».

La finalidad de obtener ganancia ha de ser común a todos los socios, hasta el punto de ser nulo el pacto que excluye a uno o más socios de toda parte en las ganancias o en las pérdidas; únicamente el socio de industria puede ser eximido de toda responsabilidad en las pérdidas (art. 1.691 C.c.).

2. Constitución de la sociedad

Hay que distinguir las relaciones internas entre los socios y las externas de la sociedad con terceras personas.

A. *Aspecto interno*

El contrato de sociedad se perfecciona entre los socios cuando concurren los requisitos generales que establece el art. 1.261 C.c. Cabe concretar lo siguiente:

a) *Elementos personales.* Sobre capacidad de los contratantes la única regla especial es la del art. 1.677: «No pueden contraer sociedad universal entre sí las personas a quienes está prohibido otorgarse recíprocamente alguna donación o ventaja». Con ello se trata de evitar donaciones encubiertas o que se eludan disposiciones prohibitivas.[2]

Respecto a la capacidad de los menores emancipados, ha de tenerse en cuenta lo que dispone el art. 323 C.c., redactado según Ley de 13 mayo 1981.

b) *Elementos reales.* Se refieren al objeto de la sociedad y a las aportaciones sociales.

Respecto a lo primero, «la sociedad debe tener un objeto lícito y establecerse en interés común de los socios (art. 1.666, párrafo primero). La ilicitud del objeto provoca la disolución de la sociedad, en cuyo caso «las ganancias se destinarán a los establecimientos de beneficencia del domicilio de la sociedad, y, en su defecto, a los de la provincia» (art. 1.666-2). Ya se ha dicho que es nulo el pacto que excluye a uno o más socios de las ganancias o de las pérdidas, excep-

---

2. Por lo que se refiere a la capacidad de los cónyuges, el vigente artículo 1.323 del Código civil, redactado por la Ley de 13 mayo 1981, dispone: «El marido y la mujer podrán transmitirse por cualquier título bienes y derechos y celebrar entre sí toda clase de contratos».

to la posibilidad de que no responda de las pérdidas el socio de industria (art. 1.691).

Las aportaciones sociales pueden consistir en dinero, bienes o industria (art. 1.665). Precisamente el Código clasifica la sociedad según la extensión de las aportaciones. Así quedan diferenciados dos grupos: la sociedad universal y la particular, subdividiéndose la primera en sociedad de todos los bienes presentes y sociedad universal de todas ganancias. Cfr. arts. 1.671 y 1.672 C.c.[3]

En la sociedad de todos los bienes presentes «las partes ponen en común todos los que actualmente les pertenecen, con ánimo de partirlos entre sí, como igualmente todas las ganancias que adquieran con ellos» (art. 1.673). En esta sociedad «pasan a ser propiedad común de los socios los bienes que pertenecían a cada uno, así como todas las ganancias que adquieran con ellos», e incluso puede pactarse «la comunicación recíproca de cualesquiera otras ganancias», pero con la salvedad de que «no pueden comprenderse los bienes que los socios adquieran posteriormente por herencia, legado o donación, aunque sí sus frutos». Así lo dispone el art. 1.674. La limitación responde, naturalmente, al mismo criterio que prohíbe los pactos de futura sucesión y que impone restricciones a la facultad de disponer por donación o testamento.

Si la sociedad universal se limita a las ganancias, el art. 1.675 dispone que «comprende todo lo que adquieran los socios por su industria o trabajo mientras dure la sociedad», y quedan por tanto excluidos «los bienes muebles o inmuebles que cada socio posee al tiempo de la celebración del contrato», que «continúan siendo de dominio particular, pasando sólo a la sociedad el usufructo». Por tanto, esta sociedad universal de ganancias comprende el usufructo de los bienes muebles o inmuebles que cada socio posee al celebrarse el contrato y todo lo que adquieran los socios por su industria o trabajo durante la sociedad.

En el caso de haberse celebrado contrato de sociedad universal sin determinar su especie, sólo se habrá constituido sociedad universal de ganacias (art. 1.676). Ello responde al criterio interpretativo de resolver las dudas a favor de la solución más débil (cfr. art. 1.289-1 Código civil).

---

3. MARTÍNEZ ALMEIDA, *Naturaleza jurídica de la aportación social,* Anales de la Academia Matritense del Notariado, V, Madrid, 1950, pp. 222 y ss.; ROCA SASTRE, *Naturaleza jurídica de la aportación social,* Revista General de Legislación y Jurisprudencia, 1946-1, pp. 413 y ss.

En cuanto a la sociedad particular, es la que «tiene únicamente por objeto cosas determinadas, su uso o sus frutos, o una empresa señalada, o el ejercicio de una profesión o arte» (art. 1.678).

c) *Elementos formales.* El contrato se perfecciona cuando concurren los requisitos del art. 1.261: consentimiento, objeto y causa, cualquiera que sea la forma en que se haya celebrado (art. 1.278). Desde el momento mismo de esta celebración comienza la sociedad, si no se ha pactado otra cosa (art. 1.679). Desde el punto de vista interno, la aportación de bienes inmuebles se rige por las citadas disposiciones generales y por las de los arts. 1.279 y 1.280, núm. 1.°, C.c. En este sentido, sentencia de 9 octubre 1987.

B. Aspecto externo en la constitución de la sociedad

Después de la celebración del contrato, los terceros no han de relacionarse con cada uno de los socios, sino con una entidad nueva resultante de la unión de éstos; y para que la sociedad adquiera esta personalidad jurídica independiente de la de sus miembros componentes, es necesario que se cumplan ciertos requisitos de publicidad, a través de las exigencias de escritura pública e inventario.

Aunque en principio la sociedad civil puede constituirse en cualquier forma, en el caso de que se aportaren a ella bienes inmuebles o derechos reales, será necesaria la escritura pública. Así lo dispone el art. 1.667. La exigencia tiene el rigor que resulta del siguiente artículo 1.668:

«Es nulo el contrato de sociedad, siempre que se aportaren bienes inmuebles, si no se hace un inventario de ellos, firmado por las partes, que deberá unirse a la escritura.»

Es necesario, además, que en el contrato de sociedad no existan pactos que se mantengan secretos entre los socios. El rigor de esta exigencia resulta del art. 1.669: «No tendrán personalidad jurídica las sociedades cuyos pactos se mantengan secretos entre los socios, y en que cada uno de éstos contrate en su propio nombre con los terceros». Añade el segundo párrafo del artículo que en este caso la sociedad «se regirá por las disposiciones relativas a la comunidad de bienes».

A pesar de la redacción literal de los arts. 1.667 y 1.668, respecto a la aportación de bienes inmuebles, el Tribunal Supremo ha declarado reiteradamente que sólo se trata de requisitos de forma que han de observarse para que la sociedad tenga personalidad frente a terceros.

En este sentido, Ss. de 24 abril 1953 (Aranzadi, número 1.958), 28 enero 1957 (Aranzadi, núm. 1.531), 21 mayo 1960 (Aranzadi, núm. 1.744), etc.

También ha declarado la jurisprudencia que la remisión a las reglas de la comunidad de bienes (art. 1.669-2) es compatible con la eficacia que tenga entre los socios lo que éstos hayan convenido en el contrato. En este sentido, S. de 19 enero de 1976 (Aranzadi, número 45).

La falta de personalidad jurídica de las sociedades (las sociedades llamadas irregulares o de hecho) no priva a los terceros del derecho a exigir el cumplimiento de las obligaciones contraídas por los socios. La relación quedará establecida directamente entre los socios, individualmente considerados y las personas que con ellos hayan contratado.

El art. 1.670 C.c. merece alguna atención. Dispone lo que sigue: «Las sociedades civiles, por el objeto a que se consagren, pueden revestir todas las formas reconocidas por el Código de comercio. En tal caso les serán aplicables sus disposiciones en cuanto no se opongan a las del presente Código».[4]

Al referirse a «las formas» reconocidas por el Código de comercio, alude a los *tipos* de sociedad de la ley mercantil. Resulta, pues, que un contrato civil por el objeto puede adoptar uno de los tipos que regula el Código mercantil. El criterio *formal,* en el sentido de *tipo* de sociedad, tiene en cuenta la estructura del ente constituido. Es el sistema que se desprende del Código de comercio de 1885, según su artículo 1.°, núm. 2.°, y su art. 116, párrafo primero. Según éste: «El contrato de compañía, por el cual dos o más personas se obligan a poner en fondo común bienes, industria o alguna de estas cosas para obtener lucro, será mercantil, cualquiera que fuese su clase, siempre que se haya constituido con arreglo a las disposiciones de este Código».

Por el contrario, según el criterio *objetivo* son mercantiles las sociedades que tienen un fin comercial. Es el criterio del art. 1.670 del Código civil, cuando se refiere a las sociedades civiles «por el objeto a que se consagren», que podrán adoptar las formas que reconoce el

---

4. MATA CORNELIO, *Sociedades civiles en forma mercantil*, Publicaciones de la Academia Valenciana de Jurisprudencia y Legislación, Valencia,1948; GIRÓN TENA, *Sociedad civil y mercantil; distinción y relaciones en el Derecho español* (Estudios de Derecho mercantil, Madrid, 1955), pp. 7 a 123; GONZÁLEZ ORDÓÑEZ, *Los criterios del Derecho español sobre la distinción de sociedades mercantiles y sociedades civiles*, Revista de Derecho mercantil, 1956, pp. 51 a 98.

Código de comercio. Según ello, pueden existir sociedades civiles ajustadas a un tipo mercantil.

Si se tiene en cuenta que el propósito de lucro o ganancia es común a las sociedades civiles y a las mercantiles (compárese el artículo 1.665 C.c. con el art. 116-1 del Código de comercio), su diferencia estará en la clase de actos que realicen, según que sean o no actos de comercio, pues también pueden obtenerse beneficios sin ejercer el comercio. Con ello parece que se llega a la conclusión de que si la sociedad realiza actos de comercio será mercantil, y que en caso contrario será civil, pues la forma (tipo o estructura del ente) no es decisiva, en atención a lo que dispone el art. 1.670.

Sin embargo, este problema tiene en la actualidad poca importancia práctica en atención a lo que dispone la Ley de Sociedades Anónimas de 17 julio 1951 y la Ley de Sociedades de Responsabilidad Limitada de 17 julio 1953, que expresamente atribuyen carácter mercantil a ambas clases de sociedades, cualquiera que sea su objeto. Véase el artículo 3.º, apartado 1.º, de la Ley de Anónimas, y el art. 3.º, apartado 2.º de la de Sociedades de Responsabilidad Limitada.[5]

3. Funcionamiento de la sociedad civil

El contrato de sociedad crea una relación de tracto sucesivo entre los socios que les obliga a prestaciones reiteradas. Procede examinarlo con la misma separación entre el aspecto interno y el externo.

A. *Aspecto interno*

Hace referencia a la relación de los socios entre sí y con la sociedad. Ofrece los siguientes aspectos:

a) *Las aportaciones.* El art. 1.681, párrafo primero, dice que «cada uno es deudor a la sociedad de lo que ha prometido aportar a ella». Lo prometido puede referirse a bienes (capital) o a actividad (trabajo).

Cuando se trata de la aportación de bienes, existe una obligación de dar que se regirá por las disposiciones que correspondan, según su

5. Joaquín GARRIGUES y Rodrigo URÍA, *Comentarios a la Ley de Sociedades Anónimas*, tomo I, Madrid, 1952, pp. 115 y ss.

contenido. Será el precedente causal o título de adquisición de la sociedad.

En el caso de aportación de dinero, el quebrantamiento de la promesa implica para el socio deudor la sanción del art. 1.682-1: «El socio que se ha obligado a aportar una suma en dinero y no la ha aportado, es de derecho deudor de los intereses desde el día en que debió aportarla, sin perjuicio de indemnizar además los daños que hubiese causado».

Puede advertirse que las deudas de dinero son objeto de un mayor rigor cuando son debidas a una sociedad, pues mientras en los demás casos la indemnización de los daños y perjuicios consiste en el pago de los intereses convenidos y, en su defecto, en el interés legal, según el primer párrafo del art. 1.108, si la acreedora es una sociedad el pago de los intereses no exime de indemnizar, además, los daños causados, tal vez porque la aportación de dinero a la sociedad no se hace para obtener un rendimiento corriente, sino un lucro superior.

Si la prestación tiene por objeto una *cosa cierta y determinada,* el segundo párrafo del art. 1.681 afirma que el socio deudor «queda sujeto a la evicción» de lo aportado «en los mismos casos y de igual modo que lo está el vendedor respecto del comprador». Sin duda ha de entenderse incluida la obligación de saneamiento por gravámenes ocultos y por vicios de la cosa, por tratarse de garantizar la existencia y permanencia de los bienes que han pasado a ser elementos patrimoniales de la sociedad.

En cuanto a los riesgos por «las cosas ciertas y determinadas no fungibles, que se aportan a la sociedad para que sólo sean comunes su uso y sus frutos», el primer párrafo del art. 1.687 afirma que el socio propietario se verá afectado, naturalmente, por el riesgo consiguiente, pues, en definitiva, la cosa perece para su dueño. Por ello ha de entenderse que si la sociedad ha adquirido el dominio como aportación social, sólo podrá perecer para la misma sociedad, sin que ello pueda afectar a la participación social del socio que hizo la aportación. Pero si la pérdida de la cosa cuyo disfrute ha sido transferido a la sociedad provocase la disolución de ésta, el socio que retenía el dominio no podrá ejercitar ningún derecho contra el fondo social por razón de la pérdida (art. 1.701-2).

Pero del Código (art. 1.687) no resulta criterio normativo alguno que pueda aplicarse a la cuestión de saber qué sucederá cuando se ha perfeccionado el contrato de sociedad y uno de los contratantes ha quedado deudor de una cosa cierta y determinada al fondo social, que perece o sufre quebranto antes de la transmisión. En el caso de cosas genéricas o indeterminadas no hay cuestión, pues la posibilidad de prestación no se habrá alterado; pero si se trata de deuda de una cosa específica el Código dispone: «Cuando la cosa específica, que un socio había prometido aportar a la sociedad, perece antes de efectuada la entrega, su pérdida produce la disolución de la sociedad» (art. 1.701-1). Aunque el Código no lo aclara, parece que en tal supuesto el socio deudor no participará en el fondo social que ya puede estar formado por el valor de la aportación que no ha podido entregar. Sólo de esta manera el riesgo afectará al deudor.

Si la aportación no consiste en bienes sino en actividad (trabajo o industria) el socio deudor es denominado socio industrial. Si esta aportación no ha sido especialmente reglamentada y no se ha determinado el ramo de industria que ha de ser objeto de la sociedad, el socio industrial deberá aportar toda su actividad o trabajo profesional, sin poder dedicarse a otra ocupación o industria. Pero lo normal será que se fije el objeto de la sociedad y en este caso el socio de industria será deudor de su actividad en el ramo correspondiente, hasta el punto de que deberá «a la sociedad las ganancias que durante ella haya obtenido en el ramo de industria que sirve de objeto a la misma» (art. 1.683).

El socio de industria es el único que, mediante pacto, puede ser eximido de toda responsabilidad en las pérdidas (art. 1.691-2). En los demás casos se aplicará lo que dispone el art. 1.689-2: «A falta de pacto, la parte de cada socio en las ganancias y pérdidas debe ser proporcionada a lo que haya aportado. El socio que lo fuere sólo de industria tendrá una parte igual a la del que menos haya aportado. Si además de su industria hubiere aportado capital, recibirá también la parte proporcional que por él corresponda».

Los socios que sólo aportan bienes no tienen obligación de aportar su actividad a la sociedad, a menos que asuman la gestión social. Pero en todo caso les afecta un deber especial de no perjudicar a la compañía y de subordinar al interés de ésta el suyo propio. A esta *ratio* responden los arts. 1.682, 1.684, 1.685 y 1.686.

b) *Gestión social.* Hay que distinguir tres aspectos: a quién corresponde la gestión, cómo deben proceder los gestores y hasta qué punto subsiste el encargo.

Respecto *a quién corresponde la gestión social,* hay que distinguir según que este extremo haya sido o no previsto en el contrato de sociedad. El encargo de gestión sólo puede recaer en quien o quienes sean socios y corresponderá a los nombrados con exclusión de los demás, que sin embargo tendrán un derecho de información. El nombramiento para la gestión puede hacerse en el mismo contrato de sociedad o en otro acuerdo posterior.

Si nada se ha pactado sobre el particular, todos los socios son gestores, según resulta del art. 1.695.

En cuanto al *modo de proceder o actuar, si* se ha tomado algún acuerdo en tal sentido, puede haberse nombrado un solo administrador o varios. En el primer caso no hay problema. Cuando hay varios, es necesario distinguir: si se ha convenido que todos obren conjuntamente, «se necesita el concurso de todos para la validez de los actos, sin que pueda alegarse la ausencia o imposibilidad de alguno de ellos, salvo si hubiere peligro inminente de un daño grave o irreparable para la sociedad» (art. 1.694); pero si se ha convenido que sea decisivo el voto de la mayoría de los administradores nombrados, deberá estarse a lo pactado.

Puede suceder que un grupo de socios haya recibido el encargo de gestión, sin más precisión acerca de cómo deberán actuar, y en este supuesto existirá una facultad de gestión indistinta (solidaria individual), con la posibilidad de vetar cada uno las decisiones de los demás. El art. 1.693 lo dispone de la siguiente manera: «Cuando dos o más socios han sido encargados de la administración social sin determinarse sus funciones, o sin haberse expresado que no podrán obrar los unos sin el consentimiento de los otros, cada uno puede ejercer todos los actos de administración separadamente; pero cualquiera de ellos puede oponerse a las operaciones del otro antes de que éstas hayan producido efecto legal».

Si nada se ha previsto acerca del modo de administrar en el contrato de sociedad ni en acuerdo complementario, se observarán las mismas reglas que en el caso de nombramiento de varios socios como administradores sin atribución de funciones y las que rigen el uso de bienes comunes en la mera comunidad. El art. 1.695 lo establece de la siguiente manera:

«1.ª Todos los socios se considerarán apoderados, y lo que cualquiera de ellos hiciere por sí solo obligará a la sociedad; pero cada uno podrá oponerse a las operaciones de los demás antes que hayan producido efecto legal. 2.ª Cada socio puede servirse de las cosas que componen el fondo social según costumbre de la tierra, con tal que no lo haga contra el interés de la sociedad, o de tal modo que impida el uso a que tienen derecho sus compañeros. 3.ª Todo socio puede obligar a los demás a costear con él los gastos necesarios para la conservación de las cosas comunes. 4.ª Ninguno de los socios puede, sin el consentimiento de los otros, hacer novedad en los bienes inmuebles sociales, aunque alegue que es útil a la sociedad.»

Respecto a la *subsistencia del encargo* hay que distinguir según que el nombramiento de administradores o gestores se haya hecho en el contrato de sociedad o posteriormente por los socios. En el primer caso el nombramiento es permanente, salvo causa legítima que justifique la revocación; en cambio, el designado en acto posterior puede ser relevado por otro acuerdo de los socios. La diferencia se explica porque en el primer caso se trata de una condición del pacto social, mientras que en el segundo se trata de la misma regla que permite al mandante revocar el mandato a su voluntad (art. 1.733 C.c.). Así resulta del art. 1.692:

«El socio nombrado administrador en el contrato social, puede ejercer todos los actos administrativos sin embargo de la oposición de sus compañeros, a no ser que proceda de mala fe, y su poder es irrevocable sin causa legítima. El poder otorgado después del contrato, sin que en éste se hubiera acordado conferirlo, puede revocarse en cualquier tiempo.»

c) *Distribución de pérdidas y ganancias.* Hay que distinguir dos cuestiones: cómo se distribuyen y cómo se calculan.

Ante todo, hay que estar a lo pactado, como dispone el Código: «Las pérdidas y ganancias se repartirán en conformidad a lo pactado. Si sólo se hubiera pactado la parte de cada uno en las ganancias, será igual su parte en las pérdidas». Es el primer párrafo del artículo 1.689.

Es válido el pacto de «confiar a un tercero la designación de la parte de cada uno en las ganancias y pérdidas», en cuyo supuesto lo resuelto por el tercero sólo podrá ser impugnado «cuando evidentemente haya faltado a la equidad». Así lo dispone el primer párrafo del art. 1.690, que seguidamente añade que «en ningún caso podrá reclamar el socio que haya principiado a ejecutar la decisión del tercero, o que no la haya impugnado en el término de tres meses, contados desde que le fue conocida».

Pero son nulos los pactos de confiar a uno de los socios la designación de pérdidas y ganancias (art. 1.690-2) y el de excluir a uno o más socios de toda parte en las ganancias o en las pérdidas, salvo, por lo que atañe a éstas, el caso del socio industrial, que puede ser eximido de responsabilidad (art. 1.691).

Si nada se ha pactado acerca de la manera de distribuir beneficios y pérdidas, caben dos soluciones: la de distribución igual para cada socio y la de hacerla en proporción a las respectivas aportaciones de cada uno. El Código civil sigue este segundo sistema en el artículo 1.689, párrafo segundo: «A falta de pacto, la parte de cada socio en las ganancias y pérdidas debe ser proporcionada a lo que haya aportado. El socio que lo fuere sólo de industria, tendrá una parte igual a la del que menos haya aportado. Si además de su industria hubiere aportado capital, recibirá también la parte proporcional que por él le corresponda».

Acerca de la manera de proceder al cálculo de beneficios y pérdidas, ha de tenerse en cuenta la aportación de cada socio, a base de la suma de la aportación inicial, de las aportaciones posteriores, en su caso, y de las aportaciones de nivelación de pérdidas. Para las pérdidas han de tenerse en cuenta las disminuciones del fondo común y de la participación de cada socio. Puede haberse convenido que la sociedad tendrá el derecho a exigir a los socios aportaciones niveladoras de las pérdidas sufridas para que no desaparezca el patrimonio social, o que no se repartirán ganancias hasta que este patrimonio haya quedado restablecido.

B. Aspecto externo

Sin duda por influencia de la idea de comunidad, el Código habla de las «obligaciones de los socios entre sí» para referirse al aspecto interno (arts. 1.679 a 1.696) y de las «obligaciones de los socios para con un tercero» cuando se refiere al aspecto externo (arts. 1.697 a 1.699). Pero si la idea de personalidad jurídica ha de tener alguna virtualidad (cfr. art. 1.669), las relaciones externas deberán atribuirse a un sujeto de derecho diferenciado de cada socio o de la suma de todos ellos. Lo que importa para la seguridad jurídica es distinguir unas y otras relaciones para que las externas se rijan por normas coactivas e independientes de los pactos sociales. La diferencia entre encargo de gestión o administración y poder de representación permite aclarar este extremo.

a) *Representación de la sociedad.* En este aspecto hay que determinar cuándo y cómo un socio que celebre negocios jurídicos dejará obligada a la sociedad; es decir, cuándo los actos de un socio tendrán el valor de actos de representación social.

Este problema no coincide con el antes examinado relativo a la gestión social, porque cabe que un socio gestor no tenga poder para representar a la sociedad.

El art. 1.697 señala los tres requisitos que han concurrido para que la actuación de un socio tenga el valor de un acto de representación de la sociedad. Dice así: «Para que la sociedad quede obligada con un tercero por los actos de uno de los socios, se requiere: 1.º Que el socio haya obrado en su carácter de tal por cuenta de la sociedad. 2.º Que tenga poder para obligar a la sociedad en virtud de un mandato expreso o tácito. 3.º Que haya obrado dentro de los límites que le señala su poder o mandato».

Si estos requisitos no concurren, la sociedad no queda obligada para con un tercero. Sin embargo, con independencia de la idea de representación directa, pueden darse los efectos de la gestión de intereses entre la sociedad y el socio si el acto de éste ha redundado en provecho de aquélla. Dispone el párrafo segundo del art. 1.698:

> «La sociedad no queda obligada respecto a tercero por actos que un socio haya realizado en su propio nombre o sin poder de la sociedad para ejecutarlo; pero queda obligada para con el socio en cuanto dichos actos hayan redundado en provecho de ella.»

Llama la atención que el art. 1.698-2 no coincide con el art. 1.893, que impone responsabilidad directa frente a terceros al dueño de los intereses gestionados cuando se trate de obligaciones contraídas en su interés y cuyas ventajas aproveche, aunque no haya ratificado expresamente la gestión. El derecho del tercero para dirigirse directamente contra la sociedad por actos que hayan redundado en su provecho, realizados por un socio sin poder para obligarla contractualmente, es parecido al del tercero que acciona directamente contra el mandante que se aprovecha de los resultados favorables del contrato celebrado por el mandatario con dicho tercero.

Puede suceder que el contrato de sociedad civil no contenga previsión alguna acerca de la gestión (art. 1.695), o que, en caso de estar nombrados dos o más gestores, nada se haya previsto en cuanto a sus poderes de representación (cfr. art. 1.693). En semejante supuesto es necesario entender que el encargo de gestión implica al mismo tiempo la concesión de un poder de representación.

La sociedad civil no tiene una intervención en el tráfico jurídico como las sociedades mercantiles, y por ello la necesidad de distinguir entre facultad de gestión y poder de representación no tiene en aquéllas un relieve tan acusado como en las segundas. Por ello puede entenderse que gestión y poder van juntos, por regla general, tanto en su conferimiento como en su alcance. Pero es fácil advertir la escasa protección que se ofrece a los terceros si éstos se ven obligados a consultar el contrato de sociedad o el correspondiente acto de otorgamiento posterior.

b) *Responsabilidad de los socios y de la sociedad por las deudas sociales.* El Código civil dedica a este tema un artículo de insuficiente contenido y de redacción defectuosa. Dispone el art. 1.698:

«Los socios no quedan obligados solidariamente respecto de las deudas de la sociedad; y ninguno puede obligar a los otros por un acto personal, si no le han conferido poder para ello.

»La sociedad no queda obligada respecto a tercero por actos que un socio haya realizado en su propio nombre o sin poder de la sociedad para ejecutarlo; pero queda obligada para con el socio en cuanto dichos actos hayan redundado en provecho de ella.

»Lo dispuesto en este artículo se entiende sin perjuicio de lo establecido en la regla 1.ª del art. 1.695.»

A diferencia de lo que sucede en el caso de sociedad mercantil colectiva, en la que afecta a los socios una responsabilidad determinada e indudable (subsidiaria, personal, ilimitada y solidaria: véase el art. 127 del Código de comercio), para la sociedad civil sólo resulta del transcrito precepto un rasgo indudable en cuanto a la responsabilidad de los socios: que no es solidaria. ¿Qué ha de resolverse acerca de los demás caracteres? Caben dos posibilidades.

Según la opinión más generalmente admitida, los socios de la sociedad civil son responsables con carácter personal, subsidiario, ilimitado, pero no solidario, sino mancomunado en proporción a su haber. Responden, pues, con su propio patrimonio, pero sólo después de haberse hecho excusión del fondo social. Si este fondo no es suficiente, responden de manera personal e ilimitada, pero mancomunada y no solidaria.

Por el contrario, Pérez González y Alguer opinaron que esta tesis era procedente cuando la sociedad civil carecía de propia personalidad jurídica, pues entonces sólo existía una comunidad formada por los bienes aportados. Pero desde que el contrato de sociedad es causa de que normalmente aparezca una persona jurídica distinta de los socios, la deudora será esta persona jurídica con su propio patrimonio. La obligación subsidiaria de los socios sería una fianza, por garantizar una deuda ajena, y la fianza no se presume (art. 1.827 C.c.).[6]

Sin embargo, prevalece en nuestra doctrina la primera opinión. Como observa Ferrandis, es más justo entender que las «pérdidas» a que aluden los arts. 1.689 y ss. pueden abarcar el pasivo social y que el art. 1.689-1 no excluye la responsabilidad de los socios y se limita a declarar que «no quedan obligados solidariamente», lo que equivale a decir que responderán mancomunadamente en caso de insuficiencia del patrimonio social.[7]

4. Extinción de la sociedad

Hay que distinguir tres cuestiones: la existencia de una causa de disolución, la liquidación de los negocios sociales pendientes de cumplimiento y la división del patrimonio social resultante.

A. Causas de extinción

Pueden clasificarse en objetivas, subjetivas y extraordinarias.

a) *Causas objetivas.* Son la expiración del plazo, la conclusión del negocio u objeto de la sociedad o la imposibilidad de alcanzarlo y la pérdida de las cosas o bienes.

Respecto a la expiración del plazo, la sociedad se extingue «cuando expira el término por que fue constituida» (art. 1.700). La determinación del tiempo de duración de la sociedad determina su extinción automática, sin perjuicio de que pueda prorrogarse si lo consienten todos los socios, consentimiento que puede ser expreso o tácito y que se justificará por los medios ordinarios (art. 1.702-1).

La prórroga acordada antes de expirar el plazo implica la continuación de la sociedad primitiva, mientras que la misma decisión adoptada después de terminado implica la constitución de una sociedad nueva (art. 1.703).

Otra causa objetiva es la conclusión del negocio o negocios que constituyen el objeto de la sociedad o la imposibilidad de conseguir-

---

6. PÉREZ y ALGUER, anotaciones al Tratado de Enneccerus, II-2, segunda edición, Barcelona, 1950, pp. 425 y 426. Pero véase AZURZA, citado, p. 125.

7. FERRANDIS, anotaciones a Enneccerus, tercera edición, Barcelona, 1966, volumen II-2, segunda parte, p. 729.

lo. La sociedad se extingue, dice el núm. 2.º del art. 1.700, cuando «se termina el negocio que le sirve de objeto». Esta causa no opera *ipso iure* o de manera automática, sino que hace falta que los socios la hagan valer.

Sobre la pérdida de la cosa que sirve de objeto a la sociedad, el artículo 1.701 C.c. establece lo siguiente: «Cuando la cosa específica que un socio había prometido aportar a la sociedad, perece antes de efectuada la entrega, su pérdida produce la disolución de la sociedad. También se disuelve la sociedad en todo caso por la pérdida de la cosa, cuando, reservándole su propiedad el socio que la aporta, sólo ha transferido a la sociedad el uso o goce de la misma. Pero no se disuelve la sociedad por la pérdida de la cosa, cuando ésta ocurre después que la sociedad ha adquirido la propiedad de ella».

b) *Causas subjetivas.* Algunas causas operan como efecto de acontecimientos que sobrevienen a los socios y otras representan la actuación voluntaria de éstos con el propósito de extinguir la sociedad. A las primeras se refiere el Código cuando afirma que la sociedad se extingue «por la muerte o insolvencia de cualquiera de los socios, y en el caso previsto en el artículo 1.699» (art. 1.700, núm. 3.º, según Ley 6/1984). A las segundas se refiere cuando habla de la extinción «por la voluntad de cualquiera de los socios, con sujeción a lo dispuesto en los arts. 1.705 y 1.707» (art. 1.700, núm. 4.º).

La extinción de la sociedad por muerte de alguno de los socios es consecuencia del carácter personalista de la misma. A pesar de que el mismo Código dispone que «los herederos suceden al difunto, por el hecho solo de su muerte, en todos sus derechos y obligaciones» (art. 661), los herederos del socio no le suceden en esta cualidad si no existe pacto en tal sentido (art. 1.704-2). El interés patrimonial del causante en la sociedad queda atribuido a sus herederos sin la cualidad de socio.

En el contrato de sociedad puede faltar todo pacto acerca del particular o puede existir pacto de continuar la sociedad entre los que sobrevivan y, finalmente, puede haberse previsto la continuación de la sociedad con el heredero o herederos del socio fallecido. En los dos últimos casos se aplicará lo que dispone el art. 1.704: «Es válido el pacto de que, en el caso de morir uno de los socios, continúa la sociedad entre los que sobrevivan. En este caso, el heredero del que haya fallecido sólo tendrá derecho a que se haga la partición, fijándola en el día de la muerte de su causante; y no participará de los derechos y obligaciones ulteriores, sino en cuanto sean una consecuencia necesaria de lo hecho antes de aquel día. Si el pacto fuera que la sociedad ha de continuar con el heredero, será guardado, sin perjuicio de lo que se determina en el núm. 4.° del artículo 1.700».

Respecto a la insolvencia del socio, el mismo núm. 3.° del artículo 1.700 afirma que también es causa de extinción el caso previsto en el art. 1.699. Dice así este precepto: «Los acreedores de la sociedad son preferentes a los acreedores de cada socio sobre los bienes sociales. Sin perjuicio de este derecho, los acreedores particulares de cada socio pueden pedir el embargo y remate de la parte de éste en el fondo social». Este interesante precepto subraya debidamente los efectos que produce la diferencia de personalidad entre la sociedad y los socios. Afirmar que los acreedores de la sociedad son preferentes a los acreedores de cada socio sobre los bienes sociales equivale a sostener algo tan obvio como es la diferencia y separación entre el patrimonio social y el de los socios. Cada uno responde de sus propias deudas y la única particularidad está en que, una vez satisfechos todos los acreedores de la sociedad, podrá saberse si tiene un valor actual y efectivo la participación o cuota de cada socio en el fondo social.

Los acreedores de cada socio sólo podrán alcanzar bienes del patrimonio social a través del patrimonio particular de cada socio. Si se advierte que estos acreedores particulares de los socios sólo pueden acudir al embargo y remate de que habla este art. 1.699, después de haber hecho excusión del patrimonio particular del socio, también resultará indudable que se está ante un caso de insolvencia del socio que ha de tener eficacia de una causa de disolución. De lo contrario, el adjudicatario de la parte embargada en virtud de lo que dispone el art. 1.699, entraría en la sociedad mediante el correspondiente remate y adjudicación, con lo que se quebrantaría el sentido que inspira el art. 1.696. Esto explica la mención que hace el art. 1.700 del repetido art. 1.699. Queda, pues, debidamente subrayado el hecho de que la cuota del socio que puede ser embargada y rematada es la de liquidación.

Como causas de disolución que son resultado de la actuación voluntaria de los socios, hay que referirse a las siguientes:

El núm. 4.° del art. 1.700 dispone que también se extingue la sociedad «por la voluntad de cualquiera de los socios, con sujeción a lo dispuesto en los arts. 1.705 y 1.707».

Según el art. 1.705, «la disolución de la sociedad por la voluntad o renuncia de uno de los socios, únicamente tiene lugar cuando no se ha señalado término para su duración, o no resulta éste de la naturaleza del negocio». Y añade en el segundo párrafo que para surtir efecto la renuncia «debe ser hecha de buena fe en tiempo oportuno; además debe ponerse en conocimiento de los otros socios».

Resulta, por tanto, que el socio sólo puede instar a su arbitrio la disolución de la sociedad cuando concurren los siguientes requisitos: tiempo indeterminado de duración, hacerse de buena fe y en tiempo oportuno y ponerse en conocimiento de los demás socios.

Es de mala fe la renuncia, dice el art. 1.706, «cuando el que la hace se propone apropiarse para sí solo el provecho que debía ser común. En este caso el renunciante no se libra para con sus socios, y éstos tienen facultad para excluirle de la sociedad».

El segundo párrafo del mismo art. 1.706 señala cuándo la renuncia se reputa hecha en tiempo inoportuno: «Cuando no hallándose las cosas íntegras, la sociedad está interesada en que se dilate su disolución», en cuyo caso «continuará la sociedad hasta la terminación de los negocios pendientes».

El art. 1.707 confirma la regla del art. 1.705 respecto a la posibilidad de pedir la disolución de la sociedad, en el sentido de que sólo procede cuando su duración no resulta prefijada, de manera explícita o implícita. Dispone que «no puede un socio reclamar la disolución de la sociedad que, ya sea por disposición del contrato, ya por la naturaleza del negocio, ha sido constituida por tiempo determinado».

Pero esta regla que somete a los socios al plazo de duración convenido no puede ser inflexible. Las causas que permiten la resolución del contrato en los de tracto único (cfr. art. 1.124), igualmente han de permitir que un socio pida la disolución de la sociedad antes de expirar el plazo señalado para su duración. El mismo art. 1.707 dispone que si interviene «justo motivo, como el de faltar uno de los compañeros a sus obligaciones, el de inhabilitarse para los negocios sociales, u otro semejante, a juicio de los Tribunales», podrá un socio pedir la disolución de la sociedad.

c) Las *causas de disolución de la sociedad que tienen carácter extraordinario* son las que inciden en la vida social al margen de toda previsión contractual y legal.

La sociedad se disuelve cuando los mismos socios deciden extinguirla. Aunque el Código no menciona esta causa, es obvio que procede a tenor de las reglas generales de la contratación. Pero es necesario que el acuerdo sea unánime, aunque sería procedente el acuerdo por simple mayoría cuando así se hubiese previsto en el contrato.

La sociedad también se disuelve cuando lo decide una sentencia judicial o cuando decreta su disolución una autoridad competente por ilicitud del objeto. Según el art. 1.666, «la sociedad debe tener un objeto lícito y establecerse en interés común de los socios». Añade que «cuando se declare la disolución de una sociedad ilícita, las ganancias se destinarán a los establecimientos de beneficencia del domicilio de la sociedad y, en su defecto, a los de la provincia».

B. Liquidación de los negocios sociales pendientes de cumplimiento al sobrevenir la extinción de la sociedad

Desde que sobreviene una causa de disolución hasta que la extinción se materializa por división del haber social, transcurre una fase intermedia de liquidación de los negocios sociales pendientes de cumplimiento.

La causa de disolución no puede tener la misma efectividad frente a terceros que entre los socios. Por ello se habla de que subsiste la sociedad con el fin cambiado. La finalidad de explotación queda sustituida por la finalidad de liquidación. La sociedad no puede seguir contratando como un ente perfectamente normal, pero debe subsistir para cumplir los contratos pendientes. Esta fase afecta, pues, de manera primordial, a las relaciones de la sociedad con terceros.

La liquidación de la sociedad es el conjunto de operaciones dirigidas a consumar los contratos pendientes, al objeto de poder llegar –a través de las correspondientes operaciones de cobros y pagos– a la determinación del haber social líquido y, por tanto, partible.

C. División del activo que resulte de la liquidación

Consumados los contratos pendientes, puede saberse con exactitud el resto líquido que podrá ser atribuido, en su caso, a los socios en proporción a sus cuotas. Debe procederse, por tanto, a la división de una comunidad de bienes.

El Código civil dedica a esta materia el art. 1.708: «La partición entre socios se rige por las reglas de las herencias, así en su forma como en las obligaciones que de ella resultan. Al socio de industria no puede aplicarse ninguna parte de los bienes aportados, sino sólo sus frutos y los beneficios, conforme a lo dispuesto en el art. 1.689, a no haberse pactado expresamente lo contrario».

XXIX

CONTRATO DE DEPÓSITO Y OBLIGACIONES DE CUSTODIA

1. Consideración preliminar

La obligación de custodiar aparece como accesoria de la obligación de entregar una cosa determinada, como resulta del art. 1.094 Código civil. También aparece como subordinada a otra obligación en ciertos casos en que alguien se desprende de la posesión o tenencia de una cosa, como en el comodato, la prenda, el arrendamiento, la prestación de servicios o la ejecución de obra en cosa que el comitente confía al contratista, en el transporte, etc.

Pero la obligación de custodia puede aparecer con carácter autónomo o principal cuando la entrega de la cosa tiene por exclusiva finalidad la prestación al depositante del servicio de custodia por parte del depositario. En el propio contrato de depósito resulta creada la obligación principal de custodiar y la restitución al propietario aparecerá subordinada a la extinción de semejante obligación principal.

Además existen situaciones en que se produce el desplazamiento de una cosa con independencia del resultado de una negociación entre las partes, de tal manera que sin convenio entre los afectados uno de ellos queda obligado frente al otro a custodiar y restituir. Por eso cabe hablar de contrato de depósito y de obligaciones de custodia.

El Código civil califica al contrato de depósito como depósito extrajudicial voluntario (art. 1.763), y regula el depósito que también es extrajudicial, pero no voluntario, con el nombre de depósito necesario, que se hace en cumplimiento de una obligación legal y cuando resulta inevitable con ocasión de alguna calamidad (art. 1.781). Existe además el depósito judicial, que el Código llama también secuestro, que tiene lugar cuando se decreta el embargo o aseguramiento de bienes litigiosos (art. 1.785).

2. El contrato de depósito

A. Concepto y caracteres

El art. 1.758 C.c. dice: «Se constituye el depósito desde que uno recibe la cosa ajena con la obligación de guardarla y de restituirla».

Con ello el Código no pone debidamente de manifiesto que el contrato de depósito tiene una primordial finalidad de custodia. Por ello cabe decir, con Puig Peña que «es el contrato por cuya virtud una persona entrega a otra de su confianza una cosa, con la sola finalidad de custodiarla hasta que aquélla se la reclame».[1]

El Código configura el contrato de depósito como un contrato real, gratuito (por regla general), unilateral o bilateral, y que no implica la concesión de facultades de uso o disfrute a favor del depositario.

a) Acerca de su carácter real, no hay duda que resulta de la afirmación del Código de que se constituye el depósito *desde que uno recibe la cosa ajena* con la obligación de guardarla y de restituirla. No hay duda que ello no impide la celebración de un contrato consensual preparatorio de esta recepción de la cosa ajena; pero lo cierto es que las reglas que el Código dedica a este contrato sólo son aplicables a quien ya ha recibido el objeto depositado. Por otra parte, suponiendo la posibilidad de un contrato consensual por el que una parte se obligue a entregar una cosa en depósito y la otra a recibirla en este concepto, no parece verosímil que el propietario de una cosa estimara conveniente ejercitar una acción contra quien prometió custodiarla para obligarle a cumplir su promesa. Es más natural suponer que desistirá de poner el objeto a custodiar en manos de quien quebranta lo prometido antes de constituirse en depositario. Por tanto, la configuración del depósito como contrato real es acertada y subraya que, antes de la entrega, al pretendido depositante le bastará con tener protegido un interés contractual negativo que le cubra los perjuicios derivados de su confianza en la promesa de la otra parte.[2]

---

1. Juan ROCA JUAN, *El depósito y la garantía real mobiliaria (Notas para un concepto genérico del depósito)*, Murcia, 1946, pp. 28 y ss.; PELLISÉ PRATS, *Depósito*, en Nueva Enciclopedia Jurídica (Seix), VI, Barcelona, 1954, pp. 848 a 879; PÉREZ GONZÁLEZ, ALGUER y FERRANDIS VILELLA, anotaciones al *Derecho de obligaciones* de Enneccerus y Lehnamann, tomo II del Tratado, volumen 2.º, segunda parte, tercera edición española, Barcelona, 1966, pp. 643 a 670.

2. FERRANDIS, anotaciones citadas, p. 646; FULLER y PERDUE, *Indemnización de los daños contractuales y protección de la confianza*, traducción española, Barcelona,

b) El Código civil afirma que «el depósito es un contrato gratuito, salvo pacto en contrario» (art. 1.760). Por consiguiente, aunque es un contrato normalmente gratuito, no lo desvirtúa que se haya convenido una remuneración.

c) Es un contrato normalmente unilateral, pero también puede ser bilateral. Lo primero sucede si el depósito es gratuito, pues en tal caso no afectará al depositante obligación alguna derivada del contrato, sin perjuicio de que puedan afectarle las que resulten de hechos sobrevenidos en la relación de depósito constituido, pero que no representarán una contrapartida de las obligaciones del depositario.

En cambio, si el depositante debe una retribución, la relación será bilateral, pues el cumplimiento de la obligación de custodia significa que el depositario devenga el derecho de recibir la remuneración convenida.

d) Es un contrato que no atribuye facultades de uso, disfrute ni de disposición a favor del depositario, pues únicamente recibe la cosa para cumplir su obligación principal de custodia. Lo que sucede en el caso del llamado depósito irregular es objeto de examen más adelante.

B. *Clases*

El Código se refiere a dos clases de contrato de depósito, en el artículo 1.763: «Depósito voluntario es aquel en que se hace la entrega por la voluntad del depositante. También puede realizarse el depósito por dos o más personas, que se crean con derecho a la cosa depositada, en un tercero, que hará la entrega en su caso a la que corresponda».

En el segundo caso es probable que el contrato se perfeccione en forma consensual, y además, como finalidad del contrato, destaca la obligación de restituir a la persona que resulte tener derecho a ello. Esta finalidad explica que la doctrina tradicional estimara que se trataba de una variante del secuestro y hablaba del *secuestro convencional.* Es más acertado, sin embargo, subrayar su origen contractual y considerarlo como una modalidad del contrato de depósito.

1957, p. 142: «no podemos resolver el problema de indemnizar la confianza simplemente convirtiendo la promesa en la que se ha confiado en un "contrato" igual que cualquier otro contrato. La necesidad de indemnizar la confianza debe ser tratada como un interés promisorio independiente, merecedor de reconocimiento por sus propios méritos».

C. *Constitución*

Hay que distinguir entre sus elementos personales, reales y formales:

a) *Elementos personales.* El depositante no ha de ser necesariamente propietario de la cosa depositada, pues el art. 1.771 alude al depósito de cosa ajena. Por tratarse de un contrato que no confiere derecho alguno al depositario sobre la cosa depositada, su constitución no puede afectar a los derechos del verdadero propietario.

El Código dicta reglas para el caso de incapacidad del depositante y del depositario. En el primer caso, la persona capaz que acepta el depósito hecha por otra persona incapaz, «queda sujeta a todas las obligaciones del depositario, y puede ser obligada a la devolución por el tutor, curador o administrador de la persona que hizo el depósito, o por esta misma, si llega a tener capacidad» (art. 1.764). Esta obligación del depositario coincide con la que le incumbiría en caso de anulación o ineficacia del contrato, según el art. 1.303 C.c.

Si la incapacidad afecta al depositario, el art. 1.765 dispone: «Si el depósito ha sido hecho por una persona capaz en otra que no lo es, sólo tendrá el depositante acción para reivindicar la cosa depositada mientras exista en poder del depositario, o a que éste le abone la cantidad en que se hubiese enriquecido con la cosa o con el precio». También es congruente este precepto con la disposición del artículo 1.304, de que en caso de nulidad por incapacidad de uno de los contratantes, el incapaz no está obligado a restituir «sino en cuanto se enriqueció con la cosa o precio que recibiera».

b) *Elementos reales.* «Sólo pueden ser objeto del depósito las cosas muebles» (art. 1.761). El convenio por el que alguien ha de tener a su cuidado un inmueble no podrá calificarse de contrato de depósito, sino que se tratará de un mandato, de una prestación de servicios o de un contrato que obligue a obtener determinado resultado. Es cierto que la obligación de custodiar derivada de un secuestro judicial la refiere el Código tanto a muebles como a inmuebles (art. 1.786), pero sin duda se trata de la constitución judicial de una administración de bienes.

c) *Elementos formales.* El depósito no está sujeto a formalidades especiales de constitución. Como contrato real exige la entrega de la cosa; pero esta entrega no es propiamente un requisito de forma, sino un elemento del contenido del contrato que determina cuándo comienza la situación que el Código regula.

La entrega material es innecesaria si el depositario ya tenía en su poder el objeto del contrato por algún otro concepto. Nada impide que el vendedor se constituya en depositario del comprador a base del art. 1.463 C.c. El Código de comercio (art.331) también admite que el vendedor se constituya en depositario de las cosas vendidas (mercaderías), «en cuyo caso se limitará su obligación a la que nazca del depósito». Cfr. Ss. 21 mayo 1896, 29 diciembre 1927 y 26 noviembre 1941 (Aranzadi, núm. 1.237).

D. *Efectos del contrato de depósito*

El depósito considera de manera preponderante las obligaciones que incumben al depositario.

a) *Obligaciones del depositario.* Le afectan las dos obligaciones fundamentales de custodiar y restituir.

Respecto a la *obligación de custodiar* el Código dispone que «está obligado a guardar la cosa» (art. 1.766), y no puede servirse de ella «sin permiso expreso del depositante» (art. 1.767); en caso contrario, «responderá de daños y perjuicios». Cfr. S. de 24 marzo 1930. El Tribunal Supremo en su sentencia de 23 de octubre de 1996, condena a la empresa concesionaria de un aparcamiento público a indemnizar al propietario de un vehículo por la sustracción del mismo.

Siempre que existe la obligación de custodiar el Código manifiesta el *standard* o grado de diligencia que ha de observarse en su cumplimiento. Pueden verse los arts. 1.555, núm. 2.°, en relación con la cosa arrendada; el art. 1.602 en relación con los transportistas, el artículo 1.743 relativo al comodatario, y el art. 1.867 para la prenda. En el propio contrato de custodia el art. 1.766 se remite a las disposiciones que regulan de manera general el cumplimiento de las obligaciones (arts. 1.101 a 1.105). Por ello ha de entenderse que rige para el depósito la siguiente norma: el depositario no sólo responderá de dolo sino también de negligencia, entendida como la omisión de aquella diligencia expresada por las partes al crear la obligación o en su defecto, por omisión de la que correspondería a un buen padre de familia.[3]

---

3. F. Puig Peña, *Tratado de Derecho civil español*, tomo IV, volumen 2.°, Madrid, 1946, p. 434.

Al margen de lo pactado, pueden concurrir circunstancias que agraven la responsabilidad del depositario. Los autores se refieren a los siguientes supuestos: 1.º Cuando el depositario se hubiere ofrecido a recibir el depósito. 2.º Cuando el depósito sea hecho en utilidad del depositario. 3.º En el caso de depósito remunerado. 4.º Cuando se produzca mora en el depositario.[4]

El carácter de relación de confianza que entraña el depósito excluye la facultad de sustitución de la persona del depositario, si el depositante no lo ha autorizado. Podrá el depositario servirse de auxiliares, si la finalidad del depósito no lo excluye, pero la responsabilidad personal será en todo caso del depositario por los actos de sus auxiliares.

La obligación de custodiar debidamente implica la de no usar la cosa depositada, salvo que exista permiso expreso del depositante (art. 1.767). Este permiso no se presume, sino que debe probarse (art. 1.768, párrafo 2.º). Pero si tal permiso existe, «el contrato pierde el concepto de depósito y se convierte en préstamo o comodato (art. 1.768, párrafo 1.º)».

Aunque la obligación de custodiar forma el propio contenido del contrato de depósito, no es la que el Código regula más detenidamente. Más atención se dedica a la *obligación del depositario de restituir o devolver la cosa depositada.* Hay que detenerse en los siguientes aspectos:

Quien debe restituir. Según el art. 1.766 «el depositario está obligado a guardar la cosa y restituirla, cuando le sea pedida, al depositante, o a sus causahabientes, o a la persona que hubiese sido designada en el contrato». Si corresponde cumplir esta obligación a los herederos del depositario, el Código ha previsto el siguiente supuesto: «El heredero del depositario que de buena fe haya vendido la cosa que ignoraba ser depositada, sólo está obligado a restituir el precio que hubiese recibido o a ceder sus acciones contra el comprador en el caso de que el precio no se le haya pagado (art. 1.778)».

A quien ha de hacerse la restitución. Como dispone el transcrito art. 1.766, la cosa debe devolverse *al depositante, o a sus causahabientes, o a la persona designada en el contrato.* Para casos especiales rigen las siguientes previsiones: en el caso de tratarse de un *depósito de cosa ajena,* se aplica el art. 1.771, el cual, después de expresar que «el

---

4. COVIÁN, *Depósito,* Enciclopedia Jurídica Española, X, p. 827.

depositario no puede exigir que el depositante pruebe ser propietario de la cosa depositada», afirma que, «sin embargo, si llega a descubrir que la cosa ha sido hurtada y quién es su verdadero dueño, debe hacer saber a éste el depósito», y sólo cuando el dueño, a pesar de ello, no reclame la cosa «en término de un mes, quedará libre de toda responsabilidad el depositario, devolviendo la cosa depositada a aquel de quien la recibió».[5]

Cuando se trata de una *pluralidad de depositantes,* el art. 1.772 determina que «si no fueren solidarios y la cosa admitiere división, no podrá pedir cada uno de ellos más que su parte»; pero cuando hay solidaridad o la cosa no admite división, «regirá lo dispuesto en los artículos. 1.141 y 1.142 de este Código»; o sea, que el depositario podrá devolver la cosa a cualquiera de los depositantes o al que precisamente le haya demandado judicialmente.

Existen disposiciones que, a efectos fiscales, establecen que los bienes o valores entregados a un Banco en depósito o bajo cualquier forma de contrato civil o mercantil, reconociendo a dos o más personas iguales derechos sobre aquéllos, se entenderá que pertenecen en propiedad y por partes iguales a cada uno de los titulares. Pero, como declaró, entre otras, la *Sentencia de 16 junio 1955* (Aranzadi, número 1.732), se trata de una presunción que sólo prevalece salvo prueba en contrario y a efectos fiscales, y que «carece de trascendencia civilmente para acreditar el dominio».[6]

En el caso de haber sobrevenido la incapacidad del depositante, el art. 1.773 impone al depositario la obligación de hacer la restitución a los que tengan la administración de sus bienes y derechos.

En cuanto a la *cosa que debe ser restituida,* la regla general es, naturalmente, que debe ser devuelta la misma cosa entregada, y precisamente con todos sus productos y accesiones (art. 1.770, primer párrafo). Si el depositario «por fuerza mayor hubiese perdido la cosa depositada y recibido otra en su lugar, estará obligado a entregar ésta al depositante» (art. 1.777), y si por la misma causa asisten al depositario acciones contra tercero, el ejercicio de éstas corresponderá al depositante (cfr. art. 1.186). De lo que dispone el art. 1.778, ya nos hemos ocupado anteriormente.

---

5. Sobre responsabilidad de los establecimientos bancarios que restituyen depósitos a quienes no están autorizados para recibirlos, cfr. sentencias de 30 diciembre 1929 y 19 febrero 1930. Véase más detenidamente en nuestros *Fundamentos de Derecho civil,* tomo II, volumen 2.°, segunda edición, Barcelona, 1982, pp. 536 y 537, nota 33.

6. Domingo TARRIO, *Depósitos indistintos,* Revista Crítica de Derecho inmobiliario, 1927, pp. 811 a 815.

En cuanto a la *forma de realizarse la devolución,* el art. 1.769 expresa que «cuando la cosa depositada se entrega cerrada y sellada, debe restituirla el depositario en la misma forma, y responderá de los daños y perjuicios si hubiese sido forzado el sello o cerradura por su culpa. Se presume la culpa en el depositario, salvo la prueba en contrario. En cuanto al valor de lo depositado cuando la fuerza sea imputable al depositario, se estará a la declaración del depositante, a no resultar prueba en contrario».

Respecto al *lugar;* el art. 1.774 dispone lo siguiente: «Cuando al hacerse el depósito se designó lugar para la devolución, el depositario debe llevar a él la cosa depositada; pero los gastos que ocasione la traslación serán de cargo del depositante. No habiéndose designado lugar para la devolución, deberá ésta hacerse en el que se halle la cosa depositada, aunque no sea el mismo en que se hizo el depósito, con tal que no haya intervenido malicia de parte del depositario».

Por lo que se refiere al *tiempo o momento de tener que devolver la cosa depositada,* el art. 1.775 dispone que «el depósito debe ser restituido al depositante cuando lo reclame, aunque en el contrato se haya fijado un plazo o tiempo determinado para la devolución. Esta disposición no tendrá lugar cuando judicialmente haya sido embargado el depósito en poder del depositario, o se haya notificado a éste la oposición de un tercero a la restitución o traslación de la cosa depositada». De la misma manera y como ya vimos, el art. 1.766 habla de que el depositario está obligado a restituir la cosa «cuando le sea pedida».

Como resulta de las transcritas reglas, el depósito es un contrato puesto al servicio primordial del depositante, por lo que ha de terminar a su voluntad; pero tampoco ha de facultar a esta parte para mantener adscrita a su servicio a la otra bajo cualesquiera circunstancias. Por ello dispone el art. 1.776 que «el depositario que tenga justos motivos para no conservar el depósito, podrá, aun antes del término designado, restituirlo al depositante; y si éste lo resiste, podrá obtener del juez su consignación».[7]

En el caso de tratarse de un depósito de dinero, el art. 1.770, párrafo 2.°, del C.c. dispone que «se aplicará al depositario lo dispuesto respecto al mandatario en el art. 1.724»; o sea, que deberá intereses de las cantidades que aplicó a usos propios desde el día en que lo hizo, y de las debidas después de extinguido el depósito, desde que se haya constituido en mora.

---

7. FERRANDIS, anotaciones citadas, p. 655.

b) *Obligaciones del depositante.* Como se ha dicho, las que pueden afectarle son de carácter eventual y no representan una contraprestación debida en todo caso por la obligación contractual del depositario. Ha de pagar una retribución, pero sólo en el caso de que se haya convenido, por lo que establece el art. 1.760: «El depósito es un contrato gratuito, salvo pacto en contrario».

La obligación de abonar intereses y resarcir perjuicios son independientes de la voluntad de las partes y aparecen como resultado de hechos y circunstancias que inciden objetivamente en la relación de depósito.

Aunque el art. 1.760 exige pacto expreso para la retribución del depósito, no hay duda que se entenderá tácitamente establecido cuando así corresponda a los usos sociales (v. g. servicio de guardarropía en ciertos establecimientos). En su caso, la cuantía de la retribución no pactada expresamente deberá ajustarse a lo habitual en cada circunstancia. Por el contrario, cuando el depósito es mercantil, la remuneración se presume (art. 304 C. de com.).

La terminación del depósito antes del plazo convenido (cfr. artículos 1.775 y 1.776 C.c.) no priva en su caso al depositario del derecho a percibir la parte de retribución proporcional a la duración efectiva de la custodia.

Otra obligación circunstancial del depositante es la de «reembolsar al depositario los gastos que haya hecho para la conservación de la cosa depositada». Así lo dispone el art. 1.779. Por tratarse de los gastos necesarios para tal finalidad, quedan excluidos los gastos de lujo e incluso, probablemente, los meramente útiles.

Está igualmente obligado el depositante a indemnizar al depositario de todos los perjuicios que se le hayan seguido del depósito (art. 1.779).

El art. 1.780 se refiere al derecho de retención del depositario: «El depositario podrá retener en prenda la cosa depositada hasta el completo pago de lo que se le deba por razón del depósito». Esta amplia fórmula permite afirmar, como hace Pellisé Prats, que procede la retención, tanto para el cobro del importe de los gastos de conservación efectuados y de los perjuicios sufridos, como para hacer efectiva la remuneración convenida.[8]

Aunque el art. 1.780 habla de «retener en prenda», no se trata de un derecho real de prenda, sino de un simple derecho de retención.

8. PELLISÉ, citado, pp. 869 y 870.

Para ello han de tenerse en cuenta las mismas razones expuestas en relación con el art. 1.600, que se refiere al que ejecuta una obra en cosa mueble.

E. Extinción del contrato de depósito

Las causas de extinción que ofrecen alguna particularidad son las que regulan los arts 1.775 y 1.776, ya examinados.

3. El depósito irregular

El depósito llamado irregular es el que se constituye mediante la entrega de una cantidad de cosas fungibles cuya propiedad adquiere el depositario o receptor, a cambio de quedar obligado a devolver otro tanto de la misma especie y calidad.[9]

Las cosas fungibles también pueden ser objeto del contrato de depósito ordinario o regular, siempre que la entrega se realice de una manera que evite el efecto propio de la recepción de una cosa de tal clase, que es la adquisición de la propiedad por el receptor al perder la cosa recibida su individualidad. Puede entregarse dinero en una caja o pliego cerrado para que el depositario la guarde sin abrirla y la devuelva intacta, de manera que lo custodiado y devuelto será la misma cosa recibida, como si no fuera fungible. El art. 1.769 del C.c. dice que cuando la cosa depositada se entrega cerrada y sellada, el depositario ha de restituirla en la misma forma, con lo cual se refiere a un depósito ordinario o regular, aunque el pliego cerrado y sellado contenga una cosa tan fungible como el dinero.

Pero cuando una cosa fungible se entrega con este carácter, el receptor adquiere su propiedad y la obligación de custodiar y restituir queda en realidad sustituida por la de tener que devolver otro tanto de la misma especie y calidad. La entrega de algo que pierde su individualidad en manos del receptor equivale a la transmisión a éste de su propiedad, y como efecto de la transferencia sólo subsiste un dere-

---

9. Joaquín GARRIGUES, *El depósito irregular y su aplicación en Derecho mercantil,* Revista Crítica de Derecho inmobiliario; del mismo autor, *Contratos bancarios,* Madrid, 1958, pp. 365 a 399 (con posterior edición de 1975); FLORES MICHEO, *El depósito irregular,* Revista de Derecho privado, 1963, pp. 753 a 774; CASTÁN VÁZQUEZ, en el Apéndice de Derecho español a la traducción del libro de Mario DE SIMONE, *Los negocios irregulares,* Madrid, 1956, pp. 136 a 154; F. LAGUNA IBÁÑEZ, *Sobre el depósito irregular mercantil,* Revista Jurídica de Cataluña, 1959.

cho del depositante o transmitente a que le sea devuelto un equivalente. La cuestión consiste en precisar si se trata igualmente de un contrato de depósito o si ha de calificarse de otra manera.

A pesar de que el depósito irregular era conocido y admitido en Derecho romano bizantino y en Derecho histórico español, y de que lo reconocía la jurisprudencia anterior al Código, ha quedado suprimido en éste. La eliminación tiene su punto de partida en el Proyecto de 1851, que en el primer párrafo de su art. 1.671 decía: «Cuando el depositario tiene permiso para servirse o usar de la cosa depositada, el contrato cambia de naturaleza, y ya no es depósito, sino préstamo o comodato». García Goyena hizo notar que se trataba de una traducción del art. 959 del Código civil de Austria, redactado siguiendo la opinión de Heineccio, contrario al depósito irregular.[10]

El Código civil, después de disponer, en el art. 1.767, que el depositario no puede servirse de la cosa depositada sin permiso expreso del depositante, y de que, en caso contrario, responderá de los daños o perjuicios, añade en el art. 1.768:

«Cuando el depositario tiene permiso para servirse o usar de la cosa depositada, el contrato pierde el concepto de depósito y se convierte en préstamo o comodato.

»El permiso no se presume, debiendo probarse su existencia.»

Sin embargo, esta simplificación normativa puede ser contraria a la verdadera intención de las partes y a la finalidad que hayan pretendido alcanzar. En realidad, la naturaleza fungible de la cosa entregada, como el dinero, no excluye la finalidad de custodia y garantía en interés del depositante. El depósito irregular, como todo depósito, se establece en utilidad del depositante, mientras que el préstamo se constituye en interés del prestatario.

Si la entrega de dinero a un Banco se realiza para asegurar su custodia, como en la cuenta corriente a la vista, es natural que el depositante pueda retirarlo a su voluntad, con lo cual, a pesar del carácter fungible de la cosa entregada, se producirá el efecto peculiar del depósito. Lo que sucede es que cuando se trata de cosas fungibles, especialmente de dinero, la obligación de custodiar y devolver queda sustituida por la obligación de mantener una solvencia que garantice

---

10. GARCÍA GOYENA, *Concordancias, motivos y comentarios del Código civil español*, Madrid, 1852, tomo IV, comentario a los artículos 1.670 y 1.671 del Proyecto de C.c. de 1851.

la devolución de otro tanto equivalente a lo recibido. Con ello se llega a la conclusión de que en el depósito irregular subsiste la esencia del depósito y que la figura responde a una necesidad real que no se identifica con el mutuo ni con ningún otro contrato.

La posibilidad del depósito irregular bancario se funda en el artículo 310 del Código de comercio, que remite a lo que dispongan los estatutos de los bancos. Éstos autorizan el depósito de dinero y determinan que la responsabilidad del depositario consiste en devolver la misma cantidad. Cfr. S. de 4 diciembre 1975 (Aranzadi, núm. 4.361).[11]

La sentencia de 17 septiembre 1987 (publicada en La Ley del 24 noviembre) declara en el primero de sus Fundamentos de Derecho que «existe unanimidad en entender que tal depósito irregular atribuye la propiedad del dinero, o cosa fungible depositada, al depositario, quien puede disponer libremente de ella porque es suya, sustiyéndose la obligación de custodia, típica del contrato de depósito, por la de disponibilidad a favor del depositante de la cantidad entregada, siendo, también, mayoritaria la opinión de los que entienden que, tratándose de depósitos o imposiciones a plazo fijo, al desaparecer temporalmente la disponibilidad del depositante, desaparecen igualmente los elementos típicos del depósito –restitución de la cosa cuando le sea pedida, art. 1.766 C.c.– y se acentúan los del préstamo-recepción de una cosa fungible en propiedad para devolver después otro tanto».

4. El depósito necesario

El depósito llamado necesario no es un contrato de depósito, sino que se trata de una obligación de custodia que se impone para regular los efectos de una situación sobrevenida con independencia de la voluntad de las partes. Mientras el contrato de depósito se funda en la confianza que el depositario inspira al depositante, en el depósito necesario sucede que la situación sobrevenida impone la necesidad de que la custodia se confíe a quien el depositante no ha tenido oportunidad de elegir.

El Código civil contempla los siguientes casos de depósito necesario:

---

11. GARRIGUES, *Contratos bancarios*, p. 374.

a) El que «se hace en cumplimiento de una obligación legal», según expresa el núm. 1.º del art. 1.781, el cual «se regirá por las disposiciones de la ley que lo establezca, y, en su defecto, por las del depósito voluntario», como añade el primer párrafo del art. 1.782.[12]

b) El que «tiene lugar con ocasión de alguna calamidad, como incendio, ruina, saqueo, naufragio u otras semejantes» (art. 1.781, número 2.º), que «se regirá por las reglas del depósito voluntario» (art. 1.782, párrafo segundo). A través de la equiparación de efectos entre este tipo clásico de depósito necesario (depósito miserable) y el contrato de depósito, ha desaparecido la agravación de responsabilidad que caracterizaba a esta obligación de custodia en Derecho antiguo, pues obligaba al depositario a devolver el duplo del valor de la cosa si negaba el depósito.[13]

c) El que tiene lugar respecto a «los efectos introducidos por los viajeros en las fondas y mesones», pues, como expresa el art. 1.783, «los fondistas o mesoneros responden de ellos como tales depositarios, con tal que se hubiese dado conocimiento a los mismos o a sus dependientes, de los efectos introducidos en su casa, y que los viajeros por su parte observen las prevenciones que dichos posaderos o sus sustitutos les hubiesen hecho sobre cuidado y vigilancia de los efectos». Esta responsabilidad, añade el art. 1.784, «comprende los daños hechos en los efectos de los viajeros, tanto por los criados o dependientes de los fondistas o mesoneros, como por los extraños; pero no los que provengan de robo a mano armada o sean ocasionados por otro suceso de fuerza mayor».[14]

5. El secuestro

Cuando nos hemos ocupado de las dos modalidades del contrato de depósito que admite el art. 1.763 del Código civil, hemos dicho que la doctrina tradicional hablaba del secuestro con referencia tanto al convencional como al judicial. El común denominador estaba en que ambos dejan establecida la obligación de custodiar una cosa mientras se decide quién tiene derecho a la misma. Pero el Código

12. En este caso, no sólo es legal la obligación de custodiar, sino que ya es de origen legal la obligación de constituir el depósito.

13. Renito GUTIÉRREZ, *Códigos o estudios fundamentales sobre el Derecho civil español*, Madrid, 1871, tomo V, p. 525.

14. Nicolás PÉREZ SERRANO, *El contrato de hospedaje*, Madrid, 1930; J. BONET CORREA, *Régimen jurídico del hospedaje y hostelería*, Madrid, 1955.

civil agrupa el secuestro convencional o depósito voluntario de cosas litigiosas con el contrato de depósito, en el citado art. 1.763, y en los artículos 1.785 a 1.789 trata del depósito judicial y sólo a éste califica de secuestro.

Su concepto resulta del art. 1.785: «El depósito judicial o secuestro tiene lugar cuando se decreta el embargo o el aseguramiento de bienes litigiosos».

El siguiente art. 1.786 señala qué cosas pueden ser objeto de depósito judicial: «El secuestro puede tener por objeto así los bienes muebles como los inmuebles». Pero sin duda es muy atinada la observación de Castán de que, «cuando recae sobre inmuebles tiene una naturaleza muy especial, y más que un depósito, con finalidad estricta de custodia, constituye una administración».[15]

Acerca de las obligaciones que incumben al depositario, afirma el art. 1.788 que «el depositario de bienes secuestrados está obligado a cumplir respecto de ellos todas las obligaciones de un buen padre de familia».

Sólo se extingue este depósito y puede quedar el depositario liberado de sus obligaciones, cuando termina la controversia que lo motivó, a no ser que el juez le relevara del encargo por consentir en ello todos los interesados, o por otra causa legítima (art. 1.787).

Como reglas supletorias, regirán las disposiciones pertinentes de la Ley de Enjuiciamiento civil (art. 1.789).

---

15. CASTÁN y CALVILLO, *Derecho civil Español*, tomo IV, novena edición, Madrid, 1962, pp. 609 a 643.

XXX

CONTRATOS ALEATORIOS

1. Consideración general

En la clasificación de los contratos onerosos, los contratos aleato rios (de *alea,* suerte) se oponen a los conmutativos. El art. 1.790 C.c. se refiere a los primeros de la siguiente manera: «Por el contrato aleatorio, una de las partes, o ambas recíprocamente, se obligan a dar o hacer alguna cosa en equivalencia de lo que la otra parte ha de dar o hacer para el caso de un acontecimiento incierto, o que ha de ocurrir en tiempo indeterminado».[1]

La definición legal es equívoca por establecer una equiparación entre el contrato aleatorio y el que está sometido a condición suspensiva. Por otra parte, no es fácil encontrar una definición general y precisa de los contratos aleatorios, pues el riesgo de ganancia o pérdida existe en muchos contratos (como en el de sociedad, que es indudablemente conmutativo), aparte de que en el grupo de contratos aleatorios se incluyen figuras muy diferentes.

El transcrito art. 1.790 parte de una distinción exacta, pues unos contratos aleatorios dependen de un acontecimiento incierto (si ocurrirá o no), como el seguro, el juego y la apuesta, y otros dependen de un acontecimiento cierto, pero que ocurrirá en tiempo indeterminado, como la renta vitalicia. Pero con ello no queda debidamente diferenciado el contrato aleatorio del condicional. En realidad, como señalaba Castán, en el contrato propiamente condicional lo que la condición decide es si el contrato llegará a producir efecto, mientras que en el contrato aleatorio la condición decide cuál ha de ser este efecto. La incertidumbre del contrato aleatorio no afecta a la subsis-

---

1. ÁLVAREZ VIGARAY, *Los contratos aleatorios,* Anuario de Derecho civil, 1968, pp. 607 a 642; VÁZQUEZ BOTE, *Algunas consideraciones sobre los contratos aleatorios en el Código civil,* Revista Crítica de Derecho inmobiliario, 1969, pp. 351 a 359; Teresa ECHEVARRÍA DE RADA, *Los contratos de Juego y Apuesta*, Barcelona, 1996.

tencia del contrato, sino a la cuantía o a la extensión de la prestación de cada una de las partes, y, en definitiva, a la pérdida o ganancia que han de obtener del contrato. Cfr. Ss. 20 noviembre 1915, 14 noviembre 1911, 14 marzo 1962 (Aranzadi, núm. 2.357).[2]

La clasificación de los contratos en aleatorios y conmutativos tiene poco interés en la actualidad por haber desaparecido la causa de rescisión por lesión como rasgo característico de los conmutativos frente a los aleatorios. Además, no es seguro que la lesión como causa de rescisión no pueda afectar a los contratos aleatorios, que podría estimarse cuando las partes no hubiesen asumido el riesgo en la misma medida. En lugar de tener en cuenta el equilibrio inicial entre las prestaciones, en los contratos aleatorios los tribunales deberían atender a la desigualdad en la asunción del riesgo o a las probabilidades de pérdida o ganancia para una y otra parte.[3]

Como contratos aleatorios o de suerte, el Código regula el contrato de seguro (arts. 1.791 a 1.797, en la actualidad derogados por la Ley de 8 octubre 1980), modificada por la Ley 30/1995, de 8 de noviembre, de Ordenación y Supervisión de los Seguros Privados. El de juego y apuesta (arts. 1.798 a 1.801) y el de renta vitalicia (arts. 1.802 a 1.808).

Aunque la Sentencia de 27 junio 1906 había afirmado que en nuestro Derecho no existen más obligaciones contractuales de carácter aleatorio que las del título 12 del libro 4 del C.c., decisiones posteriores han rectificado este criterio. Según la Sentencia de 15 de febrero 1957 (Aranzadi, núm. 397), el criterio de la anterior sentencia no es exacto.

2. Los contratos de juego y apuesta

Los contratos de juego y apuesta son los contratos aleatorios más característicos. En ellos el azar determina, no la mayor o menor equivalencia entre las prestaciones (como en el seguro y la renta vitalicia), sino la misma atribución de derechos y obligaciones a una y otra parte. En ellos las partes se prometen recíprocamente una prestación

---

2. ÁLVAREZ VIGARAY, citado, pp. 618 y 619, dice que en el contrato aleatorio «el azar no decide si el contrato producirá o no efectos, sino cuál sea ese efecto. En cambio, el contrato bajo condición suspensiva sólo produce sus efectos si el evento se realiza».

3. Jean DEPREZ, *La lésion dans les contrats aléatoires,* Revue Trimestrielle de Droit Civil, enero/marzo de 1955, pp. 1 y ss., esp. 38.

bajo condiciones opuestas y la incertidumbre recae en cuál de las dos condiciones opuestas se cumplirá, y, por consiguiente, quién será el ganador y quién el perdedor.[4]

Acerca de la distinción entre juego y apuesta, el tradicional criterio romano considera que se trata del primero cuando los interesados toman parte activa en la producción del hecho que aparece como incierto al contratar, y que por el contrario se trata de apuesta cuando las partes quedan al margen de la actividad que producirá dicho acontecimiento. Pero, según otro parecer, para establecer la diferencia entre juego y apuesta ha de atenderse al distinto motivo o finalidad de dichos contratos, en el sentido de que la apuesta tiende a robustecer una afirmación y el juego tiene por objeto la distracción o la ganancia, o ambas cosas a la vez.[5]

Sin embargo, la distinción carece en nuestro Derecho de importancia práctica, por la identidad de efectos que producen. El Código aplica el mismo régimen a ambos contratos, según lo que disponen los cuatro artículos siguientes:

«Art. 1.798. La ley no concede acción para reclamar lo que se gana en un juego de suerte, envite o azar; pero el que pierde no puede repetir lo que haya pagado voluntariamente, a no ser que hubiese mediado dolo, o que fuera menor, o estuviera inhabilitado para administrar sus bienes.»

«Art. 1.799. Lo dispuesto en el artículo anterior respecto del juego es aplicable a las apuestas.

»Se consideran prohibidas las apuestas que tienen analogía con los juegos prohibidos.»

«Art. 1.800. No se consideran prohibidos los juegos que contribuyen al ejercicio del cuerpo, como son los que tienen por objeto adiestrarse en el manejo de las armas, las carreras a pie o a caballo, las de carros, el juego de pelota y otros de análoga naturaleza.»

«Art. 1.801. El que pierde en un juego o apuesta de los no prohibidos queda obligado civilmente.»

«La autoridad judicial puede, sin embargo, no estimar la demanda cuando la cantidad que se cruzó en el juego o en la apuesta sea exce-

---

4. DÍEZ-PICAZO, *El juego y la apuesta en el Derecho civil,* Revista Crítica de Derecho inmobiliario, 1967, pp. 719 a 733; POU DE AVILÉS, *Apuesta,* Nueva Enciclopedia Jurídica (Seix), II, Barcelona, 1959, pp. 778 y ss.; RIERA AISA, *Juego,* Nueva Enciclopedia Jurídica, XIII, 1968, pp. 845 y ss.

5. ENNECCERUS y LEHMANN, *Derecho de obligaciones,* tercera edición española, Barcelona, 1966, volumen 2.°, segunda parte, p. 785.

siva, o reducir la obligación en lo que excediera de los usos de un buen padre de familia.»

En otro lugar se ha dicho que la regla del art. 1.798 puede explicarse por la consideración de que sería más perturbador permitir la repetición de lo pagado voluntariamente por deuda de juego, que respetar el estado de cosas resultante de la conducta del interesado. Es una situación ante la que el ordenamiento jurídico se inhibe: *in turpis causa melior est causa possidentis,* o *in pari delicto potior est conditio defendentis.*[6]

Pero el estado de los hechos en el que no interviene el Derecho es el de los actos consumados: el pago ya efectivamente realizado. En cambio, no sería admisible que el perdedor en juego prohibido, en lugar de pagar, reconociera la deuda y se obligara a pagarla. La admisión de esta promesa de pago sería contraria a la razón de orden público que estima aconsejable no alentar los juegos prohibidos.

El art. 1.798 termina con la contraexcepción de que lo pagado podrá repetirse (reclamarse la devolución) si hubiera mediado dolo, o se tratase del pago efectuado por un menor o por persona inhabilitada para administrar sus bienes, lo que tiene su fundamento en un conjunto de causas contrarias a la validez del pago, con independencia de tratarse de deudas procedentes de juego o apuesta.

Acerca de la distinción entre juegos prohibidos y no prohibidos ha de tenerse en cuenta el Real Decreto-ley de 25 febrero 1977, que dio nueva redacción a los arts. 349 y 350 del Código penal y autorizó al Ministerio de Gobernación para dictar reglas sobre constitución y funcionamiento de sociedades de casinos de juego. El Decreto de 11 marzo 1977 dictó reglas complementarias. La Orden de 1.° junio 1977 aprobó el catálogo de juegos.

3. El contrato de renta vitalicia

A. *Concepto y caracteres*

El derecho de una persona a cobrar una renta durante su vida puede existir por varias causas, una de las cuales es el contrato al que se refieren los arts. 1.802 a 1.808 del C.c. Como derecho de renta en general, la vitalicia es un crédito que confiere a su titular el derecho

---

6. Véase antes, p. 13.

de percibir durante su vida ciertas rentas anuales en dinero, llamadas pensiones.

A la renta vitalicia nacida de contrato se refiere el Código en el artículo 1.802, con las siguientes palabras: «El contrato aleatorio de renta vitalicia obliga al deudor a pagar una pensión o rédito anual durante la vida de una o más personas determinadas por un capital en bienes muebles o inmuebles, cuyo dominio se le transfiere desde luego con la carga de la pensión».[7]

El Código se refiere, por tanto, al contrato de renta vitalicia constituida a título oneroso, por ser la contrapartida de un capital recibido en bienes muebles o inmuebles; pero, además, el art. 1.807 se refiere a una renta vitalicia constituida a título gratuito. Puede nacer, pues, a título oneroso o gratuito, y en este segundo caso se tratará de las que son resultado de donaciones entre vivos y de legados. A título oneroso pueden quedar establecidas en particiones de todas clases, para compensar desigualdades entre los lotes que se adjudiquen, o por lo que dispone el art. 839 del C.c. (antes de la Ley de 24 abril 1958 era el art. 838), que permite el pago de la parte de usufructo que corresponde al viudo «asignándole una renta vitalicia».

Son caracteres del contrato de renta vitalicia, los siguientes:

a) Es un contrato *aleatorio,* por la indeterminación del tiempo durante el cual tendrá que pagarse la renta. Al perfeccionarse el contrato se desconoce en qué relación o proporción está el capital o los bienes recibidos con la cuantía que tendrá la obligación asumida, que depende del hecho incierto del fallecimiento del pensionista. Por ello no cabe la rescisión por lesión, ni la aplicación de la cláusula *rebus sic stantibus.*

La Sentencia de 28 noviembre 1949 (Rep. Jur. Aranzadi de 1950, núm. 540) declaró que es un contrato aleatorio, inconciliable con la posibilidad de que cause lesión, como ya declaró la Sentencia de 26 enero 1894.

La Sentencia de 19 enero 1957 (Aranzadi, núm. 356) declaró de manera bastante incidental que la doctrina de la cláusula *rebus sic stantibus* no es aplicable a los contratos de renta vitalicia.

---

7. José BELTRÁN DE HEREDIA y CASTAÑO, *La renta vitalicia,* Madrid, 1963; GOMA SALCEDO, *Principales problemas del contrato de renta vitalicia,* Revista de Derecho notarial, julio/diciembre de 1960, pp. 328 y ss.; DE BUEN, *Renta vitalicia,* Enciclopedia Jurídica Española (Seix), primera edición.

Pero merece especial atención la Sentencia de 23 noviembre 1962 (Aranzadi, núm. 5.005), que a pesar de entender que no era aplicable la cláusula *rebus sic stantibus*, reconoció que la base del negocio había sufrido una grave y excepcional alteración, por lo que estimó justa la revalorización concedida por la sentencia de instancia, «porque el equilibrio de las prestaciones se ha roto por la anormal e imprevisible alteración en alzada desproporcionada en el precio de los frutos y en el valor de las rentas de la tierra, afectando a la base del negocio...».

b) La afirmación de que la obligación de pagar la renta la contrae el que recibe un capital en bienes muebles o inmuebles «cuyo dominio se le transfiere desde luego» (art. 1.802), ha sido motivo de que el contrato sea calificado de *real*, en el sentido de que la obligación nace por efecto de la entrega de una cosa.

Sin embargo, los verdaderos contratos reales, en sentido romano de entrega de una *res* o cosa, son el depósito, la prenda y el comodato, en los que se produce un desplazamiento de la posesión o detentación de una cosa, en lugar de la transmisión del dominio de la misma, que es lo que ocurre en la renta vitalicia. En los contratos reales, dice Alfonso del Moral, el efecto obligatorio resulta efectivamente de la entrega, que deja establecida una obligación de restituir que no es equivalente a una contraprestación. Por ello la renta vitalicia es un contrato consensual, sin perjuicio de que la obligación sólo deba ser efectiva a partir de un momento determinado, que es el de realizar el obligado una adquisición.[8]

c) Es corriente la opinión de que el contrato de renta vitalicia es *unilateral*, en atención a que sólo deja establecida la obligación de pagar la renta. Ello no excluye que las partes puedan ponerse de acuerdo y quedar obligadas antes de la ejecución, en cuyo supuesto el contrato aparecerá con todo su relieve de consensual y bilateral, por quedar obligadas ambas partes a las recíprocas prestaciones de transmitir el capital y de asumir la obligación de pagar la renta. Cfr. Sentencia de 16 mayo 1940 (Aranzadi, núm. 416 bis).

Cuando la renta se constituya a título gratuito (art. 1.807), el contrato será consensual y unilateral porque la donación excluye reciprocidad por parte del beneficiado, excepto si la donación es onerosa, en cuyo supuesto el donante responderá de la evicción hasta la concurrencia del gravamen. Cfr. art. 638 C.c.

---

8. A. DEL MORAL, *La renta vitalicia y su intimidad con la hipoteca de renta,* Revista de Derecho privado, 1952, pp. 797 a 812, esp. 800.

d) El contrato de renta vitalicia puede ser *oneroso* o *gratuito,* aunque lo normal es lo primero. Además, en los contratos aleatorios, este carácter ha de afectar a una y otra parte, pues las probabilidades de ganancia o de pérdida han de ser correlativas e inversas. No corre un riesgo quien adquiere a título gratuito, pues a lo sumo podrá afirmarse que desconoce en qué medida ha sido beneficiado (A. del Moral).

e) Es un contrato de *tracto sucesivo,* debido al carácter periódico de las prestaciones en que la renta consiste. Ello no es obstáculo para la consideración del carácter unitario de la obligación que se asume de pagar la renta al celebrarse el contrato.[9]

B. Figuras jurídicas afines a la renta vitalicia

En el contrato a que se refiere el art. 1.802 C.c. no encajan todas las situaciones jurídicas en las que alguien aparece con el derecho a percibir una renta o pensión durante su vida. Hay que tener en cuenta:

a) *Renta vitalicia constituida a título gratuito.* Como se ha dicho, se tratará de una donación o de un legado de renta vitalicia que no tendrá carácter aleatorio. Al legado de renta vitalicia alude el artículo 820, núm. 3.º, C.c., y a la constitución gratuita por contrato se refiere el art. 1.807, con una disposición que permite excluir determinados bienes de la responsabilidad del deudor.

b) *Renta vitalicia y censo vitalicio.* En el censo vitalicio el titular de la renta disfruta de un derecho real sobre una finca, mientras que la renta vitalicia sólo implica un derecho personal.[10]

Aunque el art. 1.802 C.c. dice que el obligado a pagar la renta recibe el dominio de unos bienes «con la carga de la pensión», prevalece el criterio de que no se refiere propiamente a un gravamen real. Mientras el art. 1.623 C.c. dispone que los censos producen acción real sobre la finca gravada, en la renta vitalicia la falta de pago de las pensiones vencidas sólo atribuye el derecho a reclamar el pago de las pensiones atrasadas y el aseguramiento de las futuras (artículo 1.805).

---

9. ENNECCERUS y LEHMANN, citados, y las anotaciones de PÉREZ y ALGUER, pp. 781 y 783.

10. BORRELL, *Derecho civil Español,* Barcelona, 1955, III, p. 380, nota 1.

La resolución de la Dirección General de los Registros de 21 diciembre 1943 (Aranzadi, núm. 1.448) afirma que el contrato de renta vitalicia sólo produce efectos obligatorios, a pesar del inciso final del art. 1.802. La resolución de 31 mayo 1951 (Aranzadi, núm. 2.035) observa el variable sentido con que se emplea la palabra «carga» en varios pasajes del Código civil.

Mantienen otro criterio algunos autores, como Guimerá y Alfonso del Moral. Ello obliga a tener en cuenta lo que se dice a continuación.[11]

c) *Renta vitalicia e hipoteca de renta.* Aunque el contrato de renta vitalicia no implica por sí mismo la constitución de un derecho real, nada se opone a que el pago de la renta sea garantizado con un derecho de tal carácter. Así resulta del art. 157 de la Ley hipotecaria y el art. 248 de su Reglamento, que regulan la constitución de hipoteca en garantía de rentas o prestaciones periódicas. De hecho, pocas veces se constituye una renta vitalicia por contrato sin establecer una garantía hipotecaria.[12]

d) *Renta vitalicia y pensiones alimenticias.* La renta vitalicia consiste en prestaciones periódicas de cantidades iguales que se reiteran de manera predeterminada. Por faltar esta determinación no son rentas vitalicias las prestaciones de alimentos, que dependen de lo que dure la necesidad y pueden variar según las necesidades del alimentista. Según el art. 147 C.c. las prestaciones de alimentos entre parientes «se reducirán o aumentarán proporcionalmente según el aumento o disminución que sufran las necesidades del alimentista y la fortuna del que hubiera de satisfacerlas». V. arts. 149 y 152, números 2 y 3 del C.c.

La Sentencia de 16 diciembre 1930 declaró que pugna con la naturaleza y los efectos del contrato de renta vitalicia el pacto de que la cantidad a pagar debía aumentar para cubrir las necesidades de la donante. Pero la Sentencia de 31 octubre 1960 (Aranzadi, núm. 3.449) admitió la validez de una cláusula de estabilización por la que la pensión vitalicia convenida se regularía, en caso de depreciación de la moneda, por el valor del trigo, tasa oficial.

---

11. M. GUIMERA, *Renta vitalicia y condición resolutoria,* Revista de Derecho privado, 1954, pp. 211 a 222; AZURZA, *Renta vitalicia resoluble,* en la misma RDP, 1949, p. 1.058.

12. ROCA SASTRE, *Derecho hipotecario,* séptima edición, Barcelona, 1979, IV-2, pp. 746 a 782; DEL MORAL, citado, pp. 811 y 812.

e) *Renta vitalicia e intereses de un capital.* Las prestaciones periódicas han de ser debidas en virtud de un derecho principal e independiente, en lugar de consistir en unas prestaciones accesorias, como son los intereses de capital, y tampoco pueden consistir en pagos fraccionados que sean contrapartida global de otras obligaciones.

El importe de la renta vitalicia ha de ser superior al interés legal del capital adquirido, pues de lo contrario existiría donación de la nuda propiedad, pues el derecho a cobrar intereses se adquiere en virtud de un contrato de préstamo mutuo, que permite la recuperación del capital.

C. *Constitución de la renta vitalicia*

Han de ser examinados sus elementos, reales y formales.

a) *Elementos personales.* A base de los arts. 1.802 y 1.803 C.c. hay que distinguir las siguientes personas:

La que entrega el capital y constituye el derecho a cobrar la renta, sin necesidad de que sea el titular de este mismo derecho.

El que recibe dicho capital y se obliga a pagar la renta.

El pensionista o beneficiario, acreedor de la renta, en los casos en que no es el mismo constituyente.

La persona sobre cuya vida se constituye; es decir, de cuya vida depende la prestación del obligado al pago de la renta.

Los dos primeros son los contratantes y los dos últimos son terceros ajenos a la vinculación contractual cuando no coinciden con el constituyente de la renta.

Es posible designar como beneficiario a un simple concebido, por analogía con lo que dispone el art. 627 C.c. Si se trata de no concebidos, lo mismo que en el de ser varios los beneficiarios sucesivos de la renta, han de tenerse en cuenta los límites de los arts. 781 y 785, cuando la renta ha sido constituida a título gratuito. El límite que importa es el de la subsistencia de la obligación de pagar la renta y por ello el que señala el art. 781 ha de referirse a las varias personas de cuya existencia depende la obligación.

Según el párrafo primero del art. 1.803, la renta puede constituirse «sobre la vida del que da el capital, sobre la de un tercero o sobre la de varias personas». Lo más frecuente es que la obligación dependa de la vida de la misma persona que ha de recibirla. El párrafo segundo del mismo artículo añade: «También puede constituirse a favor de aquella o aquellas personas sobre cuya vida se otorga, o a favor de otra u otras personas distintas».

Dispone el art. 1.804: «Es nula la renta constituida sobre la vida de una persona muerta a la fecha del otorgamiento, o que en el mismo tiempo se halle padeciendo una enfermedad que llegue a causar su muerte dentro de los veinte días siguientes a aquella fecha».

Si la renta se hubiese constituido sobre la vida de una persona ya fallecida, los contratantes habrían celebrado un contrato sobre la base de un riesgo inexistente. En el caso de fallecimiento por enfermedad a los veinte días siguientes, la nulidad evita que la obligación se funde en un riesgo distinto del que es normal en esta clase de contratos.

b) *Elementos reales.* Son el capital y la pensión.

El capital puede consistir en bienes de cualquier clase, pues lo esencial es que el deudor de la renta adquiera su titularidad. El art. 1.802 habla de «un capital en bienes muebles o inmuebles, cuyo dominio se le transfiere desde luego» al obligado a pagar la renta.

Aparte de la posibilidad de constituir la renta a título gratuito, como demuestra el art. 1.807 C.c., ha de tenerse en cuenta que la obligación de pagarla depende de que el obligado realice una adquisición efectiva. Ha de existir una correlación de valores que sea correcta incluso dentro del amplio margen del contrato aleatorio.

Respecto a la pensión o renta, el art. 1.802 habla de la obligación de pagar «una pensión o rédito anual» y los tratadistas opinan que ha de ser en dinero o en otra cosa fungible. No puede consistir en servicios ni en una cantidad variable. La Sentencia de 14 noviembre 1908 afirma que «la venta de fincas con la obligación de que el comprador había de mantener en su casa al vendedor, tanto sano como enfermo, aunque contiene algún elemento aleatorio, no constituye el contrato de renta vitalicia».[13]

Como ya se ha dicho, lo normal es que la cuantía de la pensión sea superior al interés normal del dinero que corresponde al capital transmitido, pues en otro caso habría donación de la nuda propiedad del capital.

El art. 1.802 habla de «una pensión o rédito anual», y el art. 1.806 se refiere a la «renta correspondiente al año en que muere el que la disfruta». Pero ello no impide establecer otros períodos de venci-

---

13. Véase también la sentencia de 16 diciembre 1930, *Jurisprudencia civil,* tomo 115, p.636.

miento, aunque en la duda deberá entenderse que el pago se ha de hacer por años vencidos.

c) *Elementos formales.* El Código nada dispone sobre la forma del otorgamiento. Si se trata de un contrato oneroso, serán aplicables los arts. 1.278 a 1.280.

La resolución de la D. G. de los Registros de 31 mayo 1892 declaró que ninguna disposición obliga a determinar el capital que representa una pensión periódica sobre una finca, y que «basta que se fije de un modo preciso la cuantía de la renta, el período en que ha de ser ésta satisfecha y el tiempo que la dicha pensión ha de durar».

D. Efectos del contrato de renta vitalicia

Son los siguientes:

a) *Obligaciones del constituyente de la renta.* Quien se obliga a entregar un capital para constituir el derecho de renta, ha de realizar esta entrega y responderá, en su caso, de evicción y saneamiento. El artículo 1.802 está redactado a base de considerar el caso de transmitirse el capital en el momento de la misma celebración del contrato. En este supuesto existe igualmente la obligación de responder de evicción y saneamiento.

b) *Obligaciones del deudor de la renta.* Le afecta la obligación de pagar las rentas o prestaciones periódicas. Pero estos pagos sucesivos y reiterados son consecuencia de haber asumido, en el acto del otorgamiento, la obligación unitaria de realizar las prestaciones en una situación de tracto sucesivo.

A falta de pacto en contrario, la obligación empieza a ser efectiva con la recepción del capital de la renta. Las pensiones o rentas son frutos civiles (cfr. art. 355, párrafo tercero, C.c.) que se entienden percibidos día por día por el beneficiario en proporción al tiempo de duración de la renta (arg. art. 474). Por ello, el art. 1.806 dispone:

«La renta correspondiente al año en que muere el que la disfruta, se pagará en proporción a los días que hubiese vivido; si debía satisfacerse por plazos anticipados, se pagará el importe total del plazo que durante su vida hubiese empezado a correr.»

El deudor de la renta no puede liberarse de esta obligación devolviendo el capital recibido, pues no está en la posición de un propietario gravado (como en el censo) con derecho de redimir, sino que es la parte obligada en virtud de un contrato, sin posibilidad de alterar sus efectos si no media nuevo acuerdo entre los contratantes.

c) *Derechos del pensionista.* Hay que distinguir el derecho fundamental a cobrar la renta o pensión y los derechos de garantía en caso de incumplimiento. Sobre el derecho a cobrar la renta el artículo 1.808 dispone: «No puede reclamarse la renta sin justificar la existencia de la persona sobre cuya vida está constituida».

Por tratarse de «pagos que deben hacerse por años o en plazos más breves» (art. 1.966, disp. 3.ª) la acción para reclamarlos prescribe a los cinco años; pero la prescripción de alguna o de algunas de las pensiones aisladas no extingue el derecho unitario de renta vitalicia a seguir devengando nuevas pensiones, pues para la prescripción de esta cualidad de pensionista es aplicable el plazo de quince años que señala el art. 1.964 para las acciones personales.

Acerca de los derechos del pensionista en caso de incumplimiento, el art. 1.805 C.c. dispone: «La falta de pago de las pensiones vencidas no autoriza al perceptor de la renta vitalicia a exigir el reembolso del capital ni a volver a entrar en la posesión del predio enajenado; sólo tendrá derecho a reclamar judicialmente el pago de las rentas atrasadas y el aseguramiento de las futuras».

La razón del precepto está en que sería injusto que el acreedor de las pensiones recuperase el capital sin tener que devolver nada de las percibidas, a pesar de que casi siempre habrán sido superiores al interés legal de dicho capital, aparte de la incongruencia que resultaría en el caso de que el perceptor de la renta no fuese el mismo constituyente.

Pero el art. 1.805 plantea la cuestión de si es admisible el pacto en contrario, en el sentido de establecer expresamente el derecho de resolución en caso de incumplimiento. Una primera orientación jurisprudencial había rechazado esta posibilidad, pero después se ha adoptado el criterio permisivo. En el sentido de admitir el pacto de resolución, véanse las Sentencias de 13 mayo 1959, 14 octubre y 15 enero 1963 (Aranzadi, núm. 20).

Sin embargo, sería justo entender que si la resolución pactada ha de implicar la devolución del capital recibido, ello debería efectuarse con la deducción de aquella parte que en las pensiones pagadas representa un aumento sobre el interés normal del dinero. De lo contrario, existiría una pena convencional para el pagador de la renta que incumpliera su obligación.

Respecto a la posibilidad de pedir el aseguramiento de las pensiones futuras, no existe jurisprudencia sobre el particular, lo que sin duda se explica porque pocas veces se constituye un renta vitalicia sin establecer al mismo tiempo una garantía real del pago de la renta. Cfr. resoluciones de 31 mayo 1892 y de 28 mayo 1895.

En el caso de constitución a título gratuito, el derecho a la renta puede tener carácter inembargable. Según el art. 1.807: «El que constituyere a título gratuito una renta sobre sus bienes, puede disponer, al tiempo del otorgamiento, que no estará sujeta dicha renta a embargo por obligaciones del pensionista».

Pero, en todo caso, los bienes serán inembargables por obligaciones del pensionista; en cambio, los acreedores del constituyente podrán recurrir, en su caso, a la impugnación de los actos a título gratuito de su deudor que les perjudiquen.

E. Extinción del derecho de renta vitalicia

La causa típica de extinción es el fallecimiento de la persona sobre cuya vida la renta fue constituida, tanto si es el pensionista como si no lo es. La renta no puede reclamarse «sin justificar la existencia de la persona sobre cuya vida fue constituida» (art. 1.808).

4. El contrato de seguro

La Ley 50/1980, de 8 de octubre, modificada por la Ley 30/1995, de 8 de noviembre, de Ordenación y Supervisión de los Seguros Privados, regula el contrato de seguro. Su Disposición final derogó los arts. 1.791 a 1.797 del Código civil que lo regulaban anteriormente. Igualmente derogó los arts. 380 a 438 del Código de comercio y todas las disposiciones contrarias a la nueva Ley.

La Ley de 1980 contiene tres títulos, una Disposición transitoria y la Disposición final. El título I contiene disposiciones comunes a toda clase de seguros; el título II se ocupa del seguro de daños; el título III regula el seguro de personas.

A continuación se hace una breve exposición del título I, por su carácter general y por su valor para la normativa de los contratos de adhesión. Las diversas clases de seguros son tema de estudio en el Derecho especial de seguros.

A. Concepto

El art. 1.º de la Ley de 1980 define el contrato de seguro: «El contrato de seguro es aquel por el que el asegurador se obliga, mediante el cobro de una prima y para el caso de que se produzca el evento cuyo riesgo es objeto de cobertura a indemnizar, dentro de los límites pactados, el daño producido al asegurado o a satisfacer un capital, una renta u otras prestaciones convenidas».

Los preceptos de la Ley tienen carácter imperativo, si en ellos no se dispone otra cosa; pero se estimarán válidas las cláusulas contractuales que sean más beneficiosas para el asegurado (art. 2.º).

Las disposiciones generales en ningún caso podrán tener carácter lesivo para los asegurados. El asegurador deberá incluirlas en la proposición de seguro, si la hubiere, y necesariamente en la póliza del contrato o en un documento complementario suscrito por el asegurado, a quien se entregará copia (art. 3.º).

Las condiciones generales y particulares se redactarán de forma clara y precisa. «Se destacarán de modo especial las cláusulas limitativas de los derechos de los asegurados, que deberán ser específicamente aceptadas por escrito» (art. 3.º).

«Declarada por el Tribunal Supremo la nulidad de alguna de las cláusulas de las condiciones generales de un contrato, la Administración pública competente obligará a los aseguradores a modificar las cláusulas idénticas contenidas en sus pólizas» (art. 3.º-3).

«El contrato de seguro será nulo, salvo en los casos previstos por la Ley, si en el momento de su conclusión no existía el riesgo o había ocurrido el siniestro» (art. 4.º).

B. Documentación del contrato y deber de declaración del riesgo

El contrato de seguro, sus modificaciones y adiciones, exigen formalización por escrito. El asegurador ha de entregar al tomador del seguro la póliza o el documento de cobertura provisional. Si en algún caso especial no se exige emisión de póliza, el asegurador deberá entregar el documento que corresponda (art. 5.º).

La solicitud de seguro no vinculará al solicitante, pero la proposición de seguro por parte del asegurador le vinculará durante un plazo de quince días. Las partes podrán acordar que el seguro tenga efectos retroactivos al momento de presentar la solicitud o formular la proposición (art. 6.º).

El tomador del seguro puede contratar por cuenta propia o ajena. En caso de duda se presumirá que contrata por cuenta propia. El tercer asegurado puede ser una persona determinada o determinable por el procedimiento que las partes acuerden. Si el tomador del seguro y el asegurado son personas distintas, las obligaciones y deberes que deriven del contrato corresponden al tomador del seguro, salvo las que por su naturaleza deban ser cumplidas por el asegurado. El asegurador podrá rechazar el cumplimiento por parte del asegurado de las obligaciones y deberes que corresponden al tomador del seguro. Los derechos que derivan del contrato corresponden al asegurado o, en su caso, al beneficiario, salvo los especiales derechos del tomador en el seguro de vida (art. 7.°).

La póliza ha de contener como mínimo las indicaciones que determina el art. 8.°. El contenido de la póliza no puede diferir de la proposición de seguro o de las cláusulas acordadas. En caso de diferencia, el tomador del seguro dispone del plazo de un mes a contar de la entrega de la póliza para reclamar que la entidad aseguradora subsane la divergencia.

La póliza puede ser nominativa, a la orden o al portador. Su transferencia producirá los efectos de la cesión del crédito contra el asegurador (art. 9.°).

Antes de la conclusión del contrato el tomador del seguro tiene el deber de declarar al asegurador, según el cuestionario que éste le someta, todas las circunstancias por él conocidas que puedan influir en la valoración del riesgo. En caso de conocimiento por el asegurador de la reserva o inexactitud del tomador del seguro, dispondrá del plazo de un mes para rescindir el contrato. Si el siniestro sobreviene antes de que el asegurador haya hecho la declaración de rescisión, su prestación se reducirá proporcionalmente a la diferencia entre la prima convenida y la que se hubiese aplicado de haberse conocido la verdadera entidad del riesgo; pero si hubiese mediado dolo o culpa grave del tomador del seguro, el asegurador quedará liberado de su obligación (art. 10).

El deber de información subsiste mientras dura la relación de seguro. El asegurador debe comunicar, tan pronto le sea posible, todas las circunstancias que agraven el riesgo y sean de tal naturaleza que de haber sido conocidas hubiesen determinado que el contrato no se hubiese celebrado o lo hubiese sido en condiciones más gravosas (art. 11). La agravación del contrato en virtud de tales circunstancias abre un período de renegociación del seguro que el art. 12 regula. El segundo párrafo del mismo artículo se refiere a otra posibilidad del asegurador de rescindir el contrato, con especial referencia al caso de que el asegurado o el tomador del seguro no haya efectuado su declaración.

En síntesis, el art. 12 considera tres hipótesis: *a)* rescisión del seguro por tener conocimiento el asegurador de la agravación del riesgo; *b)* liberación de responsabilidad para el asegurador cuando, sobrevenido el siniestro, el tomador del seguro o el asegurado hubiesen actuado de mala fe; y *c)* rescisión parcial o reducción de la prestación debida por el asegurador, en proporción a la diferencia entre la prima convenida y la que se hubiere aplicado en el caso de haberse conocido la verdadera entidad del riesgo.

Pero durante la pendencia de la relación contractual también pueden sobrevenir circunstancias que disminuyan el riesgo. En este supuesto la Ley autoriza al tomador del seguro o al asegurado para que lo ponga en conocimiento del asegurador, con el efecto de que, al finalizar el período en curso cubierto por la prima, deberá reducirse su importe en la proporción correspondiente, y en caso contrario el tomador tendrá derecho a la resolución del contrato y a la devolución de la diferencia entre la prima satisfecha y la que hubiere correspondido pagar, desde el momento de haber comunicado la disminución del riesgo (art. 13).

C. Obligaciones y deberes de las partes

La primera obligación del tomador del seguro es el pago de la prima en las condiciones estipuladas. En el caso de primas periódicas, la primera será exigible una vez firmado el contrato. El lugar del pago será el que indique la póliza y en su defecto el domicilio del tomador del seguro (art. 14).

La Ley (art. 15) distingue los efectos de la falta de pago de la prima según que se trate de la primera o de la única, o de alguna de las siguientes. En el primer supuesto, el asegurador puede optar entre resolver el contrato o exigir el pago de la prima debida en vía ejecutiva. Salvo pacto en contrario, si no ha sido pagada antes de que se produzca el siniestro, el asegurador quedará liberado de su obligación.

En caso de falta de pago de una de las primas siguientes, se producen los siguientes efectos: la cobertura del asegurador queda suspendida un mes después del día del vencimiento; si no reclama el pago de la prima dentro de los seis meses siguientes al vencimiento de la prima, se entenderá que el contrato queda extinguido; en otro caso, mientras el contrato esté en suspenso, el asegurador sólo podrá exigir el pago de la prima que corresponda al período en curso; si el contrato no ha quedado resuelto o extinguido, la cobertura vuelve a tener efecto a las venticuatro horas del día en que el tomador pagó su prima.

Otra obligación importante del tomador del seguro, el asegurado o el beneficiario es la de comunicar al asegurador el acaecimiento del siniestro. La comunicación ha de efectuarse en el plazo máximo de siete días de haberlo conocido, salvo que en la póliza se haya fijado un plazo más amplio. Si falta esta declaración, el asegurador podrá reclamar los daños y perjuicios que de ello se deriven, salvo que se pruebe que ha tenido conocimiento del siniestro por otro medio (art. 16, párrafos primero y segundo).

Además, el tomador del seguro o el asegurado deberá dar al asegurador toda clase de informaciones sobre las circunstancias y consecuencias del siniestro; pero la pérdida del derecho a la indemnización por violación de este deber sólo se producirá en el supuesto de concurrir dolo o culpa grave (art. 16, párrafo tercero).

Otra obligación del asegurado o del tomador del seguro es la de procurar aminorar las consecuencias del siniestro por todos los medios a su alcance. Su incumplimiento atribuye al asegurador el derecho a reducir la prestación en la proporción oportuna, teniendo en cuenta la importancia de los daños derivados del siniestro y el grado de culpa del asegurado (art. 17, párrafo primero). Si el incumplimiento fuese debido a la manifiesta intención de perjudicar o engañar al asegurador, éste quedará liberado de la prestación derivada del siniestro (art. 17, párrafo segundo).

Los gastos derivados de la aminoración de las consecuencias del siniestro serán de cuenta del asegurador hasta el límite fijado en el contrato, con independencia de que sus resultados hayan sido positivos, excepto cuando hayan sido inoportunos o desproporcionados a los bienes salvados. En defecto de pacto, se indemnizarán los gastos efectivamente originados, sin que la indemnización pueda exceder de la suma asegurada (cfr. art. 17, párrafo tercero).

Si el contrato sólo obligare a indemnizar una parte del daño, el asegurador tendrá que reembolsar únicamente la parte proporcional, excepto cuando se haya actuado siguiendo sus instrucciones (art. 17, párrafo cuarto).

La indemnización se pagará al término de las investigaciones y peritaciones necesarias para comprobar el siniestro y el importe de los daños, en su caso. El pago del importe mínimo por parte del asegurador deberá efectuarse dentro de los cuarenta días a partir de la recepción de la declaración del siniestro (art. 18).

El asegurador puede sustituir el pago de la indemnización por la reparación o la reposición del objeto siniestrado, siempre que la naturaleza del seguro lo permita y lo consienta el asegurado (art. 18, párrafo segundo).

La indemnización se incrementará en un veinte por ciento anual si en el plazo de tres meses desde la producción del siniestro el asegurador no hubiese reparado el daño o indemnizado su importe en efectivo sin causa justificada (art. 20).

El asegurador queda exento de su obligación si el siniestro ha sido causado por mala fe del asegurado (art. 19).

D. *Duración del contrato y prescripción*

La póliza determinará la duración del contrato, que no podrá exceder de un plazo superior a diez años. Podrá establecerse que se prorrogue una o más veces por un período no superior a un año cada vez. Para oponerse a la prórroga, cada parte debe notificarlo por escrito a la otra, con dos meses de anticipación a la conclusión del período en curso (art. 22, párrafos primero y segundo). Se exceptúa el supuesto de que ello sea incompatible con la regulación del seguro sobre la vida (art. 22, párrafo tercero).

Sobre la prescripción, el art. 23 dispone: «Las acciones que se deriven del contrato de seguro prescribirán en el término de dos años si se trata de seguro de daños y de cinco si el seguro es de personas».

Será juez competente para el conocimiento de las acciones derivadas del contrato de seguro el del domicilio del asegurado, siendo nulo cualquier pacto en contrario (art. 24).

XXXI
CONTRATO DE FIANZA

1. Concepto y caracteres

La fianza implica la existencia de una obligación principal y de una obligación accesoria pactada en garantía del cumplimiento de la primera. La obligación principal existe entre acreedor y deudor; la accesoria nace, en general, del convenio entre acreedor y fiador.

El art. 1.822 C.c. dice: «Por la fianza se obliga uno a pagar o cumplir por un tercero, en el caso de no hacerlo éste». El «tercero» que menciona este artículo es el deudor afianzado.[1]

La palabra «fianza» se usa a veces en el sentido amplio de garantía real o personal de cualquier clase; pero, como ha puntualizado la Sentencia de 26 mayo 1950 (Aranzadi, núm. 744), «en sentido técnico y estricto es fianza la garantía personal que se constituye comprometiéndose un tercero a cumplir la obligación, caso de no hacerlo el deudor principal». En esta declaración se llama «tercero» al fiador, que lo es desde el punto de vista de la obligación principal.

Son caracteres de la fianza:

a) Es un contrato *accesorio* porque impone una obligación al fiador que no puede existir sin la obligación principal a la que garantiza; de ella depende su existencia y su extensión. De la validez de la obligación principal depende la del fiador (art. 1.824); con ella se transmite cuando se cede el crédito afianzado (arts. 1.212 y 1.528); y

---

1. Vicente GUILARTE, *Comentarios al Código civil,* tomo XXIII, Madrid (Edersa), 1979, pp. 1 a 349; CASTÁN, *Derecho civil español, común y foral,* tomo IV, novena edición, revisada y ampliada con el concurso de J. CALVILLO, Madrid, 1962, pp. 679 y ss., con posterior edición de 1985; ENNECCERUS y LEHMANN, *Derecho de obligaciones,* tercera edición española, con anotaciones de PÉREZ GONZÁLEZ y ALGUER, y estudios de adaptación de J. FERRANDIS, volumen 2.°, segunda parte, Barcelona, 1966, pp. 800 y ss.; DÍEZ-PICAZO, *Fundamentos del Derecho civil patrimonial,* 4.ª edición, Madrid, 1993, vol. II, pp. 413 y ss. que trata de la fianza en sentido amplio y general.

se extingue al mismo tiempo que la del deudor (art. 1.847). Por la misma razón, el fiador queda sometido a la jurisdicción del Juez del lugar donde ha de cumplirse la obligación principal. La obligación del fiador no puede ser más extensa que la del deudor principal, aunque puede ser inferior (art. 1.826). La obligación principal fija el límite de posibilidades de la fianza, y por ello, si el fiador se hubiere obligado a más, la obligación del fiador se reducirá a los límites de la del deudor.

La misma lógica de la accesoriedad aparece en el art. 1.975, que se refiere a los efectos de la interrupción de la prescripción de la obligación principal por reclamación judicial de la deuda, que también surte efecto contra el fiador; en cambio, no perjudicarán a éste las reclamaciones extrajudiciales del acreedor o los reconocimientos privados del deudor.

Por este carácter accesorio, la fianza se distingue de la asunción de deuda, porque en ésta la obligación principal pasa al que la asume y queda liberado el deudor anterior. Se distingue igualmente de la obligación solidaria, en la que existen dos o más deudores que lo son con carácter principal, sin subordinación de la deuda del uno a la del otro.

b) Es un contrato que genera una obligación *subsidiaria*. Mientras la accesoriedad existe en todo caso, el carácter subsidiario se manifiesta cuando la fianza actúa en segundo término, merced al beneficio de excusión a favor del fiador. Este carácter subsidiario se refiere a la manera normal de actuar la fianza en el momento de la falta de pago por parte del deudor principal.

c) La fianza es un contrato *consensual* y de contenido *obligacional*; lo primero, porque se perfecciona por la mera prestación del consentimiento, sin necesidad de requisitos reales ni formales. Sin embargo, el art. 1.827 hace la salvedad de que la fianza no se presume y ha de ser expresa, lo que sin duda es debido al carácter sumamente oneroso de este contrato.

Es obligacional en el sentido de que el fiador se obliga personalmente, sin afectación real de su patrimonio por la deuda garantizada. El fiador es un deudor subsidiario que, como cualquier deudor personal, responde del cumplimiento con todos sus bienes presentes y futuros (art. 1.911), sin concretar la responsabilidad en ninguno de ellos.

d) El contrato de fianza puede ser *gratuito* u *oneroso*, como dice el primer párrafo del art. 1.823 C.c. Es oneroso si el fiador recibe una contraprestación por su obligación accesoria de fianza. A la contraprestación pueden haberse obligado tanto el acreedor como el deudor principal, pues ambos quedan beneficiados por la fianza.

e) Puede aparecer como un contrato *unilateral o bilateral,* pero lo último sólo en el caso de que el fiador reciba una retribución del acreedor. En cambio, si paga esta retribución el deudor principal, la fianza sigue siendo unilateral al no existir una obligación correlativa del fiador a favor del deudor (Castán).[2]

f) Alguna vez se ha dicho que es un contrato *abstracto*; pero con ello sólo puede significarse que la firmeza de la obligación del fiador frente al acreedor es independiente de las vicisitudes entre fiador y deudor.

2. Clases de fianza

a) Por su *origen* la fianza puede ser voluntaria o convencional, legal y judicial (art. 1.823-1). Pero, en realidad, sólo la primera constituye el contrato de fianza. Sin embargo, el Código dedica tres artículos a las otras dos.

El art. 1.824 dispone: «El fiador que haya de darse por disposición de la ley o de providencia judicial, debe tener las cualidades prescritas en el art. 1.828». Es decir, ha de ser persona que tenga capacidad para obligarse y bienes suficientes para responder de la obligación que garantiza.

Según el art. 1.855: «Si el obligado a dar fianza en los casos del artículo anterior no la hallase, se le admitirá en su lugar una prenda o hipoteca que se estime bastante para cubrir su obligación».

Finalmente, el art. 1.856 dispone: «El fiador judicial no puede pedir la excusión de bienes del deudor principal.

»El subfiador, en el mismo caso, no puede pedir ni la del deudor ni la del fiador.»

Resulta que la fianza judicial no tiene carácter subsidiario por carecer el fiador del beneficio de excusión. Pero lo que en realidad sucede es que en la fianza judicial el deudor principal ya está sujeto a procedimiento de apremio cuando queda establecida la responsabilidad del fiador, por lo que, el beneficio de excusión, más que faltar, resulta superfluo.

Ha de tenerse en cuenta que las disposiciones del Código sobre fianza legal y judicial no excluyen que deba celebrarse el contrato de

2. CASTÁN y CALVILLO, obra citada, p. 686, nota 3.

fianza entre fiador y acreedor. En todo caso, el contrato de fianza que regula el Código es el convenido espontáneamente o el exigido al deudor por el acreedor en base a una disposición legal o providencia judicial (cfr. art. 1.854).

b) En atención a la *obligación garantizada* la fianza se divide en simple y doble o subfianza. La simple o normal garantiza la obligación principal y la doble o subfianza garantiza una fianza anterior, o sea, la obligación del fiador. A ella se refiere el segundo párrafo del artículo 1.823: «Puede también constituirse, no sólo a favor del deudor principal, sino al del otro fiador, consintiéndolo, ignorándolo y aun contradiciéndolo éste».

También se habla de la *retrofianza* y de la *fideiussio indemnitatis.* La primera es la que garantiza el posible crédito de repetición del fiador contra el deudor principal. Por la segunda, la fianza de indemnidad, el fiador sólo responde del descubierto del crédito del acreedor. En realidad, es un contrato distinto de la fianza, pero de garantía, en el sentido de que una persona, en lugar de obligarse a cumplir la obligación de otro, se obliga a indemnizar al acreedor los perjuicios que sufra a consecuencia del incumplimiento por parte de su deudor.

c) Por la *extensión con que la obligación del fiador garantiza a la principal,* la fianza se divide en definida o limitada y en indefinida o ilimitada. El art. 1.827, párrafa segundo, dice: «Si fuere simple o indefinida, comprenderá, no sólo la obligación principal, sino todos sus accesorios, incluso los gastos del juicio, entendiéndose, respecto de éstos, que no responderá sino de los que se hayan devengado después que haya sido requerido el fiador para el pago».

Por tanto, la fianza simple, indefinida o ilimitada tiene este amplio alcance, mientras que la definida o limitada se circunscribe a la obligación principal o a la parte de la misma concretamente señalada en el contrato.

d) Por mantener o no el *carácter subsidiario* de la obligación del fiador, la fianza se divide en normal y en solidaria. En la normal, la obligación del fiador tiene carácter subsidiario, en el sentido de que no puede ser compelido a pagar al acreedor sin hacerse antes excusión de todos los bienes del deudor (cfr. art. 1.830 y lo que diremos al tratar del beneficio de excusión). En cambio, en la fianza solidaria el fiador queda obligado frente al acreedor con carácter solidario junto con el deudor de la obligación principal. Como hemos dicho, la fianza nunca deja de ser una obligación accesoria, en el sentido de que depende de la existencia de una obligación principal, pero puede dejar de ser subsidiaria si el fiador se obliga solidariamente con el deudor. En este caso, el acreedor puede dirigirse directamente contra el fiador, prescindiendo del deudor principal. Pero cuando el fiador solidario ha pagado al acreedor, puede reclamar del deudor principal el importe total de la deuda pagada (cfr. art. 1.838-1.º).

e) Por las reglas que la regulan la fianza se divide en *civil y mercantil.*

El Código de comercio dedica los arts. 439 a 442 al afianzamiento mercantil. Según el art. 439 será mercantil «todo afianzamiento que tuviere por objeto asegurar el cumplimiento de un contrato mercantil, aun cuando el fiador no sea comerciante». Este afianzamiento ha de constar por escrito (art. 440) y es gratuito, salvo pacto en contrario (art. 441). En la fianza mercantil por tiempo indefinido, la obligación del fiador subsiste hasta que, por terminación completa del contrato principal, se cancelan definitivamente las obligaciones que nazcan de él, sea cual fuere su duración, excepto cuando por pacto expreso se haya fijado plazo a la fianza (art. 442). Cfr. S. 20 mayo 1975 (Aranzadi, núm. 2.054).

3. Elementos personales del contrato de fianza

Es natural que el contrato de fianza se celebre entre el acreedor de otro y el fiador, porque éstas son las partes acreedora y deudora en la relación accesoria de fianza. Sin embargo, la causa determinante de que alguien se obligue a pagar una deuda ajena está en la relación que media entre el fiador y el deudor principal, que deberá calificarse en cada caso según su propia naturaleza (mandato, gestión de negocios, acto de liberalidad, etc.), con independencia de la relación de fianza que existe entre acreedor y fiador.

La fianza también puede constituirse como contrato a favor de tercero, en el sentido del art. 1.257, párrafo segundo, siendo el tercero el acreedor favorecido por la garantía personal del fiador. El fiador queda obligado frente al acreedor, tanto si éste acepta la oferta de obligarse del propio fiador, como si acepta la obligación convenida a su favor entre fiador y deudor.

Si la subfianza puede constituirse «consintiéndolo, ignorándolo y aun contradiciéndolo» el fijador anterior (art. 1.823, párrafo segundo, final), con la misma razón ha de admitirse que la fianza pueda darse sin conocimiento, y aun con la oposición, del deudor principal.

El fiador ha de tener capacidad general para obligarse (cfr. artículo 1.828), que es la que tienen las personas a las que el art. 1.263 no excluye de la posibilidad de prestar consentimiento, sin perjuicio de las modificaciones que la ley determina y de las incapacidades especiales que establece (art. 1.264).

Con relación al menor emancipado, el art. 323, redactado por Ley de 13 mayo 1981, dispone que no podrá tomar dinero a préstamo hasta que llegue a la mayor edad. Es opinión dominante que la fianza está incluida en el precepto, pues, en otro caso, bastaría hacer el préstamo a favor de una persona interpuesta y que el emancipado afianzara la deuda, para que la limitación quedara burlada. Véase en este sentido, S. 27 junio 1941 (Aranzadi, núm. 760).

La exigencia de que el fiador sea una persona solvente está expresada en los arts. 1.828 y 1.829 C.c. El segundo dice: «Si el fiador viniere al estado de insolvencia, puede el acreedor pedir otro que reúna las cualidades exigidas en el artículo anterior. Exceptúase el caso de haber exigido y pactado el acreedor que se le diera por fiador una persona determinada». El artículo anterior a que éste se refiere dice que «el obligado a dar fianza debe presentar persona que tenga capacidad para obligarse y bienes suficientes para responder de la obligación que garantiza».

4. Elementos reales u objetivos del contrato de fianza

Hay que examinar dos cuestiones: qué obligaciones pueden ser afianzadas y qué extensión puede tener el afianzamiento.

Acerca de las obligaciones que pueden ser afianzadas, generalmente se tratará de garantizar deudas de dinero, pero nada se opone a que lo sean otras obligaciones. En último caso, la fianza garantizará la obligación de indemnizar daños y perjuicios, cuando proceda.

Por su naturaleza accesoria, la fianza exige que la obligación principal sea válida. El art. 1.824 C.c. dispone: «La fianza no puede existir sin una obligación válida». El precepto no ofrece duda por lo que se refiere a las obligaciones radicalmente nulas. Pero el supuesto de tratarse de una obligación meramente anulable puede suscitar dudas. Como es sabido, la obligación anulable puede quedar subsanada si la correspondiente acción no se ejercita en el plazo de cuatro años (art. 1.301 C.c.); sin perjuicio, además, de la posibilidad de confirmación del acto anulable (cfr. art. 1.312).

En atención a este carácter, el Código dice que la fianza puede «recaer sobre una obligación cuya nulidad pueda ser reclamada a virtud de una excepción puramente personal del obligado, como la de menor edad (art. 1.824, párrafo segundo); con excepción «del préstamo hecho al hijo de familia».

Sin embargo, subsiste una duda si se confronta el art. 1.302 con el 1.853. El primero dice que pueden ejercitar la acción de nulidad de los contratos «los obligados principal o subsidiariamente en virtud de ellos»; el segundo establece: «El fiador puede oponer al acreedor todas las excepciones que competan al deudor principal y sean inherentes a la deuda; mas no las que sean puramente personales del deudor».

Entendemos que las obligaciones anulables pueden ser afianzadas, puesto que el deudor principal puede convalidarlas, sin perjuicio de que, si en definitiva son anuladas, la fianza quedará extinguida, al no poder existir sin una obligación válida (art. 1.824-1). Por lo mismo, ha de entenderse que los vicios del consentimiento no son excepciones inherentes a la deuda, en el sentido del art. 1.853, y que el fiador no podrá oponerlos al acreedor. La cuestión de si debe impugnarse la obligación afianzada por causa de un vicio del consentimiento sufrido por el deudor principal, es cuestión que incumbe exclusivamente a éste.

Las obligaciones futuras pueden ser afianzadas, como reconoce el art. 1.825: «Puede también prestarse fianza en garantía de deudas futuras, cuyo importe no sea aún conocido; pero no se podrá reclamar contra el fiador hasta que la deuda sea líquida».

Si es posible prometer una cosa futura (cfr. art. 1.271 C.c.), igualmente podrá ser afianzada la obligación resultante de esta promesa. Con ello no se quebranta el principio de la accesoriedad de la fianza porque ésta sólo existirá en la medida en que exista una deuda; y si las partes pueden vincularse por lo que resulte de un acontecimiento futuro, también podrá quedar convenida la fianza para que produzca efectos cuando exista la deuda.

Respecto al objeto y extensión de la fianza, no hay duda que ésta no puede tener un objeto distinto ni más extenso que el de la obligación principal. Así lo dispone el art. 1.826:

«El fiador puede obligarse a menos, pero no a más que el deudor principal, tanto en la cantidad como en lo oneroso de las condiciones.

»Si se hubiera obligado a más, se reducirá su obligación a los límites de la del deudor.»

5. Elementos formales del contrato de fianza

El contrato de fianza es un contrato consensual que no exige especiales requisitos de forma para su celebración; sin embargo, la ley ha de tener en cuenta lo que tiene de peculiar la obligación del fiador, que por no exigir de momento ninguna prestación efectiva, resulta sumamente peligrosa una vez contraída.

Algunas legislaciones exigen forma escrita para que sea válida la obligación del fiador, y así lo dispone el Código civil alemán; otros Códigos, como el francés y el italiano, exigen una manifestación expresa de voluntad, que revele la conciencia de que se da una garantía.

El art. 1.827, párrafo primero, de nuestro Código dispone: «La fianza no se presume: debe ser expresa y no puede extenderse a más de lo contenido en ella». Por tanto, aunque no se exige forma escrita, es necesario que el fiador haya hecho constar de manera expresa su voluntad de obligarse, sin que el afianzamiento pueda deducirse de hechos concluyentes. Ha de comprobarse, por tanto, que el fiador ha hecho una manifestación terminante de obligarse.[3]

6. Relaciones entre acreedor y fiador

Los efectos entre acreedor y fiador son los que propiamente derivan del contrato de fianza, con independencia del efecto que se derivará del pago realizado, pues el deudor puede no haber intervenido en el contrato de fianza e incluso desconocer su existencia.

a) *Obligaciones del acreedor.* Además de pagar al fiador la retribución que pueda haberse convenido, incumbe al acreedor el deber de diligencia que resulta del art. 1.852: «Los fiadores, aunque sean solidarios, quedan libres de su obligación siempre que por algún hecho del acreedor no puedan quedar subrogados en los derechos, hipotecas y privilegios del mismo».

El fiador tiene derecho a realizar su pago subrogándose en todos los derechos del acreedor contra el deudor (art. 1.839), y si este efecto

---

3. F. PUIG PEÑA, *Tratado de Derecho civil Español,* IV-2, Madrid, 1946, p. 488, observa que la necesidad de que la fianza sea expresa no significa que deba constar por escrito; lo que se exige es una manifestación terminante, aunque sea verbal, de asumir la responsabilidad que implica la fianza.

subrogatorio no pudiera darse por lo que el Código llama «algún hecho del acreedor», el fiador quedará libre de su obligación.

b) *Obligaciones del fiador.* La fundamental es la de pagar, en su caso, por el deudor principal. Esta obligación se descompone de la siguiente manera:

Ha de pagar el importe de la obligación principal, que es la del deudor afianzado, y sus prestaciones accesorias (art. 1.827, párrafo segundo).

Ha de responder de las consecuencias legales del incumplimiento del deudor, en los términos que resultan del art. 1.101. Según la S. 22 noviembre 1916, el fiador responde, no sólo de la obligación principal, sino también de sus consecuencias legales, una de las cuales es el abono de intereses por razón de mora.

Ha de pagar igualmente los gastos del juicio que se hayan devengado después de haber sido requerido el fiador para el pago (art. 1.827, párrafo segundo).

Son obligaciones exigibles ante el Juez del lugar donde deba cumplirse la obligación principal (art. 1.828).

c) *Derechos del fiador frente al acreedor.* Son de tres clases: oponer las excepciones del deudor principal que sean inherentes a la deuda; el beneficio de excusión; y el beneficio de división.

Ya nos hemos referido a que el fiador puede oponer al acreedor todas las excepciones que competan al deudor principal y sean inherentes a la deuda. Cfr. art. 1.824 C.c.

Por el carácter subsidiario de la fianza, el fiador tiene el llamado *beneficio de excusión* o de orden, que es el derecho de eludir el pago mientras no se acredite la insolvencia, total o parcial, del deudor. Según el art. 1.830, «el fiador no puede ser compelido a pagar al acreedor sin hacerse antes excusión de todos los bienes del deudor». El mismo derecho asiste al subfiador, «tanto respecto del fiador como del deudor principal».

Conviene recordar que la fianza siempre es accesoria, pero no siempre es subsidiaria; es decir, no siempre existirá este beneficio de excusión. El art. 1.831 enumera los casos en que no procede:

«*1.º* Cuando el fiador haya renunciado expresamente a ella.
»*2.º* Cuando se haya obligado solidariamente con el deudor.
»*3.º* En el caso de quiebra o concurso del deudor.

»*4.º* Cuando éste no pueda ser demandado judicialmente dentro del Reino.»

Los dos primeros casos lo son de renuncia al beneficio de excusión. Los otros dos se refieren a supuestos en que la excusión previa de los bienes del deudor principal no es posible.

Como ya se ha dicho, tampoco procede en el caso de fianza judicial (art. 1.856). Además, la Sentencia de 4 diciembre 1950 (Aranzadi de 1951, núm. 227) declaró que las disposiciones del C.c. sobre beneficio de excusión no son aplicables a las fianzas mercantiles.

El fiador puede oponer este beneficio al acreedor si observa los siguientes requisitos: debe oponerlo al acreedor luego que éste le requiera para el pago, y además debe señalarle bienes del deudor realizables dentro del territorio español, que sean suficientes para cubrir el importe de la deuda (art. 1.832 C.c.).

«El acreedor podrá citar al fiador cuando demande al deudor principal, pero quedará siempre a salvo el beneficio de excusión, aunque se dé sentencia contra los dos» (art. 1.834).

Cuando el fiador ha opuesto debidamente al acreedor el beneficio de excusión se producen los efectos que señala el art. 1.833: «Cumplidas por el fiador todas las condiciones del artículo anterior, el acreedor negligente en la excusión de los bienes señalados es responsable, hasta donde ellos alcancen, de la insolvencia del deudor que por aquel descuido resulte». Ello es así porque el acreedor no puede con su conducta empeorar la situación del fiador.

En el caso de existir cofiadores, éstos tienen el beneficio llamado de división, que es el derecho de exigir del acreedor que divida la reclamación entre ellos. Con ello se produce el efecto normal de las obligaciones mancomunadas, a pesar de que la presencia de cofiadores parece que ha de suplir el efecto de una deuda única.

El Código proclama este beneficio en el art. 1.837: «Siendo varios los fiadores de un mismo deudor y por una misma deuda, la obligación a responder de ella se divide entre todos. El acreedor no puede reclamar a cada fiador sino la parte que le corresponde satisfacer, a menos que se haya estipulado expresamente la solidaridad. El beneficio de división entre los cofiadores cesa en los mismos casos y por las mismas causas que el de excusión contra el deudor principal».

7. Relaciones entre fiador y deudor principal

Conviene distinguir entre la fase anterior y la posterior al pago de la deuda por el fiador.

Antes del pago, el fiador tiene derecho, en determinadas circunstancias, a que se le releve de la fianza o a que se le conceda una garantía que le ponga a cubierto de los procedimientos que pueda instar el acreedor y del peligro de la insolvencia del deudor. Su derecho a ser reintegrado por el deudor sería ilusorio si éste resultara insolvente. Ante este peligro, el Código (art. 1.843) le autoriza para exigir las siguientes garantías:

«El fiador, aun antes de haber pagado, puede proceder contra el deudor principal:

»*1.º* Cuando se ve demandado judicialmente para el pago.

»*2.º* En caso de quiebra, concurso o insolvencia.

»*3.º* Cuando el deudor se ha obligado a relevarle de la fianza en un plazo determinado, y este plazo ha vencido.

»*4.º* Cuando la deuda ha llegado a hacerse exigible, por haber cumplido el plazo en que debe satisfacerse.

»*5.º* Al cabo de diez años, cuando la obligación principal no tiene término fijo para su vencimiento, a menos que sea de tal naturaleza que no pueda extinguirse sino en un plazo mayor de los diez años.

»En todos estos casos la acción del fiador tiende a obtener relevación de la fianza o una garantía que le ponga a cubierto de los procedimientos del acreedor y del peligro de insolvencia del deudor.»

Las causas 3.ª y 5.ª lo son de extinción de la fianza con independencia de la exigibilidad de la obligación principal y de la solvencia del deudor. En el caso del número 1.º, el fiador demandado podrá emplazar al deudor para que pague y le libere. En el supuesto del número 2.º, si el acreedor no se presenta al concurso o quiebra para ser pagado con los demás acreedores, podrá presentarse el fiador en su lugar para obtener la suma que correspondería al acreedor

Los *derechos del fiador por efecto del pago* (regulados en los artículos 1.838 a 1.842), son los siguientes. A consecuencia del pago dispone de dos acciones contra el deudor: la de reintegro simple y la de reintegro con subrogación. La primera es una acción de reembolso o indemnidad y la segunda es la que corresponde a quien paga una deuda ajena teniendo interés en el pago; por tanto, es una acción de pago con subrogación en cuya virtud el fiador se subroga en todas las garantías y derechos accesorios al crédito.

a) La *acción de simple reembolso* está regulada por el art. 1.838, de la siguiente manera:

«El fiador que paga por el deudor debe ser indemnizado por éste.

»La indemnización comprende:

»*1.°* La cantidad total de la deuda.

»*2.°* Los intereses legales de ella desde que se haya hecho saber el pago al deudor, aunque no los produjese para el acreedor.

»*3.°* Los gastos ocasionados al fiador después de poner éste en conocimiento del deudor que ha sido requerido para el pago.

»*4.°* Los daños y perjuicios, cuando procedan.

»La disposición de este artículo tiene lugar aunque la fianza se haya dado ignorándolo el deudor.»

Por el hecho de cumplir el fiador en lugar del deudor tendrá acción para ser reembolsado por el principal obligado, con independencia de toda idea de pago con subrogación.

Pero, además, el Código reconoce al fiador los efectos del *pago con subrogación*: «El fiador se subroga por el pago en todos los derechos que el acreedor tenía contra el deudor. Si ha transigido con el acreedor, no puede pedir al deudor más de lo que realmente haya pagado». Es el art. 1.839 C.c.

En este caso estamos ante una aplicación concreta de los efectos del pago con subrogación: cfr. arts. 1.158, 1.159, 1.210 y 1.212 C.c. El Código, en el art. 1.852, hace depender precisamente la subsistencia de la obligación del fiador del hecho de que el acreedor no realice actos que impidan a los fiadores quedar subrogados en los derechos, hipotecas y privilegios del mismo.

El fiador puede elegir entre ambas acciones y aunque parece que la acción subrogatoria le atribuye más derechos, en algún caso la de simple reembolso puede serle más favorable, como en el de que la deuda principal no devengase interés, o si el crédito en el que se subrogue se halle próximo a extinguirse por prescripción.

Son aplicables a las dos acciones las siguientes reglas: El pago por el fiador no puede empeorar la condición del deudor afianzado y, por ello, cuando el fiador paga sin ponerlo en conocimiento del deudor, éste podrá hacer valer contra él todas las excepciones que hubiera podido oponer al acreedor al tiempo de hacerse el pago (art. 1.840); y, en el caso de ser la deuda a plazo, si el fiador la pagara antes de su vencimiento, no podrá exigir el reembolso al deudor hasta que el plazo venza (art. 1.841).

No menos justa es la solución del art. 1.842: «Si el fiador ha pagado sin ponerlo en noticia del deudor, y éste, ignorando el pago, lo repite por su parte, no queda al primero recurso alguno contra el segundo, pero sí contra el acreedor». Esta solución es la más simple porque declara definitivamente liberado al deudor y dispone que el fiador, que en todo caso ha de reclamar el crédito resultante de su pago, lo haga dirigiéndose contra el acreedor que cobró dos veces.

8. Efectos de la fianza entre los cofiadores

Antes del pago, el Código (art. 1.837) les reconoce el beneficio de división: «Siendo varios los fiadores de un mismo deudor y por una misma deuda, la obligación a responder de ella se divide entre todos. El acreedor no puede reclamar a cada fiador sino la parte que le corresponda satisfacer, a menos que se haya estipulado expresamente la solidaridad.

»El beneficio de división entre los cofiadores cesa en los mismos casos y por las mismas causas que el de excusión contra el deudor principal.»

A pesar de este beneficio de división, un solo fiador puede haber pagado la deuda por entero, y entonces nacerá a su favor un crédito contra cada uno de los demás por la porción que les corresponda. El Código regula esta situación en el art. 1.844:

«Cuando son dos o más los fiadores de un mismo deudor y por una misma deuda, el que de ellos la haya pagado podrá reclamar de cada uno de los otros la parte que proporcionalmente le corresponda satisfacer.

»Si alguno de ellos resultare insolvente, la parte de éste recaerá sobre todos en la misma proporción.

»Para que pueda tener lugar la disposición de este artículo, es preciso que se haya hecho el pago en virtud de demanda judicial, o hallándose el deudor principal en estado de concurso o quiebra.»

Los cofiadores demandados por el que de ellos pagó podrán oponerle «las mismas excepciones que habrían correspondido al deudor principal contra el acreedor y que no fueren puramente personales del mismo deudor». Es el art. 1.845.

El Código hace extensivo a los subfiadores la responsabilidad que media entre los cofiadores. Dispone el art. 1.846: «El subfiador, en caso de insolvencia del fiador por quien se obligó, queda responsable a los cofiadores en los mismos términos que lo estaba el fiador».

9. Extinción de la fianza

Como obligación accesoria, la fianza ha de extinguirse cuando se extinga la obligación principal; pero, además, la obligación del fiador puede extinguirse por las mismas causas que las demás obligaciones.

Como dispone el art. 1.487: «La obligación del fiador se extingue al mismo tiempo que la del deudor, y por las mismas causas que las demás obligaciones».

a) *Extinción por pago y dación en pago.* El pago o cumplimiento de la obligación por parte del deudor principal extingue la fianza porque ésta consiste en la obligación de pagar si no lo hace el principal obligado (art. 1.822). Si el deudor ha consignado la cosa debida y el acreedor le autoriza para retirarla, el Código dispone que «los codeudores y fiadores quedarán libres» (art. 1.181).

Si realiza el pago una persona distinta del deudor y del fiador, hay que distinguir entre el pago por parte de tercero, de la manera prevista por los arts. 1.158 y 1.159, y el caso de pago con subrogación de que se ocupa el art. 1.210. En el primer caso el fiador queda liberado por quedar extinguido el crédito del que se hizo responsable. En cambio, en el pago con subrogación, la fianza subsiste porque se transfiere «al subrogado el crédito con los derechos a él anexos, ya contra el deudor, ya contra los terceros, sean fiadores o poseedores de las hipotecas» (art. 1.212). Lo mismo sucede en la cesión del crédito (art. 1.528).

La dación en pago produce los mismos efectos que el pago, por su eficacia extintiva del crédito. El Código dispone: «Si el acreedor acepta voluntariamente un inmueble u otros cualesquiera efectos en pago de la deuda, aunque después los pierda por evicción, queda libre el fiador» (art. 1.849). Por tanto, puede revivir la obligación principal por efecto de la evicción, pero no la fianza, que se extingue definitivamente por efecto de la dación en pago.

b) *Pérdida de la cosa debida.* Han de tenerse en cuenta los artículos 1.182 a 1.185 C.c. para saber cuándo queda extinguida la obligación principal por pérdida de la cosa y también, en consecuencia, la fianza. Por otra parte, la obligación en garantía de la de entregar una cosa cierta y determinada (art. 1.182), o de una prestación que consista en un hacer (art. 1.184), se parecerá más a una obligación de garantía que a una fianza. La obligación de garantía no será homogénea con la garantizada.

c) *Condonación de una deuda.* El Código civil, en el art. 1.190 dispone: «La condonación de la deuda principal extinguirá las obligaciones accesorias; pero la de éstas dejará subsistente la primera». Ello es una manifestación más del carácter accesorio de la fianza. Si la condonación ha sido parcial, del acreedor a favor del fiador, ha de tenerse en cuenta que si éste «ha transigido con el acreedor, no puede pedir al deudor más de lo que realmente haya pagado», como ordena el párrafo segundo del art. 1.839.

El Código ha previsto los efectos de la condonación parcial entre los cofiadores, en el art. 1.850: «La liberación hecha por el acreedor a uno de los fiadores sin el consentimiento de los otros, aprovecha a todos hasta donde alcance la parte del fiador a quien se ha otorgado».

d) *Confusión de derechos.* Es evidente que la extinción de la obligación por confusión, tanto si ésta recae en la persona del deudor como en la del acreedor principal, ha de aprovechar a los fiadores, como dice el art. 1.193. A continuación añade lo que es evidente, que la confusión realizada en cualquiera de los fiadores no extingue la obligación principal.

Pero en el caso de existir una subfianza, la confusión que se produce en la persona del deudor y en la del fiador, cuando uno de ellos hereda al otro, no extingue la obligación del subfiador (art. 1.848). La subfianza queda subsistente y avanza hasta el lugar que ocupaba el fiador.

e) *Compensación.* Aunque esta clase de extinción exige que cada uno de los obligados lo esté principalmente, y sea a la vez acreedor principal del otro (art. 1.196, núm. 1.º), es justo establecer una excepción en el caso de fianza, ya que el fiador responde por el deudor principal, y por ello dispone el Código que «el fiador podrá oponer la compensación respecto de lo que el acreedor debiere a su deudor principal» (art. 1.197 C.c.).

f) *Novación.* Cuando por esta causa se produce la extinción de la obligación principal, el Código dispone que «sólo podrán subsistir las obligaciones accesorias en cuanto aprovechen a terceros que no hubiesen prestado su consentimiento» (art. 1.207). Véase, en su lugar, la interpretación de esta discutida norma.[4]

4. Véase antes, pp. 123 y 124.

g) *Prórroga de la obligación principal.* El art. 1.851 dispone: «La prórroga concedida al deudor por el acreedor sin el consentimiento del fiador extingue la fianza». La razón es obvia, pues el fiador vería agravada su obligación sin haberlo consentido.[5]

Por la misma razón del carácter accesorio de la fianza se explica que la transacción hecha por el fiador con el acreedor no puede surtir efecto para con el deudor principal (art. 1.835-1); y si la transacción ha sido convenida entre acreedor y deudor principal, tampoco puede ser eficaz respecto del fiador contra su voluntad (art. 1.835-2).

Igualmente lógica y justa es la regla de que si el fiador ha transigido con el acreedor, «no puede pedir al deudor más de lo que realmente haya pagado» (art. 1.839-2).

Sobre aplicación del art. 1.851 C.c. al aval cambiario, véase la Sentencia de la Sala 1.ª del T.S. de 6 y 11 de noviembre de 1981.

h) *Hechos del acreedor que impiden la subrogación del fiador.* Dispone el Código: «Los fiadores, aunque sean solidarios, quedan libres de su obligación siempre que por algún hecho del acreedor no puedan quedar subrogados en los derechos, hipotecas y privilegios del mismo» (art. 1.852). De lo contrario, la voluntad del acreedor habría dejado sin efecto la disposición legal de que el fiador se subroga por el pago en todos los derechos que el acreedor tenía contra el deudor (art. 1.839).

i) *Extinción por prescripción.* Para que la interrupción de la prescripción perjudique al fiador se ha de haber producido por reclamación judicial de la deuda, y no es suficiente la extrajudicial ni un reconocimiento privado por parte del deudor (art. 1.975).

j) *Excepciones del deudor principal que puede utilizar el fiador.* El fiador puede oponer todas las excepciones que competan al deudor principal y sean inherentes a la deuda; pero no las puramente personales del deudor. Cfr. art. 1.853 y el comentario anterior.

---

5. Según las sentencias de 24 junio 1940 (Aranzadi, núm. 674) y de 3 noviembre 1955 (Aranzadi, núm. 3.564), el hecho de que el acreedor no reclame el cumplimiento de la obligación a su vencimiento no supone prórroga alguna, ni da lugar, por tanto, a la extinción de la fianza. No basta la mera tolerancia del acreedor y es necesario un convenio explícito de prórroga con el señalamiento de nuevo plazo en una fecha determinada. Cfr. FERRANDIS, lugar citado, p. 838. Pero en cambio ha de tenerse en cuenta que la sentencia de 1.º marzo 1983 (La Ley, 1983-2, pp. 503 a 507) ha estimado que al aceptar el acreedor un pago mediante cheque bancario sin la intervención del fiador, concede implícitamente al deudor una prórroga con señalamiento de nuevo plazo.

XXXII
CONTRATOS DE TRANSACCIÓN Y ARBITRAJE

1. El contrato de transacción

A. Concepto y caracteres

Transacción es un contrato por el cual mediante recíprocas concesiones se elimina un pleito o la incertidumbre de las partes sobre una relación jurídica, y se establece el estado de cosas que los contratantes reconocen y admiten para lo sucesivo. Lo esencial de este contrato está en la eliminación de una incertidumbre mediante concesiones recíprocas.[1]

Según el art. 1.809 del Código civil: «La transacción es un contrato por el cual las partes, dando, prometiendo o reteniendo cada una alguna cosa, evitan la provocación de un pleito o ponen término al que había comenzado».

En esta definición legal no se expresa con claridad que ha de tratarse del «recíproco sacrificio de parte del derecho pretendido y controvertido» (Castán). En todo caso, las concesiones han de ser recíprocas, pues si sólo se tratase de concesiones unilaterales podría tratarse de actos de donación o renuncia, pero no de una propia transacción. Como dispone un artículo del C.c. austríaco, «la remisión de un derecho litigioso o dudoso hecha al obligado constituye una donación», y otro artículo del Código prusiano afirmaba que «las tran-

---

1. GULLÓN BALLESTEROS, *La transacción,* Madrid, 1964; MOXO RUANO, *Notas sobre la naturaleza de la transacción,* Revista de Derecho privado, 1950, pp. 673 a 694; OGAYAR y AYLLÓN, *Comentarios al Código civil y Compilaciones forales,* tomo XXII, volumen 2.°, Madrid, 1979, pp. 1 a 76; SANAHUJA, *Consideraciones sobre la naturaleza del contrato de transacción y principales cuestiones que plantea,* Revista de Derecho privado, 1945, pp. 230 y ss.; ENNECCERUS y LEHMANN, *Derecho de obligaciones,* tercera edición española, con anotaciones de PÉREZ, ALGUER y FERRANDIS, volumen 2.°, segunda parte, Barcelona, 1966, pp. 849 a 865.

sacciones sobre derechos no discutidos serán consideradas como una renuncia».

La transacción se caracteriza por los tres siguientes rasgos fundamentales:

a) Incertidumbre de las partes sobre una relación jurídica y posibilidad, por ello, de litigio. Mediante la transacción, las partes dan a sus relaciones jurídicas una base nueva y objetivamente cierta que elimina la posibilidad de alegar pretensiones basadas en la incertidumbre. Lo subjetivamente incierto queda sustituido por lo que objetivamente no ha de ofrecer duda.

Cuando la incertidumbre depende del desenlace de una relación jurídica sobre cuya firmeza no existe la menor duda, como en el caso de una obligación pendiente de una condición suspensiva, basta esperar que se cumpla o ya no pueda cumplirse para salir de la duda, y en el caso de que las partes no quieran aguardar hasta tal instante, no será el contrato de transacción el procedente, sino un contrato de novación por el que sustituyan aquella relación jurídica, que era completamente cierta en cuanto a su consistencia, aunque fuese incierto su desenlace.

b) Sustitución de la relación dudosa por una nueva relación jurídica cierta e indiscutible. Mediante la transacción, las partes dan nueva formulación a las relaciones jurídicas que mediaban entre ellos y excluyen que puedan de nuevo ser invocadas las relaciones anteriores, inciertas o litigiosas.

Como declaró la Sentencia de 9 marzo 1948 (Aranzadi, núm. 291), la transacción está encaminada a «sustituir una relación jurídica incierta y puesta en litigio, o susceptible de serlo, por otra relación no dudosa». En el mismo sentido, S. de 8 febrero 1926.

No hay duda que la transacción ofrece una indudable semejanza con la novación, pero debido al amplio y complejo contenido que puede tener el contrato transaccional, es preferible no prejuzgar si tiene carácter novatorio. En principio, dice Ogáyar, la transacción no significa novación.[2]

c) La eliminación de la incertidumbre ha de lograrse mediante concesiones recíprocas. La transacción se caracteriza porque las partes eliminan sus discrepancias mediante concesiones recíprocas. En otro caso, no existiría una transacción sino una simple renuncia. Ello

---

2. OGAYAR, citado, pp. 3 y 4.

no significa que deba existir equivalencia entre las concesiones mutuas.

Según la Sentencia de 14 marzo 1955 (Aranzadi, núm. 765) «en ocasiones el designio de poner término a un litigio, soslayar discusiones y no extraer del olvido hechos y actos ya ocurridos, mueven a los contratantes a la aceptación de acuerdos sin iguales alcances y paridad de concesiones...».

B. Clases de transacción

Se habla de transacción judicial y extrajudicial, de transacción pura y compleja, y de la declarativa y la traslativa.

a) *Transacción judicial y extrajudicial.* El art. 1.809 C.c. dice que mediante la transacción, las partes «evitan la provocaci6n de un pleito o ponen término al que había comenzado». Parece, pues, que la extrajudicial es la preventiva o que evita un pleito y que la judicial es la que pone término al que ya estaba planteado.

Sin embargo, esta doble posibilidad no es suficiente para distinguir la transacción judicial y la extrajudicial. Según el Código, «no podrá una de las partes oponer el error de hecho a la otra siempre que ésta se haya apartado por la transacción de un pleito comenzado» (art. 1.817). En este caso, las partes desisten de proseguir un litigio mediante una transacción que no se manifiesta como un acto procesal, sino como un contrato.

Por otra parte, se afirma que la transacción tiene la autoridad de cosa juzgada entre quienes la celebran, pero que «no procederá la vía de apremio sino tratándose del cumplimiento de la transacción judicial» (art. 1.816). La vía de apremio exige necesariamente que el derecho en cuya virtud se proceda resulte de un acto procesal.

Resulta de ello que la transacción extrajudicial es la que evita que se inicie un pleito y también el contrato por el que las partes desisten de un litigio en curso, en cuyo caso procede lo que dispone el segundo párrafo del art. 1.817; y la transacción judicial es la que deriva de un acto incorporado al proceso en curso y que permite instar directamente la vía de apremio (art. 1.816).

En nuestro Derecho, la transacción siempre es un contrato, ya que no está regulada la figura de la transacción en juicio o celebrada ante un tribunal. Pero el contrato de transacción puede ser puesto en conocimiento del órgano judicial que entienda del litigio al que se trata de poner fin. Sólo la celebrada extrajudicialmente, como todas, pero incorporada después al proceso pendiente, podrá dar paso a la vía de apremio (Ferrandis).[3]

La transacción extrajudicial no podrá tener la eficacia de un título ejecutivo si no consta en escritura pública. En ella el Juez tendrá en cuenta lo que las partes han acordado, sin perjuicio de que pueda juzgar acerca de la validez del mismo contrato. Cfr. Sentencias de 3 noviembre 1911 y de 26 noviembre 1954 (Aranzadi, núm. 2.877).

b) La transacción es calificada de *pura* si las recíprocas concesiones que las partes se hacen recaen sobre los derechos discutidos, y es llamada *compleja* si para eliminar el conflicto se conceden cosas o derechos extraños a la controversia.

c) La distinción entre transacción *declarativa* y *traslativa* trata de dar respuesta a cuestiones relacionadas con la naturaleza jurídica de la transacción: los derechos reconocidos en la transacción, ¿los ostenta cada parte por derivación de la otra o en virtud del título que cada una invocaba antes de celebrarla?[4]

La tradición romanista atribuye naturaleza traslativa a la transacción *(transigere est alienare)* y ésta era el nuevo título de los derechos de las partes. En cambio, la doctrina moderna estima que estos derechos han sido reconocidos y no creados por la transacción. Según este criterio, la transacción no podría ser punto de partida de un nuevo proceso de usucapión, ni las partes podrían ser responsables en concepto de saneamiento de los bienes que se reconocen.

La cuestión se enlaza con la distinción entre transacción pura y compleja. En la primera, al recaer sobre los mismos derechos discutidos, tendrá un carácter necesariamente declarativo y no traslativo ni constitutivo de derechos. Véase la resolución de la D. G. de los Registros de 6 diciembre 1947. Pero no cabe duda que muchas transacciones tienen un contenido complejo y será inevitable reconocer su carácter traslativo. Incluso sería un buen criterio de política jurídica atribuir a la transacción la paternidad plena de la situación jurídica resultante del contrato. Éste deja superadas las vacilaciones de la situación anterior a base de crear una certeza nueva.

C. *Elementos del contrato de transacción*

Hay que distinguir los elementos personales, reales y formales:

---

3. FERRANDIS, anotaciones, p. 864.

4. MOXO RUANO, citado, pp. 684 a 686; SANAHUJA, pp. 233 y ss.; CASTÁN y CALVILLO, pp. 738 a 740.

a) *Elementos personales.* La transacción es un negocio jurídico que produce efectos inmediatos en el patrimonio de los contratantes y ello justifica que en todas las legislaciones las normas sobre capacidad se equiparen a las que se exigen para los actos de disposición. El Código civil no contiene una norma general sobre el particular, pero algunos preceptos se orientan en el sentido indicado.

La equiparación entre transigir y enajenar aparece en el art. 1.810 Código civil, que en la redacción debida a la Ley de 13 mayo 1981 dispone: «Para transigir sobre los bienes y derechos de los hijos bajo la patria potestad se aplicarán las mismas reglas que para enajenarlos».

Cuando en la transacción que otorgue un menor emancipado se hallen implicados bienes inmuebles y establecimientos mercantiles o industriales u objetos de extraordinario valor, deberá tenerse en cuenta lo que establece el art. 323 C.c., también redactado por la citada Ley de 1981.

El tutor sólo puede transigir sobre los derechos de la persona que tenga en guarda en la forma prescrita por el Código (art. 1.811 Código civil). Después de la Ley de 24 octubre 1983, el vigente art. 271 del Código civil, en su núm. 3.º, dispone que el tutor necesitará autorización judicial: «Para renunciar derechos, así como transigir o someter a arbitraje cuestiones en que el tutelado estuviere interesado».

En el caso de incapacitados sometidos a curatela, se tendrá en cuenta lo que dispone el art. 290 C.c., también debido a la citada Ley de 1983: «Si la sentencia de incapacitación no hubiese especificado los actos en que deba ser necesaria la intervención del curador se entenderá que ésta se extiende a los mismos actos en que los tutores necesitan, según este Código, autorización judicial».

Las corporaciones que tengan personalidad jurídica sólo podrán transigir, según el art. 1.812, «en la forma y con los requisitos que necesiten para enajenar sus bienes».

Acerca de la capacidad de los mandatarios para transigir, los párrafos segundo y tercero del art. 1.713 C.c. disponen: «Para transigir, enajenar, hipotecar o ejecutar cualquier otro acto de riguroso dominio, se necesita mandato expreso», y «La facultad de transigir no autoriza para comprometer en árbitros o amigables componedores».

b) *Elementos reales.* La transacción tiene por objeto las contrapuestas pretensiones o los intereses en pugna que puedan dar lugar a un litigio, y también las obligaciones y prestaciones que las partes asuman o deban cumplir en virtud del mismo contrato.

Es evidente que sólo pueden ser transigidos los derechos que las partes pueden negociar, como disponen los arts. 1.813 y 1.814 del C.c. Según el primero: «Se puede transigir sobre la acción civil proveniente de un delito; pero no por eso se extinguirá la acción pública para la imposición de la pena legal».

Según el art. 1.814: «No se puede transigir sobre el estado civil de las personas, ni sobre cuestiones matrimoniales, ni sobre alimentos futuros». La Sentencia de 17 junio 1944 (Aranzadi, núm. 942) dice que la prohibición de este art. 1.814 no se extiende a las consecuencias puramente patrimoniales que puedan derivarse del estado civil de una persona, por ser de carácter privado y no afectar al orden social ni al interés público.

Es necesario que las partes hagan constar claramente en el contrato lo que verdaderamente hayan querido transigir. El Código dicta la siguiente regla interpretativa en el art. 1.815:

> «La transacción no comprende sino los objetos expresados determinadamente en ella, o que, por una inducción necesaria de sus palabras, deban reputarse comprendidos en la misma.
>
> »La renuncia general de derechos se entiende sólo de los que tienen relación con la disputa sobre que ha recaído la transacción.»

La Sentencia de 26 junio 1946 (Aranzadi, núm. 841) declaró que este artículo no prohíbe que lo acordado en un contrato transaccional pueda interpretarse según las normas generales de hermenéutica del Código civil. La Sentencia de 15 marzo 1949 (Aranzadi, núm. 272) afirmó incidentalmente que el art. 1.815 es una norma complementaria de interpretación.

c) *Elementos formales.* El Código civil no exige una forma especial para el contrato de transacción, aunque será raro un contrato de transacción verbal. Pero la Sentencia de 20 octubre 1928 declaró que una transacción verbal de derechos hereditarios es válida y no infringe el art. 1.280 C.c.

Cuando un contrato de transacción tiene un contenido plural, dicho art. 1.280 puede ser perfectamente aplicable en alguno de sus extremos. En todo caso, si la transacción recae sobre bienes inmuebles deberá inscribirse en el Registro de la Propiedad para que pueda perjudicar a terceros, y para ello tendrá que constar en documento público, como exige el art. 3.º de la Ley hipotecaria. Véase también el art. 144 de la misma Ley y el art. 240 de su Reglamento.

D. *Efectos de la transacción*

Hay que distinguir su eficacia entre partes y respecto a terceros.

a) *Entre partes.* El art. 1.816 dispone: «La transacción tiene para las partes la autoridad de cosa juzgada; pero no procederá la vía de apremio sino tratándose del cumplimiento de la transacción judicial».

Decir que la transacción tiene para las partes la autoridad de cosa juzgada no añade gran cosa a lo que, para todos los contratos, establece el art. 1.091 C.c. («... tienen fuerza de ley entre las partes contratantes...»). Si todos los contratos pueden impugnarse cuando existe causa para ello, a pesar de su fuerza de Ley, también será posible impugnar el contrato de transacción.

b) *Respecto a terceros.* Como verdadero contrato que es, la transacción tiene los límites que señala el art. 1.257, párrafo primero, del C.c., en el sentido de que sólo producen efecto entre las partes que la hayan otorgado y sus herederos.

E. *Impugnación y nulidad de la transacción*

Como todo contrato, la transacción está sometida a las reglas generales de los arts. 1.261, 1.265 y 1.300, con sus concordantes, del C.c. Según el primer párrafo del art. 1.817: «La transacción en que intervenga error, dolo, violencia o falsedad de documentos, está sujeta a lo dispuesto en el art. 1.265 de este Código». Es decir, será anulable.

El contenido de la transacción justifica, además, las siguientes previsiones legales:

a) Cuando una de las partes ha desistido de una demanda judicial en virtud de la transacción, ha de tenerse en cuenta lo que dispone el art. 1.817, párrafo segundo: «... no podrá una de las partes oponer el error de hecho a la otra siempre que ésta se haya apartado por la transacción de un pleito comenzado».

En este caso, más que una vinculación fundada en un acuerdo de voluntades prevalece la fuerza de la protección dispensada a la confianza que una parte ha depositado en la conducta de la otra.

b) Puede suceder que se descubran nuevos documentos después de celebrada la transacción, y para tal supuesto el Código dispone que ello «no es causa para anular o rescindir la transacción, si no ha habido mala fe» (art. 1.818).

c) Cuando se ha transigido una cuestión que ya estaba resuelta por sentencia, el error de las partes que no la conocían ha de tener trascendencia por recaer sobre un hecho cuyo conocimiento hubiese hecho superfluo el contrato de transacción. Así lo dispone el artículo 1.819:

«Si estando decidido un pleito por sentencia firme, se celebrare transacción sobre él por ignorar la existencia de la sentencia firme alguna de las partes interesadas, podrá ésta pedir que se rescinda la transacción.

»La ignorancia de una sentencia que pueda revocarse, no es causa para atacar la transacción.»

Cuando la parte que pide lo que el Código llama rescisión (en lugar de nulidad) ignoraba que el pleito estaba decidido por sentencia firme, pero la otra lo conocía, ésta incurre en dolo y existe una causa de anulación. Cuando ambas partes lo ignoran, para ellas existe todavía la controversia que les induce a transigir, y en este supuesto la transacción debería ser nula por faltar la base objetiva de la incertidumbre. Sin embargo, observa Gullón, el Código estima que se trata de una consecuencia de los vicios de la voluntad (anulabilidad).[5]

Acerca de si lo convenido por las partes después de tener conocimiento de la sentencia puede ser calificado de transacción, ha de tenerse en cuenta que se tratará de un negocio jurídico diferente, celebrado a base de la situación de sus intereses de la manera que la sentencia los ha dejado establecidos.

2. El contrato de compromiso

Los artículos 1.820 y 1.821 del Código civil estaban dedicados al contrato de compromiso, limitándose a disponer que las personas que pueden transigir podían comprometer en un tercero la decisión de sus contiendas, que sería aplicable lo dispuesto en el Código sobre las transacciones y que también sería aplicable lo dispuesto en la Ley de Enjuiciamiento civil sobre la manera de proceder. La Ley de 22 de

5. GULLÓN, obra citada, p. 40.

diciembre de 1953 reguló los arbitrajes de Derecho privado y sustituyó los citados artículos del Código.[6]

La vigente Ley 36/1988, de 5 de diciembre, de Arbitraje, dejó sin efecto la Ley de 1953, según la siguiente Disposición Derogatoria:

«1. Queda derogada la Ley de 22 de diciembre de 1953, por la que se regulan los arbitrajes de derecho privado.

»2. Quedan derogados el número 4 del artículo 1.687 y la sección IX del Título XXI del Libro Segundo de la Ley de Enjuiciamiento civil.

»3. El capítulo II del Título XIII del Libro Cuarto del Código civil queda sin contenido.

»4. Quedan derogadas, además, cuantas disposiciones se opongan a esta Ley.»

El capítulo II del Título XIII del Libro Cuarto del Código civil contenía los antes mencionados artículos 1.820 y 1.821.

La nueva regulación de la Ley de 1988 se estructura en diez Títulos, con los siguientes epígrafes: Disposiciones generales; Del Convenio arbitral y sus efectos; De los árbitros; Del procedimiento; Del laudo arbitral; De la intervención jurisdiccional; De la anulación del laudo; De la ejecución forzosa del laudo; De la ejecución en España de los laudos arbitrales extranjeros y De las normas de Derecho internacional privado.

I. Como se dice en el preámbulo, el Título I de la Ley delimita su ámbito de aplicación, determina el objeto sobre el que puede recaer el arbitraje y separa esta institución de otras figuras afines. Según el artículo 1:

«Mediante el arbitraje, las personas naturales o jurídicas pueden someter, previo convenio, a la decisión de uno o varios árbitros, las

---

6. DÍEZ-PICAZO, *El pacto compromisorio y la nueva Ley de Arbitraje,* Anuario de Derecho civil, 1954, pp. 1.155 a 1.173; del mismo autor, *El arbitrio de un tercero en los negocios jurídicos,* Barcelona, 1957; del mismo, *Ante un caso de arbitraje libre,* Anuario de Derecho civil, 1958, pp. 585 a 593; del mismo, *La distinción entre árbitros y arbitradores y el artículo 1.690 del Código civil,* en el mismo ADC, 1974, pp. 447 a 455; Jaime GUASP, El *arbitraje en el Derecho español,* Barcelona, 1956; OGAYER y AYLLÓN, *Recursos contra el laudo arbitral,* Revista General de Legislación y Jurisprudencia, tomo 214, 1963, pp. 153 y ss.; del mismo, *El contrato de compromiso y la institución arbitral,* Madrid, 1977; del mismo, *Comentarios al Código civil,* XXII, volumen 2.°, Madrid (Edersa), 1979, pp. 77 a 241; PRIETO CASTRO, *Una nueva regulación del arbitraje,* Revista de Derecho privado, 1954, pp. 709 a 735; Juan ROCA JUAN, *Pacto compromisorio,* Anales de la Universidad de Murcia, 1956/1957, pp. 183 y ss.; RODRÍGUEZ VALCARCE, *El arbitraje privado,* Revista de Derecho procesal, 1954, pp. 188 y ss.; TORRALSA SORIANO, *Eficacia del contrato preliminar de arbitraje,* Revista Crítica de Derecho inmobiliario, 1966, pp. 309 a 360.

cuestiones litigiosas surgidas o que puedan surgir, en materia de su libre disposición conforme a derecho.»

Por tanto, el convenio arbitral, que es el instrumento en el que se refleja el derecho de las personas a solucionar las cuestiones litigiosas de su libre disposición, puede tener por objeto cuestiones presentes o futuras. La vigente Ley elimina la distinción entre el contrato preliminar de arbitraje y el compromiso que efectuaba la derogada Ley de 1953. Con ello se ha tratado de superar la relativa ineficacia de la cláusula compromisoria o contrato preliminar de arbitraje, que podía estipularse antes del nacimiento de la controversia entre las partes.

El artículo 2 señala las cuestiones que no pueden ser objeto de arbitraje:

«1. No podrán ser objeto de arbitraje:

»*a)* Las cuestiones sobre las que haya recaído resolución judicial firme y definitiva, salvo los aspectos derivados de su ejecución.

»*b)* Las materias inseparablemente unidas a otras sobre las que las partes no tengan poder de disposición.

»*c)* Las cuestiones en que, con arreglo a las leyes, deba intervenir el Ministerio Fiscal en representación y defensa de quienes, por carecer de capacidad de obrar o de representación legal, no pueden actuar por sí mismos.

»2. Quedan excluidos del ámbito de aplicación de la presente Ley los arbitrajes laborales.»

Es obvio y lo dice expresamente el artículo 3.1 de la Ley, que el arbitraje para ser válido deberá ajustarse a las prescripciones de la misma. Pero el apartado 2 del mismo artículo determina lo siguiente:

«Cuando en forma distinta de la prescrita en esta Ley dos o más personas pacten la intervención dirimente de uno o más terceros y acepten expresa o tácitamente su decisión, después de emitida, el acuerdo será válido y obligatorio para las partes si en él concurren los requisitos necesarios para la validez de un contrato.»

La última de las disposiciones generales de la Ley es la del artículo 4, que dispone:

«1. Los árbitros decidirán la cuestión litigiosa con sujeción a derecho o en equidad, según su saber y entender, a elección de las partes.

»2. En el caso de que las partes no hayan optado expresamente por el arbitraje de derecho, los árbitros resolverán en equidad, salvo que hayan encomendado la administración del arbitraje a una corporación o asociación, en cuyo caso se estará a lo que resulte de su reglamento.»

II. El Título segundo, relativo al Convenio arbitral y a sus efectos, introduce las siguientes novedades, como subraya el preámbulo de la misma Ley: «el principio de libertad formal en el convenio arbitral, la consagración legislativa del principio de separabilidad del convenio arbitral accesorio de un negocio jurídico principal y, sobre todo, la posibilidad de que las partes defieran a un tercero el nombramiento de los árbitros e, incluso, la organización del sistema arbitral.»

Según el primer apartado del artículo 6, el convenio arbitral «deberá formalizarse por escrito y podrá concertarse como cláusula incorporada a un contrato principal o por acuerdo independiente del mismo». Según su apartado segundo, también se considerará formalizado por escrito «cuando resulte de intercambio de cartas, o de cualquier otro medio de comunicación que deje constancia documental de la voluntad de las partes de someterse al arbitraje». Además, queda expresamente reconocido que «la nulidad de un contrato no llevará consigo de modo necesario la del convenio arbitral accesorio» (artículo 8).

La Ley también admite, en el art. 7, el arbitraje instituido en testamento.

Al contenido del convenio arbitral se refiere la Ley en los artículos 5 y 9. Deberá expresar, dice el art. 5.1, «la voluntad inequívoca de las partes de someter la solución de todas las cuestiones litigiosas o de algunas de estas cuestiones, surgidas o que puedan surgir de relaciones jurídicas determinadas, sean o no contractuales, a la decisión de uno o más árbitros, así como de expresar la obligación de cumplir tal decisión».

El contenido del convenio, añade el art. 9.1, «podrá extenderse a la designación de los árbitros y a la determinación de las reglas de procedimiento. Si las partes no hubieren pactado sobre estos extremos podrán completar, en cualquier momento, mediante acuerdos complementarios, el contenido del convenio arbitral». Pero las partes también podrán deferir a un tercero, ya sea persona física o jurídica, la designación de los árbitros (art. 9.2).

Como declara igualmente el preámbulo de la Ley, el amplio margen de actuación que se reconoce al principio de autonomía de la voluntad está limitado con la adopción de cautelas frente a las posibles situaciones de desigualdad contractual en las que puedan encontrarse las partes. Por ello, el art. 9, en su tercer apartado, establece: «Será nulo el convenio arbitral que coloque a una de las partes en cualquier situación de privilegio con respecto a la designación de los árbitros». En el mismo sentido está dispuesto que si el convenio arbitral se ha aceptado dentro de un contrato de adhesión, «la validez de este pacto y su interpretación se acomodarán a lo prevenido por las disposiciones en vigor respecto de estas modalidades de contratación».

La Ley permite a las partes, en el artículo 10, «encomendar la administración del arbitraje y la designación de los árbitros, de acuerdo con su reglamento, a:

«*a)* Corporaciones de Derecho Público que puedan desempeñar funciones arbitrales, según sus normas reguladoras.

»*b)* Asociaciones y entidades sin ánimo de lucro en cuyos estatutos se prevean funciones arbitrales.»

Pero también para evitar desigualdades contractuales, se dispone que los reglamentos arbitrales que establezcan dichas asociaciones y entidades sin ánimo de lucro y corporaciones de Derecho público se protocolicen notarialmente a fin de dotarles de la necesaria fijeza (Cfr. art. 10.2). La corporación o asociación que haya aceptado la designación, quedará obligada a la administración del arbitraje (art. 10.3).

La eficacia del convenio arbitral está reconocida en el artículo 11.1 de la siguiente manera: «El convenio arbitral obliga a las partes a estar y pasar por lo estipulado e impedirá a los Jueces y Tribunales conocer de las cuestiones litigiosas sometidas a arbitraje, siempre que la parte a quien interese lo invoque inmediatamente a la oportuna excepción».

Las partes pueden renunciar por convenio al arbitraje que hayan pactado y en tal supuesto quedará expedita la vía judicial. Se entenderá que existe la renuncia cuando «interpuesta demanda por cualquiera de ellas, el demandado o demandados realicen, después de personados en el juicio, cualquier actividad procesal que no sea la de proponer en forma la oportuna excepción». Así lo establece el art. 11.2.

III. En su Título tercero se refiere la Ley a los árbitros y regula su capacidad, sus incompatibilidades y su abstención y recusación.

Para que las personas naturales puedan ser árbitros se exige que, desde su aceptación, se hallen en el pleno ejercicio de sus derechos civiles (art. 12.1). Además, cuando la cuestión litigiosa deba resolverse con arreglo a Derecho, los árbitros deberán ser abogados en ejercicio (art. 12.2). No podrán serlo los que tengan con las partes o con la controversia que se les somete alguna de las relaciones en que puede fundarse la posibilidad de abstención y recusación de un Juez; y tampoco podrán serlo los Jueces, Magistrados y Fiscales en activo, ni quienes ejerzan funciones públicas retribuidas por arancel (art. 12.3 y 4).

En el caso de árbitros nombrados en el supuesto del artículo 10.1, no pueden serlo «quienes hubieren incumplido su encargo dentro del plazo establecido o su prórroga o incurrido en responsabilidad declarada judicialmente en el desempeño de anteriores funciones arbitrales» (art. 14).

El número de árbitros ha de ser siempre impar y, en el caso de ser varios, las reglas para el nombramiento del Presidente serán fijadas por las partes de común acuerdo. En su defecto, será elegido por mayoría y, a falta de acuerdo, será Presidente el árbitro de mayor edad. Si el arbitraje ha sido encomendado a una Corporación o Asociación la designación se hará de conformidad con su Reglamento. Cfr. art. 13.

La designación, comunicada de manera fehaciente a cada uno de los árbitros, deberá ser aceptada por éstos. Si no han aceptado por escrito en el plazo de quince días naturales desde el siguiente a la notificación, se entenderá que no aceptan el nombramiento (art. 15).

La aceptación obliga a los árbitros a cumplir fielmente el encargo y, si no lo hacen, incurrirán en responsabilidad por los daños y perjuicios que causaren por dolo o culpa. En los arbitrajes encomendados a una Corporación o Asociación, añade el art. 16, «el perjudicado tendrá acción directa contra la misma, con independencia de las acciones de resarcimiento que asistan a aquélla contra los árbitros».

Salvo pacto en contrario, los árbitros podrán exigir a las partes la provisión de fondos que estimen necesaria para atender a sus honorarios y a los gastos que puedan producirse (art. 16.2).

Los árbitros podrán ser recusados por las mismas causas que los Jueces, pero sólo por las que hayan sobrevenido después de su designación; por causas anteriores sólo cuando no hubieren sido nombrados directamente por las partes o cuando aquéllas fueren conocidas con posterioridad (arts. 17.1 y 2). Los árbitros designados deberán poner de manifiesto las circunstancias que puedan determinar su recusación, tan pronto las conozcan (art. 17.3). Si el árbitro recusado no aceptare la recusación, el interesado podrá hacerla valer al solicitar la anulación del laudo (art. 18).

Cuando un árbitro deba ser sustituido, se seguirá el mismo procedimiento para nombrar el sustituto (art. 19).

De acuerdo con las partes, los árbitros podrán nombrar un Secretario; pero, en su defecto, podrán designar de entre ellos al que desempeñe sus funciones, pero que en ningún caso podrá ser el Presidente del Colegio Arbitral (art. 20).

IV. El procedimiento arbitral está regulado en el Título cuarto de la Ley, que en gran parte queda remitido a la autonomía de la voluntad. Pero se exige que se observen unos trámites mínimos y, en todo caso, el respeto a los principios de audiencia, contradicción e igualdad. Véanse los artículos 21 a 29 de la Ley.

Las partes podrán actuar por sí mismas o valerse de abogado en ejercicio. La inactividad de las partes no impedirá que se dicte el laudo ni le privará de eficacia (arts. 21.3 y 22.2).

Puede formularse oposición al arbitraje por falta de competencia objetiva de los árbitros, inexistencia, nulidad o caducidad del convenio arbitral, pero deberá hacerse en el momento de presentar las partes sus alegaciones iniciales. Si los árbitros estimaren la oposición, quedará expedito el acceso a los órganos jurisdiccionales, sin posibilidad de recurso contra la decisión arbitral; pero si esta decisión es desestimatoria, podrá impugnarse, en su caso, al solicitarse la anulación judicial del laudo. La falta de competencia objetiva de los árbitros podrá ser apreciada de oficio por éstos (cfr. art. 23).

Salvo lo acordado en el convenio o lo dispuesto en un reglamento aplicable, los árbitros designarán el lugar donde se desarrollará su actuación. También salvo acuerdo previo, determinarán el idioma o idiomas en que haya de desarrollarse el procedimiento; pero no podrán elegir un idioma que ninguna de las partes conozca o que no sea oficial en el lugar de la actuación arbitral (art. 24.1 y 2).

Las partes podrán designar un domicilio para recibir las notificaciones y, en su defecto, se entenderá como domicilio el del propio interesado o el de su representante (art. 24.3).

Respecto a los plazos, el art. 25 dispone lo siguiente:

«1. Los árbitros no están sujetos en el desarrollo del arbitraje a plazos determinados, salvo acuerdo de las partes y sin perjuicio de lo establecido en esta Ley respecto del plazo para dictar el laudo.

»2. No obstante, los árbitros fijarán a las partes plazos preclusivos para formular las alegaciones.»

Para las pruebas que se practiquen serán citadas y podrán intervenir las partes o sus representantes (art. 26). Los árbitros podrán solicitar el auxilio del Juez de Primera Instancia del lugar para la práctica de las pruebas que no puedan efectuar por sí mismos (art. 27). Asimismo podrán acordar, una vez practicadas las pruebas, oír a las partes o a sus representantes (art. 29).

V. El Título quinto de la Ley está dedicado al laudo arbitral. Pero ha de tenerse en cuenta que en cualquier momento antes de dictarse el laudo las partes pueden, de común acuerdo, desistir del arbitraje o suspenderlo por un plazo cierto y determinado, como dispone el art. 31.

Acerca del plazo, si las partes no han dispuesto otra cosa, el laudo deberá dictarse en el plazo de seis meses contados desde la fecha en que los árbitros hayan aceptado la resolución de la controversia o desde el día en que haya sido sustituido el último de los componentes del Colegio arbitral. El plazo puede ser prorrogado por acuerdo de las partes, notificado a los árbitros antes de que haya expirado el plazo inicial (art. 30.1).

Si transcurre el plazo sin haberse dictado el laudo, el convenio arbitral quedará sin efecto y expedita la vía judicial (art. 30.2).

Acerca de la forma y requisitos del laudo, han de tenerse en cuenta los artículos 32, 33 y 34 de la Ley. Deberá dictarse por escrito y expresará, como mínimo, las circunstancias personales de los árbitros y de las partes, el lugar en que se dicte, la cuestión sometida a arbitraje, una sucinta relación de las pruebas practicadas, las alegaciones de las partes y la decisión arbitral. Si las partes han elegido que la decisión arbitral se decida con sujeción a Derecho (cfr. art. 4), el laudo deberá ser motivado.

Los árbitros podrán hacer constar su parecer discrepante. El laudo será firmado por los árbitros y si alguno no lo firmare, dispone la Ley que «se entenderá que se adhiere a la decisión de la mayoría» (art. 33.1). Además, deberá protocolizarse notarialmente y notificarse de modo fehaciente a las partes.

La decisión de los árbitros y cualquier resolución del Colegio arbitral se decidirá por mayoría de votos. En caso de empate, el voto del Presidente será dirimente. A falta de acuerdo mayoritario, el laudo será dictado por el Presidente.

El art. 35 se refiere a que los árbitros se pronunciarán sobre las costas del arbitraje y los gastos debidamente justificados.

Como novedad, la Ley regula la posibilidad de corregir errores u omisiones materiales. En el art. 36 la Ley dispone que, dentro de los cinco días siguientes a la notificación, cualquiera de las partes podrá pedir a los árbitros «que corrijan cualquier error de cálculo, de copia, tipográfico o similar o que aclaren algún concepto oscuro u omisión del laudo». Añade el art. 36.2: «Los árbitros resolverán dentro de los diez días siguientes, protocolizarán su decisión notarialmente y harán que se notifique fehacientemente a las partes. Si en el plazo señalado no hubiesen resuelto se entenderá que deniegan la petición». Es decir, la petición de corrección o aclaración, pues al transcurso del plazo para dictar el laudo se refiere el art. 30.2.

El laudo arbitral tiene el importante efecto que determina el art. 37: «El laudo arbitral firme produce efectos idénticos a la cosa juzgada. Contra el mismo sólo cabe el recurso de revisión, conforme a lo establecido en la legislación procesal para las sentencias judiciales firmes».

VI. La Ley regula en el Título VI la intervención jurisdiccional en el procedimiento arbitral. Como observa en el preámbulo, tal intervención se ha reducido a lo estrictamente necesario. Con la intención de simplificar el procedimiento arbitral, se encomienda a los árbitros, en defecto de acuerdo de las partes, la delimitación de la controversia sometida a arbitraje.

La formalización judicial del arbitraje procederá a instancia de cualquiera de los interesados cuando las partes no se pusieren de acuerdo con la designación de los árbitros. Pero si los árbitros hubieren sido designados directamente por las partes y todos o alguno de ellos no aceptasen o se imposibilitasen para emitir el laudo, en estos casos quedará expedita la vía judicial, salvo que las partes llegaren a otro acuerdo (cfr. art. 38).

El actor que pida la formalización judicial del arbitraje dirigirá un escrito al Juzgado, con los documentos acreditativos del convenio arbitral y alegando las circunstancias de la falta de acuerdo. El art. 39 señala que será competente el Juez de Primera Instancia del lugar donde deba dictarse el laudo, y, en su defecto, a elección del actor, el del domicilio o residencia habitual de cualquiera de los demandados. Se observarán las formalidades del juicio verbal (art. 39.3).

El acto se celebrará aunque no comparezca el demandado o alguno de los demandados; pero si la incomparecencia es del demandante o de sus representantes, se le tendrá por desistido de su pretensión. Pero en este supuesto, si el demandado o alguno de ellos manifestaren su interés por la formalización judicial del arbitraje, procederá la celebración del acto (art. 40).

El art. 41 detalla la manera de proceder en el acto de la comparecencia. Los árbitros en definitiva designados deberán ser abogados en ejercicio, si se tratare de arbitraje de Derecho; cuando deba decidirse en equidad el nombramiento podrá recaer en profesionales colegiados en las corporaciones que el artículo señala.

El Juez únicamente podrá rechazar la formalización judicial del arbitraje cuando considere que por los documentos aportados no consta de manera inequívoca la voluntad de las partes. El auto denegatorio de la formalización será apelable ante la Audiencia Provincial. En cambio, no será susceptible de recurso alguno el auto que acceda a dicha formalización judicial, aunque, como dispone el art. 42.2, no prejuzgará la validez del convenio arbitral.

Para la práctica de pruebas que los árbitros no puedan efectuar por sí mismos, podrán pedir el auxilio jurisdiccional de la manera que dispone el art. 43. Los jueces rechazarán la práctica de pruebas contrarias a las leyes, sin que contra sus resoluciones quepa recurso alguno (art. 44).

VII. El Título séptimo trata de la anulación del laudo. Como dice el preámbulo de la Ley, el convenio arbitral no implica renuncia de las partes a su derecho fundamental de tutela judicial, consagrado en el artículo 24 de la Constitución. Por ello se regula el recurso de anulación del laudo con el fin de garantizar que se hayan observado los requisitos legales, o cuando el laudo fuere contrario al orden público. Pero también se ha previsto que, mientras se tramita la posible anulación el interesado podrá solicitar que se adopten las oportunas medidas cautelares. La regulación de todo ello está contenida en los artículos 45 a 51 de la misma Ley.

El laudo sólo podrá anularse en los siguientes casos:

«1. Cuando el convenio arbitral fuese nulo.

»2. Cuando en el nombramiento de los árbitros y en el desarrollo de la actuación arbitral no se hayan observado las formalidades y principios esenciales establecidos en la Ley.

»3. Cuando el laudo se hubiere dictado fuera de plazo.

»4. Cuando los árbitros hayan resuelto sobre puntos no sometidos a su decisión o que, aunque lo hubiesen sido, no puedan ser objeto de arbitraje. En estos casos la anulación afectará sólo a los puntos no sometidos a decisión o no susceptibles de arbitraje, siempre que los mismos tengan sustantividad propia y no aparezcan indisolublemente unidos a la cuestión principal.

»5. Cuando el laudo fuese contrario al orden público.»

La competencia para conocer del recurso de anulación corresponderá a la Audiencia Provincial del lugar donde se hubiere dictado el laudo.

Dentro de los diez días siguientes a la notificación del laudo podrá interponerse el correspondiente recurso de anulación ante la Audiencia Provincial del lugar donde se hubiere dictado. La interposición ha de hacerse por escrito motivado en el que se expondrán los fundamentos en que se apoye el motivo o motivos de anulación, y proponiendo la prueba pertinente. Se acompañarán los documentos justificativos del convenio y el laudo recaído.

Para impugnar el escrito de formalización del recurso, las demás partes dispondrán del plazo de veinte días desde el traslado de la copia del mismo, y propondrán las pruebas pertinentes. Éstas habrán de practicarse en el plazo máximo de veinte días. Si al menos una de las partes pidiere la celebración de vista pública dentro de seis días de terminado el plazo probatorio, la Sala accederá a ella. Transcurrido el indicado plazo sin petición de vista o los mismos días posteriores a la celebración de ésta, la Audiencia dispondrá de diez días para dictar sentencia contra la que no cabrá ulterior recurso.

Recurrido el laudo, la parte a quien interese podrá solicitar del Juez competente para la ejecución las medidas cautelares que aseguren su efectividad una vez lo resuelto quede firme. El Juez podrá señalar el afianzamiento que considere oportuno y resolverá en el plazo de tres días, previa comparecencia de las partes.

El art. 51 dispone que en la tramitación del recurso será preceptiva la intervención de Abogado y Procurador.

VIII. El Título octavo se ocupa de la ejecución forzosa del laudo (arts. 52 a 55).

Transcurridos los diez días siguientes al de la notificación del laudo o de su aclaración, si procediere, sin que haya sido cumplido, podrá obtenerse la ejecución forzosa ante el Juez de Primera Instancia del lugar en donde se haya dictado, por los trámites de ejecución de las sentencias firmes, con las particularidades que señalan los artículos 54 y 55. Trasladada la petición a la otra parte, ésta dispondrá de cuatro días para alegar que se halla pendiente el recurso de anulación, lo que dará lugar, en su caso, a que sea suspendida la ejecución hasta que recaiga la resolución de la Audiencia.

IX. El Título noveno se refiere a la ejecución en España de los laudos arbitrales extranjeros (arts. 56 a 59).

Se entiende por laudo arbitral extranjero el que no haya sido dictado en España. La ejecución se solicitará de la Sala de lo Civil del Tribunal Supremo, por cualquiera de las partes y se tendrán en cuenta los Tratados internacionales que formen parte del ordenamiento interno.

La Sala denegará la ejecución, dice el art. 59, «sólo si el laudo es contrario al orden público o si los árbitros han resuelto sobre cuestiones que, conforme a la Ley española, no son susceptibles de arbitraje». A instancia de parte o del Ministerio Fiscal la Sala podrá hacer la misma declaración en los siguientes casos:

a) Si el convenio arbitral es nulo según la Ley que resulte aplicable.

b) Cuando en el nombramiento de los árbitros y en la actuación arbitral no se hayan observado las formalidades y principios esenciales establecidos en la Ley que resulte aplicable.

c) Cuando los árbitros hayan resuelto sobre puntos no sometidos a su decisión.

X. El Título décimo y último contiene las normas pertinentes de Derecho internacional privado. Se refiere a la capacidad para otorgar el convenio arbitral, a la validez y efectos de éste y a la Ley aplicable para decidir el fondo de la cuestión litigiosa, cuando se trate de un arbitraje de Derecho. Mantiene el criterio del artículo 10.5 del Código civil, que exige algún grado de conexión entre la Ley aplicable y la controversia objeto de arbitraje (arts. 60 a 63).

El preámbulo de la Ley hace mención de la Recomendación 12/1986 del Comité de Ministros del Consejo de Europa, en favor de que los Gobiernos adopten las disposiciones adecuadas para que, con los casos que se presten a ello, el arbitraje pueda constituir una alternativa más accesible y más eficaz a la acción judicial. Por ello, añade, «leyes recientes, como la de Ordenación del Seguro Privado, la General para la Defensa de los Consumidores y Usuarios, la de Propiedad Intelectual y la de Ordenación de los Transportes Terrestres crean instancias arbitrales a las que la presente Ley servirá de norma complementaria, especialmente desde el punto de vista procesal».

XXXIII
LOS CUASI CONTRATOS

1. Concepto y antecedentes

El Código civil, en el art. 1.887, define los cuasi contratos de la siguiente manera: «Son cuasi contratos los hechos lícitos y puramente voluntarios, de los que resulta obligado su autor para con un tercero y a veces una obligación recíproca entre los interesados». A continuación regula, como cuasi contratos, la gestión de negocios ajenos (arts. 1.888 a 1.894) y el cobro de lo indebido (arts. 1.895 a 1.901).[1]

El cuasi contrato es una categoría jurídica que aparece como resultado de una adaptación de textos de Derecho romano por parte de juristas posteriores. Por ello es inevitable una referencia histórica en este tema.

En la Instituta de Gayo (3.7.88) sólo son mencionados los contratos y los delitos como fuentes de las obligaciones: *omnis enim obligatio vel ex contracto nascitur vel ex delicto.*

El Digesto de Justiniano (44.7.1), a base de un texto de las *Rerum cotidianorum sive Aureorum* de Gayo, se dice que las obligaciones nacen del contrato, del delito y de otras varias *causas (aut ex contractu nascuntur, aut ex maleficio aut proprio quodam iure ex variis causarum figuris).*

En la Instituta de Justiniano (3.13) se habla de la división de las obligaciones en cuatro clases por razón de su origen: *aut enim ex*

1. Rodolfo SOHM, *Instituciones de Derecho privado Romano,* traducción española, Madrid, 1928, pp. 403 y ss.; TRUDEL, *Estudio de Derecho comparado sobre el cuasi contrato* (en inglés), Tulane Law Review, 1955, pp. 311 a 327; G. MARTY y P. RAYNAUD, *Droit* civil, París, 1962, tomo II, volumen 1.°, pp. 19 y ss., 301 y ss.; ORTEGA PARDO, *Cuasi contratos atípicos,* Anuario de Derecho civil, tomo I, 1948, pp. 293 y ss.; DÍEZ-PICAZO, *Fundamentos del Derecho civil patrimonial,* 4.ª edición, Madrid, 1993, vol. II, p. 149.

contractu sunt aut quasi ex contractu aut ex maleficio aut quasi ex maleficio.

Seguramente los juristas de la época clásica ya se dieron cuenta de que la división de las obligaciones en las procedentes de contratos y de delitos no agotaban todas las posibilidades, y que existían otras que se caracterizaban por el dato negativo de no proceder ni del contrato ni del delito. Pero sucedía que algunas se parecían a las nacidas de ciertos tipos de contratos: la obligación de devolver lo cobrado indebidamente se parecía a la obligación de devolver lo recibido como préstamo mutuo, y las relaciones entre el gestor sin mandato y el dueño del negocio se parecían a las resultantes del mandato.[2]

Pero los clásicos no conocieron una categoría general de obligaciones *quasi ex contractu,* sino figuras singulares que presentaban analogías con la *intentio* de la fórmula de ciertas clases de contratos. Fueron los compiladores, dedicados a la formulación de esquemas generales, los que dejaron establecida la categoría general de obligaciones *quasi ex contractu*; pero todavía no de obligaciones *ex quasi contractu.*[3]

La palabra *quasi* es un rasgo peculiar de la manera de razonar y justificar un resultado ante situaciones determinadas. La palabra «cuasicontrato», dice Esser, «es el recurso clásico de una disciplina que no sabe asignar un lugar propio e independiente a los problemas del enriquecimiento y de la gestión de negocios, sino que los enlaza con otros problemas conocidos».[4]

Las categorías iniciadas por los compiladores se convirtieron después en figuras autónomas, con sustantividad análoga a la del contrato y del delito. A medida que el Derecho romano penetraba en Occidente aparecía el cuasi contrato como fuente independiente de obligaciones. Las obligaciones *quasi ex contractu* de que hablaban las fuentes romanas, pasaron a ser designadas por los romanistas como nacidas *ex quasi contractu.* De esta manera quedó establecida una categoría jurídica llamada cuasi contrato, a la que los doctores del

---

2. JORS y KUNKEL, *Derecho privado Romano,* traducción española, Barcelona, 1937, p. 276; JOLOWICZ, *Introducción histórica al estudio del Derecho romano* (en inglés), Cambridge, 1939 (y edición posterior), pp. 284, 297 y ss.

3. ARANGIO-RUIZ, *Las acciones en el Derecho privado Romano,* traducción española, Madrid, 1945, p. 70, al referirse a la *intentio* de la fórmula procesal romana, dice: «Es la parte más importante porque contiene la pretensión del demandante, es decir, el objeto del pleito.»

4. ESSER, *Principio y norma en la elaboración jurisprudencial del Derecho privado,* traducción española, Barcelona, 1961, p. 295.

Derecho común romano del siglo XVI buscaron el fundamento que estimaron se hallaba en el consentimiento tácito o en el presunto, imputado por la ley.[5]

A través de Pothier, el cuasi contrato llegó al Código civil francés y de éste pasó al Código civil italiano de 1865 y al español. Según el artículo 1.371 del Código francés: *Les quasi-contrats sont les faits purement volontaires de l'homme, dont il résulte un engagement quelconque envers un tiers, et quelquefois un engagement réciproque des deux parties.*

El Código civil francés, después de haberse ocupado de los contratos (art. 1.101 y ss.), se ocupa *des engagements qui se forment sans convention* (art. 1.370). Según dice, las obligaciones que se forman sin que intervenga la voluntad, ni del que se obliga, ni de la persona frente a la cual se queda obligado, derivan unas de la autoridad exclusiva de la ley y las otras nacen de un hecho personal de la persona obligada.[6]

El Código civil español dedica el título XVI del libro IV a «las obligaciones que se contraen sin convenio». Lo forman dos capítulos que tratan de los cuasi contratos y «de las obligaciones que nacen de culpa o negligencia». El primer capítulo, «De los cuasi contratos», dedica un artículo, el 1.887, a su definición, antes transcrita; una sección primera (arts. 1.888 a 1.894) a «la gestión de negocios ajenos» y la segunda (arts. 1.895 a 1.901), al «cobro de lo indebido».

Hemos visto que el Código francés caracteriza a los cuasi contratos como «hechos puramente voluntarios del hombre» y el Código español añade a este rasgo el de la licitud. Según dice el art. 1.887: «Son cuasi contratos los *hechos lícitos y puramente voluntarios*, de los que resulta obligado su autor para con un tercero, y a veces una obligación recíproca entre los interesados».

Los caracteres de licitud y voluntariedad han de ser entendidos en el sentido de que no se trata ni de responsabilidad contractual ni de la que deriva de actos ilícitos. La circunstancia de ser actos «puramente voluntarios» separa a estas obligaciones de las puramente legales, sin que se confundan con las contractuales, pues el acto no queda valorado en atención al contenido de la voluntad, sino que se

5. Benito GUTIÉRREZ, *Códigos o estudios fundamentales sobre el Derecho civil español,* Madrid, 1871, segunda edición, tomo V, p. 609.

6. JOSSERAND, *Derecho civil,* traducción española, Buenos Aires, 1950, tomo II, volumen 1.º, p. 10, dice que el cuasi contrato es una «especie de monstruo legendario que es preciso decidirse a desterrar del vocabulario jurídico».

atiende al resultado o a las consecuencias producidas. Además, al caracterizarse como hechos lícitos, queda destacado que no se trata de los supuestos de responsabilidad por actos u omisiones en que interviene culpa o negligencia.

Para seguir una sistematización más racional, los Códigos posteriores se han limitado a prescindir del concepto de cuasi contrato, sin dejar de regular la gestión de negocios ajenos y el pago de lo indebido, aparte de reconocer la obligación general de restituir que incumbe a quien ha experimentado un beneficio injustificado en perjuicio ajeno.

Hay que preguntar si los cuasi contratos pueden llenar todo el vacío normativo que dejan la ley, el contrato y los actos ilícitos. Algunos opinan afirmativamente, a base de entender que las obligaciones casi contractuales son en definitiva obligaciones nacidas de la ley, que no han de quedar limitadas a los dos tipos de cuasi contratos que regula el Código civil. Sin embargo, creemos que prevalece, con fundadas razones, el criterio de que los cuasi contratos no pueden ser considerados propiamente como obligaciones legales, si no se quiere llegar a la afirmación, inútil de puro evidente, de que todo lo que obliga es porque lo reconoce la ley.

Los preceptos concretos de la ley que imponen obligaciones propiamente legales no deben confundirse con la ley entendida como ordenamiento general. Todas las obligaciones exigibles lo son porque están reconocidas en su ordenamiento legal, y en este sentido pueden ser llamadas legales por ser exigibles dentro de la legalidad del país. Pero de obligaciones legales sólo puede hablarse propiamente cuando están previstas por preceptos determinados de la ley en relación con supuestos de hecho previstos y detallados en cada caso. En este sentido preciso, no son obligaciones legales, aunque el ordenamiento legal las reconozca, las resultantes de contratos, de actos ilícitos y de los hechos tradicionalmente llamados cuasi contratos.

Cuando la ley impone una obligación, el vínculo jurídico tiene por fundamento lo que dispone la ley en atención a un hecho jurídico independiente de los actos del hombre. Por el contrario, el cuasi contrato se caracteriza por ser un acto voluntario, en el sentido de que no es consecuencia de ninguna imposición sobre el autor del acto; a pesar de lo cual, no es decisivo el papel que juega la voluntad, y así, los cuasi contratos son actos voluntarios en la medida en que son actos de personas capaces de discernimiento. Son actos que pueden atribuir derechos a una persona si producen beneficio a otra, de igual manera que, en los llamados cuasi delitos, pueden acarrearles obligaciones si ocasionan daños y perjuicios.[7]

Con acierto nuestro Código exige que el acto voluntario sea lícito (art. 1.887), con lo que excluye del concepto de cuasi contrato toda intención ilegal. Si falta la buena fe y el acto causa un perjuicio, se tratará de un acto generador de responsabilidad civil.

Las obligaciones cuasi contractuales tienen de peculiar la manera de fijar el límite de la responsabilidad pecuniaria. En este aspecto, se apartan de los principios contractuales y se aproximan al método de evaluación delictual; ello es debido a que las obligaciones derivan de un acto, en lugar de ser fruto de una volición. No hay concurrencia de voluntades que determine el valor de las prestaciones. Mientras el contrato obliga por el consentimiento en relación con el objeto, sin necesidad de tener en cuenta su valor intrínseco, en el cuasi contrato tenemos una obligación que no está determinada por el contenido de la voluntad. Como en la obligación delictual, su objeto se ha de concretar según lo que sea exigible para que la justa relación entre dos patrimonios quede restablecida. Quien ha sufrido una pérdida tiene derecho a resarcirse de ella en la medida en que, por efecto de la misma, otro ha experimentado beneficio en su patrimonio. No se basan estas obligaciones en lo que el acreedor ha querido, sino en el beneficio conferido. La medida de la obligación es la cuantía del beneficio adquirido a costa de otro.

2. La gestión de negocios ajenos

A. *Conceptos y requisitos*

El cuasi contrato de gestión de negocios ajenos sin mandato consiste en la intervención de una persona en los negocios o intereses de otra, sin autorización de ésta, pero con la intención por parte de la primera de producir un resultado final favorable al dueño del negocio o titular de los intereses gestionados.[8]

---

7. TRUDEL, citado en la nota 1, pp. 311 y ss.

8. LACRUZ BERDEJO, *La gestión de negocios sin mandato,* Revista Crítica de Derecho inmobiliario, 1975, pp. 245 a 270; G. GARCÍA VALDECASAS, *La gestión de negocios ajenos,* Revista de Derecho privado, 1957, pp. 619 a 626; ENNECCERUS y LEHMANN, *Derecho de obligaciones,* tercera edición de la traducción española, con anotaciones de PÉREZ GONZÁLEZ, ALGUER y FERRANDIS, tomo II, volumen 2.°, segllnda parte, Barcelona, 1966, pp. 621 y ss.

Ha de tenerse en cuenta que una persona puede cuidarse de asuntos ajenos de tres maneras diferentes:

a) Puede gestionar para otro en atención a los intereses de éste de modo que el resultado final tendrá que afectar al dueño del negocio. En este supuesto se trata de la auténtica gestión de negocios ajenos sin mandato.

b) Pero si el gestor lleva el negocio como propio a sabiendas de que no lo es, nos hallamos ante la llamada gestión impropia.

c) Es posible que el gestor lleve el negocio ajeno como propio debido a creer erróneamente que lo es, y entonces estamos en el supuesto de gestión de negocios por error.

Por tanto, en sentido propio sólo existe gestión de negocios ajenos sin mandato cuando uno se cuida de un asunto cualquiera de otro sin autorización del dueño ni de otra clase, pero conscientemente (sin error) y de buena fe.

Sólo en el Derecho romano esta peculiar situación quedó convertida en institución jurídica, pues otros ordenamientos la someten a las disposiciones generales sobre responsabilidad, ya sea la que afecte a quien se haya beneficiado del esfuerzo ajeno, ya se trate de la de quien causa un perjuicio a otro, al intervenir indebidamente en sus asuntos.[9]

El Código civil no define la gestión de negocios ajenos, pero a base de los arts. 1.887 y 1.888 puede decirse que consiste en aquellos hechos lícitos y voluntarios mediante los que el gestor se encarga de la agencia o administración de los negocios de otro, sin mandato de éste, con el resultado de quedar obligado el gestor para con el dueño, sin perjuicio de que éste también pueda quedar obligado con el primero. Cfr. sentencia de 2 febrero 1954 (Aranzadi, núm. 322).

a) *Ha de tratarse de actos voluntarios realizados con intención de gestionar intereses ajenos.* La intervención ha de ser voluntaria y ha de haberse realizado con pleno conocimiento de que los intereses gestionados pertenecen a otro. No es suficiente que los intereses ajenos sean consecuencia de una actividad autónoma del gestor que

---

9. DAWSON, *Enriquecimiento injusto* (en inglés), Boston, 1951, p. 129, dice que el Derecho inglés parte de un sentimiento básico diferente, que es la falta de simpatía por quien interviene en asuntos ajenos, incluso cuando se procede de buena fe. En este sentido habla de «nuestra tradicional aversión hacia los buenos samaritanos».

repercuta en beneficio de otro. La intervención ha de haberse producido en un ámbito negocial que corresponda a la actividad propia del *dominus*.

b) *El gestor ha de obrar sin ánimo de lucro personal, pero al mismo tiempo sin intención de hacer una donación.* Es posible afirmar que el Derecho romano detectó este matiz psicológico: entre la intención egoísta y la pura liberalidad cabe la posibilidad de que alguien quiera evitar inconvenientes a otra persona, pero sin que por ello quiera experimentar pérdidas. Si un gestor interviene con ánimo de liberalidad, ello implica una renuncia al derecho a ser reembolsado de los gastos que la gestión le ocasione; pero incluso en este supuesto podrá pedir indemnización por los perjuicios que sufra y que no haya podido prever al emprender la gestión gratuita.

Por el contrario, si ha intervenido con la intención de obtener un beneficio, sólo podrá accionar en caso de que el dueño de los intereses gestionados haya obtenido un enriquecimiento sin causa.

c) *La intervención ha de realizarse sin autorización, pero igualmente sin oposición del dueño de los intereses gestionados.* La verdadera gestión de negocios sin mandato se produce cuando el gestor interviene sin autorización del *dominus*; pero es igualmente necesario que éste no haya manifestado su oposición. Cuando la oposición ha existido y, a pesar de ello, la intervención se produce, sólo procederá, en su caso, una acción de enriquecimiento sin causa.

El art. 1.888 C.c. habla de la gestión que se produce «sin mandato» del dueño del negocio gestionado; pero, en realidad, ha de faltar toda autorización, corresponda a un mandato o a otro contrato. Cuando la intervención está autorizada por alguna especial disposición legal, o por resolución judicial o administrativa, no son aplicables las reglas de la gestión sin mandato.

d) *La intervención ha de ser lícita y el asunto gestionado no ha de tener carácter personalísimo del titular.* El art. 1.887 exige expresamente que se trata de «hechos lícitos». Además ha de tratarse de actos en los que el titular de los intereses gestionados pueda ser sustituido. Como ha demostrado Guillermo García Valdecasas, la actividad del gestor ha de corresponder a la que hubiese podido realizar el *dominus,* pero precisamente de tal índole que pueda ser realizada por medio de otra persona. En este sentido se manifiesta la Sentencia de

14 marzo 1986, al distinguir el contrato de mandato del de arrendamiento de servicios.[10]

e) *La intervención ha de haberse producido para alcanzar un resultado favorable al titular, o que por lo menos pueda ser calificada de útil al ser iniciada.* El gestor ha de obrar con ánimo de gestionar negocios ajenos; pero este ánimo subjetivo, por sí solo, no permite juzgar acerca de la eficacia de la intervención. El hecho de emprender la gestión ha de estar en objetiva conformidad con el interés del dueño, e incluso ha de tener en cuenta, el gestor, la voluntad presunta del mismo titular. Por ello, el art. 1.891 hace responsable al gestor de las operaciones arriesgadas «que el dueño no tuviese costumbre de hacer».

B. Efectos de la gestión

La intervención del gestor será un acto jurídico lícito si concurren las circunstancias que se acaban de examinar; pero la adquisición de derechos frente al *dominus* y la correlativa asunción de obligaciones por parte de éste, dependen de lo que se dirá acerca de los efectos de la gestión al terminarse. En realidad, hay que distinguir claramente entre los efectos de la gestión al iniciarse y al terminar.

a) *Efectos de la gestión al iniciarse.* Desde que empieza hasta que termina, las obligaciones incumben casi exclusivamente al gestor. Como obligación del dueño de los intereses gestionados –al que el art. 1.888 C.c. llama «interesado»– cabe señalar la de sustituir al gestor en la gestión, si se hallase en estado de poder hacerlo por sí. Si el titular conoce la actuación del gestor y no se opone a ella ni le sustituye, deberá estimarse que la aprueba.

Las obligaciones que en esta fase incumben al gestor son:

Primera. Continuar la gestión. Es la obligación que impone expresamente el art. 1.888 C.c. Nadie está obligado a inmiscuirse en asuntos ajenos; pero, si lo hace, la ley le obliga a continuar la gestión hasta que el dueño pueda proveer por sí mismo. Aunque el citado artículo dice que «está obligado a continuar la gestión hasta el término del asunto y sus incidencias», no hay duda que tendrá que apar-

10. G. GARCÍA VALDECASAS, citado en la nota 8, p. 623.

tarse de la gestión cuando el dueño le sustituya. Si después de requerido por el gestor el dueño se niega injustificadamente a sustituirle, ha de entenderse que igualmente cesa la obligación del gestor de continuarla.[11]

Después del fallecimiento del titular de los intereses gestionados, la gestión ha de continuar hasta que el sucesor o heredero haya podido hacerse cargo de la dirección del asunto. Entre las reglas del mandato está la de que el mandatario «debe también acabar el negocio que ya estuviese comenzado al morir el mandante, si hubiere peligro en la tardanza» (art. 1.718-2). Lacruz observa que la misma obligación recae sobre quien se ha inmiscuido sin encargo en negocios ajenos; e incluso con más rigor, en el sentido de tener que continuar la gestión sin necesidad del peligro en la tardanza.[12]

Si ha fallecido el gestor, sus herederos deberán ponerlo en conocimiento del *dominus* y proveer a lo que las circunstancias exijan en interés de éste. Véase, por analogía, el art. 1.739.

Segunda. Observar la debida diligencia e indemnizar perjuicios. El gestor de intereses ajenos debe emplear la debida diligencia en la gestión. En el caso del mandato el mandatario ha de ajustarse a las instrucciones del mandante y, en su defecto, «hará todo lo que, según la naturaleza del negocio, haría un buen padre de familia» (art. 1.718-2). En el caso de quien interviene por su propia iniciativa en asuntos ajenos, el art. 1.889 dispone que debe observar «toda la diligencia de un buen padre de familia, e indemnizar los perjuicios que por su culpa o negligencia se irroguen al dueño de los bienes o negocios que gestione». Añade que los tribunales «podrán moderar la importancia de la indemnización según las circunstancias del caso».

Puig Peña observa que la expresión legal es demasiado vaga y que debería concretarse con referencia a la voluntad e interés del titular siguiendo el criterio del art. 1.891, que hace responsable al gestor del daño fortuito si emprende «operaciones arriesgadas que el dueño no tuviese costumbre de hacer».[13]

El mismo art. 1.891 impone responsabilidad al gestor por caso fortuito cuando haya pospuesto el interés del dueño al suyo propio. Aunque normalmente no se responde del caso fortuito (art. 1.105), sin duda los supuestos del art. 1.891 están justificados porque el daño lo sufre el dueño por los actos de un gestor que no ha elegido. Por la

---

11. LACRUZ, citado p. 263.
12. LACRUZ, p. 265.
13. PUIG PEÑA, *Tratado de Derecho Civil Español,* tomo IV, volumen 2.º, p. 544.

misma razón, en el mandato el mandatario sólo responde de dolo y de culpa (art. 1.726). Pero nada impide que si el daño por caso fortuito se ha producido con independencia de la diligencia del gestor, los Tribunales puedan moderar la indemnización (art. 1.889-2).

Tercera. Responsabilidad en caso de gestión delegada y de pluralidad de gestores. Dispone el art. 1.890:

«Si el gestor delegare en otra persona todos o algunos de los deberes de su cargo, responderá de los actos del delegado, sin perjuicio de la obligación directa de éste para con el propietario del negocio.

»La responsabilidad de los gestores, cuando fueren dos o más, será solidaria.»

La primera de las reglas no ofrece duda alguna y es consecuente con lo que dispone el Código en el caso de contrato de mandato, cuando el mandatario no está autorizado para nombrar sustituto (art. 1.271). La responsabilidad directa del delegado con el propietario del negocio también coincide con la posibilidad del mandante de dirigir su acción contra el sustituto del mandatario, si éste no tiene la facultad de nombrar sustituto por concesión expresa del mandante (art. 1.722).

En cambio, la regla de la solidaridad es diferente en el mandato y en la gestión de negocios, pero la razón es clara y la diferencia está plenamente justificada en ambos casos. La *negotiorum gestio* no tiene origen contractual y es natural que la ley imponga una responsabilidad unitaria a los que intervienen sin encargo. Por el contrario, en el mandato la solidaridad sólo tiene razón de ser cuando ha sido expresamente pactada.

b) *Efectos de la gestión al terminarse.* Como se ha visto, el gestor que interfiere en asuntos ajenos asume obligaciones por el solo hecho de su intervención; en cambio, es natural que la ley sólo de manera limitada declare obligado al *dominus* respecto a un gestor con el que no ha contratado. Sólo en tres supuestos excepcionales pero importantes el Código le declara obligado: cuando ratifica la gestión, en cuyo caso se producen los efectos del mandato expreso (art. 1.892); cuando no la ratifica pero aprovecha las ventajas que le ha proporcionado; y cuando la gestión ha tenido por objeto evitarle un perjuicio evidente y manifiesto.

El supuesto de ratificación está previsto en el art. 1.892 C.c.: «La ratificación de la gestión por parte del dueño del negocio produce los efectos del mandato expreso».

A los otros dos supuestos se refiere el art. 1.893, en sus dos párrafos: «Aunque no hubiere ratificado expresamente la gestión ajena, el dueño de bienes o negocios que aproveche las ventajas de la misma será responsable de las obligaciones contraídas en su interés, e indemnizará al gestor los gastos necesarios y útiles que hubiese hecho y los perjuicios que hubiese sufrido en el desempeño de su cargo.

»La misma obligación le incumbirá cuando la gestión hubiera tenido por objeto evitar algún perjuicio inminente y manifiesto, aunque de ello no resultase provecho alguno.»

El efecto más característico de la gestión de negocios es el regulado en el primer párrafo de este artículo, según el cual no basta que la gestión se haya emprendido útilmente (como parece que sucedía en Derecho romano: *utiliter coeptum, initium spectandum est*), sino que el Código exige el efectivo aprovechamiento de los resultados favorables de la gestión. Este aprovechamiento excluye la posibilidad de alegar que no ha habido voluntad de ratificar, al tratarse de un hecho concluyente de esta ratificación. El art. 1.893 se expresa perfectamente: no emplea la palabra aceptar, sino que habla de aprovechar las ventajas, que tiene un significado objetivo e independiente de la declaración expresa de voluntad. El Código atiende a la realidad de que las ventajas de la gestión hayan sido aprovechadas. Por otra parte, cuando sin beneficio económico efectivo hay aprovechamiento de la gestión, seguramente estaremos ante una ratificación implícita.[14]

En el supuesto del segundo párrafo del art. 1.893 (gestión para impedir algún perjuicio inminente y manifiesto) el *dominus* queda obligado aunque de la gestión no haya resultado provecho alguno. Por supuesto que un peligro conjurado o que con acierto se intentó conjurar, significa siempre un beneficio.

Observa Lacruz que en las reglas sobre gestión de negocios no se habla de un posible derecho de retención del gestor, por lo que éste no podrá invocar el art. 1.730, que rige exclusivamente para el mandato; pero si la diligencia del gestor pudiese equiparase a la buena fe del poseedor, el derecho de retención podría fundarse en el art. 453, párrafo primero, sobre el derecho del poseedor de buena fe a que le sean reembolsados los gastos necesarios.[15]

---

14. NÚÑEZ LAGOS, *El enriquecimiento sin causa,* Madrid, 1934, p. 177, advierte que el juicio sobre la utilidad de la gestión difiere en nuestro Código del que tenía en Derecho romano. En Roma se atendía al comienzo de la gestión, mientras que la utilidad a que se refiere nuestro Derecho sólo vincula al dueño del negocio gestionado cuando aprovecha las ventajas de la gestión. Cfr. sentencia de 26 de junio 1946, con el precedente de la de 22 junio 1931.

15. LACRUZ, lugar citado, p. 268.

C. Gestiones especiales

Como regulación de gestiones especiales aparecen en el Código normas que se refieren al suministro de alimentos y a la gestión funeraria. Dispone el art. 1.894:

«Cuando sin conocimiento del obligado a prestar alimentos los diese un extraño, éste tendrá derecho a reclamarlos de aquél, a no constar que los dio por oficio de piedad y sin ánimo de reclamarlos.

»Los gastos funerarios proporcionados a la calidad de la persona y a los usos de la localidad deberán ser satisfechos aunque el difunto no hubiese dejado bienes, por aquellos que en vida habrían tenido la obligación de alimentarle.»

La disposición del primer párrafo parece innecesaria y sin ella el resultado tendría que ser el mismo. Además, la exigencia de que la prestación de alimentos se haya hecho «sin conocimiento del obligado» no tiene fácil explicación. El obligado a prestar alimentos ha de estar igualmente obligado frente al tercero que ha cumplido su obligación, pues nadie ha de quedar liberado de un deber por el hecho de que lo haya cumplido otro. Resulta que el art. 1.158-2 permite al que paga por otro reclamar del deudor lo que hubiese pagado «a no haberlo hecho contra su expresa voluntad», y en cambio el artículo 1.894-1 sólo autoriza la reclamación del pagador cuando ha intervenido «sin conocimiento del obligado». La diferencia es absurda y en todo caso la norma hubiese debido ser la contraria: incluso contra la prohibición del obligado a dar alimentos tendría que poder recuperarlos el que los prestó en su lugar.[16]

Una extensión o complemento del deber de prestar alimentos son los gastos funerarios, y es natural que el gestor en este caso también tenga acción contra los que en vida tenían el deber de prestarlos, sin perjuicio de que si el fallecido ha dejado bienes, el pago o el correspondiente reembolso deba hacerse a cargo de ellos.

3. El cobro de lo indebido

A. Concepto, antecedentes y fundamento

El Código civil, en los arts. 1.895 a 1.901, regula el llamado cuasi contrato del cobro de lo indebido. Según el art. 1.895: «Cuando se

---

16. LACRUZ, p. 270.

recibe alguna cosa que no había derecho a cobrar y que por error ha sido indebidamente entregada, surge la obligación de restituirla».

Esta obligación de restituir es semejante a las contractuales por razón de su contenido, pero se diferencia de ellas por su origen. En este sentido se ha dicho que en lugar de nacer esta obligación de la celebración de un contrato, es resultado de la intención equivocada de extinguirlo.[17]

B. Requisitos para que proceda la restitución

Para que proceda la restitución de lo cobrado indebidamente se exige que concurran los tres siguientes requisitos: pago con intención de extinguir una obligación, inexistencia de ésta y error por parte del que paga.

a) *Intención de extinguir una obligación.* El art. 1.895 habla de lo que no se tenía derecho «a cobrar», lo que supone un «pago» indebido. Este concepto de pago ha de entenderse en el amplio sentido que resulta del art. 1.157: entrega de la cosa o realización de la prestación en que la obligación consistía. Ha de tratarse, por consiguiente, de una efectiva prestación y ha de entenderse incluida la dación en pago. No hay duda que la entrega de una cosa en lugar de la que era debida, da lugar a la recepción de algo que no se debía cobrar.

La prueba del pago incumbe al que pretende haberlo hecho, según el art. 1.900, sin duda porque es la prueba del hecho que funda el derecho de quien pide la restitución (art. 1.214).

b) *Inexistencia de obligación entre la persona que paga y la que cobra.* El pago es indebido cuando no existe relación obligacional o de crédito a deuda entre el que lo realiza y el que lo recibe. Pero la prestación puede ser indebida en dos sentidos: en sentido objetivo *(indebitum ex re)* cuando nadie tenía el derecho de exigirla ni la obligación de cumplirla; es decir, cuando se paga lo que no se debe a nadie. El pago es indebido en sentido subjetivo o de manera relativa *(indebitum ex persona)* cuando la deuda existe, pero no la paga el deudor o no la recibe el acreedor.

En sentido objetivo puede tratarse de «cosa que nunca se debió», como dice el art. 1.901, por inexistencia o por nulidad radical

---

17. LACRUZ, *El pago de lo indebido,* en el Libro Homenaje a Don Ramón M.ª Roca Sastre, II, Madrid, 1976, pp. 501 a 517, esp. 502.

del contrato o del acto jurídico en cuya consideración la prestación quedó efectuada; pero también puede tratarse de un contrato anulado por vicio del consentimiento, o de una cosa inicialmente debida, que ya fue pagada. Merecen atención algunos supuestos concretos.

Si se ha pagado un *crédito que estaba prescrito* estima la doctrina que ello implica que se ha renunciado a la excepción de prescripción, fundándose en que el art. 1.935 dice que «entiéndese tácitamente renunciada la prescripción cuando la renuncia resulta de actos que hacen suponer el abandono del derecho adquirido», aparte de que el pago efectuado con desconocimiento de la prescripción tendría la «otra causa justa» a que se refiere el art. 1.901, aunque en este caso no existiría «otra» justa causa, sino precisamente la misma de la obligación cumplida.

Cuando se paga una deuda por *desconocimiento de que la obligación es impugnable,* el pago será indebido en la medida en que haya existido error, pues únicamente el pago realizado con conocimiento de la causa de anulabilidad podría significar una confirmación (artículo 1.310).

Cuando se paga una *deuda extinguida por compensación,* se hace un pago en todo o en parte indebido porque en nuestro Derecho la compensación extingue automáticamente la deuda hasta el límite de la cantidad en que concurra con el crédito (art. 1.202). Otra cosa sucederá, en principio, en otros ordenamientos que no regulan la compensación con efectos automáticos.

Puede haberse pagado una cantidad *antes del plazo de vencimiento de la deuda,* con el efecto de no poderse reclamar la devolución por efecto de lo que dispone el art. 1.126 C.c., que limita el derecho del que pagó a reclamar los intereses o los frutos que el acreedor perciba de la cosa.

Por el contrario, si el pago se anticipó al *cumplimiento de la condición suspensiva* se tratará efectivamente de un pago indebido y el deudor podrá repetir lo pagado antes de dicho cumplimiento, como dispone efectivamente el art. 1.121-2 C.c.; y ello porque en tal caso la adquisición del derecho a cobrar depende del acontecimiento que constituye la condición, como establece el art. 1.114.

También cabe que un pago se haya realizado con desconocimiento de que *la obligación tenía carácter alternativo.* En el caso normal de corresponder la elección al deudor (art. 1.132-1), en principio podrá pedir la devolución de lo entregado, por haber desconocido la naturaleza de la obligación.

Hasta ahora nos hemos referido a la prestación objetivamente indebida, esto es, que no es debida a nadie; pero también es posible que una prestación sólo sea indebida por razón de la persona que la realiza o que la recibe *(indebitum ex persona)*; es decir, que la deuda existe, pero no la paga el deudor o no la recibe el acreedor.

La regla general es que ha de devolver lo recibido la persona que no tenía derecho a cobrarla o no estaba debidamente legitimada para ello. El deudor no se libera pero puede pedir la devolución de lo pagado a persona errónea. Por excepción, el pago hecho a quien se encuentre en posesión del crédito libera al deudor, según dispone el art. 1.164 C.c.; también se libera el deudor en el caso de pagar a un mandatario del acreedor, sin tener conocimiento de que el mandato ha sido revocado (art. 1.734).

En el supuesto de que se pague a quien ciertamente sea acreedor, pero realizando el pago quien no sea el deudor, éste tendrá derecho a pedir la devolución de lo pagado (derecho de repetición), siempre que la prestación no haya producido la extinción de la deuda del verdadero deudor. Por tanto, el derecho de repetición lo tiene el tercero que ha pagado por error y no ha querido pagar una deuda ajena.[18]

c) *El error por parte del que paga* es otro requisito que ha de concurrir, según el art. 1.895. Es esencial que sufra error el que hace la prestación, sin perjuicio de que también pueda existir en el que la recibe. Pero las consecuencias son diferentes si media error por parte del que cobra.

No hace falta que el pagador haya sufrido el error sin culpa o negligencia por su parte, pues un error inexcusable no ha de permitir o justificar una adquisición indebida. También ha de estimarse procedente el derecho de repetición en el caso de error sobre una disposición legal, pues el art. 1.895 no distingue.[19]

El grave problema que suscita este requisito es el de probar que se ha sufrido el error. Éste es una circunstancia subjetiva que, como tal, ofrece serias dificultades a la hora de tener que demostrar su existencia. Por ello el tema está encauzado por algunas presunciones. El art. 1.900 exige la prueba del error con que se realizó el pago, pero el siguiente art. 1.901 dispone que «se presume que hubo error en el pago cuando se entregó cosa que nunca se debió o que ya estaba pagada». La ley evita así la dificultad con una presunción que se apo-

---

18. Véase antes, p. 69.
19. LACRUZ, p. 506.

ya en la prueba de otra circunstancia de más fácil demostración: la inexistencia del crédito que se ha pretendido satisfacer o su extinción anterior al pago indebido.

Pero se trata de una presunción que admite prueba en contrario *(iuris tantum)*, en el sentido de que el favorecido por el pago puede probar que, a pesar de todo, la entrega se hizo por una justa causa (art. 1.901).

Pero existe un caso en que el pagador puede exigir la devolución de lo pagado con la única prueba del hecho de la entrega. Dice el artículo 1.900:

«La prueba del pago incumbe al que pretende haberlo hecho. También corre a su cargo la del error con que lo realizó, a menos que el demandado negare haber recibido la cosa que se le reclama. En este caso, justificada por el demandante la entrega, queda relevado de toda otra prueba. Esto no limita el derecho del demandado para acreditar que le era debido lo que se supone que recibió.»

Algunos autores se han planteado la cuestión del tratamiento que ha de recibir el pago de lo indebido realizado *sin error*. Aparte del tenor literal del art. 1.901, ha de tenerse en cuenta que una donación no se presume, por tratarse de un acto de mera liberalidad y de una disposición sin contraprestación (art. 618), que en caso de duda ha de interpretarse en favor de la menor transmisión de derechos e intereses (art. 1.289 C.c.). Cfr. Ss. 20 marzo y 20 mayo 1911, sobre casos de pago de lo indebido sin error.[20]

C. *Efectos del pago de lo indebido*

El efecto principal es el que establece el art. 1.895: por efecto del cobro indebido surge la obligación de restituir. Pero esta obligación tiene distinto alcance según que el cobrador haya obrado de buena o de mala fe.

En el caso de buena fe, surgen las cuestiones propias de la liquidación del estado posesorio respecto de los frutos, de las mejoras y del riesgo. Según el art. 1.897:

«El que de buena fe hubiera aceptado un pago indebido de cosa cierta y determinada, sólo responderá de las desmejoras o pérdidas de ésta y de sus accesiones, en cuanto por ellas se hubiese enriqueci-

20. Acerca del pago indebido realizado sin error, NÚÑEZ LAGOS, *Pago de lo indebido sin error*, Revista General de Legislación y Jurisprudencia, febrero de 1946; LACRUZ, citado en la nota 18, en sus pp. 506 y 507.

do. Si la hubiese enajenado, restituirá el precio o cederá la acción para hacerlo efectivo.»

El siguiente art. 1.898 dice: «En cuanto al abono de mejoras y gastos hechos por el que indebidamente recibió la cosa, se estará a lo dispuesto en el título 5.° del libro 2.°». Es decir, remite a los preceptos sobre posesión.

Frente a las reglas que regulan la devolución de la cosa por parte del poseedor cuando el propietario la reivindica, el art. 1.897 sólo introduce estas dos diferencias: *a)* en cuanto a la pérdida o desmejoras de la cosa, el obligado a restituir sólo responde «en cuanto por ellas se hubiese enriquecido»; *b)* si el cobrador hubiese enajenado la cosa, devolverá el precio recibido o cederá la acción para hacerlo efectivo.

Corresponderán al autor del pago indebido las indemnizaciones por las desmejoras y pérdidas de la cosa, lo mismo que las acciones contra terceros (art. 1.186). En todo caso, el límite de la restitución es el enriquecimiento del que cobró indebidamente, por lo que si la destrucción de la cosa no ha aumentado su patrimonio, nada tendrá que devolver. Por su parte, el pagador tendrá que hacerse cargo de los gastos de desplazamiento de la cosa, por analogía con lo que establece el art. 1.518, pues lo contrario implicaría un empobrecimiento del receptor de la cosa que obró de buena fe.

Pero en caso de mala fe del receptor, la norma aplicable es la del artículo 1.896: «El que acepta un pago indebido, si hubiera procedido de mala fe, deberá abonar el interés legal cuando se trate de capitales, o los frutos percibidos o debidos percibir cuando la cosa recibida los produjere.»

»Además responderá de los menoscabos que la cosa haya sufrido por cualquier causa, y de los perjuicios que se irroguen al que la entregó, hasta que la recobre. No se prestará el caso fortuito cuando hubiese podido afectar del mismo modo a las cosas hallándose en poder del que las entregó.»

Si se tiene en cuenta este artículo y la remisión que hace el artículo 1.898 al título de la posesión, puede afirmarse que en este caso de mala fe del receptor regirá lo dispuesto para el caso de reivindicación del propietario frente al poseedor de mala fe, con estas dos particularidades: *a)* No responde del caso fortuito (pérdida o menoscabo) cuando hubiese podido afectar del mismo modo a las cosas hallándose en poder del que las entregó; y *b)* debe indemnizar todos los perjuicios causados al pagador hasta el momento de recuperar éste la cosa entregada.

Hay un caso especial en que se dispensa de la obligación de restituir. Dispone el art. 1.899: «Queda exento de la obligación de restituir el que, creyendo de buena fe que se hacía el pago por cuenta de un crédito legítimo y subsistente, hubiese inutilizado el título, o dejado prescribir la acción, o abandonado las prendas o cancelado las garantías de su derecho. El que pagó indebidamene sólo podrá dirigirse contra el verdadero deudor o los fiadores respecto de los cuales la acción estuviese viva».

En este caso existe un verdadero deudor, pero que no paga y lo hace en su lugar otra persona que por error se cree obligada a ello. En esta hipótesis la buena fe del *accipiens* llega hasta el punto de que destruye toda prueba escrita que es la garantía de un derecho que considera ya satisfecho. Es un caso de pago de deuda ajena con la particularidad de que se concede al pagador el derecho de dirigirse contra el verdadero deudor, o contra los fiadores, en atención a los efectos destructivos de la prueba escrita por parte del cobrador. El que pagó indebidamente sólo podrá dirigirse contra quien tenía que haber pagado o contra sus fiadores.

Es un caso de subrogación legal que el Código menciona expresamente, como exige el art. 1.209. Sin esta subrogación dispuesta por la ley, el pagador debería recurrir a una acción de enriquecimiento justo.[21]

---

21. LACRUZ, p. 512.

XXXIV
EL ENRIQUECIMIENTO INJUSTO O SIN CAUSA

1. Concepto general

El ordenamiento jurídico trata de impedir que unas personas obtengan beneficios a expensas de otras sin causa o razón que lo justifique. Todas las acciones que nacen del Derecho objetivo procuran evitar que se consoliden situaciones injustas. Pero cuando se trata de situaciones previstas por las normas en relación con figuras jurídicas determinadas, no hay necesidad de recurrir a los principios generales ni a la doctrina del enriquecimiento injusto.

De enriquecimiento injusto se habla cuando la ley no ha previsto una situación en la que se produce un desplazamiento patrimonial que no encuentra una explicación razonable en el ordenamiento vigente. Ante una situación de injusticia el Derecho no puede permanecer indiferente y tampoco puede disponer de un remedio adecuado, previsto de antemano, para todos los desequilibrios patrimoniales que se producen sin causa que los justifique. Ha de recurrirse entonces al principio de que nadie puede obtener un beneficio en perjuicio de otro sin causa o razón que lo justifique.[1]

---

1. J. L. LACRUZ BERDEJO, *Notas sobre el enriquecimiento sin causa*, Revista Crítica de Derecho Inmobiliario, 1969, pp. 569 a 603; J. A. ÁLVAREZ CAPEROCHIPI, *En enriquecimiento sin causa en el Derecho español*, Revista General de Legislación y Jurisprudencia, 1974, tomo-236, núm. 4, pp. 415 a 445, y núm. 5, pp. 495 a 518; del mismo autor, *El enriquecimiento sin causa en la jurisprudencia del Tribunal Supremo*, Revista de Derecho Privado, 1977, pp. 845 a 877; R. NÚÑEZ LAGOS, *El enriquecimiento sin causa en el Derecho español*, Madrid, 1934; ROVIRA MOLA, *Enriquecimiento injusto*, Nueva Enciclopedia Jurídica (Seix), VIII, pp. 570 a 590; DÍEZ-PICAZO, *Fundamentos del Derecho Civil Patrimonial*, 4.ª edición, 1993, volumen primero, pp. 89 a 111; *La doctrina del enriquecimiento injustificado*, Real Academia de Jurisprudencia y Legislación, Madrid, 1987.

Como todo principio general, el que prohíbe enriquecerse injustamente a costa de otro se ha desarrollado y concretado a través de la jurisprudencia o Derecho casuístico, en relación con las diversas situaciones litigiosas que se han presentado.[2]

La acción de enriquecimiento injusto es una acción personal dirigida a la recuperación de un valor que se ha desplazado de un patrimonio a otro sin una causa válida y definitiva de atribución. No se dirige a recuperar cosas concretas *erga omnes,* sino un valor o un beneficio que se retiene sin causa.

Si la persona que ha experimentado una pérdida no ha perdido la propiedad de la cosa concreta que ha salido de su patrimonio o de su esfera de dominación material, será normal que utilice la acción reivindicatoria, que actuará de manera mucho más enérgica que la de enriquecimiento. Pero si se trata de algo que ha perdido su individualidad en el patrimonio del demandado o se ha hecho irreivindicable, tendrá que recurrir a la acción personal de enriquecimiento.

En la verdadera situación de enriquecimiento injusto se ha producido un resultado *in rem* que el Derecho corrige mediante una acción *in personam.* En otras palabras, el favorecido ha adquirido la propiedad de lo desplazado sin razón que lo justifique y el perjudicado dispone de un derecho personal para obtener la restitución.[3]

El concepto de causa a que se hace referencia al tratar de los desplazamiento patrimoniales injustificados no se ha de confundir con la «causa» que algunas legislaciones, como la española, exigen como uno de los requisitos de los contratos. Por otra parte, incluso en los ordenamientos que prescinden del llamado negocio abstracto o sin causa, pueden producirse desplazamientos patrimoniales eficaces y, a pesar de ello, injustificados. El principio general de que nadie puede enriquecerse en detrimento ajeno es una norma superior que existe y cierra todos los ordenamientos para que no pueda quedar sin rectificacción una situación injusta.[4]

---

2. ÁLVAREZ, citado, pp. 415 y 416, dice que el enriquecimiento injusto puede considerarse como un principio general de Derecho que informa todo el ordenamiento jurídico, y como una acción que se ha concretado a través de la jurisprudencia hasta convertirse en una norma de aplicación inmediata. Véase, en el volumen I de este *Compendio,* lo que sobre el particular se dice en la página 86, con referencia a la sentencia de 7 de abril 1960 (Aranzadi, núm. 1.276).

3. BARRY NICHOLAS, *Enriquecimiento injusto en el Derecho civil y en el de Luisiana* (en inglés), Tulane Law Review, 1962, vol. 36, pp. 605 a 646, y vol. 37, pp. 49 a 66; esp. p. 608.

4. Acerca de las posibles causas de una atribución patrimonial, véase el volumen I de este *Compendio,* p. 333.

La calificación de un desplazamiento patrimonial como un enriquecimiento injusto tampoco depende de que el beneficio se haya conseguido mediante la comisión de un acto ilícito. Puede existir un lucro indebido sin haber mediado culpa del enriquecido. La actitud culposa en todo caso consistiría en la pretensión de retener un lucro obtenido sin justificación. En el caso de tratarse de un acto culposo la indemnización se mide por el daño experimentado por la víctima, con independencia de que haya proporcionado beneficios al responsable; en cambio, la restitución que procede en caso de enriquecimiento injusto no puede ser superior en ningún caso al aumento patrimonial experimentado por el obligado a restituir.[5]

Sobre la diferencia entre la acción de indemnización de daños y perjuicios y la de enriquecimiento injusto, cfr. S. de 12 abril 1955 (Aranzadi, núm. 1.126).

2. Desplazamientos patrimoniales con intervención de un tercero

La relación entre empobrecimiento y enriquecimiento no siempre se produce como resultado de una prestación directa del empobrecido al enriquecido. Lo decisivo no es la relación directa entre ambos, sino la existencia de un vínculo de conexión suficiente entre el patrimonio que ha sufrido la pérdida y el que ha experimentado el beneficio. Una misma circunstancia ha de haber causado una pérdida en un patrimonio y una ganancia en otro. Es el requisito que la doctrina alemana llama de la inmediatez *(Unmittelbarkeit)* del desplazamiento, que no ha de entenderse en el sentido de que el fenómeno se produzca directamente entre el perjudicado y el beneficiado, sino en el de que un mismo hecho o circunstancia ha de haber dado lugar a la pérdida y a la ganancia.[6]

Por ello, al lado de la *condictio* existe la acción de *in rem verso,* que en Roma era la destinada a recuperar lo que había sido *in rem domini verso,* introducido en el patrimonio del señor por negociación con un hijo bajo potestad o con un esclavo. La acción se extendió al supuesto

5. LACRUZ, citado, p. 570; JOSSERAND, *Derecho Civil,* traducción española, Buenos Aires, 1950, II-1, p. 454; DE CUPIS, *El daño,* traducción española, Barcelona, 1975, p. 103.

6. ENNECCERUS y LEHMANN, *Derecho de obligaciones,* tercera edición española, Barcelona, 1966, volumen 2.°, segunda parte, p. 958; DAWSON, *Enriquecimiento injusto,* (en inglés) Boston, 1951, p. 120.

de que el demandado se hubiese beneficiado de un contrato entre el demandante y un tercero. Era el medio de evitar un enriquecimiento injusto que hubiese beneficiado a una persona ajena al contrato.[7]

Nuestro propio Código civil ofrece abundantes ejemplos de actos entre dos sujetos que redundan en beneficio de un tercero. En el caso de accesión respecto de bienes inmuebles, «si los materiales, plantas o semillas pertenecen a un tercero que no ha procedido de mala fe, el dueño del terreno deberá responder de su valor subsidiariamente y en el solo caso de que el que los empleó no tenga bienes con que pagar» (art.365, ap. 1.°, C.c.). Si rescindida una donación por supervivencia de hijos, el donante pagare la hipoteca que hubiere impuesto el donatorio sobre los bienes, tendrá derecho a reclamar su importe del donatario (art. 645, ap. 2.°, C.c.). El coheredero que hubiere pagado deudas hereditarias en proporción superior a lo que corresponde a su participación, podrá reclamar de los demás su parte proporcional (art. 1.085 C.c.).

El art. 1.688 C.c. dispone que la sociedad civil responde a todo socio de lo que haya desembolsado por ella. Según el art. 1.717 C.c. las acciones entre mandante y mandatario son procedentes aunque el mandatario haya obrado como si el asunto fuera personal suyo. El art. 1.842 concede acción al fiador contra el acreedor cuando éste ha aceptado el pago tanto del deudor como del propio fiador, etc.

Pero el supuesto que se considera como peculiar de la acción de *in rem verso* es el contemplado en el art. 1.158 C.c., según el cual el que paga una deuda ajena sin consentimiento del deudor tiene el derecho de reclamar de éste el importe de lo pagado.[8]

Una aplicación concreta del mismo principio sin duda es el que encontramos en el art. 1.894 C.c.: «Cuando sin conocimiento del obligado a prestar alimentos los diese un extraño, éste tendrá derecho a reclamarlos de aquél, a no constar que los dio por oficio de piedad y sin ánimo de reclamarlos».

Según la *Sentencia de 14 noviembre 1968* (Aranzadi, núm. 5.334), «la *actio de in rem verso* a que alude el párrafo segundo del artículo 1.158 C.c., confiere a su titular el derecho de reembolso sobre las cantidades que hubiese satisfecho por cuenta y en nombre de otro y no en su exclusivo beneficio (Sentencias de 26 noviembre 1926 y 8 abril 1948), siempre que aquél efectivamente las adeudara, según se infiere del contenido de las sentencias de esta Sala de 31 octubre

---

7. NICHOLAS, citado en la nota 3, p. 618.
8. PÉREZ y ALGUER, anotaciones a la obra citada en la nota 6, p. 969.

1951, 15 octubre 1959 y 30 junio 1966, y en especial de la de 21 abril 1964...».

3. Requisitos de la acción de enriquecimiento injusto

Es necesario que el demandado haya experimentado un beneficio correlativo a una pérdida o detrimento patrimonial del actor; ha de existir una relación directa entre ambos fenómenos; ha de faltar la causa, razón o disposición legal que lo justifique; y si se admitiera el carácter subsidiario de la acción, sería necesario que no existiera otro recurso legal para obtener el mismo resultado. Cfr. S. 28 enero 1956 (Aranzadi, núm. 669).

a) El *enriquecimiento* ha de representar un aumento de valor del patrimonio de la parte demandada. Puede haber sido a consecuencia de la adquisición de una cosa o de un derecho real o de crédito, de las garantías obtenidas para derechos existentes, o puede ser consecuencia de la liberación de obligaciones o gravámenes; puede ser consecuencia de actos que no aumenten el activo pero disminuyan el pasivo, como en el supuesto de pago de deudas ajenas, o cuando se realicen gastos para evitar que se destruya o deteriore una cosa ajena.[9]

b) Es necesario que el enriquecimiento se haya obtenido a costa del *empobrecimiento* de otro, en el sentido amplio de que la ventaja de uno haya costado algo a otro. La ventaja del uno tiene que derivar de la desventaja de otro o, a la inversa, ésta de.aquélla. Lo único necesario es «que el valor del empobrecimiento sea recognoscible en el patrimonio al que ha sido transportado» (Lacruz).[10]

c) La necesidad de poner un límite a las posibles alegaciones de que un beneficio ajeno es resultado de un detrimento propio, ha lle-

9. LACRUZ, citado p. 585, dice: «No producen propio y verdadero enriquecimiento injusto, en cambio, los gastos hechos para alejar un simple peligro de destrucción o disminución de la cosa, ya que la ventaja resultante no es valuable con seguridad en una suma de dinero». Pero es curioso que LEYSER, en sus *Meditationes ad Pandectas,* III, 223, citado por DAWSON, p. 173, nota 84, cita el caso de una ciudad que estaba amenazada de destrucción por un ejército enemigo y uno de los ciudadanos entregó bienes por valor de dos mil marcos para evitarlo. Opinó que disponía de una *actio de in rem verso* contra los propietarios de otros inmuebles salvados de la destrucción con el sacrificio de un tercero.

10. LACRUZ, p. 585.

vado a la doctrina a exigir el carácter *inmediato* o *directo* del desplazamiento, como ya se ha dicho.[11]

No es necesario que la prestación se haya realizado por el empobrecido, ni de que el enriquecido la haya aceptado por sí mismo. La conexión *directa* también existe cuando una persona paga las deudas de otra, con el resultado de que ésta experimenta una ventaja, a pesar de que el pago se hizo a quien es tercero en la relación entre enriquecido y empobrecido. Lo mismo sucede cuando alguien, sin vínculo contractual con el propietario de un inmueble, invierte cantidades en éste, pues también en tal caso existe unidad en la circunstancia que es origen de la ganancia y de la pérdida. Cfr. S. 28 enero 1956.

Por lo mismo, no hay enriquecimiento, en el sentido técnico que ahora nos ocupa, cuando el precio de una mercancía comprada experimenta después una notable elevación en el mercado. Cfr. S. 24 septiembre 1953 (Aranzadi, núm. 2.277).

La acción tampoco procede cuando se produce un empobrecimiento sin que haya un desplazamiento patrimonial a favor de otro patrimonio. Cfr. S. 7 abril 1959 (Aranzadi, núm. 1.540).

c) El enriquecimiento ha de haber sido injusto, en el sentido de no existir causa o razón que lo justifique. Por causa del enriquecimiento se ha de entender el título jurídico que pudiera justificarlo: donación, venta, testamento, sentencia, etc. El desplazamiento patrimonial está justificado cuando es el resultado de un acto jurídico válido entre el empobrecido y el enriquecido, o entre éste y un tercero.[12]

La finalidad que las partes se propusieron es la «causa» que puede justificar el desplazamiento; pero la finalidad pretendida puede ser incompatible con la situación real de las cosas y puede faltar la causa, como en el supuesto de haberse querido pagar una deuda inexistente *(condictio indebiti)*. La finalidad de una entrega también puede fracasar si no se ha logrado que el receptor cumpla lo que de él se esperaba *(condictio ob causam datorum)*. Otra hipótesis consiste en que la causa o razón justificativa exista inicialmente pero desaparezca después *(condictio ob causam finitam)*.[13]

---

11. DAWSON, citado, pp. 120 y 185; NICHOLAS, citado, pp. 616, 626, 628 y ss.
12. JOSSERAND, obra citada, pp. 458 y 459; NICHOLAS, pp. 610, 614, 625 y 626.
13. ÁLVAREZ, citado, pp. 429 y ss. y 434 y ss., dice que las acciones de enriquecimiento injusto existen en nuestro Derecho en los casos en que ya no es posible ejercitar una acción real para recuperar una cosa y es preciso recurrir a una acción personal *o condictio,* para recuperar su valor.

Puede observarse claramente que en nuestro Derecho, a pesar del sistema causal de transmisión y de no admitir el negocio abstracto de disposición, cabe perfectamene la *condictio indebiti* (art. 1.895); la *condictio causa finita,* cuando se persigue una finalidad válida y posible que desaparece o deja de serlo después; y lo mismo hay que decir de la *condictio causa data causa non secuta,* por frustración de un resultado. Todos ellos son casos en que el perjudicado no dispone de acción real para recuperar lo perdido y ha de utilizar una acción personal para recuperar su valor.

e) Ha sido tema de discusión si la acción por un enriquecimiento injusto es *subsidiaria,* en el sentido de que sólo proceda cuando el demandante no disponga de otro medio para obtener la restitución a que tenga derecho. Varias razones han sido alegadas para considerarla subsidiaria: que la economía de medios aconseja excluir una acción cuando ya existe otra para obtener un resultado equivalente; que al fundarse en un principio general de Derecho sólo debería admitirse para llenar lagunas de ley; que no es aconsejable admitir la posibilidad de alegar un enriquecimiento injusto cuando ya se han agotado otras acciones, por la confusión e inseguridad que resultaría, etcétera.[14]

Pero lo que en realidad se discute es si todavía puede alegarse un enriquecimiento injusto después de fracasar otra acción más específica, y si ello sería inadmisible o si lo sería dejar sin protección a quien por alguna razón puramente técnica no dispusiera de otra clase de acción.[15] Parecen razonables las siguientes consideraciones:

Si el perjudicado dispone de una acción ordinaria fundada en disposiciones concretas de la ley, ha de utilizarla en lugar de la de enriquecimiento injusto. Pero si por alguna razón de hecho (v.g. insolvencia) la acción ordinaria resulta ineficaz, puede ser procedente la de enriquecimiento injusto (e.i.).

Si la acción preferente ha prescrito, no puede permitirse que la de e.i. deje sin eficacia las disposiciones sobre prescripción extintiva.

Si la acción preferente en cierta manera ya es excepcional, como sucede en los casos de rescisión de los contratos, no hay duda que si no puede ejercitarse tampoco procederá la de e.i.

---

14. LACRUZ, citado, pp. 595 y ss.; JOSSERAND, II-1, p. 459. El Código civil italiano, en su art. 2.042, establece claramente el carácter subsidiario de la acción.

15. En Francia el caso *Clayette,* resuelto en 1914, exigió como requisito que no se pudiera ejercitar otra acción. Cfr. DAWSON, p. 183, nota 120; NICHOLAS, pp. 633 y ss; ÁLVAREZ, p. 495.

Por el contrario, si la acción específica significaba un trato de favor para el perjudicado, parece que no existirá razón entonces para excluir la de e.i. cuando la primera no reúna todas las condiciones necesarias para su ejercicio. Así, la regulación especial del contrato de servicios no dejará excluida una reclamación fundada en el hecho de la relación de trabajo.

La cuestión del recurso a la acción de e.i. como subsidiaria puede presentarse cuando la acción específica y preferente tenga un plazo de caducidad o de extinción mucho más breve que aquélla. Por ejemplo, en el caso de responsabilidad civil extracontractual (art. 1.968, número 2.°, C.c.), hay que preguntar si pasado el año podrá recurrirse a la acción de e.i. Parece que no ha de permitirse que en la práctica reviva una acción prescrita con la maniobra de ejercitarla como una acción de e.i.; pero, en contra, se alega que tampoco es razonable entender que el causante de un perjuicio puede retener el beneficio obtenido.[16]

Sobre el problema puede examinarse el recurso de casación resuelto por la Sentencia de 12 abril 1955 (Aranzadi, núm. 1.126), al sostener uno de los motivos del recurso que la acción de e.i. no procede cuando el caso tiene su regulación en las normas específicas de los artículos 1.902 y 1.968, núm. 2.°, C.c., entendiendo por ello que la acción había ya prescrito. El Tribunal Supremo rechazó el recurso, de manera fundamental por entender que la acción ejercitada (era un caso de intrusión minera) no era la del art. 1.902, y porque cuando concurren varias acciones (la interdictal para retener o recobrar la posesión, la reivindicatoria para obtener la devolución del mineral extraído, la fundada en la culpa, etc.) que no tienen un orden de preferencia, el titular del derecho lesionado puede utilizar la que considere más apropiada.[17]

Puede verse replanteada la cuestión en posteriores sentencias, como las de 10 marzo 1958 (Aranzadi, núm. 1.068), 28 enero 1956 (Rep., 669), 24 enero 1975 (Rep., 95, etc.)

Lo procedente en cada caso sin duda es examinar si el Derecho, al conceder la acción, ha querido eliminar todas las demás que tengan el mismo fundamento o que persigan sustancialmente el mismo resultado; y, sobre todo, si el señalamiento de un plazo de prescripción ha querido significar que, desde su vencimiento, queda eliminada cualquier otra posibilidad de reclamación sobre el mismo tema. En definitiva, se trata de evitar un fraude de ley, pero igualmente evitar que se consolide una injusticia.

---

16. LACRUZ, p. 596.; NICHOLAS, p. 640.
17. Una crítica negativa a esta sentencia en A. HERNÁNDEZ-GIL, p. 265.

4. Contenido de la acción

El ejercicio de la acción de enriquecimiento injusto está sometido al doble límite de que ni ha de darse al empobrecido más de lo que ha perdido, ni ha de quitarse al enriquecido más de lo que ha obtenido. Como hemos visto, es la diferencia que existe entre esta acción y la de responsabilidad por acto ilícito civil.[18]

Cuestión discutida es determinar en qué momento ha de valorarse el importe del enriquecimiento. Cabe elegir entre el día del desplazamiento patrimonial y el de la presentación de la demanda. Lo segundo parece más natural por tratarse de la nivelación de dos pa trimonios en presencia. Si el desequilibrio ya no existe, la acción no tiene razón de ser. Es decir, el enriquecimiento ha de persistir el día de la presentación de la demanda.[19]

Si la cosa recibida de buena fe por el demandado ha sido consumida, sólo procederá la restitución en la medida en que se haya ahorrado gastos, al haberla empleado en atender a sus propias necesidades. Y si el mismo receptor de buena fe hubiese enajenado la cosa recibida, «restituirá el precio o cederá la acción para hacerlo efectivo» (art. 1.897, última proposición).

Según el Código (art. 1.897), la recepción indebida, pero de buena fe, de cosa cierta y determinada, sólo obliga a responder «de las desmejoras o pérdidas de ésta en cuanto por ellas se hubiese enriquecido». La regla sin duda expresa que el alcance de la obligación de restituir viene determinada, no por el perjuicio sufrido por el demandante (como sucedería si se tratara de una acción de indemnización de daños), sino por el beneficio obtenido injustamente por el demandado, como observa Ferrandis.[20]

En los casos de mala fe por parte del receptor, éste tendrá que abonar, además, el interés legal cuando se trate de capitales, o los frutos percibidos o debidos percibir, cuando la cosa recibida los produjere, para compensar el *lucrum cessans* del demandante. Cfr. artículos 455, 1.108 y 1.896-1 C.c.

---

18. MAZEAUD, *Leçons de Droit Civil,* II, París, 1956, pp. 644 a 646; NICHOLAS, citado, p. 641.
19. LACRUZ, p. 601; JOSSERAND, 461.
20. FERRANDIS, en las anotaciones citadas, p. 1.016.

La acción de enriquecimiento prescribe a los quince años, según el art. 1.964 C.c., por tratarse de una acción personal que no tiene señalado término especial de prescripción.

La *Compilación del Derecho Civil Foral de Navarra* dedica el Capítulo IV, del Título VIII del Libro III, al enriquecimiento sin causa (leyes 508 a 510).

XXXV
RESPONSABILIDAD CIVIL POR ACTOS ILÍCITOS

1. Ilicitud penal y civil

El ordenamiento jurídico distingue claramente los *delitos penales*, que son las acciones y omisiones previstas y penadas en el Código penal, y los *actos ilícitos civiles,* que son actos u omisiones en que interviene culpa (dolo) o negligencia no tipificados por la ley penal, pero susceptibles de fundar una acción de reparación o indemnización en el ámbito civil.[1]

Los primeros se rigen por las disposiciones del Código penal, como dispone el art. 1.092 del Código civil: «Las obligaciones civiles que nazcan de los delitos o faltas se regirán por las disposiciones del Código penal». Los segundos son «actos y omisiones en que intervenga culpa o negligencia no penadas por la ley», como dice el art. 1.093 Código civil, que se rigen por los arts. 1.902 a 1.910 del mismo Código.

Nueve artículos son muy pocos para regular toda la responsabilidad extracontratual; pero existen, además, leyes especiales para ciertas clases de responsabilidad; y, sobre todo, existe una abundante casuística jurisprudencial que contiene la regulación más detenida de esta materia.

---

1. Jaime SANTOS BRIZ, *La responsabilidad civil,* tercera edición, Madrid, 1981; del mismo autor, *Derechos de daños,* Madrid, 1963; Mariano FERNÁNDEZ y MARTÍN GRANIZO, *Los daños y la responsabilidad objectiva en el Derecho positivo español,* Pamplona, 1972; Ricardo DE ÁNGEL YAGÜEZ, *Lecciones sobre la responsabilidad civil,* Bilbao, 1978; Antonio BORRELL MACIA, *Responsabilidades derivadas de la culpa extracontractual civil,* Barcelona, 1942, y segunda edición de 1958; Adriano DE CUPIS, *El daño, Teoría general de la responsabilidad civil,* traducción española, Barcelona, 1975; Fernando PANTALEÓN PRIETO, *Responsabilidad civil: Conflictos de jurisdicción,* Madrid, 1985; Ricardo DE ÁNGEL, *Algunas previsiones sobre el futuro de la responsabilidad civil (con especial atención a la reparación del daño),* Madrid, 1985.

2. Responsabilidad contractual y extracontractual

Dentro del ordenamiento civil, la responsabilidad se divide en contractual y extracontractual o aquiliana. La primera consiste en la infracción de una obligación resultante de un contrato; la segunda deriva del daño producido a otra persona, sin que exista una relación jurídica de carácter convencional entre el autor del daño y quien lo sufre. Implica la transgresión de una norma de Derecho objetivo que impera entre las partes sin necesidad de su aceptación, por tratarse, en definitiva de la infracción de la norma de no causar daño a otro *(neminem laedere)*.[2]

El art. 1.093 del Código civil habla de actos u omisiones en que intervenga culpa o negligencia no penadas por la ley, y con ello refunde los antiguos conceptos de delito y cuasidelito en la doctrina unitaria de la responsabilidad por culpa o negligencia, que obliga a reparar el daño causado.[3]

Este acto ilícito civil es una figura o categoría general caracterizada por la concurrencia de los siguientes rasgos: es un hecho ilícito que causa daño a otra persona y que se produce por culpa o negligencia de su autor. Como dice el art. 1.902 C.c.: «El que por acción u omisión causa daño a otro, interviniendo culpa o negligencia, está obligado a reparar el daño causado». Es una categoría general o abierta que permite en todo caso la reacción contra una transgresión jurídica, aunque no corresponda a un tipo determinado. Como ha

---

2. SANTOS BRIZ, *La responsabitidad civil,* obra citada, pp. 87 y ss. observa O'CALLAGHAN, *Compendio de Derecho Civil,* tomo II, volumen 1.°, Madrid, 1987, p. 307, que la comúnmente llamada responsabilidad extracontractual o aquiliana (por haber sido regulada por la *Lex Aquilia,* del siglo III a. de C.) es una obligación nacida de acto ilícito, pero no es una responsabilidad. Esta es otra cosa: «es la situación en que se coloca el deudor que ha incumplido una obligación (tanto si ésta es contractual, como, incluso si procede de acto ilícito) que es patrimonial y universal y prevé el artículo 1.911. Por tanto, no puede hablarse de una responsabilidad contractual y otra extracontractual, sino de *obligaciones contractuales* (nacidas de contrato, ésta es su fuente) y de *obligaciones nacidas de acto ilícito* (o sea, extracontractuales), y si el deudor de unas y otras incumple, de *responsabilidad* patrimonial universal».

A pesar de la razón que sin duda asiste al autor de la observación, es general, el uso que se hace de la expresión responsabilidad extracontractual, que es una manera abreviada de significar que se trata de, la consecuencia del incumplimiento de una obligación (extracontractual) nacida de la comisión de un acto ilícito. Ha de tenerse en cuenta que el quebrantamiento de una obligación contractual es un hecho posterior a su nacimiento, pero que la comisión de un acto ilícito ya es por sí mismo el quebrantamiento de un deber jurídico, lo que explica que entrañe directamente la idea de responsabilidad.

3. JOSSERAND, citado, II-1, p. 291

dicho un autor, no es necesario que un acto generador de responsabilidad civil tenga un nombre conocido y basta que signifique el quebrantamiento de los deberes que el Derecho impone a las partes.

A pesar de la diferencia entre responsabilidad contractual y extracontractual, los arts. 1.094 y 1.112 C.c. son aplicables, con las debidas matizaciones, a la responsabilidad extracontractual. En alguna ocasión el Tribunal Supremo se ha referido al principio común a que responden ambas clases de responsabilidad. Véase la Sentencia de 24 de marzo 1952 (Aranzadi, núm. 1.209).

La concepción dominante en el Código funda la obligación de reparar el daño en el criterio subjetivo de la culpa de quien lo ha causado. Otra posibilidad, que de manera progresiva se va imponiendo, la funda en la pura relación de causalidad entre el acto del agente y el daño producido. Es el sistema de la responsabilidad objetiva del que ya se tratará.[4]

El Derecho del Código se funda, en general, en la responsabilidad subjetiva o por culpa, aunque sea por simple negligencia; sin embargo admite algunos casos de responsabilidad objetiva. En la regulación contenida en sus artículos hay que distinguir:

La responsabilidad por hecho propio de la persona que ha de indemnizar (art. 1.902).

Responsabilidad por hechos ajenos (arts. 1.903 y 1.904).

Responsabilidad por daños causados por los animales que se poseen o utilizan (arts. 1.905 y 1.906).

Responsabilidad por las cosas que se poseen, explotan o usan (arts. 1.907 a 1.910).

3. Elementos constitutivos de la responsabilidad civil

El principio general y punto de partida está en el art. 1.902: «El que por acción u omisión causa daño a otro, interviniendo culpa o negligencia, está obligado a reparar el daño causado».

El artículo contiene un principio general que ha necesitado, como todos, ser concretado por la doctrina y la jurisprudencia. Así ha quedado establecido que la obligación de reparar o indemnizar el daño causado es resultado de un acto o de una omisión antijurídica, culpable, que produce daño, existiendo una relación o nexo causal entre la

---

4. J. VALLS GOMBAU, *La ertensión de la culpa extracontractual hacia un carácter social,* Revista Jurídica de Cataluña, 1980, pp. 99 a 131.

acción u omisión y el resultado dañoso. Cfr. Sentencias 6 julio 1956 (Aranzadi, núm. 2.757) y 11 febrero 1975 (Aranzadi, núm. 482).

Hay que examinar por separado dichos requisitos.

A. *Acción u omisión ilícita o antijurídica*

La responsabilidad presupone la acción u omisión de una persona (cfr. arts. 1.089, 1.093 y 1.092) y es indiferente, por tanto, que se trate de un hecho activo o de una abstención, y basta que sean el antecedente sin el cual el daño no se hubiese producido.

La necesidad de que se trate de un hecho ilícito o antijurídico requiere alguna observación. Todo hecho que causa daño y que no esté específicamente justificado o autorizado ha de considerarse que es contrario a Derecho. La más elocuente manifestación de la ilicitud es el mismo daño producido, sin perjuicio de que pueda probarse que ha sobrevenido por caso fortuito o fuerza mayor. La Sentencia de 7 enero 1960 (Aranzadi, núm. 104) declaró que, al ser previsibles unos resultados dañosos, el art. 1.902 los considera generadores de responsabilidad, para cuya exigencia no es necesaria, conforme a su texto, su previa ilicitud. Además, cfr. Ss. 30 junio 1959 (Aranzadi, núm. 2.944), la citada de 6 julio 1956, la de 23 diciembre 1952 (Rep. Aranzadi, núm. 2.673), etc.[5]

Pero en determinados supuestos un acto u omisión que generen daño pueden excluir que la conducta del agente deba calificarse de antijurídica. Así:

a) En caso de *legítima defensa o estado de necesidad.* Véase en el Código penal, el art. 8.°, números 4.°, sobre legítima defensa, y 7.°, sobre el que obra impulsado por un estado de necesidad. En el estado de necesidad queda en suspenso la eficacia de la norma jurídica y se sacrifica el interés normalmente protegido, que ha de quedar restablecido en la medida de lo posible.[6]

La doctrina presupone la aplicación de los requisitos penales al campo civil y a la regulación de la responsabilidad de esta clase.[7]

---

5. Sobre la antijuricidad, de manera especial, SANTOS BRIZ, en sus dos citadas obras, *Derecho de daños*, pp. 24 a 40, y *La responsabilidad civil*, pp. 26 a 35.
6. DE CUPIS, citado, p. 97.
7. SANTOS BRIZ, *Derecho de daños*, obra citada, p. 81, nota 59.

b) Cuando la víctima ha consentido la producción del daño: *volenti non fit injuria*. Sin embargo, par.a que este consentimiento sea eficaz es necesario que el interesado pueda disponer del bien jurídico lesionado, y es igualmente preciso que ello no sea contrario a las buenas costumbres. Son ineficaces por inmorales (art. 1.255 C.c.) los acuerdos para producir daños en la salud de los contratantes o para privar a alguno de libertad.

c) Cuando se obra en ejercicio de un derecho: *qui iure suo utitur neminem laedit,* excepto cuando el ejercicio deba calificarse de abusivo (cfr. art. 7.°, ap. 2, C.c.).[8]

B. La culpa del agente

El art. 1.902 C.c. impone la obligación de reparar el daño causado a otro por acción u omisión «interviniendo culpa o negligencia».

En la responsabilidad contractual el art. 1.101 C.c. distingue entre *dolo* y *negligencia,* y en el caso de responsabilidad extracontractual el art. 1.902 C.c. distingue entre *culpa* y *negligencia.* En realidad se trata de una simple imprecisión de terminología, pues en el segundo caso la palabra «culpa», como concepto distinto de «negligencia», ha de ser entendida en el sentido de dolo, que es la conducta observada con conciencia o previsión del resultado dañoso. La negligencia se refiere a la falta de la diligencia exigible en cada caso, con la que podía haberse evitado el resultado dañoso.

La responsabilidad por culpa o negligencia presupone que el agente posee la aptitud general para responder de sus actos ilícitos. Pero el Código civil, a diferencia del penal, no contiene normas sobre la capacidad necesaria para incurrir en responsabilidad extracontractual; por lo que se podrán tener en cuenta los preceptos sobre capacidad para contratar (art. 1.263 C.c.), y que los párrafos segundo y tercero del art. 1.903 presuponen que la responsabilidad directa y personal por culpa extracontractual dependen de la mayoría de edad y de la plena capacidad.

Sin embargo, Ricardo de Ángel observa que si a partir de los 16 años (mayoría penal) el sujeto puede quedar sometido a una pena, con la consiguiente responsabilidad civil, no hay razón para negar

---

8. La posibilidad de abusar de un derecho resulta evidente por lo que dispone el art. 7-2 del Código civil. Véase, en el volumen 1.° de este Compendio, pp. 158 a 162.

que a esa edad también se puede incurrir en la culpa o negligencia que es fundamento de la responsabilidad civil del art. 1.902.[9]

Hay que distinguir entre dolo o culpa intencional y negligencia. La conciencia de que se va a causar un daño no ha de ser necesariamente una intención hostil, en el sentido de un deseo de causar el daño. También es dolo civil el conocimiento del resultado que se va a producir acompañado de un estado de indiferencia ante este posible resultado. El agente prefiere la realización de su propósito aunque sea a costa de lesionar los intereses de otra persona. El dolo civil, dice Santos Briz, es la infracción consciente y voluntaria de un deber jurídico, con la producción de un daño y con la relación causal necesaria y prevista entre aquél y éste.[10]

Lo que convierte en doloso un acto es «el saber que puede ser dañoso para los demás, aunque no se hayan previsto o podido prever todos y cada uno de sus posibles efectos» (Alfonso de Cossío).[11]

Por lo que afecta a la negligencia, resulta que muchos de los daños causados en los intereses ajenos son debidos a esta clase de conducta. Las condiciones de la vida actual exigen una activa diligencia de todos los miembros de la sociedad para evitar daños a los que, en esta rama del Derecho, son llamados los «terceros».

Son elementos que caracterizan la responsabilidad por negligencia:

a) La existencia de una obligación o, por lo menos, de un deber general, reconocido por el derecho, que exige que los sujetos ajusten sus actos a un determinado tipo de conducta para que los demás no sufran riesgos que no tienen por qué soportar.

b) Que el agente del daño haya obrado sin ajustarse a semejante tipo de conducta.

c) Que exista una relación causal suficiente entre la conducta y el resultado perjudicial.

d) Que los intereses ajenos hayan sufrido una pérdida o un daño efectivo.

---

9. Ricardo DE ÁNGEL YAGÜEZ, citado, pp. 52 y ss., esp. 54, dice que no parece lógico que respondan civilmente si sus actos son ilícitos penales y que no sean responsables en el caso de ilicitud civil.

10. SANTOS BRIZ, *Derecho de daños,* obra citada, pp. 41 y ss., y *La responsabilidad,* p. 38.

11. Alfonso DE COSSÍO, *El dolo en el Derecho civil,* Madrid, 1955, p. 539; *La casualidad en la responsabilidad civil,* Anuario de Derecho Civil, 1966, pp. 527 a 554.

Al juzgar sobre la negligencia, el Derecho ha de calificar una conducta. Conducta negligente es la que queda por debajo del prototipo de comportamiento establecido por la ley para la protección de otras personas. A base de los criterios de la jurisprudencia de la Sala 1.ª del Tribunal Supremo, cabe decir que la conducta negligente es la que omite la diligencia exigible en el tráfico, mediante cuyo empleo hubiese podido evitarse un resultado no querido.[12]

A diferencia de lo que sucede en la responsabilidad contractual (cfr. art. 1.104 C.c.), la graduación de la culpa del agente no se tiene en cuenta porque el autor del acto ilícito responde siempre del daño, cualquiera que sea el grado de la falta, ya que, como dice el art. 1.089 del Código civil, responde de «cualquier género de culpa o negligencia».

Sin embargo, como la negligencia supone una falta de la diligencia que hubiese sido razonable en el caso concreto, ha de entenderse que esta diligencia no ha de ser siempre igual, pues sólo es una conducta diligente la que se adapta al riesgo aparente de la situación. Es evidente que la prudencia ha de aumentar a medida que el peligro es mayor.[13]

Por otra parte, a medida que aumenta la probabilidad de causar un daño, el agente puede llegar a tener una certidumbre sustancial de que el daño se producirá. En tal situación falta la base que permite distinguir la culpa intencional o dolo de la culpa negligente. Cuando se tiene conocimiento de la elevada probabilidad de riesgo que concurre se ha de hablar de imprudencia temeraria, que revela que el forzoso conocimiento de la inminencia del daño puede equipararse a la voluntad de causarlo. Por ello en Derecho romano se decía *culpa lata dolo equiparatur.*

C. El daño

Sin daño o perjuicio no existe obligación de indemnizar. La responsabilidad civil trata de reparar un perjuicio y si éste no queda demostrado, no existirá acto ilícito civil. Únicamente las conductas tipificadas como delitos y faltas en el Código penal son sancionadas con independencia del daño que hayan podido causar. El actor ha de

---

12. SANTOS BRIZ, *Derecho de daños,* citado, p. 45.

13. SANTOS, citado en la nota anterior, dice que «exigible según las circunstancias» (cfr. art. 1.104 C.c.) es la diligencia que dentro de la vida social puede ser exigida en la situación concreta a persona razonable y sensata, según la clase de actividad a enjuiciar.

demostrar, necesariamente, la realidad del daño que ha sufrido y su cuantía.

Daño es «todo menoscabo material o moral causado contraviniendo una norma jurídica, que sufre una persona y del cual haya de responder otra» (Santos Briz). Comprende la disminución de bienes patrimoniales existentes *(damnun emergens)* y las ganancias o beneficios que se dejan de obtener *(lucrum cessans)*. El art. 1.106 C.c. obliga a indemnizar al perjudicado «la ganancia que haya dejado de obtener».[14]

Son indemnizables los daños morales, como ha reconocido la jurisprudencia; pero, al no ser posible su valoración patrimonial, la cuantía será fijada según el prudente criterio del juzgador.

D. Relación de causalidad entre la culpa y el daño

Para que la persona acusada de haber ocasionado un daño sea condenada a indemnizar es necesario demostrar que el perjuicio es resultado de su conducta. En muchos casos no existirá duda alguna, pero en otros la relación de causalidad podrá ser sumamente dudosa.

Las ciencias naturales pueden demostrar que un fenómeno es efecto de otro, pero en la esfera jurídica la responsabilidad depende de que se pueda establecer una imputación razonable entre el acto u omisión del demandado y el daño sufrido por el demandante.[15]

La diferencia entre causalidad material o física y responsabilidad jurídica puede demostrarse con un sencillo ejemplo. Alguien se propone tomar un avión determinado día, pero un amigo le ruega que aplace su viaje y así lo hace. Si el avión del segundo día tiene un accidente y el viajero perece, la intervención del amigo aparece como un antecedente causal del resultado. Sin embargo, jurídicamente no puede serle imputada la culpa y, sin otras pruebas, ningún tribunal le condenaría por ello. Una cosa es la causación física y otra la causa eficiente de una responsabilidad.

Además, muchas veces son varias las causas que influyen en un resultado y, con un criterio naturalista, el encadenamiento causal de los hechos obligaría a hacer un profundo retroceso en el tiempo. Pero

---

14. SANTOS BRIZ, *Daños,* obra citada, pp. 106 y 107, y en *La responsabilidad,* pp. 281 y ss.

15. DE CUPIS, obra citada, p. 247; SANTOS BRIZ, *Daños,* pp. 213 y ss. y *La responsabilidad,* pp. 209 y ss.; DE COSSÍO, citado en la nota 11, pp. 530 y ss.; R. DE ÁNGEL, citado, pp. 24 a 118.

el Derecho necesita poner un límite razonable a las causas de responsabilidad y por ello hay que preguntar en qué momento es necesario cortar el encadenamiento de los hechos que anteceden a un daño. ¿Qué criterio permite pasar de la causalidad material a la imputación jurídica?[16]

Diversos criterios han sido preconizados para determinar las causas que implican responsabilidad. La teoría de la *equivalencia* sostiene que cuando varias causas han intervenido en la producción del resultado, todas han de ser consideradas generadoras de responsabilidad. Todas las circunstancias que han contribuido a un resultado son su causa si no se hubiese producido sin la concurrencia de todas ellas. Por eso también es llamada teoría de la *condicio sine qua non*. Todos los hechos indispensables para que el daño se produzca son causa del mismo, aunque cada uno por sí solo no hubiese sido suficiente. [17]

Pero el criterio de la equivalencia parece excesivamente riguroso por su gran amplitud. Considerar causa jurídica de imputabilidad a todos los antecendentes causales que en el orden natural han determinado la producción del daño, puede dar resultados injustos. Por ello se ha buscado orientación en algún criterio más restrictivo, como el de la *causa próxima*. El Derecho romano ya había afirmado que *in iure non remota causa, sed proxima spectatur* y, a través de Dumoulin y Pothier, la idea llegó al art. 1.151 del C.c. francés. Esta doctrina entiende que, de todos los antecedentes causales, será causa jurídicamente relevante el hecho que haya tenido una eficacia decisiva o preponderante en la producción del daño. Daño directo es el que se produce como consecuencia necesaria del acto del demandado.[18]

Sin embargo, lo que sucede entonces es que no se juzga un problema de causalidad natural, sino de política jurídica. En este sentido, la «causa próxima» significa el límite que los tribunales señalan a la responsabilidad del demandado por las consecuencias de su conducta.

En la doctrina actual aparece como dominante el criterio fundado en la llamada *causalidad adecuada*, que es la que regularmente concurre en la producción de un efecto. Para imputar responsabilidad

---

16. SANTOS BRIZ, *Daños*, p. 214; LARENZ, *Derecho de obligaciones*, I, Madrid, 1958, p. 198, observa que «el concepto natural de causa no contiene ciertamente dicha limitación de las consecuencias, tal como lo exige la idea de responsabilidad».

17. SANTOS BRIZ, obras citadas, pp. 188 y 212; DE ÁNGEL, p. 95; DE CUPIS, p. 256.

18. SANTOS BRIZ, *Daños*, obra citada, p. 218; DE CUPIS, p. 256.

sólo ha de ser relevante lo que es normalmente regular en el curso habitual de los hechos. Por tanto, causa es la condición que normalmente produce el resultado, según la experiencia general. Tratándose de omisiones, han de considerarse consecuencias de éstas las que previsiblemente no hubiesen ocurrido si la acción omitida hubiese sido realizada a tiempo.[19]

En los casos de responsabilidad por conducta negligente ha de ser decisivo el carácter *previsible* y *evitable* del resultado dañoso. Sólo puede ser imputado el curso causal de los hechos en cuanto sea previsible (Larenz). La previsibilidad del resultado, dice la Sentencia de 9 abril 1963 (Aranzadi, núm. 1.964), es el presupuesto lógico y psicológico de la imputabilidad del mismo. Sobre que el daño ha de ser, no sólo previsible, sino además evitable, véase la Sentencia de 9 noviembre 1949 (Aranzadi, núm. 1.245).[20]

No es necesario que la persona que ha obrado de manera negligente haya podido imaginar de manera precisa todas las consecuencias de su conducta. Hay daños que derivan de una conducta negligente aunque el autor no se los haya imaginado realmente, si a pesar de ello era previsible que podían ocasionarse. Es propio de la conducta negligente omitir preocupaciones necesarias, con la confianza de que, en definitiva, no se producirán resultados perjudiciales. Cfr. Sentencia de 10 noviembre 1924.

Cuando un daño es resultado de la conducta de dos o más autores independientes, en el sentido de que hubiese sido suficiente cada una para causar el daño por entero, la responsabilidad ha de afectar a cada uno con independencia de los demás. Ninguno de ellos podrá alegar que el daño se hubiese producido igualmente por la conducta de otro u otros, pues los demás podrían alegar lo mismo con igual fundamento. Cada causante responderá *in solidum,* sin perjuicio del derecho de reembolso parcial en sus relaciones internas.

Por supuesto que si se demuestra que la conducta de un tercero ha sido la causa única del daño, el demandado ha de quedar libre de responsabilidad, siempre que el acto del tercero haya sido imprevisible e inevitable.

La experiencia demuestra que en muchos casos el perjudicado contribuye en mayor o menor medida a la producción del daño, planteándose la cuestión de si por ello ha de quedar atenuada la responsa-

---

19. LARENZ, obra citada, p. 200; SANTOS BRIZ, en sus dos obras citadas, pp. 215 y 214.

20. LARENZ, citado, p. 218; DE COSSIO, lugar citado, p. 538.

bilidad del demandado. Es el problema de la concurrencia o compensación de culpas, sobre la que hay bastante jurisprudencia. El Tribunal Supremo ha entendido que, según la magnitud de una y otra culpa, en unos casos la del perjudicado puede ser irrelevante, en otros puede justificar la reducción de la indemnización y, finalmente, en ocasiones puede llevar a exonerar de responsabilidad.[21]

Véanse las Sentencias de 3 mayo 1967 (Aranzadi, núm. 2.227), 15 junio 1967 (Ar., núm. 3.487), 15 noviembre 1967 (Ar., núm. 4.157), 5 junio 1968 (Ar., núm. 3.762), 29 enero 1969 (Ar., núm. 422), 12 abril 1975 (Ar., núm. 1.516), 18 marzo 1982, 13 abril 1982.

4. Responsabilidad por hechos ajenos

El primer párrafo del art. 1.903 C.c. dispone: «La obligación que impone el artículo anterior es exigible, no sólo por los actos u omisiones propios, sino por los de aquellas personas de quienes se debe responder».

Según el último párrafo del mismo artículo: «La responsabilidad de que trata este artículo cesará cuando las personas en él mencionadas prueben que emplearon toda la diligencia de un buen padre de familia para prevenir el daño».[22]

Por tanto, hay unas personas «de quienes se debe responder», como dice el Código civil, y hay las personas a las que incumbe la obligación de reparar el daño causado. Las disposiciones de los párrafos segundo a quinto del artículo 1.903, después de las reformas introducidas por las Leyes 11/1981, de 13 de mayo y 1/1991, de 7 de enero, se refieren a la responsabilidad de los padres por los daños causados por los hijos que se hallen bajo su guarda, de los tutores por los daños causados por los menores o incapacitados que estén bajo su autoridad y habiten en su compañía, de los dueños o directores de un establecimiento o empresa por los perjuicios causados por sus dependientes, y de las personas o entidades que sean titulares de un

21. Sobre la concurrencia de culpas, R. DE ÁNGEL, p. 107; DE COSSÍO, pp. 552 y 553; SANTOS BRIZ, obras citadas, pp. 229 y 63; SOTO NIETO, *La llamada compensación de culpas*, Revista de Derecho privado, 1968, pp. 409 a 427; O'CALLAGHAN, citado, pp. 332 a 334.

22. J. A. CABALLERO, *Responsabilidad por el hecho de otro en materia civil*, Revista General de Derecho, 1980, pp. 18 a 23; Jaime SANTOS BRIZ, *Daños*, citado, pp. 283 y ss., y *Responsabilidad*, citado, pp. 405 y ss., 649 y ss., 667 y ss., 707 y ss.; DE CUPIS, citado, pp. 672 y ss.; O'CALLAGHAN, obra citada, pp. 327 a 331.

Centro docente de enseñanza no superior por los daños que causen sus alumnos menores de edad, en las circunstancias que se dirán.

Por su carácter excepcional, los supuestos de responsabilidad del art. 1.903 han de considerarse *numerus clausus* o de lista cerrada. Pero ello no impide que personas no mencionadas en el mismo sean declaradas responsables en relación con el daño ocasionado por otras, pero con la siguiente importante diferencia: en los supuestos de responsabilidad por hechos ajenos que el legislador ha consignado nominalmente, hay una *presunción de culpa,* en contra del responsable, aunque puede desvirtuarla mediante prueba en contrario; pero en los demás casos posibles de responsabilidad por culpa *in vigilando* o *in eligendo,* es absolutamente necesario probar esta culpa. Cfr. S. 23 febrero 1976 (Aranzadi, núm. 880).[23]

En todo caso, con independencia del carácter peculiar de cada uno de los supuestos incluidos en el art. 1.903 C.c., aparece como un rasgo común a todos ellos que la eficacia de la norma se logra con la presunción rebatible de culpa que se imputa a quien se halla en una situación de superioridad o predominio respecto del causante del daño *(respondeat superior).*

La jurisprudencia ha declarado que, a pesar de tratarse de una responsabilidad por hechos ajenos, el art. 1.903 no la impone de manera subsidiaria, sino directa. Cfr. S. 15 febrero 1975 (Aranzadi, núm. 566).

Es una responsabilidad fundada en la presunción *iuris tantum* de culpa propia, por falta de vigilancia o de cuidado en la elección de las personas que debían ejercerla. Si esta presunción no corresponde a la realidad, las personas señaladas podrán hacer prueba de que emplearon toda la diligencia exigible a un buen padre de familia.[24]

A. *Responsabilidad del padre y de la madre*

El párrafo segundo del art. 1.903 C.c., en la redacción de la Ley de 13 mayo 1981, dispone: «Los padres son responsables de los daños causados por los hijos que se encuentren bajo su guarda».

Los hijos no emancipados están bajo la potestad del padre y de la madre (art. 154 C.c.), potestad ejercida por ambos conjuntamente o

---

23. PUIG PEÑA, *Tratado de Derecho Civil Español,* IV-2, p. 577.

24. Acerca de la tendencia a considerar que esta obligación y consiguiente responsabilidad tiene carácter objetivo, véase O'CALLAGHAN, citado, II-1, p. 328; LACRUZ, *Elementos de Derecho Civil,* II-1, segunda edición, 1985, p. 565; SANTOS BRIZ, *Comentarios al Código civil y Compilaciones forales,* XXIV, Madrid, 1984, p. 563.

por uno solo con aprobación expresa o tácita del otro (cfr. art. 156). Por ello, el art. 1.903 impone responsabilidad a «los padres», indistintamente, por los daños causados por los hijos que se encuentren bajo su guarda. Para el tercero perjudicado la reforma no ha de producir el efecto de dividir el contenido de su acción, sino que podrá dirigir su acción contra los dos padres por el todo o contra cualquiera de ellos solidariamente.[25]

Cabe preguntar si a efectos de esta responsabilidad han de ser considerados como menores los hijos emancipados que viven en compañía de sus padres. La respuesta ha de ser negativa si se tiene en cuenta que la emancipación habilita al menor para regir su persona y bienes como si fuera mayor (art. 323 C.c.), por lo que no sería procedente imputar responsabilidad a los padres por lo que el hijo realice cuando ya no está bajo su guarda. En contra de esta solución se puede alegar que los padres pueden sustraerse a sus responsabilidades a base de conceder la emancipación al hijo. Podría pensarse en un fraude a la ley cuando los padres ya han incurrido en responsabilidad por actos del hijo anteriores a la emancipación.

B. Responsabilidad de los tutores

Según el párrafo tercero del art. 1.903 C.c.: «Los tutores lo son [de responsables] de los perjuicios causados por los menores o incapacitados que están bajo su autoridad y habitan en su compañía».

El artículo 222 del mismo Código, después de redactado por las Leyes 13/1983, de 24 de octubre, y 21/1987, de 11 de noviembre, dispone: «Están sujetos a tutela: 1.º Los menores no emancipados que no estén bajo la patria potestad. 2.º Los incapacitados, cuando la sentencia lo haya establecido. 3.º Los sujetos a la patria potestad prorrogada, al cesar ésta, salvo que proceda la curatela. 4.º Los menores que se hallen en situación de desamparo».

El art. 210 del Código, redactado por la citada Ley 13/1983, dispone: «La sentencia que declare la incapacidad determinará la extensión y los límites de ésta, así como el régimen de tutela o guarda a que haya de quedar sometido el incapacitado».

---

25. GARCÍA VICENTE, *La responsabilidad de los padres por actos del hijo menor: causas de exoneración*, Anuario de Derecho Civil, 1984, p. 1.033.

C. *Responsabilidad de los dueños o directores de un establecimiento o empresa*[26]

Según el párrafo 4.º del mismo art. 1.903, son igualmente responsables «los dueños o directores de un establecimiento o empresa respecto de los perjuicios causados por sus dependientes en el servicio de los ramos en que los tuvieran empleados, o con ocasión de sus funciones».

La doctrina tradicional afirma que esta responsabilidad del dueño o empresario se funda en la culpa en que ha incurrido en la defectuosa selección de sus empleados o en no haber ejercido la debida vigilancia de sus actos. Cfr. S. 11 mayo 1967 (Aranzadi, núm. 2.288).[27]

Para que pueda exigirse esta responsabilidad han de concurrir los siguientes requisitos:

a) Una relación mercantil o industrial entre el dueño o director de la empresa y el dependiente que ha causado el daño.

b) Que el dependiente cause el daño con ocasión de actuar en los ramos en que se halle empleado o con ocasión de sus funciones.

c) Que la acción del dependiente sea culposa, pues en otro caso la responsabilidad estaría exclusivamente fundada en el mero hecho de la relación de dependencia.

Cfr. Ss. 30 mayo 1968 (Rep. Aranzadi, núm. 2.930); la de la Sala 2.ª del T.S. (Penal) de 22 enero 1963 (Rep. íd., núm. 231).

Por tratarse de una responsabilidad directa del empresario, no es necesario demandar conjuntamente al autor del hecho determinante de la indemnización. Según la Sentencia de 16 noviembre 1967 (Rep. cit., núm. 4.159), la responsabilidad fundada en el art. 1.903 C.c. no es subsidiaria, sino directa, derivada de la culpa *in eligendo* o

---

26. La sentencia de 15 de febrero 1975 (Aranzadi, núm. 566) se ocupó de la responsabilidad de un tutor por los daños derivados de un accidente de caza protagonizado por un menor y declaró que «esa responsabilidad se presume siempre culposa, a no ser que su autor acredite en debida forma haber actuado con la diligencia y cuidado que requerían las circunstancias de tiempo y lugar concurrentes en el caso concreto de que se trata». Véase el comentario a la sentencia por ROGEL VIDE, en Anuario de Derecho Civil, 1976, p. 1.234.

27. J. RUBIO, *La responsabilidad civil del empresario*, Madrid, 1971; MIQUEL, *Observaciones en torno a la responsabilidad extracontractual por el hecho de un contratista independiente*, Anuario de Derecho Civil, 1983, p. 1.501; Pedro ZELAYA ETCHEGARAY, *La responsabilidad civil del Empresario por los Daños Causados por su Dependiente*, Pamplona, 1995; Javier BARCELÓ DOMÉNECH, *Responsabilidad extracontractual del empresario por actividades de sus dependientes*, Madrid, 1995.

in vigilando, por lo que no es preciso dirigir la demanda contra el autor del evento determinante de la indemnización. Pero en algunos casos el empleado ha sido demandado conjuntamente con el empresario, como en la S. 14 febrero 1964 (Rep., núm. 749).

La jurisprudencia interpreta este párrafo cuarto del art. 1.903 con cierto matiz de responsabilidad objetiva, pues exige una prueba convincente de la diligencia desplegada por el empresario en cada caso concreto para que la presunción de culpa quede desvirtuada. Cfr. S. 24 marzo 1953 (Rep., núm. 913), y S. 25 marzo 1954 (Rep., núm. 1.001).

El art. 1.904 C.c. en su primer apartado, dispone: «El que paga el daño causado por sus dependientes puede repetir de éstos lo que hubiese satisfecho». El precepto es poco consecuente con el criterio de que la responsabilidad del empresario es directa y fundada en su propia culpa *in eligendo* o *in vigilando,* por lo que cuando menos tendría que participar en el resarcimiento del perjuicio. Sobre este derecho de repetición del dueño o empresario, cfr. S. 16 abril 1968 (Rep., núm. 2.662).[28]

En todo caso es necesario probar la actuación negligente del empleado, por no ser suficiente la relación objetiva de dependencia para hacer responsable al empresario. Cfr. Ss. 25 octubre 1966 (Rep. Aranzadi, núm. 4.728), 3 mayo 1967 (Rep. íd., núm. 2.227), 2 diciembre 1968 (Rep. de 1969, núm. 55), 24 febrero 1969 (if. 995), 25 octubre 1980 (Rep., núm. 3.638), 30 diciembre 1981 (Ar., núm. 5.357), etc.

Respecto a si la responsabilidad de que tratamos puede alcanzar a la empresa que ha subcontratado la realización de alguna parte de la obra que tiene encomendada, la Sentencia de 4 mayo 1982 (Aranzadi, núm. 2.549) ha declarado que la responsabilidad afecta al empresario que, al subcontratar, se ha reservado la dirección de la obra.

D. Responsabilidad de las personas o entidades que sean titulares de un Centro docente de enseñanza no superior

Después de la reforma introducida por la Ley 1/1991, de 7 de enero, el párrafo quinto del repetido artículo 1.903 dispone: «Las personas o entidades que sean titulares de un Centro docente de enseñanza

28. Esta acción de repetición del art. 1.904 C.c. no se funda en la existencia de una obligación derivada de acto ilícito, sino que es una acción de repetición o reintegro que sólo se extingue por prescripción mediante el transcurso del plazo general de las acciones personales.

no superior responderán por los daños y perjuicios que causen sus alumnos menores de edad durante los períodos de tiempo en que los mismos se hallen bajo el control o vigilancia del profesorado del Centro desarrollando actividades escolares o extraescolares y complementarias».

El segundo apartado del art. 1.904 dispone, después de dicha reforma: «Cuando se trate de Centros docentes de enseñanza no superior, sus titulares podrán exigir de los profesores las cantidades satisfechas si hubiesen incurrido en dolo o culpa grave en el ejercicio de sus funciones que fuesen causa del daño».

E. Responsabilidad civil del Estado

La Constitución Española de 1978 contiene las normas siguientes:

«Art. 106. 1. Los Tribunales controlan la potestad reglamentaria y la legalidad de la actuación administrativa, así como el sometimiento de ésta a los fines que la justifican.

»2. Los particulares, en los términos establecidos por la Ley, tendrán derecho a ser indemnizados por toda lesión que sufran en cualquiera de sus bienes y derechos, salvo en los casos de fuerza mayor, siempre que la lesión sea consecuencia del funcionamiento de los servicios públicos.»[29]

La moderna jurisprudencia reconoce el carácter de responsabilidad independiente de la concurrencia de culpa cuando se trata de la que es imputable a la Administración del Estado. Según la Sentencia de la Sala 5.ª del Tribunal Supremo de 21 septiembre 1984 (La Ley, 1984-4, pág. 725), el principio general de responsabilidad de la Administración que reconocen los arts. 122 de la Ley de Expropiación Forzosa y 40 de la Ley de Régimen Jurídico de la Administración del Estado, se extiende a todas las actuaciones administrativas que impliquen un perjuicio de contenido económico, habiendo desaparecido la necesidad de la existencia de culpa como presupuesto del deber de

---

29. Jesús LEGUINA VILLA, *La responsabilidad civil de la Administración Pública*, Madrid, 1970; M. F. CLAVERO ARÉVALO, *La quiebra de la pretendida unidad jurisdiccional en materia de responsabilidad patrimonial de la Administración*, Revista de Administración Pública, núm. 66, p. 87; J. A. SANTAMARÍA PASTOR, *La teoría de la responsabilidad del Estado legislador*, Revista de Administración Pública, núm. 68, p. 57; E. RIVERO ISERN, *La responsabilidad civil frente a la Administración Pública*, en la misma RAP, 1974, núm. 73, p. 9; F. SOTO NIETO, *Responsabilidad civil subsidiaria del Estado por delitos cometidos por miembros de las fuerzas y cuerpos de seguridad*, Revista La Ley, 1986-3, pp. 954 a 971.

indemnizar, como reconoce el art. 106-2 de la Constitución Española, que exige únicamente la existencia de un daño evaluable económicamente que sea consecuencia –normal o anormal– de los servicios públicos, entendidos como actos de gestión pública, o de la actuación administrativa y no debidos a fuerza mayor.

La Sentencia de la Sala 4.ª del Tribunal Supremo de 20 enero 1984 (Repertorio Aranzadi de Jurisprudencia de 1984, núm. 135) declaró que la responsabilidad patrimonial de la Administración en nuestro sistema –art. 40 de la Ley de Régimen Jurídico de la Administración del Estado y art. 121 y concordantes de la Ley de Expropiación Forzosa, en relación con el art. 106-2 de la Constitución Española– queda configurada mediante el acreditamiento de los siguientes requisitos: *a)* la efectiva realidad del daño o perjuicio evaluable económicamente e individualizado en relación a una persona o grupo de personas; *b)* que el daño o lesión patrimonial sufrido por el reclamante sea consecuencia del funcionamiento normal o anormal de los servicios públicos en una relación directa, inmediata y exclusiva de causa a efecto, sin intervención de elementos extraños que pudiera influir, alterando el nexo causal; y *c)* ausencia de fuerza mayor.

Además, el Estado es responsable por los errores y retrasos de la Administración de Justicia en los términos que resultan del art. 121 de la Constitución: «Los daños causados por error judicial, así como los que sean consecuencia del funcionamiento anormal de la Administración de Justicia darán derecho a una indemnización a cargo del Estado, conforme a la ley».

La Ley orgánica del Poder Judicial, 6/1985, de 1.º de julio, en el Título V del Libro III, arts. 292 a 297, regula la responsabilidad patrimonial del Estado por el funcionamiento de la Administración de Justicia.[30]

5. Responsabilidad por los daños causados por los animales

Dispone el art. 1.905 C.c.: «El poseedor de un animal, o el que se sirve de él, es responsable de los perjuicios que causare, aunque se le

---

30. La orden del Ministerio del Interior de 30 de julio 1987 atribuye a dicho Ministerio la obligación de reparar el daño causado por vehículos de las Fuerzas y Cuerpos de Seguridad del Estado, conducidos por personas habilitadas, en prestación de servicios autorizados. La obligación cubre la cuantía que no esté cubierta por el seguro obligatorio del vehículo de motor. Cfr. O'CALLAGHAN, citado, p. 340.

escape o extravíe. Sólo cesará esta responsabilidad en el caso de que el daño proviniere de fuerza mayor o de culpa del que lo hubiese sufrido».

El precepto no distingue según la clase de animales de que se trate, a pesar de la diferencia que existe entre animales domésticos y animales dañinos; respecto de los primeros sería justo fundarse en una presunción *iuris tantum* de culpa *in vigilando* por parte de su poseedor, mientas que en el segundo caso la responsabilidad sería resultado directo del peligro o riesgo que significa la tenencia de animales peligrosos, pues la culpa ya debería considerarse probada por el simple hecho de tenerlos. Pero lo cierto es que el Derecho español impone responsabilidad por el daño que cause el animal, de cualquier clase que éste sea, excepto si el daño procede de fuerza mayor o de culpa del que lo haya sufrido. Cfr. S. 23 febrero 1956 (Rep. Aranzadi, núm. 1.114).[31]

«Poseedor de un animal o el que se sirve de él», como dice el art. 1.905 C.c., no será necesariamente el propietario, sino el que tenga la dominación del animal y la ejerza en interés propio de manera no transitoria. El daño ha de ser causado por el animal, en actos propios de su naturaleza irracional; por ello el poseedor no es responsable cuando el animal ha actuado debido a las instigaciones de un tercero.

Algunas Sentencias califican de objetiva la responsabilidad derivada de este art. 1.905 C.c. Cfr. Ss. 19 octubre 1909, 23 diciembre 1952 (Aranzadi, núm. 2.671) y 3 abril 1957 (Íd., núm. 1.944). La S. de 23 febrero 1956 (Íd. Rep., núm. 1.114) declaró que esta responsabilidad noxal del art. 1.905 «no es tan radical como la objetiva en su amplio sentido, ya que admite... dos excepciones, cuales son que el daño proviniera de fuerza mayor o de culpa del que lo hubiese sufrido».

La Sentencia de la Sala 1.º del Tribunal Supremo de 28 abril 1983 insiste en que la responsabilidad derivada del art. 1.905 C.c. se produce abstracción hecha de la culpa o negligencia del dueño o poseedor del animal (Aranzadi, núm. 2.195).

El art. 1.906 C.c. se refiere a los daños causados por la caza: «El propietario de una heredad de caza responderá del daño causado por ésta en las fincas vecinas, cuando no haya hecho lo necesario para impedir su multiplicación o cuando haya dificultado la acción de los dueños de dichas fincas para perseguirla».

---

31. SANTOS BRIZ, *Daños*, obra citada, pp. 353 a 358, y *Responsabilidad*, pp. 727 a 735.

El precepto se refiere al daño causado por los animales que puedan ser cazados y se funda en la presunción de culpa del propietario que no se ha preocupado de impedir la multiplicación de la caza. Cfr. Ss. 21 febrero 1911 y 8 abril 1958 (Aranzadi, núm. 1.470).[32]

La Ley de Caza de 4 abril 1970 dedica el art. 33 al tema de la responsabilidad por daños. Dispone que los titulares de aprovechamientos cinegéticos «serán responsables de los daños originados por las piezas de caza procedentes de los terrenos acotados. Subsidiariamente, serán responsables los propietarios de los terrenos».

«La exacción de estas responsabilidades se ajustará a las prescripciones de la legislación civil ordinaria, así como la repetición de responsabilidad en los casos de solidaridad derivada de acotados constituidos por asociación» (art. 33-2).

«De los daños producidos por la caza procedentes de Refugios, Reservas Nacionales y Parques Nacionales y de los que ocasione la procedente de terrenos de caza controlada responderán los titulares de los aprovechamientos de caza y subsidiariamente el Servicio de Pesca Continental, Caza y Parques Nacionales» (art. 33-3).

«En aquellos casos en que la producción agrícola, forestal o ganadera de determinados predios sea perjudicada por la caza, el Ministerio de Agricultura, a instancia de parte, podrá autorizar a los dueños de las fincas dañadas, y precisamente dentro de éstas, a tomar medidas extraordinarias de carácter cinegético para proteger sus cultivos» (art. 33-4).

Las disposiciones transcritas de este art. 33 de la Ley de Caza se refieren, como el art. 1.906 C.c., a los daños producidos por la caza, en el sentido de animales que pueden ser cazados. En su último apartado, art. 33-5, se refiere a los daños producidos por la acción de cazar: «Todo cazador estará obligado a indemnizar los daños que causare con motivo del ejercicio de la caza, excepto cuando el hecho fuera debido únicamente a culpa o negligencia del perjudicado o a fuerza mayor. En la caza con armas, si no consta el autor del daño causado a las personas, responderán solidariamente todos los miembros de la partida de caza».

32. SANTOS BRIZ, *Responsabilidad*, p. 733.

6. Responsabilidad por los daños causados por las cosas inanimadas

El art. 1.907 C.c. dispone: «El propietario de un edificio es responsable de los daños que resulten de la ruina de todo o parte de él, si ésta sobreviniere por falta de las reparaciones necesarias».[33]

Conviene relacionar con este precepto lo que establece el art. 389 Código civil: «Si un edificio, pared, columna o cualquiera otra construcción amenazase ruina, el propietario estará obligado a su demolición, o a ejecutar las obras necesarias para evitar su caída». Añade en el segundo párrafo: «Si no lo verificare el propietario de la obra ruinosa, la Autoridad podrá hacerla demoler a conta del mismo». Cfr. art. 1.676 LEC, sobre el interdicto de obra ruinosa.

El art. 391 del mismo Código civil ha previsto que se produzca la caída del edificio que amenazaba ruina y dispone que en tal caso se estará a lo que dispone el art. 1.907.

La responsabilidad derivada de la ruina de un edificio presupone:

a) La ruina de todo o parte de un edificio o de paredes, columnas o construcciones de cualquier clase (arg. arts. 389 y 391).

b) Que la ruina sobrevenga «por falta de las reparaciones necesarias».

c) Que a consecuencia de ello se produzcan daños. El demandante tendrá que probar su realidad y la cuantía de la reparación procedente.

El art. 1.907 C.c. parece tener un fundamento subjetivo al hablar de la ruina sobrevenida «por falta de las reparaciones necesarias», como dando a entender que ha existido negligencia por parte del propietario. Sin embargo, la falta de reparaciones también puede ser debida a una causa independiente de toda culpa, como en el supuesto de ausencia justificada del obligado a hacerlas. No por ello se le eximiría de responsabilidad, pues el art. 1.907 C.c. la impone con independencia de cuál haya sido la causa de la falta, pero el fundamento legal de la norma radicaría entonces en la responsabilidad por el riesgo creado.

El precepto no se refiere a la posibilidad de que el propietario se libre de la responsabilidad si demuestra que no ha mediado culpa por

---

33. SANTOS BRIZ, *Daños*, pp. 358 a 361; *La responsabilidad*, pp. 649 y ss.

su parte. Parece que sólo en el caso de que demuestre que la ruina se debe a vicios de la construcción (cfr. art. 1.591 C.c.), el propietario no será responsable.

Si no han intervenido circunstancias de fuerza mayor, el hecho de que se produzca la ruina demostrará por sí mismo *(res ipsa loquitur)* que el edificio debía haberse reparado o que las reparaciones hechas no fueron suficientes. La jurisprudencia no ha sido rigurosa en la aplicación del artículo. Cfr. Ss. 1.º febrero 1916, 22 octubre 1929, 29 octubre 1957 (Aranzadi, núm. 3.025), 19 noviembre 1966 (Íd., núm. 5.880).

Si un edificio se tiene en usufructo, el art. 500 C.c. impone al usufructario la obligación de hacer las reparaciones ordinarias que sean necesarias para su conservación. Por ello el usufructario será responsable cuando la ruina obedezca a la falta de estas reparaciones. En cambio, en el arrendamiento es el arrendador el obligado a hacer las reparaciones necesarias (art. 1.554-2.º C.c.).

Si la ruina sobreviene en edificio de reciente adquisición, la omisión de «las reparaciones necesarias» puede ser imputable al propietario vendedor, si el adquirente no dispuso del tiempo racionalmente necesario para realizarlas.

El art. 1.908 enumera unos supuestos que generan responsabilidad en virtud de los mismos principios que rigen la responsabilidad por ruina de edificios. Dispone lo siguiente:

«Igualmente responderán los propietarios de los daños causados:

»*1.º* Por la explosión de máquinas que no hubiesen sido cuidadas con la debida diligencia, y la inflamación de sustancias explosivas que no estuviesen colocadas en lugar seguro y adecuado.

»*2.º* Por los humos excesivos, que sean nocivos a las personas o a las propiedades.

»*3.º* Por la caída de árboles colocados en sitios de tránsito, cuando no sea ocasionada por fuerza mayor.

»*4.º* Por las emanaciones de cloacas o depósitos de materias infectantes, construidos sin las precauciones adecuadas al lugar en que estuviesen.»

El núm. 3.º del art. 1.908 C.c. ha de relacionarse con los arts. 390 y 391. Según el primero: «Cuando algún árbol corpulento amenazare caerse de modo que pueda causar perjuicio a una finca ajena o a los transeúntes por una vía pública o particular, el dueño del árbol está obligado a arrancarlo y retirarlo; y si no lo verificare, se hará a su costa por mandato de la Autoridad». El art. 391 remite al art. 1.908, para el supuesto de que el árbol se cayere.

El art. 1.909 C.c. dispone: «Si el daño de que tratan los dos artículos anteriores resultare por defecto de construcción, el tercero que lo sufra sólo podrá repetir contra el arquitecto, o, en su caso, contra el constructor, dentro del tiempo legal».

El artículo no dice expresamente a qué tiempo legal se refiere, pero sin duda, según se estima de manera unánime, se trata del establecido por el art. 1.591 C.c.: «El contratista de un edificio que se arruinase por vicios de la construcción, responderá de los daños y perjuicios si la ruina tuviere lugar dentro de diez años, contados desde que concluyó la construcción; igual responsabilidad, y por el mismo tiempo, tendrá el arquitecto que la dirigiere, si se debe la ruina a vicio del suelo o de la dirección».[34]

Sin perjuicio de las reclamaciones que procedan entre propietario o adquirente y arquitecto o constructor, los arts. 1.907, 1908 y 1.909 C.c. dicen claramente que el propietario responderá de los daños sufridos por tercero en los supuestos a que se refieren; pero que si el daño «resultare por defecto de construcción, el tercero que lo sufra sólo podrá repetir contra el arquitecto, o, en su caso, contra el constructor» (art. 1.909), «si la ruina tuviere lugar dentro de diez años, contados desde que concluyó la construcción» (art. 1.591), y siempre que la acción se ejercite dentro del año de saberlo el agraviado (art. 1.968-2.º).

El art. 1.910 dispone: «El cabeza de familia que habita una casa o parte de ella, es responsable de los daños causados por las cosas que se arrojaren o cayeren de la misma».

La norma procede de la romana *actio de deiectis vel effusis,* que estaba incluida entre las obligaciones *quasi ex delicto,* porque no presuponía la existencia de culpa en el responsable.

En la actualidad esta responsabilidad está considerada como de carácter objetivo; es decir, con independencia de situaciones de culpa. El efecto práctico del art. 1.910 C.c. es aliviar al perjudicado de la carga de la prueba, lo que no impide que pueda dirigir su pretensión directamente contra el causante material del daño. Por su parte, el cabeza de familia podrá ejercitar la correspondiente acción de regreso contra dicho causante.[35]

---

34. Sobre el artículo 1.591, véase antes, p. 491.
35. SANTOS BRIZ, *La responsabilidad,* p. 709.

7. Responsabilidad en el ejercicio de las profesiones liberales

Vamos a referirnos a los abogados, notarios y médicos, aunque las consideraciones generales que se formulen pueden extenderse a otras profesiones.

A. Abogados

El Estatuto General de la Abogacía, aprobado por Real Decreto de 24 julio 1982 (B.O.E. de 2 septiembre 1982) se refiere a la responsabilidad de los colegiados en los aspectos penal (arts. 100 y 101), civil (arts. 102 a 106) y disciplinario (arts. 107 a 122).

Nos interesan los arts. 102 a 106, sobre responsabilidad civil. En síntesis, disponen que los abogados están sujetos a esta clase de responsabilidad cuando por dolo o negligencia causen daño a los intereses cuya defensa les ha sido confiada. Con independencia de los casos en que la responsabilidad civil vaya unida a la criminal, la primera puede serles reclamada por el perjudicado o por quienes le sucedan o sustituyan, según las normas del Derecho privado. La responsabilidad civil declarada se traducirá en la obligación de indemnizar los daños y perjuicios causados. El abogado que deba proceder contra otro para exigir responsabilidad relacionada con el ejercicio profesional deberá acudir previamente al Decano del Colegio para una posible labor de mediación.

En los casos de despachos colectivos de abogados, que el Estatuto regula en los arts. 34 a 38, no se altera la responsabilidad civil que pueda contraer cada uno de los asociados. Pero si se ha pactado el ingreso en un fondo común de los honorarios que obtenga cada abogado, la asociación será responsable de las indemnizaciones procedentes.[36]

La actuación de un abogado deriva normalmente de un contrato de servicios celebrado con el cliente, por lo que se tratará en su caso de responsabilidad contractual. En cambio, si su actuación causare daños indemnizables a un tercero, la responsabilidad sería extracontractual.

B. Notarios

El art. 1.° de la Ley del Notariado de 28 mayo 1862 dispone, en el art. 2.°: «El Notario que requerido para dar fe de cualquier acto

36. SANTOS BRIZ, *La responsabilidad*, p. 709.

público o particular extrajudicial negare sin justa causa la intervención de su oficio, incurrirá en la responsabilidad a que hubiere lugar con arreglo a las leyes». Véase el art. 3.° del Reglamento de 2 julio 1944.

El Notario tiene con el cliente una relación contractual, con las matizaciones que resultan de tratarse del ejercicio de una función pública que le obliga a la prestación de su ministerio con carácter obligatorio si no existe causa legal o imposibilidad física que lo impida (Reglamento de 1944, modificado por Decreto de 22 julio 1967, art. 3.°, párrafo 2.°).

El Código civil, al tratar de los testamentos, contiene preceptos que se refieren a supuestos de responsabilidad notarial: arts. 705, 712 y 715. En el art. 1.223, que se halla en la sección que trata de los documentos públicos, dispone: «La escritura defectuosa, por incompetencia del Notario o por otra falta en la forma, tendrá el concepto de documento privado, si estuviere firmado por los otorgantes». La falta de competencia o cualquier defecto formal puede implicar igualmente la responsabilidad del Notario.

La Sentencia de 3 julio 1965 (Aranzadi, núm. 3.696), fundándose principalmente en el art. 1.° de la Ley Orgánica del Notariado, que califica al Notario de funcionario público autorizado para dar fe de los contratos y demás actos extrajudiciales, declaró que «teniendo esta responsabilidad civil indudable origen y carácter legal, a tenor de lo dispuesto en el apartado quinto del art. 1.903 C.c., le será aplicable lo dispuesto en el artículo anterior y consiguientemente el plazo de prescripción de un año establecido en el núm. 2.° del art. 1.968 del propio Cuerpo legal, con que concuerda el último inciso del núm. 3.° del art. 40 de la Ley de Régimen Jurídico de la Administración del Estado, texto refundido aprobado por Decreto de 25 julio 1957». Pero ha de tenerse en cuenta que después de la reforma introducida por la Ley 1/1991, de 7 de enero, el apartado quinto del art. 1.903 C.c. tiene otra redacción y este artículo ya no menciona a los funcionarios públicos.

C. Médicos

En principio los servicios médicos se prestan en virtud de un contrato celebrado entre el paciente y el facultativo. Generalmente se tratará de un contrato de prestación de servicios, aunque en algún caso, si se ha prometido un resultado determinado, se tratará de un contrato de obra. La Sentencia de 21 marzo 1950 (Aranzadi, núm. 394) se ocupó de un contrato para una operación de cirugía estética y declaró que «tiene más aspecto de contrato de obra que de arrendamiento de servicios».[37]

En el marco de la responsabilidad contractual la norma aplicable es el art. 1.101 C.c. Sin embargo, en ciertos casos, el incumplimiento o el mal cumplimiento por parte del facultativo puede significar una lesión de los derechos de la personalidad del paciente, lo que significaría la aplicación de las normas de la responsabilidad extracontractual.

Pero la asistencia médica ha de prestarse muchas veces en situaciones de necesidad, en las que no existirá una relación contractual si no ha mediado consentimiento del paciente o de sus más próximos parientes.

En el estado actual de la asistencia sanitaria, el tratamiento médico muchas veces no se contrata con personas determinadas, sino con un hospital o establecimiento análogo. Pero incluso en el caso de establecimientos estatales o paraestatales, el tratamiento médico del paciente implica una relación de Derecho privado. Según la Sentencia de 20 febrero 1981 (Aranzadi, núm. 564), «cuando la materia del asunto del que deban conocer los Tribunales no está fundamentada en normas jurídico materiales de seguridad social, el corolario no puede ser otro que el de que dicho conflicto es competencia de la jurisdicción civil».

En la actuación del médico debe distinguirse entre la negligencia o impericia y el error profesional. Un error de diagnóstico no le implica en responsabilidad si no es debida a ignorancia inexcusable o a una negligencia profesional de la misma clase. Además, los daños resultantes han de estar causalmente enlazados con la actuación del facultativo, sin que hechos posteriores hayan roto el nexo causal. Cfr. Ss. de 9 abril 1963 (Aranzadi, núm. 1.964) y de 25 enero 1965 (Aranzadi, núm. 253).

Sobre responsabilidad médica a efectos penales, con matizaciones de interés para los supuestos de responsabilidad civil, véanse las Sentencias de la Sala 2.ª del Tribunal Supremo de 26 junio 1980 y de 15 enero 1986.

---

37. FERNÁNDEZ COSTALES, *Responsabilidad civil médica y hospitalaria*, Madrid, 1987; del mismo autor, *La responsabilidad civil médica*, Revista La Ley, 1986-3, pp. 633 a 646, comentando la sentencia de 26 mayo 1986 (Sala 1.ª T.S.).

8. La responsabilidad objetiva

La explicación tradicional o clásica del fundamento de la responsabilidad extracontractual está sintetizada en las palabras «no hay responsabilidad sin culpa». Sin embargo, es una afirmación que no corresponde al origen histórico de la responsabilidad y tampoco justifica la necesidad de reparar muchos de los daños que se producen en las condiciones de la vida moderna, que exigen que la reparación tenga un fundamento independiente de la culpa que pueda haber intervenido. El postulado de que «no hay responsabilidad sin culpa» ha de quedar complementado con el de que «ningún daño derivado de un riesgo previsible ha de quedar sin indemnización».[38]

La Sentencia de la Sala 1.ª del Tribunal Supremo de 14 mayo 1963 (Aranzadi, núm. 2.699) declaró que «es una aspiración en la evolución del Derecho moderno, que el hombre responda de todo daño, incluso del no culpable que sobrevenga a consecuencia de su actuar o de las cosas que le pertenecen o están bajo su guarda». Cfr. también Ss. 14 marzo 1968 (Aranzadi, núm. 1.737) y 30 octubre 1963 (Aranzadi, núm. 4.231).

El postulado de que no hay responsabilidad sin culpa ha sido superado en la práctica judicial mediante la inversión de la carga de la prueba, de manera que en lugar de tener que probar el perjudicado la culpa del agente del daño, ha sido impuesta a éste la carga de demostrar que ha obrado con la necesaria diligencia. Es decir, cuando las circunstancias del caso permiten establecer la presunción de que ha existido culpa del demandado, los tribunales pueden imponerle la carga de probar que ha actuado con la debida diligencia.[39]

---

38. Mariano FERNÁNDEZ y MARTÍN-GRANIZO, citado en la nota 1, pp.97 y ss.; Jaime SANTOS BRIZ, *Derecho de daños*, obra citada, pp. 311 y ss., y *La responsabilidad civil*, tercera edición, citada, pp. 457 y ss.; R. DE ÁNGEL YAGÜEZ, *Lecciones sobre responsabilidad civil*, Bilbao, 1978, p. 16. Cabe añadir que, según la opinión que parece dominante, el punto de partida de la responsabilidad por actos ilícitos estuvo en la consideración de que cada hombre asumía las consecuencias de sus actos y era responsable con independencia de la valoración subjetiva de su conducta. La autoridad del grupo social intervenía para mantener la paz y evitar la venganza privada, lo que conseguía a cambio del pago de una indemnización al perjudicado. Cfr. F. BONET RAMÓN, *Responsabilidad legal (estricta)*, Revista General de Legislación y Jurisprudencia, 1981, tomo 251, núm. 5, pp. 427 y ss.; WIGMORE, *Responsibility for Tortious Acts, Its History*, Harvard Law Review, VII, pp. 315, 388 y 441. En el Derecho romano antiguo, la *Lex Aquilia* sirvió para moderar una responsabilidad anterior más rigurosa, según Max KASER, *El antiguo Derecho romano* (en alemán), Göttingen, 1949, p. 133.

39. MARTÍN-GRANIZO, citado, pp. 292, 399, 407.

La jurisprudencia española ha hecho un acertado uso de la presunción de culpa fundada en que los hechos pueden hablar por sí mismos *(res ipsa loquitur)*. Según la *Sentencia de 23 marzo 1968* (Aranzadi, núm. 1.840), «constituye doctrina legal, manifestada explícitamente desde la Sentencia de 19 julio 1943, que si bien el criterio de la responsabilidad objetiva en los daños causados en la circulación vial no está consagrada en nuestro Código sustantivo, esto no excluye que en los casos [...] en que resulte evidente un hecho que por sí solo determine probabilidad de culpa, pueda presumirse ésta y atribuir al autor del daño la carga procesal de desvirtuar la presunción de hecho [para lo cual] es necesario demostrar que el autor del hecho causal del daño había cumplido el deber de diligencia y cuidado, atendidas las circunstancias del caso concreto y la situación personal del agente...».

La *Sentencia de 14 octubre 1969* (Aranzadi, núm. 4.706) declaró que «si resulta evidente un hecho determinante de la probabilidad de culpa, pudo la Sala presumir ésta y cargar a los demandados la obligación de desvirtuar la presunción», de manera que si no se demuestra que se ha procedido con la diligencia y cuidado debidos «se impone respetar la presunción de culpa».

Pero de una manera clara y decidida se pasa de la responsabilidad subjetiva a la objetiva cuando se autorizan actividades en atención a la conveniencia general, pero que implican la creación de riesgos indudables. Aparece entonces como un postulado elemental de política jurídica reconocer el derecho de los posibles perjudicados a una necesaria reparación. Será justo que ésta repercuta sobre los que obtienen el beneficio de la actividad peligrosa y, en definitiva, sobre el conjunto de la sociedad. La contrapartida del riesgo creado es la obligación de reparar el daño con independencia de la concurrencia de culpa o de que ésta tenga que probarse.[40]

Si de una actividad permitida deriva un riesgo, es natural y aun obligado que su autorización implique la organización de los medios necesarios para reparar los daños que se produzcan. En lugar de hablarse de culpa, ni siquiera presunta, ha de reconocerse que la moderna manifestación de responsabilidad objetiva representa el precio que alguien ha de pagar a cambio de serle permitida una actividad que implique riesgo para la sociedad o para terceros indeterminados.

40. SANTOS BRIZ, *Daños*, obra citada, p. 310; del mismo, *La responsabilidad civil*, citada, p. 457.

La Sentencia de la Sala 1.ª del Tribunal Supremo de 6 junio 1984 (Rep. de Jurisprudencia Aranzadi, 1984, núm. 3.216, y La Ley, 1984-3, 522) se refirió a que los avances de la técnica han provocado la aparición de nuevas máquinas, instrumentos y productos, que desconocidos en el momento de la promulgación del Código civil, se encuentran actualmente muy generalizados, especialmente aquellos cuya explotación es causa y origen de actividades que, si bien son necesarias para la comunidad en general, son fuente de peligros y riesgos para sus miembros a la vez que de beneficio para quienes los explotan.

La sentencia de 22 diciembre 1986 (La Ley, 1987-1, p. 744) declara que la más reciente doctrina «acepta soluciones cuasi objetivas, demandadas por el incremento de las actividades peligrosas consiguiente al desarrollo de la técnica y el principio de que ha de ponerse a cargo de quien obtiene el provecho la indemnización del quebranto sufrido por tercero, a modo de contrapartida del lucro obtenido por la actividad peligrosa, doctrina que impide aplicar el sistema subjetivista de la culpa por operarse un desplazamiento de la prueba que impone al creador del riesgo la demostración de su diligencia o de la existencia de caso fortuito o de fuerza mayor (S. 20 diciembre 1982)».

Ello ha dado lugar a la promulgación de una serie de disposiciones encaminadas a obtener una mejor y más adecuada defensa de la persona, como son la Ley 122/1962, de 24 de diciembre, y su Texto Refundido de 21 marzo 1968, sobre uso y circulación de vehículos de motor, la Ley de Navegación Aérea de 21 julio 1960, o la Ley 25/1964 de 29 abril, sobre energía nuclear; textos legales, todos ellos, caracterizados por objetivar la responsabilidad.

Por lo que se refiere a la Ley sobre uso y circulación de vehículos de motor, texto refundido de 1968, el Real Decreto Legislativo de 28 junio 1986, núm. 1.301/1986, la ha adaptado al Derecho de las Comunidades Europeas y ha modificado el título primero del Texto Refundido de la Ley 122/1962, de 24 diciembre, aprobado por Decreto 632/1968, de 21 de marzo. Su artículo 1.º ha quedado redactado de la siguiente manera:

Artículo 1.º *Daños indemnizables.*

1. El conductor de un vehículo de motor que con motivo de la circulación cause daños corporales o materiales, estará obligado a repararlos conforme a lo establecido en la presente Ley.

2. En el caso de daños corporales, y hasta el límite cuantitativo que reglamentariamente se fije, el conductor quedará exento de res-

ponsabilidad si se prueba que los mismos fueron debidos únicamente a culpa o negligencia del perjudicado o a fuerza mayor extraña a la conducción o al funcionamiento del vehículo. No se considerarán como casos de fuerza mayor los defectos de éste ni la rotura o fallo de algunas de sus piezas o mecanismos.

3. En el caso de daños materiales el conductor responderá frente a terceros cuando resulte civilmente responsable según lo establecido en los arts. 1.902 y siguientes del Código civil, art. 19 del Código penal, y lo dispuesto en esta Ley.[41]

La Ley de Navegación Aérea de 21 julio 1960, en su art. 120, dispone: «La razón de indemnizar tiene su base objetiva en el accidente o daño y procederá, hasta los límites de responsabilidad que en este capítulo se establecen, en cualquier supuesto, incluso en el accidente fortuito y aun cuando el transportista, operador o sus empleados justifiquen que obraron con la debida diligencia».

El art. 127 de la misma Ley dispone: «Serán obligatorios el seguro de pasajeros, el de daños causados a tercero, el de aeronaves destinadas al servicio de líneas aéreas y el de las que sean objeto de hipoteca». La acción para exigir el pago de las indemnizaciones prescribe a los seis meses a contar desde la fecha en que se produjo el daño (art. 124 de la misma Ley).

La también citada Ley 25/1964, de 29 abril, sobre riesgos nucleares, dispone en el art. 45: «El explotador de una industria nuclear, o de cualquier otra instalación que produzca o trabaje con materiales radiactivos o que cuente con dispositivos que puedan producir radiaciones ionizantes, será responsable de los daños nucleares. Esta responsabilidad será objetiva y estará limitada en su cuantía hasta el límite de cobertura que se señala en la presente Ley».

Los párrafos segundo y tercero del mismo artículo añaden:

«Si el explotador prueba que la persona que sufrió los daños nucleares los produjo o contribuyó a ellos por culpa o negligencia, el Tribunal competente podrá exonerar total o parcialmente al explotador de su obligación de abonar una indemnización por los daños sufridos por dicha persona.

---

41. El Reglamento del Seguro obligatorio fue aprobado por el R.D. de 30 de diciembre 1986. La orden de 17 de marzo 1987 fija la indemnización de los daños personales mínimos hasta donde alcance el seguro obligatorio. Cfr. O'CALLAGHAN, obra citada, II-1, p. 336.

»No producirán responsabilidad para el explotador los daños nucleares causados por un accidente nuclear que se deba directamente a conflicto armado, hostilidades, guerra civil o insurrección o catástrofe natural de carácter excepcional.»

Además, ha de tenerse en cuenta el Reglamento sobre Cobertura de Riesgos Nucleares aprobado por Decreto 2.177/1967, de 22 de julio, y disposiciones posteriores.

Según el art. 31-1 del Reglamento: «Todo aquel que por razón de su actividad pueda ser declarado responsable de daños nucleares en virtud de lo dispuesto por la Ley de Energía Nuclear y por este Reglamento, está obligado a constituir una garantía suficiente para responder con la extensión y en los términos establecidos en este título del pago de las indemnizaciones que en caso de accidente le sean exigibles».

El plazo para reclamar está fijado en el art. 67 de la Ley y en el 30 del Reglamento. Según el primero: «El derecho a reclamar una indemnización en virtud de la presente Ley se extinguirá, si no se entabla la correspondiente acción, dentro del plazo de diez años si se trata de daños inmediatos, y en el de veinte si tienen la consideración de diferidos, conforme a lo que se declara en el último párrafo del art. 46. A estos efectos se solicitarán los oportunos informes periciales sobre la naturaleza y clase de los daños reclamados». Sin perjuicio, además, de introducir una relación complementaria en el caso de que el daño se agrave pasados dichos plazos, si no se ha dictado sentencia definitiva.

La Ley 1/1970, de 4 de abril, sobre la caza, en su art. 33, núm. 5, establece una responsabilidad objetiva atenuada, en los siguientes términos: «Todo cazador estará obligado a indemnizar los daños que causare con motivo del ejercicio de la caza, excepto cuando el hecho fuera debido únicamente a culpa o negligencia del perjudicado o a fuerza mayor. En la caza con armas, si no consta el autor del daño causado a las personas, responderán solidariamente todos los miembros de la partida de caza».

El Reglamento de la Ley, aprobado por Decreto de 25 marzo 1971, dispone en el art. 35, 6.º, que no serán considerados como casos de fuerza mayor los defectos, roturas o fallos de las armas de caza y sus mecanismos o de las municiones.

En garantía de la indemnización que en su caso proceda, el art. 52 del mismo Reglamento dispone que todo cazador con armas deberá concertar un contrato de seguro que cubra la obligación de indemnizar los daños a las personas. No se podrá practicar el ejercicio de la caza con armas sin la existencia de este contrato en plenitud de efectos.

Como puede advertirse, el creciente desarrollo tecnológico trata de dar satisfacción a nuevas necesidades sociales y lo consigue a cambio de introducir en nuestras vidas e intereses factores de riesgo contra los cuales hemos de estar asegurados. La ley autoriza las nuevas actividades peligrosas a cambio de generalizar la obligación de estar asegurado de los daños que puedan causarse. El daño indemnizable es el resultado del riesgo autorizado.

El desarrollo técnico que invade la vida social acentúa la separación entre las dos finalidades del seguro de responsabilidad civil. La inicial trata de dar cobertura económica al asegurado contra las consecuencias de la responsabilidad en que el mismo puede incurrir; la otra trata de proporcionar a los posibles destinatarios de las consecuencias perjudiciales, la garantía de una justa indemnización.

A la tendencia a indemnizar todos los daños con un criterio objetivo, con independencia de la culpa, responde la obligación de contratar un seguro, impuesta a quien puede causar daños en determinada actividad, como puede verse en el art. 76 de la Ley de Contrato de Seguro de 8 octubre 1980.

¿Llegaremos a vivir bajo una forma de seguridad socializada que distribuya entre los contribuyentes las sumas necesarias para indemnizar a cuantos sufran algún daño derivado de actividades en las que era previsible el resultado dañoso? Sin necesidad de llegar a límites extremos, hay que tener en cuenta el doble efecto que se produce cuando muchos de los daños que pueden ocasionarse están cubiertos por una póliza de seguro. Puede señalarse, por un lado, el efecto positivo de que las víctimas encontrarán casi siempre el resarcimiento del daño sufrido; pero, al mismo tiempo, cabe que se produzca el efecto negativo de que el asegurado pierda en medida mayor o menor la conciencia de los efectos perjudiciales de sus actos negligentes, al quedar sus consecuencias suprimidas o atenuadas por las compañías aseguradoras.

En este sentido se ha planteado la cuestión de si la socialización total del riesgo es compatible con la libertad y la responsabilidad individual. Es decir, se pregunta si queda disminuida la importancia disuasoria de la responsabilidad civil al quedar subsanadas sus consecuencias por la extensión del seguro. No hay duda que si este peligro llega a concretarse será necesario encontrar medidas compensadoras que eviten dicha tendencia o efecto negativo, en la medida de lo posible. Varios autores han señalado la conveniencia de adoptar medidas sancionadoras, como multas administrativas, privación de licencias, el derecho de repetición o regreso de las compañías aseguradoras contra el causante del daño, etc. La idea de responsabilidad por riesgo, dice Santos Briz, no ha de excluir la fundamentación de la responsabilidad sobre el concepto de culpa en amplio sentido.[42]

42. ORTEGA DOMÍNGUEZ y RODRÍGUEZ MUÑOZ, en un artículo titulado *La responsabilidad objetiva de los daños causados por la fauna silvestre*, en «Tapia – Publicación para el mundo del Derecho», 1994-1, llaman la atención sobre los efectos que pueden derivarse de la aplicaci6n de la Ley 4/1989, de 27 de marzo, de conservación de los espacios naturales y de la flora y fauna silvestres.

XXXVI

LA REPARACIÓN DEL DAÑO

1. Los daños y perjuicios

La responsabilidad por acto ilícito civil o por un riesgo es una carga económica que la ley impone al causante, obligándole a responder del daño sufrido. Es habitual hablar de «daños y perjuicios», y así aparece en algunos artículos del Código civil: arts. 1.101, 1.106, 1.107 y 1.108. En los arts. 1.902 a 1.910 se habla unas veces de daño y otras de perjuicios, atribuyendo a las palabras el mismo sentido. Santos Briz observa que en la práctica prevalece el criterio de considerar como «daños» los directos y como «perjuicios» los indirectos o derivados; pero más frecuente es utilizar ambas palabras sin una precisa delimitación de su significado.[1]

Producido un daño, el perjudicado pretenderá que la indemnización cubra todo el interés que el bien dañado significaba para él; inversamente, el autor del daño pretenderá que la indemnización responda al desmerecimiento objetivo del bien dañado. Por ello conviene averiguar si ha de prevalecer la valoración según el interés subjetivo del perjudicado o según la valoración objetiva del menoscabo ocasionado.

Existe un valor subjetivo o *pretium singulare* que es el interés que tiene el objeto del daño para su titular o propietario. En cambio, si se tiene en cuenta el valor de un objeto en consideración a un tiempo y un lugar determinados, y en relación con toda clase de personas, se habla de *pretium commune* o valor en el mercado. Este valor objetivo

1. J. SANTOS BRIZ, *Derecho de daños*, Madrid, 1963, p. 110; A. DE CUPIS, *El daño. Teoria general de la responsabilidad civil*, trad. esp., Barcelona, 1975, p. 745. El Código penal separa daños y perjuicios al disponer en el art. 101 que la responsabilidad comprende: 1.º la restitución; 2.º la reparación del daño causado; 3.º la indemnización de perjuicios. Cfr. arts. 103 y 104 C.P.

es el que tiene en cuenta el provecho que una cosa puede procurar a cualquier poseedor.

En el valor subjetivo está comprendido el llamado «valor de afección». Éste es el que un bien u objeto representa para los sentimientos puramente individuales de una persona. Si este sentimiento coincide con los juicios de otros, el valor deja de ser de afección.[2]

El fundamental art. 1.902 C.c. no contiene regla alguna valorativa del daño, ni se refiere al momento que ha de tenerse en cuenta para su valoración. Son datos que habrán de ser precisados por el juzgador de instancia: Sentencias 14 mayo 1926, 1.º marzo 1954, 15 febrero 1981, etc.

La doctrina considera que para los litigios civiles es de aplicación el art. 1.106 C.c., que permite adoptar el criterio del interés: «La indemnización de los daños y perjuicios comprende, no sólo el valor de la pérdida que haya sufrido, sino también el de la ganancia que haya dejado de obtener el acreedor, salvas las disposiciones contenidas en los artículos siguientes».

El Código penal, en el art. 103, parte de un criterio de valoración objetiva, pero no olvida incluir el valor de afección del agraviado. Dice así: «La reparación se hará valorándose la entidad del daño por regulación del Tribunal, atendido el precio de la cosa, siempre que fuere posible, y el de afección del agraviado».

Más claramente el Código de comercio se funda, por razones obvias, en el criterio del valor objetivo. Así, el art. 363-1 dice que si el porteador no puede entregar los efectos cargados, quedará obligado «a pagar el valor que tuvieren los no entregados, en el punto donde debieran serlo y en la época en que correspondía hacer su entrega». Véase igualmente el art. 371 C. com.

2. Daño emergente y lucro cesante

El art. 1.106, que pertenece al capítulo que trata de la naturaleza y efectos de las obligaciones, dispone que la indemnización de daños y perjuicios ha de comprender los dos elementos: «No sólo el valor de la pérdida que haya sufrido, sino también el de la ganancia que haya dejado de obtener el acreedor». Es decir, el perjudicado puede sufrir una disminución de los valores patrimoniales que ya tenía en su po-

---

2. SANTOS BRIZ, citado, p. 109.

der (daños efectivos = *damnum emergens*) y también puede dejar de obtener ciertas ganancias que fundadamente esperaba obtener *(lucrum cessans)*. El daño emergente es una pérdida real y efectiva; el lucro cesante es una pérdida invisible debida a la incidencia del acto dañoso en lo que iba a ser una ganancia racionalmente prevista. Ambos elementos han de ser tenidos en cuenta si se quiere que el Derecho de daños cumpla su finalidad de reponer al perjudicado en la situación que tendría si el daño no se hubiese producido.[3]

La Sentencia de 7 octubre 1966 (Aranzadi, núm. 5.266) declaró que «el daño, en sentido amplio, está integrado por el daño positivo, *damnum emergens*, y la ganancida perdida, *lucrum cessans*...».

Acerca de la dificultad de valorar el lucro cesante, véase la Sentencia de 22 junio 1967 (Aranzadi, núm. 2.926). De la jurisprudencia que se ha ocupado de este problema, pueden obtenerse algunas conclusiones:

– No puede tratarse de ganancias fundadas en simples esperanzas, sino que ha de probarse que efectivamente se dejaron de obtener (Sentencias de 24 octubre 1953, 17 noviembre 1954, 21 enero y 6 mayo 1960).

– Ha de existir la debida relación de causa a efecto con el acto ilícito realizado por el agente (Sentencia de 23 marzo 1954).

– Sólo puede acudirse al art. 1.902 C.c. cuando no existe base contractual como fundamento de la indemnización (la misma sentencia citada anteriormente).

– En el caso de incumplimiento de la obligación de entregar determinadas mercancías, el lucro cesante consiste en el posterior aumento de precio de la mercancía, del que se vio privado el comprador en la reventa posterior (Sentencias de 31 enero 1916 y 10 marzo 1925).

– Se exige probabilidad o verosimilitud de las ganancias, en el sentido de que éstas deban ser resultado del curso normal de los negocios (Sentencia de 30 junio 1924).

La Ley del Contrato de Seguro de 8 octubre 1980 modificada por Ley 30/1995, de 8 de noviembre, de Ordenación y Supervisión de los Seguros Privados dedica los arts. 63 a 67 al seguro del lucro cesante. El art. 63 lo describe de la siguiente manera:

---

3. De Cupis, citado, p. 777.

«Por el seguro de lucro cesante el asegurador se obliga, dentro de los límites establecidos en la Ley y en el contrato, a indemnizar al asegurado la pérdida del rendimiento económico que hubiera podido alcanzarse en un acto o actividad de no haberse producido el siniestro descrito en el contrato.

»Este seguro podrá celebrarse como contrato autónomo o añadirse como un pacto a otro de distinta naturaleza».[4]

3. Daños patrimoniales y daños morales

Los daños patrimoniales son los que afectan a bienes del perjudicado que son susceptibles de una fácil valoración pecuniaria. Los morales o no patrimoniales afectan a intereses de difícil valoración pecuniaria o que no ofrecen una base adecuada para su estimación en dinero porque el valor que representan es de una calidad superior.

La moderna doctrina y la jurisprudencia se inclinan a favor de la reparación de los daños morales. El antiguo criterio negativo se fundaba en el error de creer que sólo puede indemnizarse lo que permite establecer una ecuación casi perfecta entre el valor del daño sufrido y la condena impuesta al culpable. En realidad, como ha dicho Santos Briz, no se trata de valorar en dinero lo que no es susceptible de esa valoración, sino de resarcir o compensar de la única manera posible un agravio o perjuicio.[5]

Si se considerase improcedente la reparación en dinero, con la excusa de que los daños morales no son evaluables monetariamente, lo único que se conseguiría sería dejar sin castigo al causante del daño, que es precisamente lo que no se puede admitir. Otra cosa es que en semejantes casos no puede hablarse de que el dinero tenga una función de equivalencia. La indemnización cumple en este caso una finalidad diferente y más genérica que el resarcimiento del daño patrimonial.

Nuestra jurisprudencia ha reconocido que el art. 1.902 C.c. autoriza la indemnización de todos los daños, materiales y morales. Cfr. Ss. 7 febrero 1962 (Aranzadi, núm. 672) y las que cita; 4 junio 1962 (Aranzadi, núm. 2.666).

---

4. Justino F. DUQUE, *Seguro de incendios, contra el robo, de transporte terrestre y lucro cesante (arts. 45 a 67)*, Comentarios a la Ley de Contrato de Seguro, Colegio Universitario de Estudios Financieros, Madrid, 1982, tomo I, pp. 753 a 853, esp. pp. 830 y ss. sobre el seguro de lucro cesante.

5. SANTOS BRIZ, citado, pp. 120 y ss., 135 y ss., esp. 137; DE CUPIS, p. 763.

4. Indemnización de daños y perjuicios: forma

Es necesario puntualizar la terminología. El art. 1.902 C.c. se refiere a quien «está obligado a reparar el daño causado». La palabra «reparación», en el sentido usado en temas de responsabilidad civil, sin duda es la más genérica, por referirse en amplio sentido a las dos posibles formas de corregir un daño: mediante la indemnización pecuniaria o por medio de la reintegración específica al estado anterior. En el Código civil predomina el uso de la palabra «indemnización» para referirse a la forma que consiste en el pago de una cantidad en dinero; por ejemplo, arts. 349, 553 a 556, 564 a 570, 577, 976, 1.101, 1.106, 1.107, 1.135, 1.298, etc. Pero el art. 43 (Ley 7 julio 1981) usa la palabra «resarcir» sin duda en el sentido de pagar o indemnizar.

La Ley del Contrato de Seguro de 1980 modificada por Ley 30/1995, de 8 de noviembre, de Ordenación y Supervisión de los Seguros Privados habla en el art. 1.° de la obligación del asegurador a «indemnizar». También hablan de indemnizar las Leyes de Uso de Vehículos de Motor, de Navegación Aérea, de Seguros obligatorios de Viajeros, de Energía Nuclear, etc.

La palabra «reparación» es más genérica y sirve para designar todo remedio, pecuniario o no, que tenga carácter represivo del daño. En este concepto de reparación están incluidos los dos modos de subsanar los efectos del daño en la medida de lo posible: el «resarcimiento» o «indemnización», que trata de crear una situación económicamente equivalente a la que desapareció por efecto del daño; pero, además, incluye la «reintegración en forma específica», que reproduce la situación existente antes del daño.[6]

En principio parece que ha de considerarse preferente la reintegración en forma específica, ya que con ella se devuelve lo dañado al estado que tenía antes de la causación del perjuicio. Sin embargo, en la práctica no siempre puede admitirse así, por varias razones como las que se exponen a continuación.

En el caso de destrucción de cosas no fungibles, puede ser imposible restituir otra cosa igual o simplemente hallar alguna que pueda considerarse análoga.

La reintegración en forma específica deja sin remediar el daño sufrido *medio tempore*, por la imposibilidad de retrotraerla al pasado. Por ello, incluso en el caso de ser procedente, puede exigir el complemento de una indemnización pecuniaria.

---

6. DE CUPIS, pp. 769, 811, 830.

La misma reintegración en forma específica puede no alcanzar el punto de perfección que permitiría equiparar la situación creada por ella y la anterior a la producción del daño. En este supuesto, la diferencia de valor también deber repararse por el correspondiente equivalente pecuniario.

El tiempo necesario para llevar a efecto la reintegración puede ser otro factor en contra de su procedencia.

Por todo ello parece lo más razonable atribuir al perjudicado la facultad de elegir entre la reintegración en forma específica y la indemnización pecuniaria. No hay duda que ésta ofrece las grandes ventajas de la simplicidad y la universalidad del medio empleado. Puede ser la forma más práctica de reparación.

La Ley del Contrato de Seguro de 8 octubre 1980, modificada por Ley 30/1995, de 8 de noviembre, de Ordenación y Supervisión de los Seguros Privados, en el art. 18, párrafo segundo, dispone: «Cuando la naturaleza del seguro lo permita y el asegurado lo consienta, el asegurador podrá sustituir el pago de la indemnización por la reparación o la reposición del objeto siniestrado».

La *Sentencia de 22 octubre 1932* (Colección de Jurisprudencia Civil, tomo 123, pág. 689), con una generalización tal vez excesiva, declaró que la deuda de reparación definida en el art. 1.902 tiene naturaleza pecuniaria y no obliga a una prestación de hacer para reponer las cosas dañadas a su primitivo estado. Pero, en contra de este criterio, Castán y otros autores observan que el art. 1.902 habla simplemente de «reparar el daño causado» y que la forma ideal de hacerlo es la específica, que el Código civil admite en los arts. 1.096 y ss., que regulan el cumplimiento de las obligaciones. Además, es indudable que en algunos casos la reparación exigirá la adopción de medidas que no consistan en un pago efectivo.

5. Personas legitimadas para el ejercicio de la acción

Están legitimadas para ejercitar la acción las personas que directamente hayan sufrido los daños y perjuicios. También lo están sus herederos, en atención a que suceden al difunto en todos sus derechos (art. 661 C.c.). Pero conviene puntualizar lo siguiente: El derecho del causante a obtener reparación por los daños y perjuicios sufridos durante su vida se transmite a sus herederos, por tratarse de un derecho de crédito perfectamente transmisible. Pero cuando la obligación de indemnizar es consecuencia de la muerte causada a la víctima del acto que obliga a indemnizar, resulta que el causante de la herencia no ha podido transmitir un derecho que no tuvo en vida. En tal caso, la cuestión a resolver es si adquieren el derecho a recibir la indemnización los herederos de la víctima, o si es un derecho que adquieren como propio los que experimentan directa y personalmente un perjuicio por dicho fallecimiento, que pueden ser, pero también pueden no ser, sus herederos.[7]

La doctrina del Tribunal Supremo puede resumirse de la siguiente manera: la indemnización por un acto o accidente que causa la muerte no es un derecho que se incorpore al patrimonio de la víctima, por ser simultáneo su origen con la desaparición de la persona que debería adquirirlo, y por ello la legitimación para el ejercicio de la acción no exige que se demuestre ser heredero del fallecido, sino que ha de probarse que el reclamante es quien ha sufrido directamente el perjuicio. Cfr. Ss. 20 diciembre 1930, 8 enero 1946, 8 abril 1936, 9 junio 1969 (Rep. Aranzadi, núm. 3.353), 20 enero 1970 (Rep. 247), etc. La Sentencia de 17 febrero 1956 distinguió los perjuicios de carácter patrimonial, como los gastos de entierro y funeral, que son cargas hereditarias (arts. 840, 902 y 903 C.c.), y los de clínica, farmacia y otros procedentes, en su caso, que pudo adquirir el causante y transmitirlos a sus herederos, y por otra parte los daños de carácter moral de las personas más allegadas a la víctima, indemnizables también en dinero, que estas personas adquieren como un derecho propio.

En el caso de daños patrimoniales, el deudor no ha de poder perjudicar a sus acreedores con la falta de ejercicio de la acción contra el autor del daño, y podrán subrogarse en su lugar dichos acreedores en virtud del art. 1.111 C.c. Pero no ha de suceder lo mismo si se trata de daños morales porque este artículo exceptúa de la acción subrogatoria los derechos y acciones del deudor que sean inherentes a su persona, y tampoco estaría justificado que la indemnización de los daños morales pudiera pasar a terceros.

6. Prueba de los daños y momento de su evaluación

La reparación tiene la finalidad de que desaparezcan, en la medida de lo posible, los daños y perjuicios sufridos por el perjudicado. Por ello, la prueba de los daños es indispensable. El Tribunal Supre-

---

7. Federico DE CASTRO, *La indemnización por causa de muerte,* Anuario de Derecho Civil, 1956, pp. 448 a 504.

mo ha reiterado la doctrina de que «la reclamación de daños y perjuicios no puede fundarse en supuestos de hecho eventuales o dudosos, sino en la prueba de su existencia real al tiempo del ejercicio de la acción aquiliana». Cfr. Ss. 17 noviembre 1954 (Aranzadi, núm. 2.870) y 30 octubre 1956 (Íd., núm. 3.427).

Cuestión diferente de la prueba y cuantificación de los daños es la de saber si han de ser imputados al autor del acto ilícito todas las consecuencias perjudiciales que del mismo se deriven. Han de indemnizarse todos los que deban considerarse como de posible y verosímil realización.[8]

Si también ha intervenido culpa por parte del perjudicado, ello podrá significar una reducción de la indemnización, como se ha visto al tratar de la concurrencia de culpas.[9]

Es posible que del mismo hecho causante del daño el perjudicado obtenga algún beneficio. Podrán compensarse, en tal caso, los lucros con los daños *(compensatio lucri cum damno)*, sin olvidar que el perjudicado no puede quedar en ningún caso en situación más ventajosa que la anterior al hecho dañoso.[10]

No se han de computar como beneficios deducibles las prestaciones voluntarias hechas por terceros a favor de los perjudicados, lo que sin duda sería contrario a la intención de los donantes.

Por lo que se refiere a las prestaciones que el perjudicado reciba en virtud de un contrato de seguro de daños, ha de tenerse en cuenta el art. 43 de la Ley del Contrato de Seguro de 8 octubre 1980. Dispone lo siguiente:

«El asegurador, una vez pagada la indemnización, podrá ejercitar los derechos y las acciones que por razón del siniestro correspondieran al asegurado frente a las personas responsables del mismo, hasta el límite de la indemnización.

»El asegurador no podrá ejercitar en perjuicio del asegurado los derechos en que se haya subrogado. El asegurado será responsable de los perjuicios que, con sus actos u omisiones, pueda causar al asegurador en su derecho a subrogarse.

»El asegurador no tendrá derecho a la subrogación contra ninguna de las personas cuyos actos u omisiones den origen a responsabilidad del asegurado, de acuerdo con la Ley, ni contra el causante del

---

8. SANTOS BRIZ, citado, p. 23.
9. Véase antes, p. 630.
10. Como restar de la indemnización pagada por la destrucción de un vehículo el importe obtenido con la venta de la chatarra (ejemplo de LACRUZ).

siniestro que sea, respecto del asegurado, pariente en línea directa o colateral dentro del tercer grado civil de consanguinidad, padre adoptante o hijo adoptivo que convivan con el asegurado. Pero esta norma no tendrá efecto si la responsabilidad proviene de dolo o si la responsabilidad está amparada mediante un contrato de seguro. En este último supuesto, la subrogación estará limitada en su alcance de acuerdo con los términos de dicho contrato.

»En caso de concurrencia de asegurador y asegurado frente a tercero responsable, el recobro obtenido se repartirá entre ambos en proporción a su respectivo interés».

Puede ser procedente una indemnización civil y la que al mismo tiempo proceda según lo acordado por la jurisdicción laboral, pues en nuestro ordenamiento ambas indemnizaciones son compatibles. Véase el art. 97-3 del Decreto de 21 abril 1966 aprobando el texto articulado de la Ley de Bases de la Seguridad Social, y el art. 97-3.1 del vigente Texto refundido de la Ley de Seguridad Social aprobado por Decreto de 30 mayo 1974.[11]

En este sentido se ha pronunciado la jurisprudencia: Ss. de la Sala 1.ª del T.S. de 23 enero 1970, 13 abril y 10 noviembre 1977, 23 mayo 1978, 29 diciembre 1979, 29 abril 1980, 14 abril 1981, 5 enero y 4 octubre 1982, y S. de la Sala 2.ª de 6 julio 1972 (Aranzadi, núm. 3.520).

Otra cuestión importante en tema de indemnización es la del momento en que debe efectuarse la valoración de los daños y perjuicios. Ha de tenerse en cuenta lo que dispone el art. 360 de la Ley de Enjuiciamiento civil:

«Cuando hubiere condena de frutos, intereses, *daños o perjuicios*, se fijará el importe en cantidad líquida o se establecerán, por lo menos, las bases con arreglo a las cuales deba hacerse la liquidación.

»Sólo en el caso de no ser posible ni lo uno ni lo otro, se hará la condena a reserva de fijar su importancia y hacerla efectiva en la ejecución de la sentencia.»

La sentencia no puede condenar a pagar una indemnización superior al valor de los daños alegados por el demandante (confrontar art. 395 LEC).

Como ha observado algún autor, cuando el Derecho pasa del principio de la culpa al de la causación objetiva, la transformación repercute en el contenido y alcance del deber de indemnizar, pues ya no

---

11. PANTALEÓN PRIETO, *Comentario a la sentencia de la Sala 1.º del Tribunal Supremo de 4 octubre 1982*, La Ley, 1983-2, pp. 386 a 389.

prevalece la idea de reparar por completo las consecuencias de un acto contrario a Derecho, sino que se trata de distribuir equitativamente los riesgos inherentes a las modernas formas de explotación. En otras palabras, cuando el deber de indemnizar persigue la reparación de un daño causado por conducta negligente, procede la plena indemnización; pero cuando se trata de indemnizar las consecuencias de la desgracia o del azar, sucede que por medio del seguro o por las sumas máximas de indemnización fijadas en algunas leyes, lo que en realidad se hace es distribuir los efectos del riesgo entre todos los interesados.

Hay reparaciones llamadas legales, en el sentido de que la ley fija la cuantía de la indemnización en cada uno de los casos que están tipificados como daños previstos (v.g., legislación de accidentes de trabajo). Nada impide que el receptor pueda recibir al propio tiempo otras prestaciones, como indemnizaciones civiles en sentido estricto. El límite de estas indemnizaciones adicionales será la total cobertura del daño realmente experimentado.[12]

La reparación del daño mediante acuerdo entre el perjudicado y el responsable, es una fórmula empleada con relativa frecuencia, que tiene las ventajas de evitar un litigio, sus gastos y dilaciones.

Dice Ricardo de Ángel: «El acuerdo por el que la víctima y el responsable del daño estipulan la forma de indemnización, su cuantía y su pago constituye una transacción. Por su virtud (art. 1.809) se evita el pleito o se pone fin al que eventualmente se había ya planteado».[13]

El art. 1.813 C.c. autoriza a transigir la responsabilidad civil derivada del delito o falta, y sin duda, con más motivo, la responsabilidad nacida del acto ilícito civil. Pero se presenta un delicado problema cuando en el momento de la transacción ha habido error en la estimación del alcance de los daños, pues el acto de transigir supone la renuncia de toda la reclamación posterior.

De Ángel Yagüez opina que «sería admisible la reclamación por parte de la víctima –a pesar de la transacción acordada– cuando sobrevinieran daños nuevos, o cuando los conocidos adquieren una intensidad tal que permite entender que son *nuevos* en la representación presunta de las partes al transigir».

Véase la Sentencia de la Sala 1.ª del Tribunal Supremo de 6 noviembre 1965 (Aranzadi, núm. 5.331).

---

12. V. sentencia de 13 abril 1977 (Aranzadi, núm. 1.651).

13. R. de Ángel Yagüez, *Lecciones sobre responsabilidad civil*, Bilbao, 1978, pp. 119, 136.

7. Personas obligadas a indemnizar

Hay que volver al art. 1.902 C.c. para encontrar la regla general sobre este punto: «El que por acción u omisión causa daño a otro, interviniendo culpa o negligencia, está obligado a reparar el daño causado». Por consiguiente, está legitimado pasivamente el autor de la acción u omisión culpable o negligente que ha causado el daño.

Como ya hemos visto, por excepción el art. 1.903 C.c. impone la obligación de indemnizar a ciertas personas por razón de los daños causados por otras. Además puede suceder que en el acto ilícito hayan participado varias personas conjuntamente y el problema consistirá en determinar la responsabilidad de cada una y si quedarán obligados, en su caso, de manera mancomunada o solidaria. Por último, en el caso de estar cubierto el responsable por un contrato de seguro de responsabilidad civil, hay que determinar cuál es la posición de la compañía aseguradora y la clase de responsabilidad. Por lo que se refiere a los supuestos de responsabilidad civil derivada de delitos o faltas, hemos de remitir a lo que se expone en el capítulo siguiente.

El caso de participación conjunta de varias personas en el acto ilícito presupone una cooperación consciente y querida para la obtención de un resultado que cada uno quiere producir como consecuencia de su acto. Es el supuesto de la coautoría. El daño resultante es imputado en toda su extensión a cada uno de los coautores, que responden de la totalidad de manera solidaria.[14]

Es posible que un daño haya sido producido conjuntamente por varias personas sin cooperación consciente (lo que se llama «autoría secundaria»). El daño será igualmente imputado a cada uno en su totalidad, pero sólo en el supuesto de que no pueda distinguirse la participación causal de cada autor secundario en el resultado dañoso.[15]

Puede suceder que un daño se haya producido por una persona indeterminada perteneciente a un grupo determinado. La responsabilidad del conjunto de personas del grupo se producirá asimismo en esta hipótesis, con responsabilidad solidaria de todos los partícipes, aunque el resultado sólo haya podido ser causado por uno de ellos, sin perjuicio de excluir de la responsabilidad a los que demuestren que no pudieron ser los autores del daño. Un claro ejemplo lo tene-

---

14. F. SOTO NIETO, *La responsabilidad civil derivada del ilícito culposo – Vinculaciones solidarias*, Madrid, 1982 , pp. 79 y ss., 211 y ss., 307 y ss., 357 y ss., 419 y ss.
15. SANTOS BRIZ, citado, p. 288.

mos en lo que dispone el inciso final del art. 33 de la Ley de Caza de 4 abril 1970: «En la caza con armas, si no consta el autor del daño causado a las personas, responderán solidariamente todos los miembros de la partida de caza».

La responsabilidad de los que cometen conjuntamente el acto ilícito es solidaria frente al perjudicado. Aunque la norma que así lo establece está incluida en el CP (cfr. art. 107) con referencia a la responsabilidad civil derivada de delito, no hay duda que el mismo criterio ha de aplicarse a la responsabilidad extracontractual derivada del acto ilícito no penal.

Conviene examinar la posición de las compañías de seguros en las reclamaciones por responsabilidad civil.

El art. 73 de la Ley del Contrato de Seguro de 8 octubre 1980, modificada por Ley 30/1995, de 8 de noviembre, de Ordenación y Supervisión de los Seguros Privados, define o describe el seguro que nos ocupa de la siguiente manera: «Por el seguro de responsabilidad civil el asegurador se obliga, dentro de los límites establecidos en la Ley y en el Contrato, a cubrir el riesgo del nacimiento a cargo del asegurado de la obligación de indemnizar a un tercero los daños y perjuicios causados por un hecho previsto en el contrato, de cuyas consecuencias sea civilmente responsable el asegurado conforme a derecho».[16]

Según la concepción clásica del contrato, el seguro de responsabilidad civil quedaba configurado como una obligación del asegurador a mantener indemne al asegurado de la obligación en que éste pudiera incurrir de indemnizar a un tercero. Si los contratos sólo producen efectos entre las partes que los otorgan y sus herederos (art. 1.257-1 C.c.), el asegurador sólo estaría obligado frente al asegurado y para ello sería necesario que éste hubiese experimentado los efectos de la responsabilidad asegurada, por haber pagado la correspondiente indemnización al tercero perjudicado.

Sin embargo, esta concepción tradicional no tenía en cuenta la verdadera situación de los intereses en conflicto. En realidad, el asegurado quiere tener a su lado a alguien que pueda quedar directamente obligado por las responsabilidades contraídas, y el tercero per-

---

16. M. OLIVENCIA, *Seguros de caución, crédito, responsabilidad civil y reaseguro* (arts. 68 a 79 de la Ley de 8 octubre 1980), Comentarios a la Ley de Contrato de Seguro, obra citada, I, pp. 865 a 914, esp. 899 a 909. En la misma obra, M.ª de los Ángeles CALZADA, *El siniestro en el seguro de responsabilidad civil*, pp. 915 a 925; J. M. DE SOTOMAYOR, *La dirección jurídica del asegurado en el seguro de responsabilidad civil en la Ley de Contrato de Seguro*, pp. 957 a 976.

judicado está interesado en tener acción directa contra esta parte obligada, generalmente más solvente que el causante del daño.

Después de una progresiva y meticulosa labor jurisprudencial que procuró atender a los verdaderos intereses de las partes en conflicto, la vigente Ley del Contrato de Seguro de 1980 reconoce expresamente la acción directa del perjudicado contra el asegurador. Su art. 76 dispone:

«El perjudicado o sus herederos tendrán acción directa contra el asegurador para exigirle el cumplimiento de la obligación de indemnizar, sin perjuicio del derecho del asegurador a repetir contra el asegurado, en el caso de que sea debido a conducta dolos de éste el daño o perjuicio causado a tercero. La acción directa es inmune a las excepciones que puedan corresponder al asegurador contra el asegurado. El asegurador puede, no obstante, oponer la culpa exclusiva del perjudicado y las excepciones personales que tenga contra éste. A los efectos del ejercicio de la acción directa, el asegurado estará obligado a manifestar al tercero perjudicado o a sus herederos la existencia del contrato de seguro y su contenido.»

Como resultado de todo ello cabe decir que en el seguro de responsabilidad civil el asegurador está obligado a reparar el daño causado por el asegurado, dentro del límite que resulta del contrato de seguro. Ha de proporcionar al perjudicado un equivalente pecuniario del daño sufrido. Es cierto que la obligación de reparar este daño recae sobre el responsable (art. 1.902 C.c.), pero se cumple con la obligación de indemnizar del asegurador. El perjudicado no tiene derecho a una doble reparación, sino que la indemnización pagada por el asegurador significa el cumplimiento de la obligación que afecta al responsable.

La *Sentencia de 14 octubre 1969* (Aranzadi, núm. 4.706), relativa a un caso de accidente de circulación, declaró, confirmando la doctrina de otras decisiones, «que por el contrato de seguro de circulación de automóviles, las compañías toman sobre sí, mediante la prima convenida con los asegurados, las responsabilidades de éstos por riesgos futuros, constituyéndose en obligados principales del pago de las responsabilidades de los asegurados».

Cabe preguntar en qué momento nace la obligación de indemnizar a cargo de la compañía aseguradora. Ha de tenerse en cuenta que cabe optar entre el momento de producirse el daño y el de dictarse sentencia firme por la que se condene al responsable asegurado. En el primer caso parece que el riesgo cubierto por el seguro es la producción del daño a la víctima y en el segundo sería el desembolso que el responsable ha sido condenado a realizar. La cuestión puede tener importancia en relación con el tiempo de vigencia de la póliza. Entendemos, con Ricardo de Ángel, que esta póliza del seguro cubre los daños que se produzcan durante el período de vigencia del contrato, con independencia del momento en que se haga la reclamación o se dicte la sentencia condenatoria.[17]

Hay que averiguar si el autor del daño causado y su asegurador son responsables solidarios frente al perjudicado. A tal efecto, la misma sentencia citada de 14 octubre 1969, declaró que se trataba ciertamente de esta clase de responsabilidad, en atención a que, si bien es cierto que la solidaridad no se presume, sino que debe expresamente establecerse, como dice el Código civil (art. 1.137), «hay casos en que la ley establece la solidaridad bien como interpretación de la voluntad de las partes, como garantía del acreedor o como sanción de una falta o acto ilícito, en la responsabilidad civil del art. 1.902, solidaridad que es aplicable al contrato de seguro [porque ambos, asegurado y asegurador] son responsables ante la víctima, uno directo y otro por subrogación, y al existir unidad de objeto en el asegurador y el asegurado, que es la indemnización a la víctima, se produce la solidaridad...».

17. R. DE ÁNGEL YAGÜEZ, citado, p. 143.

XXXVII

RESPONSABILIDAD CIVIL DERIVADA DE DELITO. PRESCRIPCIÓN DE LA ACCIÓN

1. Responsabilidad civil derivada de delito

El Código civil separa las obligaciones civiles resultantes de los delitos o faltas previstos en el Código penal de las que se derivan de actos u omisiones en que intervenga culpa o negligencia no penadas por la ley, como disponen los arts. 1.092 y 1.093 del primero. Aquéllas se rigen por las disposiciones del Código penal, por lo que la responsabilidad civil nacida de los delitos y faltas penales está regulada por la legislación penal cuyos artículos 116 a 122 y 125 y 126 del nuevo Código Penal aprobado por Ley Orgánica 10/1995, de 23 de noviembre, determinan los elementos personales y el contenido de la responsabilidad, sin perjuicio de las disposiciones del Código civil que puedan aplicarse como supletorias (cfr. arts. 4.º 3 C.c.).[1]

El art. 116 del Código penal dispone: «Toda persona responsable criminalmente de un delito o falta lo es también civilmente». El art. 100 de la Ley de Enjuiciamiento criminal añade: «De todo delito o falta nace acción civil para la restitución de la cosa, la reparación del daño y la indemnización de perjuicios causados por el hecho punible».

El artículo 119 del Código penal dispone que «en todos los supuestos del artículo anterior, el Juez o Tribunal que dicte sentencia absolutoria por estimar la concurrencia de alguna de las causas de exención citadas, procederá a fijar las responsabilidades civiles salvo

---

1. M. FERNÁNDEZ MARTÍN-GRANIZO, *La justa medida en que el Juez de lo civil queda vinculado por una sentencia penal anterior*, Revista de Derecho privado, 1959, pp. 602 a 621; Guillermo GARCÍA VALDECASAS, *El problema de la acumulación de la responsabilidad contractual y delictual en el Derecho español*, Revista de Derecho privado, 1962, pp. 831 a 849; Valentín SILVA MELERO, *En torno a las consecuencias civiles del delito*, en la misma RDP, 1966, pp. 1.065 a 1.072; F. SOTO NIETO, *La responsabilidad civil derivada del ilícito culposo – Vinculaciones solidarias*, Madrid, 1982, pp. 419 y ss.

que se haya hecho expresa reserva de las acciones para reclamarlas en la vía que corresponda».

La responsabilidad civil derivada de delito o falta comprende: 1.º La restitución. 2.º La reparación del daño causado. 3.º La indemnización de los perjuicios (art. 110 del Código penal). La reparación del daño podrá consistir en obligaciones de dar, de hacer o de no hacer que el Juez o Tribunal establecerá atendiendo a la naturaleza de aquél y a las condiciones personales y patrimoniales del culpables, determinando si han de ser cumplidas por él mismo o pueden ser ejecutadas a su costa» (art. 112 C.P.).

La indemnización de perjuicios materiales y morales «comprenderá no sólo los que se hubieren causado al agraviado, sino también los que se hubieren irrogado a sus familiares o a un tercero», con facultad de los Tribunales de regular el importe de esta indemnización (art. 113 del mismo C.P.).

Lógicamente el nuevo Código sigue partiendo del principio de que toda persona responsable de un delito o falta lo es también civilmente si del hecho se derivan daños o perjuicios. Pero la responsabilidad, si recae en dos o más personas, corresponde a los Jueces o Tribunales señalar la cuota que deba corresponder a cada uno. En este sentido el artículo 116 del Código Penal establece que «Los autores y los cómplices, cada uno dentro de sus respectiva clase, serán responsables solidariamente entre sí por sus cuotas, y subsidiariamente por las correspondientes a los demás responsables». La responsabilidad subsidiaria, sigue diciendo dicho artículo, se hará efectiva en los bienes de los autores en primer lugar, y después, en los de los cómplices.

Nuestro Derecho supedita el ejercicio de las acciones civiles a las penales, de la manera que dispone la Ley de Enjuiciamiento criminal. Según su art. 111: «Las acciones que nacen de un delito o falta podrán ejercitarse junta o separadamente; pero mientras estuviese pendiente la acción penal no se ejercitará la civil con separación hasta que aquélla haya sido resuelta en sentencia firme, salvo siempre lo dispuesto en los arts. 4.º, 5.º y 6.º de este Codigo». Esta salvedad se refiere a la posible existencia de cuestiones prejudiciales civiles.

Incluso en el caso de haberse comenzado a ejercitar la acción civil, si después se promueve juicio criminal por el mismo hecho, se suspenderá el pleito civil «en el estado en que se hallare, hasta que recaiga sentencia firme en la causa criminal (art. 114 LECrim. y véase también el art. 514 de la Ley Procesal Civil).

En todo caso, la relatividad de dicha subordinación está señalada en el art. 112 LECrim.: «Ejercitada sólo la acción penal, se entenderá utilizada también la civil, a no ser que el dañado o perjudicado la renunciase o la reservase expresamente para ejercitarla después de terminado el juicio criminal, si a ello hubiere lugar».

Si se trata de delito que sólo puede perseguirse en virtud de querella particular y se ejercitase sólo la civil, se considerará extinguida la acción penal (art. 112-2 LECrim.).

Si han sido ejercitadas conjuntamente las acciones penal y civil, declarada la culpabilidad penal se hará efectiva la responsabilidad civil en las mismas actuaciones, sin perjuicio de aplicar subsidiariamente lo que dispone la legislación civil sobre fianzas y embargos (arts. 613 y 611 LECrim.).

En el caso de haberse hecho reserva expresa de la acción civil para ejercitarla oportunamente ante la jurisdicción de esta clase, es necesario distinguir:

Mientras se halle pendiente la acción penal, la civil estará paralizada (cfr. arts. 111 y 114 LECrim.). Pero en el caso de hallarse en rebeldía el procesado y pendiente el juicio oral, se suspenderá éste, pero se reservará a la parte ofendida la acción que le corresponda para la restitución de la cosa, la reparación del daño y la indemnización de perjuicios, a fin de que pueda ejercitarla por la vía civil (arts. 841 y 843 LECrim.).

Recaída sentencia en la causa criminal, puede suscitarse alguna duda en el caso de ser absolutoria. Es necesario distinguir el caso de absolución fundada en no haberse probado la existencia del hecho del que podía derivarse la responsabilidad, y el de haberse estimado que, a pesar de haber quedado probado, no era constitutivo de delito o falta penal.

En el caso de falta de prueba de la existencia del hecho queda excluida la posibilidad de ejercicio de la acción civil, que hubiese debido fundarse en un hecho cuya existencia no se probó. Pero si la sentencia penal, a pesar de ser absolutoria, declarase probada la existencia de tales hechos, podría ejercitarse la acción civil para exigir responsabilidad derivada de los mismos, a base de los arts. 1.902 y ss. del Código civil. Véase en tal sentido el art. 116 de la LECrim.

Esta dependencia o subordinación de la acción civil respecto de la penal implica la independencia de ésta en relación con aquélla. El art. 117-1 LECrim. dice que la extinción de la acción civil no lleva consigo la de la penal que nazca del mismo delito o falta, y añade en su segundo párrafo: «La sentencia firme absolutoria dictada en el pleito promovido por el ejercicio de la acción civil, no será obstáculo para el ejercicio de la acción penal correspondiente».

En síntesis cabe afirmar que la condena recaída en juicio criminal también dará lugar a la condena civil que corresponda, excepto en el caso de renuncia o de reserva expresa de la acción civil. Además, el esclarecimiento de si un hecho es constitutivo de delito o falta produce la suspensión de la acción civil mientras se tramita la causa criminal. Pero, terminada esta causa por sentencia absolutoria que no afecte a la misma existencia del hecho enjuiciado, queda libre el ejercicio de la acción civil que corresponda. Es posible que un hecho no sea constitutivo de delito o falta y, sin embargo, podrá tratarse de una acción u omisión en que intervenga culpa o negligencia que obligue a la reparación del daño causado.

Sobre el particular, véanse las Sentencias de 12 febrero 1932 y de 13 noviembre 1934. La Sentencia de 27 enero 1981 (Aranzadi, núm. 41) puntualiza que no es misión de la jurisprudencia civil subsanar errores o suplir omisiones de los Tribunales de otras jurisdicciones.

Como síntesis de lo expuesto puede tenerse en cuenta lo que declara el segundo de los Fundamentos de Derecho de la sentencia de la Sala 1.ª del Tribunal Supremo de 4 noviembre 1986:[2]

«La existencia de varios órdenes jurisdiccionales, con atribución a su esfera de conocimiento de distintas materias, puede originar que un mismo asunto encaje en dos de ellas, con influencia en el proceso civil, cual ocurre con las cuestiones penales; pero mientras que la LECrim. contiene una serie de preceptos dedicados a la regulación de las cuestiones prejudiciales, no ocurre lo mismo con la LEC, lo que no impide que cuando la cuestión prejudicial del asunto civil sea una cuestión penal deba aplicarse el principio *le penal tient le civil en état* por las mayores garantías que el proceso penal ofrece para el descubrimiento de la verdad objetiva y por la mayor importancia de los intereses que con él se ventilan».

Añade el mismo Fundamento de Derecho que todo ello «ha llevado, sin duda, a decir a la sentencia de 21 marzo 1907 de esta Sala 1.ª del T.S. que el principio fundamental de los arts. 362 y 514 LEC y del 114 LECrim. no es otro que el de evitar la simultaneidad de dos procedimientos en los cuales pudieran recaer sentencias disconformes y aun contradictorias, subordinando la jurisdicción civil a la penal, por lo que aquéllos preceptúan la suspensión del pleito mientras continúe

2. Véase en La Ley, 1987-1, pp. 287 a 290.

el procedimiento criminal», y «Terminada la causa penal, la jurisdicción civil puede estimar libremente la trascendencia de la resolución dictada con relación a los fundamentos de la acción ejercitada, según se deduce de la S. 21 enero 1898 de esta Sala, pero han de respetarse los hechos»; y añade que «la eficacia de las sentencias penales como cosa juzgada en el Orden civil se contrae a los fallos de condena y en cuanto a los hechos, pero no otorga el mismo valor presuntivo a las sentencias absolutorias por prueba insuficiente (S. 3 julio 1934)».

2. Prescripción de la acción por responsabilidad extracontractual

A. *Regla general*

El art. 1.968, núm. 2.°, del Código civil dispone que prescribe por el transcurso de un año: «La acción para exigir la responsabilidad civil por injuria o calumnia, y por las obligaciones derivadas de la culpa o negligencia de que se trata en el art. 1.902, desde que lo supo el agraviado». Se entiende comúnmente que este plazo afecta, no sólo a la acción que nace del art. 1.902, sino igualmente a las derivadas de los arts. 1.903, 1.905, 1.906 y 1.907 C.c. En cambio, la acción de repetición del art. 1.904 C.c., por no tratarse de una acción indemnizatoria, ha de seguir el régimen general de las acciones personales, como opina Díez-Picazo. Véase la Sentencia de 23 febrero de 1956 (Aranzadi, núm. 1.114).[3]

Llama la atención la brevedad de este plazo de un año, en comparación con el régimen general de las acciones personales, que prescriben a los quince años (art. 1.964 C.c.). Sin duda la falta de una relación jurídica previa entre las partes hace aconsejable que el demandado no deba esperar mucho tiempo para conocer la reclamación del perjudicado.

B. *Momento inicial del plazo y su cómputo*

El art. 1.968-2.° dice que la acción prescribe «desde que lo supo el agraviado»; pero el siguiente art. 1.969 dispone: «El tiempo para la prescripción de toda clase de acciones, cuando no haya disposición

---

3. DÍAZ-PICAZO, *La prescripción en el Código civil*, Barcelona, 1964, p. 239.

especial que otra cosa determine, se contará desde el día en que pudieron ejercitarse».

Son momentos diferentes o que pueden no coincidir, por lo que ha de entenderse, como observa Ricardo de Ángel Yagüez, que el plazo empieza «desde que la víctima conoció la existencia del daño y estuvo en condiciones de ejercitar la acción».[4]

Para el cómputo del plazo, el art. 5.° C.c. dispone que los plazos fijados por meses o años «se computarán de fecha a fecha. Cuando en el mes del vencimiento no hubiera día equivalente al inicial del cómputo, se entenderá que el plazo expira el último del mes». El segundo párrafo del mismo artículo dispone que en el cómputo civil de los plazos no se excluyen los días inhábiles. Según la Sentencia de 18 enero 1968 (Aranzadi, núm. 448), el año ha de entenderse de fecha a fecha, aunque se trate de un año bisiesto.

En el caso de tratarse de daños continuados o producidos durante un determinado período, ha existido la duda de si el plazo de prescripción ha de contarse desde que empiezan a producirse o desde que han cesado. A favor de la primera solución podría alegarse que la acción pudo ejercitarse desde el momento de tener conocimiento de que empezaban a causarse. Sin embargo, en la jurisprudencia ha prevalecido la segunda opinión. La Sentencia de 29 de noviembre 1982 (Revista Jurídica La Ley, 1983-1,875 a 879) ha sostenido que en el supuesto de daños continuados, el plazo de prescripción anual de la acción comienza el día de la producción del definitivo resultado; o sea, en el momento en que es conocido cuantitativamente el total resultado dañoso, y en apoyo de este criterio cita las Ss. de 23 junio 1913, 22 octubre 1932, 25 enero 1962, 12 febrero 1981 y 20 enero 1982. Pero véanse también las Ss. de 24 septiembre 1965 y 25 junio 1966.

C. *Interrupción del plazo*

El art. 1.973 C.c. dispone: «La prescripción de las acciones se interrumpe por su ejercicio ante los Tribunales, por reclamación extrajudicial del acreedor y por cualquier acto de reconocimiento de la deuda por el deudor». En el Código de comercio, cfr. art. 944.[5]

---

4. Ricardo DE ÁNGEL YAGÜEZ, *Lecciones sobre responsabilidad civil*, Bilbao, 1978.

5. Sobre el concepto de interrupción y su diferencia de la suspensión, puede verse nuestro libro *Caducidad, prescripción extintiva y usucapión*, Barcelona, 1988, pp. 29, 30, 70 y ss.

Interrumpe la prescripción la interposición de la demanda antes de que el plazo haya transcurrido. En la prescripción extintiva la ley no exige la citación del demandado, como dispone en cambio el art. 1.945 para la interrupción de la prescripción adquisitiva.

Respecto a la presentación de papeleta de conciliación, ha de tenerse en cuenta el art. 479 de la Ley de Enjuiciamiento civil, que después de la reforma introducida por la Ley 34/1984, de 6 de agosto, dispone: «La presentación con ulterior admisión de la petición de conciliación interrumpe la prescripción, tanto adquisitiva como extintiva, en los términos y con los efectos establecidos en la Ley desde el momento de la presentación».

Produce igualmente el efecto interruptivo del art. 1.973 la presentación de la demanda de pobreza, siempre que designe con claridad el objeto de la demanda principal y se acompañen las copias que exige la ley. Cfr. Sentencia de 17 junio 1980 (Aranzadi, núm. 2.409).

Tienen eficacia interruptiva las actuaciones encaminadas a la formación del título ejecutivo para exigir responsabilidad al asegurador por accidentes de circulación, según el juicio ejecutivo especial previsto en el Decreto de 21 marzo 1968. El Tribunal Supremo ha declarado que este efecto interruptivo no se detiene en el terreno del seguro obligatorio. Cfr. Sentencias de 28 y 31 marzo 1981, 20 y 22 marzo 1982 y 6 junio 1984.

En el supuesto de incoación de un proceso penal sobre los mismos hechos que constituyen la causa de pedir de una acción civil, ya se ha dicho que la acción civil sólo puede ejercitarse cuando sea firme la sentencia o el auto de sobreseimiento que ponga término al proceso penal.

La segunda causa de interrupción que menciona el art. 1.973 C.c. es la reclamación extrajudicial del acreedor. El caso más indiscutible de interrupción extrajudicial es el de un requerimiento notarial dirigido al deudor.

La tercera causa de interrupción es «cualquier acto de reconocimiento de la deuda por el deudor».

El Código civil ha previsto la interrupción de la prescripción en relación con personas obligadas solidaria o mancomunadamente. El art. 1.974 dispone:

«La interrupción de la prescripción de acciones en las obligaciones solidarias aprovecha o perjudica por igual a todos los acreedores y deudores.

»Esta disposición rige igualmente respecto a los herederos del deudor en toda clase de obligaciones.

»En las obligaciones mancomunadas, cuando el acreedor no reclame de uno de los deudores más que la parte que le corresponda, no se interrumpe por ello la prescripción respecto a los otros codeudores.»

Véase en la Sentencia de 25 noviembre 1969 (Aranzadi, núm. 5.508) una aplicación de lo dispuesto en el art. 1.974 a un caso de seguro de daños. Cfr. art. 23 de la Ley del Contrato de Seguro de 1980, sobre prescripción de acciones «en el término de dos años si se trata de seguro de daños y de cinco si el seguro es de personas».

D. Prescripción de la acción civil derivada del delito

La prescripción de un año la refiere el Código, en el art. 1968, núm. 2.°, a «la acción para exigir la responsabilidad civil por injuria o calumnia, y por la obligaciones derivadas de la culpa o negligencia de que se trata en el art. 1.902, desde que lo supo el agraviado». Con ello quedan excluidos los demás supuestos de responsabilidad civil derivada de delito y parece que deberá tenerse en cuenta lo que dispone el art. 1.092 C.c.: «Las obligaciones civiles que nazcan de los delitos o faltas se regirán por las disposiciones del Código penal».

Sin embargo, el Código penal sólo regula los plazos de prescripción extintiva de la responsabilidad penal (cfr. art. 112, núms. 6.° y 7.°), y no ha previsto la prescripción de la responsabilidad civil derivada de la criminal. Por el contrario, en el art. 117 del C.P. dispone: «La responsabilidad civil nacida de delito o falta se extinguirá de igual modo que las demás obligaciones, con sujeción a las reglas del Derecho civil».

Con ello, observa Díez-Picazo, se da el caso curioso de que en virtud de una doble y recíproca remisión, se crea una auténtica laguna legal. La remisión del Código civil al penal (art. 1.092 C.c.) queda devuelta al civil (art. 117 C.P.) y en éste no encuentra cabida en la regla de la prescripción anual (art. 1.968, 2.° C.c.). La conclusión es que la responsabilidad civil derivada de condena penal está sometida al plazo de prescripción de quince años de las acciones personales (art. 1.964 C.c.), como afirma, por ejemplo, la sentencia de 7 enero 1982.[6]

6. Díez-Picazo, citado, p. 236. La sentencia de la Sala 1.ª del Tribunal Supremo de15 noviembre 1986, entre otras, ha confirmado que la acción para reclamar indemnización civil a un condenado en juicio criminal se funda en los arts. 19 y ss. y 101 y ss. del Código penal, por lo que la prescripción no se produce antes de los quince años que señala el art. 1.964 C.c.

ÍNDICE ALFABÉTICO

C

E

F

G

H

I

L

Q

R

S

T

U

V